KB111483

이곡의 개혁론과 유교 문명론

도현철

지식산업사

도현철 都賢喆

연세대학교 사학과를 졸업하고 같은 대학 대학원에서 수학하였다. 연세대학교 문과대학 사학과 교수이다. 연세대 국학연구원장과 한국사상사학회 회장을 역임하고 현재 역사학회 회장을 맡고 있다. 고려 후기와 조선 초기의 정치사상을 주로 연구하고 있다. 《고려말 사대부의 정치사상연구》(일조각, 1999), 《목은 이색의 정치사상연구》(혜안, 2011), 《조선전기사상사》(태학사, 2013) 등 한국 중세 사상사 관련 논저가 다수 있다.

이곡의 개혁론과 유교 문명론

초판 1쇄 인쇄   2021. 8. 12.
초판 1쇄 발행   2021. 8. 31.

지은이   도현철
펴낸이   김경희
펴낸곳   (주)지식산업사
본사 ● 10881, 경기도 파주시 광인사길 53(문발동)
전화 031-955-4226~7 팩스 031-955-4228
서울사무소 ● 03044, 서울시 종로구 자하문로6길 18-7
전화 02-734-1978, 1958 팩스 02-720-7900
영문문패 www.jisik.co.kr
전자우편 jsp@jisik.co.kr
등록번호 1-363
등록날짜 1969. 5. 8.

책값은 뒤표지에 있습니다.

이 저서는 2017년도 정부(교육부)의 재원으로 한국연구재단의 지원을 받아 수행된 연구임 (NRF-2017-S1A6A4A01020551, 과제명: 14세기 동아시아 유학지식인의 현실 개혁론과 유교 문명론 —이곡의 원 관료 생활과 유교 사회 지향을 중심으로—)

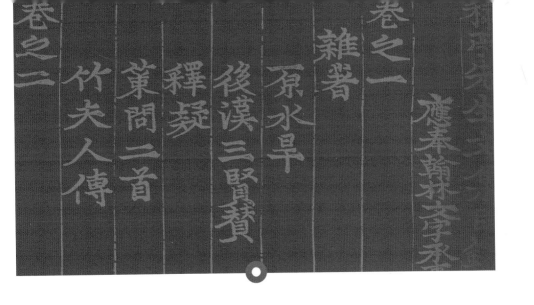

이곡의 개혁론과
유교 문명론

도 현 철 지음

지식산업사

머 리 말

앞서 필자는 고려에서 조선으로 왕조가 교체되는 시기에 대두된 유학 내부의 흐름을 체제 유지와 체제 변혁을 지향하는 정치사상으로 범주화 하여 검토하였다. 그 과정에서 왕조의 '유지'와 '교체'라는 상반된 방향성 의 근저에 자리 잡고 있는 사상계의 공통 기반, 곧 고려 후기 현실을 진 단하고 처방하는 문제의식과 함께 원으로부터 수용된 성리학의 사상적 특성을 원형 그대로 드러내는 연구의 필요성을 절감하였다.

이 연구는 고려와 원에서 관료로 활동하면서 성리학으로 집약된 원의 선진 문화를 수용하고 이를 고려사회에 활용하여 유교적 이상사회를 실 현하려 했던 가정稼亭 이곡李穀(1298-1351)의 삶과 사상을 살핀 글이다.

이곡은 원나라가 동아시아의 중심국으로서 세력을 떨칠 뿐 아니라 세 계를 지배하던 시기에 고려와 원의 과거에 급제하여 관료생활을 하면서, 원을 중심으로 전개되던 세계사적 흐름을 목도하고 그것을 추동한 최신 의 사상과 문화를 익혀, 고려사회를 개혁하려던 당대의 대표적인 지성 가운데 한 사람이었다. 그 점에서 이곡의 사상과 삶에는 14세기 원 중심 의 동아시아 세계와 고려의 국제 교류 및 정치 사회의 다양한 모습이 집약되었을 것이다. 이곡의 현실 인식과 정치적 지향을 분석하는 작업이 당시 유교 지식인의 정치사상과 고려사회의 특징을 파악하고 이어지는 조선시대 사상계와 연관성을 이해하는 것은 물론, 원 중심의 동아시아 또는 세계질서에서 고려가 차지하던 위상을 자리매김하는 분석의 성격을 갖는 것은 바로 그 때문이다.

이 연구에서는 《가정집》에 대한 서지적이고 역사학적인 조사, 고려와 원의 관료로 활동했던 이곡의 인적 네트워크, 국가관, 개혁 이념, 원 문화 수용 태도, 이상사회론, 역사관과 유학사상 등을 검토하였다. 그 과정에서 《가정집》의 구성이 다른 문집과는 달리 잡저雜著를 앞에 배치하고 시부詩賦류를 뒤로 돌린 사실과 그 의미를 분석하였고, 시詩의 창작연대와 창작된 장소를 조사하였다. 아울러 이곡이 고려와 원의 관료로 활동하면서 보여 준 자국 인식과 개혁론을 살펴보고, 중국사와 한국사의 역사체계를 분석하였으며, 유교 문명사회를 실현하기 위하여 효치와 유교 윤리를 강화하려던 양상과 배불排佛 일변도에서 벗어나 불교의 윤리적 기능을 활용한 불교식 문치의 의미도 검토하였다. 마지막으로는 이곡의 사상을 고려와 조선 유학과의 연관성 및 송·원 유학의 여러 계통과 관련지어 해명함으로써 동아시아 사상사의 맥락에서 그의 위상을 규명하고자 하였다.

이 연구를 통하여 종래의 연구 성과를 재확인한 부분도 있었고, 새로이 밝혀낸 내용도 있다. 기존의 연구에서 제시된 바와 같이 이곡은 유학자로서 불교·도교를 이해하는 가운데 성리학이라는 새로운 유학을 수용하여 인간의 도덕적 본성을 해명하고 유교적 인륜에 누구보다도 충실한 심성, 수양 중시의 성리학을 제시하였음과, 원의 관료생활을 통하여 최고 수준의 유교 문명론을 수용하고 고려사회를 유교적 문명사회로 전환하려 했다는 사실을 재확인하였다. 다만 불교의 윤리적 교화 기능을 긍정하여 유교의 교화, 문명사회 실현에 불교가 기여한다고 보았음을 밝혀낸 것은 기존 연구를 한 걸음 진전시킨 것이다. 또한 고려와 원에서 지방관으로 활약한 원나라 관료의 활동과 행적을 살펴보면서 이곡이 백성을 위한 정치, 교화의 방법을 이해하고 장차 고려의 지방관 관료가 모범으로 삼아야 할 바를 제시하였음을 규명하였다. 이곡의 대책문을 같은 해에 급제한 중국인 장원 급제자의 답안지와 견주어 이곡 사상의 위상을 살핀 것은 종래 연구에서 소홀히 다루었던 부분을 부각시킨 것이라고 할 수 있다. 이러한 과정을 거쳐 이곡이 성리학, 도학을 받아들이고 인성론과 수양론을 중시한 것은, 조선시대 성리학, 도학 중심의 사상적 흐름과도 연관됨을 이해할 수 있었다.

이 연구에서는 앞으로 진행되어야 할 과제를 제시하기도 하였다. 《가정집》에는 원 관료 시절 이곡의 기록이 다수 포함되어 있으므로, 원나라 학자와 교류, 원의 문화, 기타 원 관련 상황을 이해하는 데 긴요하고, 특히 원에 진출한 고려인의 행적을 추적하는 데 디딤돌이 되는 자료라고 할 수 있다. 《가정집》에 대한 추가적인 정리를 거쳐 이곡이 원에서 수용한 도서목록 또는 당대에 유통된 서책을 정리한다면 고려 지성계의 수준이나 고려와 원의 국제 교류 양상 등 관련 연구를 더 활성화할 수 있을 것으로 생각한다.

왕조교체기의 이색과 정도전 사상을 정리한 저서를 출간한 뒤 그 두 사상의 연원이 되는 이곡의 사상을 살피기까지 10년 가까운 시간이 걸렸다. 이 연구를 수행하는 과정에서 재직하는 학교의 선생님들과 동료 선·후배 선생님들은 한국사를 바르게 보는 역사적 안목과 문제의식을 새롭게 다지고 연구 방법을 모색하는 데 충고를 아끼지 않으셨으며, 크고 작은 일들의 의론 상대가 되어 주었다. 경제성과는 거리가 먼 인문학 서적의 간행을 흔쾌히 허락해 주신 지식산업사 김경희 사장님과 김연주·김시열 편집자님들께 감사의 마음을 전한다.

2021년 5월
도현철

차 례

〈표〉목차

제1장

서 론

    고려 후기에는 무신집권기 이래 생산력 발전과 토지 분급제, 토지 소유관계의 변화, 왕실의 권위 실추와 권신의 출현, 기강의 이완과 제도의 문란 현상이 나타났고, 몽골의 침입과 이에 대한 저항, 강화 협정, 개경 환도 그리고 그를 통한 새로운 국제 관계가 정립된 한국사의 전환기였다. 특히 세계 제국을 형성한 이민족인 몽골(원)은 중국 전체를 장악한 뒤 주변의 고려와 베트남, 일본까지 지배하려 하였고 고려 내정에도 간섭하여 고려사회 내부의 변화·변동을 촉진하였다. 이에 고려는 몽골(원)을 둘러싼 국제 정세의 변화에 대응하여 내정을 개혁하고 혁신하여 변화·변동에 능동적으로 대응해야 했다.

    널리 알려져 있듯이, 당시 동아시아는 세계를 정복한 몽골(원) 중심으로 재편되던 격변기였다. 이민족 몽골(원)은 남송을 멸망시키고 중국 중원을 차지하였으며 한화漢化정책을 추진하여 전통적인 유교 문화를 계승 발전시키고자 하였다. 동시에 중국 문화를 수용하면서도 고유의 문화를 보존하고 발전시키는 정책을 병행하여 추진함으로써 자신의 정체성을 잃지 않으려 하였다. 이는 거란(요), 여진(금) 등 유목 민족들이 중국 지배를 위해 추진한 중국화 정책으로 말미암아 결과적으로 중국에 동화된 것과 대비되었다. 몽골 문자를 만들고 몽골 역사(《원조비사》)를 편찬하는 작업을 동시에 진행하며, 중국의 정통 왕조의 하나로서 중국 문화의 계승자이면서 중국 문명 나아가 세계 문명의 중심지로 변화 발전해 가고자 하였던 것이다.

고려는 정체성을 잃지 않으면서 중국 문화를 받아들이는 몽골의 방식을 수용하여, 원제국이 주도하고 제시하는 문명 전환 정책에 참여하였다. 고려는 원나라와 사대 관계를 유지하면서도 원과 정치 사회 경제적으로 긴밀한 관계를 유지하고 원의 문화를 수용하면서 전통적인 고려 문화의 변용과 재창조 작업을 추진하였다.[1] 처음 몽골족이 고려를 침입하였을 때 고려는 몽골을 가장 흉악하고 잔인하며[2] 몽매함이 짐승보다 심하여, 지나가는 곳마다 불상과 불경을 불태웠고 특히 부인사符仁寺에 소장된 대장경 판본을 불태워 버려 나라의 큰 보배를 없앤 문화 파괴자로 이해하였다.[3] 하지만, 고려는 대몽 항쟁과 개경 환도, 중국과 새로운 관계, 무엇보다도 원의 한화漢化 정책을 지켜보며 원을 중국 정통 왕조의 하나인 천자국, 문명의 중심국으로 파악하는 인식[4]의 대전환을 하게 되었다.

---

1 김용섭, 〈고려국가의 몽골·원과의 관계 속 문명전환 정책〉, 《東아시아 역사 속의 한국문명의 전환 ―충격, 대응, 통합의 문명으로》(신정·증보판), 지식산업사, 2015.

2 《高麗史》 권103, 列傳16 趙沖(하책, 262쪽);《高麗史節要》 권15, 高宗(5년 12월)(396쪽) "時蒙古東眞雖以討賊, 救我爲名, 然蒙古於夷狄, 最匈悍, 且未嘗與我有舊好, 以故中外震駭, 疑其非實, 朝議亦依違. 未報."

3 《東國李相國集》 권25, 雜著 大藏刻板君臣盟告文 "甚矣, 達旦之爲患也. 其殘忍凶暴之性, 已不可勝言矣. 至於癡暗昏昧也, 又甚於禽獸, …… 則夫豈知天下之所敬有所謂佛法者哉. 由是凡所經由, 無佛像梵書, 悉焚滅之, 於是, 符仁寺之所藏大藏經板本, 亦掃之無遺矣. 嗚呼. 積年之功, 一旦成灰, 國之大寶喪矣."

4 예컨대 최해는 "지금 원나라가 위에 있어 지극한 인과 풍성한 덕을 베풀어 천하를 기르고 있다. 고려는 첫 번째로 귀부하였기 때문에 대대로 원나라 황실과 혼인하고 엄격하게

고려는 세계 문명의 중심지인 원의 문화를 적극 수용하였다. 당시 유학자들은 《주역》의 "나라의 빛을 관찰함이니 왕의 손님이 됨이 이롭다."[5]는 글을 활용하여, 원나라의 문명과 문화를 살펴보기를 권장하였다. 충숙왕 복위 3년(1335) 안보는 "이곡이 정동행성에 일을 보고 원으로 돌아가자, 원 제과에 합격하여 왕의 손님, 곧 관리가 되어 원나라의 문명을 살펴보게 되었다."[6]고 하고, 이색은 원 유학 시절에 대하여, "중국의 선진 문명을 둘러 살펴보는 이른바 관광觀光을 하였다."[7]고 하였다. 이제현은 원나라에서 충선왕을 호종하며 쓴 명이행明夷行[8]에서 국왕의 유배와 고려 국가의 위기를 절감하고 국가 개혁을 통하여 밝은 미래를 전망하였다.[9] 충선왕을 잘 보필하지 못한 자신에 대한 질책과 후회를 담아 장차 국가의 개조를 염원하고 유교 문명사회로 전환을 꾀하였던 것이다. 말하자면 고려 유학자들은 야만족 몽골족에서 문명국 중국 정통 왕조인 원으로의 역사적 전환에 부응해서 원의 문명화된 문화를 수용하고 내정을 개혁하여 이상사회를 만들어 가려 하였다.[10]

가정 이곡은 이처럼 원이 세계를 지배하고 동아시아의 중심국으로 세

법도를 잘 지켜 상하가 서로 즐거워하며 변경에 조그만 긴장도 없이 풍년이 들고 있으니, 실로 천년 만에 오는 태평성대"(《拙稿千百》 권1, 海東後耆老會序)라고 평가하였고, 이색은 "원나라가 일어난 지 백 년이 지나면서 문치가 행해져 사방의 학사들은 자신의 재능을 발휘하여 한 시대의 성황을 이루고 있다."(《牧隱集》 文藁 권13, 書上札補正雪菴大字卷後 "元興百餘年, 文理大洽, 四方學士, 咸精其能, 蔚乎 一代之盛矣.")고 하였다.

5 《周易》風地觀卦 六四 "觀國之光 利用賓于王."
6 《稼亭集》雜錄 送奉使李中父還朝 送詩(安輔).
7 《牧隱集》 권10, 又賦八句 贈祕書 "我昔觀光在帝都, ……"
8 明夷는 《周易》(明夷卦)에서 명은 위에 땅이 있고 아래에 불이 있는 모양으로, 절망적인 상황, 어려운 시대를 비유한 것이지만 극복하고 희망을 제시할 수 있는 상황을 말해 준다. 황종희의 《명이대방록》을 연상시킨다(전호근, 《한국철학사》 메멘토, 2015, 230~238쪽).
9 《益齋亂藁》 권2, 明夷行.
10 林熒澤, 〈고려말 文人知識層의 東人意識과 文明意識〉, 《牧隱 李穡의 生涯와 思想》, 1997.

력을 떨치던 시기에 고려와 원의 과거에 급제하여 관료생활을 하며, 원 중심의 세계사의 흐름을 파악하고 최신 사상과 문화를 익히면서, 고려의 제도를 개혁하려던 지성 가운데 한 사람이었다. 달리 말하면 이곡의 사상과 삶 속에는 14세기 고려와 원사회의 모습이 집약되어 있다고 할 수 있다. 그러므로 고려와 원에서 관료생활을 했던 이곡의 현실 인식과 정치적 지향을 살펴보면, 당시 유교 지식인의 정치이념도 살펴볼 수 있을 뿐 아니라, 고려가 원에서 받아들인 세계 문화 또는 중국 문화의 특성까지도 파악할 수 있으며, 원 중심의 동아시아 또는 세계사의 변화 속에서 고려와 원의 관계를 이해할 수 있을 것이다.

14세기 원나라와 고려 그리고 이곡에 대한 연구는 그간 많은 성과를 거두었다. 우선 14세기 세계제국 원의 성격과 관련한 다양한 논의가 제시되었다. 일찍부터 정복왕조사 연구가 활발했던 일본의 연구는 원대사를 중국사의 정통 왕조사의 맥락, 곧 송·원·명나라의 테두리에서 보는 시각과 북아시아 유목 국가인 요·금·원의 하나로 보고 원나라를 그 완성이라고 파악하는 주장으로 나뉜다.[11] 중국 학계에서는 '몽골족 원나라가 한화되어 중국의 역대 왕조와 차이가 없는 것'으로 이해하는 시각이 중심이고,[12] 구미학계에서는 유목국가인 몽골의 성장과정을 분석하는 데 초점을 맞추면서도 중국사와 연관시켜 해명하려는 경향은 미미하다.[13]

11 杉山正明, 〈日本におけるモンゴル時代史の研究〉, 《中國史學》 2, 1992(임대희·양녕우 역, 〈일본의 몽골시대사연구〉, 《대구사학》 55, 1998; 〈モンゴル時代史の研究の現狀と課題〉, 《宋元時代史の基本問題》, 汲古書院, 1996(양녕우 역, 〈몽골 時代史研究의 現狀과 課題〉, 《중국사학》 4, 1998); 〈日本における遼金元時代史 研究〉, 《中國―社會と文化》 12, 1997(양녕우·임대희 역, 〈日本에서의 遼金元時代史 研究〉, 《中國史學》 3, 1998); 安部健夫, 《元代史の研究》, 創文社, 1972; 愛宕松南, 《元朝史》, 三一書房, 1988.

12 김장구, 〈중국사 연구자들의 元代史 연구와 '蒙古'認識〉, 《중국 역사가들의 몽골사 인식》, 고구려연구재단, 2006; 윤은숙, 〈여·몽 관계의 성격과 동아시아의 국제관계: 중국학계의 '책봉과 조공' 관계 연구의 한계와 문제점을 중심으로〉, 《동북아역사논총》 35, 2012.

13 윤영인 외 지음, 《외국학계의 정복왕조 연구 시각과 최근동향》, 동북아역사재단, 2010.

원과 고려의 관계에 대해서는, 여·원 관계를 한·중 관계의 일환으로 파악하여 원의 고려에 대한 내정간섭은 존재하지만 전통적인 천자-제후의 사대관계가 유지되고 제후의 역할과 의무가 실질화했다고 파악하는가 하면,[14] 몽골사의 시각에서 고려와 몽골(원)의 관계를 몽골의 독특한 분봉제도에 기초하여, '대몽골울루스'에 제왕과 부마, 공주와 후비에게 분지분민分地分民하던 예에 따라 고려를 한 왕부王府의 투하령投下領으로 파악하기도 하였다.[15]

고려의 원 문화 수용과 관련해서는,[16] 우선 원에 있는 고려 자료에 대한 정리가 진행되었고[17] 원에 있는 고려 유적지, 특히 북경에 있는 고려 관련 유적이 조사되었다.[18] 원 문화 수용의 성격과 관련하여 중국 지배의 일환으로 고려에 전래된 타율적인 수용인지[19] 아니면 고려가 자기의 필요에 따라 주체적으로 수용한 것인지[20]를 두고 동양사 연구자와 한국사 연구자의 의견이 나뉘고, 고려의 원 문화 수용 태도를 통제론과

14 이익주, 〈고려-몽골 관계사에 대한 연구 시각의 검토 —고려-몽골 관계사에 대한 공시적, 통시적 접근〉, 《한국중세사연구》 27, 2009; 〈세계질서와 고려-몽골관계〉, 《동아시아 국제 질서 속의 한중관계사 —제언과 모색》, 동북아역사재단, 2010.

15 森平雅彦, 《モンゴル覇權下の高麗》, 名古屋大學出版會, 2013.

16 고병익, 《東亞交涉史의 연구》, 서울대출판부, 1994; 李益柱, 《高麗·元 關係와 高麗後期 政治體制》, 서울대박사논문, 1996; 이강한, 《고려와 원제국의 역사》, 창비, 2013; 《고려의 자기, 원제국과 만나다》, 한국학중앙연구원 출판부, 2016; 張東翼, 《モンゴル帝國期の北東アジア》, 汲古書院, 2016; 이명미, 《13-14세기 고려·몽골 관계 연구》, 혜안, 2016; 權容徹, 《元代 중·후기 權臣 정치 연구》, 고려대박사논문, 2017.

17 張東翼, 《元代麗史資料集錄》, 서울대학교출판부, 2000; 이근명 외 엮음, 《송원시대의 고려사자료 1,2》, 신서원, 2010.

18 박현규, 〈高麗 慧月이 보수한 房山 石經山 石經 답사기〉, 《동북아문화연구》 6, 2004; 〈조선승 適休의 越境과 北京 穀積山 般若禪寺의 창건〉, 《중국연구》 92, 2014; 윤기엽, 〈在元 高麗人 관련의 대도사원〉, 《불교학연구》 11, 2005; 송재웅, 〈元 大都 高麗 寺院〉, 《중앙사론》 23, 2006.

19 周采赫, 〈元 萬卷堂의 設置와 高麗儒者〉, 《孫寶基博士停年紀念韓國史學論叢》, 1988.

20 文喆永, 〈麗末 新興士大夫의 新儒學 수용과 그 특징〉, 《韓國文化》 3, 1982.

국속론으로 규정하는 연구가 있었다.[21] 수용된 원 문화의 구체적인 내용,
예컨대 중앙 정치제도 특히 과거제[22]와 법체계,[23] 노비제,[24] 관복,[25] 역
법,[26] 농법,[27] 북경의 도시계획[28] 등을 살폈고, 성리학[29]과 선종,[30] 밀
교[31] 등 사상적 측면에서 검토도 진행되었다. 아울러 원 간섭기 정치사
에 대한 분석을 통하여 권문세족과 신흥사대부라는 정치세력의 구분 문

---

21 김형수, 〈원 간섭기의 國俗論과 通制論〉, 《한국중세사회의 제문제》, 2001.

22 이강한, 〈고려 충숙왕대 科擧制 정비의 내용과 의미〉, 《大東文化硏究》 71, 2010.

23 고병익, 〈元代의 法制 —中國 慣習法과 中國法과의 相關性—〉, 《東亞交涉史의 연구》, 서
   울대출판부, 1994; 김인호, 〈고려의 元律 수용과 高麗律의 변화〉, 《韓國史論》 33, 2002, 국
   사편찬위원회; 〈元의 高麗 認識과 高麗人의 대응 —法典과 文集내용을 중심으로〉, 《韓國
   思想史學》 21, 2003; 위은숙, 〈원 간섭기 元 律令의 受容問題와 權貨令〉, 《민족문화논총》
   27, 2007; 김형수, 〈고려후기 元律의 수용과 法典編纂試圖〉, 《전북사학》 35, 2009; 이강한,
   〈고려시대사 연구의 새로운 가능성—원대 법전 자료의 검토 전망〉, 《역사와 현실》 85,
   2012; 조원, 〈원 후기 《경세대전》 편찬과 육전체제〉, 《동양사학연구》 141, 2017; 〈大元帝
   國 法制와 高麗의 수용 양상〉, 《이화사학연구》 54, 2017.

24 이강한, 〈정동행성관 활리길사의 고려 제도 개변 시도〉, 《한국사연구》 139, 2007; 이종
   서, 〈고려후기 상반된 질서의 공존과 그 역사적 의미〉, 《한국문화》 72, 2015.

25 김윤정, 《고려·원 관계 추이와 복식문화의 변천》, 연세대박사논문, 2017.

26 전상운, 〈과학 기술, 고려후기 민족 과학의 태동〉, 《한국사》 21, 1996.

27 金容燮, 〈高麗刻本 《元朝正本農桑輯要》를 통해본 《農桑輯要》의 撰者와 資料〉, 《東方學志》
   65, 1990; 宮紀子, 〈バウルチたちの勸農政策 —《農桑輯要》の出版をめぐって—〉, 《モンゴ
   ル時代の知の東西》(上·下), 名古屋大學出版會, 2018.

28 정은정, 〈元 수도권정비의 영향과 고려궁궐의 변화〉, 《역사와 경계》 76, 2010.

29 고려에 들어온 주자학이 강남 주자학이었다는 견해(李佑成, 〈朝鮮時代 社會思想史〉, 《韓
   國文化史新論》, 1975; 鄭玉子, 〈麗末 朱子性理學의 도입에 관한 시고〉, 《震檀學報》 51,
   1981)와 원 관학 주자학이었다는 견해(周采赫, 〈元 萬卷堂의 設置와 高麗儒者〉, 《孫寶基博
   士停年紀念韓國史學論叢》, 1988; 文喆永, 〈麗末 新興士大夫의 新儒學 수용과 그 특징〉,
   《韓國文化》, 3, 1982)로 나누어진다.

30 趙明濟, 《高麗後期 看話禪 硏究》, 혜안, 2004; 강호선, 〈고려말 禪僧의 入元遊歷과 元 淸
   規의 수용〉, 《한국사상사학》 40, 2012.

31 토니노 푸지오니, 〈충선왕대의 여·원 불교 관계의 추이와 고려 항주사〉, 《한국사상사
   학》 18, 2002; 김수연, 〈원 간섭기 고려 왕실의 티베트 불교 수용과 밀교 의례의 확산〉,
   《이화사학연구》 54, 2017; 조명제, 〈14세기 고려 지식인의 入元과 순례〉, 《역사와 경계》
   69, 2008.

제,[32] 개혁정치의 성격[33] 등이 연구되었다. 기존에 진행된 다양한 접근을 통해 고려가 중국 원나라의 선진 문화를 수용한 구체적이고 개별적인 사실은 어느 정도 밝혀졌다고 할 수 있다. 하지만 원 문화 수용의 구체적인 실상이나 개별 사실을 종합하여 원 문화 수용의 성격과 그 지향점, 세계 제국 원나라의 문화 수용이 갖는 역사적 의미 등에 대한 거시적인 고찰은 충분하지 않은 상태라고 할 수 있다.

한편 고려와 원 모두에서 관료생활을 한 이곡에 대한 연구는 다양하게 진행되었다. 이곡의 삶과 사상에 대한 연구가 있었고,[34] 《가정집》에 수록된 작품에 대한 연대 비정과 시문에 대한 분석이 진행되었으며,[35] 《가정집》이 중국 원대사 연구 자료 활용되기도 하였다.[36] 또한 이곡의 역사관[37]과 문학,[38] 성리학[39]에 대한 연구가 있었으며, 원 제과 합격자로

---

32 金光哲, 《高麗後期世族層硏究》, 동아대출판부, 1991; 《원 간섭기 고려의 측근정치와 개혁정치》, 경인문화사, 2018; 金塘澤, 《元 干涉下의 高麗政治史》, 일조각, 1998; 이익주, 〈권문세족과 신흥사대부〉, 《한국역사입문》, 1996; 김인호, 〈고려말 사대부 개념의 역사성과 정치적 분화에 대한 논리〉, 《한국사상사학》 64, 2020.

33 李起男, 〈忠宣王의 改革과 詞林院의 設置〉, 《역사학보》 52, 1971; 한국역사연구회, 《14세기 고려의 정치와 역사》, 민음사, 1994; 이익주, 〈고려 충목왕대의 整治都監 再論〉, 《진단학보》 134, 2020.

34 高惠玲, 《高麗後期 士大夫와 性理學 受容》, 일조각, 2001.

35 이성규, 〈고려와 원의 관료 이곡(1298−1351) 年報橋〉, 《동아시아 역사의 환류》, 지식산업사, 2000; 김창현, 〈가정시 분석을 통한 이곡의 인생여정 탐색〉, 《한국인물사연구》 22, 2014.

36 蘇力, 〈《稼亭集》所見元至正五年大都災荒事〉, 《東北師範大學報(哲學社會科學版)》, 2010년 6호(248호); 권용철, 〈李穀의 《稼亭集》에 수록된 대원제국 역사 관련 자료 분석〉, 《역사학보》 237, 2018.

37 최봉준, 〈이곡의 기자 중심의 국사관과 고려·원 典章調和論〉, 《한국중세사연구》 36, 2013.

38 김종진, 〈이곡의 시 세계〉, 《한문학논집》 2, 1984; 〈이곡의 영사시 연구〉, 《고려시대 역사시 연구》, 한국정신문화연구원, 1999; 정원균, 〈이곡 시 연구〉, 《한국한시작가연구》(1), 태학사, 1995.

39 高惠玲, 〈이곡의 사상〉, 《高麗後期 士大夫와 性理學 受容》, 일조각, 2001; 韓永愚, 〈稼亭 李穀의 生涯와 思想〉, 《韓國史論》 40, 1998; 김종진, 〈이곡의 산문에 나타난 성리학과의

서 원 문인과 교류와 고려 제과 합격자와 유대감,[40] 원 성리학 수용의 실상,[41] 원 제과 책문의 모음집인 《어시책》에 수록된 이곡의 급제 답안을 중국인과 비교하기도 하였다.[42] 이외에 이곡의 정치 활동을 바탕으로 당시 정치계를 조망한 연구가 있고,[43] 이곡처럼 고려인으로서 원 관료 활동을 한 인물의 정체성에 대한 연구[44]는 이곡과 그 시대를 이해하는 데 크게 기여하였다고 할 수 있다. 다만 이러한 연구는 개별적이고 분산적으로 진행되어, 14세기 동아시아의 변동 속에서 그의 정치 활동과 사상의 특징을 종합적으로 파악하고 조선시대와 관련성이나 한국사 전체의 맥락 속에서 그의 역사적 위상을 자리매김하는 데에는 아직 미흡한 점

교섭 양상〉, 《한문학보》 13, 2005; 마종락, 〈가정 이곡의 생애와 사상〉, 《한국사상사학》 31, 2008.

[40] 金錚 지음, 김효민 옮김, 〈제4장 원대의 과거문화〉, 《중국과거문화사》, 동아시아, 2003; 오금성, 〈중국의 과거제와 그 政治·社會的 機能〉, 《科擧》, 일조각, 1981; 柳浩錫, 〈高麗時代의 制科應試와 그 性格〉, 《宋俊浩敎授 停年紀念論叢》, 1987; 이성무, 〈賓貢科와 制科〉, 《한국과거제도사》, 민음사, 1997; 주채혁, 《元朝 官人層 研究》, 정음사, 1986; 高惠玲, 〈高麗 士大夫와 元의 科擧〉, 《高麗後期 士大夫와 性理學 受容》, 일조각, 2001; 裴淑姬, 〈元代 科擧制와 高麗進士의 應擧 및 授官格〉, 《東洋史學研究》 104, 2008; 〈宋元代 科擧를 매개로 한 同年關係와 同年간의 交流〉, 《東洋史學研究》 132, 2015; 渡邊健哉, 〈元代科擧的 策問和 對策〉, 《考試研究》 제5권 2기, 2009; 櫻井智美, 〈日本における最近の元代史研究-文化政策をめぐる研究を中心として〉, 《中国史学》 12, 중국사학회, 2002; 石山裕規·櫻井智美·田畑成基·森本創, 〈《皇元大科三場文選》《策》校注〉, 《明大アジア史論集》 21, 2017.

[41] 文喆永, 〈麗末 新興士大夫의 新儒學 수용과 그 특징〉, 《韓國文化》 3, 1982; 周采赫, 〈元 萬卷堂의 設置와 高麗儒者〉, 《孫寶基博士停年紀念韓國史學論叢》, 1988; 張東翼, 《高麗後期 外交史 研究》, 일조각, 1994; 邊東明, 《高麗後期性理學受容研究》, 일조각, 1995; 金仁昊, 《高麗後期 士大夫의 經世論 研究》, 혜안 1999; 森平雅彦, 〈朱子學受容の國際的背景-モンゴル時代と高麗知識人〉, 《アジア遊學》 50, 2003; 채웅석, 〈원 간섭기 성리학자들의 화이관과 국가관〉, 《역사와 현실》 49, 2003; 문철영, 《고려 유학 사상의 새로운 모색》, 경세원, 2005; 강문식, 〈여말선초 성리학의 수용과 그 성격〉, 《역사비평》 122, 2018.

[42] 도현철, 〈원 제과(1333년)의 고려인·중국인 對策文 비교 연구〉, 《역사와 현실》 43, 2013.

[43] 김형수, 〈충혜왕의 폐위와 고려 유자儒者들의 공민왕 지원 배경〉, 《국학연구》 19, 2011.

[44] 장동익, 〈제4장 원에 진출한 고려인〉, 《高麗後期外交史研究》, 일조각, 1994; 이강한, 〈원 제국인들의 방문 양상과 고려들의 인식 변화〉, 《한국중세사연구》 43, 2015.

이 있다.

이처럼 연구의 폭과 깊이가 다양화, 심층화되는 상황에서 기존 연구의 토대 위에 최신의 연구 성과를 수렴할 수 있는 종합적인 정리가 필요해 보인다. 조선시기부터 최근에 이르기까지 이곡에 대한 이해는 특정시기나 개별 주제에 한정되어, 시대 상황을 고려한 유기적이고 종합적인 검토가 이루어지지 않았기 때문이다. 이 책에서는 이런 연구 현황을 감안하여 몽골 원나라의 성격과 고려와 원의 관계, 그 속에서 고려와 원에서 관료로 활동했던 이곡의 정치적 지향을 기왕의 연구를 최대한 반영하여 살펴보고자 한다.

이 연구는 이상의 문제의식 아래 기획되었고 다음과 같은 점을 유의하고자 한다.

첫째, 《가정집》에 대한 서지학적, 역사적 검토를 진행하는 일이다. 《가정집》은 권1-13까지는 잡저雜著, 기記, 비碑, 설說순으로 구성되었고 권14-20까지에는 시詩가 배치되어 있다는 점에서 특징적이다. 이러한 배치는 시 또는 사를 앞세우고 주의奏議, 잡저 등의 산문을 뒤에 놓는 전통적인 문집[45]의 체제와는 차이가 있다. 또한 《가정집》 권1의 잡저는 논, 전, 문, 석의 등 다양한 형태의 산문으로 구성되어 있다. 특징적인 것은 과거시험 문제인 책문策問이 권1에 수록되었음에도 권13에 과거시험 문제인 정시책·향시책·응거시책이 실려 있다는 점이다. 동일한 분류의 책문을 권1과 권13으로 달리 배치한 이유는 무엇인가?

《가정집》은 공민왕 13년(1364)에 아들인 이색이 편차하였다. 《가정집》이 간행되기 전에 《익재집》과 《동안거사집》이 간행되었는데 모두 이색이 서문을 썼다. 《동안거사집》은 앞부분에 잡저가 있고 뒷부분에 행록과 시가 배열되어 있다는 점에서 《가정집》의 구성과 친연성을 가지고 있다.

---

[45] 이승환, 〈동양철학 글쓰기 그리고 맥락〉, 《상상》 1998 여름.

이러한 사실에 따르면 이색은 원나라에서 활동했던 경험을 통해 중국 문집의 형태와 체제 그리고 구성에 대한 주견을 확립하고 《동안거사집》의 사례를 원용하여 시문보다는 잡저라는 글쓰기를 중시하는 생각에서 《가정집》을 편찬하였다.[46] 그렇다면 더 근본적으로 《가정집》은 어떠한 편찬 원칙에 근거하여 문집 체제를 구성하였는가 하는 문제, 곧 같은 유교문화권에 속하는 중국과 한국, 고려와 조선에서 간행된 문집의 체제에 나타나는 특성과 연관시켜 살펴보아야 할 필요성이 제기된다.

현전하는 《가정집》(한국문집총간)은 1658년 전주에서 간행된 사간본인 연세대 소장본(20권 4책)을 영인하면서, 고려로 가는 이곡에게 원나라 문인이 준 시모음인 《가정잡록》을 추가한 것이다. 주목해야 할 사항은 일본의 존경각, 동양문고, 천리대학 도서관(今西龍文庫)과 미국의 버클리대학교 동아시아도서관 아사미 문고에 《가정집》이 존재한다는 것이다. 이들 이본을 수집하고 문집총간본과 비교하여 그 차이를 분석한 연구는 현재까지 진행되지 않고 있다. 따라서 이 책에서는 이들 이본을 수집하고 조사하는 한편 문집총간본과 비교 교감하는 작업을 먼저 진행하고자 한다. 기초 자료에 대한 실증적인 검토는 역사 연구가 소정의 성과를 거둘 수 있는 필수 조건이기 때문이다.

이처럼 《가정집》의 체제상 특징이 무엇인가를 구명하는 실증적 작업은, 이곡 개인에 대한 연구뿐 아니라 이곡이 활동했던 14세기 고려사회를 이해하는 연구에 기초 자료를 제공할 수 있고, 고려시기 유교지식인의 문화적 성격을 이해하는 데도 도움을 줄 것으로 생각한다.

둘째, 이곡이 고려와 원에서 15년 동안 관료생활을 하면서 구축한 인적 네트워크의 특징을 비교하는 일이다.

---

46 황의열, 〈韓國 文集의 文體分類 研究 I ―《동문선》과 그 이전의 문집을 중심으로―〉, 《한문학보》 5, 2001.

이곡은 고려뿐만 아니라 원에서 관료생활을 하면서 중국인과 직접 교류함으로써 지식 정보를 교환하고 전파하였으며, 이를 기반으로 구축한 사회적, 일상적 인적 네트워크를 통해 정치사회적 영향력을 가지고 활동하였다. 고려에서 이곡은 이제현이 지공거일 때 과거에 합격하여 예문검열, 지밀직사사, 동지공거 등을 역임하였다. 그는 좌주문생의 관계, 혼인관계, 관직 생활을 매개로 인적 연결망을 구축하였다. 이를 통해 지식 정보를 교환하였을 뿐 아니라 사회 정치적인 네트워크를 확산시키는데 활용하였다. 이러한 인적 네트워크는 개경과 한산·여주·영덕 등 서울과 지방을 포괄하는 범위에서 만들어지고, 의선義旋·해원海圓·수공修公 등 승려는 물론 최해·백문보·우덕린·이인복·정포·우탁 등 유학자를 망라한 것이었다. 이곡의 인적 네트워크는 원 간섭기 성리학 수용과 불교와 교류, 부원배나 권세가에 대항하는 세력의 결집이라는 중층적 대응의 과정에서 사상적 토대를 조성하고 나아가 유교사회를 지향하는 현실 개혁의 측면에서 매우 중요한 영향을 끼쳤다.

또한 이곡은 원에서 관직 생활을 매개로 원 체류 고려인과 네트워크를 형성하였다. 그는 원 제과에 급제한 이래, 한림국사원검열관·휘정원관구·정동행중서성좌우사원외랑·중서사전부 등을 역임하였고, 그 과정에서 고려에서 온 왕자·궁인·관료·학자·역관 등은 물론 원나라의 관료·학자·승려 등 다양한 인물들과 폭넓게 교류하였다. 이는 고려인으로 원에서 출세한 인물, 예컨대 기황후가 금강산 장안사가 중창되자 그에게 기문을 부탁한 사실, 원에 숙위한 박쇄노올대朴瑣魯兀大가 원나라 대도에 석탑을 건립하고 고향인 광주의 신복선사神福禪寺를 중창하면서 이곡에게 기문을 요청한 사실에서 확인할 수 있다. 이 밖에도 이곡은 부원배로 알려진 정독만달鄭禿滿達·주완자첩목아朱完者帖木兒·백안찰김공伯顏察金公·조백안불화趙伯顏不花 등과 교류하며 그들의 요구에 따라 기록물을 남기기도 하였다. 이러한 기록에는 원 제국의 관점에서 사실을 파악하는 모습도 포함되었다.

이곡은 원 관료로서 원 유학자들과 교류하였다. 원나라 제과 동년인 여궐·성준, 관료생활을 통하여 알게 된 구양현歐陽玄·송본宋本 등이 대표적인 인물로, 이들은 이곡이 고려로 돌아갈 때 송별시를 써주었다. 1334년 원 순제의 흥학조를 가지고 귀국할 때 14명, 1337년 정동행성 좌우사 원외랑에 임명될 때 13명, 1346년 원에서 중서사전부 재직 시 반삭의 명을 받아 귀국할 때 8명이 송별시를 써주었다. 기왕의 연구에서 이러한 사실을 주목하지 않은 것은 아니지만,[47] 20여 년이 지나 주변 연구가 활발하고 또 중국 측 자료를 활용하여 이들 인물의 특징이나 여원관계 활동에 나타난 특성에 대해 더 풍부하게 설명할 필요가 생겼다.

이곡과 원 문인·관료의 인적 네트워크는 원나라의 지식 정보를 확보하는 측면에서는 물론 원과 고려의 원활한 외교관계를 유지하는 측면에서도 긍정적인 작용을 하였다. 예컨대 입성론이나 공녀 파견 등의 사안과 관련하여 이곡은 원 관료와 인적 네트워크를 활용해 고려의 의사를 전달하였으며, 성리학의 최신 경향을 습득하여 이를 고려에 수용할 수 있도록 했다. 그 인적 네트워크에 대한 구명은 원과 고려의 외교적 관계, 성리학을 포함한 원 문화 수용의 양상을 이해하는 데 기여할 것이다.

셋째, 두 번째 필요성과 연관하여, 고려인이면서 원나라 관료였던 이곡의 원과 고려에 대한 인식, 특히 국가관과 개혁 내용, 원 문화 수용 태도를 이해하는 문제이다.

현대 한국사 연구자들은 이 시기를 원의 간섭과 지배를 받는 원 간섭기로 본다. 즉 원나라 공주와 혼인, 원나라에 의한 고려왕의 즉위와 퇴위, 고려 관제의 개편, 정동행성의 설치와 그것을 통한 내정 간섭 기도

---

[47] 高惠玲, 《高麗後期 士大夫와 性理學 受容》, 일조각, 2001; 張東翼, 《高麗後期外交史 研究》, 일조각, 1994.

등 정치군사적 예속의 정도가 역대 어느 이민족에 대한 것보다 컸다고 본다.[48] 하지만 고려 후기 당대의 유학자들은 대원관계를 긍정적으로 인식하고 있으며, 원나라에서 도입된 유교 문화가 고려 사회를 진흥시키는 데 큰 기여를 하였음을 높이 평가하고 있다.[49] 그렇다면 현대 한국사 연구의 평가와 당시 유학 지식인들의 인식이 갈리는 이유는 무엇인가?

이곡을 비롯한 당대 유학자들은 원을 최고의 문명국으로 보고 원을 모델로 하는 국가 개혁을 시도하였다. 당시 원나라는 개방적, 국제적 태도를 취하였다. 이에 따라 주변 국가 출신이 국자감에 입학하는 것이나 제과에 응시하는 것을 허용하였으므로 다양한 종족들이 관료로 활동할 수 있었다. 이곡은 수도인 대도에서 원의 관료가 되어 제국 원나라 국가 운영의 일원으로 활약하였다.

그런데 원과 고려에서는 고려 국호를 없애고 하나의 중국 성으로 편입하는 입성론立省論이 제기되었고,[50] 원나라는 공녀를 요구하고 노비제를 개혁하도록 하는 등 고려의 전통적인 제도와 관습을 원의 그것에 맞추도록 요구하였다. 이러한 문제와 관련하여 원의 관료였던 이곡이 자국인 고려를 어떻게 자리매김하였고 원을 어떻게 인식했으며 위에서 제시한 문제들에 대해 어떻게 대응했는지가 궁금하다.

한편 이곡은 고려사회를 개혁하여 유교적 이상사회를 실현코자 하였다. 그가 원에 머물 때 고려 재상에게 상소를 보내 고려가 나라답지 못하다고 비판하며 고려 국가의 존립과 운영에 문제가 있음을 천명하고 개혁의 필요성을 역설했다.[51] 특히 고려 국가의 오랜 전통과 제도를 기

---

[48] 박종기, 〈총론: 14세기의 고려사회 —원 간섭기의 이해문제〉, 《14세기 고려의 정치와 사회》, 민음사, 1994.

[49] 주) 4와 같음.

[50] 金惠苑, 〈원 간섭기 立省論과 그 성격〉, 《14세기 고려의 정치와 사회》, 민음사, 1994.

[51] 《稼亭集》 권8 寓本國宰相書(《高麗史節要》 권25, 忠穆王(즉위년 5월)(654-655쪽);《高麗

반으로 선진적인 원 문화의 수용을 고민하였다. 이와 관련하여 정동행성의 원 관료였던 게이층揭以忠의 원제 도입 주장과 견주어 이곡의 대응이 담긴 의미를 구명하는 것 또한 매우 중요한 주제이다. 이곡이 원으로부터 받아들인 선진 사상과 제도를 고려에 적용하여 개혁하고자 했던 내용과 성격을 분석하고, 그것이 공민왕과 우왕, 창왕, 공양왕 등 고려 말 개혁정치 그리고 조선왕조의 정치와 문화와 어떻게 연관되는지 구명하는 작업이 필요하다.

이것은 앞서 언급한 《주역》의 관광을 거론하며 원나라의 선진 문명을 본받아 고려를 유교 국가로 건설하려는 것과도 연관된다. 즉 고려 자국에 대한 인식과 사대 또는 소중화 의식을 이해하고 그 저변에 깔려 있는 고려의 문화적 전통에 대한 인식과 중국문화에 대한 수용 태도를 고려 이전이나 이후의 인식과 대비해서 음미하는 일이다. 이러한 태도는 당나라에서 관료생활을 한 최치원이 신라의 역사를 향사鄕史, 신라의 사신을 향사鄕使로 표현함으로써 중국문화를 중심에 두고 신라 문화를 그 주변으로 설명한 것과 연관시켜 살펴볼 필요가 있기 때문이다. 이와 관련하여 국가의 독립성과 풍속의 유지, 곧 고려문화를 존중한다는 의미로 최근에 널리 사용되는 '세조구제'의 논리를 확인하면서,[52] 고려와 원의 관계를 원 관료인 이곡의 시각에서 파악해 보는 것은 고려와 원 관계를 더 풍성하게 이해할 수 있는 관점을 제공할 것이다.

넷째, 이곡이 구상하는 구체적인 사회의 내용을 유교의 이상사회상, 문치사회론과 관련해서 파악하는 일이다. 이곡은 유학자로서 효제가 실현되고 예치가 행해지는 사회를 지향하였다. 그가 오륜으로 집약되는 인륜을 어떻게 파악하고, 효와 충, 열로 표현되는 유교 규범을 어떻게 이

史》 권109, 列傳25 李穀(하책, 390~391쪽).

52 李益柱, 《高麗·元 關係와 高麗後期 政治體制》, 서울대박사논문, 1996.

해하였으며, 이를 가정과 사회, 국가로 확대하기 위하여 어떠한 방법을 제시하였는지 궁금하다. 또한 유학은 형률로 타율적 강제적으로 지배하기보다는 지배층의 덕과 예로써 솔선수범하여 백성을 교화하는 왕도정치를 추구한다고 할 때, 이곡은 어떠한 방식으로 유교적 이상 사회를 실현하려 했는지 살펴볼 필요가 있다.

유교적 이상사회를 실현하는 주체는 유학자로서 관료이므로 그들이 사회를 이끌어 가야 한다고 할 때, 유학자로의 관료는 어떠한 의식과 자세를 가져야 한다고 이곡은 보았는가? 예컨대 유학자로서 관료가 지향하는 목표는 무엇이고 내면의 수양과 백성에 대한 인식을 포함한 사회 운영 방식, 국가 운영의 방법과 군신 관계 등에 대한 이곡의 견해는 무엇인지 해명될 필요가 있다.

이러한 것들이 이해되었을 때 이곡이 궁극적으로 지향하는 이상사회는 무엇인지 파악할 수 있다. 그리고 이곡이 지향하는 유교 사회는 고려 말의 이색과 권근, 정도전 등의 개혁이념과 어떠한 연관을 가지며 조선시대 유교 사회와 관련성은 무엇인지 살펴볼 수 있을 것이다.

다섯째, 이곡의 역사관과 유학 사상을 알아보고 이를 통해서 그의 사상이 한국 사상사 또는 동아시아 사상사에서 차지하는 위상은 무엇인가를 이해하는 일이다. 이곡은 성리학을 수용하고 성리학에서 제시하는 정치사상을 고려에 확대 적용하려 하였다. 종래 연구에서도 이러한 면이 주목되었지만, 사상의 수용 양상을 당시 정치 사회적 배경 속에서 분석하는 접근은 미흡하였고 또한 성리학 자체의 성격에 대한 구체적인 분석은 제시되지 않았다.

이곡의 사상은 중국 유학의 경전은 물론 역사서에 대한 이해를 기반으로 형성된 것이다. 《가정집》에 수록된 작품들 속에는 사서오경과 같은 경서와 함께 《한서》, 《후한서》와 같은 역사서, 제자백가서 등 다양한 텍스트가 원용되고 있다. 이는 그가 원나라에서 유학 생활을 통해 그때까

지 내려오는 중국의 역사와 철학 그리고 이를 포괄하는 문화 전통을 학
습하고 이를 기반으로 이상적인 사회상, 인간론을 제시하고 있음을 보여
주는 것이다.

예컨대,《가정집》에서 이곡은 황·제·왕·패라는 중국의 군주상을 바탕
으로 이상적인 군주상을 제시하고 있는데, 이를 원나라에서 유행한 관련
사상 경향과 비교 연구하는 작업이 필요하다.[53] 이와 함께 이곡은《사서
집주》와《한서》·《후한서》를 적극 활용하여 유교 경전 속의 인간형과 구
체적인 인간의 다양한 삶을 전한과 후한시대의 인물들을 중심으로 소개
하고 비평함으로써, 어떠한 인간으로 어떻게 사는 것이 바람직한 삶인가
를 예시하고 있다. 이처럼 이곡이 지향하는 유교 국가의 인간형과 국가
사회에 대한 전망을 살펴보는 것은, 14세기 원나라와 고려의 상호관계
속에서 드러나는 사상과 문화의 전반적인 특징과 함께 고려의 유교 지
식인이 가진 정치사상적 특성을 파악하는 데도 도움을 줄 것이다.

이곡은 고려의 실록과 역사서를 편찬한 역사가로서, 그의 역사관과
중국사와 한국사의 역사 체계에 대한 이해를 분석할 필요가 있다. 그가
중국의 하·은·주 삼대와 한·당·송·원으로 이어지는 중국의 왕조 교체와

---

53 皮錫瑞,《經學歷史》, 思賢書局(호남성), 1907(李鴻鎭 譯,《중국경학사》, 동화출판공사,
1984); 狩野直禎,《中國哲學史》, 岩波書店, 1953(吳二煥 譯,《중국철학사》, 을유문화사,
1985); 金鍾圓,〈元代 蒙古《國子學》과《太學》에 對하여〉,《東洋史學研究》3, 1969; 安部
健部,《元代史の研究》, 創文社, 1972; 牧野修,〈元代の儒學教育 ―教育課程を中心にして
―〉,《東洋史研究》37-4, 1978; W.Theodore de Bary,〈元代における道學の興隆〉,《東洋史
研究》38-3, 1979; 鄭仁在,〈元代의 朱子學 ―元儒의 道統意識을 中心으로―〉,《東洋文化》
19, 1979; 高令印·陳其芳,《福建朱子學》, 福建人民出版社, 1986; 候外廬,《宋明理學史》, 人
民出版社, 1984(박완식 옮김, 이론과 실천, 1995); 金承炫,《元代 北許南吳 理學思想研究》,
輔仁大學박사논문, 1988; 포은사상연구회,《元代 性理學》, 1993; 周采赫, 앞의 논문; 岩間
一雄,《中國政治思想史研究》, 未來社, 1990(김동기, 민혜진 옮김,〈원대 유교〉,《중국정치
사상사연구》, 동녘, 1993; 劉澤華 主編,《中國政治思想史》, 浙江人民出版社, 1996; 三浦秀
一,《中國心學の稜線 ―元朝の知識人と儒道佛三教―》, 研文出版, 2003; 徐遠和,《洛學源
流》, 齊魯書社, 1987/손홍철 옮김,《이정의 신유학》, 동과서, 2011; 葉德輝,《書林淸話》, 觀
古堂, 1920/박철상 옮김,《서림청화, 중국을 이끈 책의 문화사》, 푸른역사, 2011.

고려 왕조의 성립, 무신정권, 원과의 관계 등을 어떻게 파악했는가를 살펴봄으로써 그의 역사 인식의 성격을 파악할 수 있을 것이다.

이를 통해 이곡 사상의 특징을 원 중심의 동아시아라는 공시적 측면에서 그리고 조선시대라는 통시적 측면에서 함께 조망할 수 있을 것으로 전망된다.

이 책은 이러한 문제의식 아래 기왕의 연구와 《가정집》의 자료적 성격에 유의하면서 이곡의 정치사상의 특징을 밝혀 보고자 한다. 참고로 이 연구에서는 조선 현종 3년(1662)에 사간본四刊本을 영인한 《가정집》을 주 자료로 삼았음을 밝혀 둔다.[54]

---

54 이 책에서 《稼亭集》(《韓國文集叢刊》 권3(민족문화추진회, 1990)을 주 자료로 이용하였고,《국역가정집》 1-2(이상현 옮김, 민족문화추진회, 2007)을 참고하였다. 또한 국사편찬위원회 한국사 데이터 베이스의 한국 고전의 원문과 번역을 참고하였고, 아울러 한국고전번역원의 한국고전종합DB의 원문과 번역을 참고하였다.

제2장

《가정집》의 체제 구성과

인적 네트워크

1. 《가정집》의 체제 구성과 편찬 원칙

1) 《가정집》의 판본과 편찬 원칙

《가정집》(《稼亭集》)은 공민왕 13년(1364)에 이곡의 아들 이색이 20권으로 편집하여,[1] 사위 박상충이 충청도 금산에서 처음 간행하였다. 세종 4년(1422)에 이색의 3남 이종선과 손자 이숙묘(이색의 차남인 이종학의 4남)가 강원도관찰출척사 유사눌柳思訥(1375-1440)에게 부탁하여 강원도에서 재간再刊하게 하였다. 삼간三刊은 인종 13년(1635)에 한산 이씨 후손인 경상도 관찰사 이기조(1595-1653)가 흩어진 문집을 모으기는 하였으나 완전하지 못한 상태로 대구에서 간행하였다. 이기조의 부친 이현영(1573-1642)의 부탁으로 김상헌(1570-1652)이 서문을 썼다. 사간四刊은 현종 3년(1662)에 전라도 관찰사 이태연(1615-1669)이 전본을 얻어 전주에서 간행하였다. 오간五刊은 1940년 후손 이명복과 이영복 등이 충청도 홍주에서 간행하였는데 충청도 한산 문헌서원에 그 책판이 20권 4책 총 293판 행(가로 세로: 10×20)으로 남아 있다.[2] 현재 널리 읽혀지고 있는 한국문집총간에 수록된 《가정집》은 현종 3년(1662)에 간행된 사간본(연세대 소장본)을 저본으로 1990년 민족문화추진회(한국고전번역원)가 간행한 것이다. 이 《가정집》의 순서는 목록,[3] 연보, 권1-20, 〈가정잡록〉,

---

1 《稼亭集》稼亭先生文集 目錄 應奉翰林文字承事郎 同知製教 兼國史院編修官 李穡 編.

2 《稼亭集》跋(尹澤, 李基祚, 李泰淵); 이우성, 〈해제〉, 《국역가정집》 1, 민족문화추진회, 2006; 김건곤, 〈가정집〉, 《《해동문헌총록》과 고려시대의 책》, 한국학중앙연구원 출판부, 2013.

윤택, 유사눌, 이기조, 이태연 발문의 순으로 되어 있다.

《가정집》 초간본은 성암고서박물관*에 낙질 1책(권11-13)이 소장된 것으로 알려져 있다. 사간본 《가정집》의 소장처는 일본의 동양문고, 천리대학, 존경각문고 그리고 미국 버클리대학교 동아시아도서관 아사미 문고 등이다. 이에 관해서는 일본인 학자 후지모토 유키오藤本幸夫가 정리한 연구가 있고[5] 고려대학교 민족문화연구원 해외한국학자료센터에서 해외 한국학 자료를 수집하는 과정에서 일본의 동양문고와 미국 버클리대학교 동아시아도서관 아사미 문고[6] 소장의 《가정집》을 조사하였다.[7] 국립중앙도서관에는 《가정집》을 복사한 이미지를 홈페이지에 게시하고 있다. 특징적인 것은 인조 13년(1635)에 간행한 삼간본에 김상헌의 〈가정집중간서〉를 싣고 있다는 것이다.[8] 현종 3년(1662)에 간행된 사간본에는 김상헌의 중간서가 빠져 있다.

현존하는 삼간본과 사간본 《가정집》은 목판본으로, 판형(행)(가로 세로: 10×20)이 일치하고 후대에 붙여진 〈가정잡록〉의 교감은 이미 정리된 것이 있다.[9] 하지만 《가정집》의 국내판본을 조사하면 약간의 차이점

---

3 목록에는 〈가정잡록〉이 빠져 있고 김상헌의 발문이 없다.

4 《성암고서목록》, 誠庵古書博物館, 1975.

5 藤本幸夫, 《日本現存朝鮮本研究 集部》, 京都大學學術出版, 2006.

6 한국서지학회, 《해외전적문화조사목록: 美國 Berkerey大學 東亞圖書館 Asami文庫》, 1996.

7 백진우, 〈일본 동양문고(東洋文庫) 소장 한국 고서에 대해 ―자료 개관·연구현황·연구 과제·특징적 면모를 중심으로〉, 《열상고전연구》 36, 2012.

8 《淸陰集》 권38, 稼亭先生文集重刊序(《한국문집총간》 77).

9 장동익, 〈제12절 李穀에 관련된 기사〉, 《元代麗史資料集錄》, 서울대출판부, 1997, 192-206쪽. 宋祁의 《燕石集》에 있는 '蓋蘇文後少無事'가 《稼亭集》에 '箕子遺風二千載'로 되어 있고, 潢가 愔으로, 訝가 迎으로, 儒가 晝로 되었다. 陳旅의 《安雅堂集集》에 仕가 任으로, 興이 興로, 制詔天下가 上太로, 擧千가 得於로, 于가 於로, 元統 2년 4월 18일 國子助教 圃田 陳旅가 들어가 있다. 그 밖에 황진의 글과 공사태와 내현의 글에도 이러한 차이가 있다. 가장 큰 차이는 내현의 글로 朝萬國이 頒正朔으로, '鮫人夜織機聲近 龍女晨遊佩影寒 獨捧絲綸渡遙海'가 '團團海日扶桑曙 渺渺雲槎弱水寒 萬國驅馳去京國'으로 되어 있다.

이 발견된다. 고려대 동양문고본에는 계혜사揭傒斯가 붙어 있는 반면 국립중앙도서관에는 계와 혜사가 떨어져 있다. 한림수찬 송경宋褧이 고려대본에는 송경으로 붙어 있지만, 국립중앙도서관본에는 떨어져 있다. 무엇보다도 차이를 보이는 것은 고려대본의 '안성류문安成劉聞'이 국중본에는 '안성류열安成劉閱'로 되어 있다는 점이다. 민족문화추진회본에는 '안성류열安成劉閱'로 되어 있다.[10]

이를 통해서 그 전모를 알 수 있다. 이를 표로 제시하면 다음과 같다.

〈표 1〉《가정집》 현존 판본 현황

번호	소장처	간행시기	내용
1	성암고서박물관	공민왕 13년(1364), 초간	낙질(권11-13)
2	국립중앙도서관	인조 13년(1635), 삼간	발(이기조) 서(김상헌) 목록, 연보, 20권, 잡록, 발(윤택, 유사눌, 이기조)
3	일본 동양문고	인조 13년(1635), 삼간	잡록, 20권
4	천리대학	현종 3년(1662), 사간	잡록, 연보, 20권, 발(윤택, 유사눌, 이기조. 이태연)
5	존경각 문고	현종 3년(1662), 사간	연보, 20권, 잡록, 발(윤택, 유사눌, 이기조, 이태연)
6	미국 아사미 문고	현종 3년(1662), 사간	연보, 20권, 잡록, 발(윤택, 유사눌, 이기조, 이태연)
7	연세대	현종 3년(1662), 사간	연보, 20권, 잡록, 발(윤택, 유사눌, 이기조, 이태연)
8	규장각한국학연구원	현종 3년(1662), 사간	연보, 20권, 잡록, 발(윤택, 유사눌, 이기조, 이태연)

〈표 2〉《가정집》(四刊本)에 없는 이곡 관련 자료

번호	제 목(저자)	시 기	소장처
1	聘君文孝公畵像贊(羅繼從)	공민왕 4년(1355), 오간본	《竹軒遺集》(《韓國文集叢刊》(續))
2	稼亭先生文集重刊序(金尙憲)	인조 13년(1635), 삼간본	《淸陰集》 권38(《韓國文集叢刊》 77)
3	高麗贊成事李文孝公稼亭碑記(홍여하)	五刊本	《木齋集》 권6(《韓國文集叢刊》 124)
4	稼亭李文孝公神道碑銘(송병선)	1899년 6월	《淵齋集》 권31(《韓國文集叢刊》 330)

이 밖에 《국역가정집》 부록의 원문 상단에 誤字, 脫字, 衍文을 표시하였다(이상현 옮김, 《국역가정집》, 민족문화추진회, 2006).

10 《稼亭集》과 금석문에는 차이가 있는 것 있다. 예컨대, 《稼亭集》 권12, 《東文選》 권125의 '趙瑋 묘지명'에 없는 "至正九年己丑淸明 奉訓大夫中瑞司典簿李毅撰 後學韓脩書"가 국립중앙도서관에 있는 원석에 있다(金龍善 編著, 《高麗墓誌銘集成(5판)》, 2012, 한림대출판부, 629-632쪽).

　《가정집》은 1364년(공민왕 13) 이색이 윤택의 발문을 받아 금산에서 초간하였다. 〈가정잡록〉은 후대에 추록한 것이다. 윤택의 발문에 이색이 편했다고 하였고 목록 앞에 '응거한림문자·승사랑지제고·겸국사원편수관 이색 편'으로 표시된 것으로 보아, 이색이 《가정집》의 편찬과 구성에 직접 관여했음을 알 수 있다. 발문을 쓴 윤택에 따르면, 이색이 홍건적의 침입으로 공민왕이 안동으로 파천하는 상황에서도 유고를 잃지 않고, 20권으로 엮은 뒤 금산 수령이었던 매부(이곡의 사위) 박상충에게 이를 정서하여 판각하게 하였다.[11] 《가정집》은 권1 잡저, 권2-5 기, 권6 기와 비, 권7 설과 제발, 명찬, 권8 서와 계, 서, 권9 서, 권10 서와 표전, 소어, 청사, 권11 제문과 묘지명, 권12 묘지명과 행장, 권13 정문程文, 권14 고시, 권15-19 율시, 권20 율시와 사로 구성되어 있다. 연보와 잡록은 후대에 첨입된 것으로 보인다.

　《가정집》은 권두에 목록을 수록하였는데 이색이 편찬한 것이다. 연보는 이색이 당대에 지은 것인지 현재로서는 판단하기 어렵지만, 정동행성을 '본성本省'으로 표현한 것에 근거하면 공민왕대의 분위기를 반영하여 이색이 정리한 것으로 보인다. 현재 널리 참조하고 있는 사간본四刊本에 수록된 가정선생연보는 3단으로 구성되어 있다. 상단에는 연도를 표기하고 중단과 하단에는 기사를 적었다. 중단과 하단에 각각 기사를 적었는데 구분과 관련한 일정한 원칙은 발견할 수 없다. 송대에 4단으로 구성되고 기사의 내용에 따라 구분한 것과 다르다. 아울러 관력만을 간략히 적고 기사의 내용이 소략하다.[12]

---

11 《稼亭集》跋(尹澤)(공민왕 13년 5월) "稼亭李中父與子俱出益齋門下, 又同游翰苑. 凡所質疑, 山斗是仰, 奄然先逝, 嗚呼.惜哉. 今其子密直提學李穡, 於辛丑播遷蒼黃之際, 能不失遺藁, 編爲二十卷, 令妹夫錦州宰朴尙衷書以壽諸梓. 予得而閱之慨然圭復, 益歎其所樹立如此, 又嘉其有子如此, 於是乎書. 至正甲辰五月初吉, 栗亭老人尹澤, 謹識."; 《牧隱集》詩藁 권3, 子旣僥倖登科, 拜翰林供奉, 須次于家, 本國同年諸公, 方爲各州司錄, 而丙科頭臨河華之元在全州, 與吾家甚近, 將往訪之. 會華君攝錦州, 錦多木可刻書, 欲鋟先稼亭文集, 因訪華君于錦, 置酒長歌.

《가정집》의 문집 구성은 전통적인 문집과 구분된다. 권1-13은 잡저, 기, 비, 설, 제발 순으로 구성되고 권14-20에는 시가 배치되어 산문이 우선하고 시가 뒤로 배열되어 있기 때문이다. 한국과 중국의 전통적인 문집 구성은 시나 사가 우선하고 주의, 잡저 등의 산문을 뒤로 배치한 형태이다. 일반적인 문집에서 사, 부, 시가 처음 나오고 이어서 각종 상소문(차자箚子, 봉사封事)을 실으며 뒤에 서간문과 비문, 묘지명이 배열되어 있는 것은, 체험적 진리가 농축적으로 담겨 있는 시문을 가장 중요하게 여기고 은유나 비유를 사용하는 데 익숙함을 보여 주는 것으로 해석된다.[13]

고려시대와 조선시대의 문집은 송대 《동파집》을 참고하여, 편집 체제의 측면에서는 시와 문을 분리하되 시는 창작 연대순으로, 문은 문체별로 편찬하는 방식이 보통이다. 대표적인 것이 《동국이상국집》이다. 이 문집은 전집과 후집으로 구성되어 있는데 전집은 시를 창작 연대순으로, 문을 문체별로 수록하였고, 후집은 전집의 편집방식을 준용하면서 전집에서 빠진 시문과 1237년 이후 말년의 작품들을 수습하여 실었다. 이후 시, 문의 두 가지 장르로 대별하고, 시와 문을 각각 편년과 문체를 기준으로 하는 정리 방식은 조선 후기의 문집에 이르기까지 주류를 이루었다.[14] 《가정집》의 이 같은 차이 나는 편집 방식은 산문을 중시하는 입장이 반영된 것이며, 더 구체적으로는 학문적 글쓰기에서 이곡의 삶과 사상을 논리적이고 분석적으로 천명하는 잡저를 중시하였음을 분명하게 보여 준다.

---

12 李鍾默, 〈韓國 文人 年譜 硏究 ―16세기 이전의 연보를 중심으로―〉, 《藏書閣》 5, 2001, 192-194쪽.

13 이승환, 〈동양철학 글쓰기 그리고 맥락〉, 《상상》 1998 여름.

14 심경호, 〈조선 문집 간행의 경위와 체제에 대한 일고찰 ―鄭道傳 《三峯集》의 사례를 중심으로―〉, 《민족문화연구》 62, 2014, 122쪽.

《가정집》이 잡저 등의 산문을 앞세우고 시를 뒤에 배치한 것은 이색이 《가정집》을 편집하였으므로 이색의 생각을 반영한 것이다. 이색은 아버지 이곡의 문집인 《가정집》을 어떠한 편찬 원칙에 근거하여 구성할 것인가를 고민하면서, 중국과 고려의 문집 사례를 참고하였을 것으로 보인다. 그는 원나라에서 국자감 생활과 원 제과 응시 그리고 원 유학자와 교류를 통하여 중국 문집의 형태와 체제 구성에 대한 주견을 가지고 있었다. 유교문화권의 유학자로서 중국과 신라, 고려 유학의 정수를 담고 있는 문집의 구성을 살펴보고, 유학의 도를 반영하고 유학자의 사상이 잘 드러날 수 있는 문집 체제를 성찰하였던 것이다.

〈표 3〉《동국이상국집》과 《목은집》, 《양촌집》 등 문집 구성

《계원필경집》	《동국이상국집》	《동안거사집》	《익재집》	《가정집》	《목은집》	《양촌집》
1-2: 表	前集 年譜	雜著	1-5: 詩	1: 雜著	詩藁	1-10: 詩
3: 狀	1-18: 古賦詩 古律詩	行錄	6: 書 碑	2-6: 記	1-35: 詩	11-14: 記
4-5: 奏狀	19: 雜著 上樑文 口號 頌讚	1-3: 詩	7: 碑銘	7: 說 跋 讚	文藁	15-20: 序
6: 堂狀	銘	4: 賓王錄	8: 表	8: 書	1-6: 記	21: 說
7-10: 別紙	20: 雜著 韻語 語錄 傳			9: 序	7-9: 序	22: 跋語
11: 檄書 書	21: 說 序			10: 箋 疏語	10: 說	23: 銘 贊
12: 委曲	22: 雜文			靑詞	11: 事大	祭文
13-14: 擧牒	23-24: 記			11: 祭文 行狀	表牋	24: 事大表箋
15: 齋詞	25: 記 牓文 雜著			12: 墓誌銘	12: 讚 銘	本朝箋文
16: 祭文 書記 疏	26-27: 書			13: 程文	13: 書後	25: 本朝箋文
17: 啓狀	28: 書狀 表			14: 古詩	跋 祭文	26: 辭職箋
18: 書啓狀	29: 表			15-20: 律詩	14-19:	箚子 啓本
19: 狀啓 雜書	30: 表牋狀			雜錄	墓誌銘	27-28: 疏語
20: 啓狀 祭文 詩	31: 表				20: 傳	29: 靑詞
	32: 狀					30: 敎書
	33: 敎書 批答 詔書					31-32: 上書
	34: 敎書 麻制 官誥					33: 雜著
	35: 碑銘 墓誌					34-35: 東賢
	36: 墓誌 諛書					史略
	37: 哀詞 祭文					36-38: 碑銘
	38: 道場齋醮疏祭文					39: 碑銘 墓誌
	39: 佛道疏 翰林修製					40: 墓誌行狀

40: 釋道疏祭祝翰林詰院幷				
41: 釋道疏				
後集				
1-10: 古律詩				
11: 贊 序 記 雜議 問答				
12: 書 表 雜著 誄書 墓誌				
銘 跋尾				

이색은 《가정집》이 간행되기 이전 신라와 고려에서 간행된 문집의 체제와 구성을 두루 살펴보고 파악했다. 《가정집》 간행 이전에 《계원필경집》·《동국이상국집》·《익재난고》·《동안거사집》이 편찬되었는데, 이 가운데 《가정집》처럼 시보다 산문을 내세운 것으로는 《계원필경집》과 《동안거사집》이 있다. 《가정집》이 간행되기 전해인 1363년에 《익재난고》가 간행되었고 1359년에 《동안거사집》이 편찬되었는데, 모두 이색이 서문을 썼다. 《계원필경집》은 고운 최치원(857-)이 고병의 종사관이던 당시의 저작을 귀국 후 자편하여 896년에 헌강왕에게 올린 것과 최치원이 당나라 관료로서 공무와 관련된 글을 앞쪽에 싣고, 개인적인 소회와 감상을 노래한 시를 뒤에 실었다.[15] 《동안거사집》은 이승휴(1224-1300)가 1290년경에 자편한 행록과 저자의 아들 이연종이 수집 편차한 잡저를 바탕으로 1359년(공민왕 8)에 간행한 것으로,[16] 이색이 서문을 썼다. 《익재난고》는 이제현(1287-1367)의 문집으로, 이제현의 아들인 이창로와 손자 이보림이 1363년에 이색의 서문을 받아[17] 처음 간행하였다.

이색은 재원在元 활동을 통하여 원나라의 《문집》을 비롯한 중국의 역대 전적과 문집을 두루 살펴보았을 것이다. 현재까지는 《가정집》 편차 구성에 중국 문집의 영향을 확인할 수 없다. 현존하는 사고전서 집부의

---

15 장일규, 〈《계원필경집》의 편찬과 사료적 가치〉, 《진단학보》 112, 2011.

16 宋在雄, 〈《제왕운기》와 《動安居士集》의 板本〉, 《李承休研究論叢》, 삼척군, 1994.

17 《牧隱集》 文藁 권7, 益齋先生亂藁序.

문집구성은 전통적인 문집 편차 구성인 시와 부를 앞세우고 산문을 뒤
로 돌리는 방법을 택하고 있기 때문이다.

이색은 중국과 신라 그리고 고려의 문집을 검토한 뒤, 전통적인 문집
편찬 방식과 달리《동안거사집》을 참고하여 시문보다는 잡저라는 글쓰기
를 강조한 형태로《가정집》을 완성했다. 그는《동안거사집》의 서문에서
《맹자》를 인용해서 문장을 통해 사람을 알 수 있는데, 이승휴의 글은 마
음에 뿌리를 둔 것이 문장으로 드러났다고 하였다.[18] 이색은 글 속에 사
람의 됨됨이가 녹아 있고 시보다는 문을 통해 마음속에 온축된 도를 확
인할 수 있다고 보았던 것이다. 이색은 유학자로서 글에는 도가 실려 있
어야 하고 정신과 사상이 중요하다는 판단 아래 시보다는 산문을 앞세
워야 한다고 보았다. 그리하여 이색은 정통 유가의 원리, 이념이 담긴
아버지 이곡의 글을 모아《가정집》을 편찬하되, 이곡이 아껴 소중하게
여긴 것들과 함께 이곡 사상의 정수를 집약한 것을 엮었다.[19]

2) 문집 편차와 유교 사회의 지향

《가정집》 권1-13은 잡저(9), 기(30), 비碑(3), 설(8), 제발(2), 명찬
(5), 서(3), 계(1), 서(13), 표전(7), 소어(3), 청사(3), 제문(4), 묘지명
(7), 행장(2), 정문程文(5) 순으로 구성되어 있고 권14-20에는 시 383
수가 수록되어, 산문이 시보다 우선하여 배치된 형태이다. 《가정집》의

---

18 《牧隱集》文藁 권8, 動安居士集李文公序(공민왕 8년)(1359) "孟子論尙友曰, 頌其詩, 讀其
書, 不知其人, 可乎? 是以論其世也. 吾嘗謂論文章, 亦當如是, 文章人言之精者也. 言未必皆其
心也, 皆其行事之實也. …… 雖不睹其全集, 其根於心, 著於文辭者, 從可知已."

19 《가정집》에서는 후대의 문집에서 앞쪽에 배치되는 주의류의 글이 뒤쪽에 배열되고 있
는데, 이는 작자의 문학 활동 가운데 산문 창작, 특히 문예적인 성향이 많은 작품을 중시
한 결과라고 한다(황의열,〈韓國 文集의 文體分類 硏究Ⅰ —《東文選》과 그 이전의 문집
을 중심으로—〉,《한문학보》5, 2001).

편찬 연대와 편찬 장소를 구분하여 제시하면 〈표 6〉과 같다.[20]

《가정집》권1 잡저는 논論, 전傳, 문問, 석의釋義 등 다양한 형태의 산문으로 구성되어 있는데, '원수한', '조포충효론', '후한삼현찬병서', '적당고문병서', '석의', '절부조씨전', '책문', '석문', '죽부인전'의 9편을 싣고 있다. 산문 가운데 기, 비, 설, 서 등 정해진 양식이 있는 것은 권2부터 권13까지 뒤로 미루고 그야말로 잡다한 글을 맨 앞에 내세웠다.

가장 먼저 나오는 '원수한'은 홍수와 가뭄의 재해가 발생하는 원인을 하늘의 운수[天數]와 사람의 일[人事]의 관점에서 설명한 글이다. 홍수와 가뭄과 같은 자연 재해의 일차적 발생 원인은 백성의 억울함이 화기를 손상시키는 데에 있으니 탐관오리를 제거하고 유사(관리)가 백성들에게 억울한 일이 생기지 않도록 해야 한다고 하였다.

'조포충효론'은 중국 후한 때 요서를 지키는 관리였던 조포가 선비족에게 모친과 처자가 인질로 잡혀 있는 상황에서도 공격을 감행해 승리하기는 했지만 모친과 처자는 살해되고 자신은 자살한 고사를 논의한 것이다. 이곡은, 《맹자》가 살인을 저지른 아버지를 간수 몰래 옥에서 빼내 달아나서 천자의 지위를 헌신짝처럼 버리고 즐겁게 지냈을 것이라고[21] 한 순임금처럼 천하를 가볍게 여기는 것이 좋았을 것이라고 하였다.[22] 정통 유학의 관점에서 가족에 대한 도리를 강조하여 주장한 것이

---

20 《가정집》의 편찬 연대와 편찬 장소에 대해서는 다음에 글에 의지하는 바가 크다(이성규, 〈고려와 원의 관료 이곡(1298~1351) 年報稿〉, 《동아시아 역사의 환류》, 지식산업사, 2000; 김창현, 〈가정시 분석을 통한 이곡의 인생여정 탐색〉, 《한국인물사연구》 22, 2014).

21 《孟子》盡心章句上 "桃應問曰, 舜爲天子, 皐陶爲士, 瞽瞍殺人, 則如之何. 孟子曰, 執之而已矣. 然則舜不禁與, 曰夫舜, 惡得而禁之, 夫有所受之也. 然則舜如之何曰, 舜視棄天下, 猶棄敝蹝也. 竊負而逃, 遵海濱而處, 終身欣然, 樂而忘天下."

22 《稼亭集》권1, 趙苞忠孝論 "苞以區區節義, 惟知食祿不避難之爲是, 而不知助桀富桀之爲非, 知殺母市功之爲忠, 而不知保身事親之爲孝, …… 故曰, 苞於忠孝有未盡焉者, 此也. 然則爲苞之計奈何? 曰, 以孟子竊負而逃, 樂而忘天下之義, 處事則天理人欲之公私, 判然矣, 以孔子有道則見, 無道則隱之道, 處身則無倉卒一朝之患矣."

라 할 수 있다.

 '후한삼현찬병서'는 《후한서》에 기록된 영제靈帝때 임종林宗, 유자서孺子徐, 구향仇香의 현명한 행실을 칭찬한 글이다. '적당고문병서'는 《후한서》 당고열전23을 읽고 감회에 젖어 애도한 글이다. '석의'는 홍언박의 여종이 임신을 하자 주인 여자가 여종을 심문하였고 여종은 애매하게 주인 남자를 지목하였다. 이때 주인 남자는 상대의 의심을 내면의 덕성에 기반해 해소하려 함을 보여 준다. '절부조씨전'은 나이 30이 되기 전에 남편과 부친, 시아버지를 모두 전란에서 잃었지만 50년 동안 절의를 다한 조씨를 찬양한 글이다. 유학의 천도를 언급하며 인륜을 후하게 하고 풍속을 돈독히 하며 삼종의 도를 다한 것을 찬양하였다.

 '책문'에는 과거시험의 대책 문제 두 가지를 제시하였다. 하나는 화貨의 문제를 다루어 화폐, 곧 돈과 저폐는 선왕의 제도인데 시행할 수 있는지 없는지를 묻고 있고, 다른 하나는 형법, 법률의 효용성을 묻고 있다. 화폐와 형법은 유학에서 중시하는 것은 아니지만 반드시 필요한 것이므로 이에 대한 올바른 이해와 시행 여부를 물은 것이다. 이곡이 동지공거를 역임한 시기가 충목왕 3년(1347) 10월인데, 어느 것이 진짜 문제인지 알 수 없다. '석문石問'은 돌이 질문하는 형식으로, 추위와 더위에도 견고하여 변하지 않고 천지와 처음과 끝을 같이함을 성리학의 격물치지와 연관시켜 설명하고 있다.

 '석문'과 '책문'은 과거시험 문제인데, 권13에도 과거시험 문제와 답안인 정시책·향시책·응거시책이 실려 있다. 분류상 동일한 책문을 권1과 권13으로 달리 배치하였다. 이는 《가정집》의 편차 구성을 한 이색이 과거시험 문제인 '석문'과 '책문'에 이곡의 사상이 잘 드러났다고 판단하여 권1에 배치한 반면, 실제 시행된 답안지가 포함된 정시책·향시책·응거시

---

23 《後漢書》 권67, 列傳57 黨錮.

책은 단순히 출제의도에 부응해서 합격을 위해 작성된 것이어서 이곡 자신의 생각이 명료하게 드러나지 않았을 것이라고 판단하여 뒤에 배치한 것으로 보인다.

실제 이색도 정동행성 향시의 답안과 공민왕 원년의 복중 상서 내용에 차이를 보이고 있다. 전자에서는 정동행성 향시에 합격하기 위하여 출제 의도에 부응해서 유학의 육지 중심의 왜구 대책을 제시한 반면, 후자에서는 충청도 금강 어귀의 서천에서 왜구의 침입을 목도한 지역민의 한 사람으로서 육전陸戰과 해전海戰을 동시에 대비해야 한다는 태도를 보였다.[24] 이색의 본마음은 향시보다 복중상서服中上書에 있다고 보아야 할 것이다. 이러한 점이 이곡의 과거시험 문제 배치에도 반영되어 권1 책문에는 이곡이 직접 제출한 시험 문제를, 권13에는 출제자가 따로 있고 이곡이 합격을 위해 제출한 답안지를 수록하여 구분한 것이라고 할 수 있다.

'죽부인전'은 한문학의 한 장르인 전傳의 형태로, '절부조씨전'이 한 개인의 특이한 행적을 기술한 가전家傳인 것과는 달리, 사물을 의인화하고 그 일대기를 허구적으로 구성하여 인간사를 우의적으로 표폄하는 가전假傳의 형태이다. 대나무를 의인화해서 남편(소나무)이 죽은 뒤에도 절개를 지킨 부인(대나무)을 찬양한 글이다.[25] 원나라 양유정(1296–1370) 역시 죽부인전을 침구로서 다루었는데, 이곡은 대나무 자체를 의인화한 것이어서 문화적 의미는 더 높다고 평가된다. 즉 이곡은 양유정의 죽부인전에 못마땅함을 느껴 대나무를 부인, 소나무를 장부로 의인화하여 혼

24 정재철, 〈이색의 국자감 유학과 문화교류사적 의미〉, 《고전과 해석》 8, 2010; 도현철, 〈이색의 유교교화론과 일본인식 —새로 발견된 대책문을 중심으로—〉, 《한국문화》 49, 2010.

25 박혜숙, 〈고려후기 '傳'의 展開와 士大夫意識〉, 《冠嶽語文研究》 11, 1986; 박희병, 《한국 고전인물전연구》, 한길사, 1992.

인시키고 이를 절개로 연결시켰다는 것이다.[26] 말미에 사씨史氏의 말로
천도와 절조를 언급한 것도 성리학자로서 주장을 담고 있다. 이색은 잡
저 6편을 제일 앞에 제시함으로써 유학자로서 이곡이 윤리와 의리, 덕성
을 중시하는 주장을 견지하였음을 드러내고자 했음을 알 수 있다.

　권2에서 권6까지에는 기 30편이 실려 있다. 기는 사실을 기록하는 글
로, 건축 수리나 주변에서 보고들은 내용 또는 여행을 통해 본 사실들을
기록한 것이다.[27] 첫 편은 '의재기'이다. 이양직(경부敬父)이 붕우와 형제
가운데 누구와 친하게 지내야 하는가 질문하자 이곡은 친친을 우선하는
유교의 관점에서 형제간의 우의를 강조하고, 이경보가 의재를 마련하여
형제간의 우의를 다지고자 한 뜻을 칭찬하였다. '금내청사중흥기'는 1334
년 안보가 궁궐 내 청사를 보수해야 한다고 제안하여 시작된 공사가 완
공하게 된 과정을 설명한 글이다. 애초 청사의 보수와 중축은 안보가 옥
당에 임명되어[28] 7년 동안의 근무를 마치고 떠나면서 예문관과 춘추관,
전교시가 사용한 금내 청사의 중축을 건의한 것에서 시작된 것이다.[29]
'김해부향교수헌기'는 이국향이 양주 수령의 요청으로 김해 향교를 수리
한 뒤 이곡에게 기문을 요청하여 작성된 글이다. '경사보은광교사기'와

---

26 金鉉龍, 〈李穀의 竹夫人傳 小考〉, 《겨레어문학》 8, 1983; 黃在國, 〈韓·中 竹夫人傳 研究
　─張耒·楊維楨 및 李穀의 作品을 對象으로〉, 《동방문학비교연구총서》 1, 1985.

27 이곡은 "이것은 기록으로 남겨둘 만한 일이다"("此其可書者也"《稼亭集》 권4, 大都天台法
　王寺記), "나는 그의 말이 이치에 합당하여 세속을 격려시키고 나의 마음에 감동을 주어
　의재에 관한 기문을 짓게 되었다(余樂其言之合理而有激于世俗, 而有動于余心者, 乃作義財
　之記."《稼亭集》 권1, 義財記) "내가 배운 것은 없지만 어찌 이 사실을 기록하여 후세에
　보여주지 않을 수 있겠는가?"("余雖無學, 敢不記其實以示諸後"《稼亭集》 권2, 金海府鄕校
　水軒記)하였다. 이는 이곡이 '記'는 자신의 마음에 감동을 느끼고 기록할 만한 일이 있으
　면 후세에 사람들을 격려시킬 수 있는 것으로 본 것, 곧 記를 단지 기록적인 측면만이
　아니라 후인에 대한 勸戒에 도움이 된다고 판단한 결과라고 한다(원주용, 〈稼亭 李穀의
　記에 관한 연구〉, 《동방한문학》 40, 2009).

28 《稼亭集》 권15, 聞安員之·李仲權同拜玉堂, 作詩爲賀.

29 김창현, 위의 논문, 104-105쪽.

'경사김손미타사기'는 원에서 조인규의 아들 조의선과 백안찰김공이 요청하여 쓴 글이다. '흥왕사중수흥교원락성회기'는 개경 흥왕사의 흥교원을 중창하여 낙성회를 열고 이에 대한 기문을 이곡에게 요청한 글이다. '금강산보현암법회기'는 금강산 보현암이 중창되어 법회를 연후 이곡에게 기문을 요청한 글이다. '춘헌기'는 객이 최문도의 춘헌에 대한 내력을 질문하고 이에 답하는 형식으로 이곡이 작성한 것이다. '고려국강릉부염양선사중흥기'는 전 성균 사예 박징朴澄이 강릉의 염양선사를 중창하고 이곡에게 기문을 부탁하여 쓴 글이다.

권3 '고려국천태불은사중흥기'는 조의선이 개경 불은사에 대한 기문을 요청한 것이고, '창치금강도산사기'는 조림이 금강산 도선사를 완성하자 기문을 요청한 것이다. '중흥대화엄보광사기'는 중향 스님이 전주사람 고용봉高龍鳳의 도움으로 전주 보광사를 완성한 뒤 고용봉의 명을 받아 이곡에게 요청한 것이고, '신작심원루기'는 보광사 완공 뒤에 동북쪽 모퉁이에 심원루를 짓고 이곡에게 기문을 요청한 것이다. '경사곡적산령암사석탑기'는 원나라 내시였던 박쇄노올대가 원 연경의 영암사 석탑에 사리를 넣고 기문을 요청한 것에 응해서 쓴 글이고, '조정숙공사당기'는 조인규의 사당에 대한 기문을 쓴 것이다. '대원고려국광주신복선사중흥기'는 양광도 광주 신복선사를 중창한 뒤 박쇄노올대의 요청으로 기를 적은 것이다.

권4 '한국공정공사당기'는 내시로 충렬왕을 따라 원에 간 전휘정사 정독만달鄭禿滿達이 부친인 정인鄭仁(1254-1333)을 위해 지은 사당의 기문을 1345년에 정독만달의 속관으로 함께 일한 바 있는 이곡에게 요청한 것이다. 이곡은 원 성종이 그의 영특함을 알고 공경의 자제들과 함께 글을 배우고 예법을 익히게 하였다고 하였다. '대도천태법왕사기'는 태의원사 조분趙芬이 연경의 법왕사가 완성되자 이곡에게 기문을 요청한 것이다. '……조공묘영기'는 숙위로 들어와 내시를 거쳐 중정원사가 된 조백안불화가 아버지 조공탁의 비석을 세워 선영의 일을 기록하고자 동생 조완택趙完澤을 이곡에게 보내 요청한 것이다. '대도곡적산신작라한석실기'는 대부태감 주완자첩목아와 감수로총관부 김정주金鼎住가 연경의 곡적산에 새로 지은 나한 석실의 기문을 이곡에게 요청하여 적은 것이다. '허정당기'는 순암 조의선이 거처하는 곳에 허정이라는 편액을 내걸고 기문을 요청한 것이다. '소포기'는 1345년에 중국 연경에 있던 이곡이 작은 채마밭을 일구는데, 당시 중국에 닥친 재해와 이로 인한 굶주린 백성들의 어려움을 소개하고 집을 나서지 않아도 천하의 일을 안다는 사실을 깨달았다는 내용이다.[30] '……박공사당기'는 박쇄노올대가 신복사 안에 부친의 사당을 만들어 이곡에게 기문을 부탁한 것이다.

권5 '영해부신작소학기'는 영해부의 장서기였던 이천년李天年이 생도를 통하여 이곡에게 기문을 청한 것이다. '신효사신치상주기'는 수공이 궁핍한 신효사에 기금을 마련한 일을 서술한 것이다. '주행기'는 이곡이 배를 이용하여 한산을 떠나 부여를 유람한 것을 기록한 것이며, '동유기'는 이곡이 개경에서 평해까지 유람하는 과정을 기록한 것이다.[31]

권6의 '영주회고정기'는 이곡이 한산에서 천안을 거쳐 개경에 갈 때 천안의 회고정에 대해 기문을 작성한 것이다. '한주중영객사기'는 한산의 객사 중창에 관한 글이고, '청풍정기'는 양광도 광주의 청풍정에 관한 기록이다. '대도대흥현중흥룡천사비'는 전서사 신당주가 연경 대흥현의 용

---

30 蘇力, 〈《稼亭集》所見元至正五年大都災荒事〉, 《東北師範大學報(哲學社會科學版)》, 2010년 6호(248호).

31   〈표 4〉 이곡의 여행기 일람

번호	제목	시기	여행지
1	권18, 난경기행	충목왕 1년 5월	대도(북경) 출발 灤河 北岸의 開平府. 上都(灤都)
2	권5, 주행기	충정왕 1년 5월	서천(금강 어귀)에서 출발하여 부여
3	권5, 동유기	충정왕 1년 8월~9월	금강산, 속초, 강릉, 평해

천사를 중흥한 것을 기록한 글이고, '금강산장안사중흥비'는 장안사가 중창되자 기황후가 고용보에게 명하여 이곡에게 짓게 한 것이다. '대승은복원사고려제일대사원공비'는 해원海圓이 죽은 지 5년이 되던 해에 대승은복원사에 부도를 완성하고 비문을 지은 것이다.

권7에는 8개의 설이 있다. 설은 이치에 맞게 올바르게 풀어 주는 글을 의미한다.[32] 첫 편인 '배갱설'은 항우가 유방의 부친을 붙잡아 놓았을 때 유방이 개의치 않았다는 고사에 대하여, 이곡이 유학의 효와 인의 논리로 비판한 글이다. '차마설'은 탈 말이 없어 남의 말을 빌려 타면서도 말의 호불호에 따라 느끼는 감정이 다름에 기반하여, 정치도 남의 말을 빌려 탄 것에 지나지 않음을 풍자한 글이다.[33] '경부설'은 친구인 이양직이 자字를 불곡不曲에서 경부敬父로 고친 내력을 설명한 것인데, 여기에는 양을 훔친 아버지를 고발한 행위를 비판한 《논어》 친친의 논리가 설명되어 있다. '심부설'은 계림 최지崔漬가 최강崔江으로 이름을 고치자 자를 언심부彦深父로 정해 준 내용이다. '사설증전정부별'은 전숙몽이 새로 즉위하는 충목왕을 따라 고려로 돌아가자 이곡이 그와 이별하면서 임금과 신하의 도리를 설명한 글이다.[34] 여기에는 유교의 핵심사항 가운데 하나인 대인만이 임금의 잘못된 마음을 바로잡을 수 있다는 《맹자》의 글을 인용하였다. '신설송리부령귀국'은 충목왕이 즉위할 무렵 이부령李府令이 귀국하게 되자, 이군의 동류들이 시를 쓰고 이곡에게 서문을 쓰도록 한 것이다. 신하 노릇하기를 어렵게 여기고 신실하게 행동할 것을 충

---

32 유이경, 〈說 장르 규명을 위한 시론〉, 《한국고전연구》 10, 2004.

33 빌려 쓰고도 돌려주지 않는다는 말은 춘추시대 오패에 대해 《맹자》가 비판한 말에서 비롯된 것이라고 한다. 이곡은 왕패지변이라는 논리와 별개로 '빌려 쓴다'는 개념을 원용하여 이것을 자신의 처세와 마음을 다스리는 기제로 활용하고 있다(함영대, 〈여말선초 《맹자》 이해의 주제와 관심사〉, 《대동한문학》 48, 2016).

34 이성규, 앞의 논문, 236쪽.

고하고 있다. '내옹설송배군윤견동귀'는 천수절을 축하하기 위해 연경과 난경(상도)에 머물다가 개경으로 돌아가는 배윤견을 전송하는 글이다. '시사설'은 연경에서 시장을 돌아보며 여성의 아름다움을 파는 여인 시장〔女肆〕, 죄를 파는 아전 시장〔吏肆〕, 사람을 사고파는 사람 시장〔人肆〕을 설명한 글이다.

제발題跋로는 '제근설후'와 '발복산시권'이 있다. 앞에 것은 호중연이 근설勤說을 지어서 홍수겸에게 주고, 게이층이 그 뒤를 이어 권면한 글에 대해 쓴 것이다. 뒤의 것은 식무외式無外가 복산福山의 시를 가지고 오자 이곡이 발문을 쓴 것이다. 명찬命讃은 5편이 있다. '영암사신정명'은 연경 영암사의 새우물에 관한 것이고, '신제십이현명'은 새로 만든 가야금에 관한 글이며, '순암진찬'은 조의선의 진영, '식무외송석헌명'은 식무외의 송석헌松石軒에 대한 글이다. '연복사신주종명'은 자정원사 강금강과 신예가 금강산에 범종을 새로 주조한 뒤 충목왕의 명으로 이곡이 지은 글이다.

권8은 편지글 세 편이 있다. '여동년조중서최헌납서'는 동년이면서 자신보다 먼저 관직에 진출한 조중서와 최헌납에게 자신을 써 달라고 부탁한 글이고, '대언관청파취동여서'는 전의부령으로 원에 있을 때, 어사대에 고려에 동녀 요구를 금지해달라고 요청한 글이며, '우본국재상서'는 충목왕이 즉위하자 고려의 재상에게 인재 등용을 역설한 글이다. '상정당계'는 정당에 인재 등용을 요청한 글로, 사람이 어려서부터 배우는 것은 그것을 행하기 위함이라 하였다. '송수정장로서'는 두류산에 내려가는 수공修公에게 보낸 글이며, '송김동년동양유상국서'는 동년 김동양이 원에 유학가기 위해 떠나게 되자 송별하여 지은 글이고, '송정참군서'는 한양 참군 정영세가 한양으로 떠날 때 뜻을 같이하는 집우執友 10여 명이 쓴 전송시의 서문이다.

권9 '송안수찬서'는 안보가 사고에 소장된 사서를 햇볕에 쬐어 말리는 포사曝史를 하기 위해 가는 것을 전송한 글의 서이다.[35] '송홍밀직출진합 포서'는 합포에 출진하는 홍공[36]을 전송하는 글의 서이다. '송정부령입조 서'는 1340년 하정사로 파견된 망년의 벗인 정치鄭致를 전송하는 글의 서이다. '송신사승입조서'는 원 순제의 생일을 축하하고자 기철을 따라 가는 신예를 전송하는 글의 서이고, '기박지평시서'는 모친이 죽자 여묘 를 짓고 예제를 마친 박윤문朴允文에게 시를 지어 보내고 쓴 서이다. '송 백운빈환도서'는 정동행성 유학교수로 근무하다가 연경으로 돌아가는 백 운빈을 전송하는 글의 서이다. '송게리문서'는 정동행성 이문으로 부임했 다가 돌아가는 게이충을 전송하는 글이다. '하최사승등제시서'는 1340년 에 김영돈과 안축이 지공거가 되어 인재를 뽑을 때 최문도의 아들 최사 검이 합격하자 최문도를 찾아가 축하한 글이다.

권10 '송김회옹부화평부서'는 이곡의 친구인 김연이 광주의 관원으로 부임하자 전송하는 글이고, '계림부공관서루시서'는 경주를 유람하며 쓴 글이다. 표전表箋은 7편인데, '상책후하표'와 '태후상동전표'는 원 연경에 서 문종의 황후인 보타시리卜答失里가 태황태후에 올라[37] 그 태황태후의 존호를 받을 때 쓴 글이다. '황후하전'은 원 연경에서 황후의 책봉을 축 하하는 글이다. 다음은 황제에게 올린 표문으로, 고려인의 활과 무기, 마 필을 회복시켜 준 것에 대해 감사하는 '사복궁병마필표'와 정조(설날 아 침)를 하례하기 위해 태후에게 올린 '태후하정표', 정조를 하례하는 '하

---

35 이와 관련된 시가 있다(《稼亭集》 권14, 送安員之曝史南歸(충숙왕 복위 원년(1332) 10월). 민사평은 최덕성이 해인사로 포사하러 가자 시를 쓰면서, 자신도 國史를 포쇄하러 갔다 온 적이 있다(《及菴詩集》 권1, 送崔德成史官晒史海印寺)고 하였다. 조선시대에는 사관이 3년에 한 번씩 포쇄한다(《新增東國輿地勝覽》 권14, 忠淸道 忠州牧))고 한다).

36 《稼亭集》 권15, 謝共合浦寄橘茶. 홍합포는 洪彬이 분명하다고 한다(이성규, 앞의 논문, 224쪽, 주) 46).

37 권용철, 〈李穀의 《稼亭集》에 수록된 대원제국 역사 관련 자료 분석〉, 《역사학보》 237, 2018.

정표', 사은하는 '사표'가 있다.

소어疏語는 불교 도량에서 올린 기도문으로, 모두 3편이다. '불정도장소'는 부처님께 백성의 화목을 비는 것이고, '외원도장소'는 천지가 조화하여 백성이 편안하기를 기원하는 것이며, '팔관재소'는 서경에서 열린 팔관회를 기술한 글로 풍요와 번영을 기원하는 내용이다. 모두 불교 도량에 대한 기원문이지만 《서경》〈홍범〉의 오복이나 《주역(희경)》의 교태, 《서경》의 육부 등 유교 이념을 제시하고 있다. 청사는 도교의 기도문으로 3편이 실려 있다. '하원초청사'는 하원, 곧 10월 15일 초제 때 상제에게 올리는 기도문이고, '근동지갑자초청사'는 초재를 거행하면서 왕위를 습봉하여 자연재해를 없애 달라는 기도문이며, '소왕본명초청사'는 초재를 거행하며 왕세자가 마음을 보존하고 효도하며 부귀와 수명을 누리기를 바라는 기도문이다.[38]

권11에는 제문祭文이 3편 수록되어 있다. '위김교감천조제모문'은 동년인 교감校勘 김천조金天祚[39]가 모친에게 제향하는 글을 대신 지어 준 것이고, '위원재상제양부정승리용문'은 원충元忠이 양부養父인 김이용金利用에게 제향하는 글을 대신 지어 준 것이다. '제장곡강문'은 결락되었다. '……채공묘지명'은 아들과 사위의 요청을 받고 작성한 채홍철의 묘지명[40]이다. '……최군묘지'는 최해의 동생인 최지의 요청을 받고 작성한

---

38 고려시대 이곡을 포함한 유학자들의 도교 기도문은 醮禮를 올리게 된 연유와 재앙을 물리쳐 주고, 복을 내려 주기를 바라는 기원을 담는데, 도교적 신앙이나 선가의 고사들은 전혀 볼 수 없다. 다만 성립도교의 형식적 과의의 청사를 문사들에게 위탁하여 쓰게 한, 借文한 것에 불과하다(이종은, 〈국문학과 도교사상〉, 《한국의 도교문학》, 태학사, 1999, 30쪽)고 한다.

39 《稼亭集》 권15, 次韻寄金同年天祚.

40 《가정집》의 채홍철에 대한 서술이 《고려사》 등의 사서와 다르다. 《고려사》의 세가와, 지, 《가정집》은 충선왕의 양전과 호구 사업 그리고 그것을 주도한 채홍철에 대하여 긍정적으로 평가하고 서술하였다면, 《고려사》의 열전과 《고려사절요》, 《익재난고》는 이와 정반대로 부정적으로 서술하였다(도현철, 〈조선 건국 과정에서 역사 기록의 상이한 평가와

최해의 묘지명이다. '……이군묘표'는 이제현이 일찍 죽은 아들 이달존의 묘지명을 이달존과 어울려 논 이곡에게 청하여 쓴 것이다. '……유군묘지명'은 유보발柳甫發의 부인이 남편과 친교가 있는 이곡에게 청한 글이다. '……안공묘지명'은 이곡과 동년인 안보가 행장을 가지고 와 형인 안축의 묘지명을 요청하여 쓴 글이다.

권12의 '……평양군조공묘지'는 조인규의 아들 조의선이 동생 조위趙瑋가 죽자 이곡에게 묘지명을 부탁한 것이다. '……윤공묘지명'은 이곡과 동년인 윤택이 행장을 가지고 와 윤선좌의 묘지명을 부탁한 것이다. '……기공행장'은 기철의 아버지 기자오의 행장[41]이고, '……한공행상'은 한영韓永의 행장이다.

권13은 정문程文이다. '의한책강사예교위왕존조'는 한漢나라에서 사예교위 왕준王尊을 문책하여 강등시킨 조서를 본 떠 지어 본 글이고, '의한양진이자위랑조'는 한나라가 양진楊震의 두 아들을 랑郎에 임명한 것을 본 떠 지어 본 글이다. '응거시책'은 제과에 응거 자격을 얻기 위한 시험, 곧 고려 예부시의 문제와 답안이고, '향시책'은 원 제과에 응시하기 위한 정동행성의 향시의 문제와 답안이며, '정시책'은 원 제과의 전시 문제와 답안이다.

권14에는 고시, 권15-20에는 율시와 사가 수록되어 있다. 이에 대해서는 정리된 연구가 있다.[42] 이에 따르면, 권14에는 고시 25편이 실려

해석〉, 《역사학보》 248, 2020).

[41] 여기에서 기자오의 증조인 奇允肅에 대한 평가가 《고려사》와 다르다. 《가정집》에서는 "의왕 말년에 정중부 등의 난을 일으켜 조정의 신하를 죽이고 마음대로 왕을 폐립하였다 …… (기윤숙)은 침착하게 도를 견지하며 시종 선왕의 옛 기업을 잃지 않게 하였다"고 하였다. 반면에 《고려사》에는 "기윤숙은 성품이 사치스럽고 호협을 일삼았고, 최충헌에게 아첨하여 문득 상장군이 되었으며 兩省의 관직을 역임하였다. 일찍이 누른 옷(黃衣)을 입고 길을 비키라고 고함을 치며 기생집에 드나들어서, 길가는 사람들이 손가락질하며 비웃었다."(《고려사》 권131, 列傳44 叛逆 奇轍(하책, 843쪽))고 하였다.

[42] 김창현, 〈가정시 분석을 통한 이곡의 인생여정 탐색〉, 《한국인물사연구》 22, 2014.

있다. 처음에는 시간순으로 배열하였으나 뒤에는 기행紀行이라는 주제로
묶었다. 권15-권20은 율시로 구성되어 있는데, 저술 시간순으로 실었다.
권15는 율시 13편을 수록한 다음에 영사시 27편 그리고 다시 32편의 시
를 수록하였는데 제과 급제 전후시기로 이해된다. 권15의 '송허리문'부터
'기안강리선생'과 권16의 '인일人日'(음력 1월 7일)은 정동행성 원외랑 시
절의 작품으로, 대략 충숙왕 복위 6년(1337) 10월 무렵부터 충혜왕 복위
2년(1341) 2월 무렵까지의 작품으로 추정된다. 충혜왕 복위 2년 2월부터
충목왕 2년(1346) 1월까지 약 5년 동안의 작품이 권16, 17, 18에 수록
되어 있다. 권18의 '제의주신루차운'과 권19의 '숙흥의역', '과자비령'은
충목왕 2년 1월 말부터 충목왕 3년 10월에 걸쳐 동지공거로 과거를 주
관하다가 고려를 떠난 시기에 해당한다. 권19의 '기순암'부터 '기동년장
시승'까지는 충목왕 3년(1347) 10월 고려를 떠나 충목왕 4년 5월 무렵
대도를 떠날 때까지의 작품이다. 권19와 권20은 충목왕 4년 6월 고려에
돌아온 때부터 충정왕 3년(1351) 1월 사망할 때까지의 작품이다.

　제일 뒤에는 〈가정잡록〉이 있는데, 이색이 작성한 목록에 없는 것으
로 보아 재간 또는 삼간 과정에서 추가한 것으로 판단된다. 첫 번째는
이곡이 충숙왕 복위 3년(1334, 원통 2년) 6월에 원 순제의 흥학조[43]를
갖고 귀국하였는데,[44] 원 문인 14명이 송별시를 써 주었다. 이들은 진려
등 원 제과 동년이거나 이곡의 직장 동료였다.[45] 두 번째는 충숙왕 복위
4년(1335, 원통 3년) 3월에 고려에서 전의부령 직보문각였던 이곡이 원
의 사명을 마치고 원으로 돌아갈 때 송별시를 써 준 최해 등 13인의 송

43 《元史》 권38, 本紀38 順帝1 元統 2년 "二月己未朔 詔內外興擧學校."
44 《稼亭集》 권2, 禁內廳事重興記(원통 2년 9월) "今幸奉詔東還"; 《稼亭集》 권2, 金海府鄕校
　　水軒記 "余惟聖元文治大洽, 今詔天下, 作新學校. 余猥厠天朝搢紳之列, 得奉是詔, 來布東方."
45 《稼亭集》 雜錄, 送李中父使征東行省序(1334년 4월, 진려); 《安雅堂集》 권4, 送李中父使征
　　東行省序.

별시이다.[46] 세 번째는 충숙왕 복위 6년(1337, 지원 3년) 9월 이곡이 정
동행성 좌우사 원외랑에 임명되어 고려로 갈 때로 송별시를 써 준 왕기
등 13인의 글이다. 네 번째는 충목왕 2년(1346, 지정 6년) 1월 원에서
장부를 관리하는 관원으로 종7품인[47] 중서사전부 재직 시 반삭의 명을
받아 귀국할 때, 송별시를 써 준 주선 등 13인의 글이다.[48]

〈표 6〉《가정집》수록 작품의 저작 연대와 편찬 장소

권수	작품	저작 연대	관련 인물과 편찬 장소
1 (雜著)	原水旱		
	趙苞忠孝論		
	後漢三賢贊		《동문선》 권51
	吊薰錭文		《동문선》 권56
	釋義	충숙왕 후2년(1333)	홍언박
	節婦曹氏傳	충혜왕 후2년(1341)	이양직 동년
	策問	충목왕 3년(1347) 10월	
	石問		
	竹夫人傳		

---

[46] 《稼亭集》雜錄, 送奉使李中父還朝序(1335년 3월, 최해).

[47] 《元史》권88, 志38 百官4 "中瑞司秩正三品, 掌奉寶册, 卿五員, 正三品, 丞二員, 正四品, 典簿二員, 從七品, 寫懿旨必闍赤四人, 譯史一人, 令史四人, 知印一人, 通事一人, 奏差二人, 典吏二人."

[48] 〈표 5〉〈가정잡록〉의 구성과 저작 시기

번호	보낸 시기와 이유	보낸이
1	충숙왕 복위 3년(1334, 원통 2년) 4월 원의 교육 조직을 가지고 고려로 귀국	진려(서), 송본, 구양현, 초정, 악지, 왕사점, 왕기, 반적, 계혜사, 송경, 정익, 정겸
2	충숙왕 복위 4년(1335, 원통 3년) 3월 원의 사명을 마치고 원으로 돌아갈 때	최해(서), 이제현, 권한공, 안진, 안축, 민자이, 정천유, 리달존, 백문보, 정포, 안보
3	충숙왕 복위 6년(1337, 지원 3년) 9월 정동행성 좌우사 원외랑에 임명될 때	왕기(稼亭記), 사단(稼亭詞), 황진, 왕사성, 송경, 소천작, 류문, 류열, 공사태, 여궐, 왕사점, 성준
4	충목왕 2년(1346, 지정 6년) 1월 원에서 반삭의 명을 받아 귀국할 때	주선(서), 장기암, 주선, 임희광, 엽항, 남양, 부형, 방도예, 주돈

2 (記)	義財記		이양직 고려 《동문선》 권70
	禁內廳事中興記	충숙왕 후3년(1334)	안보 고려 《동문선》 권70
	金海府鄕校水軒記	충숙왕 후5년 6월	이국향 원 《동문선》 권70
	京師報恩光敎寺記	충숙왕 후5년 8월	순암(조의선) 원 《동문선》 권70
	京師金孫彌陁寺記	충숙왕 후5년 10월	백안찰 김공 원 《동문선》 권70
	興王寺重修興敎院落成會記	충숙왕 후7년 10월	정조 달환 신당주 원 《동문선》 권70
	金剛山普賢菴法會記	충숙왕 후7년 8월	사자반 달정 《동문선》 권70
	春軒記	충혜왕 복위 무렵	최문도 권16, 기하최춘헌신배 전법판서 《동문선》 권70
	高麗國江陵府艶陽禪寺重興記	충혜왕 1년(1340) 9월	박징 《동문선》 권70
3 (記)	高麗國天台佛恩寺重興記	충숙왕 후7년(1338)	순암(조의선). 《동문선》 권70
	刱置金剛都山寺記	충숙왕 후8년(1339)	조림. 《동문선》 권70
	重興大華嚴普光寺記	충혜왕 후4년(1343)	고용봉 중향 원. 《동문선》 권70
	新作心遠樓記		중향 원. 《동문선》 권70
	京師穀積山靈巖寺石塔記		박쇄노올대 원. 《동문선》 권70
	趙貞肅公祠堂記	충목왕 즉위년	조인규 원. 《동문선》 권70
	大元高麗國廣州神福禪寺重興記		박쇄노올대 원. 《동문선》 권70
4 (記)	韓國公鄭公祠堂記	충목왕 1년 3월	원. 《동문선》 권70
	大都天台法王寺記		조분 박쇄노올대 주완자첩목아 원. 《동문선》 권71
	大元贈奉訓大夫·遼陽等處行中書省左右司郎中·飛騎尉遼陽縣君·趙公墓塋記	충목왕 즉위년 4월	백안불화(조분 동생). 《동문선》 권71
	大都穀積山新作羅漢石室記	충목왕 즉위년	주완자첩목아 묘굉 금정주. 《동문선》 권71
	虛淨堂記		순암(조의선). 《동문선》 권71
	小圃記	충목왕 1년 5월	원. 권17, 소원종과유감. 《동문선》 권71
	高麗國贈匡靖大夫密直使上護軍朴公祠堂記	충목왕 2년 정월	박쇄노올대. 원. 《동문선》 권71
5 (記)	寧海府新作小學記	충목왕 3년(1347) 5월	이천년. 《동문선》 권71
	神孝寺置常住記	충정왕 1년(1349) 3월	수공. 《동문선》 권71
	舟行記	충정왕 1년(1349) 5월	전거사 반사군. 《동문선》 권71
	東遊記	충정왕 1년(1349) 9월	《동문선》 권71
6 (記)	寧州懷古亭記	충정왕 1년(1349) 9월	이진 외손 성원규. 《동문선》 권71
	韓州重營客舍記	충정왕 2년(1350) 3월,	박시용 《동문선》 권71
	淸風亭記	충정왕 2년(1350) 5월	백문보
	大都大興縣重興龍泉寺碑	충숙왕 후6년(1337)	신당주 최백연 원

	金剛山長安寺重興碑	충목왕 1년(1345)	기황후 고용보 원
	大崇恩福元寺高麗第一代師圓公碑	충목왕 즉위년(1344)	조해원(함열군) 원
7 (說)	杯羹說		《동문선》 권96
	借馬說		《동문선》 권96
	敬父說		이양직 《동문선》 권96
	深父說	충목왕 즉위년	최언부(崔溜-江), 권17, 차운 답최심부. 《동문선》 권96
	師說贈田正夫別	충목왕 즉위년	전숙몽. 《동문선》 권96
	臣說 送李府令歸國	충목왕 즉위년	이군(영주). 《동문선》 권96
	乃翁說 送裵君允堅東歸	충목왕 즉위년	배윤견
	市肆說	충목왕 즉위년	
題跋	題勤說後	충혜왕 후1년(1340)	호중연 게이충 홍수겸
	跋福山詩卷	충혜왕 후2년(1341)	식무외
命讚	靈巖寺新井銘		《동문선》 권49
	新製十二弦銘		《동문선》 권49
	順菴眞讚		순암(조의선). 《동문선》 권51
	式無外松石軒銘		식무외 《동문선》 권49
	演福寺新鑄鍾銘	충목왕 2년(1346)	강금강 신예 《동문선》 권49
8 (書)	與同年趙中書, 崔獻納書	충숙왕 4년(1327) 6월	《동문선》 권62
	代言官請罷取童女書	충숙왕 후4년(1335)	《동문선》 권62
	寓本國宰相書	충목왕 즉위년(1344)	《동문선》 권62
啓	上政堂啓	충혜왕 즉위년(1330)	《동문선》 권46
序	送水精長老序	충혜왕 즉위 이전	수공. 《동문선》 권85
	送金同年東陽遊上國序	충혜왕 즉위 이전	김동양. 《동문선》 권85
	送鄭參軍序	충숙왕 7년(1320)	정영세. 권14, 송한양정참군. 《동문선》 권85
9 (序)	送安修撰序	충숙왕 후1년(1332)	안보. 《동문선》 권85
	送洪密直出鎭合浦序	충숙왕 후7년(1338)	《동문선》. 권85
	送鄭副令入朝序	충숙왕 후8년(1339)	정치. 《동문선》 권85
	送辛寺丞入朝序	충혜왕 후1년(1340)	신예. 《동문선》 권85
	寄朴持平詩序	충혜왕 후1년(1340)	박윤문. 《동문선》 권85
	送白雲賓還都序	충혜왕 후1년(1340)	백운빈. 《동문선》 권85
	送揭理問序		게이충. 《동문선》 권85
	賀崔寺丞登第詩序	충혜왕 후1년(1340)	최사검. 《동문선》 권85
10 (序)	送金晦翁赴化平府序		김연. 《동문선》 권85
	雞林府公館西樓詩序		순암(조의선). 《동문선》 권85
表箋	上冊後賀表	충숙왕 후4년(1335)	원. 《동문선》 권32
	太后上同前表	충숙왕 후4년(1335)	원. 《동문선》 권32
	皇后賀箋	충숙왕 후6년(1337)	원. 《동문선》 권32

	謝復弓兵馬匹表	충숙왕 후6년(1337)	고려, 《동문선》 권37
	太后賀正表	충혜왕 후1년(1340)	고려, 《동문선》 권32
	賀正表		고려, 《동문선》 권32
	謝表		고려, 《동문선》 권37
疏語	佛頂道場疏	충혜왕 2년(1341)	
	外院道場疏	충혜왕 1년(1331)	
	八關齋疏	충혜왕 1년(1331)	
青詞	下元醮青詞	충혜왕 1년(1331)	
	近冬至甲子醮青詞	충혜왕 1년(1331)	
	小王本命醮青詞	충혜왕 1년(1331)	
11 (祭文)	爲金校勘天祚祭母文	충숙왕 17년(1330)	김천조
	爲元宰相祭養父政丞利用文		김이용
	爲男駙馬 祭瀋王文	충목왕 1년(1345)	심왕
	祭張曲江文 缺		
墓誌銘	有元奉議大夫·太常禮儀院判官·驍騎尉大興縣子·高麗純誠輔翊贊化功臣·三重大匡·右文館大提學·領藝文館事·順天君·蔡公墓誌銘	충혜왕 후1년(1340)	채홍철
	大元故將仕郎·遼陽路盖州判官·高麗國正順大夫·檢校成均大司成·藝文館提學·同知春秋館事·崔君墓誌	충혜왕 후1년(1340)	최해
	高麗國奉常大夫·典理摠郎·寶文閣直提學·知製敎李君墓表	충혜왕 후1년(1340)	이달존
	高麗國正順大夫·密直司右副代言 崇簿令兼監察執義·知版圖司事柳君墓誌銘	충혜왕 후1년(1340)	류보발
	大元故將仕郎·遼陽路盖州判官·高麗國三重大匡·興寧府院君·領藝文館事·諡文貞安公墓誌銘	충목왕 4년(1348)	안축
12 (묘지명)	高麗國重大匡·僉議贊成事·上護軍 ·平壤君趙公墓誌	충정왕 1년(1349)	조위 고려
	高麗國匡靖大夫·僉議評理·藝文館大提學·監春秋館事·上護軍致仕·尹公墓誌銘	1349－1350	윤선좌 고려
(행장)	高麗國承奉郎·摠部散郎·賜緋魚袋 贈三重大匡·僉議政丞·判典理司事 ·上護軍·奇公行狀	충혜왕 후2년(1341)	기윤숙 기자오

	有元故亞中大夫·河南府路摠管兼本路諸軍奧魯摠管管內勸農事·知河防事·贈集賢直學士·輕車都尉·高陽候·諡正惠韓公行狀	충혜왕 후4년(1343)	한영
13 (程文)	擬漢責降司隸校尉王尊詔		《동문선》권23
	擬漢楊震二子爲郞詔		《동문선》권23
(策)	應擧試策	충숙왕 7년(1320)	
	鄕試策	충숙왕 후1년(1332)	
	廷試策	충숙왕 후2년(1333)	
14 (古詩)	紀行 一首贈淸州參軍	충혜왕 즉위년(1330)	《동문선》권4
	次韻答白和父	충혜왕 즉위년(1330)	백문보
	妾薄命 用太白韻		《동문선》권4
	哀王孫		
	闍婆刀用前輩韻		
	唐太宗六駿圖		《동문선》권7
	送漢陽鄭參軍	충숙왕 7년(1320)	권9, 송정참군서.《동문선》권7
	天曆己巳六月 舟發禮成江南往韓山 江口阻風	충숙왕 16년(1329)	《동문선》권7
	送安員之曝史南歸	충숙왕 후1년(1332) 10월	안보, 권9, 송안수찬서
	飮酒一首 同白和父 禹德麟作	충숙왕 후1년(1332)	백문보 우덕린.《동문선》권7
	次無極師韻 送其徒景楚歸錢塘	충숙왕 후1년(1332)	무극 경초
	七月四日得家書	충숙왕 후2년(1333) 7월	
	送蘇伯脩參政湖省 分韻得東華塵	충숙왕 후2년(1333)	소천작(백수)
	順菴新置大藏 李克禮州判作詩以讚 次其韻	충혜왕 후3년(1342)	순암(조의선). 이인복. 대녕로 금주판관
	寒食獨坐書懷	충혜왕 후3년(1342) 4월	원
	黃山歌 鄭仲孚蔚州所作 次其韻	충목왕 즉위년(1344) 4월	정포 권17, 정중부시여거년 ……
	十日菊	충목왕 즉위년(1344)9월	
	次愚谷韻贈禹先生倬	충숙왕 후1년(1332)	정자후 우탁
	題叢石亭次韻	충정왕 원년(1349)	
	過西州龍堂長岩二祠	충숙왕 16년(1329)	
	途中吟 上都作	충목왕 1년(1345)	원
	扶餘懷古	충정왕 1년(1349)	고려.《동문선》권7
	同禁內諸生遊紫霞洞次韻	충혜왕 1년(1331)	《동문선》권7
	用李生韻寄龍頭釋老	충혜왕 1년(1331)	
	留別眞州中臺寺古長老	충혜왕 1년(1331)	
15 (律詩)	寧海無價亭 次金簡齋詩韻	충숙왕 15년(1328)	김간재
	戊辰冬氷渡漢江	충숙왕 15(1328)	
	天曆己巳 舟發禮成江 江口阻風	충숙왕 16년(1329)	

次江華郡	충숙왕 16년(1329)	
次紫燕島	충숙왕 16년(1329)	
宿濟物寺 次壁上韻	충숙왕 16년(1329)	
次延興島	충숙왕 16년(1329)	
寄義交諸君	충숙왕 17년(1330) 봄	
寄同年尹內相	충숙왕 후2년(1333)	윤내상(한림원 한림 윤택)
寄賀禹先生拜糾正	충숙왕 후2년(1333)	우탁
寄同年南翰林	충숙왕 후2년(1333)	남한림
寄同年柳翰林	충숙왕 후2년(1333)	유한림
聞安員之 李仲權同拜玉堂 作詩爲賀	충숙왕 후2년(1333) 6월	안보 이달충
詠史(27수)	충숙왕 후3년(1334)	
墨梅	충숙왕 후3년(1334)	
梅花 次權一齋韻	충숙왕 후3년(1334)	권한공
題金壁傳後 壁高麗人 入居大寧	충숙왕 후3년(1334)	
題中書譯史牡丹圖後	충숙왕 후3년(1334)	《동문선》 권21
題宋祭酒六駿圖	충숙왕 후3년(1334) 봄	
送許理問	충숙왕 후6년(1337) 10월	
次韻題李僧統詩卷	충숙왕 후6년(1337)	
次權一齋九日登龍山用牧之詩韻	충숙왕 후6년(1337) 10월	권한공
賀朴耻菴除司議	충숙왕 후8년(1339)	박충좌
寄英陽新村李居士	충숙왕 후8년(1339)	
揭理問小酌 邀余同飮 以病不赴	충숙왕 후8년(1339)	게이충
謝洪合浦寄橘茶	충숙왕 후8년(1339)	홍합포
寄安康李先生	충숙왕 후8년(1339)	안강 이선생
寄完山崔壯元	충숙왕 후8년(1339)	최룡갑
送費大醫歸江南	충숙왕 후8년(1339)	비대의
送式無外遊江南	충숙왕 후8년(1339)	식무외
題崔御史慶親詩卷	충숙왕 후8년(1339)	최선(대중)
寄同年成誼叔	충숙왕 후8년(1339)	성의숙
庚辰春日有感	충혜왕 후1년(1340)	
病中承招 謝揭理問	충혜왕 후1년(1340)	게이충
揭以忠見和 又作四絕	충혜왕 후1년(1340)	게이충
次韻哭方判閣	충혜왕 후1년(1340)	방신우
賀安謙齋	충혜왕 후1년(1340)	안목
壽揭以忠	충혜왕 후1년(1340)	게이충
得慶尙朴按廉書 作詩爲謝	충혜왕 후1년(1340)	박안렴
代書寄全羅閔按廉	충혜왕 후1년(1340)	민사평
次韻賀金宰相	충혜왕 후1년(1340)	김영돈
金司空見招 以病不赴 作詩爲謝	충혜왕 후1년(1340)	김영돈

	賀安謹齋	충혜왕 후1년(1340)	안축
	寄宜寧南中書	충혜왕 후1년(1340)	남긍
	送禹祭酒出守晉州	충혜왕 후1년(1340)	우탁
	寄安康李先生	충혜왕 후1년(1340)	안강 이선생
	賀奇宰相新拜政丞 入賀新正	충혜왕 후2년(1341)	기철
	辛巳元日有感	충혜왕 후2년(1341)	
	人日	충혜왕 후2년(1341)	
	辛巳夏 入都寄張訥齋	충혜왕 후2년(1341)	장항
	送同年達兼善檢校浙省	충혜왕 후2년(1341)	달겸선
	寄仲始思補 兼呈朴判事	충혜왕 후2년(1341)	김대경(중시)
	戲賦式無外念珠	충혜왕 후2년(1341)	식무외
	用舊韻答友生	충혜왕 후2년(1341)	
	寄康獻納	충혜왕 후2년(1341)	
	送友人還鄉	충혜왕 후2년(1341)	
	和張生七夕	충혜왕 후2년(1341)	
	九日 諸公見過小酌	충혜왕 후2년(1341)	
	送辛代言東歸	충혜왕 후2년(1341)	신예
	題蘇伯脩參議滋溪書堂　蘇氏五世　世增書至萬卷　座主宋尚書誠夫首爲之記　諸公皆有詩	충숙왕 후2년(1333)	소백수
	寄洪文野理問	충혜왕 후2년(1341)	홍빈
16 (律詩)	寄賀崔春軒新拜典法判書	충혜왕 후2년(1341)	최문도
	寄金仲始思補	충혜왕 후2년(1341)	김대경
	與東國觀光諸生遊西山	충혜왕 후2년(1341)	
	寄遼東崔 洪兩廉訪 皆鄉人	충혜왕 후2년(1341)	
	壬午歲寒食	충혜왕 후3년(1342)	《동문선》 권15
	金敬先落第東歸　用寒食唱和詩韻留之	충혜왕 후3년(1342)	
	次韻答順菴	충혜왕 후3년(1342)	순암(조의선)《동문선》 권15
	六月十五 遊西湖	충혜왕 후3년(1342).	
	七夕	충혜왕 후3년(1342)	
	途中避雨有感	충혜왕 후3년(1342)	
	中秋翫月	충혜왕 후3년(1342)	
	八月二十日 觀新河放水	충혜왕 후3년(1342)	
	九月十五夜 用中秋韻	충혜왕 후3년(1342)	
	寄文野郎中詩	충혜왕 후3년(1342)	홍빈
	秋雨夜坐	충혜왕 후3년(1342)	《동문선》 권15
	用順菴韻哭韓誠齋政丞	충혜왕 후3년(1342)	순암 한영
	謝順菴冬至豆粥 兼呈朴敬軒	충혜왕 후3년(1342)	순암
	守歲	충혜왕 후3년(1342)	

	癸未元日崇天門下	충혜왕 후4년(1343)	《동문선》권15
	元夜析津橋上	충혜왕 후4년(1343)	
	居近呈順菴	충혜왕 후4년(1343)	순암(조의선)
	西郊途中	충혜왕 후4년(1343)	
	題西山靈巖寺 寺僧皆鄕人	충혜왕 후4년(1343)	
	三月十四遊城南	충혜왕 후4년(1343)	
	寄克禮州判	충혜왕 후4년(1343)	이인복
	寄松京親友	충혜왕 후4년(1343)	
	微雨有感	충혜왕 후4년(1343)	
	六月一日	충혜왕 후4년(1343)	
	六月六夜雨	충혜왕 후4년(1343)	
	得家兄書	충혜왕 후4년(1343)	가형(李培).《동문선》권9
	街上望西山	충혜왕 후4년(1343)	
	久雨水漲 城中多捕魚	충혜왕 후4년(1343)	
	次韻順菴六旬吟	충혜왕 후4년(1343)	순암(조의선)
	寄晉州安判官	충혜왕 후4년(1343)	
	次韻延聖寺玉簪花	충혜왕 후4년(1343)	
	七夕小酌	충혜왕 후4년(1343)	《동문선》권15
	皇都秋日	충혜왕 후4년(1343)	
	送洪義軒歸國	충혜왕 후4년(1343)	홍탁
	七月十七 觀法駕回自南郊	충혜왕 후4년(1343)	
	病中聞郊祀後大赦朝賀	충혜왕 후4년(1343)	
	病中述懷	충혜왕 후4년(1343)	
	初寒	충혜왕 후4년(1343)	
	冬至	충혜왕 후4년(1343)	
	遣興	충혜왕 후4년(1343)	
	除夜獨坐	충목왕 즉위년(1344)	
	甲申元日	충목왕 즉위년(1344)	
	正旦雪	충목왕 즉위년(1344)	《동문선》권15
17 (律詩)	人日	충목왕 즉위년(1344)	
	立春書懷	충목왕 즉위년(1344)	
	代書答仲始司藝	충목왕 즉위년(1344)	김대경
	寄克禮州判	충목왕 즉위년(1344)	이인복
	獨坐	충목왕 즉위년(1344)	
	小園種瓜有感	충목왕 즉위년(1344)	권4, 소포기
	送奇集賢代祀醫巫閭	충목왕 즉위년(1344)	기집현(기원)
	細雨曉起	충목왕 즉위년(1344)	
	遊延聖寺	충목왕 즉위년(1344)	연성사
	春雨	충목왕 즉위년(1344)	
	送黃檜山	충목왕 즉위년(1344)	황석기

	送韓相國	충목왕 즉위년(1344)	한종유
	復寄仲始司藝	충목왕 즉위년(1344)	김대경
	答李正郎	충목왕 즉위년(1344)	리달충
	次韻答崔深父	충목왕 즉위년(1344)	권7, 심부설(최지 최해 동생)
	燕	충목왕 즉위년(1344)	
	送金同知奉使東歸	충목왕 즉위년(1344)	
	病起呈知己	충목왕 즉위년(1344)	
	明日端午 復用前韻	충목왕 즉위년(1344)	
	送鄭仲孚遊杭州謁丞相	충목왕 즉위년(1344)	정포
	雨中獨坐	충목왕 즉위년(1344)	
	食笋	충목왕 즉위년(1344)	
	賦順菴猴孫	충목왕 즉위년(1344)	순암
	阻雨書懷 寄鄭仲孚	충목왕 즉위년(1344)	정포
	仲孚見和 復作六首	충목왕 즉위년(1344)	정포
	仲孚再和喜晴 仍約遊西湖 復作四首	충목왕 즉위년(1344)	정포
	鄭仲孚示子去年蔚州所作東萊十首	충목왕 즉위년(1344)	정포
	客舍	충목왕 즉위년(1344)	
	寄賀兩金持平	충목왕 즉위년(1344)	
	寄辛草亭	충목왕 즉위년(1344)	신예
	寄安康李先生	충목왕 즉위년(1344)	안강 이선생
	丙戌中秋 題漢陽府	충목왕 2년(1346)	원
	明歲又題	충목왕 3년(1347)	원
	驪興客舍次韻	충목왕 3년(1347)	원
	寄成按廉汝安	충목왕 3년(1347)	성여안 원
18 (律詩)	九日	충목왕 즉위년(1344)	
	冬初	충목왕 즉위년(1344)	
	雪夜小酌	충목왕 즉위년(1344)	《동문선》 권15
	齒痛	충목왕 즉위년(1344)	
	苦寒	충목왕 즉위년(1344)	《동문선》 권15
	立春	충목왕 즉위년(1344)	
	乙酉元日	충목왕 1년(1345)	
	人日讀杜詩 仍用其韻	충목왕 1년(1345)	
	送菊庭奇參政還鄉	충목왕 1년(1345)	기삼정(기철)
	送尹正言落第東歸	충목왕 1년(1345)	윤안지
	寄賀安謹齋	충목왕 1년(1345)	안축
	送洪陽坡提舉赴征東儒學	충목왕 1년(1345)	홍언박
	重送	충목왕 1년(1345)	홍언박
	清明雪	충목왕 1년(1345)	

清明後出城南望西山雪	충목왕 1년(1345)	
次韻答家兄	충목왕 1년(1345)	가형(이배)
用家兄詩韻寄示兒子訥懷	충목왕 1년(1345)	가형(이배)
寄李杏村	충목왕 1년(1345)	이암
次韻寄金同年天祚	충목왕 1년(1345)	김천조
送同年安員之登第還鄕	충목왕 1년(1345)	안보
寄金敬先副令	충목왕 1년(1345)	김경선
聞克禮州判除代言	충목왕 1년(1345)	이인복
送順菴奉使東歸	충목왕 1년(1345)	순암(조의선)
重送	충목왕 1년(1345)	
寄安謙齋	충목왕 1년(1345)	안목
送崔德林正尹從雲南王入西南夷	충목왕 1년(1345)	
灤京紀行(7수)	충목왕 1년(1345)	민사평. 《동문선》 권15
早行失道	충목왕 1년(1345)	
哭仲孚司議 贈其兄鄭判事	충목왕 1년(1345)	정포
中秋夜坐	충목왕 1년(1345)	
平生之游 歷歷可數 拙齋春軒 相繼下世 仲孚司議亦爲鬼錄 作 三哀詩 寄呈耻菴 汲古堂	충목왕 1년(1345)	최해 최문도 정포 박충좌
聞宜寧南同年復官于朝 叙舊述 懷 聊寄短篇	충목왕 1년(1345)	
寄兪正言	충목왕 1년(1345)	
寄白和父諫議	충목왕 1년(1345)	백문보
送洪捴管赴淮安屯田	충목왕 1년(1345)	홍빈
次三藏韻	충목왕 2년(1346)	순암(조의선)
題鹿窖	충목왕 2년(1346)	
題神山背面圖	충목왕 2년(1346)	
題義州新樓次韻	충목왕 2년(1346)	고려
寄贈黃曆友人	충목왕 2년(1346)	고려
次韻題野雲莊 張訥齋所居	충목왕 2년(1346)	장항
次韻送安照磨赴遼陽	충목왕 2년(1346)	안보
丙戌除夜	충목왕 2년(1346)	
丁亥正旦	충목왕 3년(1347)	
五十	충목왕 3년(1347)	
新年	충목왕 3년(1347)	
寄鄭代言	충목왕 3년(1347)	《동문선》 권21
寄白和父	충목왕 3년(1347)	백문보
寄洪陽坡	충목왕 3년(1347)	홍언박
寄南村朴判書	충목왕 3년(1347)	
寄賀敬先代言	충목왕 3년(1347)	김경선

	寄詔使金省舍	충목왕 3년(1347)	김장
	寄奇參政	충목왕 3년(1347)	기철
	次韻題奇參政草亭	충목왕 3년(1347)	기철
	次韻洪陽坡提擧賞芍藥	충목왕 3년(1347)	홍언박
	梅花 同白和父作 用東坡韻	충목왕 3년(1347)	백문보
	寄安康李先生	충목왕 3년(1347)	안강 이선생
	宿興義驛	충목왕 3년(1347)	
	過慈悲嶺	충목왕 3년(1347)	
	寄順菴	충목왕 4년(1348)	순암 원
	寄訥齋	충목왕 4년(1348)	장항 원
	寄朴判書	충목왕 4년(1348)	원
	寄金壯元	충목왕 4년(1348)	김인관 원
	寄方尙書	충목왕 4년(1348)	
	寄閔及菴	충목왕 4년(1348)	민사평
	寄洪陽坡 用前韻	충목왕 4년(1348)	홍언박
	寄金祭酒	충목왕 4년(1348)	
	寄李摠郞	충목왕 4년(1348)	
	寄安捴郞 聞員之落本國之職	충목왕 4년(1348)	안보
	寄奇菊庭	충목왕 4년(1348)	기철
	次韻答南宜春	충목왕 4년(1348)	남의춘
	寄李密直	충목왕 4년(1348)	이공수
	寄李樵隱	충목왕 4년(1348)	이인복
19 (律詩)	送崔廉使赴福建	충목왕 4년(1348)	최선(최해)
	哭竹軒	충목왕 4년(1348) 2월	김윤
	寄安康李先生	충목왕 4년(1348)	안강 이선생
	題江天暮雪圖	충목왕 4년(1348)	원
	監倉有感	충목왕 4년(1348)	원
	自詠 效樂天體	충목왕 4년(1348)	원
	次韻哭竹軒	충목왕 4년(1348) 2월	김윤 원
	寄同年張寺丞	충목왕 4년(1348)	
	題金孟堅詩卷	충목왕 4년(1348)	김맹견
	愚谷施銀杯詩次韻	충목왕 4년(1348)	정자후
	哭金理問夫人大興縣君	충목왕 4년(1348)	
	次金同年韻	충목왕 4년(1348)	
	演雅	충목왕 4년(1348)	
	次鄭按廉詩韻	충목왕 4년(1348)	
	次許郞中詩韻	충목왕 4년(1348)	허백
	寄兩郭同年 俱在羅州	충목왕 4년(1348)	
	紀舟行 奉寄松亭居士 兼簡林州	충정왕 1년(1349)	권5, 주행기
	宿桃源驛	충정왕 1년(1349)	

中秋 宿五溪驛	충정왕 1년(1349) 8월	
忠肅王田于鐵原 上孤石亭留詩一絕 時按部鄭公子厚書于客館 後有三藏法師趙順菴依韻應製 穀不能嘿嘿 敬書二絕	충정왕 1년(1349)	정자후 조의선
宿金化驛夜雨	충정왕 1년(1349)	
宿金城縣	충정왕 1년(1349)	
登天磨嶺	충정왕 1년(1349)	
天磨嶺上望金剛山	충정왕 1년(1349)	
登金剛山正陽菴	충정왕 1년(1349)	
宿長安寺	충정왕 1년(1349)	
登天磨西嶺	충정왕 1년(1349)	
再宿通溝縣有感	충정왕 1년(1349)	
宿淮陽府 次壁上許執義韻	충정왕 1년(1349)	
次尹學士詩韻	충정왕 1년(1349)	
登鐵領	충정왕 1년(1349)	
次和州壁上韻	충정왕 1년(1349)	
觀國島有感	충정왕 1년(1349)	
登鶴浦元帥臺	충정왕 1년(1349)	
鶴浦縣亭有安謹齋詩 其末句云 若爲添得東溟水 沒盡奇觀免此 勞 盖以游觀者勞民故也 余反 其意作一絕云	충정왕 1년(1349)	안축
次高城壁上三日浦詩韻	충정왕 1년(1349)	
次三日浦四仙亭詩韻	충정왕 1년(1349)	
次歙谷客舍詩韻	충정왕 1년(1349)	
次列山縣客舍詩韻	충정왕 1년(1349)	
次杆城板上詩韻	충정왕 1년(1349)	
永郎湖 次安謹齋詩韻	충정왕 1년(1349)	안축
次萬景臺詩韻	충정왕 1년(1349)	
次襄州樓上詩韻	충정왕 1년(1349)	
同遊柳少卿以馬病落後 到襄留 待不至 用樓上詩韻趣之	충정왕 1년(1349)	
登祥雲驛亭 亭好而無詩 故留 一絕	충정왕 1년(1349)	
次洞仙驛觀瀾亭詩韻	충정왕 1년(1349)	
次江陵客舍東軒詩韻	충정왕 1년(1349)	
次寒松亭醴泉君所題韻	충정왕 1년(1349)	권한공
次鏡浦臺安謹齋詩韻	충정왕 1년(1349)	안축
次江陵燈明寺詩韻	충정왕 1년(1349)	

	三陟西樓八詠(8수)	충정왕 1년(1349)	안축
	次蔚珍客舍詩韻	충정왕 1년(1349)	
	次迎曦亭詩韻	충정왕 1년(1349)	
	次越松亭詩韻	충정왕 1년(1349)	
	次平海客舍詩韻	충정왕 1년(1349)	
	次臨瀛亭詩韻	충정왕 1년(1349)	
	次寧海北凉樓詩韻	충정왕 1년(1349)	
	次寧海府客舍韻	충정왕 1년(1349)	
	題興海縣客舍	충정왕 1년(1349)	
	次永州客舍前賢題竹詩韻	충정왕 1년(1349)	
	題八莒同年裵糾正草堂	충정왕 1년(1349)	
	次京山府百花軒詩韻	충정왕 1년(1349)	
	次京山府南樓韻	충정왕 1년(1349)	
	寄辛草亭	충정왕 1년(1349)	신예
	道過星山 至黃澗縣 漸凋弊可憐 行次永同郡 留詩一首 以示往來	충정왕 1년(1349)	
20 (律詩)	行次陽山縣 壁上有詩 其名字爲人所磨 戲用其韻作二首 幷書其詩于板日 安知此板亦不爲人之所去乎	충정왕 2년(1350)	
	題錦州客舍	충정왕 2년(1350)	
	余於至治間 因事到珍同縣 數家破屋 不庇風雨 謂已流亡 無復人烟也 今者之來 候迓有吏 應接有所 詢其所以 陳其姓 臣老其名 戶長其職者 能有以起廢故也 余喜甚 因題陳家之壁 以示觀風 以警監縣 且令一鄕之人取法陳家云	충정왕 2년(1350)	
	行次連山 聞金先生光鼎在近邑敎授生徒 以二絶寄之	충정왕 2년(1350)	김광정
	寄大安寺中之僧統	충정왕 2년(1350)	
	遊邊山諸菴 次蘇來樓上詩韻以記歲月云	충정왕 2년(1350)	
	次兜率壁上韻	충정왕 2년(1350)	
	訪尹同年不遇	충정왕 2년(1350)	
	題興德客舍	충정왕 2년(1350)	
	次金山寺壁上韻	충정왕 2년(1350)	
	寄張相國	충정왕 2년(1350)	장항

	過龍頭洞 次前賢詩韻 故相趙狀元所居	충정왕 2년(1350)	조간
	贈坦師	충정왕 2년(1350)	
	次古阜郡北樓詩韻	충정왕 2년(1350)	
	殷學士見和鴻山所題 謹用其韻奉贈	충정왕 2년(1350)	권6, 한주중영객사기
	題竹坡趙先生所居	충정왕 2년(1350)	
	紫汀臺	충정왕 2년(1350)	
	遊千太山濟淪寺	충정왕 2년(1350)	
	完山途中	충정왕 2년(1350)	장항
	訥齋見和 復作一首	충정왕 2년(1350)	장항
	京浦阻風	충정왕 2년(1350)	
	寄許執義	충정왕 2년(1350)	허옹
	度官渡戲作	충정왕 2년(1350)	
	題村舍	충정왕 2년(1350)	
	次韻答南按廉	충정왕 2년(1350)	
	寧海留贈	충정왕 2년(1350)	
詞	眞州新妓名詞		
	次鄭仲孚蔚州八詠		정포
	次平海客舍詩韻		
雜錄	送李中父使征東行省 序 陳旅 宋本 歐陽玄 謝端 焦鼎 岳至 王士點 王沂 潘迪 揭傒斯 宋褧 程益 程謙 郭嘉	1334년 흥학조를 가지고 귀국할 때	
	送奉使李中父還朝序 崔瀯 이제현 권한공 안진 안축 민자이 정천유 이달존 백문보 정포 안보	1335년 원으로 갈 때	
	稼亭記〔王沂〕		
	稼亭詞〔謝端〕		
	集淵明句 奉題稼亭〔黃溍〕		
	節毛詩句題稼亭〔王思誠〕 王思誠 宋褧 蘇天爵 劉聞 劉閎 程益 貢師泰 余闕 王士點 成遵	1337년 정동행성 원외랑으로 귀국할 때	
	送李中父征東 序 周瓚 張起岩 林希光 葉恒 南陽 成遵 傅亨 方道叡 周暾	1346년 반삭의 명을 받들어 귀국할 때	

2. 고려인·원 문사와의 인적 네트워크

1) 고려·원에서 인적 네트워크

(1) 학교와 과거제의 동년

이곡(1298-1351)의 본관은 한산이고 처음 이름은 운백芸白이었는데 곡穀으로 개명했다. 자는 중부中父이고 호는 가정稼亭[49]이다. 조부는 호장인 이창세, 부는 감정감무監井邑務인 이자성李自成이고, 모는 울산 이씨 흥례부興禮府 이춘년李椿年의 딸이다.[50] 이자성은 3남 1녀를 두었는데, 큰아들은 이배李培로 사의서승司儀署丞을 지냈고, 둘째가 이축李畜으로 일찍 죽었으며, 셋째가 이곡이다. 딸은 장씨에게 시집갔지만 먼저 죽었다.[51] 공민왕 8년 무렵에 이색이 백부에게 보낸 시가 있고[52] 이배의 자녀로 추정되는 사촌형제인 이우량李友諒[53]과 사촌동생[54]에게 보낸 시가 있다.[55]

---

[49] 홍여하(1621-1678)에 따르면, 稼亭은 경상도 함녕(함창)의 서쪽 마을 監巖으로 현에서 10리쯤 떨어져 있는데, 한산에서 살다가 縣人 김씨의 사위가 되어 살던 집을 말한다. 시내와 골짜기는 깊고, 수풀은 울창하고 아름다웠으며, 石田 몇 백 이랑이 있어서 직접 농사지었고, 壇을 쌓고 나무를심어 稼亭이라 불렀다고 한다. 亭을 稼라고 함은 자신의 이름(穀)을 부연한 것(《木齋集》 권6, 高麗贊成事李文孝公稼亭碑記(《韓國文集叢刊》 권124)이다.

[50] 《氏族原流》 韓山李氏, 경인문화사, 1991, 100쪽. 이곡의 원 제과 응시 원서에는 "曾祖將眞, 本州戶長, 祖世昌 本州戶長, 父子成, 國司巡尉別將同正, 母李氏慈侍下 聚金氏"(錢大昕, 《元統元年(1333) 進士錄》, 浙江古籍出版社, 1992)로 되어 있다(이성규, 〈고려와 원의 관료 이곡(1298-1351) 年報稿〉, 《동아시아 역사의 환류》, 지식산업사, 2000, 213쪽).

[51] 《益齋亂藁》 권7, 大元制封遼陽縣君·高麗三韓國大夫人·李氏墓誌銘(충정왕 2년); 《氏族原流》 韓山李氏, 경인문화사, 1991, 100쪽.

[52] 《牧隱集》 詩藁 권5, 早春寄呈伯父(공민왕 8년).

이곡은 13세 때인 충선왕 2년(1310)에 아버지가 일찍 돌아가시고 외가
인 영해에서 유학하던 중 16세에 향교의 대현[56]인 함창 김택金澤의 딸과
혼인하여 1남 4녀를 두었다. 아들 이색은 안동 권씨와 네 딸은 각각 영
해 박씨인 박보생朴寶生·반남 박씨인 박상충·나주 나씨인 나계종羅繼從·
정인량鄭仁良과 혼인하였다.[57] 이색의 아들, 곧 이종덕은 진주 류씨의 딸
과, 이종학은 양성 이씨 이춘부의 딸과, 이종선은 안동 권씨의 딸과 혼
인하였다. 이곡 형제와 이색 형제 그리고 이색 자식의 통혼 관계를 비교
하면, 점차 명문 가문과 혼인하는 방향으로 바뀐 것을 알 수 있다.[58]

이곡은 어린 시절 개경에 올라와 곤궁한 생활을 하며 부귀 자제의 따
돌림을 당하고, 뒷바라지하는 모친과 고향에 대한 그리움을 간직하였
다.[59] 그는 20세 무렵인 충숙왕 4년(1317)에 박효수가 시관인 구제삭시
九齋朔試에 합격하였다.[60] 고려 후기에는 사학이었던 구재가 관학 체계
속에 편입되고[61] 충숙왕 4년에는 구재삭시를 국자감시로 대체하였는

---

53 《牧隱集》詩藁 권21, 得堂弟李友諒書及茶鍾一雙(우왕 5년 12월).

54 《牧隱集》詩藁 권13, 卽事(우왕 4년 12월) "老年堂妹小相依."

55 이익주, 〈《牧隱詩藁》를 통해 본 고려 말 李穡의 일상 ―1379년(우왕 5)의 사례―〉, 《韓
國史學報》 32, 2008, 101쪽.

56 문과를 실시하기 전의 시험이 監試이고 詩賦를 시험하여 합격자를 進士라 하며, 문과를
실시한 뒤에 시험이 升補試로 疑義를 시험하여 합격자를 大賢이라 불렀다. 그 뒤 生員試
를 升補試에 대신하게 하고 監試도 시행하였다(《世宗實錄》 권40, 10년 윤4월 무술(3책,
129쪽); 朴龍雲, 〈高麗時代 科擧의 考試와 體系에 대한 檢討〉, 《高麗時代 蔭敍制와 科擧制
研究》, 일지사, 1990. 178쪽).

57 高惠玲, 《高麗後期 士大夫와 性理學 受容》, 일조각, 2001, 159-162쪽; 도현철, 《목은 이색
의 정치사상 연구》, 혜안, 2011, 40-41쪽.

58 高惠玲, 〈이곡의 활동과 사상〉, 《高麗後期 士大夫와 性理學 受容》, 일조각, 2001, 159-163쪽.

59 이성규, 앞의 논문, 215쪽, 주) 10, 11, 12 참조.

60 《高麗史》 권74, 志28 選擧2 國子試之額(중책, 623쪽) "忠肅王四年, 朴孝修掌九齋朔試, 取
金玄其等."

61 朴贊洙, 《高麗時代 敎育制度史研究》, 경인문화사, 2001, 269-277쪽.

데,[62] 이곡이 여기에 합격한 것이다. 이곡은 충숙왕 7년(1320)에 이제현과 박효수가 시관인 수재과에 합격하였다.[63] 이때 종장 시험 과목이 시·부에서 책문策問으로 교체되었는데,[64] 이곡은 장원인 최용갑에 이어 합격하여, 복주(안동) 사록참군사가 되었다. 고려의 과거 합격자 가운데 아주 뛰어난 사람은 국왕의 측근으로 발탁되지만, 대부분은 지방의 사록참군사, 장서기 등의 속관에 임명되었다. 사록참군사는 향리를 통제하면서 수취 업무를 담당했고, 장서기는 군현의 문서 기록, 각종 제문과 중앙에 올리는 문서를 관장했다.[65]

이곡은 당시 유행한 과거제도를 통한 인적 결합과 그에 따른 사회적 유대감을 견지했다.[66] 이색에 따르면, 과거의 좌주와 문생의 관계는 부모 자식의 관계처럼 긴밀할 뿐 아니라 좌주의 아들과 문생의 돈독한 관계로까지 이어졌다. 좌주인 이제현의 손자 이보림이 이제현의 문생인 안보의 문하이고, 이색의 장남인 종학이 이곡의 문생인 한수의 문생이라고 하면서 아버지의 문생을 아들의 좌주로 삼게 한 사실을 자랑스럽게 생각하였다.[67] 이색은 이제현의 아들인 이창로李彰路를 좌주의 아들인 종백

---

62 《高麗史節要》 권24, 忠肅王(4년 8월)(610쪽) "秋八月, 設九齋朔試, 時監試廢已久, 始以朔試代之."

63 《高麗史》 권73, 志27 選擧1 科目1(중책, 594쪽) "(충숙왕)七年六月, 李齊賢·朴孝修典擧革詩賦, 用策問";《高麗史》 권73, 志27 選擧1 科目1(중책, 610쪽) "(충숙왕)七年六月, 李齊賢考試官, 朴孝修同考試官, 取進士. 九月, 賜崔龍甲等三十三人及第."

64 《高麗史》 권73, 志27 選擧1 科目1 東堂監試(중책, 594쪽) "(충숙왕)七年六月, 李齊賢·朴孝修典擧革詩賦, 用策問."

65 박종기, 〈지방 관원, 속관〉,《지배와 자율의 공간, 고려의 지방사회》, 푸른역사, 2002, 293~298쪽.

66 〈표 7〉《가정집》 시고(282수)에 보이는 이곡이 교류 인물에게 보낸 시 빈도 수

순암기	철정	포은	안축	안보	백문보	홍언박	장항	이인복	게이충	김대경	안강이	식무외	권한공	홍빈	김경선	신예
16	9	8	8	6	6	6	6	5	4	4	4	4	3	3	3	4

67 《牧隱集》 文藁 권8, 贈宋子郊序 "崔疎齋來曰, 彪與廉東亭, 俱出星山宋令公門下, 今其孫子郊, 又爲東亭所取, 將歸謁乃祖於星山. 吾等饒其行, 東亭亦不敢自重, 來與會中, 當以言贈, 詩

宗伯[68]으로 부르듯이[69] 홍언박의 아들 홍사원洪師瑗을 종백으로 불렀다.[70]

이곡이 합격한 충숙왕 7년(1320)에 과거시험의 시관은 이제현과 박효수였다. ① 이제현(1287-1367)은 본관이 경주이고 자는 중사仲思, 초명은 지공之公, 호는 악재, 역옹이다. 이진李瑱(1244-1321)의 아들이고 모친은 박인육朴仁育의 딸이며[71] 형제는 4남으로 관槵, 해여海如(승려 체원體元), 제현, 지정之正 등이다. 이제현의 부인은 3명이다. 안동 권씨 사이에 2남(서종瑞鍾, 달존達尊) 3녀(임덕수任德壽, 이계손李係孫, 김희조金希祖와 혼인), 박씨 사이에 1남(창로彰路) 3녀(박동생朴東生, 송무宋懋와 혼인), 혜비(공민왕의 비), 서씨 사이에 2녀(김남우金南雨, 이유방李有芳과 혼인)를 두었고, 측실 소생으로 2녀(임부양林富陽과 혼인)가 있다. 충렬왕 27년(1301)에 권보와 조간趙簡이 시관이던 과거에 합격하였는데, 권보의 사위가 되었다. 충숙왕 7년과 공민왕 2년 두 번에 걸쳐 시관을 역임했다. 이곡의 좌주이면서 이색의 좌주이기도 하다. 충정왕과 공민왕 초기에는 기철이 이제현과 혼인 관계를 맺고자 하였다.[72] 이제현의 아들인 이달존의 딸이 기철의 조카 기인걸奇仁傑에게 출가하였고, 이제현 손자들이 연이어 기씨와 혼인하였다. 이때 이제현은 기씨의 세력이 너무 성한 것을 꺼려하였다.[73] 기씨가 평장사에 임명되자 공민왕이 지제고에게 시를 지

若序 吾等非不能. 然吾等自度不足動我恩門, 先生雖後進, 同在龍頭會中. 視子郊必非他人比, 幸一言以華之. 子曰, 吾老矣. 又病忘失已甚, 然吾座主益齋侍中之孫李政堂, 出乃祖門生安政堂門下, 謹齋安文貞之孫正郎景恭, 出乃祖門生洪贊成門下, 吾豚大種學得爲先稼亭公門生韓淸城之門生."

68 《牧隱集》 詩藁 권9, 憶丁亥科諸公 三首(國俗進士及第 稱其座主之子曰宗伯).

69 《牧隱集》 詩藁 권14, 奉寄李開城; 詩藁 권16, 謝李開城雋酒見訪; 詩藁 권16, 次宗伯開城韻.

70 《牧隱集》 詩藁 권20, 宗伯洪尙書見訪.

71 《牧隱集》 文藁 권16, 雞林府院君諡文忠李公墓誌銘.

72 김당택, 〈제5장 원 간섭기 말의 반원적 분위기와 고려 정치사의 전개〉, 《원 간섭하의 고려정치사》, 일조각, 1998.

73 《高麗史》 권110, 列傳23 李齊賢(하책, 419쪽) "齊賢之孫, 連姻奇氏, 齊賢忌其盛滿."

어 축하하고, 이제현에게 그 일을 기록하도록 하였는데 이제현은 사양하였다.[74]

충숙왕 원년(1314)에 이제현은 충선왕의 명으로 원나라 연경의 만권당[75]에 머물렀다. 여기에서 목암牧菴 요수姚燧(1239-1314)·자정子靜 염복閻復(1236-1312)·복초復初 원명선元明善(1269-1322)·자앙子昻 조맹부(1254-1322)·장양호張養浩(1269-1329) 등과 교류하였다.[76] 허형(1209-1281)의 묘지를 둘러 보고 깊은 감회를 토로하기도 하였다.[77]

이제현은 1321년(충숙왕 8)에 원 제국 안의 권력 변동으로 영종英宗(재위 1321-1323)이 즉위하고 황태후 세력을 제거하는 과정에서 충선왕이 토번吐蕃(티베트) 살사결撒思結로 귀양가게 되자 최성지와 함께 원 낭중과 배주拜住에게 충선왕을 구원하는 글을 올렸다.[78] 여기에서 고려가 원 제국에 충성하고 무엇보다도 충선왕이 세조 쿠빌라이의 외손이라는 점을 강조하였다. 얼마 뒤 충선왕은 감숙성 타사마朶思麻로 옮겼는데, 이

---

74 《牧隱集》 文藁 권16, 雞林府院君諡文忠李公墓誌銘 "公之孫連姻奇氏, 公忌其盛滿. 及其拜平章, 玄陵粉兩制賦詩以賀, 且命公叙其事, 公辭不寫."

75 金庠基, 〈李益齋의 在元 生涯에 對하여 ─忠宣王의 侍從의 臣으로서〉,《大東文化硏究》 1, 1963; 池榮在, 〈益齋長短句의 成立〉,《中國文學報》 4, 1980; 鄭玉子, 〈麗末 朱子性理學의 導入에 관한 試考〉,《震檀學報》 51, 1981; 金時鄴, 〈麗元間 文學交流에 對하여〉,《한국한문학연구》 5, 1981; 張東翼, 〈麗·元 文人의 交流〉,《高麗後期外交史硏究》, 1994; 朴現圭, 〈李齊賢과 元 文士들과의 交遊攷 ─《益齋亂藁》와 元代 文集을 위주로〉,《嶠南漢文學》 3, 1990.

76 《益齋亂藁》 권9, 忠憲王世家;《牧隱集》 文藁 권8, 益齋先生亂藁序; 文藁 권18, 鷄林府院君諡文忠李公墓誌銘;《高麗史》 권110, 列傳23 李齊賢(하책, 409쪽) "忠宣佐仁宗定內亂迎立武宗, 寵遇無對, 遂請傳國于忠肅, 以大尉留燕邸, 構萬卷堂, 書史自娛, 因曰, 京師文學之士, 皆天下之選, 吾府中未有其人, 是吾羞也. 召齊賢至都, 時姚燧閻復元明善趙孟頫等, 咸游王門, 齊賢相從, 學益進, 燧等稱嘆不置, 遷成均祭酒, 奉使西蜀所至題永禬炙人口, 驛壆選部典書."

77 《益齋亂藁》 권2, 許文正公魯齋墓 "魏公懷粹德, 倜起際風雲, 絳灌雖同列, 唐虞欲致君, 舁雍方繪像, 泉路久修文, 慕藺嗟生晚, 荒凉馬鬣墳."

78 《高麗史》 권110, 列傳23 李齊賢(하책, 411쪽) "忠宣被讒, 流吐蕃, 齊賢又與崔誠之, 獻書元郞中曰 …… 又上書丞相拜住曰 ……"

는 이제현의 글에 따른 배주의 건의에 따른 것이라고 한다.[79]

이제현은 충숙왕 10년(1323)에 유청신과 오잠이 3차 입성책동을 전개하자 이에 반대하여 "4백 년이 넘는 고려 왕조의 오랜 역사를 강조하고 원 제국에 신복하여 공물을 바친 지 100여 년이 되었다."고 하였다. 충숙왕이 죽고 심왕 옹립 운동이 일어났을 때, "나는 우리 임금의 아들만을 알 뿐이라" 하여 고려 국왕에 대한 충성심을 드러냈다. 충혜왕의 즉위공신이 되었지만 관직에서 물러나 한거하며 《역옹패설》을 지었고 충목왕이 즉위하자, 군주 수신을 통한 유교정치론을 제시하였다.[80] 또한 안축·이곡·안진·이인복 등과 더불어 민지의 《본조편년강목》을 증수한 《증수편년강목》을 완성하였고,[81] 《충렬왕실록》·《충선왕실록》·《충숙왕실록》의 3조 실록을 찬술했다.[82] 이제현은 찬성사 안축과 밀직부사 이곡을 천거하여 자신을 대신하여 서연에서 강설하게 했고,[83] 불랑국佛郞國에서 신마神馬를 헌납하자 조의선과 이곡이 신마가神馬歌를 지었는데, 이에 차운해서 시를 짓기도 하였다.[84]

---

79 《高麗史》 권110, 列傳23 李齊賢(하책, 413쪽) " …… 旣而帝命量移忠宣于朶思麻之地. 從拜住所奏也."

80 《高麗史》 권110, 列傳23 李齊賢(하책, 415쪽) "上書都堂曰, 今我國王殿下, 以古者元子入學之年, 承天子明命, 紹祖宗重業, 而當前王顚覆之後, 可不小心翼翼以敬以愼. 敬愼之實, 莫如修德. 修德之要, 莫如嚮學. 今祭酒田淑蒙, 已名爲師, 更擇賢儒二人, 與淑蒙講孝經語孟大學中庸, 以習格物致知誠意正心之道, 而選衣冠子弟, 正直謹厚好學愛禮者十輩爲侍學, 左右輔導, 四書旣熟, 六經以次講明."

81 《高麗史》 권37, 世家37 忠穆王1(상책, 745쪽); 《高麗史》 권110, 列傳23 李齊賢(하책, 417쪽) "(충목왕 2년) 冬十月庚申, 敎曰, 太祖開國四百二十有九年于玆, 其間典章文物, 嘉言善行, 秘而不傳, 何以示後? 故我忠宣王, 命臣閔漬修編年綱目, 尙多闕漏, 宜加纂述頒布中外. 乃命府院君李齊賢·贊成事安軸·韓山君李穀·安山君安震·提學李仁復撰進."; 《高麗史》 권109, 列傳22 李穀(하책, 391쪽) "與李齊賢等 增修閔漬所撰編年綱目, 又修忠烈·忠宣·忠肅三朝實錄."

82 《高麗史》 권109, 列傳22 李穀(하책, 391쪽) "與李齊賢等 增修閔漬所撰編年綱目, 又修忠烈·忠宣·忠肅三朝實錄."

83 《益齋亂藁》 권8, 乞免書筵講說擧贊成事安軸 密直副使李穀 自代箋.

84 《益齋亂藁》 권4, 趙三藏李稼亭神馬歌次韻.

이제현은 아들 이달존이 죽자 문생인 이곡에게 비문을 쓰도록 하였다. "그대는 일찍부터 우리 아이 달존과 어울려 놀았으니 그 사람됨을 알 것이다. 또 어떤 사람이 자기 자식을 사랑하지 않겠는가, 나는 그를 무척이나 사랑하였다. 그래서 그 애가 죽은 뒤에도 내가 슬픔을 참지 못하는 것이다." 하면서 이곡에 묘표를 청하자 이곡은 차마 사양할 수 없었다[85]고 하였다. 충숙왕 복위 4년(1335) 3월에 이곡이 원나라에 가게 되자 이제현은 송별시를 써 주었다.

  ② 박효수(-1337)의 호는 석재石齋, 본관은 죽산이다. 박전지(1250-1325)의 묘지명을 썼다.[86] 평소 깨끗한 지조가 있었고 윤신걸을 대신해 선비를 선발하게 되었을 때 왕이 그의 청렴함을 가상하게 여겨 은병 50개와 쌀 1백 석을 하사하여 학사연을 차리게 했다[87]고 한다. 충숙왕 때 첨의평리 백원항[88]과 함께 충선왕의 환국을 요청하는 글을 써서 원나라 중서성에 보냈다.[89] 충숙왕 10년 심왕파들이 심왕을 옹립하고자 서명을 받으려 하였으나 박효수는 동년인 백원항과 함께 거부하였다.[90] 《동문

---

85 《稼亭集》 권11, 奉常大夫·典理摠郎·寶文閣直提學·知製教 李君墓表(충혜왕 복위 원년 (1340) 10월).

86 김용선, 《역주 고려묘지명집성(하)》(2012), 박전지묘지명, 755쪽.

87 《高麗史》 권109, 列傳22 尹莘傑 附 朴孝修(하책, 384쪽).

88 백원항(1260-1330)은 충렬왕 5년(1279)에 사마시에 장원 급제하고, 예부시에 합격하였다. 충렬왕 33년(1307) 연경에 있던 충선왕과 세자(충숙왕)를 시종하였고, 충선왕 4년 (1312) 노비 출신 嬖幸 金英甫와 틈이 생겨 영흥도에 유배되었다가 곧 해배되어 충선왕 5년(1313) 무렵에 전교령이 되었다. 충숙왕 원년(1314) 상왕의 명으로 《자치통감》을 진강하고, 충숙왕 4년(1317) 9월에 박전지와 함께 시관이 되어 洪義孫을 급제시켰다. 충숙왕 8년(1321) 정월에 왕의 폐위를 도모한 권한공 채홍철을 杖流시켰으며, 12월에는 원의 중서성에 상왕의 환국을 요청하는 글을 보내고, 饔人 萬福이 왕을 무고한 일을 변증하는 글을 올렸다. 그의 시는 《동문선》에 16제 16수가 전해지는데, 이인노·이규보와 이제현·이곡 등을 잇는 교량적 역할을 수행하였다(여운필, 〈백원항의 생애와 시세계〉, 《석당논총》 44, 2009)고 한다.

89 《高麗史節要》 권24, 忠肅王(8년 12월)(616쪽) "十二月, 白元恒·朴孝修等會議, 上書中書省, 乞還上王, 且辨韓萬福誣告公主薨故."

선》과 《신증동국여지승람》에 시가 전한다.[91]

　이곡이 수업을 받은 스승으로 안축이 있다.[92] ③ 안축(1287-1348)은 본관이 순흥, 자는 당지當之, 호는 근재謹齋이다.[93] 부친인 안석은 과거에 급제하였으나 벼슬하지 않았다. 안석安碩의 아들 3형제(안축, 안보, 안집)는 과거에 급제하였고 안축과 안보는 원 제과에도 합격하였다. 안축의 아들 안종원은 이색과 동년으로 조선의 개국공신이 되었다.[94] 안축은 충렬왕 33년(1307) 과거에서 허유전許有全과 이의李顗가 시관일 때 합격하고, 충숙왕 7년(1320) 원 제과에 응시하였으나 낙방하였다.[95] 충숙왕 10년(1323)의 향시에 합격한 다음 해인 1324년(충숙왕 11) 제과에 제3갑 7명으로 급제하여 요양로 개주판관에 임명되었다.[96] 원 제과 동년인 정단학程端學(1278-1334) 등과 교류하였다.[97] 충숙왕은 심왕 고의 무고로

90 《高麗史節要》 권24, 忠肅王(10년 9월)(622쪽) "宰相, 享淑妃, 妃以伯顔禿古思, 謀危上王, 其見任瑞, 奪金之甲牌面等事, 令群臣上書于中書省, 訴其罪, 金台鉉先署名, 白元恒·朴孝修, 托故不署."

91 《신증동국여지승람》 권16, 충청도 보은; 권21, 경상도 경주부; 권22, 경상도 울산군; 권23, 경상도 동래군, 청하현; 권24, 영해도호부, 안동도호부; 권25, 경상도 영천군; 권28, 경상도 성주목; 권 29, 경상도 고령현; 권31, 경상도 남해현.

92 《牧隱集》 文藁 권19, 鷄林府尹諡文敬公安先生墓誌銘 幷序 "…… 稼亭先生受業於謹齋, 而銘其墓, 穡之鄕試也, 先生又爲主文, ……."

93 김동욱, 〈안축〉《고려사대부 작가론》, 박이정, 2004, 29-40쪽; 高惠玲, 〈安軸의 활동과 사상〉《高麗後期 士大夫와 性理學 受容》, 일조각, 2001, 241-245쪽; 도현철, 〈안축의 대책문과 이민족 대책〉, 《한국사상사학》 38, 2011.

94 《太祖實錄》 권1, 즉위년 9월 갑오(1책, 29쪽).

95 《高麗史》 권74, 志28 選擧2 科目2 制科(중책, 616쪽) "忠肅王七年十月, 遣安軸·崔瀣·李衍宗應擧."

96 《高麗史》 권74, 志28 選擧2 科目2 制科(중책, 616쪽) "忠肅王十年十二月, 遣安軸·趙廉·崔龍甲應擧. 十一年, 軸中制科.": 《稼亭集》 권11, 大元故將仕郞·遼陽路盖州判官·高麗國三重大匡·興寧府院君·領藝文館事·諡文貞安公墓誌銘 "再中鄕試, 拜司憲糾正. 癸亥, 又中鄕試第一名. 甲子, 會試京師廷對, 第三甲七人, 勑授盖州判官."

97 정단학은 원의 국자조교, 太常博士 등을 역임하고 《春秋本義》, 《春秋或問》 등의 저술을 남겼으며(《元史》 권190, 列傳77 儒學2 程端學; 《新元史》 권236, 列傳133 程端學), 귀국하

원에 억류되어 있었는데, 동지들에게 "임금이 근심하면 신하는 그것을 치욕으로 여기고, 임금이 치욕을 당하면 신하는 그것을 씻기 위해 목숨을 바쳐야 한다."[98]고 하였다.

안축은 충숙왕 17년(1330) 강원도존무사에 임명된 뒤《관동와주》를 지었다.[99] 여기에서 1330년대 관동 지방의 생활상을 지켜본 경험을 바탕으로 고려의 자존의식, 현실에 대한 비판적 태도, 역사적 소명감을 표현했다.[100] 안축은 이제현과는 별도로[101] 원에서 고려인과 색목인을 동일하게 취급해 달라는 글을 올렸다.[102] 원 간섭기 한인漢人과 같은 부류로 인정된 고려인은 재원 고려인에 한정될 뿐 한반도 거주 고려인들은 해당되지 않았다. 1337년에 원은 한반도 고려인을 대상으로 무기소지 금령, 충숙왕 사후 궐위와 충혜왕의 구금, 심왕파의 동향 등 고려의 정치적 독자성과 법제적 독립성을 부인하는 조치를 취하였다. 이에 위기를 느낀 안축과 이제현[103]은 고려인과 색목인과 동일한 대우를 해달라는 색목인론色目人論을 주장하여 고려인의 신분상승이나 처우개선을 넘어서 고려인의 정체성을 천명하고 원 조정으로부터 이를 인정받고자 하였다.[104] 충혜왕 복위 원년(1340)에는 시관이 되어 김영돈과 함께 이공수

는 안축을 위하여 '贈安當之同年歸高麗'라는 시를 주기도 하였다.《積齋集》(程端學) 권1, 贈安當之同年歸高麗(影印 文淵閣 四庫全書(別集類)의 1212); 張東翼,〈麗·元 文人의 交流〉,《高麗後期外交史研究》, 1994, 207쪽;《元代麗史資料集錄》, 서울대출판부, 1997, 206~209쪽.

98 《高麗史》권109, 列傳22 安軸(하책, 392쪽) "時忠肅被留于元, 軸謂同志曰, 主憂臣辱, 主辱臣死."

99 《高麗史》권109, 列傳22 安軸(하책, 392쪽) "忠惠卽位命存撫江陵道, 有文集曰關東瓦注."

100 金宗鎭,〈安軸의 시세계 —關東瓦註 素材 漢詩의 研究—〉,《泰東古典研究》10, 1993.

101 《益齋亂藁》권8, 乞比色目表.

102 《謹齋集》권2, 請同色目表.

103 최근 연구로 다음이 글이 참고 된다(이명미,〈고려-몽골 관계 깊이 보기 —乞比色目表와 請同色目表—〉,《역사교육연구》37, 2020).

104 金浩東,〈高麗後期 '色目人論'의 背景과 意義〉,《歷史學報》200, 2008.

등 33인을 선발하였다.[105]

충목왕 즉위년에 서연이 설치되자 신예·안진과 함께 시독이 되었고,[106] 1347년에 개혁정치를 추구한 정치도감의 판사가 되었으며,[107] 《본조편년강목》을 이제현 등과 함께 증수하여 《증수편년강목》을 완성하였고, 충렬왕·충선왕·충숙왕 3조의 실록 편찬에 참여하였다.

안축이 이곡에게 묘지명을 부탁하면서 "내 평소 아무것도 자랑할 것이 없지만, 내가 4번이나 형벌을 담당하는 관리가 되어 백성들 가운데 강제로 억울하게 노예가 된 자들을 심리하여 양민으로 돌아가게 하였으니 이것은 기록할 만하다."[108]고 하였다.[109] 전법총랑(1324)·판전교·지전법사(1331)·전법판서(1332, 1339) 등 모두 네 번이나 담당 관원을 지내며 백성을 위한 판결을 내려 백성의 고통을 덜어 주고자 노력하였다. 안

---

105 《高麗史》 권73, 志27 選擧1 科目1(중책, 611쪽) "忠惠王後元年, 金永旽知貢擧, 安軸同知貢擧, 取李公遂等."

106 《高麗史》 권37, 世家37 忠穆王(즉위년 6월 을묘)(상책, 742-743쪽).

107 《高麗史》 권37, 世家37 忠穆王(3년 2월 기축)(상책, 745쪽) "置整治都監, 以雞林郡公王煦, 左政丞金永旽, 贊成事安軸, 判密直司事金光轍爲判事, 鄭珚等三十三人爲屬官."

108 《稼亭集》 권11, 大元故將仕郎·遼陽路盖州判官·高麗國三重大匡·興寧府院君·領藝文館事·諡文貞安公墓誌銘 "且以墓誌屬之曰, 吾平生無可稱, 吾四爲士師, 凡民之屈抑奴人者, 必理而良之, 此其可記者也."

109   〈표 8〉《가정집》에 보이는 안축에게 쓴 시와 문

번호	제목	시기	이곡상황
1	권11,　大元故將仕郎，遼陽路盖州判官·高麗國三重大匡·興寧府院君·領藝文館事，諡文貞安公墓誌銘	충목왕 4년(1348)	고려
2	권15, 賀安謹齋	충혜왕 복위년(1340)	고려
3	권18, 寄賀安謹齋	충목왕 원년(1345)	원
4	권19, 鶴浦縣亭有安謹齋詩 其末句云 若爲添得東溟水沒盡奇觀免此勞 盖以游觀者勞民故也 余反其意作一絶云	충정왕 1년(1349)	고려
5	권19, 永郎湖 次安謹齋詩韻	충정왕 1년(1349)	고려
6	권19, 次鏡浦臺安謹齋詩韻	충정왕 1년(1349)	고려
7	권20, 三陟西樓八詠(8수)	충정왕 1년(1349)	고려
8	권20, 雜錄送奉使李中父還朝序	충숙왕 복위4년(1335)	원

축이 농민을 구해 준 사례는 《고려사》 열전에 전한다.[110]

안축 집안은 이곡·이색과 긴밀하였다. 이곡은 안축에게 수업을 받아 안축의 묘지명을 지었고, 안축의 동생 안보의 묘지명은 이색이 썼다. 안보(1302-1357)는 공민왕 2년(1353)에 정동행성 향시의 시관이 되어 이색을 합격시켰다. 안축의 아들 안종원은 충혜왕 2년의 성균시에서 이색과 동년이고,[111] 안종원의 아들인 안경공은 이색과 교류하였으며,[112] 이색의 아들 이종선은 우왕 8년(1382) 안종원이 시관일 때 합격하였다.

한편 1320년(충숙왕 7) 과거시험에 합격한 이곡의 동년은 장원인 최용갑을 비롯하여 백문보·안보·윤택·전숙몽·김천조·김동양·김자의 등 33인이다.[113] ① 장원인 최용갑은 본관이 완산이다.[114] 충숙왕 10년(1323) 12월에 최용갑이 안축·조렴과 함께 원 제과에 응시하였지만 안축만이 합격하였다.[115] 이곡이 쓴 시 한 수가 전한다.[116]

② 백문보(1303-1374)의 본관은 직산이고 자는 화부和夫, 아버지는 부사 견堅이고 모친은 영해 박씨, 처가는 평해 황씨이다. 어려서 백이정 문하에서 수학하고 그의 행장을 썼다.[117] 충숙왕 7년(1320)에 이곡·윤택

---

110 이러한 태도는 그의 농민시에 잘 나타나 있다(정재철, 〈高麗末 新興士大夫의 登場과 漢詩-農民認識을 중심으로〉, 《韓國漢文學研究》 15, 1992).

111 《高麗史》 권73, 志27 選擧1 科目1(중책, 611쪽) "(우왕)八年 五月, 順興君安宗源知貢擧, 判厚德府事尹珍同知貢, 擧取進士賜柳亮等三十三人及第"; 朴龍雲, 《高麗時代 蔭敍制와 科擧制研究》, 일지사, 1990, 531쪽.

112 《牧隱集》 詩藁 권28, 裘不獲裏, 銘烏川君之幽堂, 其子典校副令麟共, 埼內府副令安景恭, 以盛饌來餉. 又以紫袍爲潤筆, 觀其意勤且禮也, 受之, 當俟後日還之耳.

113 《高麗史》 권73, 志27 選擧1 科目1(중책, 610쪽) "(충숙왕)七年六月, 李齊賢考試官, 朴孝修同考試官, 取進士. 九月賜崔龍甲等三十三人及第."

114 《氏族原流》 完山崔氏, 경인문화사, 1991, 575쪽.

115 《高麗史節要》 권24, 忠肅王(10년 12월)(623쪽).

116 《稼亭集》 권15, 寄完山崔壯元.

117 《淡庵逸集》 권2, 文憲公 彝齋先生行狀(공민왕 20년).

과 같이 급제하였다.[118] 원 제과에 합격한 이곡이 1335년에 고려에 사
명을 완수하고 원나라로 돌아갈 때, 백문보가 송별시를 쓰면서 자신도
원나라에서 공부하고 싶은 마음을 표현하였다.[119] 백문보와 교류한 인물
은 백문보에게 동재설動齋說을 써준 이달충, 백문보에게 권유하여 나옹어
록의 서문을 쓰게 한 이암, 《급암시문》의 서문을 써준 민사평 등이다.
백문보는 충숙왕 15년과 16년에 2차 입성책동과 심왕파의 책동으로 충
숙왕의 국왕인을 빼앗긴 사태에 대하여 충숙왕과 함께 입원하여 이를
해결하려 하였고, 이를 날카롭게 비판하는 사론을 썼다.[120] 그는 충숙왕
복위 5년(1336)에 정언이 되고, 우상시(정3품)에 이른 뒤 충목왕 원년
(1345)까지 간관직을 수행하며, 부원배의 침탈과 부정에 비판적인 태도
를 견지하였다. 충목왕 3년에 정치도감이 설치되자, 정치관으로 활동하
면서 개혁정치를 추구해 간다. 특히 기삼만 옥사 사건이 발생하고 원 사
신이 정치관 대다수를 장벌杖罰 줄 때, 제일 먼저 지목되었을 정도로[121]
개혁정치에 앞장서는 중심 인물로 활약하였다.[122]

118   〈표 9〉《가정집》에 보이는 이곡이 백문보에게 쓴 시와 문

번호	제목	시기	이곡 상황
1	권6, 淸風亭記	충정왕 2년(1350)	
2	권14, 次韻答白和父	충혜왕즉위년(1330)	과거 응시 전 개경 생활
3	권14, 飮酒一首, 同白和父, 禹德鱗作	충숙왕 복위1(1332)	안동사록 이후 관직없음
4	권18, 寄白和父諫議	충목왕 1년(1345)	
5	권18, 寄白和父	충목왕 3년(1347)	반삭들고 귀국
6	권18, 梅花 同白和父作, 用東坡韻	충목왕 3년(1347)	

119 《淡庵逸集》 권1, 送奉使稼亭李中父穀還朝; 《稼亭集》 稼亭雜錄(1335년 3월) 白文寶
   "…… 我欲從公遊上國, 安能鬱鬱在荒陬."
120 《高麗史節要》 권24, 忠肅王(15년 7월)(628쪽); 《高麗史節要》 권24, 忠肅王(16년 5월)(629쪽).
121 《高麗史》 권37, 世家37 忠穆王(3년 10월 갑오)(상책, 746쪽) "元以三萬之死, 遣直省舍人
   僧家奴, 杖整治官白文寶·申君平·全成安·河楫·南宮敏·趙臣玉·金達祥·盧仲孚·李天伯·許湜·李
   承閏·安克仁·鄭光度·吳璟·徐浩·田祿生. 唯安軸·王煦, 以聖旨原之, 前判密直司事金光轍, 前
   大護軍李元具, 以病免. 帝仍降璽書, 復置整治都監, 令王煦判事."

충목왕이 죽자(1348.12) 새로운 왕의 옹립을 두고 충목왕의 서제인 왕저(충정왕)와 숙부인 왕기王祺(공민왕)가 후보로 떠올랐다. 백문보는 왕후·이제현·이곡·윤택 등과 왕기 추대에 적극적이었다. 원이 충정왕을 즉위시켰지만 3년 만에 공민왕이 즉위하였다. 백문보는 공민왕의 개혁정치에 전리판서로 참여하여 과거에 10과를 둘 것을 주청했고[123] 공민왕 11년 시정에 관한 상소를 올렸다. 여기에는 특히 "단군으로부터 지금까지 3,600년이 되었다."고 하여 단군에 대한 역사의식을 나타냈다.[124] 공민왕 22년에는 전녹생·정추와 함께 우왕의 사부가 되었다.[125]

이제현은 국사가 미비한 것을 알고 백문보·이달충과 함께 기년·전·지로 분류해 편찬했다. 이제현은 국초부터 숙종까지, 백문보와 이달충은 예종 이후를 담당하였는데, 백문보는 예종과 인종을 마쳤지만 이달충은 착수하지도 않았다고 한다.[126]

충정왕 2년(1349) 4월에 광주목사로 있던 백문보는 이곡에게 관사 북쪽에 세운 청풍정 기문을 써달라고 부탁하였고, 이듬해에 백문보가 개경으로 가게 되었지만 이미 약속한 것이기에 이곡은 기문을 써 주었다.[127] 백문보는 《주역》 가운데 상수학에 밝았다고 한다.[128]

---

122 閔賢九, 〈白文寶 硏究 —政治家로서의 活躍을 中心으로—〉, 《동양학》 17, 1987.

123 《高麗史》 권75, 志29 選擧3 選法(공민왕 원년 2월)(중책, 632쪽) "典理判書白文寶上書曰, 爲政之要, 在於得人, 知人之難, 聖賢所重."

124 《高麗史》 권112, 列傳25 白文寶(하책, 451-452쪽) "後上疏言事曰, …… 國家世守東社, 文物禮樂有古遺風 …… 吾東方, 自檀君, 至今已三千六百年, 乃爲周元之會. 宜遵堯舜六經之道, 不行功利禍福之說. 如是, 則上天純祐, 陰陽順時, 國祚延長."

125 《高麗史節要》 권29, 恭愍王(22년 7월)(742쪽).

126 《高麗史》 권110, 列傳23 李齊賢(하책, 418-419쪽) "撰國史於其第史官及三館皆會焉. …… 齊賢嘗病國史不備. 與白文寶李達忠作紀年傳志. 齊賢起太祖至肅宗, 文寶達忠撰睿宗以下, 文寶僅草睿仁二朝, 達忠未就藁."

127 《稼亭集》 권6, 淸風亭記.

128 김보경, 〈고려후기 《周易》 인식의 특징과 그 의미 —백문보를 중심으로〉, 《한국한문학

③ 안보(1302-1357)은 본관이 순흥, 호는 원지員之, 부는 안석이고, 형은 안축, 동생은 안집이다. 안축의 세 아들은 모두 과거에 급제하였고 근재의 세 아들 또한 과거에 급제하였다. 원나라에서 과거를 실시한 이래 우리나라 사람으로서 부자 형제가 연이어 급제한 것은 순흥 안씨와 한산 이씨뿐이라고 한다.[129] 이색이 향시를 치를 때 안보는 고시관이었고 이색은 그의 묘지명을 썼다.[130] 안보는 이곡과 같이 1320년 과거에 급제하고, 경주사록이 되었다. 충목왕 원년에 원 제과에 합격하여, 요양행중서성조마·승발가각고가 되었는데 어머니를 봉양해야 한다는 이유로 귀국하였다. 공민왕 4년(1355)에 이공수와 더불어 시관이 되어 안을기 등 33인을 뽑았다. 어머니를 보양하기 위하여 지방관으로 나가기를 청하여 계림부윤이 되었다. 이색은 묘지명을 쓰면서 후사가 없음을 안타까워하였다.[131] 《고려사》에서 그에 대하여 "《사기》와 《한서》를 즐겨 읽었고, 문장을 지을 때에도 화려하게 꾸미는 일을 배격하고 오직 실질만 취하여 뜻이 제대로 통하게 할 뿐이었다. 일을 처리할 때에는 대체를 따르는데 힘쓰고 머뭇거리거나 되돌아보지 않았다. 또한 살림살이를 돌보지 않아 그가 죽을 때 집에 조금의 저축도 없었다."[132]고 하였다.

연구》 32, 2003.

129
〈표 10〉《가정집》에 보이는 안보에게 쓴 시와 문

번호	제목	시기	이곡 상황
1	권9, 送安修撰序	충숙왕 복위1년(1332)	고려
2	권14, 送安員之曝史南歸	충숙왕 복위1년(1332) 10월	고려
3	권15, 聞安員之 李仲權同拜玉堂, 作詩爲賀	충숙왕 복위 3년(1333) 6월	원
4	권18, 送同年安員之登第還鄉	충목왕 1년(1345) 1월	원
5	권18, 次韻送安照磨赴遼陽	충목왕 2년(1346) 2월	원
6	권19, 寄安揔郎, 聞員之落本國之職	충목왕 4년(1348)	원

130 《牧隱集》 文藁 권19, 鷄林府尹諡文敬公安先生墓誌銘 幷序 "……稼亭先生受業於謹齋, 而銘其墓, 稿之鄉試也, 先生又爲主文, ……."
131 《牧隱集》 文藁 권19 雞林府尹諡文敬公安先生墓誌銘 幷序.

안보는 1335년 이곡이 원나라 조정으로 갈 때 송별시를 썼다.[133] 이 곡은 안보와 이달충이 옥당에 들어간 것을 축하하며 탄관彈冠, 곧 뜻을 같이 하는 친구와 함께 벼슬길에 나아간다고 기뻐하였다.[134] 이곡은 탄 관이라는 표현을 이인복에게도 썼다.[135]

④ 윤택(1289-1370)의 본관은 무송茂松, 자는 중덕仲德, 호는 율정이 다.[136] 부인은 문씨, 이씨, 기씨 2명 등 모두 4명이다.[137] 고모부 윤선좌 를 따라 글을 배워《춘추좌씨전》에 정통했으며[138] 북송 범중엄의 "천하 의 근심에 앞서 근심하고 천하가 즐거워한 뒤에 즐거워한다."[139]라는 말 을 외우면서 현실에 대한 책임의식을 견지하였다.[140] 공민왕이《서경》 무일편을 써서 재신에게 나누어 주도록 하고 윤택에게 이를 강의하도록 하였는데, 윤택은 공민왕에게 주나라 성왕이 삼촌인 주공의 가르침을 따 랐던 고사를 본받아, 엄숙하고 공경하는 마음으로 스스로를 억제하고 두 려워한다면 사직의 복이 될 것이라고 하였다. 또한《대학연의》와 최승로 의 시무책을 강의하였다.[141] 이는 뒤에 손자인 윤소종이 공양왕에게《대

132 《高麗史》권109, 列傳22 安軸 附輔(하책, 395쪽).

133 《稼亭集》稼亭雜錄 送奉使李中父還朝序.

134 《稼亭集》권15, 聞安員之 李仲權同拜玉堂, 作詩爲賀.

135 《稼亭集》권16, 寄克禮州判.

136 김갑동, 〈윤택의 생애와 금산〉,《역사와 담론》90, 2019.

137 《牧隱集》文藁 권17, 栗亭先生尹文貞公墓誌銘(공민왕 19년);《牧隱集》文藁 권19, 尹母崔夫人墓誌(우왕 7년);《東文選》권69, 尹氏墳墓記(백문보);《高麗史》권106, 列傳19 尹澤 (하책, 347쪽).

138 《高麗史》권106, 列傳19 尹諿(尹澤)(하책, 346쪽) "澤字仲德, 三歲而孤, 七歲受書, 輒成誦, 諸每見警句泣曰, 興吾門者, 其汝乎. 稍長從姑夫尹宣佐, 讀書淹通, 尤長於左氏春秋."

139 《范文正公全集》권7, 岳陽樓記.

140 《高麗史》권106, 列傳19 尹諿(尹澤)(하책, 346쪽) "常誦范文正公, 先天下之憂而憂, 後天下之樂而樂, 以謂大丈夫, 寧可碌碌耶."

141 《高麗史》권106, 列傳19 尹諿(尹澤)(하책, 346쪽) "澤又以眞德秀大學衍義, 本朝崔承老上成宗書, 進講."

학연의》의 이제삼왕을 본받으라고 한 것[142]과 같이 성리학에서 제시하는 이상군주를 기준으로 현재 왕이 이를 본받도록 한 것이다.

윤택은 이곡·백문보와 더불어 공민왕의 옹립에 노력하였다. 충목왕이 죽고 새로운 국왕을 옹립할 때, 이제현 등은 충혜왕의 아우인 공민왕이 왕위를 계승해야 한다는 글을 원나라 중서성에 올렸다.[143] 이곡 역시 기로와 여러 관원들이 동의한 글을 작성하여 중서성에 전달하였고,[144] 권준도 참여하였으며,[145] 윤택은 김경직(김륜金倫의 아들), 이승로와 함께 왕저(충정왕)의 왕위계승에 반대하여 고려에서 형제와 숙질 사이에 왕위계승의 내력을 소개하는 글을 원 중서성에 올렸다.[146]

윤택은 고모부인 윤선좌가 죽고 동년인 이곡에게 "공(윤선좌)은 고모부이지만 은혜로는 아버지와 같다. 공이 돌아가셨을 때, 장례에 참석하지 못하였고 장례 기일이 촉박해서 명銘을 청하지 못했다. 명도 없이 오늘에 이르렀으니 한스러울 따름이다. 그대가 묘지명을 많이 지었겠지만, 우리 공과 같은 분이 또 없지 않은가?"하며 부탁하자, 이곡은 윤선좌의 묘지명을 썼다.[147]

---

[142] 《高麗史》 권120, 列傳33 尹紹宗(하책, 625쪽);《高麗史節要》 권34, 恭讓王(2년 봄정월)(869쪽) "王欲覽貞觀政要, 命鄭夢周講之, 紹宗進曰, 殿下中興, 當以二帝三王爲法, 唐太宗不足取也. 請講大學衍義, 以闡帝王之治, 王然之."

[143] 《高麗史》 권37, 世家37 忠定王(즉위년 12월 기묘)(상책, 748쪽) "王煦等遣李齊賢如元上表曰, ……";《高麗史》 권110 列傳23 王煦(하책, 407쪽) "煦等遣李齊賢如元上表請立嗣王.

[144] 《牧隱集》 文藁 권18, 有元高麗國忠勤節義贊化功臣重大匡瑞 寧君謚文僖柳公墓誌銘 "先君稼亭公頒曆東方, 文僖公實從之來, …… 明陵薨, 王政丞倡議上表, 請玄陵嗣位, 又以著老衆官書達中書省, 稼亭公實執其筆.";《高麗史》 권109, 列傳22 李穀(하책, 391쪽) "忠定卽位, 穀以甞請立恭愍, 不自安, 遊關東."

[145] 김용선,《역주 고려묘지명집성(하)》(2012), 권준묘지명, 1130쪽.

[146] 《高麗史節要》 권26, 忠定王(즉위년 추7월)(664쪽) "流前密直金敬直于島, 貶前密直李承老, 爲宣州勾當, 前代言尹澤, 爲光陽監務. 敬直甞毁王, 澤·承老, 以民望歸于江陵大君祺, 乃獻書中書省, 言本國兄弟叔姪相繼之故, 幼君不堪保釐之狀. 王恨之故, 有是命. 初忠肅在燕邸, 尹澤上謁, 一見器重, 因有托孤之語, 意在祺. 後忠肅寢疾, 復以燕邸所語語澤. 故澤於祺, 素歸心焉."

이곡의 아들인 이색은 "내가 젊었을 때 선생(윤택)을 스승으로 섬겼고 기거랑(고모부, 허식許湜)은 나의 몽매함을 깨우쳐 주었으며 (윤)소종이 나의 문생이 된 인연이 있다. 여러 의리를 헤아려 볼 때 사양할 수 없다."[148]면서 윤택의 일고逸藁의 서문을 썼고 윤택과 며느리(윤소종의 모친)의 묘지명을 써 주었다.[149]

⑤ 김동양은 본관이 김해이다. 이색은 한 집안 삼형제가 과거에 합격한 경우는 안축·안보·안집의 죽계 안씨 이외에 16개의 가문이 있고, 김해 김씨인 김동양·김광윤·김광원이 있다고 하였다.[150] 이곡은 김동양이 원나라에 갈 때 전송하는 시를 썼다. 김동양이 "지금 원나라는 드높고 휘황하다. 처음에는 무공武功으로 천하를 평정하였으나, 지금은 문리文理로 해내海內를 교화시키고 있다. 남아가 시골 한 구석에서 일 하나에 얽매어 있을 수는 없는 일이니, 북쪽 중국에 가서 배울 것이다."하였다. 이에 이곡은 김동양은 군자다운 사람으로 행동과 문장이 넉넉하고 여유가 있어 세계제국 원에서 많은 것을 배우고 익힐 것이라고 권면하였다.[151]

⑥ 이양직은 본관이 우봉, 자는 경부敬父, 처음 자는 불곡不曲이다. 검교군기감 이응시의 아들이고 성균직강, 감찰규정을 역임하였다.[152] 이곡이 이양직에게 쓴 3개의 글이 있다.[153]

---

147 《稼亭集》권12, 高麗國匡靖大夫·僉議評理·藝文館大提學·監春秋館事·上護軍致仕尹公墓誌銘.

148 《牧隱集》文藁 권8, 栗亭先生逸藁序 "子少也師事先生, 起居公又擊子蒙, 紹宗爲吾門生, 揆諸義, 在所不辭."

149 《東文選》권69, 尹氏墳墓記(백문보); 《牧隱集》文藁 권17, 栗亭先生尹文貞公墓誌銘(공민왕 19); 文藁 권19, 尹母崔夫人墓誌(우왕 7년).

150 《牧隱集》文藁 권8, 賀竹溪安氏三子登科詩序(우왕 4년 4월) "子惟光廟設科之後, 至于今未嘗罷, 而父子兄弟聯中者, 夫豈少哉? …… 子曰, 宰相金觀, 有子三人登科, 曰富伶, 曰富軾, 曰富儀是己. …… 今之世所共知者, 金海金氏, 曰東陽, 曰光閏, 曰廣元. ……"

151 《稼亭集》권8, 送金同年東陽遊上國序.

152 《氏族原流》牛峯李氏, 경인문화사, 1991, 110쪽.

153 《稼亭集》권1, 節婦曺氏傳; 권2, 義財記; 권7, 敬父說.

⑦ 김천金蔵은 이곡과 충숙왕 4년(1317) 진사시의 동년이다. 이색은 김천의 외손자인 장자의가 통주의 학장으로 시문을 요청하자, "선군께서 그 옛날 관동을 유람하실 적에, 동년으로 같이 다닌 분이 바로 그대 할 아버지……"라고 하면서 이곡과의 인연을 소개하였다.[154]

이 밖에 동년으로 조중서와 최헌납[155]·배규정[156]·유한림[157]·김천 조[158]·남동년[159]·장시승[160]·김동년[161]·곽동년[162]·윤동년[163] 등이 있다.

한편 이곡은 1347년(충목왕 3) 10월에 동지공거 허백과 함께 과거를 주관하여 김인관 등 33인을 뽑았다.[164] 《고려사》 열전에는 이때 이곡과 허백이 사정에 따라 세가의 배우지 못한 자제들을 많이 합격시켰다고 하여 헌사의 탄핵을 받았고 결국 급제자를 내지 못하였다[165]는 기록이 있다. 그러나 《가정집》에는 "인재를 또 선발하려 하니 사람들이 비난하는데, 선생은 당일에 오직 이 몸을 알아주신 분"[166]이라 하여 당시의 비

154 《牧隱集》 권34, 留別通州張學長 先君丁巳進士同年金公諱蔵, 其外孫張子儀, 爲鄕學學長, 請言. 子老矣, 廢學久矣, 子樂其有人才於邊遠之地, 乃敍世交, 而進其所任之重云. "家尊昔日賞 關東 同牓追隨是祖翁 ……"

155 《稼亭集》 권8, 與同年趙中書·崔献納書.

156 《稼亭集》 권20, 題八莒同年裵糾正草.

157 《稼亭集》 권15, 寄同年柳翰林.

158 《稼亭集》 권15, 爲金校勘天祚祭母文; 권15, 次韻寄金同年天祚.

159 《稼亭集》 권18, 聞宜寧南同年復官于朝 叙舊述懷 聊寄短篇.

160 《稼亭集》 권19, 寄同年張寺丞.

161 《稼亭集》 권19, 次金同年韻.

162 《稼亭集》 권19, 寄兩郭同年 俱在羅州.

163 《稼亭集》 권20, 訪尹同年不遇.

164 《高麗史》 권73, 志27 選擧1 科目1(중책, 610쪽) "忠穆王三年十月, 陽川君許伯知貢擧, 韓 山君李穀同知貢擧, 取進士賜金仁琯等 三十三人及第."

165 《高麗史》 권109, 列傳22 李穀(하책, 391쪽) "與陽川君許伯掌試, 取金仁琯等. 穀伯徇私, 多取世家不學子弟, 憲司彈之. 不出新及第."

166 《稼亭集》 권18, 安康李先生 "自笑豈宜紆紫綬 人譏又欲選靑錢 先生當日獨知我 每憶相尋到 海邊 …… 任重掄才愧不勝 ……"

판이 억울함을 말하고 있고, 후술하는 《목은집》에서는 이 과거에서 유능한 인재를 많이 뽑았다고 기록하고 있다.

1347년(정해년, 충목왕 3) 10월에 실시된 과거시험에 대한 《고려사》와 《가정집》·《목은집》이 서로 다른 기록을 남긴 것을 어떻게 보아야 할 것인가?

이곡은 평소 고려의 신분질서를 무너뜨리는 기준 없는 인재등용에 반대하였다. 충혜왕 복위 2년에 이곡은 표문을 받들고 원에 6년 동안 머물렀고 중서사전부에 제수되었다. 그때 본국에서는 관직을 함부로 주어 노예도 높은 관직을 얻었다. 당시 전중殿中 최강崔江이 관직을 구해 정윤이 되었다는 말을 듣고 "살아 있을 때 정윤을 얻는 것은 무슨 상관이냐, 오히려 죽은 뒤에 중서를 더한 너보다 낫다."고 하여 안취와 조명이 죽은 뒤에 중서가 된 것을 비꼬았다.[167] 최강崔江은 최해의 동생으로, 자를 심부深父로 바꾸고 이곡에게 설을 지어 달라고 한 바 있고 시를 남기기도 하였다.[168] 충목왕이 즉위하자, 이곡은 본국의 재상에게 사군자와 같은 인물을 등용하는 것이 정치를 행하는 근본이 된다고 하였다.[169] 이곡은 평소 적합한 인물을 관리로 등용해야 한다고 역설하였고 공정한 인사를 중시하였다.

이곡이 시관일 때 합격한 인물과 관련한 묘지명이나 기타 자료가 남아 있다. 당시 과거합격자로는 김인관과 이강(이암의 아들)·백린(기주奇輈의 사위)·한수·이무방·박형·김가구(김대경의 아들) 등이 있다. 이색은 이

---

167 《高麗史》 권109, 列傳22 李穀(하책, 391쪽) "忠惠後二年奉表如元. 因留居凡六年, 元授中瑞司典簿. 時本國官爵猥濫奴隷 亦得軒冕. 殿中崔江求爲正尹, 穀聞之寄詩云, 不妨正尹生前得 猶勝中書死後加. 安就·趙溟死後, 皆拜中書故云."

168 《稼亭集》 권7, 深父說; 권17, 次韻答崔深父.

169 《高麗史節要》 권25, 忠惠王(복위 5년 5월)(654-655쪽); 《稼亭集》 권8 寓本國宰相書 "判典校寺事李穀在元, 致書宰相曰 ……"

강(이군해)에 대해서 "선군先君인 가정공이 일찍이 정해년의 지공거를 맡고 선발한 선비들 가운데에 저명한 인물이 많았는데, 그 가운데 이강이 15세 나이로 정신과 풍채가 뛰어나 당시에 이미 부친의 풍도를 이었다는 말을 들었다. 뒤에 학문이 깊어지고 식견이 높아짐에 따라 명성이 날로 더욱 중해지면서, 당당하게 재상이 될 제목으로 기대를 받았다."[170]고 하였다. 또한 한수에 대해서는 "정해년에 나의 선군께서 지공거를 맡을 때에 공이 우수한 성적으로 급제하였는데 그때 나이 15세였다. 당시에 낙제한 사람들도 공의 재주에 탄복하면서 모두들 한생(한수)이 급제한 것은 요행이 아니다."라고 하였다.[171] 또한 백린은 "머리가 총명하고 기억력이 비상하였는데, 근세近世의 인물 가운데 견줄 만한 사람이 없을 것이라 …… 그가 지은 문장을 보면 그 기운이 마치 긴 무지개처럼 뻗쳐 올라가서 그 형세를 걷잡을 수 없었으며 필적筆跡 또한 속되지 않아서 일찍이 우리 조모의 묘지명을 쓰기까지 하였으니, 선인(이곡)이 필시 취한 점이 있으셨을 것이다."[172] 하였다. 이강과 한수가 15세 나이로 유능한 인재로 합격하였고, 백린 역시 어린 나이에 뛰어난 능력으로 합격하였다는 것이다. 이색은 우왕 5년에 이곡이 동지공거로 과거를 주관했을 때를 상기하며 "정해년 문생은 한 시대의 웅걸"[173]이라고 하거나 우

---

170 《牧隱集》文藁 권18 文敬李公墓誌銘 "先稼亭公, 甞知丁亥貢擧, 所取士多聞人, 文敬李公年十五, 神朶暐然, 當時已謂有父風云. 其後學邃識高, 名日益重, 堂堂乎宰相之材矣."

171 《牧隱集》文藁 권15, 韓文敬公墓誌銘 "歲丁亥, 吾先君知貢擧, 文敬果中高第, 時年十五歲也. 落第者, 服其才, 皆曰, 韓生非邀倖也."

172 《牧隱集》文藁 권20, 白氏傳 "白氏名璘. 西林人. 予少友也. 先稼亭公知丁亥貢擧, 白氏擢乙科, 是同門也. 西林與吾韓山地犬牙相入, 兩家密邇, 總角交游, 讀書崇政寺中, 是同學也. …… 白氏聰明強記, 蓋近世無比焉. …… 其爲文辭, 有氣如長虹, 勢不能自己, 其筆跡亦不甚俗, 甞書祖母幽堂銘, 先人必有所取云."

173 《牧隱集》詩藁 권20, 柳巷門生開酒席, 賀公重拜簽書也. 僕與廉東亭承招赴席, 天台判事懶殘子亦被請而至, 坐談妙蓮三藏時事亹亹不已, 醉中聞之, 樂其有舊俗遺風, 旣醒錄之. "丁亥門生一世雄."

왕 6년에는 "뽑힌 33명이 옥수玉樹처럼 빛났다."[174]고 하였다.

이와 관련하여 이곡이 지공거일 때 친구와 일화가 전한다. 기주蘄州의 진중길秦中吉은 이곡과 어렸을 때에 친하게 지냈는데, 학식이 넓고 글을 잘하였다. 그에게 수업을 받은 자들 가운데 우수한 성적으로 과거에 급제하여 현달한 자들이 많이 나왔는데, 정작 진공 자신은 급제를 하지 못한 채, 과거 시험에 응시하고자 하였다. 마침 이곡이 지공거를 맡게 되자, 진공은 "나는 이곡과 어려서부터 함께 배운 처지이다. 내가 다행히 급제를 하더라도, 사람들은 필시 이곡이 나에게 사정을 봐주었다고 말할 것이다. 나 때문에 그런 소리를 듣는다면, 이는 내가 이곡에게 죄를 짓는 일이니, 어찌 그래서야 되겠는가." 하고는, 과거에 응시하지 않았다.[175] 시관과의 사적 관계를 이유로 과거에 응시하는 것을 포기하였다는 것이다. 이곡이 주관한 과거시험의 객관성과 공정성을 엿보게 한다.

그러면 《고려사》의 이곡이 주관한 과거 시험에 대한 비판적 기록을 어떻게 보아야 할 것인가? 《고려사》는 《고려왕조실록》에 근거해서 작성한 것이므로, 《충목왕실록》에 이 기록이 있을 것이다. 그런데 《충목왕실록》은 우왕 11년(1385)에 《충혜왕실록》·《충정왕실록》과 함께 편찬되었다고 한다. 우왕대에는 나이 어린 아이를 선발하는 것이 문제가 되었다. 우왕 13년 3월에 대언 유취가 성균시를 맡았는데 모두 세력가의 젖내 나는 아이만 뽑았고 사람들은 이를 분홍방으로 조롱하였다.[176] 4월에는 염국보와 정몽주의 과시에서 초장에 합격하지 못하면 중장에 응시하지

---

174 《牧隱集》 詩藁 권24, 謹成古律二篇, 奉呈朴學士座下, 前篇追迹錫姓之由, 後篇略陳先君丁亥得人之盛, 中皆言今日榮之○謝, 僕以病不能赴招也, 幸○覽 "先君丁亥副禮圍, 三十三人玉樹輝."

175 《牧隱集》 文藁 권20, 崔氏傳 "蘄州秦中吉, 吾先君少相善也. 博學能文, 從之受業者, 多高科顯仕, 而秦公老矣. 猶欲出游場屋, 先君知丁亥貢擧. 秦公曰, 吾與稼亭束髮同學, 雖幸而獲中, 人必謂稼亭私我也. 由我而得是名, 是我累吾稼亭也. 可乎哉, 乃不赴."

176 《高麗史節要》 권32, 禑王(11년 3월)(805쪽).

못하는 전례가 있는데도 노씨의 아우 노귀산이 글자도 제대로 알아보지 못한 상태로 응시했다가 쫓겨났다. 왕이 노하여 과시를 파하려 하자, 염국보가 급히 뽑았다. 윤경은 초장에서 친구의 책문을 훔쳐 썼으므로 정몽주가 쫓아냈지만 염국보가 반대하여 뽑고 말았다.[177]

   말하자면, 우왕대 《충목왕실록》이 편찬되는 시기에 세가의 어린 나이에 배우지 못한 과거 합격자가 문제가 되었는데, 공교롭게도 이곡이 지공거일 때 15살의 과거합격자(이강, 한수, 백린)가 있는 것이 주시되었다. 특히 기황후의 오빠이며 기철의 동생으로 세가인 기주奇輈의 사위인 백린이 합격한 것을 문제 삼은 것이라 생각된다. 우왕 11년(1385)에 실록을 편찬한 사관은 임견미·이성림·정몽주·이숭인이었는데,[178] 이들은 공민왕의 반원개혁을 지지하는 부류였고, 기철과 연결된 인물에 대한 부정적 의식이 있었기 때문에 우왕대 세가의 어린 자식을 선발하던 폐단을 비판적으로 인식하고 있었다. 이에 이들은 실록을 편찬하는 과정에서 세가로서 어린 나이에 과거에 합격한 사실을 비판적으로 지적한 것으로 보인다.

   이곡이 시관인 과거 시험의 공정성 문제에 대한 상이한 인식에는 자료의 특징, 곧 《고려사》라는 관찬사서와 《가정집》·《목은집》이라는 개인 문집의 차이 그리고 같은 문집이라도 묘지명과 전傳이라는 형식 문체의 특징이 반영되었을 것이다. 그럼에도 이곡이 주관한 과거에 많은 유능한 인재를 선발하였다는 이색의 주장, 곧 문장 형식 속에 담겨 있는 내용이 더 중요하고 본질적이었을 것으로 생각된다.

   ① 장원인 김인관金仁琯은 본관이 낙안이고, 부인은 문화 류씨 류돈의

---

177 《高麗史節要》 권32, 禑王(11년 4월)(805쪽).

178 정구복, 〈제3장 고려조 사관과 史官의 史論〉, 《韓國中世史學史(Ⅰ)》, 집문당, 1999, 132-133, 136-137쪽.

딸이며,[179] 외동딸은 권균과 혼인하였고 그 외손녀는 이종선과 혼인하였다.[180] 김인관은 1342년(충혜왕 복위 3년) 판전교시사 민사평이 시관인 성균시에 93인 등과 함께 합격하였고,[181] 이곡이 시관인 1347년에 장원으로 합격하였다. 전객시승을 역임하고, 충정왕 2년(1350)에 좌헌납 백미견과 함께 원 제과에 응시하였다. 정동행성 향시에 전녹생도 합격하였으나, 전녹생이 정치도감관으로 활약할 때 권세가들을 철저히 다스렸기 때문에 방해를 받은 결과로 제과에 응시하지 못하였다고 한다.[182] 이곡이 김인관에게 써 준 시가 있다.[183]

② 박형朴形은 본관이 죽산竹山이고 아들은 중용仲容이며 매부가 우현보이다.[184] 우왕 원년 7월 이인임을 해하려 모의하였다는 이유로 정몽주·김구용·이숭인·임효선·염정수·염흥방·정사도·이성림·윤호·최을의·조문신 등과 유배되었다.[185] 그런데 우왕 14년에 밀직제학 박중용이 이인임과 연결되었다고 사형을 당하자[186] 박중용의 아버지인 박형은 연좌로 각산수角山戍로 유배되었다.[187] 박중용은 공민왕 23년 염흥방이 시관인 과거에 합격하였는데, 문생으로 염흥방에게 끌려 같은 당여로 몰린 것으로 생각된다. 박형은 염흥방과 함께 충목왕 6년 동지공거가 되었고 염흥방과 함께 시관이 되어 33명을 뽑았다. 박형은 좌주인 이곡의 아들 이색

---

179 《氏族原流》文化柳氏, 경인문화사, 1991, 551쪽.

180 《氏族原流》樂安金氏, 경인문화사, 1991, 456쪽.

181 《及菴詩集》 高麗故輸誠秉義協贊功臣·重大匡·都僉議贊成事·商議會議都監事·進賢館大提學·知春秋館事·上護軍, 贈謚文溫公閔公墓誌銘(이달충 찬)(《霽亭集》권3).

182 《高麗史節要》권25, 忠定王(2년 9월)(666쪽) "遣左獻納白彌堅, 前典客寺丞金仁琯, 應擧于元, 初田祿生亦在解額, 嘗爲整治都監官, 究治權豪故, 疾而沮之."

183 《稼亭集》권19, 寄金壯元.

184 《氏族原流》竹山朴氏, 경인문화사, 1991, 157쪽.

185 《高麗史節要》권30, 禑王(원년 7월)(752쪽).

186 《高麗史》권139, 列傳39 姦臣2 林堅味(하책, 744쪽).

187 《高麗史節要》권33, 禑王(14년 1월)(819쪽).

을 종백이라고 불렀다.[188] 당시 과거의 동년모임인 영친연榮親讌이 발달
했다. 영친연은 과거의 급제자가 부모님을 찾아뵐 때 베풀던 연회인
데,[189] 문생이 좌주를 모시고 예를 행하는 것으로 발전한 것이다.[190] 우
왕 6년 경신년 과거에 급제한 이정언(이문화李文和)은 자신들의 이름을
써 넣은 족자를 좌주인 염흥방과 박형에게 증정하였다.[191] 이색이 박형
에게 보낸 시가 있다.[192] 뒷날에 밀직사에 이르고 조선 초기에 찬성사로
치사하였다.

　　③ 한수韓脩(1333-1384)[193]는 본관은 청주, 자는 맹운孟雲, 호는 유항
柳巷, 초서와 예서를 잘 썼다.[194] 한수의 아우는 한리韓理(평재平齋)이고

---

188 《牧隱集》詩藁 권22, 今庚申年, 東堂監試主司, 皆與僕親厚. 知貢擧廉東亭, 從僕習擧業 且
　　姻親也. 同知貢擧朴密直, 先君門生, 稱僕則曰宗伯. 監試試員徐承旨, 同年之子, 其習擧業也.
　　亦以其所爲文求是正. 吾老矣, 病也久矣, 獲觀盛事, 自幸之甚, 吟成一首.

189 《高麗史》권68, 志22 禮10 嘉禮 新及第進士榮親儀(중책, 500쪽).

190 《牧隱集》詩藁 권22, 門生盤果, 閔子復同榜諸公, 爲其恩門東亭, 將設於宴廳, 所以饗後門
　　生也. 問其詳於僕, 僕所不知也. 故不能參, 以詩紀之.(우왕 6년); 詩藁 권28, 外舅花原君諸孫,
　　爲權正郞煖房, 正郞張幕設筵, 妓樂甚盛. 請父行押坐, 於是, 小丈人密直公, 居主人之位, 權判
　　書·閔判事及僕與焉. 李商議·廉東亭·任大諫·廉大卿亦以醴泉外孫, 皆在賓位, 而東亭又其座主
　　也, 故特邀. 朴密直至, 則兩恩門叔父姑夫內外兄弟皆在, 正郞榮矣哉. 入夜醉歸, 明日吟成一首,
　　呈李密直·李商議·廉東亭·朴密直(우왕 7년 2월).

191 《牧隱集》詩藁 권29, 庚申科及第李正言等, 呈名籤於其座主廉東亭. 東亭呼其前門生己酉
　　科·甲寅科, 合享之. 穡承招與坐, 酒酣聯句有云, ……(우왕 7년 3월);《牧隱集》詩藁 권31,
　　東亭甲寅門生設宴, 昆季旣會, 使騎招僕與韓孟雲侑坐, 至則鄭密直圃隱先在·知門下朴學士, 又
　　來, 劇歡入夜而歸, 閏月晦日也.

192 《牧隱集》詩藁 권24, 謹成古律二篇, 奉呈朴學士座下, 前篇追述錫姓之由, 後篇略陳朴先君丁
　　亥得人之盛, 中皆言今日榮之○謝. 僕以病不能赴招也, 幸○覽; 詩藁 권24, 朴學士特過陋巷
　　邀明日之會而去; 詩藁 권24, 朴學士席上; 詩藁 권24, 昨赴朴學士席 夜半醉歸 日午始起; 詩
　　藁 권33, 丁亥進士同年, 南京初會, 壯元朴公, 招僕侑坐, 次會禹四宰. 又招, 其辦會者, 廣州李
　　判事.

193 한수의 문집이 전한다(정종 2년(1400) 정월 柳巷先生詩集이 간행됨)(성범중·박경신,
　　《한수와 그의 한시》, 국학자료원, 2004).

194 《高麗史》권107, 列傳20 韓康 附 脩(하책, 353-354쪽);《牧隱集》文藁 권15, 韓文敬公墓
　　誌銘;《陽村集》권17, 柳巷先生 韓文敬脩文集序.

아들은 한상환韓尙桓·한상질韓尙質·한상경韓尙敬·한상덕韓尙德이다.[195] 충목왕 3년(1347)에 허백과 이곡이 시관인 과거에 합격하였다. 공민왕 14년(1365)에 신돈을 등용하였을 때, 한수는 "(신)돈은 바른 사람이 아니어서 어지러움에 이를까 두려우니, 전하께서는 이를 생각하소서. 신이 아니면 누가 감히 말하리요." 하였다. 뒤에 신돈이 패배하자 왕이 "한수는 선견지명이 있었다."고 하였다.[196] 우왕이 즉위하고 공민왕을 죽인 한안韓安의 친족이라 하여 외지에 유배되었다가 소환되어 청성군에 봉해졌다. 우왕 2년(1376) 홍중선과 함께 정총 등 33인을 선발하였다.[197]

한수는 이곡의 문생이면서 이색의 차남 이종학의 좌주이기도 하고,[198] 이색은 한수의 묘지명을 작성하였다. 한수는 《목은시고》에 가장 많이 등장하는 인물로,[199] 이색과 일상생활을 같이 하며 어울렸다. 우왕 5년 10월에 쓴 이색의 시에 한수와 서로 왕래하면서 잠시도 떨어진 적이 없었는데, 중구절의 모임에서는 만나지 못했다고 하였고,[200] 한수의 유포 별장에서 꽃놀이[201]를 하면서 많은 시를 주고받았다. 두 사람은 공민왕에

---

195 이색은 한수의 네 아들을 위하여 字說을 써 주었다(《牧隱集》文藁 권10, 韓氏四子名字說).

196 《高麗史》권107, 列傳20 韓康 附脩(하책, 354쪽) "恭愍王召復爲必闍赤, 累遷代言典銓選. 辛旽方得幸於王, 其跡甚秘, 脩知之密啓, 旽非正人, 恐致亂, 願上思之. 非臣誰敢言. 王方惑旽拜脩禮儀判書盖疎之也. 旽敗. 王曰, 脩有先見之明, 授ероꜩ 書修文殿學士, 尋復拜右承宣知銓選."

197 《高麗史》권73, 志27 選擧1 科目1(중책, 611쪽) "辛禑二年, 政堂文學洪仲宣知貢擧, 知密直韓脩同知貢擧, 取進士賜鄭摠等三十三人, 明經四人及第."

198 《牧隱集》文藁 권8, 贈宋子郊序 "崔疏齋來曰, 彪與廉東亭, 俱出星山宋令公門下. 今其孫子郊, 又爲東亭所取. 將歸謁乃祖于星山, 吾等餞其行, 東亭亦不敢自重, 來與會中. …… 然吾座主益齋侍中之孫李政堂出乃祖門生安政堂門下, 謹齋安文貞之孫正郎景恭出乃祖門生洪贊成門下, 吾豚犬種學得爲先稼亭公門生韓淸城之門生. 今子郊之出於東亭之門 亦非偶然矣."

199   〈표 11〉《목은집》시고에 보이는 이색이 교류 인물에게 보낸 시 빈도 수

한수	염흥방	정추	이집	이종학	권중화	정몽주	이무방	환암	이숭인	이인임	최영	나잔자	이성계
130	57	31	22	22	22	19	19	18	17	16	16	15	14

200 《牧隱集》詩藁 권19, 明日聞韓柳巷數遺人, 候僕還家, 蓋欲相携登高也. 平時幅巾往來, 無有少阻, 九日之會, 胡爲暌乎? 吟成一首, 錄呈座下, 以資一笑.

게 은혜를 입어 공민왕릉에 비문을 새기는 문제를 자주 논의했다. 공민
왕은 노국대장공주가 죽자 묘를 광암사 근처에 쓰고 이 절에서 자주 명
복을 빌었으며 1372년에 증수 확장을 하였다. 1374년에 공민왕이 죽자
현릉을 이곳에 모신 뒤, 광암사는 공민왕의 원찰이 되었다. 〈광통보제선
사비문〉은 우왕 3년 겨울에 이색이 찬하고 한수가 글씨를 썼으며 권중
화가 글을 새긴 것이다.[202]

　④ 이강(1333-1368)의 처음 이름은 강綱, 호는 평재平齋, 본관은 고성
이고 이암(1297-1364)의 아들이다.[203] 이강은 이곡이 시관인 과거에 합
격하였는데, 학문이 깊고 식견이 높아져 재상이 될 제목으로 기대를 받
았다[204]고 한다. 이강은 이곡의 문생이 되면서 이색과 벗이 되었다. 이
색은 이강의 아버지 이암을 아버지처럼 섬겼다.[205] 뒤에 이암이 《농상집
요》를 간행할 때 이색은 《농상집요》의 후서를 쓰고[206] 이암과 이강의
묘지명을 썼다. 이색은 "나는 일찍이 행촌 이시중공(이암)을 스승으로
모셨으며, 그의 아들, 조카들과 어울렸다"하였다.[207] 뒤에 이강의 딸은
권근과 혼인하고, 이강의 아들인 이원의 딸은 권근의 손자인 권람과 혼
인하였다. 이색은 "이강이 일에 임해서는 두려운 듯 신중하였고 신의로

201 《牧隱集》詩藁 권20, 九月晦日 携八句詩 訪籍田韓上黨別墅; 詩藁 권20 途中; 詩藁 권20,
　　題上黨別墅; 詩藁 권21, 韓上黨游柳浦別墅; 詩藁 권25, 思歸; 詩藁 권29, 有懷孟雲先生時遊
　　柳浦別墅(우왕 9년 7월).
202 《牧隱集》文藁 권14, 廣通普濟禪寺碑銘 幷序 "而載事之石, 先王嘗求諸中原, 石至矣, 而工
　　役方殷, 繇是未刻也. 今董役官陜山君臣朴元鏡, 密陽君臣朴成亮等言, 功訖矣. 乞文之石, 臣等
　　竊謂臣穡宜爲文, 臣偁書, 臣仲和篆宜爲, 謹昧死請."
203 한영우·이익주·윤경진·염정섭, 《행촌 이암의 생애와 사상》, 일지사, 2002.
204 《牧隱集》 권18 文敬李公墓誌銘 "先稼亭公, 嘗知丁亥貢擧, 所取士多聞人, 文敬李公年十五,
　　神采曄然,當時已謂有父風云. 其後學邃識高, 名日益重, 堂堂乎宰相之材矣."
205 《牧隱集》文藁 권17, 鐵城府院君李文貞公墓誌銘 "穡以岡故父事公."
206 《牧隱集》文藁 권9, 農桑輯要後序.
207 《牧隱集》文藁 권3, 長城縣白巖寺雙溪樓記 "子嘗師事杏村侍中公, 與子姪遊, 師其季也."

써 벗과 사귀었으며 독실하게 선을 좋아하였고, 마음가짐은 항상 공평하였다. 하늘이 그의 수명을 연장해 주어 그가 조정에 나가 정사를 베풀었다면 내가 장차 스승으로 섬겼을 것이라고"[208] 하였다. 공민왕 17년(1368)에 이강이 36세로 죽자, 이색·한수·염흥방 등 세 사람이 모여 "이제 우리 벗이 죽었으니, 어찌 명문을 남기지 않으리오." 하고는 이색이 묘명을 짓고 한수가 글씨를 쓰고 염흥방이 글을 새겼다. 실무 총괄은 염흥방과 한수가 맡았다.[209]

⑤ 이무방(1319-1398)의 자는 석지, 본관은 광양이다. 이무방은 이색과 함께 성균시(1341)에 합격한 동년이다. 이색은 그를 위해 기를 써주었다.[210] 우왕 5년 여름에 이무방은 이색·한수·이종학·민중리·염정수·임헌·김가구 등과 함께 자하동에 들어가 각촉부시刻燭賦詩하여 '송풍松風', '재상행宰相行', "취우驟雨'라는 시제로 시를 지었고,[211] 홍영통·이색과 함께 남선사南禪寺에서 백년회를 개최하였다.[212]

공민왕대 국가의 제도로서 능묘의 길을 봉[封陵隧]하는 일은 반드시 집의가 서명한 뒤 시행하도록 하였는데, 능을 봉하는 자는 높은 벼슬에

---

208 《牧隱集》 文藁 권18, 文敬李公墓誌銘 "至於臨事懼, 交友信, 好善之篤, 存心以平, 吾所以友也. 天或假年, 坐廟堂, 決大疑, 行大政, 無不如志, 則吾將師之, 而未果也, 悲之庸有旣乎."

209 《牧隱集》 文藁 권18, 文敬李公墓誌銘 "其友人上黨韓脩孟雲, 曲城廉興邦仲昌父, 謀於韓山李穡曰, 自吾友亡, 人孰不悲之. 然猶未免死吾友使可傳者傳而死, 則吾三人者之責, 而亦所以自慰其悲也. 於是. 以銘屬穡, 脩書, 興邦篆, 而其刻石則仲昌父孟雲實幹之."

210 《牧隱集》 文藁 권1, 南谷記.

211 《牧隱集》 詩藁 권18, 昨至九齋坐松下, 松陰薄, 日將午, 熱尤甚. 於是告諸生曰, 入紫霞洞, 就凉冷處, 賦詠如何? 諸生踊躍尊行, 至安心寺前亂水坐南岸, 刻燭出題, 燭未半, 雨驟至, 引諸生走入寺. 衣巾盡濕, 殊有佳致, 賦三詩, 曰松風, 子所命也. 曰宰相行, 光陽君李先生所命也. 曰驟雨, 上黨韓先生所命也. 初持馬報僕者, 閔祗候安仁也. 從僕者, 閔令中理豚犬種學也. 從上黨者, 乃子尙敬壻方景偹也. 其邂逅者, 典校令金可久, 典法摠郞任獻, 典校副令廉廷秀也. 旣歸頹然困臥, 及覺眞如夢中, 歌以錄之, 日已高矣(우왕 5년).

212 《高麗史節要》 권34, 恭讓王(848쪽) "(공양왕 즉위년 7월) 穡嘗與永通·李茂方等, 設白蓮會於南神寺, 佛者以穡藉口, 益肆其說."

올라가지 못한다는 속설이 있었다. 당시 집의 홍원철이 정릉正陵을 봉하
게 되었으나 이를 꺼리자 이무방이 홍원철을 대신해 서명하였다. 공민왕
은 "장령(이무방)이 청백하고 충직한 것을 내가 아는데, 현달하고 못하고
는 나에게 달려 있지 않는가."213라고 하였다. 공민왕은 날이 가물어 이
무방에게 비가 오도록 강안전에서 기도하라고 하였다. 이무방은 불로 팔
을 태우면서 기도하였다. 왕은 이 말을 듣고 "이렇게 백성을 사랑하니
수상으로 임명할 수 있겠다."고 하였다. 이보다 앞서 계림부에서 큰 흉
년이 든 상황에서 이무방이 부윤으로 부임하자마자, 때마침 풍년이 들었
다. 이무방은 백성을 위하여 생선과 소금을 판매케 하였으며 의창을 설
치하고 구제곡과 대여곡을 준비하였다.

공민왕은 이무방이 청렴하고 가난하다고 쌀 50석을 주었지만 이무방
은 대신으로서 명분 없이 상을 받을 수 없다며 거절하였다. 우왕이 즉위
하고 왕의 사부가 되었다. 공민왕이 기르던 비둘기들이 궁중에 있었는데
우왕이 그것을 좋아하여 가지고 놀았다. 이때 《서경》의 〈려오편旅獒篇〉을
강의하면서 "비둘기도 진귀한 날짐승입니다. 키우지 말기 바랍니다."라고
하니 우왕은 비둘기를 날려 보냈다. 이무방은 우왕 2년에 시중 경복흥이
한방신과 노진의 재산을 몰수하지 않은 것을 책망한 일이 있었다. 이 일
로 경복흥에게 미움을 받게 되어 정당문학에서 파면당하고 광양군에 봉
해졌다.214 창왕이 즉위하고 검교 문하시중이 되었다.215

⑥ 김가구金可久는 본관은 나주 속현 안노安老216로, 전교령과 성균관
대사성을 역임한 김대경金臺卿의 아들이다.217 김대경은 충숙왕 13년 급

---

213 《高麗史》 권112, 列傳25, 李茂方(하책, 459쪽) "王嘉之曰, 掌令淸白忠直, 寡人所知, 達與
不達, 不在我乎?"
214 《高麗史節要》 권30, 禑王(2년 정월)(754쪽).
215 《高麗史》 권112, 列傳25, 李茂方(하책, 459쪽).
216 《氏族原流》 安老金氏, 경인문화사, 1991, 246쪽.

제하였고 정포·이인복·이달충과 같은 나이다. 영해가 본관인 박원계
(1283-1349)의 사위[218]가 되었는데, 이곡의 딸이 박원계의 아들 박보생
과 혼인하였다. 이곡에게는 사돈의 사위인 셈이다. 이곡이 준 4번의 시
와[219] 이색과 교류한 시[220]가 《동문선》에 전한다.[221]

이 밖에 문생으로 기주의 사위인 백린이 있는데,[222] 그의 부는 백함
정이고 조부는 백세렴이다.[223]

(2) 송별시를 준 친구

이곡은 고려와 원을 왕래할 때, 고려와 원의 동료들이 송별시를 써주
었다. 충숙왕 복위 4년(1335) 3월에 이곡이 원의 사명을 받고 고려에서
일을 보고 원나라로 돌아가게 되자 고려인 동료 선후배들이 송별시를
써주었다. 서는 최해가, 나머지 송별시의 작자는 이제현·권한공·안진·안

---

217 朴龍雲,〈資料:科試 設行과 製述科 及第者〉,《高麗時代 蔭敍制와 科擧制 研究》, 일지사,
1990, 473쪽.

218 《牧隱集》 文藁 권19 判書朴公墓誌銘 幷序 "女一人, 適檢校成均大司成金臺卿, 孫男女若干
人. 衛原尉(박보생), 穡之妹夫也."

219 《稼亭集》 권15, 寄仲始思補 兼呈朴判事(충혜왕 복위 2년(1341); 권16, 寄金仲始思補(충
혜왕 복위 2년(1341); 권17, 代書答仲始司藝(충목왕 즉위년(1344); 권17, 復寄仲始司藝(충
목왕 즉위년(1344).

220 《牧隱集》 詩藁 권18, 昨至九齋坐松下, 松陰薄, 日將午, 熟尤甚. 於是告諸生曰, 入紫霞洞,
就凉冷處, 賦泳如何? 諸生踊躍導行, 至安心寺前亂水坐南岸, 刻燭出題, 燭未半, 雨驟至, 引諸
生走入寺. 衣巾盡濕, 殊有佳致, 賦三詩, 曰松風, 子所命也. 曰幸相行, 光陽君李先生所命也.
曰驟雨, 上黨韓先生所命也. 初持馬報僕者, 閔祗候安仁也. 從僕者, 閔令中理豚犬種學也. 從上
黨者, 乃子尚敬壻安景儉也. 其邀逅者, 典校令金可久, 典法摠郞任獻, 典校副令廉廷秀也. 旣歸
頹然困臥, 及覺眞如夢中, 歌以錄之, 日已高矣(우왕 5년).

221 《東文選》 권9, 五言律詩 送僉員外天民長壽奉使江南; 권16, 七言律詩 到安老縣聞新事 復
用前韻; 권16, 七言律詩 迦智寺板上韻.

222 《牧隱集》 文藁 권20, 白氏傳.

223 《淡庵逸集》 권2, 文憲公彝齋先生行狀(백문보).

축·민자이(민사평)·정천유·리달존·백문보·정포·안보 등이다.[224]

① 최해(1287-1340)는 본관이 경주, 자는 언명부彦明父, 수옹壽翁 호는 농부農隱[225]이다. 충숙왕 8년(1321)에 안축, 이연종과 함께 원 제과에 응시하였는데, 본인만 합격하여 요양로 개주판관이 되었다. 이 시험의 장원이었던 송본宋本을 비롯한 원 나라 학사들과 교류하였다.[226] 성리학을 수용하고 유교를 정통·정학으로, 유학 이외의 종교사상을 이단으로 인식하였지만,[227] 불교·도교에 적대적이지 않았다. 그는 "불교를 이단이라고 언명하면서도 불교의 명심견성지설明心見性之說은 유교를 본받아서 성립되어 달인達人·군자君子들이 버리지 못하고 즐거워한다."[228]고 하였고, "불교는 아득하여 사람이 볼 수 없으나, 성심껏 보시하며 아름다운 과거의 인연의 업보를 얻게 된다."[229]고 하였다. 최해는 유교와 불교가 추구하는 목표가 근본적으로 동일하다는 유불동원, 유불동도의 인식을 가지고 있었는데, 이는 이 시기 성리학 수용자의 대체적인 불교 인식이었다.

이곡과 최해의 관계는 친밀하다. 최해의 동생인 최지崔瀢가 "우리 형님을 아는 자는 그대만한 사람이 없으니 그대가 명을 짓는 것이 좋겠

---

224 《稼亭集》稼亭雜錄.

225 金宗鎭, 〈崔瀣의 士大夫意識과 詩世界〉, 《民族文化研究》16, 1982; 〈崔瀣의 現實認識과 삶의 姿勢〉, 《高麗名賢 崔瀣研究》, 2002; 高惠玲, 〈崔瀣의 생애와 사상〉, 《李基白先生古稀紀念韓國史學論叢》, 1995; 구산우, 〈14세기 전반 崔瀣의 저술활동과 사상적 단면〉, 《지역과 역사》5, 1999.

226 《高麗史》권109, 列傳22 崔瀣(하책, 395-396쪽); 《稼亭集》11, 元故將仕郎·遼陽路盖州判官·高麗國正順大夫·檢校成均大司成·藝文館提學·同知春秋館事 崔君墓誌.

227 《拙藁千百》권2, 問擧業諸生策二道 "惟天生民, 民有秉彝, 天下之理, 一而已矣. 岐而求道, 寔曰異端, 今夫以道, 敎人於東方者, 謂儒爲外, 盍共捨諸, 斯言一出, 和者日衆, 不唯其徒趣信, 至如自名以儒者, 從而惑焉."

228 《拙藁千百》권1, 頭陀山看藏庵重鏊記 "夫佛好爲善, 不好爲不善, 就其明心見性之說而觀之, 似亦祖吾儒而爲者, 達人君子有味其道, 樂而不捨者, 亦有以夫."

229 《拙藁千百》권1, 禪源寺齋僧記 "子惟佛敎, 芒乎昧乎, 人所不睹, 然苟以誠心樂施, 其得美報於冥冥, 理無疑也."

다."고 하자, 이곡은 내가 의리로 사양할 수 없어 그의 세계世系를 차례
로 적고 그의 행실을 서술하게 되었다[230]고 하였다.

〈표 12〉 1335년 원에 가는 이곡에 대한 고려인의 송별시

번호	이름	본관	이곡과 관계	수록 문집
1	최해(1287-1340)	경주		《졸고천백》 권2
2	이제현(1287-1367)	경주	좌주	《익재집》 권3
3	권한공(-1349)	안동		
4	안진(1293-1360)	순흥		《동문선》 권14,칠언율시
5	안축(1287-1348)	순흥		《근재집》 권2
6	민자이(1295-1359)	여흥		《급암시집》 권3
7	정천유	동래		
8	이달존(1313-1340)	경주	이제현의 아들	
9	백문보((1303-1374)	직산	동년	《담암일집》 권1
10	정포(1309-1345)	청주		
11	안보(1302-1357)	순흥	동년	

　② 이제현은 좌주로서 이미 언급했다.

　③ 권한공(1263?-1349)의 본관은 안동, 호는 일재一齋[231]이다. 《고려
사》 간신 열전에 포함되었는데, 간신전은 심왕 옹립에 참여한 자가 수록
되었다[232]고 한다. 1341년에 아들 권중달의 딸을 그해 성균시에 합격한
이색과 혼인시켰다.[233] 이색이 손녀사위가 되고 이곡과는 사돈 관계가

---

230 《稼亭集》 11, 元故將仕郎·遼陽路盖州判官·高麗國正順大夫·檢校成均大司成·藝文館提學·
同知春秋館事 崔君墓誌 "其弟監察糾正瀿, 以所爲行狀來乞墓銘曰 …… 吾兄之才不愧于古,
而吾兄之志不行于世, 卒至官不達齒不高, 無澤以及物, 無子以爲後. 其又不克銘諸幽堂以列其
行, 則吾負吾兄矣. 知吾兄莫如子, 宜爲銘. 穀義不可辭, 廼次其世系而叙其行實焉."

231 張東翼, 〈權漢功의 生涯와 行蹟〉, 《大丘史學》 104, 2011; 〈李齊賢, 權漢功 그리고 朱德
潤 -高麗後期 性理學 受容期의 人物에 대한 새로운 理解〉, 《퇴계학과 유교문화》 49,
2011; 이진한, 〈高麗末·朝鮮初 權漢功에 대한 世評의 變化〉, 《민족문화연구》 85, 2019.

232 邊太燮, 《《高麗史》의 研究》, 삼영사, 1986, 114-115쪽.

233 이색의 혼인 시점에 대하여 여러 의론이 있다. 《양촌집》(권39, 貞愼宅主權氏墓誌銘)에
1341년으로 되어 있으나, 《목은연보》에는 1346년으로 되어 있다(이성규, 앞의 논문, 247
쪽, 주) 169).

된다. 고려시대 혼인은 조선시대처럼 주혼자主婚者, 곧 부모가 주도하여 이루어졌을 것으로 추정된다.[234] 그러면 《고려사》 간신 열전에 수록된 권한공 손녀와 이곡 아들의 혼사는 어떠한 배경에서 성립된 것인가?

권한공은 권렴·배정지·채홍철·기철과 교류한 당대 위망偉望이 있었고,[235] 충선왕의 수종신료로 원제의 수용에 적극적이었다.[236] 충렬왕 10년(1284) 김주정과 권단이 주관한 과거에 최성지, 채홍철과 함께 합격하였고,[237] 충렬왕 20년(1294)에 성절사로 원에 파견되었다.[238] 충숙왕 즉위년(1313)에 최성지와 함께 과거를 주관하여 안진·이군해(이암)·김광재 등 33인을 선발하였다. 충숙왕 원년에 권부·이진·조간·안우기 등과 함께 성균관에서 새로 구입한 서적을 고열하고 유생들의 시험을 경학으로 운영하여 학업을 권장하였다.[239] 권한공은 원에서 태자찬선太子贊善을 제수받아 충선왕의 정치를 뒷받침하였다. 충숙왕 6년(1319) 3월에 충선왕은 원나라 인종의 명으로 보타산寶陀山(절강성 영파)에 강향降香, 곧 황제가 내려주는 어향을 받들어 명산대천에 향을 피우며 기원하는 불교 황실 행사를 위해 떠났다. 이때 이제현과 권한공이 동행하였다.[240]

권한공은 채홍철 부자와 함께 심왕 옹립 운동에 나섰다. 당시 충선왕은 심왕을 겸하고 있었는데, 1313년(충선왕 복위 5)에 고려 왕위를 둘째

234 《대명률》에 주혼자가 될 수 있는 자를 열거하고, 이를 어긴 자에 대한 처벌규정이 있다(《대명률》 戶律 婚姻).

235 김용선, 《역주 고려묘지명집성(하)》(2012), 권준묘지명, 1131쪽.

236 김형수, 〈고려후기 개혁론의 방향〉, 《고려후기 정책과 정치》, 지성인, 2013, 41쪽.

237 《高麗史》 권125, 列傳38 姦臣1 權漢功(하책, 721-723쪽);《氏族原流》安東權氏, 경인문화사, 1991;《국역일재선생실기 附影印原本》, 밴프레스, 2003.

238 《高麗史》 권31, 世家31 忠烈王(20년 7월 을해)(상책, 634쪽).

239 《高麗史》 권34, 世家34 忠肅王1(원년 6월 경인)(상책, 699쪽) "贊成事權溥·商議會議都監事李瑱· 三司使權漢功·評理趙簡·知密直安于器等, 會成均館考閱新購書籍, 且試經學."

240 《高麗史》 권110, 列傳23 李齊賢(하책, 409쪽) "忠宣佐仁宗定內亂, 迎立武宗, 寵遇無對. …… 忠宣之降香江南也, 齊賢與權漢功從之. ……"

인 충숙왕에게, 1316년(충숙왕 3)에는 심왕을 조카 왕고에 양위하였다. 1320년(충숙왕 7)에 충선왕이 토번에 유배를 당하자, 요·심 지방 관할과 고려 지배에 권력 공백이 생겼고, 심왕 왕고는 원 황제 영종의 후원을 받아 고려 왕위를 노렸다. 권한공은 최성지·이광봉과 함께 권력을 이용해 뇌물을 받고 친척이나 친구에게 관직을 함부로 주었다. 충숙왕은 충선왕이 토번에 유배가자, 권한공·이광봉·김정미·채홍철·배정지를 순군에 하옥시켰다가 먼 섬으로 유배 보냈다. 얼마 뒤 채홍철의 아들 채하중의 도움으로 사면되었다.[241] 권한공은 충숙왕을 원망하여 여흥군 민지·영양군 이호李瑚 등에게 청해서 심왕을 고려 왕으로 세우기를 주청하고자 백관들을 모아 원 중서성에 바치는 글에 서명하기를 독촉하였다. 하지만 백관의 반도 서명하지 않았다.[242]

또한 원나라는 충혜왕의 황음무도를 문제 삼아 충혜왕을 압송하고 게양현(광동성)으로 유배시켰다. 1343년에 조정에서 충혜왕을 구원하는 방안을 논의하였는데,[243] 권한공은 "옛날에 은 태갑이 덕에 밝지 못하여 이윤이 그를 동궁에 3년 동안 추방하였으니 이후에야 태갑이 마음을 바로잡고 행실을 고쳐서 임금 자리로 돌아왔다. 지금 왕이 무도하여 천자에게 죄를 얻었으니 어찌 구원할 수 있는가."[244] 하였다. 이윤伊尹 고사

---

241 《高麗史》 권125, 列傳38 姦臣1 權漢功(하책, 721~723쪽).

242 《稼亭集》 권12, 高麗國匡靖大夫·僉議評理·藝文館大提學·監春秋館事·上護軍致仕尹公墓誌銘; 《高麗史節要》 권24, 忠肅王 9년 8월(618쪽).

243 《高麗史》 권36, 世家36 忠惠王(후4년 12월 癸丑)(상책, 739쪽) "帝以檻車流王于揭陽縣. 諭王若曰, 爾王禎爲人上, 而剝民已甚, 雖以爾血, 啗天下之狗, 猶爲不足. 然朕不嗜殺, 是用流爾揭陽, 爾無我怨往哉."

244 《高麗史》 권125, 列傳38 姦臣 權漢功(하책, 723쪽) "忠惠被執于元, 宰相國老會旻天寺, 議上書請赦王罪, 漢功曰, 昔殷太甲, 不明于德, 伊尹放諸桐三年, 然後悛心改行, 復于君位. 又有一國, 介於要衝之地, 殺其朝覲諸侯及天子之使, 於是, 天子遣人誅之. 又有一國之臣, 使於他國, 及其還, 天子之使, 斬其君首而去. 其臣詣屍所, 陳祭而哭, 亦令斬之. 今王無道, 天子誅之, 何得而救乎!"

를 통하여 원 황제가 고려왕을 쫓아내는 논리를 제시하였다.[245] 반면에 김영돈은 왕이 욕을 당하였을 때 그 신하가 죽음으로 그를 구원하는 것이 마땅하다고 하였고[246] 이제현은 충혜왕을 구하는 글을 작성하였다.[247] 권한공은 원 중심의 국제 질서에 충실하였다고 할 수 있다.

　권한공은 고려의 과거에 합격하고, 충선왕을 호종하며 재원 생활을 하였으므로, 최해나 이곡과 같은 원 제과 합격자나 원에서 활동한 인물들과 교류하였다.[248] 이곡은 그에게 시를 쓰고, 권한공은 원 관료로 고려에 왔다가 원에 가는 이곡에게 송별시를 써 주었다.[249] 이곡은 이미 자신의 좌주인 이제현이 안동 권씨와 혼인을 맺어 권한공과 친밀하였고, 원 생활을 통하여 안동 권씨가의 일원으로 충선왕과 결합하고, 문장으로 이름이 있는 권한공을 선망하였다. 양광도 변두리 향리 출신으로 학문적 능력으로 원 관료가 된 이곡은 당대 최고 명문 가문과의 혼사를 통하여 정치적, 사회적 유대를 높이고자 하였다. 이색이 술회하듯, 고려 후기의 권씨 가문은 3대(권단, 권부, 권준)에 걸쳐 지공거가 되어 현달한 문생을 배출함으로써 부귀를 흠모하고 예법을 사모하는 자들이 권씨에게 귀의하였다. 의릉毅陵(충숙왕)이 권렴의 딸을 맞아들여 수비壽妃로 삼고, 영릉永

---

245 현수진, 〈고려시기 伊尹故事와 그에 나타난 군신관계〉, 《역사학보》 244, 2019.

246 《高麗史》 권110, 列傳23 金倫(하책, 403쪽) "忠肅留元五年, 瀋王暠得幸于帝, 群不逞誘脅國人, 上言願得瀋王爲主. 倫與弟元尹禑, 獨不署名, 或私於倫曰, 違衆自異, 若後悔何?" 倫罵曰, 臣無二心職耳, 何後悔之有?"

247 《高麗史節要》 권25, 忠惠王(후4년 12월)(650-651쪽) "……　令金海君李齊賢, 草其書."

248 《拙藁千百》 권2, 代權一齋祭母文.

249 　〈표 13〉 《가정집》에 보이는 권한공에게 쓴 시와 권한공이 이곡에게 쓴 시

번호	제목	시기
1	권15, 梅花 次權一齋韻	충숙왕 복위 3년(1334)
2	권15, 次權一齋九日登龍山用牧之詩韻	충숙왕 복위 6년(1337) 10월
3	권19, 次寒松亭體泉君所題韻	충정왕 1년(1349)
4	권20, 送奉使李中父還朝(送詩)	충숙왕 복위 4년(1335)

陵(충혜왕)이 권렴 누이의 딸 홍씨를 맞아들여 화비和妃로 삼은 것도 권씨를 중히 여겼기 때문이라고 한다.²⁵⁰ 또한 안동 권씨²⁵¹는 염제신·이제현·한수처럼 과거에 합격한 우수한 인재를 사위로 삼아 가문의 영예를 이어갔는데,²⁵² 권부는 문생인 이제현을 사위로 삼으면서 가문을 더욱 성대하게 빛낼 것으로 기대하였다.²⁵³ "혹자가 이색이 권한공의 의발을 얻어 전할 사람이라고 하였듯이"²⁵⁴ 어려서부터 정민하고 학문을 좋아하여 그 명성이 자자한 이색도 사위로 삼아 안동 권씨가를 빛낼 것을 기대하였을 것이다. 당시 출중한 인재를 사위로 택하려는 이들이 이색을 사위로 맞이하려 혼인하는 날 저녁까지 다투었는데 마침내 권중달의 사위가 되었다²⁵⁵고 한다.

　이곡은 원 관료로서 천자국이고 문화의 최선진국 원을 파악하면서 고

---

250 《牧隱集》文藁 권16, 重大匡坡玄福君權公墓誌銘幷書 "三世知貢擧, 門生多達官. 是以, 歆富貴慕禮法者, 皆歸權氏. 毅陵納公之女, 日壽妃, 永陵納公之姊之女洪氏, 日和妃, 重權氏故也."

251 당시 안동 권씨는 當代九封君이라고 하여 권보 자신과 아들 5명, 사위 3명이 봉군이 되었다. 즉 권보는 永嘉府院君, 아들 權準이 古昌府院君, 權宗頂이 廣福君, 權皐는 永嘉君, 權煦는 鷄林府院君, 權謙는 福安府院君 다섯 형제가 封君이 되었고, 사위 李齊賢이 鷄林府院君, 王璹이 順正大君에, 王珣은 淮安大君에 封君된 것을 말한다(《삼탄집》(이승소, 1422~1484) 권7, 永嘉君權公擊挽詞).

252 金光哲, 《高麗後期世族層硏究》, 동아대출판부, 1991; 閔賢九, 〈高麗後期 安東權氏 家門의 展開 元 干涉期의 政治的 位相을 중심으로〉, 《道山學報》5, 1996; 朴龍雲, 〈安東權氏의 사례를 통해 본 高麗社會의 一斷面 一'成化譜'를 참고로 하여一〉, 《歷史敎育》94, 2005; 김인호, 〈고려후기 가문 보존 의식과 방식 一안동권씨가를 중심으로〉, 《한국중세사연구》25, 2008.

253 《牧隱集》文藁 권18, 鷄林府院君諡文忠李公墓誌銘 "是歲, 菊齋權公溥·悅軒趙公簡試禮闈, 公又中丙科, 權公以其子妻之. 公曰, 此小技耳, 不足以大畜吾德, 討論墳典, 淹貫精硏, 折衷以至當. 文定公大喜曰, 天其或者益大吾門乎?"

254 《牧隱集》詩藁 권9, 廿八日 是醴泉君夫人蔡氏明忌 "…… 誰道當時年十四 醴泉衣鉢得相傳."

255 《陽村集》권39, 貞愼宅主權氏墓誌銘 "將笄, 擇所宜歸. 以至正辛巳, 適牧隱李公, 公卽稼亭文孝公之一子, 時文孝公以文章位宰相, 而公少精敏好學, 已有成名聲籍甚, 一時選佳壻者, 爭欲納公, 至婚夕猶爭之, 竟爲花原得."; 권40, 牧隱先生李文靖公行狀 "始冠將婚, 一時高門望族, 擇東床者, 皆欲歸其女, 至婚夕猶爭, 乃娶安東權氏. 宣授明威將軍諸軍萬戶府萬戶·本國重大匡. 花原君仲達之女, 元朝朝列大夫, 太子左贊善·本國三重大匡·都僉議右政丞漢公之孫也."

려에 대한 국가관을 견지하였는데, 권한공이 충선왕을 시종하며 원의 선진 문화를 고려에 전하고, 입성론과 같은 고려왕조를 부정하는 논의에 반대[256]한 것을 알고 있었다. 물론 권한공은, 이곡과 달리, 심왕 옹립에 참여하였고 충혜왕의 사면을 요청하는 논의에 반대하였고, 이 점에서 이곡과 군주관에 인식 차이를 보였다. 하지만 원에서 활동한 같은 고려 지식인으로서 고려 국가의 존립에 동의하였고, 고려의 낡은 제도와 관습을 개혁해야 한다는 점에서만은 의견을 같이하였다. 그런 공감대를 기반으로, 안동 권씨와 한산 이씨의 혼인관계가 이루어지게 되었다고 할 수 있다. 후에 이색은 처조부인 권한공을 위하여 많은 시를 지었다.[257]

---

256 장동익, 앞의 논문, 93쪽.

257　　　　　　〈표 14〉《목은집》 시고에 보이는 이색이 권한공에게 쓴 시

번호	제목	시기
1	권2, 西京	공민왕 2년
2	권3, 崖頭驛 有醴泉權政丞詩, 其一聯云, 野闊民居樹, 天低馬入雲, 其形容遼野 無復遺恨. 穡曰, 此是遼野十字傳神, 與工部地偏江動蜀, 天闊樹浮秦, 語意絶相類 宜其拜贊善東宮之命也. 高麗人與於是選, 古所未聞. 穡公之孫壻也. 僥倖登科, 直拜翰林供奉, 此雖穡之家風 然於權氏之門, 豈無光耀, 九原可作, 公必慶我以傑作無疑也. 遂用其十字爲韻, 吟成十首, 一以詠遼野一以贊醴泉.	공민왕 3년
3	권3, 遼野	공민왕 4년
4	권9, 廿八日 是醴泉君夫人蔡氏明忌	우왕 4년
5	권11, 金龍喉長源奉門生迎其座主李大夫大夫人, 將擧壽觴, 子姪咸集, 前導後從, 閭巷咨嗟, 近所未有也. 因記辛巳科, 如夢中事, 吟成一絶 以自敍云.	우왕 4년
6	권12, 醴泉君明忌. 設齋水精寺	우왕 4년
7	권13, 讀國淸碑	우왕 5년
8	권14, 犀帶行	우왕 5년
9	권19, 醴泉府院君夫人蔡氏忌齋, 廉侍中設行於水精寺 ……	우왕 5년
10	권19, 圓明寺以醴泉忌席至有是作	우왕 5년
11	권26, 醴泉府院君忌旦, 塤廉侍中設齋水精寺, 穡長子, 花原君女壻侍坐堂上, 公指觀普像曰, 此吾外姑蔡夫人, 因季子死, 捨財而成者也. 所謂季子, 卽吾外舅之弟也. 死於燕都無子.	우왕 6년
12	권26, 醴泉君○釀餞庸夫四宰金陵之行, 以僕貧不令出錢, 又謂僕於庸夫, 爲同年壯元, 特令侑坐, 曲城府院君邀廣平侍中同席, 夜將半,	우왕 6년

④ 안진(1293-1360)은 충숙왕 즉위년(1313)에 권한공과 최성지가 시관일 때, 이군해(이암), 김광재 등과 함께 합격하였다.[258] 1317년 12월 원 제과에 합격하였고[259] 고려에서는 예문응교 총부직랑를 제수받았다.[260] 신예가 정동행성원외랑으로 있다가 원나라로 갈 때 이제현이 송별시의 서를 썼고 안진도 김광재·김사도·장항·김륜·홍탁·양온 등과 함께 참여했다.[261] 충목왕 2년(1346) 이제현 등과 더불어 충렬왕·충선왕·충숙왕 3조의 실록을 찬수하였고, 민지의 《본조편년강목》을 증수한 《증수편년강목》을 완성하였는데 이곡도 참여하였다. 공민왕 원년 서연에서 매일 시독하였으며[262] 공민왕 2년 조일신의 난에 연루되었으나 연로하다는 이유로 곤장 맞는 것을 면하고 대신 동을 바쳤다.[263]

⑤ 안축은 스승에 해당하여 이미 언급했다.

⑥ 민자이閔子夷는 민사평(1295-1359)이다.[264] 본관은 여흥, 자는 탄부, 호는 급암, 조부는 민종유, 부는 민적(1270-1336)이다.[265] 김륜(1277-1348)이 평소 사람을 볼 줄 알아 자신의 사위로 삼았다고 한다.[266] 충숙왕 2년(1315) 이진과 윤혁이 지공거일 때 급제하였다.[267] 이

両侍中出矣. 僕少留, 促坐歡甚二子見僕泥醉, 扶以出日高而起, 錄爲歌章, 呈四宰令邸下. 幸一笑.

258 《高麗史》 권34, 世家34, 忠肅王1(즉위년)(상책, 695쪽) "九月戊子朔, 賜安震等及第."

259 《高麗史》 권74, 志28 選擧2 科目2 制科(중책, 611쪽) "(충숙왕)四年十二月, 遣安震應擧."

260 《高麗史》 권34, 世家34, 忠肅王1(5년 6월 정사)(상책, 705쪽) "以藝文檢閣安震中制科, 擢爲藝文應敎摠部直郎."

261 《東文選》 권9, 五言律詩 得堂字送辛裔員外朝元.

262 《高麗史》 권38, 世家38, 恭愍王1(원년 8월)(상책, 759쪽).

263 《高麗史節要》 권26, 恭愍王(2년 3월)(674쪽).

264 朴龍雲, 《高麗時代 蔭敍制와 科擧制研究》, 일지사, 1990, 459쪽; 채상식 편, 《최해와 역주《졸고천백》》, 혜안, 2013, 359쪽.

265 심경호, 〈민사평론〉, 《한국한시작가연구》 1, 태학사, 1995.

266 《益齋亂藁》 권7, 有元高麗國·輸誠守義協贊輔理功臣·壁上三韓三重大匡·彦陽府院君·贈謚

때는 과거 시험 심사가 매우 엄하여 적합한 사람만을 뽑았다고 한다. 1330년 충혜왕은 유자를 좋아하지 않았고 자신의 마음에 드는 사람만을 등용하였는데, 민사평은 군부정랑 예문응교로 인사를 함께 의논하며 그 분수를 지킴이 조금도 변함이 없었다[268]고 한다.

충혜왕 복위 3년(1342) (국자)감시의 시관인 민사평의 가노가 성 밖에서 땔나무를 채취하다가 생소나무를 자르는데, 반주班主인 인안印安이 그것을 금하게 하였다. 가노가 반주인 줄 모르고 그를 구타하여 다리를 상하게 하였다. 왕이 크게 노하여 중방에게 민사평의 집을 무너뜨리게 하였다. 윤해는 "노비에게 죄가 있습니다. 주인이 어찌 죄가 있겠습니까. 지금 많은 선비들이 과거 합격자 발표를 주목하고 있는데, 주사(민사평) 의 집을 무너뜨리면 주사는 무슨 마음으로 답안지를 살펴보겠습니까." 하였다. 얼마 안 되어 왕의 화가 풀렸고 그 일이 잠잠해졌다.[269]

충목왕이 즉위하고 왕후를 우정승에, 김륜을 좌정승에, 김영후·강윤성을 찬성사에, 전사의·강우를 참리에, 이천을 정당문학에, 권적을 판밀직사사에, 허백을 밀직사사에, 봉천우·안축을 지밀직사사에 임명할 때 민사평은 감찰대부에 임명되었다.[270] 신예와의 관계가 돈독하였다.[271]

충정왕을 따라 원나라에 들어갔던 공으로 도첨의참리, 수성병의협찬공신이 되었다. 이제현·정자후·김륜 등이 같은 동네에 살았으므로 사람들은 철동鐵洞 삼암三菴이라고 불렀다고 한다. 민사평은 김륜이 세상을 떠

貞烈公 · 金公墓誌銘 幷序.

267 《高麗史》 권108, 列傳21 閔宗儒 思平(하책, 371쪽).

268 김용선, 《역주고려묘지명집성(하)》(2012), 민사평묘지명(이달충), 976쪽. "庚午永陵(충혜왕)卽位. 頗不喜儒, 苟非有得於中者, 惟虎是効, 爲之媚悅."

269 《牧隱集》 文藁 권18, 坡平君尹公墓誌銘幷序.

270 《高麗史節要》 권25, 忠穆王(즉위년 10월)(655쪽).

271 《及菴詩集》 권3, 寄草亭; 권3, 寄辛草亭.

나자 그 집에 살아 삼암의 한 사람이 되었다.[272] 최해는 민적의 행장을 지으면서 그 아들 자이子夷와 친한 사이이고 나의 선친(최백륜)은 공과 친구 사이이며 공은 나이 차이도 잊고 나를 대해 주었으며 공을 평소 잘 안다고 하였다.[273] 묘지명을 쓴 이달충은 민사평이 최해와 사이가 좋고 그의 글을 좋아하여 문집을 간행하는 데 힘을 쏟았다고 하였다.[274]

민사평은 이색에게 많은 학문적 영향을 주었다. 이색은 "내가 급암의 문하에 들어갔을 때 선생은 이미 노쇠하였다. 하지만 온화하고 점잖은 성품으로 남에게 뒤질세라 후진들을 이끌어 주셨다. 하루는 급암 선생께서 누추한 내 집으로 찾아오시어 나무 그늘 아래 앉아 계시다가 해그림자가 옮겨진 뒤에야 돌아가신 일이 있었다. 나는 그때 일을 지금까지도 잊지 못하고 있다."[275] 하였고, 그의 시집에 서문을 쓰면서 "선생의 시는 담담한 것 같으면서도 천박하지 않고 고운 것 같으면서도 사치스럽지 않도다. 마음에 세운 뜻이 진실로 심원하여 읽으면 읽을수록 더욱 맛이 난다."[276] 하였다. 이곡이 상도(난경)에서 민사평에게 보낸 시[277]가 있고, 또 다른 시도 있다.[278]

⑦ 정천유鄭天濡는 특별한 기록이 남아 있지 않으나 충혜왕 때 과거 시험의 재시험을 주장한 바 있다. 충혜왕 원년 한종유와 이군해가 지공

---

272 《牧隱集》文藁 권13, 題惕若齋學吟後 "及庵閑先生詩, 造語平淡, 而用意精深, 其時益齋先生·愚谷先生, 與竹軒政丞, 居同里, 號鐵洞三庵, 及庵竹軒堉也. 竹軒仙去, 而及菴又來居其第, 三菴之稱未絶."

273 《拙藁千百》권2, 故密直宰相閔公行狀(1336, 충숙왕 복위 5년 2월).

274 김용선, 《고려묘지명집성(하)》(2012), 민사평묘지명(이달충), 976쪽. "善交遊, 嘗與拙齋崔先生友善, 尤篤喜其文, 出力刊行, 其敦信樂善類如此. 居官處事, 不爲崖異, 一遵義理而已. 率以詩酒自娛, 坦蕩蕩君子人也."

275 《牧隱集》文藁 권13, 惕若齋學吟.

276 《牧隱集》文藁 권9, 及菴詩集序.

277 《稼亭集》권18, 灤京紀行(7수).

278 《稼亭集》권15, 代書寄全羅閑按廉(1340); 권19, 寄閔及菴.

거인 복시에 최안도의 아들 최경이 10여 세의 나이로 합격하자, 정천유
는 정언으로 헌납 허옹, 정언 조렴과 함께 "한종유 등이 선비를 선발함
이 공정하지 못하니 복시를 실시하게 하고, 최안도는 관리의 기풍을 바
로잡는 관직에 있으면서 어린 아들 최경을 과거에 합격시켰사오니 법대
로 처단하소서." 하였다. 왕이 허옹 등을 옥에 가두려고 하였으나, 박련
이 "간관에게 죄를 주어서는 안 됩니다." 하여, 왕이 중지하고 그 글을
최안도에게 보여 주었다.[279] 충목왕 즉위년(1344)에 왕이 서연을 설치하
고 우정승 채하중 등과 함께 전의부령으로서 시독하게 하였다.[280]

⑧ 이달존(1313-1340)은 이제현의 둘째 아들이다. 본관은 경주, 자는
천각天覺, 운와雲窩[281]이다. 이진의 손자이고 권부의 외손이며 백이정의
사위이다. 아들은 덕림·수림·학림이고 딸은 기인걸에게 시집갔다.[282] 11
세 때 별장이 되고 충혜왕 즉위년(1330) 안문개와 이담이 지공거일 때
송천봉·홍언박·정운경·이문정·최재 등과 함께 과거에 합격하였다. 사보
를 거쳐 헌납으로 승진하였고 뒤이어 감찰장령과 전의부령이 되었다. 충
혜왕 복위년(1339) 충혜왕이 원으로 압송될 때 왕을 수행하였는데, 이달
존은 "나는 군부君父가 있는 것만을 알 뿐이다."라고 하고는 필마로 따라
갔다. 이듬해 충혜왕이 복위하고 전리총랑典理摠郞이 되었는데, 고려로
돌아오는 길에 죽었다. 이제현은 아들 이달존이 죽자 문생인 이곡에게
"그대는 일찍부터 우리 아이 달존과 어울려 놀았으니 그 사람됨을 알
것이다. 그러니 그의 묘표를 지어 주면 좋겠다." 하였다. 이에 이곡이 그

---

279 《高麗史節要》권25, 忠惠王(원년 8월)(634쪽) "獻納許邕, 正言趙廉, 鄭天濡等, 上書曰,
韓宗愈等, 取士不公, 請令覆試, 崔安道濫居風憲, 其子璟, 口尙乳臭而中第, 請論如法, 王欲下
邕等獄, 朴連進曰, 諫官, 不可罪, 王乃止, 以其書示安道."

280 《高麗史》권37, 世家37 忠穆王(즉위년 6월 을묘)(상책, 742-743쪽).

281 《高麗史》권110, 列傳23, 李齊賢 附達尊(하책, 419-420쪽).

282 《氏族原流》慶州李氏, 경인문화사, 1991, 35쪽.

의 비문을 작성하였다.[283]

⑨ 백문보는 동년으로 이미 언급했다.

⑩ 정포(1309-1345)[284]의 본관은 청주. 자는 중부仲孚, 호는 운곡雪谷
이다. 도첨의찬성사 정해鄭瑎의 손자이고 판선공 정책의 아들이며 최문도
의 사위이고, 아들인 정추(공권公權)는 이색과 동년이다. 최해와 어울리며
문장 짓는 법을 배웠기 때문에 그의 시와 글에는 속기俗氣가 없다[285]고
한다. 충숙왕 13년(1326)에 잇달아 진사과와 예부시에 합격하였다. 충숙
왕 복위 6년(1337)에 예문관수찬이 되어 표를 받들고 원 연경에 갔는데,
고려로 귀국하는 충숙왕이 심양도 길가에서 정포를 보고 총애하게 되었
다. 성균관 사예, 예문관 응교지제교로 춘추관 편수관을 겸하였다. 충혜
왕이 즉위하고 전리총랑·좌사의대부·예문관직제학·지제교가 되었다. 충
혜왕 복위 3년(1342) 가을에 어떤 사람이 왕에게 "정씨 형제들이 중국
으로 가 태제太弟를 끼고 옹호할까 염려된다."하였다. 그리하여 정오(문
극文克)는 영해로, 정포는 울주로 귀양을 보냈다. 정포는 유배 중에도 백
성을 위한 시를 지었다. 1344년 3월에 장인인 최문도를 따라 성절사로
연경에 갔을 때 승상 별가불화別哥不花가 그를 아껴 천자에게 추천하였
으나 1345년 7월에 객지에서 죽었다.

이곡과 정포는 오래 전부터 교류하였다. 이곡은 정포·홍언박·김두·이

---

283 《稼亭集》권11, 奉常大夫·典理摠郎·寶文閣直提學·知製敎 李君墓表(충혜왕 복위 원년,
1340) "有元至元六年庚辰十月朔, 王府斷事官僉議評理李公, 命其門生征東行省員外郎李穀曰,
子早與吾兒達尊游, 知其爲人, 宜爲表其墓 …… 己卯之冬, 尊公以國亂隨王北上, 時人心危疑,
君曰, 吾知有君父而已, 匹馬往從之. …… 六月東還得疾, 輿過鴨綠水, 二十九日辛亥, 歿于道.
……"

284 《雪谷集》(한국문집총간 3); 김용선 편저, 《(속)고려묘지명집성》, 정포묘지명(安震), 한
림대출판부, 2016, 212~219쪽; 《高麗史》권106, 列傳19 鄭瑎 附誧(하책, 342쪽).

285 《牧隱集》文藁 권20 鄭氏家傳 "泰定丙寅(1326, 충숙왕 13년) 年十八, 連中進士科及第科.
喜從鷄林崔拙翁游, 得其語法, 故其詩文, 無俗氣.";《雪谷集》권1, 序(이제현) "雪谷鄭仲孚,
崔春軒子塙, 而學於崔拙翁."

달충·이달존과 함께 소향회燒香會에서 활동하였다.[286] 정포는 이곡이 원연경에 있을 때 마음을 나눈 친구였는데, 그가 죽자 이곡은 "걱정을 많이 하여 마음을 상했다."며 마음 고생이 많았음을 표현하였다.[287] 이곡이 정포에게 보낸 시가 다수 전하고 죽음을 애도하는 시 역시 남겼다. 이색은 정포의 시를 "맑아도 고고苦孤하지 않고 화려해도 음탕하지 않아, 글의 기운이 우아하고 심원하여 결코 저속한 글자를 하나도 쓰지 않았다." 하여, 시의 경지가 높았음을 평가하면서 일생이 순탄하지 않았지만 인생 체험을 품격 있게 형상화하고 있다고 칭찬하였다.[288] 최해를 비롯한 동시기 문인들 또한 정포를 찬양하고 젊은 나이에 죽은 것을 애도하였다.[289]

⑪ 안보는 동년으로 이미 언급했다.

(3) 고려 관료로서 만난 친구

이곡은 고려와 원에서 관료생활을 하였는데, 그 과정에서 사귄 친구들이 있다. 고려 관료 시절에서 이곡이 만난 관료로는 ① 밀양 박씨 박윤문과 박윤겸 형제가 있다.[290] 이곡이 1320년 과거에 합격한 뒤 1321년 복주(안동)사록으로 있을 때 박윤겸과 만나 알게 되었고, 1331년 예문관에 들어갈 때 박윤겸의 동생인 박윤문[291]의 후임이 되면서 박씨 형

---

286 《雪谷集》 권1, 寄呈燒香會諸公 細註 "先生嘗與洪政丞彦博, 李稼亭穀, 金密直玧, 李霽亭達中, 李摠郎達尊結社, 日以焚香讀書爲事, 人號燒香會."; 김철웅, 〈雪谷 鄭𩇒의 생애와 道敎觀〉, 《韓國史學報》 창간호, 1996.

287 《牧隱集》 文藁 권20, 鄭氏家傳 "雪谷字仲孚, …… 簽書(정총)時年十三, 奉柩以歸, 吾先人稼亭公哭之 其詩, 有多麼傷神之句, 盖是時同在客中, 頃刻不相離, 必有所見而云然."; 《稼亭集》 권18, 哭仲孚司議 贈其兄鄭判事 "…… 却因多麼故傷心 ……"

288 《牧隱集》 文藁 권7, 雪谷詩藁序.

289 《拙藁千百》 권2, 送鄭仲孚書狀官序.

290 《氏族原流》 密陽朴氏, 경인문화사, 1991, 145쪽.

291 이 밖에 박윤문이 충목왕을 서연에서 강의한 기록이 있다(《高麗史》 권37, 世家37 忠穆

제와 아는 사이가 되었다.[292] 쾌헌 김태현(본관 광산)의 두 사위는 안목(1290-1360)과[293] 밀직대언 박윤문이다.[294] 박윤문의 셋째 아들이 박소양朴少陽(소양紹陽)[295]으로 이색과 성균시 동년이나 예부시에는 합격하지 못하였고[296] 장남 박린의 사위는 권집중權執中으로, 이색의 처남이다.

② 장항(-1353, 공민왕 2)은 본관이 영동,[297] 호는 눌재로, 이곡은 장항에게 시 6편을 보냈다.[298] 신예와 동년으로, 신예가 원나라에 가자 송별시를 지었을 때 이곡이 서를 쓰고 장항이 시를 지었다.[299] 사헌규정 등을 거쳐 좌사의대부가 되었다. 1320년(충숙왕 7)에 충선왕이 참소를 당하자 원나라에 가 5년 동안이나 왕을 시종하였다.[300] 윤선좌·김륜 등과 더불어 심왕 고를 고려왕으로 세우려는 것에 반대하였다. 1331년에 충혜왕이 즉위하자 원나라에 태의를 청하러 갔으며, 그 뒤 밀직제학으

王(즉위년 6월)(상책, 743쪽)).

292 《稼亭集》 권9, 寄朴持平詩序 "…… 余昔在辛酉, 參福州幕, 識中郞面, 辛未入藝文館, 踵持平後, 於朴氏昆季甚熟, ……"

293 박경안, 〈安牧(1290-1360의 坡州 農莊에 대한 小考〉, 《實學思想研究》 15·16, 2001.

294 《氏族原流》 光州金氏, 경인문화사, 1991, 198쪽.

295 다른 기록에는 朴紹陽으로 되어 있다(김용선, 《역주고려묘지명집성(하)》(2012), 박윤문 처김씨묘지명, 1022쪽).

296 《牧隱集》 文藁 권20, 朴氏傳.ㅎ

297 《氏族原流》 永同張氏, 경인문화사, 1991, 541쪽.

298

〈표 15〉《가정집》에 보이는 이곡이 장항에게 쓴 시

번호	제목	시기	나라
1	권16, 辛巳夏 入都寄張訥齋	충혜왕 복위2년(1341) 여름	원
2	권18, 次韻題野雲莊 張訥齋所居	충목왕 2년(1346)	고려
3	권19, 寄訥齋	충목왕 4년(1348)	고려
4	권20, 寄張相國	충정왕 2년(1350)	고려
5	권20, 完山途中	충정왕 2년(1350)	고려
6	권20, 訥齋見和 復作一首	충정왕 2년(1350)	고려

299 《東文選》 권4, 五言古詩 辛草亭赴燕都賦上字爲別.

300 《高麗史》 권109, 列傳22 張沆(하책, 396쪽) "忠肅見讒, 留元五年未歸, 沆奮義忘身, 侍從有勞, 以功賜鐵卷."

로서 첨의참리를 겸임한 바 있고, 평양부윤으로 임명되어 영산군에 봉해졌다. 충혜왕 복위 4년(1343) 전민추쇄도감의 제조에 임명되었다. 충목왕 1년(1345)에 참리로 임명된 뒤, 정당문학 등을 거쳤다. 공민왕 1년(1352) 서연관으로 임명되었으며, 그 뒤 의례에 관한 지식으로, 왕명을 받아 태묘에서 사용하는 복식과 기구를 개선하는 일301을 맡았다.302 충숙왕과 공주가 당나라 요안도姚安道가 지은 현종의 타구도시打毬圖詩를 읊조렸는데, 이는 재상을 비판하는 간언이 없음을 한탄하는 내용이었다.303 장항은 사론에서 이 시에 나오는 당의 장구령과 한유의 이름을 듣고 고려의 재상들이 땀을 흘렸을 것이라 하였다.304 민사평과 교류하였다.305 민사평은 장항이 죽자 그를 애도하는 글을 남겼다.306

③ 신예(-1355)는 본관이 영산이고 호는 초정草亭이다. 신원경辛原慶의 3남 가운데 장남이다. 《고려사》 간신전에는 충선왕을 모함하고 심왕의 당으로 활약한 자를 실었는데,307 충혜왕을 원에서 소환할 때 내응한 점이 참작되었을 것이다. 최근의 연구에서는, 신예가 고용보와 함께 충혜왕의 압송에 가담한 행동은 유자로서 할 수 없는 행위라는 여론이 있었는데, 이러한 부정적인 시의時議가 간신전에 입전된 이유였다고 하였다.308 신예는 이곡이 어려서부터 알고 지내던 친구였다. 신예가 원나라

---

301 윤소종은 장항에 관한 사론을 쓰면서, 공민왕은 장항이 예학에 조예가 깊다고 하여 태묘의 예악과 관련한 기구와 의복을 수정할 것을 명하였는데, 장항이 죽자 "지금 재상 가운데 張訥齋와 같이 종묘에 마음을 다할 자가 어디에 있겠는가."라고 하면서 애석해 했다고 한다(《高麗史節要》 권28, 恭愍王(15년 4월)(716쪽)"史臣尹紹宗曰, ……").

302 《高麗史》 권109, 列傳22 張沆(하책, 396쪽); 김난옥, 위의 논문, 509쪽.

303 《高麗史節要》 권24, 忠肅王(5년 정월)(610쪽).

304 《高麗史節要》 권24, 忠肅王(5년 정월)(610쪽) "史臣張沆曰, 王之再吟此詩, 何意也, 以爲戒耶, 則其荒淫, 與玄宗無異, 噫以宰相與宴者, 聞九齡韓休之名, 能不泚顙乎."

305 《及菴詩集》 권3, 贈張訥齋.

306 《及菴詩集》 권4, 哭張訥齋.

307 변태섭, 《《高麗史》의 연구》, 삼영사, 1982.

에 사신으로 가는 시의 서를 쓸 때, 이곡은 신예를 자신만큼 아는 자가 없다고 하였다.[309] 동생은 신부辛富와 신귀辛貴가 있는데, 신부는 한종유의 딸과, 신귀는 강윤충의 딸과 혼인하였다. 부인은 성산 이씨인 이포의 딸이며 이조년의 손녀로 아들(신순辛珣)과 1녀(사위 왕환王環)를 두었다. 이포의 아들인 이인복·이인임·이인미·이인원·이인립·이인민이 모두 처남인 셈이다.[310] 신예는 충숙왕 후5년(1336) 채홍철과 안규가 지공거인 과거에 급제하였는데, 동년은 성여완·정사도·박충좌·장항·박징·민선·강군보 등이다. 《증보문헌비고》에는 신예가 제과에 합격하여 남대어사가 되었다고 하였다.[311] 충혜왕 후3년(1342)에 과거시험의 동지공거가 되어 지공거 김진과 함께 이자을 등 33인을 선발하였다.[312] 《동문선》에 두 편의 시가 전한다. 여기에서 신예는 유학자로서 유교의 이상시대인 복희황제시대를 현실에 실현하고자 하며 고달픈 백성의 삶을 개선할 것을 생각하고[313] 중국 역사의 흥망성쇠를 살펴보았다.[314] "영취산靈鷲山 높아 조그만 티끌도 없는데, 그 백성들은 곧 모두 주씨朱氏, 진씨陳氏"라는 시도 있다.[315]

---

308 김난옥, 〈고려말 詩文 교류와 인적 관계 ―辛裔를 중심으로〉, 《韓國史學報》 61, 2015, 511쪽.

309 《稼亭集》 권9, 送辛寺丞入朝序(1340년 4월) "······ 知辛君者皆有詩, ······ 知君莫若余, 故爲之言."

310 《氏族源流》 星山李氏, 경인문화사, 1991, 51쪽.

311 《增補文獻備考》 권185, 選擧考2, 과거제도2 제과총목 고려.

312 《高麗史》 권73, 志27 選擧1 科目(중책, 610쪽) "(충혜왕)後三年七月, 政堂文學金稹知貢擧, 知申事辛裔同知貢擧, 取進士賜李資乙等三十三人及第."

313 《東文選》 권15, 七言律詩 驪興淸心樓次韻 "誰使天慳露一端, 朕王高閣已無顔, 錦鱗戲躍吹晴浪, 白鳥驚飛映碧山, 此景却思供闕下, 宦遊深愧在塵間, 何方更化殘民業, 得致羲皇上世閑."

314 《東文選》 권21, 七言絶句 金陵懷古 "秋風忽上鳳凰臺, 一水三山活畵開, 欲賦六朝興廢事, 愧無當日謫仙才."

315 《창녕군지》 靈鷲樓: 《新增東國輿地勝覽》 권27, 慶尙道 靈山 "靈鷲山高絶點塵, 一區民物卽朱陳, 文章忠孝吾鄕事, 御史觀風有幾人."

이곡은 신예와 고려와 원에서 관료생활을 같이하였으므로 친분을 유
지하였고[316] 그를 위한 시를 지었다. 충혜왕 복위 1년(1340) 4월에 천수
절天壽節(원 순제 생일)을 축하하기 위하여 전리판서 기철이 사신으로,
사복시승 신예가 참좌參佐로 원에 가게 되었을 때, 송별시의 서를 이곡
이 썼다. 정동행성 원외랑으로 개경에 있던 이곡은 사방에 사신으로 나
가서 임금의 명을 욕되게 하지 않아야 선비라고 말할 수 있으니 공경히
삼가서 임무를 잘 수행하라고[317] 하였다. 이곡이 충혜왕 복위 2년(1341)
에 정동행성 표문을 가지고 경사에 갔는데, 이때(충혜왕 후2년 9월과 충
혜왕 후3년 3월 사이) 고려로 돌아가는 신예를 전송하며 시를 썼다.[318]

후술하는 바와 같이 신예는 고용보와 함께 충혜왕의 압송에 관여하였
는데[319] 이곡은 이러한 신예와 처음엔 친분을 가졌지만, 어느 순간에 거
리를 둔 것으로 보인다.[320]

④ 홍언박(1309-1363)은 본관이 남양, 호는 양파陽坡이다.[321] 조부는

316   〈표 16〉《가정집》에 보이는 이곡이 신예에게 쓴 시

번호	제목	시기	지역
1	권9, 送辛寺丞入朝序	충혜왕 복위 원년(1340)	고려
2	권16, 律詩 送辛代言東歸	충혜왕 복위 2년(1342)	원
3	권17, 律詩 寄辛草亭	충목왕 즉위년(1344)	원
4	권20, 律詩 寄辛草亭	충정왕 2년(1350)	고려

317 《稼亭集》 권9, 送辛寺丞入朝序.

318 《稼亭集》 권16, 律詩 送辛代言東歸.

319 《高麗史》 권125, 列傳33 奸臣1 辛裔(하책, 724-725쪽);《高麗史》 권36 世家36 忠惠王
   (복위 4년 11월 甲申)(상책, 738쪽) "大卿朵赤, 郎中別失哥等六人, 來頒郊敎詔, 王欲托疾不
   迎, 龍普曰, 帝嘗謂王不敬, 若不出迎, 帝疑滋甚, 王奉百官, 朝服郊迎, 聽詔于征東省, 朵赤乃
   住等, 蹴王縛之, 王急呼高院使, 龍普叱之, 使者, 皆拔劍執侍從, 群小百官, 皆走匿, 左右司郎
   中金永煦, 萬戶姜好禮, 密直副使崔安祐, 鷹揚軍金善莊, 中郞, 持平盧俊卿, 及勇士二人, 被殺,
   中刀郞者甚多, 辛裔, 伏兵禦外以助之."

320 《稼亭集》 권17, 律詩 寄辛草亭.

321 《高麗史》 권111, 列傳24 洪彦博(하책, 424-426쪽);《氏族源流》南陽洪氏, 경인문화사,
   1991, 415쪽.

홍규(홍문계), 부는 홍융, 부인은 안동 권씨 권준의 딸이다. 홍규의 5녀
가운데 3녀는 충선왕의 현비賢妃가 되었고, 5녀는 충숙왕의 덕비德妃가
되었는데, 덕비는 공민왕의 모후로 공민왕과 홍언박은 외사촌간이다. 홍
규의 장녀는 원 승상 아홀태阿忽台(아홀반阿忽反)와 혼인하였는데, 그의
아들 별가불화別哥不花(별리가불화別里哥不花)는 김순의 3녀와 혼인하여 원
에서 우승상까지 지냈고, 고려가 원과의 정치적 문제 해결에 그의 도움
을 받기도 하고, 정포를 원 순제에 천거하는 등 친고려 성향의 인물이었
다. 별가불화는 홍언박과 내외종형제內外從兄弟의 관계에 있었으므로, 홍
언박의 재원 활동에 상당이 영향을 미쳤을 것이다. 충혜왕 즉위년(1330)
에 안문개와 이담이 지공거였던 때 송천봉·이달존·정운경·이문정·최재
등과 함께 과거에 합격하였고 공민왕 2년(1353) 이제현과 함께 이색을
선발하였다. 홍언박은 이제현의 아들인 이달존과 동년으로, 이제현의 문
하에 출입하여 학문적 영향을 받았다.[322] 공민왕 3년에 문하시중이 되어
기철 일파를 죽이는 데 기여하였다. 공민왕 11년 유숙과 더불어 과거를
주관하였다. 1363년 김용 등이 일으킨 흥왕사의 난 때 죽임을 당하였
다.[323] 이색은 좌주인 홍언박을 기리는 시를 남겼다.[324] 우왕 6년 3월

322 閔賢九, 〈高麗 恭愍王代의 〈誅奇轍功臣〉에 대한 檢討〉, 《李基白先生古稀紀念韓國史學論
  叢(上)》, 일조각, 1994, 904~909쪽.

323 〈표 17〉《가정집》에 보이는 이곡이 홍언박에게 쓴 시

번호	제목	시기	지역
1	권1, 釋義		원
2	권18, 送洪陽坡提擧赴征東儒學	충목왕 1년(1345)	원
3	권18, 重送	충목왕 1년(1345) 4월	원
4	권18, 寄洪陽坡	충목왕 2년(1346)	고려
5	권18, 次韻和洪陽坡提擧賞勺藥	충목왕 3년(1347)	원
6	권19, 寄洪陽坡 用前韻	충목왕 4년(1348)	고려

324 《牧隱集》詩藁 권20, 宗伯洪尙書見訪; 詩藁 권21, 三月初陽坡先生忌日; 詩藁 권24, 送梨
  至恩門 宅夫人出別墅 詩以記之; 詩藁 권30, 拜掃恩門南陽侍中墳墓.

홍언박의 기일에 정사에 쫓겨 매년 찾아뵙지 못하는 자신을 자책하면서
은문恩門에 대한 예를 말하였다.[325]

⑤ 이인복(1308-1374)의 자는 극례克禮이고 호는 초은이며 본관은 성
산으로, 성산군 이조년의 손자이다. 이조년은 항상 "우리 집안을 크게
할 이가 너"[326]라고 하였다고 한다. 충숙왕 13년(1326)에 권준과 박원이
지공거일 때 급제하고 충혜왕 복위 3년(1342)에 원 제과에 합격하여 대
녕로 금주판관이 되었다.[327] 원 관료생활을 하는 이곡은 뒤이어 원에 진
출을 꾀하는 고려인, 예컨대 제과에 응시하는 고려 문인들과 유학생, 숙
위 등 기타의 이유로 원에 온 고려인에게 정보를 제공하고 여러 가지
편의를 제공하였다. 충혜왕 복위 3년(1342) 이인복은 원 제과에 응시하
는 과정에서 이곡에게 도움을 받았다.[328] 김경선과 함께 응시하였는데,
그는 떨어지고[329] 자신만 합격하였다.[330] 이곡은 이인복이 고려에서 대
언이 되자 축하하는 시를 지었고[331] 또 다른 시를 남겼다.[332]

---

325 《牧隱集》 詩藁 권21, 三月初暘坡先生忌日.
326 《牧隱集》 권15, 有元奉議大夫征東行中書省左右司郎中·高麗國端誠佐理功臣·三重大匡·興
　　安府院君·藝文館大提學·知春秋館事, 諡文忠公樵隱先生李公墓誌銘(并序).
327 《高麗史》 권74, 志28 選擧2 科目2 制科(중책, 618쪽) "忠惠王後三年, 李仁復中制科, 授大
　　寧路錦州判官."
328 《牧隱集》 文藁 권13, 祭樵隱先生文 "公昔對策, 天子之庭, 咨決奧義, 于我稼亭, 歸拜我母,
　　于門之屛, 子年十五, 識公儀刑."
329 《稼亭集》 권16, 金敬先落第東歸, 用寒食唱和詩韻留之.
330 이곡은 1345년 3월 고려 과거 시험의 동년인 안보가 원 제과에 합격하고 돌아가자 전
　　송하는 시를 남겼고(《稼亭集》 권18, 送同年安員之登第還鄕), 안보가 합격하자 형인 안축
　　에게 축하하는 시를 남기기도 하였다(《稼亭集》 권17, 寄賀安謹齋).
331 《稼亭集》 권18, 聞克禮州判除代言.
332 《稼亭集》 권17, 寄克禮州判.
333 《高麗史》 권74, 志28 選擧2 科目2 制科(중책, 616쪽) "(충숙왕)四年十二月 遣安震應擧."
334 《高麗史》 권74, 志28 選擧2 科目2 制科(중책, 616쪽) "(충숙왕)五年 震中制科 第三甲十

〈표 18〉고려인의 원 제과 응시와 초직

예부시 시기	예부시 합격	향시 합격	제과 합격	원 초직
충렬왕 29년 6월(1303)	朴理 李衍宗 崔瀣			
충렬왕 33년 11월(1307)	安軸			
충선왕 5년 8월(1313)	安震			
충숙왕 2년 정월(1315)	朴仁幹 安牧 趙廉			
충숙왕 4년 9월(1317)	洪義孫	安震[333]	安震(3갑 15명)[334]	
충숙왕 7년 9월(1320)	崔龍甲 李穀 安輔	安軸 崔瀣 李衍宗[335]	崔瀣[336]	遼陽路盖州判官
충숙왕 10년(1323)		安軸 趙廉 崔龍甲[337]	安軸(3갑 7명)[338]	遼陽路盖州判官
충숙왕 13년(1326)	崔元遇 李仁復	趙廉 李穀	趙廉	遼陽等路摠管知府事
충숙왕 17년(1329)	宋天鳳			
충혜왕 원년	주빈			
충숙왕 후2년(1332)	南宮敏	李穀	李穀(2갑 8명)[339]	翰林國史院檢閱官
충혜왕 후원년(1340)	李公遂			
충혜왕 후2년(1341)	安元龍	李仁復	李仁復[340]	
충혜왕 후3년 7월	이자을			
충목왕원년11월(1344)	河乙沚 田祿生	尹安之, 安輔, 郭珝[341]	安輔	遼陽行中書省照磨
충목왕 3년(1347)	金仁琯	白彌堅, 尹安之, 朴中美	尹安之[342]	大寧路 錦州判官
충정왕 2년(1350)		白彌堅, 金仁琯[343] 전녹생[344]		
공민왕 2년 5월(1353)	이색	李穡 李天驥	李穡(2갑 2명)[345]	應奉翰林文字

五名."

335 《高麗史》권74, 志28 選擧2 科目2 制科(중책, 616쪽) "(충숙왕)七年十月 遣安軸·崔瀣·李衍宗應擧."

336 《稼亭集》권11, 大元故將仕郎·遼陽路盖州判官·高麗國正順大夫·檢校成均大司成·藝文館提學·同知春秋館事·崔君墓誌 "延祐科興開詔, 乃日可試所學, 旣而果中辛酉科狀元.";《高麗史》권74, 志28 選擧2 科目2 制科(중책, 616쪽) "(충숙왕)八年瀣中制科, 籾授遼陽盖州判官."

337 《高麗史》권74, 志28 選擧2 科目2 制科(중책, 616쪽) "忠肅王十年十二月 遣安軸·趙廉·崔龍甲應擧 十一年, 軸中制科."

338 《高麗史》권74, 志28 選擧2 科目2 制科(중책, 616쪽) "(忠肅王)十一年軸中制科";《稼亭集》大元故將仕郎·遼陽路盖州判官·高麗國三重大匡·興寧府院君·領藝文館事, 謚文貞安公墓誌銘 "再中鄕試, 拜司憲糾正. 癸亥又中鄕試第一名, 甲子, 會試京師廷對, 第三甲七人, 籾授盖州判官."

339 《高麗史》권74, 志28 選擧2 科目2 制科(중책, 616쪽) "(충숙왕)後二年 李穀中制科第二甲, 授翰林國史院檢閱官."

340 《牧隱集》권15, 有元奉議大夫征東行中書省左右司郎中·高麗國端誠佐理功臣·三重大匡·興

충정왕 1년(1349) 7월 이제현은 처남인 왕후가 죽자 이인복에게 묘지명을 부탁하였고, 이인복은 "일의 큰 것만을 뽑아 돌에 새겨 넣으면 내가 쓴 것과 다름없네." 하였다. 이인복은 왕후의 보살핌을 입었기 때문에 글을 사양할 수 없었다[346]고 하였다. 충목왕 2년(1346)에는 이제현·안축·이곡·안진과 더불어 민지의 《본조편년강목》을 증수한 《증수편년강목》을 완성했고,[347] 이색[348]과 더불어 《금경록》을 중수하도록 왕명을 받았다.[349] 이해 이곡이 건의하여 충렬·충선·충숙왕의 실록을 편수하기로 하면서 이제현과 안축·이인복이 연대를 나누어 찬수하였다.

공민왕이 반원운동을 전개하고 기씨를 죽이자, 원나라에서는 이를 묵인하였다. 이에 공민왕은 사물에 밝고 의리를 지킬 만한 사람이라 하여 이인복을 원에 파견하였다. 신돈이 집권하자, 이인복은 "신돈이 단정한 사

安府院君·藝文館大提學·知春秋館事, 諡文忠公樗隱先生李公墓誌銘(幷序) "(至正辛巳)秋 中征東鄕試第二名, 冬移起居舍人, 歲壬午 會試京師中, 選授將仕郞, 大寧路錦州判官."

[341] 《高麗史》 권74, 志28 選擧2 科目2 制科(중책, 616쪽) "忠穆王初年十一月 遣尹安之·安輔·郭珚應擧, 明年輔中制科."

[342] 《高麗史》 권74, 志28 選擧2 科目2 制科(중책, 616쪽) "忠定王元年, 安之中制科, 授大寧路判官."

[343] 《高麗史》 권74, 志28 選擧2 科目2 制科(중책, 616쪽) "(충정왕)二年, 遣白彌堅·金仁琯應擧."

[344] 《樗隱先生逸稿》 연보에 따르면, 9월, 征東鄕試에 합격하였으나 일찍이 整治官으로서 權豪를 究治한 일로 制科에 나가지 못하다고 하였다.

[345] 《牧隱集》 文藁 권19, 鷄林府尹諡文敬公安先生墓誌銘 幷序 "謹齋伯仲, 皆登中國制科, 受朝命光耀, 一時文成子孫所不逮也. 元朝科擧以來, 吾東人父子兄弟, 相繼而登科者, 順興安氏與吾韓山李氏而已. …… 稨之鄕試也, 先生又爲主文. ……"

[346] 《동문선》 권125, 鷄林府院大君贈諡正獻王公墓誌銘 幷序(이인복).

[347] 《高麗史》 권112, 列傳25 李仁復(하책, 451쪽) "嘗修閱潢編年綱目, 忠烈忠宣忠肅三朝實錄 及古今金鏡二錄."

[348] 《牧隱集》 詩藁 권8, 奉賀李密直; 詩藁 권14, 書樗隱銘後.

[349] 《高麗史》 권43, 世家43 恭愍王6(20년 5월 癸酉)(상책, 840쪽) "命監春秋館事李仁復, 知春秋館事李穡等, 增修本朝金鏡錄.";《牧隱集》 詩藁 권9, 七夕(우왕 4년) "……擬進千秋金鏡錄 ……"

람이 아니고 후일에 반드시 변고를 일으킬 것이니 가까이하지 마십시오." 하였으나 공민왕은 듣지 않았다. 또한 이인복은 아우인 이인임·이인민이 나라와 집안을 잘못되게 할 사람이라고 하였다.[350]

공민왕이 문수회를 크게 개최하고 양부兩府의 신하들과 같이 부처에게 예를 행했다. 이인복과 이색은 절할 때에 나와 버리고 절을 하지 않았다. 죽을 때 동생 이인임이 염불할 것을 권하였으나 "나는 평생에 부처를 믿지 않았는데 지금 자기를 속이면 안 된다." 하였다. 그는 이인임에게 "재상이 죽으면 나라의 비용으로 장례를 치러 주는데, 나는 평생 국가의 큰 은혜를 받고도 갚지 못하였으니, 사양하라."[351] 하였다. 공민왕 14년 이인복과 이색 등은 응시자들이 시험장에 책을 가지고 들어가거나 답안지를 바꾸어 보는 것을 엄금하였다. 이인복은 이색이 스승으로 모셨던 인물로, 이러한 마음을 묘지명에 담아 표현했다.[352]

⑥ 이공수(1308-1366)는 본관이 익주(익산)[353]로 기황후와 고종사촌 관계(기황후의 아버지인 기자오가 이공수의 고모부)로, 1340년 김영돈과 안축이 시관인 과거에 장원급제하였다. 공민왕 12년(1363)에 기황후가 공민왕을 폐위하고 덕흥군을 세우려 하자 원에 파견된 이공수는 기황후에게 공민왕 폐위의 부당성을 주장하였다.[354] 이곡이 원에서 중서사전부

---

350 《高麗史》 권112, 列傳25 李仁復(하책, 450쪽).

351 《牧隱集》 文藁 권15, 有元奉議大夫·征東行中書省左右司郎中·高麗國端誠佐理功臣·三重大光·興安府院君·藝文館大提學知春秋館事·諡文忠公·樵隱先生李公墓誌銘.

352   〈표 19〉《가정집》에 보이는 이곡이 이인복에게 쓴 시

번호	제목	시기	나라
1	권14, 順菴新置大藏, 李克禮州判作詩以讚, 次其韻	충혜왕 복위3년(1342)	고려
2	권16, 寄克禮州判	충혜왕 복위4년(1343)	원
3	권17, 寄克禮州判	충목왕 즉위년(1344)	원
4	권18, 聞克禮州判除代言	충목왕 1년(1345)	원
5	권19, 寄李樵隱	충목왕 4년(1348)	고려

353 《氏族原流》 益州李氏, 경인문화사, 1991, 121쪽.

(종7품), 중서차감창(종5품)이 되어 종5품 이상의 조관 자제에게 주어졌던 전례에 따라 이색이 국자감에 입학할 수 있었는데,[355] 충목왕 3년(1347) 겨울에 이곡은 고려에 있는 이공수[356]에게 이색이 원 국자감에 입학하려 하니, 사신으로 중국에 올 때 이색을 데리고 올 것을 청하였다.[357] 이에 이색은 충목왕 4년(1348) 4월 원의 천수절을 하례하러 파견된 이능간, 이공수와 함께 원에 갔다. 이색은 원 국자감에 수학하고 고위직에 오르는 등 오늘의 자신을 있게 만든 것은 이공수가 베풀어 준 은혜 덕분이기에 묘지명을 짓는 것을 사양할 수 없다[358]고 하였다.

이 밖에 윤안지는 충혜왕 후5년(1344) 6월 정언을 맡았다가[359] 충목왕 즉위년 11월에 곽연郭珚과 함께 원 제과에 응시하였는데 안보만 합격하였다.[360] 이에 이곡이 위로하는 시를 남겼다.[361] 충목왕 3년에 백미견·박중미와 함께 원 제과에 응시하였으나 역시 낙방하였다.[362] 충정왕 원년 원 제과에 합격하여, 대녕로 판관에 임명되었다.[363]

---

354 《牧隱集》 文藁 권18, 有元資善大夫大常禮儀院使·高麗國推忠守義同德贊化功臣·壁上三韓三重大匡·益山府院君. 諡文忠李公墓誌銘.

355 《高麗史》 권115, 列傳28 李穡(하책, 522쪽) "穀仕元爲中瑞司典簿, 穡以朝官子, 補國子監生員, 在學三年."

356 이공수에 대한 최근의 연구로 다음이 참고 된다(권용철, 〈元代말기의 정국과 고려 文人 이공수(1308-1366)의 행적〉, 《인문학연구》 119, 2020).

357 《稼亭集》 권19, 寄李密直.

358 《牧隱集》 文藁 권18, 有元資善大夫大常禮儀院使·高麗國推忠守義同德贊化功臣·壁上三韓三重大匡·益山府院君. 諡文忠李公墓誌銘 "…… 戊子(충목왕 4, 1348) 四月, 入賀天壽聖節 …… 公之賀聖節, 穡實從之. 受業冑庠, 用文科躋貳仕, 以至今日, 皆公之賜也. ……"

359 《高麗史》 권37 世家37 忠穆王(즉위년 6월 을묘)(상책, 742-743쪽) "…… 左正言尹安之, …… 更日侍讀."

360 《高麗史》 권74, 志28 選擧2 科目2 制科(중책, 616쪽); 《高麗史節要》 권25, 忠惠王(충목왕 즉위년 11월) "遣尹安之·安輔·郭珚應擧, 明年輔中制科."

361 《稼亭集》 권18, 送尹正言落第東歸.

362 《高麗史》 권74, 志28 選擧2 科目2 制科(중책, 616쪽) "三年九月, 遣尹安之·白彌堅·朴中美應擧."

(4) 원 관료로서 만난 고려인 친구

이곡은 충숙왕 7년(1333) 원 제과에 합격한 이래 원에서 관료생활을 하였다. 그는 제과에 합격하고 한림국사원 검열관이 된 뒤, 휘정원관구, 정동행중서성좌우사원외랑, 중서사전부 등의 벼슬을 역임하면서 원에 온 고려인과 긴밀하게 접촉하였다.[364]

① 의선義旋(1284-1348)의 성은 조씨, 본관은 평양, 호는 순암順菴, 삼장법사, 자은군慈恩君이라고 불리기도 한다. 조의선은 《가정집》에 가장 많이 등장하는 인물이다.[365] 평양군 조인규의 5남 4녀[366] 가운데 넷째 아들로, 조연수(1272-1323)의 동생, 조위의 형(1287-1348)이다. 아버지

---

[363] 《高麗史》 권74, 志28 選擧2 科目2 制科(중책, 616쪽); 《高麗史節要》 권26, 忠定王(원년 3월)(664쪽) "尹安之中制科, 授大寧路判官."

[364] 舒健, 〈入居的元大都高麗人〉, 《元史論叢》 13, 中國元史硏究會.

[365]　　　〈표 20〉 《가정집》에 보이는 이곡이 의선에게 쓴 시와 문

번호	제목	시기	이곡 상황
1	권2, 京師報恩光敎寺記	충숙왕 복위5년(1336) 6월	원
2	권3, 高麗國天台佛恩寺重興記	충숙왕 복위7년(1338)	고려
3	권4, 虛淨堂記		
4	권7, 順菴眞讚		
5	권14, 順菴新置大藏, 李克禮州判作詩以讚, 次其韻	충혜왕 복위3년(1342)	원
6	권16, 次韻答順菴	충혜왕 복위3년(1342)	원
7	권16, 用順菴韻哭韓誠齋政丞	충혜왕 복위3년(1342)	원
8	권16, 謝順菴冬至豆粥 兼呈朴敬軒	충혜왕 복위4년(1343)	원
9	권16, 居近呈順菴	충혜왕 복위4년(1343)	원
10	권16, 次韻順菴六旬吟	충혜왕 복위4년(1343)	원
11	권17, 賦順菴猴孫	충목왕 즉위년(1344)	원
12	권18, 送順菴奉使東歸	충목왕 1년(1345)	원
13	권18, 次三藏韻	충목왕 2년(1346)	원(요동조우)
14	권19, 寄順菴	충목왕 4년(1348)	원
기타	권3, 趙貞肅公祠堂記 10, 鄴林府公館西樓詩序		

[366] 조인규의 차녀는 平浙平章 오마르(吳抹)이고, 장남 趙瑞의 딸은 安吉王 탕구트인 에르데니(乞台普濟)와 혼인하였다(권용철, 〈고려후기 문집 《稼亭集》의 사료적 가치 ―大元 제국 역사관련 내용을 중심으로〉, 《역사학보》 237, 2018).

조인규(1237-1308)는 몽골어와 한어를 배경으로 성장하였고 딸이 충선왕의 비가 되어 원 황실은 물론 고려 왕실과도 밀접한 관계를 가지고 있었다.

의선은 묘련사妙蓮寺를 중심으로 활약하면서 왕실의 지원 아래 교권을 장악한 원혜圓慧(경의景宜), 정오丁午의 법맥을 이었고 여기에 조인규의 정치적 배경을 바탕으로 불교계를 장악했다. 의선은 원 황제로부터 삼장법사의 사호를 받고 연도의 대연성사大延聖寺에 주지하였다. 1336년(충숙왕 복위 5) 강향사의 자격으로 고려에 와 왕궁을 무상으로 출입하였으며 충숙왕에게 묘련사를 중창할 것을 건의하였다.[367] 《고려사》에서 의선이 사원을 탈점했다[368]고 기록하였듯이 세력을 갖고 대규모의 경제적 부를 축적하였다.

의선이 거처를 '허정당虛淨堂'이라 편액하자 이곡이 객에게 주는 글에서, 의선이 비록 삭발은 하였으나 의관으로서 부귀를 누리던 습기가 남아 있고, 비록 명예를 피한다고는 하나 왕실에서 표창하고 높이는 이름을 지니고 있다[369]고 하였다. 의선은 사은四恩 가운데 국왕, 스승, 부모의 은혜에는 밝았으나 시주에 대해서는 언급조차 하지 않는 것에서 알 수 있듯이 일반 백성과는 거리가 있는 모습을 보였고,[370] 백년사 계통의 요세·

---

367 閔賢九, 〈趙仁規와 그의 가문(상)·(중)〉,《震檀學報》42·43, 1976; 蔡尙植, 〈妙蓮寺의 창건과 그 성격〉,《高麗後期佛敎史硏究》, 일조각, 1991, 181-197쪽; 변동명, 〈高麗 충렬왕의 묘련사 창건과 법화신앙〉,《한국사연구》104, 1999; 강호선,《14세기 전반기 麗 元 佛敎交流와 臨濟宗》서울대석사논문, 2000; 〈원 간섭기 천태종단의변화 ─충렬 충선왕대 묘련사계를 중심으로〉,《보조사상》16, 2001; 황인규, 〈고려후기 불교계 고승의 동향〉,《고려후기·조선초 불교사연구》, 혜안, 2003; 許正弘, 〈元白·高麗 僧 義旋 生平 事跡考〉,《中華佛學硏究》11, 2010.

368 《高麗史》권105, 列傳18 趙仁規(하책, 330쪽) "延壽一門貴盛, 乘勢使氣, 其弟僧義璇每占寺院."

369 《稼亭集》권4, 虛淨堂記.

370 《稼亭集》권4, 虛淨堂記 "侯之經營是寺也, 令其境內僧徒曰, 爲浮圖者吾知之矣. 其不曰上報

천인·천책·무기로 이어지는 결사의 본래 정신과는 동떨어진 인물이었다. 원 간섭기의 대표적인 권문세가로 부각된 조인규 가문에서 4대에 걸쳐 네 명의 승려들이 묘련사를 장악하고 점차 만의사萬義寺, 청계사淸溪寺 등 원찰까지도 확보하여 경제적 부를 축적하고 불교계를 장악하였다.[371]

② 기철(1298-1356)[372]의 몽골 이름[373]은 기백안부화기백안부화奇伯顏 不花奇伯顏不花이며 본관은 행주幸州이다.[374] 기철은 이곡과 동갑으로,[375] 부령 김씨 김구의 아들 김종익의 딸과 혼인하였다.[376] 부친 기자오奇子敖 는 음관陰官으로 산원이 되고 선주宣州 수령이 되었다. 전서 이행검李行儉 의 딸 사이에 기식·기철·기원·기주·기륜을 낳았다. 기식은 일찍 죽었고 막내딸이 원나라 순제의 후궁으로 뽑혀 가서 제2황후가 되어 황태자 애 유식리달랍愛猷識理達臘을 낳았다. 1342년(충혜왕 복위 3) 원 황제가 자정 원사 고용보, 태감 박첩목아불화朴帖木兒不花를 보내 기자오에게 병덕승 화육경공신秉德承和毓慶功臣 칭호를 추증하고 영안왕榮安王으로 봉했으며 장헌莊獻이란 시호를 내렸다. 한림학사 구양현을 시켜 묘비의 글을 짓게 하고 그의 처 이씨에게 영안왕대부인 작위를 주며 그 집 앞에 '정절'이 라는 정표를 세워 주었다. 또 기철을 정동행성의 참지정사로, 기원을 한 림학사로 임명하였고 그 다음 해인 충혜왕 복위 4년(1343)에 고려에서

四恩, 下濟三途乎? 若飢餐渴飮, 絕學無爲者上也, 勤勤講說, 孜孜化誘者次也, 髡而家居, 逃賦而 營産, 斯爲下矣. 僧而爲下, 不惟佛氏之罪人, 亦國家之游民也. 爾旣不役於官, 而又不吾助者罰."

371 蔡尙植, 〈妙蓮寺의 창건과 그 성격〉, 《高麗後期佛敎史硏究》, 일조각, 1991, 181-197쪽.

372 鄭求先, 〈高麗末 奇皇后一族의 得勢와 沒落〉, 《東國史學》 40, 2004; 이정란, 〈정치도감 활동에서 드러난 家 속의 개인과 그의 행동양식〉, 《한국사학보》 21, 2005.

373 기철이 지은 봉사록이 있다(《喬亭集》 권3, 奇平章奉使錄序; 김건곤, 〈봉사록〉, 《《해동 문헌총록》과 고려시대의 책》, 한국학중앙연구원 출판부, 2013).

374 《高麗史》 권131, 列傳44 叛逆5 奇轍(하책, 843쪽); 《稼亭集》 권14. 高麗國承奉郎·揔部散 郎·賜緋魚袋·贈三重大匡·僉議政丞·判典理司事·上護軍奇公行狀.

375 《稼亭集》 권18, 送菊庭奇參政還鄕(충목왕 원년 정월).

376 《氏族原流》 扶寧金氏, 경인문화사, 1991, 251쪽.

기철을 정승으로 임명하고 덕성부원군德城府院君으로 봉했으며 기원은 덕양군으로 봉했다.[377] 충정왕 원년(1349)에 원 황제 순제의 명을 받고 고려에 분향사焚香使로 파견되었는데 이때의 일은 봉사록으로 남겼다.[378] 충목왕 즉위년(1344, 지정 4)에 기황후는 황제의 아들을 낳고 공민왕 2년(1353)에 그 황제의 아들은 황태자로 책봉되었다.

기철·기원·기주·기륜은 기황후의 세력을 믿고 방자하고 횡포하였다. 염돈소廉敦紹는 기철의 손아래 동생의 남편(妹壻)이었는데, 그의 가노가 권세를 믿고 위세를 부렸는데 5~6명과 공모하여 다른 사람의 처를 왕명이라고 속이고 강제로 데려왔다. 사흘 밤이 지나고 남편의 집에서 그 사실을 알고 소송하니 충혜왕이 노하여 염돈소의 가노 등을 순군부에 가두고 심문하여 모두 자백하였으므로, 곤장을 친 뒤 먼 섬으로 유배 보냈다. 기주는 방자하고 포악하여 중외에서 괴롭게 여겼다.[379]

충목왕대 정치도감이 설치된 뒤 포악하기로 악명이 높은 기주를 비롯한 자들이 세를 믿고 불법 행위를 자행하였지만 남의 전토를 강탈한 기삼만이 투옥되어 죽게 되었다. 이에 기삼만의 처가 정동행성 이문소에 고소해서 정치관 서호 등이 투옥되었다. 원나라에서 이 소식을 듣고 공부 낭중 아로阿魯와 협부 낭중 왕호류王胡劉 등을 보내 서호를 심문하였다. 충목왕이 죽고 기철과 왕후를 섭정동성사攝征東省事로 임명하자, 고려에서는 영안왕대부인 이씨를 위하여 경창부慶昌府라는 부를 설치하였고

377 《高麗史節要》 권25, 忠惠王(4년 10월)(649쪽); 《高麗史》 권131, 列傳44 叛逆5 奇轍(하책, 843~844쪽) "忠惠時, 帝遣資政院使高龍普, 太監朴帖木兒不花, 追贈子敖秉德承和毓慶功臣, 封榮安王, 謚莊獻, 勅翰林學士歐陽玄撰墓碑聘之, 妻李氏爲榮安王大夫人, 表其門曰, 貞節. 數遣使來錫衣酒. 又以轍爲行省叅知政事, 轅爲翰林學士. 本國拜轍政丞封德城府院君, 轅德陽君."

378 《東文選》 권85, 序 奇平章奉使錄序(이달충); 김난옥, 〈고려말 남경과 친원세력의 동향 —금석문을 중심으로〉, 《향토서울》 90, 2015.

379 《高麗史》 권131, 列傳44 叛逆5 奇轍(하책, 844쪽) "廉敦紹, 轍妹壻也, 其家奴恃勢, 頗張威福, 與其黨五六人, 謀奪人妻, 矯王命, 強迎以歸. 經三宿, 夫家始知訟之, 王怒下巡軍, 鞫訊皆服, 杖流遠島. 轍肆暴, 中外苦之."

원나라에서는 기철에게 요양성 평장을 제수하였다. 충정왕 1년(1349)에
평장平章이었던 기철은 남경에 있는 보암사의 동종에 명문을 새겼다.[380]
반원운동을 펼치던 공민왕은 기철 일당을 궁궐로 불러들여 죽였다.

〈표 21〉 이곡의 원 관료생활

번호	재원 시기	내용
1	충숙왕 14년(1327) 2월	원 대도에 제과 응시 불합격
2	충숙왕 후7년(1333) 2월 충숙왕 후3년(1334) 4월	원 제과에 응시와 합격, 翰林國史院 檢閱官 순제의 흥학 조서를 가지고, 고려로 가 廟學 시찰
3	충숙왕 후4년(1335) 3월 충숙왕 후6년(1337) 9월	충숙왕 후6년(1337) 9월 徽政院管勾兼承發架閣庫 ・ 정동행성원외랑;1337.9-1341.2(3년 5월)
4	충혜왕 후2년(1341) 2월 충목왕 1년(1345) 12월	정동행성 賀改元表를 가지고 대도에 도착 충혜왕 복위 4년(1343) 3월 봄 中瑞司典簿(종 7품) 1345년 4월 황제 따라 상도에 감
5	충목왕 2년(1346) 2월- 충목왕 3년(1347) 10월	1346년 정월 頒朔을 갖고 귀국 10월 편년강목, 삼조실록, 과거 주관. 이색 혼인
6	충목왕 3년(1347) 12월 - 충목왕 4년(1348) 5월	中瑞司典簿로 이색이 국자감 생원 中書差監倉(종5품) 1348년 5월 귀국(1351년 충정왕 3년) 정월 죽음

이곡은 혈연적으로 또는 원에서 활동한 고려인으로서 기황후, 기철과
긴밀하다. 이곡의 사위인 박보생의 조카인 박경(박동생의 아들)이 기유걸
의 딸과 혼인하였다.[381] 《가정집》에 기철에 관한 많은 시를 남겼고,[382]
기철의 일족인 기황후, 기자오에 관한 기록 역시 많다. 1338년에 이곡은
기철이 정순대부 좌상시로 법회를 주관하고 기씨 인친인 규장각대학사
한림학승지 사랄반沙剌班이 요청하자 금강산보현암법회기金剛山普賢菴法會
記를 썼는데, 사랄반의 부인이 기씨로 선경옹주先敬翁主의 소생이라고 한
다.[383] 이곡은 기철을 동한東韓의 명족名族 후손이라고 하였다. 1344년에

380 김난옥, 〈고려말 남경과 친원세력의 동향 ─금석문을 중심으로〉, 《향토서울》 90, 2015.
381 《氏族原流》 寧海朴氏, 경인문화사, 1991, 167쪽.
382   〈표 22〉《가정집》에 보이는 이곡이 기철 일족에게 쓴 시와 문

이곡은 기철이 정승이 되어 하절사로 온 것을 축하하였고,[384] 황제를 대신해 의무려醫巫閭에 인사하러 가는 기철의 동생 기원을 전송하는 시를 썼다.[385]

이곡은 원에서 활동한 원 관료로서나 먼 인척으로서나 기철과 기황후를 우호적으로 대했다. 그런데 그들에게 쓴 시문을 자세히 보면 시기의 변화에 따라 미묘한 차이를 알 수 있다. 기황후를 배경으로 재상이 된 기철은 이곡의 협조를 요청하였는데 이곡은 적극적으로 협조하지 않은 채 부모를 섬기고 효성을 다해야[定省] 한다는 이유로 고향 한산에 머물렀다.[386] 이곡은 참정 기철의 송악산 초정草亭에서 시를 남겼는데,[387] 여기에서 이곡은 예전부터 국화들에 고상한 생각을 두셨지요, 분분한 세상 귀 닫고 술 깨지 말라고 하였다.[388] 이곡이 신예와 가까이 지냈음에도 신예가 충혜왕의 압송에 관여하게 되자 거리를 둔 것과도 같은 맥락이다.

② 신당주申黨住는 신당주申當住로 원나라에 환관으로 진출하였다.[389]

번호	제목	시기	이곡 상황
1	권2, 金剛山普賢菴法會記	충숙왕 복위 7년(1338) 8월	정동행성 원외랑 고려
2	권6, 金剛山長安寺重興碑	충목왕 1년 (1345) 부탁	
3	권12, 高麗國承奉郎·惣部散郎·賜緋魚袋·贈三重大匡·僉議政丞·判典理司事, 上護軍奇公行狀	충혜왕 복위 2년(1342) 8월	고려
4	권16, 賀奇宰相新拜政丞 入賀新正	충혜왕 복위 2년(1342) 12월	고려
5	권17, 送奇集賢代祀醫巫閭	충목왕 즉위년(1344)	원
6	권18, 送菊庭奇參政還鄕	충목왕 1년(1345) 1월	원
7	권18, 寄奇參政	충목왕 1년(1345)	원
8	권18, 次韻題奇參政草亭	충목왕 1년(1345)	원
9	권19, 寄奇菊庭	충목왕 4년(1348)	원

383 《稼亭集》 권2, 金剛山普賢菴法會記.

384 《稼亭集》 권16, 賀奇宰相新拜政丞 入賀新正.

385 《稼亭集》 권17, 送奇集賢代祀醫巫閭.

386 《稼亭集》 권18, 寄奇參政.

387 김창현, 앞의 논문, 138쪽.

388 《稼亭集》 권18, 次韻題奇參政草亭.

신당주는 원 궁중에서 벼슬을 하면서 원 문종을 섬겼으며 황후로부터
총애를 받았다. 황후인 보타시리卜答失里가 2년이 지나 태황태후가 되었
을 때, 신당주는 그의 명령을 맡아 처리했다.[390] 순제(1333-1367) 시절
에 옥새와 부패符牌 등을 관장하는 관서의 장인 전서사典瑞使(정2품), 장
도원사를 역임하면서 태황태후와 우인들의 불사佛事를 위해서 불전 창건
과 중수에 앞장섰다. 충숙왕 복위 7년(1338)에 개성의 흥왕사 흥교원을
낙성할 때 태황태후의 명을 받들어 대도에서 와서 향과 폐백을 전달하
고[391] 충혜왕 복위 4년(지정 3년, 1343)에 연경의 법왕사와 용천사의 불
전을 건립할 때 많은 돈을 시주했다.[392] 일본 금택金澤 대승사大乘寺와
송강松江 천륜사天倫寺의 소장품인 감지금자紺紙金字의 《묘법법화경》 7권
본 1부의 제7권 꼬릿글尾書로 기록된 발원문에는 자선대부 전서원사의
궁정사 궁정인 신당주가 발원자, 시주자로 되어 있다. 내용은 황제 만년
을 완전히 평출平出시키고 그 다음으로 심왕과 충선왕의 복수무강을 빈
뒤 당시 주상主上이었던 충숙왕과 종실의 안녕과 문무백관의 안녕을 빌
고 있다. 또한 나라에 전쟁이 일어나지 않고 편안하기를 빌고 있다.[393]
  이곡은 신당주가 자신을 알아주는 지우라고 하였고[394] 신당주의 조카
인 최선崔璿(최백연崔伯淵)[395]과 교류하였다.[396]

389 박현규, 〈高麗 慧月이 보수한 房山 石經山 石經 답사기〉, 《동북아문화연구》 6, 2004.
390 권용철, 〈李穀의 《稼亭集》에 수록된 대원제국 역사 관련 자료 분석〉, 《역사학보》 237,
    2018.
391 《稼亭集》 권2, 興王寺重修興教院落成會記.
392 《稼亭集》 권4, 大都天台法王寺記; 권6, 大都大興縣重興龍泉寺碑.
393 권희경, 〈親元系 高麗 寫經의 發願者·施財者에 관한 연구〉, 《서지학연구》 26, 2003.
394 《稼亭集》 권6, 大都大興縣重興龍泉寺碑 "余嘗知遇於申公, 重違其請."
395 《稼亭集》 권6, 大都大興縣重興龍泉寺碑 "…… 託之申公與其姪僉湖北道廉訪司事崔伯淵";
    《稼亭集》 권15, 題崔御史慶親詩卷.
396 장동익, 〈제4장 원에 진출한 고려인〉, 《高麗後期外交史研究》, 일조각, 1994.

③ 한영韓永(1285-1336)이 《씨족원류》에는 한영韓泳이라고 되어 있다. 청주사람인데 이곡은 같은 고향(양광도) 출신이라 일찍부터 종유하였으며 덕행과 집안을 알고 있었기에 행장을 썼다.[397] 한영의 신도비는 소천작이 1347년(지정7, 충목왕 3년)에 썼다.[398] 본관은 청주로, 한강韓康의 손자이고 한사기의 아들이다. 한영의 장남은 효선孝善 일명 첩목아불화帖木兒不花, 둘째는 중보仲輔 일명 관음노觀音奴,[399] 셋째는 문헌文獻 일명 승수承壽, 동궁 급사를 지냈다.[400] 딸은 철철불화徹徹不花에 출가하여 완평현군宛平縣君에 봉해졌다. 고려에서 세가의 자제를 중국에 보내 인질로 삼을 때 한사기는 독로화禿魯花로 선발되어 가족을 이끌고 중국에 왔다.[401] 한영은 연경에서 성장하여 충렬왕 29년(1303, 대덕 7년)에 숙위에 충원되었다.[402] 한영은 1320년 지금주知錦州·고주자사高州刺史·의주자사懿州刺史·하남부 총관 등 16년 동안 지방관이 되어 토호와 혹리의 불법을 막고 민폐 제거, 흥학, 농상에 힘쓰며 선정을 베풀었다. 대부분 외직에서 근무하였는데 이는 고려인 원 관료 대부분이 외직과 관리직에 기용되면서 3-5품의 관료에 머물렀던 것과 관련된다. 한영은 자무고資武庫·수무고壽武庫·이기고利器庫 등 군기軍器 출납을 관장하는 기구의 관원으로 활

---

397 《稼亭集》 권12, 有元故中大夫, 河南府路摠管兼本路諸軍奧魯摠管管內勸農事·知河防事· 贈集賢直學士·輕車都尉·高陽侯, 諡正惠韓公行狀 "…… 穀鄕人也, 嘗從之游, 故詳公之德行 與其家世云."

398 《滋溪文稿》 권17, 碑誌 元故亞中大夫·河南府路總管韓公神道碑銘(《影印文淵閣四庫全書》 集部 4, 1214).

399 陳高華, 〈關於元代詩人觀音奴生平的幾個問題〉, 《文史》 79, 2007.

400 《氏族原流》 淸州韓氏, 경인문화사, 1991, 481쪽.

401 《高麗史》 권29, 世家29 忠烈王2(5년 3월 정사)(상책, 588-589쪽).

402 《稼亭集》 권12, 有元故亞中大夫·河南府路摠管兼本路諸軍奧魯摠管管內勸農事·知河防事· 贈集賢直學士·輕車都尉·高陽侯, 諡正惠韓公行狀 "初本國遣世家子第爲質子, 公之考在選中, 遂挈家而來 公由是少長蕃穀, 學于中國. 大德七年, 選充宿衛. 十一年, 入侍仁廟潛邸, 爲上所 知. 至大初, 制授承務郞資武庫是點. 皇慶元年, 除壽武庫使."

동하였으며, 이때 10여 년 동안 무기를 관리하며 염려할 것이 없었다[403]
고 한다. 이는 당시 원 황제 제위 계승 분쟁 과정에서 자신이 케식(怯薛,
황실 친위대)으로 보좌했던 인종(재위 1312-1320) 황제의 권위를 수호하
는 것이었다[404]고 한다.

한영은 완평현 고려장高麗莊에 묻혔다. 이 지역은 연경 관할로서 한씨
일족의 근거지로 추측되며 한영의 딸이 완평현군宛平縣君에 봉해진 것과
연관된다고 볼 수 있다. 같은 시기에 중서경 백안찰 김공과 그의 부인
손씨가 지수촌池水村에 사원을 건립하는 등 이 지역에 고려인 집단 거주
지인 고려장이 존재한 것으로 추측된다.[405] 한영의 둘째 아들 한중보韓仲
輔(관음노觀音奴)는 이색과 교류하면서 원 제과에 급제한 안보의 사환을
걱정하기도 하였다.[406] 또 다른 기록에는 한중보가 거주하던 대도의 집
을 1334년 이후에 태후원사 조분·전서사 신당주·동지민장양관부사 박쇄
로올대·대부대감 주완택첩목아朱完澤帖木兒가 천태법왕사天台法王寺로 고쳐
건립하였다[407]고 한다.

한영의 형인 한악韓渥(1274-1342)은 아들이 대순大淳·공의公義·중례仲
禮·방신方信·공연公衍이다. 한공의의 아들은 한수·한리·한제이고, 사위는

---

403 《滋溪文稿》 권17, 碑誌 元故亞中大夫·河南府路總管韓公神道碑銘(《影印文淵閣四庫全書》
　　集部 4, 1214) "國家初以武定天下, 故於甲兵所藏不輕授人, 公居其職凡十餘年, 出納無虞."

404 권용철, 〈李穀의 《稼亭集》에 수록된 대원제국 역사 관련 자료 분석〉, 《역사학보》 237,
　　2018.

405 장동익, 〈제4장 원에 귀화한 고려인에 관한 기사〉, 《元代麗史資料集錄》, 서울대출판부,
　　1997, 254-260쪽.

406 《牧隱集》 文藁 권19, 鷄林府尹·謚文敬公安先生墓誌銘 幷序 "…… 내가 燕京에 있을 적
　　에 韓仲輔 御史가 말하기를 '吏部의 관원 중에 선생을 알아보는 사람이 있어서 翰林 國史
　　院編修官으로 천거하였는데, 中書省의 신하가 물리치고 아뢰지 않았다.'고 하였다. 나처럼
　　不肖한 사람도 先人의 뒤를 이어서 翰林으로 奉職하였는데, 선생이 끝내 이 정도로 그치
　　고 말았으니, 이는 참으로 운명이라고나 해야 할 것이다."

407 《稼亭集》 권4, 大都天台法王寺記.

이창로·김사겸·염흥방[408]이다. 충숙왕이 원에 입조할 당시 심왕 왕고가 왕위를 노리어 왕을 참소할 때, 한악이 계책을 써서 왕을 구하였다. 이색이 쓴 한공의 묘지명에 한악은 일찍이 기발한 꾀로 충숙왕이 원나라에 참소당하여 욕보고 있는 것을 무사히 벗어나게 하였고 충혜왕을 도와서 두 번이나 재상이 되어 대묘大廟에 배향되었다고 하였다.[409] 몽골어와 중국어를 잘하였다.[410] 이곡은 한악이 죽자 그를 애도하는 시를 지었다.[411]

④ 백안찰 김공은 중봉대부 중상경中尙卿이었고 부인은 포해군부인浦海郡夫人 손씨이다. 대덕 초년(1297)에 궁중에 입시하여 작위가 높아졌다. 충혜왕 원년(지순 2년 1331) 정월에 완평현宛平縣 지수촌池水村에 사찰을 건립하고 절 이름을 김손미타사로 하였다.[412] 유탁이 원나라에서 벼슬할 때 대경大卿인 타아적朶兒赤의 딸에게 장가들어 아들을 낳았으니, 이름은 운雲이고 검교참찬 의정부사를 역임했다.[413] 유탁의 조부는 유청신이고 아버지 유유기柳有奇는 원에서 민덕장군·전라도진변만호·달로화적·판밀직사사判內府寺事를 제수받았다. 아들인 봉의대부 낭팔囊八, 도총관 타아

---

[408] 염흥방의 고모할아버지가 원나라의 중서성 재상인 末吉이었다, 말길은 조카인 염제신을 원도로 불러들였는데, 충숙왕 11년(1324) 泰定帝가 대도로 입성할 때 말길이 염제신을 데리고 갔고, 황제의 눈에 들어 염제신은 황제를 숙위하게 되었다(《牧隱集》 文藁 권15, 高麗國忠誠守義同德輔理功臣·壁上三韓重大匡·曲城府院君·贈諡忠敬公·廉公神道碑).

[409] 《牧隱集》 文藁 권16, 重大匡·淸城君·韓諡平簡公·墓誌銘幷序 "諡思肅, 嘗以奇謀, 脫忠肅王, 明夷之中, 相永陵再爲冢宰, 配食大廟."

[410] 《高麗史》 권107 列傳20 韓康 附犀(하책, 353쪽) "性勤愼, 有器局, 每事三思而行, 稍解蒙漢語."

[411] 《稼亭集》 권16, 用順菴韻哭韓誠齋政丞.

[412] 《稼亭集》 권2, 京師金孫彌陁寺記(충숙왕 복위5, 10월, 1336) "中奉大夫中尙卿伯顔察金公, 謂其室浦海郡夫人孫氏曰, 吾自大德初, 入侍宮闈, 一家蒙恩, 迄今餘三十年, 爵已高, 衣食已足, 雖夙夜畏愼以竭其力, 顧乏才德, 思所以報列聖之私者, 其道無繇 ……"

[413] 유탁(1311~1371) 본관은 고흥, 자는 春卿, 호는 誠齋이다. 일찍이 문음으로 원나라 조정에 벼슬하여 宿衛하였는데, 날쌔고 용감하기로 이미 명성이 높았다. 至元 순제 3년 정축(1337, 충숙왕6) 4월 귀국하여서는 監門衛大護軍에 임명되었다(《陽村集》 권39, 故高麗國門下侍中 柳公 神道碑銘(유탁)).

적朶兒赤이 기문을 요청하자, 이곡은 고려인 원 관료로 친분이 있고, 또 불씨를 신봉하면서 임금과 부모의 은혜를 갚으려 하니 존경할 만해서 이 기문을 짓는다[414]고 하였다.

⑤ 정독만달鄭禿滿達(1289-)은 휘정공徽政公이다. 그는 1300년(충렬왕 26) 나이 11세 때 내시로 충렬왕을 시종하여 성종과 인종을 섬겼다.[415] 성종이 영특함을 알고 태학에 입학시켜 공경의 자제들과 함께 글을 배우고 예법을 익히게 하였으며 인종 역시 그를 총애하였다. 천력天曆 초기에 장패경佩卿, 전서사를 거쳐 광록대부·휘정사·연경사·제조장알사사가 되었다. 증조부는 정공윤鄭公允으로, 영양군공榮陽郡公에 봉작되었고 조부는 정성량鄭性良으로 영양군공榮陽郡公에 추봉되었으며 조모 포씨鮑氏는 영양군부인榮陽郡夫人에 추봉되었다. 부는 정인鄭仁으로 한국공에 추봉되었다. 모 이씨는 한국태부인韓國太夫人에 추봉되었으며 그 사이에 아들 5형제가 있다. 첫째 정윤화鄭允和는 벼슬이 정윤에 이르렀고 둘째 정윤기鄭允琦는 호군을 지냈으며 셋째가 정독만달鄭禿滿達이고 넷째는 천좌天佐로 판내부시사에 이르렀고 다섯째는 정모로 벼슬하지 않았다.[416] 이곡은 정독만달이 황후의 재정과 숙위를 맡아보던 휘정원의 휘정사로 있을 때 속관이 된 인연으로 사당기를 짓게 되었다.[417]

---

[414] 《稼亭集》권2, 京師金孫彌陁寺記(충숙왕 복위5, 10월, 1336) "…… 使其子奉議大夫囊八都揔管朶兒赤, 請記於余曰, …… 余不讀佛氏之書, 不知所謂因果罪福之說, 然其無內外彼此之別者心也. 公之幼能孝親, 壯能忠君, 老乃事佛, 圖報君親於無窮, 其心可尙也已, 是爲記."

[415] 《稼亭集》권4, 韓國公鄭公祠堂記 "初大德庚子, 徽政生十一歲, 以內侍從忠烈王入覲, 因留事闕庭. 成宗愛其穎悟, 壬寅詔入學齒胄, 習書禮, 旣通大意, 命給事仁宗潜邸. 至大己酉, 拜典寶監丞官奉訓大夫, 俄遷典瑞大監, 泂陞監爲院, 六轉爲使. 加資善大夫攝利用監監金玉府, 其被仁廟所以愛遇之, 內臣無出其右. 天曆初, 移章佩卿, 已而復使典瑞, 又四遷光祿大夫徽政使延慶使是闗掌諸司事."

[416] 충숙왕 복위 3년(1334)에 만들어진 紺紙金泥《大方廣佛華嚴經》(보물 제1412호)은 영록대부 휘정사 鄭禿滿達兒가 부모, 원나라 황제, 고려 왕을 축원하기 위하여《화엄경》81권《수능엄경》10권을 寫成하였다고 한다.

이곡은 원 관료생활을 통하여 원 조정에서 활약한 고려인과 교류하였다.[418] 이때 고려인이 원에 가게 된 이유 가운데 하나는 원나라가 정복지의 왕자, 귀족 등 고관의 자제를 인질로 삼은 독로화禿魯化 때문이다. 충렬왕 5년(1279)에 대방공 왕징이 독로화를 거느리고 원에 갔다. 이때 같이 간 김방경의 아들 김흔, 원부의 아들 원정, 박항의 아들 박원굉, 허공의 아들 허평, 홍자번의 아들 홍순, 한강의 아들 한사기, 설공검의 아들 설지충, 이존비의 아들 이우, 김주정의 아들 김심 등 의관 자제 25명에게 모두 3등급을 뛰어넘는 관직을 주었다.[419] 독로화는 원 황제의 친위조직인 케식怯薛에 소속되어 궁정에서 숙위를 담당하다가 일정 기간이 지나면 고려로 귀국하였고 원에 남아서 원 생활을 하는 고려의 왕자를 시종하거나 내시로 근무하면서 원 관료생활을 하였다.[420] 한영은 충렬왕 29년(대덕 3년, 1303) 숙위에 충원되었고 조분은 충렬왕 19년(1293)에 내시로 선발되어 원 황실에서 머무르게 되었다. 정독만달은 내시로 충렬왕을 시종하여 천자를 뵙고 성종과 인종을 섬겨 원에 정착하였고[421] 중정

---

417 《稼亭集》 권4, 韓國公鄭公祠堂記鄭仁(충목왕 1년 3월 1345) "穀嘗爲屬官, 得公之深, 知公之詳,敢敍其大畧云."

418 이강한, 〈13-14세기 고려 관료의 원제국 문산계 수령 ─충렬공 金方慶을 포함한 여러 사례들에 대한 검토〉, 《한국중세사연구》 37, 2013; 〈원 제국인들의 방문 양상과 고려인들의 인식 변화〉, 《한국중세사연구》 43, 2015.

419 《高麗史》 권29, 世家29 忠烈王2(5년 3월 정사) (상책, 588-589쪽) "遣帶方公澂, 奉禿魯花如元, 金方慶子忻·元傅子貞·朴恒子元浤·許珙子評·洪子藩子順·韓康子射奇·薛公儉子之冲·李尊庇子瑀·金周鼎子深等 衣冠子弟凡二十五人, 皆超三等授職, 送之."

420 양의숙, 〈고려후기의 禿魯化에 대하여〉, 《소한남도영박사고희기념논총》, 민족문화사, 1993; 임형수, 〈13~14세기 高麗 官人層의 元都宿衛와 그 전개 양상〉, 《역사와 담론》 86, 2018.

421 《稼亭集》 권4, 韓國公鄭公祠堂記 "初大德庚子, 徽政生十一歲, 以內侍從忠烈王入覲, 因留事闕庭. 成宗愛其穎悟, 壬寅詔入學齒胄, 習書禮, 旣通大意, 命給事仁宗潛邸. 至大己酉, 拜典寶監丞官奉訓大夫, 俄遷典瑞大監, 泏陞監爲院, 六轉爲使. 加資善大夫攝利用監監金玉府, 其被仁廟所以愛遇之, 內臣無出其右. 天曆初, 移章佩卿, 已而復使典瑞, 又四遷光祿大夫徽政使延慶使提調掌謁司事."

원사 조공(백안불화(伯顔不花)은 원 황실에 들어가 숙위하였다.[422] 이 밖에 무종 초년에 내시가 된 박쇄로올대[423]가 있다. 이들은 원 조정에 머무르면서 원 관직을 받고 원나라에 정착하였다.

이들은 원나라에 귀화하여[424] 원나라 이름으로 개명하고[425] 원나라 문화에 젖어들었다. 이들의 아들들도 대부분 원에서 생활하며 원의 관직을 얻었다. 이들 가운데는 원 관직을 받으면서도 고려의 관직을 받은 경

---

[422] 《稼亭集》 권4, 大元贈奉訓大夫遼陽等處行中書省左右司郎中飛騎尉遼陽縣君趙公墓塋記.

[423] 《稼亭集》 권3, 京師殺積山靈巖寺石塔記 "朴君三韓人, 入爲內侍, 蒙恩旣久, 思所以報上而利物者……"; 권3, 大元高麗國廣州神福禪寺重興記 "同知民匠捴管府事朴君造子言曰, 吾弱冠辭親, 宦于帝庭, 自武宗之世, 已承恩渥, 洎仁廟繼極, 以東宮舊臣, 眷遇異常, 當此之時, 豈知思鄕里而慕父母乎? ……"

[424] 당은 주변 이민족에게 문호를 개방하여 그들을 적극 받아들였다. 당은 이민족에게 10년 동안 조세를 면제해 주는 조건으로 귀화를 장려하고, 별도의 규정 예컨대 입국과 국내여행, 귀화와 혼인, 조세와 교역, 복색과 遺産에 이르는 규정을 마련하여 그들을 통제하였다(권덕영, 〈9世紀 日本을 往來한 二重國籍 新羅人〉, 《한국사연구》 120, 2003).

[425] 〈표 23〉《가정집》에 나타난 원 이름으로 고친 개명 고려인

번호	이름(원)	원 관직	고려 관직	《가정집》
1	鄭仁 鄭允和 鄭允琦 鄭禿滿達(내시) 鄭天佐 모씨	遼陽等處行中書省平章政事柱國(추증) 正尹 護軍 典瑞使 光祿大夫 徽政使延慶使 提調掌謁司事 判內府寺事		권4, 韓國公鄭公祠堂記
2	趙公卓 忽都不花 伯顔不花(내시) 趙完澤	資善庫提點 大府太卿 承徽寺丞 利用監	僉議評理 淳昌府院君 僉議評理	권4, 大元贈奉訓大夫·遼陽等處行中書省左右司郎中·飛騎尉遼陽縣君趙公墓塋記
3	韓永(숙위) 孝善(帖木兒不花) 仲輔(觀音奴) 文獻(承壽) 微微不花(사위)	大府監 左藏庫副使…… 侍儀司通事舍人 中興武功庫副使 東宮 給事 陝西諸道行御史臺監察御史, 宛平縣君		권4, 韓國公鄭公祠堂記
4	朴瑣魯兀大	儀鸞局大使 朝列大夫 同知大都路 北怯怜口諸色民匠都捴管府事		권3, 京師殺積山靈巖寺石塔記

우도 있다. 원나라에서 이름을 날리거나 고위관직을 얻은 자는 원나라의
승상과 혼인관계를 맺기도 하였다. 통역으로 원과 고려에서 이름을 날린
조인규(1237-1308)는 그의 차녀를 강절평장 오마아鳥馬兒와 혼인시켰고[426]
채인규(1230-1303)의 9녀는 승상 왕상가王相哥와 혼인하였다.[427] 홍규
(홍문계)의 차녀는 좌승상 아고알阿高歹과 혼인하였고[428] 염승익의 딸은
원 중서성 중서평장 말길末吉과 혼인하였다.[429] 김순(1258-1321)의 3녀는
좌승상 아홀반阿忽反의 아들인 별리가불화別里哥不花와 혼인하였다.[430]

이들은 원제국의 문화, 문명을 선망하며 원에 정착하여 몽골 이름을
가졌다. 이들은 부모를 따라가거나 숙위와 같은 불가피한 사정으로 원나
라에 갔는데, 천자국 원나라에서 관직생활을 하며 원나라 사람으로서 자
존의식을 견지하였다. 고려와 원의 관계가 더욱 긴밀해지면서, 문화 영
역의 확대와 인식의 확장으로 두 나라 사이에 경계 의식이 약화되었
고,[431] 이들이 원에서 벌인 활동은 고려의 세계화를 진전시켰다고 할 수
있다. 물론 방신우가 홍중희 등이 고려에 행성을 세우려는 것을 저지하
고, 공녀인 김장희金長姬의 손자가 억류된 충숙왕을 구하고자 한 일도 있
었다.[432] 또한 이들의 내면에는 고려인으로서 정서와 의식이 있었다. 연
경(북경) 근교에 고려인끼리 모여 사는 고려장高麗莊을 형성하였고,[433]

---

[426] 《稼亭集》 권3, 趙貞肅公祠堂記.

[427] 김용선, 《역주고려묘지명집성(하)》(2012) 채인규묘지명(최원중).

[428] 김용선, 《역주고려묘지명집성(하)》(2012) 홍규묘지명(이진).

[429] 《牧隱集》 文藁 권15, 高麗國忠誠守義同德論道輔理功臣·壁上三韓重大匡·曲城府院君·贈諡
忠敬公·廉公神道碑.

[430] 김용선, 《역주고려묘지명집성(하)》(2012) 김순묘지명(민지).

[431] 이강한, 〈원 제국인들의 방문 양상과 고려들의 인식 변화〉, 《한국중세사연구》 43,
2015, 146-148쪽.

[432] 장동익, 〈제4장 원에 진출한 고려인〉, 《高麗後期外交史硏究》, 일조각, 1994, 185-190쪽.

[433] 원의 수도인 연경의 조운 집결지인 通州 관내의 宛平縣에 고려인의 집단 거주인 高麗
莊이 존재하였다(장동익, 〈제4장 원에 진출한 고려인〉, 《高麗後期外交史硏究》, 일조각,

북경 근처에 사찰을 세웠다.[434] 고향 고려와 부모에 대한 그리움을 나타
내고, 부모의 고향에 절을 짓거나 묘를 다시 정비하고, 출신 지역의 격
을 승격시키는 등[435]의 일을 하였다. 하지만 대다수는 원에 귀화하고 개
명한 이들은 고려에 대한 국가의식이 명확하지 않았다. 이곡은 《가정집》
에서 이들이 고려의 국가를 위하여 노력하고 부모에 대한 효행을 실천
하였다고 하지만, 원나라 사람으로서 삶을 영위하였다고 할 수 있다.

한편 원과 고려의 긴밀한 관계 속에서 《원사》에 등재된 고려인이 있
다.[436] 홍복원(1206-1258)은 1231년 몽골군이 침입하자 항복하여 몽골
의 고려 침략에 협력하고 결국 원에 투항하였다. 왕준(1223-1283)은 고
종 28년(1241)에 고려와 몽골의 강화 협상 과정에서 태자 입조 조건을
내세우자 태자 대신 인질로 몽골로 가 고려와의 화해, 고려의 사정 전
달, 홍복원과 고려 국왕에 대한 견제 역할을 수행하였다. 특히 몽골이
왕준의 아들 왕옹, 왕희 등을 파견하여 삼별초를 토벌하게 하기도 하였
으니, 이들의 고려에 대한 국가의식은 뚜렷하지 않았다고 할 수 있
다.[437] 기황후(1315-1369)는 공녀 출신으로 순제의 황후가 되어 원과

1994, 148쪽, 170-171쪽). 그리고 북경 부변 이외에 각 지방지에 고려와 관련된 지명이
남아 있다(윤기엽, 〈在元 高麗人 관련의 대도사원〉, 《불교학연구》 11, 2005, 115-116쪽).

[434] 南城의 興福寺 창의문 바깥의 大報恩光敎寺, 湛露坊의 高麗大聖慶善寺, 金城坊의 法王
寺, 완평편 池水村의 金孫彌陀寺, 통주 張家灣의 高麗寺가 있었다(박현규, 〈조선승 適休
의 越境과 北京 穀積山 般若禪寺의 창건〉, 《중국연구》 92, 2014, 135쪽).

[435] 충렬왕 31년(1301) 金侁은 진례현 사람으로 원에서 요양행성 참정이 되어 진례현을 지
금부사로 승격하였고(《高麗史》 권57, 志11 地理2(중책, 289쪽) 全羅道 進禮縣), 충렬왕 때
원 宦者 李大順이 원에서 총애를 받자 蘇泰縣을 지태안군사(태안군)로 승격하였다(《高麗
史》 권56, 志10 地理1(중책, 269쪽). 楊廣道 富城縣). 또한 충선왕 2년(1310) 李大順의 청
으로 食村部曲을 풍안현으로 승격하였다(《高麗史》 권57, 志11 地理2(중책, 294쪽) 全羅道
寶城郡). 공민왕 3년에 대산현인 원 사신 林蒙古不花가 나라에 공이 있어 군으로 승격되
었다(《高麗史》 권57, 志11 地理2(중책, 288쪽) 全羅道 古阜郡). 충숙왕 복위 4년(1335)에
원 환관인 李邦壽와 李也先不花가 황제에게 요청하여 利昆銀所를 영주현으로 승격시켰다
(《졸고천백》 권2, 永州利昆銀所陞爲縣碑 代權一齋作).

[436] 李相玉, 〈高麗史에 나타난 蒙古(元)인〉, 《史叢》 17·18, 1973.

고려에 영향력을 행사하였다. 박불화(1312-1364)는 기황후와 같은 고향
출신 환관으로 자정원사로서 기황후를 도왔다. 고려씨는 지정 27년에 남
편인 패라첩대아孛羅帖大兒가 도적에게 피살되자 불 속에 뛰어들어 자살
하여 열녀전에 실렸다.[438]

(5) 그 밖의 친우

홍빈洪彬(1288-1353)의 본관은 남양, 자는 문야文野, 아버지 홍윤심洪
允深은 원에서 집현직학사가 되었고 모 김씨는 판선공사사 김지金祉의 딸
로 돈황군부인燉煌郡夫人에 봉해졌다. 부인은 고씨로 돈황군부인, 아들은
홍수산洪壽山이다. 계실은 통의군 왕연王衍의 딸인 경화옹주이다. 홍수산
은 원에서 내장고부사와 고주동지·비서랑중·육운제거를 역임하고 고려에
서 봉상대부 통례문부사가 되었다.[439]
고려와 원이 긴밀해지면서, 원에서만 활약한 고려인이 많아 고려를
배반한 사람도 있지만, 홍빈은 중국에 벼슬하면서 절조로 칭송받고 고려
사직에도 공을 세웠다. 홍빈은 선대에 연경에 살았는데, 원에 숙위하다
가 대도로패주동지·승무랑·초지방제령이 되었다. 충숙왕이 참소를 받고
경사에 5년 동안 있을 때, 홍빈이 여러 번 왕의 억울함을 호소하며 왕의

---

437 이정신, 〈永寧公 王綧을 통해본 고려와 몽고 관계〉, 《고려시대의 정치변동과 대외정
    책》, 경인문화사, 2003.

438   〈표 24〉 《원사》에 기록된 고려인

번호	이름	《원사》 전거	《고려사》 전거
1	기황후	권114, 列傳 后妃1 完子忽都	
2	홍복원	권154, 列傳41 洪福源 洪大宣 洪俊奇 洪君祥 洪萬	권130, 列傳43 洪福源
3	왕준	권166, 列傳53 王綧	권90 列傳3 종실1 永寧公 綧
4	고려씨	권201, 列傳 烈女2 高麗氏	
5	박불화	권204, 列傳 宦官 朴不花	

439   〈표 25〉 이곡 이색 부자가 지은 홍빈 관련 글

지위가 회복되어 귀국할 수 있도록 하였다(충숙왕 복위 6년(1337)). 충숙왕은 홍빈의 공을 인정하고 원에 고려의 정사를 돕도록 요청하여 정동성이문소관이 되게 하였다. 충숙왕이 죽고 왕의 유명으로 권정동성사가 되었다. 1339년 8월에 조적이 심왕에 붙어 충혜왕을 폐출시키고자, 왕 주변의 소인들을 주벌한다는 명분으로 영안궁永安宮을 포위하였다. 조적은 백관을 위협하여 홍빈을 움직이려 하였으나, 홍빈은 "그렇게 한다면 더 큰 잘못을 범하는 것이다. 형(충혜왕)이 무도하더라도 아우가 있는데, (삼촌인) 심왕이 어찌 간여할 수 있겠는가?" 하였다. 그리고 조적이 왕의 죄를 거론하면서 소를 올리려 하였을 때, 홍빈이 이를 저지하였다. 충혜왕이 연경에 압송되자[440] 황제의 명을 받든 중서성, 추밀원, 어사대 등에서 신문을 받았는데, 충혜왕이 제대로 해명하지 못하여 사태가 위태롭게 되었다. 이에 홍빈이 "조적은 왕의 종일 따름이다. 종의 신분으로서 주인을 해치려고 하였으니, 왕법王法으로 용서할 수 없는 것이다. 그런데 그가 칼을 빼들고 접전을 벌이기까지 하였으니, 누가 또 조적을 살려 두라고 할 수가 있겠는가. 내가 선왕先王의 명命에 따라 행성行省의

번호	이름	제목	년도
1	《가정집》 권16	寄洪文野理問	충혜왕 복위2(1341)
2	《가정집》 권16	寄文野郞中詩	충혜왕 복위3(1342) 6월
3	《가정집》 권18	送洪捴管赴淮安屯田	충목왕 1년(1345)
4	《목은문고》 권19	唐城府院君洪康敬公墓誌銘	공민왕 3년(1354)
5	《목은시고》 권19	靜坐偶記九齋都會, 刻燭賦詩. 第其高下, 激厲諸生, 亦一勸學方便也. …… 又於 胡仲淵先生處學絶句. 賦閑居詩云, 籬落 依依傍斷山, 溪花半落鳥聲閑, 幽人興味 須天賦, 明月淸風不可刪,……	우왕 5년(1379)

---

440 이곡은 이때가 충혜왕 복위년(1339) 기묘년이므로 '己卯之變'으로 표현하였고(《牧隱集》 권15, 有元奉議大夫征東行中書省左右司郞中·高麗國端誠佐理功臣·三重大匡·興安府院君·藝文館大提學·知春秋館事, 諡文忠公樵隱先生李公墓誌銘(幷序), '國亂'으로 규정하였다(《稼亭集》 권11, 奉常大夫·典理摠郞·寶文閣直提學·知製敎 李君墓表(충혜왕 복위 원년(1340)).

일을 임시로 맡고 있으므로 어떤 일이 국헌國憲에 위배되었다면 나에게
책임이 있으니, 왕을 그 일에 연루시키는 것은 마땅하지 않다." 하였는
데, 말의 기운이 강개하였다고 한다. 고려 국왕인 충혜왕이 문제가 있지
만 고려의 신하로서 도리를 다하려는 것이었다. 홍빈은 "우리 선왕(충숙
왕)의 아들(충혜왕)을 내가 변호하여 바르게 해 주지 않는다면, 내가 지
하에 가서 어떻게 선왕을 뵐 수 있겠는가." 하였다. 홍빈은 집안을 엄하
게 단속하고 일 처리를 과단성 있게 하였으며, 환란을 당해서도 끝까지
절조를 지키면서 결코 동요되지 않아, 옛날의 열장부烈丈夫라 할지라도
공에게 미치지 못할 것[441]이라는 평가를 받았다.

이곡은 정동행성에서 같이 근무한 홍빈과 친하게 지냈다. 당시 홍빈
의 집에는 홍빈의 아들 홍수산에게 절구를 가르치는 절동 출신의 호중
연胡仲淵이 있었는데, 이색이 홍빈의 집에 한 달 넘게 머물러 절구를 배
웠다.[442] 이색은 홍빈이 중국에 벼슬하면서 고려 사직을 위해 공이 있다
〔功在社稷〕고 하였는데, 당시 원에 벼슬하고 고려를 위해 충성을 다한 인
물의 한 모습이라 하겠다.

또한 이곡에게는 집우執友[443]가 있다. 집우인 정영세를 포함한 10인[444]
그리고 이군[445]이 있다. 또한 문집에 등장하는 '오우吾友'인[446] 김연, 송

---

441 《牧隱集》 文藁 권19, 唐城府院君洪康敬公墓誌銘; 《高麗史》 권118, 列傳21 洪彬(하책,
378-379쪽).

442 《牧隱集》 詩藁 권19, 靜坐偶記九齋都會, 刻燭賦詩. 第其高下, 激厲諸生, 亦一勸學方便也.
…… 又於胡仲淵先生處學絶句. 賦閑居詩云, 籬落依依傍斷山, 溪花半落鳥聲閑, 幽人興味須天
賦, 明月淸風不可刪, ……; 文藁 권19, 唐城府院君洪康敬公墓誌銘 "公之敎提擧也, 浙東胡仲
淵先生館于公. 子先君稼亭公佐幕, 東省於公爲同寮, 又相善也, 是以, 子得同受業焉."

443 집우는 두보시에, 뜻이 통하는 친구를 의미한다고 하고, 《예기》 曲禮의 注에, "집우는
뜻을 같이하는 자이다. 같은 스승을 섬기는 벗은 가지고 있는 뜻이 같다. 그러므로 집우
라고 하는 것이다." 하였다.

444 《稼亭集》 권8, 送鄭參軍序 "漢陽參軍鄭永世, 將之府, 有執友十人, 會餞于東郊, 酒旣行. 鄭
君起捐日, 朋友贈行以言, 豈特厄酒而已."

경친우[447]가 있다. 1337년(충숙왕 복위 6) 정동성의 막좌로 개경에 있을 때 배윤견은 과거에 급제하였는데, 자신의 다른 이름인 내옹에 대하여 글을 요청하자, 이곡은 일찍부터 내옹을 알았다[448]고 하였다. 충숙왕 복위 9년(1339)에 하절사로 전교부령 정치鄭致가 가게 되자 이곡이 그를 격려하면서 망년의 우정을 맺은 사이라고 하였다.[449]

이곡은 최문도[450]와 그 아들 최사검,[451] 사위인 정포·민선[452] 그리고 진중길[453]과도 친분이 있었다. 조해원趙海圓은 함열군 출신으로 이곡이 어렸을 때부터 어울렸고, 충숙왕 복위 2년(1333) 원 제과에 응시할 때 연경에 있는 그의 별원 승방에 함께 머물렀다.[454] 이 밖에 원에서 목화씨를 들여온 문익점(1331-1398)[455]도 11세에 이곡에게서 수학하였고 이색과 왕래가 있었다.[456]

승려로서 이곡과 교류한 인물로 복산福山인 식무외式無外[457]가 있다.

445 《稼亭集》 권6, 淸風亭記(충정왕 2, 1350) "…… 李君執友 ……"

446 《稼亭集》 권10, 送金晦翁赴化平府序 "吾友晦翁之光州也."

447 《稼亭集》 권16, 寄松京親友.

448 《稼亭集》 권7, 乃翁說 送裵君允堅東歸 "…… 子固知乃翁久, 卽應之曰諾 ……"

449 《稼亭集》 권9, 送僉副令入朝序(충숙왕 복위 8, 1338) "己卯之冬, 將遺明年賀正使, 吾陽鄭致君以前典校副令, 任書記以行 …… 余素忝亡年之契, 贈行之言, 敢不以情."

450 《稼亭集》 권2, 春軒記.

451 《稼亭集》 권9, 賀崔寺丞登第詩序.

452 《氏族原流》 전주최씨, 경인문화사, 1991, 569쪽.

453 《牧隱集》 文藁 권20, 崔氏傳.

454 《稼亭集》 권6, 大崇恩福元寺高麗第一代師圓公碑 "子舊游弟師資問."

455 金成俊, 〈文益漸의 木棉傳來의 歷史的 背景〉 《東方學志》 77·78·79, 1993, 228쪽.

456 《牧隱集》 詩藁 권18, 淸道新太守文益漸告行 "…… 燕都夢裏昔驪馳 ……"

457

〈표 26〉《가정집》에 보이는 이곡이 식무외에게 쓴 시

번호	제목	시기
1	권7, 跋福山試卷	충혜왕 복위2년(1341)
2	권7, 式無外松石軒銘	

그는 충혜왕 복위 2년(1341) 항주에서 중국의 시인과 고회高會를 열어
시를 수창하였고 고려로 귀국할 때는 황진, 장저, 송경, 윤정고, 부약금,
왕기 등이 송별시를 써 주었다. 이곡은 연경에 있던 정포와 함께 식무외
가 강남으로 유력을 떠나려 하자 시 2수를 지었고, 식무외가 만든 정자
이름을 송석헌이라 하여 높은 절개의 뜻을 가진 '송松', 단단하여 변치
않는다는 뜻을 가진 '석石'자를 취해 그의 인물됨을 평가하였다.[458] 그는
이곡뿐만 아니라 권한공, 정포 등과도 교류하였다.[459]

2) 원나라 중국인과의 인적 네트워크

(1) 원 제과 좌주와 동년[460]

이곡은 원에서 활동하면서 원나라 중국인과 인적 네트워크를 형성하
였다. 그는 충숙왕 13년(1326) 정동행성 향시 3명으로 합격하였고, 충숙
왕 14년에 원 회시에 응시하였으나 불합격하였다. 충숙왕 복위 1년
(1332)에 정동행성 향시에 합격하고 그 다음 해 전시에 제2갑 8명으로
합격하였다. 회시의 선택과목으로 오경 가운데 택한 것은 《주역》이었
다.[461] 과거 합격 뒤 한림국사원 검열관(정8품)이 되고 휘정원관구 겸승

3	권15, 送式無外遊江南二絶	충숙왕 복위8년(1339)
4	권16, 戲賦式無外念珠	충혜왕 복위2년(1341)

[458] 《稼亭集》 권7, 式無外松石軒銘.

[459] 박현규, 〈고려승 式無外의 文學 歷程－麗·元 文士의 詩文을 중심으로〉, 《韓國學報》 72,
1993; 〈이제현과 원 문사들과의 교류고〉, 《嶠南漢文學》 3, 1990; 장동익, 〈제17절 승 式無
外에 관련된 기사〉, 《元代麗史資料集錄》, 서울대출판부, 1997.

[460] 裵淑姬, 〈宋元代 科擧를 매개로 한 同年關係와 同年간의 交流〉, 《東洋史學研究》 132,
2015.

[461] 이곡은 〈주역〉에 정통하였다고 한다. 이색이 이곡의 동년인 宇文公諒에게 배울 때, 이
곡이 《周易》에 밝았다고 하였다(《牧隱集》 文藁 권4, 朴子虛貞齋記."子旣冠之明年, 鼓篋璧

발가각고를 역임하였는데,[462] 원 관료로서 중국 문사와 교류하였다. 그
는 중국 조정의 문사들과 교제하며 강론과 질의응답을 하는 과정에서
조예가 더욱 깊어졌다. 붓을 들면 곧 훌륭한 문장이 되었는데 그 필치가
엄하고 의미가 심오하며 비속하지 않고 옛 풍미가 있어서 누구나 외국
사람으로 보지 않았다[463]고 한다.

이곡이 과거 시험 준비를 위하여 머무른 곳은 고려승들이 주지하는
연경의 대숭은복원사 별원 보은승방이었다.[464] 이곡은 원 제과 성적이
제2갑 8명이고, 이색은 제2갑 2명으로 성적이 우수하여 문한관을 역임하
였다. 안축과 안진, 최해 등이 제3갑으로 성적이 좋지 않아 행성行省이나
그 예하의 지방관에 임명된 것과 대비되었다.[465] 《원사》에 따르면, 제1
명은 종6품의 관직을 주고 제2명 이하와 제2갑은 모두 정7품을 주며 제
3갑 이하는 정8품을 준다는 규정[466]을 반영한 것이다.[467] 이인복 묘지명
에 따르면, 고려인으로 원 제과에 합격하고 대부大夫에 이른 사람은 초
은과 이곡, 이색 부자뿐인데도 지위는 모두 정동행성의 낭중에 그쳤
다[468]고 하였다.

雍. 易家學也. 未得師, 會先君同年宇文子貞先生, 以學官召至. 子卽上謁, 進而自請曰, 檜高麗
　李稼亭牛馬走也. 願從先生受易. 先生曰, 中甫明易者也. 吾所畏也.").

[462] 《高麗史》 권74, 志28 選擧2 科目2 制科(중책, 616쪽) "(충숙왕)後二年, 李穀中制科第二
　甲, 授翰林國史院檢閱官."

[463] 《高麗史》 권109, 列傳22 李穀(하책, 391쪽) "穀所對策, 大爲讀卷官, 所賞置第二甲, 宰相
　奏授翰林國史院檢閱官. 穀與中朝文士, 交遊講劘, 所造益深. 爲文章操筆, 立成辭嚴義, 奧典雅
　高古, 不敢以外國人視也."

[464] 《稼亭集》 권6, 大崇恩福元寺高麗第一代師圓公碑 "子於元統元年癸酉 借計而來 寓公別院報
　恩僧房 故知公熟."

[465] 高惠玲, 〈高麗 士大夫와 元의 科擧〉, 《高麗後期 士大夫와 性理學 受容》, 일조각, 2001,
　101쪽.

[466] 《元史》 권81, 志31 選擧1 科目, "蒙古色目人作一榜, 漢人南人作 一榜. 第一名賜進士及第,
　從六品, 第二名以下第二甲, 皆正七品, 第三甲以下, 皆正八品, 兩榜並同."

[467] 裵淑姬, 〈元代 科擧制와 高麗進士의 應擧 및 授官格〉, 《東洋史學硏究》 104, 2008.

현재 남아 있는 원대 제과 합격자 명부인 《원통 원년(1333) 진사록》
에 따르면 시험성적, 출신지, 회시 시험 과목, 나이, 증조, 조, 부, 모, 부
인, 향시와 회시 성적, 합격 뒤 관직이 기록되어 있다. 몽고색목인은 제1
갑 3명, 제2갑 15명, 제3갑 32명 등 모두 50인을 뽑았는데, 제1갑 1명은
동동同同이고 제1갑 2명은 여궐余闕 제1갑 3명은 수동壽同이었다. 한인남
인(고려인 포함)은 제1갑 3인, 제2갑 15명, 제3갑 32인 등 50명으로, 총
100명을 뽑았다. 제1갑 1명은 이제李齊이고 제1갑 2명은 이기李祁, 제1갑
3명은 나겸羅謙이었고, 제2갑 1명은 섭병聶炳이고, 제2갑 2명은 이지영李
之英, 제2갑 5명은 왕충운王充耘, 제2갑 8명이 이곡이었다. 문제가 다른
몽고색목인과 구분하고, 같은 문제에 응시한 한인漢人을 포함하면 11등
인 셈이다.[469]

원통 원년(1333) 원 제과에서 회시의 지공거는 예부상서 송본과 국사
편수관 왕기이고, 정시庭試의 독권관은 송본, 중서참의 장기암, 국자조교
계혜사, 집현전시강학사 장승이었으며, 국자조교 진려는 시험 성적을 매
기는 관원인 염내簾內였다.[470] ① 송본宋本(1281-1334)은 자는 성부誠夫
이고 대도인이다. 부친을 따라 강릉에 있을 때 왕규문王奎文에게 성명의
리지학을 배웠다. 지치 원년(1321)에 원 제과에 장원으로 합격하여 한림
수찬이 되었다.[471] 1334년에 이곡이 흥학조를 가지고 원에서 고려로 갈
때 송별시를 써준 송경(1292-1344)[472]의 형이다. 원통 원년(1333)에 지

[468] 《牧隱集》 文藁 권15, 有元奉議大夫·征東行中書省左右司郎中·高麗國端誠佐理功臣·三重大
光·興安府院君·藝文館大提學知春秋館事·謚文忠公·樗隱先生李公墓誌銘"元興百餘年, 進士位宰
相者甚鮮, 高麗士科一人, 累官至大夫者, 惟樗隱先生與吾父子而已. 然位, 皆止東省郎中."

[469] 錢大昕, 《元統元年(1333) 進士錄》, 浙江古籍出版社, 1992.

[470] 蕭啓慶, 〈元代科擧中的多族師生與同年〉, 《中華文史論叢》 2010.1, 51-52쪽.

[471] 《元史》 권182, 列傳69 宋本.

[472] 《元史》 권182, 列傳69 宋本 附費; 장동익, 〈제12절 李穀에 관련된 기사〉, 《元代麗史資
料集錄》, 서울대출판부, 1997; 王德毅 李榮村 潘柏澄 編, 《元人傳記資料索引》 1책, 中華書

공거 독권관을 겸하고 집현직학사, 국자제주가 되었다. 1321년에는 최해도 합격했으므로, 최해와 동년인 셈이다. 송별시에 좌주로서 이곡에게 시를 썼다.[473]

② 왕기王沂의 자는 사노師魯이고 진정眞定(하북성) 사람이다. 연우 2년 제과에 합격하여 한림편수, 국자박사, 한림대제에 이르고 지정 초에 예부상서가 되었다.[474] 《이빈집伊濱集》 24권이 있다.[475]

③ 장기암張起巖(1285-1353)의 자는 몽신夢臣, 호는 화봉華峯, 역성歷城(산동성) 사람이다. 선대에는 장구章丘에서 살았으나 5대 말에 우성禹城에 피하여 살았다. 고조 장적張迪은 원 태조에 귀의하여 처음부터 끝까지 충절을 다했다. 그는 복산현학교유로 있다가 임시로 현의 일을 맡았는데, 백성들은 장기암이 진짜 현령이라면 우리는 근심이 없을 것이라고 하였다. 연우 2년(1315)에 진사가 되어 동지등주사 집현수찬 국자박사 국자감승 한림대제겸국사원편수관 등 문한직을 역임하였다. 《요사》·《금사》·《송사》를 편찬하는 데 참여하였다. 어사대 관원으로 재직하면서 백관을 조사 탄핵하는 일은 어사대 관원의 당연한 직무라 주장하고 조정의 기강을 세우는 데 앞장섰다. 맑고 아량이 있는 군자다움이 있었고, 정무를 처결하는 데에는 의사 표시가 태산처럼 분명하고 되돌리지 않았다. 남긴 글로는 《화봉만고華峯漫藁》·《화봉류고華峯類藁》·《금릉집金陵集》이

局, 1987, 430-431쪽; 余大鈞 編著, 《元代人名大辭典》, 內蒙古出版集團 內蒙古人民出版社, 2016, 384쪽.

[473] 《稼亭集》 권16, 題蘇伯脩參議滋溪書堂, 蘇氏五世, 世增書至萬卷, 座主宋尙書誠夫首爲之記, 諸公皆有詩.

[474] 王德毅 李榮村 潘柏澄 編, 《元人傳記資料索引》 1책, 中華書局, 1987, 88쪽; 《牧隱集》 文藁 권4, 松月軒記; 余大鈞 編著, 《元代人名大辭典》, 內蒙古出版集團 內蒙古人民出版社, 2016, 65쪽.

[475] 고려인인 式上人과 홍만호에게 보낸 글이 남아 있다(《伊濱集》 권7, 送式上人還高麗 : 권10, 送洪萬戶歸麓州).

있다.[476]

④ 게혜사揭傒斯(1274~1344)의 호는 만석曼碩, 용흥龍興 부주富州(강서성) 사람이다.[477] 한림국사원편수관, 한림문자관이 되었다. 천력 초에 규장각이 생기자 수경랑授經郎이 되어 훈척대신의 자제를 가르쳤다. 《경세대전》의 헌전憲典을 집필하였는데,[478] 문종은 《당률》보다 낮다고 평하였다. 또한 《요사》·《금사》·《송사》를 편찬할 때 총재관이 되었다. 이때 승상이 역사를 서술하는 데 무엇을 근본으로 삼아야 하는가를 질문하였는데, 게혜사는 "사람을 등용하는 것을 근본으로 삼아야 하고 학문과 문장이 있어도 역사를 모르면 같이할 수 없으며, 학문과 문장이 있고 역사를 알아도 심술이 바르지 못하면 같이할 수 없다"고 대답하였다. 게혜사는 의연한 자세로 필삭을 자임하여 정사의 득실과 인재의 현부, 법률의 시비, 의론이 일치되지 않은 것은 반복해서 논의하여 지극히 당연한 논의가 정해진 뒤에야 비로소 결론을 내었다고 한다. 중국 원나라의 문인 양재楊載·범돈范棹·우집虞集과 함께 원시元詩 사대가四大家의 한 사람으로, 유관柳貫·황진·우집과 함께 유림사걸儒林四傑로 불린다.

그는 이곡과 교류가 많은 게이충揭以忠의 형이다. 게이충의 호는 우강盱江이고, 형과 같은 용흥 부주인이다. 이곡이 1337년(충숙왕 후6년) 10월부터 충혜왕 복위 2년(1341) 2월까지 정동행성 원외랑으로 재직할 때, 게이충은 정동행성 이문으로 같이 근무하였다. 게이충이 1340년 12월에

---

[476] 《元史》 권182, 列傳69 張起巖; 王德毅 李榮村 潘柏澄 編, 《元人傳記資料索引》 2책, 中華書局, 1987, 1151-1152쪽; 余大鈞 編著, 《元代人名大辭典》, 內蒙古出版集團 內蒙古人民出版社, 2016, 420쪽.

[477] 《元史》 권18, 列傳 권68 揭傒斯; 《圭齋集》 권10, 元翰林侍講學士 中奉大夫 知制誥 同修國史 同知經筵事 豫章揭公 墓誌銘(影印 文淵閣 四庫全書 集部, 1210); 余大鈞 編著, 《元代人名大辭典》, 內蒙古出版集團 內蒙古人民出版社, 2016, 702쪽.

[478] 《경세대전》의 집필에는 우집, 揭傒斯, 歐陽玄 등의 한인 유사들이 집필에 참여하였다 (조현, 〈元 후기 《경세대전》의 편찬과 六典體制〉, 《동양사학연구》 141, 2017).

임기 3년을 마치고 원나라로 돌아가게 되자, 지인들이 송별시를 지었는데, 이곡이 서문을 썼다. 이곡은 게이충과 원 제도와 고려 제도의 통합 문제를 논의하였고, 그를 위하여 지은 시가 있다.[479]

이색은 송월헌기를 쓰면서 게혜사를 언급하였다. 전 임관사林觀寺 주지 옥전복사玉田禪師가 자신의 좌주인 구양현이 쓴 송월헌의 세 글자를 가지고 와서 기문을 청하면서 원 문인들이 제題·찬贊·서敍·인引을 써 주었는데, 그 가운데 게만석(게혜사揭傒斯)이 포함되었다[480]고 하였다.

⑤ 장승張昇은 자는 백기伯起로, 어려서 신동이라는 소리를 들었고 강서유학제거를 역임했다.[481]

⑥ 진려陳旅(1288-1343)의 자는 중중衆仲이고 흥화興化 포전浦田(복건성) 사람이다.[482] 어려서부터 학문이 높아 장래가 촉망받는 인물로 평가받았다. 도성에 올라가 한림시강학사 우집을 만나게 되었는데, 우집은 유학을 이을 만하다고 칭찬하였다. 한림원에서 진려는 우집, 마조상 등과 교류하였는데, 이들은 모두 진려의 박학다문에 놀라 사부가 될 만하다고 하였고, 중서평장정사 조세연趙世延도 진려를 국자조교에 힘써 추천

[479]

〈표 27〉《가정집》에 보이는 이곡이 게이충에게 쓴 시와 문

번호	제목	시기	이곡 상황
1	권9, 送揭理問序	충혜왕 복위1년(1340) 12월	정동행성원외랑
2	권15, 揭理問小酌 邀余同飲 以病不赴	충혜왕 복위1년(1340) 12월	정동행성원외랑
3	권15, 病中承招 謝揭理問	충혜왕 복위1년(1340) 12월	정동행성원외랑
4	권15, 律揭以忠見和 又作四絕	충혜왕 복위1년(1340) 12월	정동행성원외랑
5	권15, 壽揭以忠	충혜왕 복위1년(1340) 12월	정동행상원외랑

[480] 《牧隱集》文藁 권4, 松月軒記 "子固知師久, 師之道, 蓋高而不俗者也. 師平生喜從當世名公雅士游, 盡得其禮貌, 而於藝又能, 精鑑書畫, 博極今古, 如翰林承旨歐陽原功·集賢學士揭曼碩·國子祭酒王師魯·中書參政危太朴·集賢待制趙仲穆·道家如吳宗師, 皆爲之題贊敍引. 集賢待制趙仲穆·眞人張彥輔·吳興·唐子華, 又爲松月軒傳神, 今皆失之. 惜哉."

[481] 王德毅 李榮村 潘柏澄 編《元人傳記資料索引》1책, 中華書局, 1987, 88쪽; 余大鈞 編著, 《元代人名大辭典》, 內蒙古出版集團 內蒙古人民出版社, 2016, 443쪽.

[482] 《元史》 권190, 列傳77 儒學2 陳旅.

하였다. 진려는 3년 임기를 마쳤는데, 여러 생도들이 조정에 청하여 재임하였다. 진려는 사우의 의리를 지키려 하였고 우집을 자신을 알아주는 은인으로 존경하였다. 원통 2년(1334) 강절유학부제거, 원통 4년 응봉한림문자, 지원 원년 국자감승이 되었다. 1334년에 이곡이 흥학조서를 가지고 고려에 들어갈 때 국자감 조교였던 진려가 송별시 서문을 썼다. 그 서문은 그의 문집인 《안아당집安雅堂集》에 실려 있다.[483]

원통 원년(1333)의 과거에 합격한 이곡의 동년 50명 가운데 왕래하는 자료를 남긴 사람은 여궐·성준·정익·달겸선으로, 유대감이 깊었다.[484] ① 여궐余闕(1303-1358)의 자는 정심廷心, 천심天心, 탕구트족唐兀氏 출신이다. 대대로 하서의 무위武威(감숙성)에서 살았다. 부친인 사랄장沙剌臧이 여주廬州에서 관리 생활을 하였기 때문에 여주인(합비合肥, 안휘성)이 되었다. 오징의 제자인 장항張恒과 교류했다. 원통 원년(1333) 제과의 몽골 색목인과에 제1갑 2명으로 합격하였다. 당시 나이는 31세였다. 향시는 하남에서 제2명이고, 회시 역시 제2명이며 회안로동지사주사가 되었다.[485] 《요사》·《금사》·《송사》를 찬수하는 데 참여했고 한림수찬·감찰어사·호광행성좌우사낭중이 되었다. 지방관으로 나가 둔전을 개간하며 도적을 막았고 1353년 큰 기근이 들자 봉록을 내어 백성들을 먹이게 하였으며 중서성에 청하여 백성을 구휼하였다.

여궐은 여가가 있으면 《주역》을 주석하고 제생들에게 강의하였는데, 군사들도 문밖에 서서 임금을 높이고 윗사람을 친애하는 도리를 알게

---

483 《安雅堂文集》 권4, 送李中父使征東行省序(《影印文淵閣四庫全書》 集部, 1213).

484 裵淑姬, 〈元代 科擧制와 高麗進士의 應擧 및 授官格〉, 《東洋史學研究》 104, 2008; 〈宋元代 科擧를 매개로 한 同年關係와 同年간의 交流〉, 《東洋史學研究》 132, 2015.

485 《元史》 권143, 列傳30 余闕; 錢大昕, 《元統元年(1333) 進士錄》, 浙江古籍出版社, 1992, 171-172쪽; 王德毅 李榮村 潘柏澄 編, 《元人傳記資料索引》 1책, 中華書局, 1987, 355쪽; 余大鈞 編著, 《元代人名大辭典》, 內蒙古出版集團 內蒙古人民出版社, 2016, 363쪽.

가르쳤으니 옛날 양장良將의 풍모가 있었다고 한다. 당시 논자들은 병란이 일어난 이래로 죽음을 무릅쓰고 절의를 다한 신하로 여궐과 저불화褚不華를 제일로 꼽는다고 한다. 여궐은 경술에 유의하고 오경을 전주傳注하였다.

이색이 여궐에게 보낸 시가 있다.[486] 또한 이색은 '원나라 연경의 진사들은 고문으로 유명한 사람들이 있는데, 그 가운데 마조상馬祖常(백용伯庸)이나 여궐(정심廷心)이 걸출하였고, 설백료손偰伯遼遜(설장수의 부친) 역시 남방에서 학업을 닦아 20세가 되기도 전에 과거 과목을 통달하여 고문으로 이름을 떨쳤'고 하였다. 특히 설손은 회골回鶻의 대족으로 중국에 들어가 명가를 이루어 과거에 9명이나 합격시키고 시서와 예악에 뛰어나며, 그의 글은 마조상이나 여궐과도 우열을 다툴 정도가 되어 후세에 전할 만하다 하였다.[487] 이곡은 고려인으로 탕구트족唐兀氏의 여궐과 회골족回鶻族의 설순, 그리고 후술하는 몽골인 달겸선達兼善과 교류하였다. 한족뿐만 아니라 다양한 종족들과 교류하였던 것이다.

② 성준成遵(1304-1359)의 자字는 의숙誼叔이고, 남양부南陽府 양현穰縣(하남성) 사람이다.[488] 문종 지순 2년(1331)에 국자생이 되고 원통 원년(1333)에 전시에서 제3갑 13명으로 합격하였다. 제과 회시의 선택과목은 《춘추》였고, 합격한 뒤 한림국사원 편수관에 제수되었다.[489] 성균관에 있을 때, 국자조교인 진려가 성준의 글을 보고 규장각시서학사 우집에게 말하였는데, 우집은 성준을 보고 재상이 될 것이니 자중자애하라고 했다.

---

[486] 《牧隱集》 詩藁 권2, 成侍郎宅 見余廷心 先生退而志之.

[487] 《牧隱集》 文藁 권7, 近思齋逸藁後序 "元朝北庭進士以古文顯于世, 如馬祖常伯庸余闕廷心, 尤其傑然者也. 乙酉乙科偰伯遼遜公遠學於南方, 年未踰冠, 盡通擧業, 間攻古文, 名大振."

[488] 《元史》 권186, 列傳73 成遵; 王德毅 李榮村 潘柏澄 編, 《元人傳記資料索引》 1책, 中華書局, 1987, 451쪽; 余大鈞 編著, 《元代人名大辭典》, 內蒙古出版集團 內蒙古人民出版社, 2016, 181쪽.

[489] 錢大昕, 《元統元年(1333) 進士錄》, 浙江古籍出版社, 1992, 207-208쪽.

1342년 순제를 따라 상도에 가 봉사를 올렸는데, 여기에서 천자는 기거를 삼가하고 욕망을 절제하여 성체를 보양해야 종사가 안정된다고 하였는데, 그 말이 간결하고 절실하였다고 한다. 이어 어사대 관료로서 마땅히 수행해야 할 직무인 '대찰사사臺察四事'와 조종의 법을 본받고 재물을 아끼고 분경을 금지하는 등의 '시무사사時務四事'를 올렸다. 성준은 70여 차례의 글을 올려 시폐의 청산을 역설하였는데 집정자들은 이를 싫어하였다고 한다.

지정 9년(1349)에 형부낭중, 어사대 도사가 되었다. 당시 대신臺臣으로 뇌물을 받은 관리가 부모상을 핑계로 사직하는 일이 빈발하자, 조정에서 탄핵받은 관리는 부모가 죽어도 고향에 돌아가지 못하게 하여 악인이 죄를 피하지 못하도록 조치하였다. 하지만 성준은 이에 반대하여 악인은 반드시 처벌해야 하지만 인륜이 무엇보다도 돈독해야 하고, 또 국가는 효로써 천하를 다스리니(國家以孝治天下) 죄인 수천 명을 놓친다 해도, 천하에 부모를 섬기지 않는 관리가 있어서는 안 된다(不可使天下有無親之吏)고 주장하였다. 어사대는 그 말이 옳다고 하였다. 이곡이 성준에게 보낸 시가 있고[490] 이색 역시 성준에게 보낸 시가 있다.[491]

③ 정익程益(1303-?)의 자는 광도光道이고, 제남濟南 장구章丘(산동성) 출신이다. 제과 회시의 선택과목은 《춘추》였고 합격 당시 나이는 31세였다. 향시는 산동성에서 보았고, 회시는 제31명, 전시는 제3갑 17명으로 급제하였으며 한림국사원 검열관에 제수되었다. 이후 한림원 비서랑, 국자박사가 되었다.[492] 이곡에게 두 차례 송별시를 써주었다.

---

[490] 《稼亭集》 권15, 寄同年成誼叔(충혜왕 복위년 12월, 1339).

[491] 《牧隱集》 詩藁 권2, 謁成誼叔侍郎; 詩藁 권2, 成侍郎宅 見余廷心 先生退而志之; 詩藁 권3, 院中首領官皆公差, 穚權行經歷事, 蒙召赴省, 時帝在西內, 省官坐西廊. 先君同年成參政望見穚曰, ……"

[492] 錢大昕, 《元統元年(1333) 進士錄》, 浙江古籍出版社, 1992, 209쪽; 王德毅 李榮村 潘柏澄

④ 달겸선達兼善493은 몽골색목인과 한인이 구분된 원 제과에서 이곡과 동년으로 교류한 유일한 몽골인이다. 1333년 제과에 몽골색목인의 합격자 수는 제1갑 3명, 제2갑 15명, 제3갑 32명인데, 제3갑 29명으로 합격했다. 향시는 절석성 3명이었고 회시는 19명이었으며 국사원편수관을 제수받았다.494 이곡은 제과에 급제한 뒤에 벌어진 축하연에서 처음 그를 만났다. 절강성의 검교로 나가는 달겸선에게 시를 썼다.495 이색이 달겸선에게 보낸 시가 있다.496

⑤ 우문공량宇文公諒497의 호는 자정子貞이다.498 성도로 쌍류현雙流縣(사천성)에서 대대로 살았는데, 당시에는 호주로 귀안현에 적을 두었다. 이곡과 같이 제과 회시의 선택 시험과목은 《역경》이었고 합격 당시 나이는 42세였다. 강절향시는 제22명이고, 회시는 제16명, 전시는 제2갑 15명으로 급제하였다. 휘주로 동지무원주사가 되었다가 임시로 회계會稽현령을 맡아 원통함과 지체됨이 없게 하였다고 한다. 또한 송강松江의 해도전海塗田을 살피는데 아침과 저녁이 일정하지 않아 뒷날 반드시 근심이 있을 것으로 보고 세금을 면해 달라고 청했는데, 행성에서 이를 수락했다. 한림문자관·국자감승을 역임하였다. 저서로는 《절가집》·《관광집》·《벽수집》·《이재시고》·《옥당만고》·《월중행고》 등이 있다. 우문공량이 국

編,《元人傳記資料索引》3책, 中華書局, 1987, 1417쪽; 余大鈞 編著,《元代人名大辭典》, 內蒙古出版集團 內蒙古人民出版社, 2016, 705쪽.

493 泰不華의 字가 兼善이지만(《元史》 권143, 列傳30 泰不華), 출생지나 부의 이름, 관력으로 볼 때 字가 같은 다른 사람으로 판단된다.

494 錢大昕,《元統元年(1333) 進士錄》, 浙江古籍出版社, 1992, 192쪽.

495 《稼亭集》 권16, 送同年達兼善檢校浙省.

496 《牧隱集》 詩藁 권2, 上達兼善尙書.

497 《元史》 권190, 列傳77 儒學2 宇文公諒; 王德毅 李榮村 潘柏澄 編,《元人傳記資料索引》1책, 中華書局, 1987, 293-294쪽.

498 《吳興備志》 권33, 函史二則 "吳澄傳附宇文諒 按諒宇文子貞 名公諒."

자감 학관일 때, 이색이 원 국자감에 입학하였는데, 이색에게 이곡이 《주역》에 밝았다면서 동년의 아들은 내 아들과 같으니 가르쳐 주지 않을 수 없다[499]하였다.

(2) 원 관료생활 가운데 송별시를 써준 친우

㉮ 1334년(원통 2년) 이곡은 황제의 칙서를 전하러 고려에 간다. 이때 시관인 진려를 비롯한 12인이 이곡에게 격려의 글을 써 주었다.[500]

① 진려(1288-1343)는 앞에서 언급했다.

② 송본(1281-1334)은 앞에서 언급했다.

③ 구양현(1274-1358)의 자는 원공原功, 선대에는 구양수과 같은 여릉廬陵에 살았지만 조부대에 이르러 유양瀏陽(호남성)으로 옮겨 살았다. 어려서 모친 이씨에게서 《효경》·《논어》·《소학》을 배웠고 향선생인 장관지張貫之를 쫓아 배웠다. 약관에 수년 동안 경사제가를 궁구하였고 이락제유伊洛諸儒를 꿰뚫지 않은 것이 없었다. 1315(연우 2년)에 과거에 합격하고 태평로 무호蕪湖 현윤縣尹 등 지방관이 되어 송사訟事가 많고 판결이 오랫동안 지체된 것의 사정을 잘 살펴 공평하게 처리했다. 또한 토호의 불법이 많고 노비를 학대하였는데 구양현이 단호하게 처리하였다. 공부와 징발이 때에 맞추어 이루어지므로 백성들이 기뻐하여 교화가 크게 행해졌다. 무강武岡 현윤이 되어서 요족僚族이 순수하게 응하지 않고 이웃 종족 간의 싸움이 일자, 2인만을 데리고 가서 달래고 하소연을 들어 주니 요족이 안정되었다.

---

499 《牧隱集》文藁 권4, 朴子虛貞齋記 "子旣冠之明年, 鼓篋壁雍. 易家學也. 未得師, 會先君同年宇文子貞先生, 以學官召至. 子卽上謁, 進而自請曰, 稱高麗李稼亭牛馬走也. 願從先生受易. 先生曰, 中甫明易者也. 吾所畏也. 汝年少, 汝父未必授. 同年之子猶子焉. 無患吾不汝授也."
500 《稼亭集》雜錄, 送李中父使征東行省序; 《安雅堂集》권4, 送李中父使征東行省序.

1333년에 순제가 즉위하고 한림직학사가 되어 사조四朝의 실록과 《경세대전》 및 《요사》·《금사》·《송사》[501]를 찬수하는 실질적인 책임자인 총제관이 되었다. 이때 예를 들어 말할 때에는 반드시 근거가 있는 것만 선별하였다. 사관史官 가운데 재주를 드러내려는 자가 있으면 논쟁하지 않고, 원고가 만들어지는 것을 기다려 정정하니 전 체계가 저절로 바르게 되었다고 한다. 허형[502]과 계혜사[503]의 묘지명을 썼고, 류인劉因의 화상찬을 썼으며, 《규재집圭齋集》이 전한다.[504]

특히 구양현[505]은 원 관학의 중심 인물로 정이천, 주희로 이어지는

---

[501] 1343년(지정3)에 《遼史》·《金史》와 함께 편찬된 《宋史》에는 성리학의 내용이 크게 반영되었다. 특히 《宋史》에는 25史와 달리 儒林傳과 별도로 道學傳이 있다. 《元史》의 권4로 된 도학전에는 권1에 周敦頤와 二程, 張載, 邵雍, 권2에는 程氏 文人, 권3에는 朱熹, 권4에는 朱氏 文人들이 수록되어 있다. 道學傳 서문에, 삼대 전성기에는 천자가 이 道로써 정치하고 대신백관들이 이 道로써 업을 삼았으며, 時君과 世主가 天德·王道의 정치를 행하려면 반드시 道學을 법으로 삼아야 된다고 했다(《宋史》 권427, 列傳186 道學1).

[502] 그는 허형 묘지명에서 "伊洛의 性理書 및 程子의 易傳과 朱子의 《論語集註》·《孟子集註》·《中庸》·《大學或問》·《小學》 등의 말과 마음이 통하였다. 종유하는 이들에게 이를 가르쳐 덕을 쌓아 나아가는 기본으로 삼도록 하면서 삼대의 학교법식을 회복하고자 생각하였다. …… 中統(1260-63), 至元(1264-94)의 치세는 위로 좀처럼 세상에 나타나지 않는 임금이 있어 그 신료를 드러내어 밝힐 줄 알아 옛 성인의 뜻을 繼述토록 하며, 아래에는 不世出의 신하가 있어 능히 그 임금을 찬양하여 옛 성인의 마음을 본받도록 하였으니, 이에 원나라의 宏遠한 규모가 삼대 이하 다른 나라들보다 나았다. …… 諸儒의 말을 보건대 선생의 도통은 한갓 언어와 문자에 의탁하고 있는 것이 아니었다. 대개 근독의 공력이 충만해짐에 따라 천덕과 왕도의 蘊奧한 경지에 이르게 되었으니, 세조에게 천하 다스리는 요체를 고하되 오직 왕도를 말하고 거기에 드는 공력을 묻자 30년이면 성취할 수 있다고 하였다. 그래서 啓沃하는 자리에 나아가서는 그 임금을 요 순 같은 임금이 되게 하고 그 백성을 요순의 백성으로 되게 하는 일을 자기의 소임으로 삼았다." 하였다(《圭齋集》 권9, 元中書左丞 集賢大學士 國子祭酒 贈正學垂憲 佐理功臣 太傅開府儀 同三司上柱國 追封魏國公 諡文正許先生神道碑(影印 文淵閣 四庫全書 集部, 1210).

[503] 《圭齋集》 권10, 元翰林侍講學士 中奉大夫 知制誥 同修國史 同知經筵事 豫章揭公 墓誌銘(影印 文淵閣 四庫全書 集部, 1210).

[504] 淸朝 乾隆 연간에 시작한 〈四庫全書總目提要〉에서 許衡과 吳澄이 원의 2大儒라는 견해를 계승하여, "허형이 죽고 구양현에게 조칙을 내려 신도비를 짓게 했다. 오징이 죽자 揭傒斯에게 조칙을 내려 神道碑를 찬술하게 하였으니, 대개 2人으로 南北學者의 宗으로 하려는 것이라고 하였다."

성리학, 곧 도학을 정통으로 삼아서, 왕안석의 신학이 송나라를 어지럽
히고 결국 송이 멸망하게 되었다고 하였다.[506] 성리학을 정통, 정학으로
보고 구법당을 중심으로 송대 정치사를 이해하는 관점을 잘 보여 주었
다고 하겠다.[507]

　구양현은 고려와 조선 지식계에 큰 영향을 주었다. 1352년 원 제과의
시관이었는데 이색을 제2갑 2명으로 합격시켰다.[508] 그리고 이색을 가르
칠 만하다고 칭찬하면서 자신의 학통을 전해 줄 인물로 평가하였다.[509]
이색은 원나라 유학 시절이나 과거제도를 회상하면서 구양현을 시와 글
에서 자주 언급했다.[510] 이색은 옥전선사玉田禪師가 자신의 좌주인 구양
현이 쓴 송월헌의 세 글자를 가지고 와서 송월헌의 기문을 청하였고,[511]
이숭인도 송월헌의 기문을 언급하였다.[512] 구양현의 글은 조선에서도 종
종 인용되곤 한다.[513]

---

505 《元史》 권182, 列傳 권69 歐陽玄.

506 《圭齋集》 권5, 趙忠簡公祠堂記(影印 文淵閣 四庫全書 集部, 1210-37) "臨川王安石, 以新
　　學誤宋, 致天下騷然, 河南程氏兩夫子出而救之, 卒不勝其說, 旣蔡京爲相, 宗王氏說, 黜程氏學,
　　宋遂大壞.……及南宋中興解人, 趙忠簡公鼎爲相, 首罷王安石孔廟配享, 尊尙二程子書, 凡其文
　　人之僅存者, 悉見召用, 江左乃復振."

507 金陽燮, 〈遼·金·宋 三史 編纂에 대하여〉, 《中央史論》 6, 1988; 權重達, 〈中國 近世의 國
　　家權力과 儒學思想의 變遷〉; 〈元代의 儒學 思潮와 元 王朝의 知識人 對策〉, 《中國近世思
　　想史研究》 중앙대출판부, 1998.

508 《高麗史》 권115, 列傳28 李穡(하책, 526쪽) "讀卷官叅知政事杜秉彝, 翰林承旨歐陽玄, 見
　　穡對策, 大加稱賞, 遂擢第二甲第二名."

509 《牧隱集》 詩藁 권13, 紀事 "衣鉢誰知海外傳, 圭齋一語尙琅然. 邇來物價皆翔貴, 獨我文章
　　不直錢, 中原豪傑古來多, 命也時哉不奈何. 獨有冥鴻飛自遠, 肯從一面入湯羅, 半山節義與文
　　章, 高視乾坤獨擅場. 只是水淸泥在底, 偶因一擾濁無光."

510 《牧隱集》 詩藁 권21, 圓齋又ㅁㅁ催釀敕醇等語 起子者也; 詩藁 권21, 自叙 錄呈圓齋; 詩
　　藁 권23, 書登科錄後; 文藁 권9, 金敬叔秘書詩序; 文藁 권14, 西天提納薄陁尊者浮屠銘.

511 《牧隱集》 文藁 권4, 松月軒記.

512 《陶隱集》 권2, 題玉田禪師松月軒 有揭文安公曼碩歐陽文公原功諸先生題詠.

513 裵龍吉(1556-1609)는 權秀才의 묘지명(《琴易堂集》 권6, 碣誌 權秀才君浩墓誌銘)에 구양

④ 사단謝端(1279-1340)[514]의 자는 경덕敬德이고 본관은 촉나라의 수녕遂寧(사천성) 사람이다. 송나라 말기에 촉나라 사람들은 전란을 피하여 강릉(호북성 형주)으로 갔다가 그곳에 정착하였다. 약관(20세) 전후에 성리에 밝고 고문을 잘했으며 송본을 스승으로 모시고 문학으로 이름을 날려 강릉 성중에서 '사송謝宋'이라 불렀다. 연우 5년(1318) 제과 을과에 합격하고 승사랑 담주로동지상음주사, 다음 해에 국자박사, 태상박사, 제한림수찬한림직학사, 국자사업이 되었다. 원통 이래로 국가숭호國家崇號, 제책制冊 등은 모두 그의 손에서 나왔다고 한다. 문종, 명종, 영종 삼조 실록과 여러 조정의 공신열전을 수찬하였다. 그가 상음湘陰 관리가 되었을 때 교활한 서리들을 단속하였고 이웃 군의 송사도 잘 처리하였다. 또한 소천작과 같이 정통론을 지어 금나라와 송나라의 정통을 분별하고자 하였다. 원나라에서 이름을 떨친 사람으로는 우집 다음으로 사단이 거명된다고 한다.

〈표 28〉 1334년 이곡이 흥학조를 가지고 고려에 갈 때 원 문인 송별시

번호	이름	본관	이곡과 관계	수록 문집
1	陳旅(1288-1343)		시관	《安雅堂文集》 권4
2	宋本(1281-1334)		시관	
3	歐陽玄(1274-1358)			
4	謝端(1279-1340)			
5	王士點			
6	王沂		시관	
7	潘迪	元城인		
8	揭傒斯(1274~1344)	湖南 龍興 富州	시관	

현의 글(《圭齋集》 권10, 曾秀才墓誌銘)을 인용하였고. 성호 이익(1681-1763)은 구양현문의 소재를 달아 소개하였다(《星湖僿説》 권10, 人事門 歐陽玄文). 黃景源(1709-87)은 구양현을 한유와 비교하였다(《江漢集》 권2, 詩 瀟陽夜聞讀書聲作).

[514] 《元史》 권182, 列傳 권69 謝端; 余大鈞 編著, 《元代人名大辭典》, 內蒙古出版集團 內蒙古人民出版社, 2016, 729쪽.

9	宋褧(1292-1344)	大都		《燕石集》 권7[515]
10	程益			
11	程謙			
12	郭嘉	濮陽		

⑤ 왕사점王士點의 자는 계지繼志이고 동평東平(산동성) 사람이다. 부는 왕구王構로 세조 때 한림시강학사를 지냈다. 지순 원년 통사사인通事舍人이 되고 한림수찬을 역임하였다. 지정 2년 사천행성낭중, 사천렴방부사가 되었다. 지치 7년에 감찰어사로 집현대학사 오도방吳道方을 탄핵한 바 있다. 《금편禁扁》 5권, 《비서감지祕書監志》 11권을 편했다.[516]

⑥ 왕기는 위에서 언급한 바 있다.

⑦ 반적潘迪은 원성元城(하북성) 사람으로, 자는 이도履道로 오경에 통달하였고 한림편수, 국자조교, 집현학사를 역임하였다. 저서는 《역춘추학용술해易春秋學庸述解》·《격물류편格物類篇》·《육경발명六經發明》이 있다.[517]

⑧ 계혜사는 위와 같다.

⑨ 송경宋褧(1292-1344)[518]의 자는 현부顯夫, 대도인이고, 송본의 동생이다. 태정 원년(1324)에 원 과거에 합격하여 안축과 동년이 된다. 한림수찬을 역임할 때 이곡과 함께 관직생활을 했다. 《요사》·《금사》·《송사》 편찬에 참여하였다. 이곡에게 두 번의 송별시를 써 주었다. 《연석집

515 《燕石集》 권7, 高麗人字中甫 元統元年等乙科 爲翰林檢閱官 明年被命使本國宣諭勉勵學校 制書其行也 贈之以詩 "蓋蘇文後少武事(箕子餘風二千載; 〈가정잡록〉) 幘滿濩下有書聲 貢士來 經鴨綠遠 登科去被牙緋榮 中朝分命新詔使 東人爭迎舊書生 德音宣布聲敎廣 遺子入學同趨京."

516 《新元史》 권191, 列傳78 王構 附王士點; 王德毅 李榮村 潘柏澄 編, 《元人傳記資料索引》 1책, 中華書局, 1987, 151쪽; 余大鈞 編著, 《元代人名大辭典》, 內蒙古出版集團 內蒙古人民出版社, 2016, 81쪽.

517 王德毅 李榮村 潘柏澄 編, 《元人傳記資料索引》 4책, 中華書局, 1987, 1875쪽; 余大鈞 編著, 《元代人名大辭典》, 內蒙古出版集團 內蒙古人民出版社, 2016, 763쪽.

518 《元史》 권182, 列傳69 宋本 附褧; 王德毅 李榮村 潘柏澄 編, 《元人傳記資料索引》 4책, 中華書局, 1987, 435-436쪽; 余大鈞 編著, 《元代人名大辭典》, 內蒙古出版集團 內蒙古人民出版社, 2016, 386쪽.

燕石集》이 있다.

⑩ 정익程益은 이곡과 동년으로 위와 같다.

⑪ 정겸程謙은 원 태정 원년(1324) 진사가 되고 문종 천력 3년(1330)에 한림편참이 되었다.[519]

⑫ 곽가郭嘉(−1358)의 자는 원풍元禮, 복양濮陽(하남성) 사람이다. 태정 3년(1326)에 진사에 급제하고 창덕로 임주판관, 한림국사원편수관, 광동도선위사, 감찰어사를 역임하였다. 광녕로총관으로 제오로권농방어를 겸하였는데 군대가 출동할 때 군량 보급을 철저히 하고 허비하지 않았다. 백성들이 군량을 매입[和糴]하고 수송하는 일 때문에 고통스러워하고, 서리들이 그 틈을 노려 농간을 부렸는데, 곽가가 법을 제정하여 호구를 계산해 갑으로 분담시켜 백성들이 편하게 되었다[520]고 한다.

⑬ 초정焦鼎의 자는 덕원德元, 단부單父(산동성) 사람이다. 인종 원우 2년(1315)에 진사에 급제하고 공부원외항, 상주로치중이 되었고 순제 지치 10년(1350)에 태주로 총관이 되었다.[521]

⑭ 악지岳至는 자가 제고濟高, 동평東平(산동성) 사람이다. 영종 지치 원년(1321)에 진사가 되고 문종 청력 2년(1329)에 남대어사南台御史, 지순 3년(1332) 국자사업이 되고 남웅로총관에 이르렀다.[522]

⑭ 이곡이 1337년 정동행성 좌우사 원외랑에 임명될 때 13인이 송별시를 썼다.

① 가정기稼亭記의 서문을 쓴 왕기는 앞에서 언급한 바와 같다.

---

[519] 余大鈞 編著, 《元代人名大辭典》, 內蒙古出版集團 內蒙古人民出版社, 2016, 706쪽.

[520] 《元史》 권194, 列傳81 忠義2 郭嘉; 余大鈞 編著, 《元代人名大辭典》, 內蒙古出版集團 內蒙古人民出版社, 2016, 619쪽.

[521] 余大鈞 編著, 《元代人名大辭典》, 內蒙古出版集團 內蒙古人民出版社, 2016, 714쪽.

[522] 余大鈞 編著, 《元代人名大辭典》, 內蒙古出版集團 內蒙古人民出版社, 2016, 488쪽.

② 가정사稼亭詞를 쓴 사단은 앞에서 언급한 바와 같다.

③ 황진黃溍(1277-1357)의 자는 진경晉卿, 무주婺州 의조義烏(절강성) 사람이다.[523] 1315년(연우 2)에 제과에 급제해 태주台州 영해승寧海丞이 되었다. 영해현은 염장鹽場이 있는 곳으로 생산 가호[亭戶]들이 관리가 소홀한 틈을 타서 백성에게 해독을 끼치고 있는데, 황진은 법대로 처리하되, 잘못을 깨우치도록 교화하였다. 후모後母와 승려가 사통하여 남편을 죽인 뒤 그 아들을 무고한 일이 있었는데 황진이 그 아들의 억울함을 벗겨 주었다. 이후 지방의 관리를 맡으면서 엄정하게 법을 집행하고 백성의 억울함이 없도록 진력하였다. 응봉한림문자, 동지제고, 겸국사원 편수관, 국자박사를 역임하였다. 국자감에 재직하면서 제자들을 친구처럼 대하고 스승이라고 스스로 높이지 않으니 배우러 오는 자들이 더욱 공손하였다. 황진은 천하의 모든 책을 널리 읽고 정밀하게 정돈하며 경사의 의심되는 부분을 분석하였다. 고금 제도의 연혁과 명물에서 선유가 밝히지 못한 것을 명료하게 한 것이 많았다. 《일손재고日損齋藁(筆記)》 33권, 《의조지義烏志》 7권, 《필기筆記》 1권이 있다. 같은 포양현浦陽縣 출신으로 유관柳貫, 오래吳萊가 있는데, 황진은 류관, 우집, 게혜사와 함께 유림사걸儒林四傑로 불렸다.[524]

④ 왕사성王思誠(1291-1357)의 자는 치도致道이고, 곤주袞州 자양인嵫陽人(산동성)이다. 영종 지치 원년(1321) 진사시에 합격하고 관주판관, 국자조교, 한림국사원 편수관, 한림문자관, 한림대제가 되었다. 지정 2년(1342) 감찰어사가 되어 상소하였다. 그 글에서 "지난 가을부터 가뭄이 지속되고 지금은 황하가 범람하고 있는데, 가뭄은 양기가 강하기 때문이

---

523 《元史》 권181, 列傳68 黃溍; 余大鈞 編著, 《元代人名大辭典》, 內蒙古出版集團 內蒙古人民出版社, 2016, 645쪽.

524 《元史》 권181, 列傳68 黃溍 附貫.

고 범람은 음기가 강하기 때문입니다. 일찍이 들으니 부녀자의 원통함이 3년의 큰 가뭄을 부릅니다."고 하였다. 이어서 그는 지난해에 백안伯顏이 전횡하여 무고한 사람을 죽였고 담왕이 감옥에 갇혔으며 연철목아燕鐵木兒당이 죽었다. 이는 부녀자 한 명의 원통함과는 비교가 되지 않는다. 그러므로 이들의 원통함을 풀어 주고 온갖 신들에게 제사 지내어 화기和氣를 불러오게 하라고 하였다. 또 다른 상소를 올려 감옥에 갇힌 죄수들이 먹을거리가 없어 굶어 죽는 경우가 많으니 이에 대한 시정을 요구하였다. 패하壩河 수로를 개통할 때 많은 인부들이 도망가 남아 있는 사람이 고통을 받고 있으므로, 인접 가호를 이동시켜 교대로 쉬도록 하였다. 지정 12년(1352) 조칙을 내려 구언을 하자, 왕사성은 7가지를 건의하였다. 행성에 승상을 두고, 세금을 관대하게 하여 백성을 튼튼하게 하고, 쓸데없는 군사를 줄이고, 녹봉을 고쳐 관리의 청렴함을 기르고, 병마사를 폐지하며, 현의 기강을 세우고, 항시적으로 인재를 뽑아 지체되지 않도록 할 것[525] 등이다. 1354년 2월에 이색이 응시한 원 제과 회시에 예부상서로서 한림학사승지 구양현과 함께 시관이 되었다.[526]

〈표 29〉 1337년 이곡이 정동행성 좌우사 원외랑으로 고려에 갈 때 원 문인이 쓴 송별시

번호	이름	본관	수록 문집
1	王沂(시관)		稼亭記
2	謝端		稼亭詞
3	黃溍(1277-1357)	東陽 婺州 義烏	集淵明句題李中甫員外稼亭,《文獻集》권1《御選宋金元明 四朝詩》권81,(張豫章 편, 청)
4	王思誠(1291-1357)	魯郡 兗州 嵫陽	

525 《元史》권183, 列傳70 王思誠; 王德毅 李榮村 潘柏澄 編,《元人傳記資料索引》4책, 中華書局, 1987, 188쪽; 余大鈞 編著,《元代人名大辭典》, 內蒙古出版集團 內蒙古人民出版社, 2016, 97쪽.

526 《陽村集》권40, 牧隱先生李文靖公行狀「甲午二月, 翰林學士承旨歐陽玄·禮部尙書王思誠, 同掌會試, 公又得中. 三月, 對策殿庭, 擢中第二甲第二名, 讀卷官參知政事杜秉彝·翰林承旨歐陽玄諸公, 大加稱賞, 勅授應奉翰林文字承仕郎.」

5	宋褧(1292-1344)	京師	
6	蘇天爵(1294-1352)	趙郡 眞定	
7	劉聞	安成	
8	劉閱	安成	
9	貢師泰(1299-1362)	寧國의 宣城	題高麗李衆甫員外稼《玩齋集》권2,
10	余闕	武威	
11	王士點	東平	
12	成遵	南陽	

⑤ 송경(1292-1344)은 앞에서 언급한 바와 같다.

⑥ 소천작蘇天爵(1294-1352)의 호는 백수伯修이고, 진정眞定(하북성) 사람이다.[527] 그의 아버지 소지도蘇志道는 영북행중서성좌우사낭중을 역임하였는데, 화림和林(카라코룸의 한자 이름) 지방에 큰 기근이 들자 은혜로운 정치를 펼쳐 유능한 관리로 칭송받았다. 소천작은 국자감직을 마치고 계주판관이 되었으며 1324년에 한림국사원전적관이 되었다. 지순 원년(1330)에 《무종실록》을 찬수하였다. 1331년 강남행어대 감찰어사로 지방을 순시하였는데, 이때 살인자를 가려 처벌하고 억울한 자를 구하였다. 그 뒤 감찰어사가 되어 4개월 동안 장소章疏 45개를 올리고 인군人君과 조종의 정령政令, 예문禮文, 여염유은閭閻幽隱, 그 밖에 대체에 관한 일을 말하지 않은 것이 없었다. 모두 5명을 탄핵하고 109명을 추천하였다. 1334년에는 《문종실록》을 찬수하였다. 소천작의 학문은 박학하면서도 요체를 파악하였으며 기록에 능했다. 《국조명신사략》 15권, 《문류》 70권, 《시고試藁》 7권, 《자계집滋溪集》 30권, 《송청장소松廳章疏》 5권, 《춘풍정필기春風亭筆記》 2권 등의 저술이 있고, 《요금기년》, 《황하원위黃河原委》는 탈고하지 못하였다고 한다. 자계滋溪 선생이라고 불렸다.

이곡은 소천작이 호남행성 참지정사로 떠나자 송별시를 썼고,[528] 이곡

---

527 《元史》 권183, 列傳70 蘇天爵; 王德毅 李榮村 潘柏澄 編, 《元人傳記資料索引》 4책, 中華書局, 1987, 2114-2117쪽.

의 좌주인 송본과 함께 소천작이 자계서당滋溪書堂을 주재하는 시를 지었다.[529] 여기에서 그는 소씨 집안 5대에 걸쳐 서책을 모아 만권을 소장하기에 이르렀고, 좌주인 송본이 맨 위에 기문을 쓰고 제공이 모두 시를 지었다고 하였다. 이색도 소천작(조군趙郡 소대참백수蘇大參伯修)이 《국조명신사략》을 편찬하고 다시 《문류》를 지었는데, 이에 대하여 구양수가 소천작(백수伯修)의 문재가 뛰어나기 때문에 이 일을 완성할 수 있었다고 말한 것을 인용하였다.[530]

⑦ 류문劉聞의 자는 문정文廷(문정文霆), 안복安福(강소성) 사람으로 몽정蒙正의 아들이다. 지순 원년(1330) 과거에 급제하고 임강로록사, 국자조교, 태상박사, 강서유학제거가 되었다. 우집[531]과 구양현[532]이 태상박사 유문에게 보내는 글이 남아 있다.[533] 《용창집容窗集》과 《춘추통지》가 있다.

⑧ 류열劉閱은 미상이다.

⑨ 공사태貢師泰(1298~1362)[534]의 자는 태보泰甫, 영국寧國의 의성宣城(안휘성) 사람이다. 부친인 공규貢奎는 집현직학사를 역임하였다. 태정 4년(1327)에 국자감을 졸업하고 태화주판관이 되었다. 모친상을 마치고 소흥로 총관부추관이 되었는데 의혹이 있는 송사를 잘 처리하였다. 산음山陰 백양항白洋港에 소금을 채취하는 배에서 살인 사건이 발생하였을 때 살인자로 몰린 자의 억울함을 풀어 주었다. 이 밖에도 억울한 송사를 공

528 《稼亭集》 권14, 送蘇伯脩參政湖省 分韻得東華塵.

529 《稼亭集》 권16, 題蘇伯脩參議滋溪書堂, 蘇氏五世, 世增書至萬卷, 座主宋尚書誠夫首爲之記, 諸公皆有詩.

530 《牧隱集》 文藁 권9, 金敬叔秘書詩序.

531 虞集 《道園學古錄》 권3, 送進士劉聞文廷赴臨江錄事.

532 《圭齋文集》 권10, 擬古十首次劉聞廷韻.

533 王德毅 李榮村 潘柏澄 編,《元人傳記資料索引》 4책, 中華書局, 1987, 1803쪽; 余大鈞 編著,《元代人名大辭典》, 內蒙古出版集團 內蒙古人民出版社, 2016, 216쪽.

534 《元史》 권187, 列傳74 貢師泰.

정하고 명확하게 시시비비를 가려 처리하였고, 그 때문에 군민들 가운데는 억울하게 고통받는 사람이 없었다. 관리의 행적은 모든 군의 1등이었다. 임기가 만료되어 한림에 들어가 응봉이 되었고, 이어 한림대제 겸 국자사업이 되었다. 세조 이후 대성臺省(어사대와 중서성)에서는 남인을 배척하고 기용하지 않다가 공사태로부터 비로소 남인을 기용하게 되었다. 《완재집玩齋集》이 있다.

⑩ 여궐은 위에서 언급했다.

⑪ 왕사점은 위에서 언급했다.

⑫ 성준은 위와 같다.

〈표 30〉 1346년 이곡이 반삭의 명을 받아 고려로 귀국할 때 원 문인 송별시

번호	이름	본관	관계	수록 문집
1	周璿	眞定路		서문
2	張起巖	華峯	시관	
3	周璿	眞定路		
4	林希光			
	葉恒	句章		
6	南陽	納新		送李中父典簿高麗頒曆,《金臺集》권1. 納延 《元詩選》初集 권41, 編修納新(顧嗣立 編, 청) 《御選宋金元明 四朝詩》권49, 七言律詩(張豫章 편, 청) 薩都拉 《御定駢字明類》권91, 권124(吳士玉, 沈宗敬편, 청) 納新 《御定淵鑑函明類》권231, 威信及外夷3(王士類, 張英편, 청): 納延
7	傅亨			
8	方道叡	壽昌(浙江通志)		
9	周曔	番易(江西通志)		

㉣ 1346년 원에서 중서사전부 재직시 반삭의 명을 받아 귀국할 때 8인이 그들이다.

① 서를 쓴 주선周璿의 자는 자형子衡, 진정로眞定路(하북성) 사람이다. 부는 주사의周思義이다. 제과 회시의 선택 시험 과목은 《서경》이었고 합

격 당시 나이는 29세였다. 향시는 진정로 제5명, 회시는 제7명, 전시는 제3갑 15명으로 급제하였으며 태상예의원교사서태축에 제수되었다.[535]

② 장기암은 위와 같다.

③ 주선은 위와 같다.

④ 임희광은 미상이다.

⑤ 섭항葉恒의 자는 경상敬常, 우현虞顯 사람이다. 부는 섭손葉遜(1262-1328)으로 자는 겸보謙甫이다. 한림편수, 국자조교를 역임하고 염성현윤으로 관직을 마쳤다.[536]

⑥ 남양南陽은 지역 이름이고 사람 이름이 《가정집》에 빠져 있다.[537] 《사고전서》에 관련 시를 조사해 보면, 저자가 보인다. 《금대집金臺集》의 서문을 보면, 저자가 납신納新, 납연納延인데, 서현迺賢으로 개명했고, 자는 역지易之이다. 《원시선元詩選》에는 저자가 납신이고, 자는 역지로, 본래 갈라록씨葛邏祿氏였지만 금산金山의 서쪽에 대대로 살았다. 중국에 벼슬하면서 내지로 흩어져 살아서 역지라 하였으며 남양인이라 불렀다고 한다.[538]

⑦ 부형傅亨의 자는 자통子通, 대도(북경)사람이다. 지정 2년(1342)에 진사가 되고 20년에 태상박사가 되었다.[539] 원 제과 동년인 이인복이 그를 위해 보낸 시가 있다.[540] 원 제과 합격 뒤 한림원에 있던 이색은 사명을

535 錢大昕, 《元統元年(1333) 進士錄》, 浙江古籍出版社, 1992, 208쪽; 王德毅 李榮村 潘柏澄 編, 《元人傳記資料索引》 2책, 中華書局, 1987, 627쪽; 余大鈞 編著, 《元代人名大辭典》, 內蒙古出版集團 內蒙古人民出版社, 2016, 502쪽.

536 王德毅 李榮村 潘柏澄 編, 《元人傳記資料索引》 2책, 中華書局, 1987, 1575쪽

537 이름은 迺賢이고 색목인이며 위구르족이라고 한다(장동익, 〈제12절 李穀에 관련된 기사〉, 《元代麗史資料集錄》, 서울대출판부, 1997, 86-87쪽; 陳高華, 〈元代詩人迺賢生平事績考〉, 《文史》 32, 1991)

538 《元詩選》 初集 권41, 編修納新(顧嗣立 編, 청); 余大鈞 編著, 《元代人名大辭典》, 內蒙古出版集團 內蒙古人民出版社, 2016, 535쪽.

539 王德毅 李榮村 潘柏澄 編, 《元人傳記資料索引》 3책, 中華書局, 1987, 1362쪽; 余大鈞 編著, 《元代人名大辭典》, 內蒙古出版集團 內蒙古人民出版社, 2016, 713쪽.

받들고 동평東平에 가서 이주해 온 객호客戶들을 구제하고, 봉황산鳳凰山에 들른 응봉應奉 부자통傅子通을 송별하며 시를 지었으며,[541] 부자통이 떠나면서 봉산의 12영을 요구하자 지은 시가 있다.[542]

⑧ 방도예方道叡의 자는 이우以愚, 순안淳安(절강성) 사람이다. 송나라 상서 방봉진方逢辰의 증손이다. 지순 원년(1330) 진사에 합격하여 한림편수, 지정 8년에 항주로 판관이 되었다. 명이 건국되자 은거하였다.《우천시고愚泉詩薰》 10권[543]이 있다.

⑨ 주돈周暾의 자는 자진子振(자정子正), 반양潘陽(강서성) 사람이다. 무종 말에 국자생이 되고, 순제 지정 5년(1345) 과거에 합격하여 한림응봉이 되었다.[544]

위와 같이 확인한 이곡이 교류한 문사들의 특징을 살펴보면 다음과 같다.

첫째, 중국 한족 지식인에 한정되지 않고 몽골인이나 탕구트족들이 포함된다. 여궐은 탕구트족唐兀氏 출신이고 달겸선은 몽골족이다. 원대의 관리 등용정책과 연관하여 다종족의 성격을 갖는 원나라는 세계성과 국제성을 갖추고 있었다. 이 같은 특징은 종족과 국가를 뛰어넘는 인적 교류가 문화와 종족의 상대성을 이해하는 바탕이 됨을 보여 준다.[545]

---

540 《東文選》 권15, 七言律詩 寄元朝同年馬彦暉承旨兼柬傅子通學士.

541 《牧隱集》 詩薰 권3, 奉送傅子通應奉奉使東平, 賑齊客戶, 因過鳳凰山(공민왕 4년, 1355, 여름).

542 《牧隱集》 詩薰 권3, 鳳山十二詠, 子通臨行索賦.

543 《御選宋金元明 四朝詩》(張豫章 편, 청), 御選元詩 姓名爵里2; 王德毅 李榮村 潘柏澄 編, 《元人傳記資料索引》 2책, 中華書局, 1987, 70쪽; 余大鈞 編著, 《元代人名大辭典》, 內蒙古出版集團 內蒙古人民出版社, 2016, 121쪽.

544 王德毅 李榮村 潘柏澄 編, 《元人傳記資料索引》 2책, 中華書局, 1987, 627쪽; 余大鈞 編著, 《元代人名大辭典》, 內蒙古出版集團 內蒙古人民出版社, 2016, 502쪽.

545 이민족 가운데 고려로 귀화한 이들을 向化, 投化로 표현하는데, 고려와 원의 왕실 혼인이 정례화되고 원 공주를 따라 고려에 정착한 인물들이 다수 존재한다(박옥걸, 《高麗時代의 歸化人 硏究》, 국학자료원, 1996; 배숙희, 〈13-14세기 歸化人의 유형과 고려로 이

둘째, 이곡이 교류한 원 문사들은 만남 장소가 한림원, 국사원 등 문한직이기 때문에 문인교류의 양상을 띠어 시문을 교류하며 소통하고 유교 사회에 대한 의견을 공유하면서 유교의 인문, 문치적 성격을 확인하고 사회에 실현하는 바를 논의하였다고 볼 수 있다.

셋째, 이곡이 교류한 인물들은 《원사》의 열전에 그 행적이 드러나는데, 해당하는 인물들을 살펴보면, 한림, 문한직을 수행함과 동시에 지방관으로서 엄정한 법 집행, 특히 무고한 백성의 구제, 세금 감면 등을 행하며 선정을 베풀었다. 이곡이 교류한 인물의 이러한 특징은 고려 지방관의 모범 사례로 제시될 수 있었을 것이다.

넷째, 원과 고려는 국가 차원의 긴밀한 유대와 함께 지식인 사이의 문화교류가 활성화되어 조선시대 창화 외교의 단초를 열었다. 원에서 관료생활을 한 이곡이나 고려에 온 관료들은 송별시를 써 주면서 마음을 나누고 각기 본국에 돌아가 잘 살기를 기원하는 유대감을 보여 주었다. 송별시에는 나라의 사정과 나라 사이의 관계도 묘사되어 있다. 이러한 고려와 원 지식인의 교류는 고려 말 유학자들과 명 사신과의 교류로 이어진다. 이색과 정몽주, 권근 등은 공민왕 18년에 명에서 설사偰斯·사사호徐師昊, 우왕 11년에 장부張溥·주탁周倬과 시문 교류를 하였고, 일본에서 사신으로 고려에 온 승려 중암中菴·천우天祐·영무永茂와도 시문 교류를 하였다.[546] 조선이 건국되었어도 명과 조선의 사신 왕래 과정에서 시문교류는 활발하게 이루어졌다.[547]

주),《역사학보》233, 2017). 예컨대 拜住는 원 순제 2년(1342)에 급제하여, 남대어사, 한림대제, 추밀원부사를 역임하였다. 공민왕 19년 이성계가 兀剌 산성을 공격하였을 때 항복하였다. 韓復으로 賜姓되었다. 이인복과 원 제과 동년이고, 이색 등과 교류하였다(《高麗史》권112, 列傳25 韓復(하책, 458쪽)).

546 都賢喆,〈高麗末における明·日本との詩文交流の意義〉,《東方學報》93, 2018.

547 김한규,《동아시아의 창화 외교》, 소나무, 2019.

이곡은 원과 고려인 유학자 사이에 지식인 네트워크를 형성하고 이를 통하여 신지식, 신문화를 익히며 문화의 다양성과 깊이를 체험하고 자기화하여 고려사회를 더 진전시킬 수 있는 통로를 열어 가고 있었다.

제3장

원과의 사대관계와

원 문화 수용

1. 원과의 사대관계와 고려 국가의식

1) 몽골(원)과의 강화와 사대외교

이곡은 고려와 원의 사대관계를 존중하였고, 그 계기가 된 강화 협정과 개경 환도, 왕실 혼인을 긍정하였다. 천명을 받은 원나라가 일어나자 고려가 먼저 귀부하였고 그 결과 원과 고려의 왕실 혼인이 이루어졌으며 3대에 걸쳐 고려의 국왕이 천자의 손자에서 나왔고 국왕이나 배신陪臣이 조근하여 직공職貢의 예를 닦았다고 하였다. 또 다른 글에서 "세조 황제께서는 공주를 결혼시켰으며 조서에서, '의관과 예법은 선대의 풍습을 지켜라.' 하였다. 이 때문에 그 풍속이 지금까지 변하지 않았고 오늘날 천하에 임금과 신하가 있으며 백성과 사직이 있는 곳은 우리 삼한뿐입니다."²라고 하여 사대관계 속에서 백성과 사직과 국가의 독자성이 있는 곳은 고려뿐이라고 하였다. 전통적인 사대관계처럼 제후국으로서 국가적 독립성과 정치적 자율성이 인정되었다는 것이다.³

---

1 《稼亭集》 권9, 送鄭副令入朝序 "聖元有作, 受天明命, 首承晉接之榮, 繼荷虞嬪之寵, 三葉之王, 出帝外甥, 際會之機, 良有以夫. 王或未躬朝覲, 敬遣陪臣, 時修職貢."

2 《稼亭集》 권8, 代言官請罷取童女;《高麗史》 권109, 列傳22 李穀(하책, 388쪽) "元屢求童女 于本國, 穀言於御史臺請罷之, 代作疏曰, …….";《高麗史節要》 권24, 忠肅王(후4년 윤12월 (637쪽) "典儀副令李穀在元, 言於御史臺, 請罷求童女, 爲代作疏曰, …… 國朝肇興, 首先臣 服, 著勤王室, 世祖皇帝釐降公主. 仍賜詔書獎諭曰, 衣冠典禮, 無墜祖風, 故其俗至于今不變, 方今天下, 有君臣有民社, 惟三韓而已. 爲高麗計者, 當欽承明詔, 奉祖攸行, 脩明政敎, 朝聘以 時, 與國咸休可也."

3 몽골(원)사 연구자는 이러한 의견에 반대한다. 몽골-고려 관계는 한중관계의 일반적 형태·성격과 근본적으로 다르다고 한다. 그 차이점의 기준은 정치적 자주성 여부로 보아야

널리 알려졌듯이 이곡이 활동한 13-14세기는 정치 사회 변동의 결과 중국·일본·한국의 각 왕조가 바뀌는 동아시아의 변혁기였다. 특히 고려 는 몽골과 대몽항쟁이 마무리되고 새로운 대원관계가 성립되면서 국가의 위상을 다지고 중국과 외교 관계를 새롭게 설정해야 하는 시기였다.[4]

고려는 원종 11년(1270) 몽골과 강화 협상을 하고 개경으로 환도하였 다. 당시 대몽항쟁을 벌이던 강화도 정부에서 권력 변동이 일어나면서 강화론이 대두되었다.[5] 몽골과의 오랜 전쟁으로 국토가 황폐해지고 백성 들의 생활이 어려워지며 정부 내 지배세력이 교체된 결과였다. 유경과 김준이 최의를 죽이고 최씨 정권을 무너뜨리면서 강화 협상이 급진전되 었다. 고려 정부는 여러 차례 강화 교섭을 진행하는 과정에서, 몽골과 협상이 국왕의 출영出迎에서 태자의 입조로 바뀌면서, 마침내 '선회군先回 軍 후태자입조後太子入朝'의 조건으로 휴전이 성립되었고,[6] 고종 46년(1259) 4월 태자의 입조가 실현되었다.[7]

하고, 내정 불간섭이 한중 책봉조공 관계의 핵심이라고 한다. 그리고 몽골-고려관계를 역대 한중관계로 이해하면 한중관계에서 양국관계가 차지하는 특수성을 규명할 수 없고, 쿠빌라이 즉위 전후 몽골의 고려 정책의 연속성을 포착할 수 없으며, 양국관계에 관한 중국의 논리에 동조하는 결과를 가져온다고 하였다. 결론적으로 森平雅彦의 "몽골은 상대 국에 대한 일정한 실질적 영향력을 보유한 채 비교적 고도의 자율성과 독자성을 허용하 는 몽골의 정복지 지배의 일반적 방식이 책봉 등 일부 형식적인 중국풍 외피를 두르고 표현되었다."는 견해를 첨부하며 자신의 생각을 보강하였다(고명수, 〈즉위초 쿠빌라이의 고려정책 그의 漢法 수용 문제와 관련하여-〉, 《동양사학연구》 141, 2017).

[4] 1310년(충선왕 2) 원에서 고려왕의 3대왕(고종·원종·충렬왕)을 추증하는 글에 충렬왕의 직함이 '純誠守正推忠宣力定遠保節功臣 太尉·開府儀同三司·征東行中書省右丞相·上柱國·駙馬· 高麗國王·王昛'로 되어 있다. 여기에서 고려 국왕이 정동행성 우승상, 고려국왕, 부마를 겸하였다(《高麗史》 권33, 世家33 忠宣王(2년 7월 을미)(상책, 687쪽). 이 세 가지 가운데 어느 지위에 강조점이 있느냐에 고려 국왕의 성격이 달라질 수 있다.

[5] 이하 강화론에 대한 서술은 다음의 논문을 주로 참고하였다(李益柱, 〈高麗 對蒙抗爭期 講 和論의 硏究〉, 《歷史學報》 151, 1996; 《高麗·元 關係와 高麗後期 政治體制》, 서울대 박사 논문, 1996).

[6] 《高麗史》 권24, 世家24 高宗(44년 7월 무자)(상책, 493쪽).

[7] 《高麗史》 권24, 世家24 高宗(46년 3월 임자)(상책, 498-499쪽).

몽골에 간 태자(후에 원종)는 헌종憲宗(뭉케)이 죽고 왕위계승의 논란
에 있던 쿠빌라이를 개봉에서 만나게 되었다. 쿠빌라이는 "고려는 만리
밖의 나라로, 당 태종이 친히 정복하려 했어도 복종시키지 못했는데, 그
나라의 세자가 오니 이는 하늘의 뜻이다."[8]라고 기뻐하였다. 고려 태자가
조회하러 온 것을 쿠빌라이는 천명이 자신에게 돌아온 징표로 여겼으나
적어도 그렇게 선전할 수 있는 근거로 본 것이다. 이 만남을 계기로 쿠
빌라이는 고려와 사대 형식의 외교 관계를 맺기 시작하였다. 태자 전을
번국의 예로 대우하고[9] 고려 국왕에 책봉하며 연호를 사용하도록 하였
을 뿐 아니라 역을 하사하였다.[10]

태자가 몽골에 가 있는 사이 고종이 죽자, 무신 집권자 김준이 몽골
에 있는 태자를 폐하고 안경공 창을 옹립하려 하였는데, 양부가 이를 반
대하고 태자를 받들어 1260년 태자인 원종이 즉위하였다. 하지만, 무신
정권의 주축인 김준은 대몽항쟁을 견지하였다. 원종 5년(1265)에 몽골이
국왕의 친조를 요구하였고 조정 회의에서는 모두가 불가하다고 하였으
나, 이장용만은 "왕이 화회和會하면 화친和親이 될 것이요, 그렇지 않으
면 틈이 생길 것이다."[11]라고 역설하였고 결국 원종의 입조入朝가 결정되
었다. 원종은 1269년 8월에 개경을 출발하여 10월에 돌아왔다. 당시 회
의에 참석했던 인물은 류경을 비롯하여 고종 말 이후 고위직에 있으면
서 강화론을 지지했던 인물이었다. 천자 제후의 사대 관계에서 고려 국

---

8 《高麗史》 권25, 世家25 元宗(원년 3월 정해)(상책, 505쪽); 《高麗史》 권110, 列傳23 李齊賢
(하책, 414쪽).

9 《高麗史》 권25, 世家25 元宗(원년 3월 정해)(상책, 506쪽).

10 《高麗史》 권25, 世家25 元宗(원년 8월 임자)(상책, 510쪽).

11 《高麗史節要》 권18, 元宗(5년 5월)(469쪽) "蒙古遣使來詔曰, 朝覲諸侯之大典也, 朕纘承丕
緒, 于今五年, 第以兵興, 有所不暇, 近西北諸王, 率衆款附, 擬今歲, 朝王公皐牧於上朝, 卿宜
乘馹而來, 庸修世見之禮, 會宰相, 議親朝, 皆持疑曰不可, 平章事李藏用, 獨奏曰, 王覲則和親,
否則生釁, 王從其言, 定入朝之議."

왕의 입조가 행해지는 시초가 되었다.

원종 9년 무렵 몽골에서 출륙환도와 공물 납부 등 6사의 이행과 김준의 소환을 요구하였다. 이때 김준은 몽골의 압력에 저항하여 몽골 사신을 죽이고 다시 항전하고자 했고, 원종이 이에 반대하자 국왕마저 폐위하려는 등 정치적 대립이 격화되었다. 강화에 반대하던 무신권력자 임연이 김준을 제거하고 출륙환도를 서두르는 원종과 대립하다가 임연은 원종 10년(1269)에 국왕 원종을 폐위시키고 안경공 창淐을 세운 뒤 교정별감이 되어 무신정권을 재건하려 하였다. 몽골에 가 있던 태자(후에 충렬왕)는 고려로 돌아오는 도중에 그 소식을 듣고 몽골로 되돌아가 군사적으로 개입해 줄 것을 요청하였다. 원 세조는 태자 심(왕심王諶, 후에 충렬왕)을 특진상주국으로 임명하고 병력 3천 명을 주어 귀국케 하였고, 그 다음 달에는 병부시랑 흑적黑的 등을 파견하여 원종을 복위시켰다. 복위한 원종은 원에 친조하면서 임연을 숙청하고, 출륙환도를 시행하기 위해 필요한 병력을 지원해 줄 것을 요청하여 군대를 대동하고 귀국하였다. 이에 호응한 홍문계와 송송례 등이 정변을 일으켜 마침내 무신정권을 종식시켰다. 고려 왕이 몽골의 군사 지원을 받아 권력을 회복한 것이다.

이때 몽골과 강화 성립에는 유학자들의 역할이 컸다. 몽골과 강화를 주도한 인물은 유승단·최린·최자·김보정 등 유학을 공부한 과거급제자였다. 안향의 좌주였던 류경은 최린의 문생이었으며 금의·최장 등으로 이어지는 문신 집단에 속해 있었다. 류경이 김준과 함께 정변을 일으킬 수 있었던 것은, 유공권의 손자이고 문극렴의 외증손이라는 무신정권 초기부터 다져온 가문 배경과 금의 이후 좌주문생 관계로 결집된 문신집단이 존재하였기 때문이다. 정변이 성공한 뒤 류경은 왕정복구를 실현하고 곧바로 《맹자》의 사대론에 근거하여 몽골과 강화 협상에 나섰다.

처음 몽골이 침입할 때 강화도에 천도하였지만, 대세는 강화론이었다.

1221년에 몽골의 사신 영접 문제를 둘러싸고, 4품 이상의 군신群臣들이 "저들은 군사가 많고 우리는 적습니다. 만약 사신을 맞아들이지 않으면 저들은 반드시 쳐들어 올 것입니다. 어찌 적은 것으로 많은 것들을 대적하며, 약한 것으로 강한 것을 대적할 수 있겠습니까."[12]라고 하였다. 1231년에 강화 천도에 대하여, 유승단은 "작은 나라가 큰 나라를 섬기는 것은 이치에 맞는 일이다. 예로써 섬기고 신의로써 사귄다면 저들이 무슨 명분으로 우리를 괴롭히겠는가."[13] 하였다. 《맹자》의 이소사대에 기초한 사대외교는 고려가 중국과의 관계에서 보인 일관된 기저였다.

몽골과 고려의 강화협정은 조공 책봉관계의 성립으로 나타났고, 조공 책봉 관계는 전통적인 사대관계의 연장선에서 파악할 수 있다. 1259년에 원종은 몽골로부터 책봉을 받았고, 이는 공민왕대까지 이어진다. 이전에도 중국으로부터 책봉을 받았지만, 달라진 점은 책봉호에 원의 관계官階와 행성승상, 부마가 추가되었다는 것이다. 원종 원년(1259) 3월에 강회선무사 조양필趙良弼이 황제의 아우(쿠빌라이)에게 올린 글에 태자 전(후에 원종)을 번국의 예로 접대하고 왕으로 세워 신직臣職을 닦도록 해야 된다고 하였고 황제는 이를 받아들였다.[14] 여기에서 조양필의 말에 '입전위왕立僎爲王'이라고 했지만, 고려에 전달된 몽골의 조서에서는 '책위왕冊爲王'이라고 표현되어 그것이 책봉이었음을 분명히 알 수 있다고 한다.

또한 몽골(원)의 고려 국왕 책봉은 사후 승인의 형식적인 것이 아니라 원나라 천자가 고려 국왕을 임명하는 실질적인 방식으로 이루어졌다.

---

12 《高麗史》 권22, 世家22 高宗1(8년 9월)(상책, 447쪽) "丁亥 王召群臣四品以上於大觀殿, 問蒙古後使迎接可否. 王欲設備, 拒而不納, 群臣皆曰, 彼衆我寡, 若不迎接, 彼必來侵. 豈可以寡敵衆, 以弱敵强乎? 王不悅."

13 《高麗史》 권102, 列傳15 俞升旦(하책, 247쪽) "升旦獨曰, 以小事大, 義也. 事之以禮, 交之以信. 彼亦何名而困我哉? 弁城郭, 捐宗社, 竄伏海島, 苟延歲月, 使邊氓丁壯, 盡於鋒鏑, 老弱係爲奴虜, 非爲國長計也. 怡不聽."

14 《高麗史》 권25, 世家25 元宗1(원년 3월 정해)(상책, 505쪽).

이른바 중조重祚, 곧 살아 있는 국왕의 폐위와 임명을 몽골이 결정하였던 것이다. 1298년(충렬왕 24)에 충렬왕은 원에 의하여 왕위에서 물러나고 아들인 충선왕이 즉위했고, 충선왕은 8개월만에 퇴위하여 다시 충렬왕이 즉위하였다. 충선왕은 다시 충숙왕에게, 충숙왕은 충혜왕에게 왕의 자리를 물려주어야 했다. 전통적으로 조공 책봉 관계에서 책봉은 형식적이고 의례적인 면이 강하여, 제후국인 신라·고려·조선이 내부적인 국왕의 교체를 사후에 알려 주고 이를 중국 왕조가 추인하는 것이 보통이었는데, 원 간섭기에는 고려 국왕의 즉위와 폐립의 권한을 행사하였던 것이다. 물론 이러한 원의 책봉권 행사도 고려의 전통적인 왕위계승의 원칙을 부정하지는 못했다. 모두 부자 사이에 이루어지는 왕위계승의 자격을 갖추지 못한 사람이 책봉을 받은 적은 없었다.[15] 원나라의 책봉권 행사는 기존의 조공 책봉관계의 연장선에서 해석할 수 있다.

사대관계의 내용 가운데 조근朝覲은 제후가 천자를 알현하는 것인데, 국왕이 직접 조근하지 못하면 배신들이 가 제후국으로서 직공을 충실하게 수행했다.[16] 몽골은 고려를 번국으로, 고려의 왕과 태자를 번국의 예로 대우하였다. 몽골(원)은 고려에 대하여 천자 제후의 예를 처음부터 생각하고 있었다. 고려는 원종 2번, 충렬왕 11번(태자 시절 5차례)의 친조를 수행하였다.[17] 충렬왕은 일찍이 대신들에게 "조근朝覲은 황제에게 하는 예절이고 출가한 딸이 부모를 섬기는 예이다."라고 하여 사신을 보

---

15 이익주, 〈세계질서와 고려-몽골관계〉,《동아시아 국제 질서 속의 한중관계사 —제언과 모색》, 동북아역사재단, 2010, 176-184쪽.

16 《稼亭集》권9, 送鄭副令入朝序 "王或未躬朝覲, 敬遺陪臣, 時修職貢."

17 국왕의 친조는 천자 제후국의 전통적인 사대관계의 일환인 朝覲에서 파생된 것이나, 최근에 이 시기에 몽골이 복속 지역에 요구한 항복 조건의 하나로 군주의 출두가 구현된 것이고, 여기에 딸이 친정아버지를 쉽게 뵙는 것으로 볼 수도 있으며, 몽골 제왕들의 大朝會인 쿠릴타이에 참석하는 것으로 보기도 한다. 결국 몽골적 전통의 성격을 강하게 띤다고 한다(이명미, 〈고려 국왕의 몽골 入朝양상과 국왕권의 존재형태〉,《한국중세사연구》46, 2016; 정동훈, 〈고려 원종 ·충렬왕대의 親朝 외교〉,《韓國史硏究》177, 2017).

내어 공주와 함께 입조하려 하였다.[18]

원과의 사대관계를 통하여 고려 국가를 보존하고 왕권을 강화하려는 입장에서 조근朝覲은 불가피한 것이었다. 원종 13년에 태자(충렬왕)가 "우리 부자가 조근하고 특별한 은혜를 받았으므로 우리나라 백성들이 목숨을 보전할 수 있게 되었다. 그러므로 감격하여 받드는 지성은 이루 다 말할 수 없다. 또 내가 매년 입조入朝할 때마다 은덕을 입었으니 나의 충성이 더욱 간절하며 보답할 도리만 궁리하고 있다."[19]고 하거나 "충렬왕은 조근의 예를 닦아 일찍이 조금도 게을리한 일이 없었습니다. 그런 까닭에 공주의 강가降嫁함을 얻어 대대로 부마駙馬가 되었습니다. 그리하여 고유의 풍속을 변경하지 아니하고 그 종사宗社를 보전하여 왔습니다. 이것은 세조황제의 조서詔書의 취지에 힘입은 것입니다."[20]라고 한 것은 그러한 태도를 반영한 것이었다.[21]

이 밖에도 고려는 원종 원년(1260) 5월 19일부터 연호를 중통이라고 했으며[22], 원종 3년에 원으로부터 역을 받았다.[23]

---

18 《高麗史》 권28, 世家28 忠烈王1(4년 3월 기해)(상책, 579쪽) "遣將軍張舜龍, 中郞將白琚, 如元告以入朝. 王嘗謂大臣曰, 朝覲諸侯享上之儀, 歸寧女子事親之禮. 遣使. 請與公主入朝, 以鋪馬七十匹將行."

19 《高麗史》 권27, 世家27 元宗3(13년 2월 기해)(상책, 551쪽) "世子諶至自元. 帝遣斷事官不花馬絳等偕來. 中書省牒曰, 據世子諶云, 吾父子相繼, 朝覲特蒙恩, 宥小邦人民得保, 遺嚛感戴之誠, 言不可. 既諶連年入覲, 每荷皇恩, 區區之忠, 益切致効 ……"

20 《高麗史》 권110, 列傳23 李齊賢(하책, 410쪽) "柳淸臣吳潛上書都省, 請立省本國比內地. 齊賢爲書上都堂曰, 中庸曰, …… 忠烈王亦躬修朝觀, 未嘗小懈."

21 고려말 이색은 이성계와 정도전 등을 견제하기 위하여 명의 고려에 대한 監國과 창왕의 入朝를 요청한 바 있다(《高麗史》 권137, 列傳50 辛昌(즉위년 11월 병술)(하책, 962-963쪽). 감국과 창왕의 입조를 통하여 명과의 관계를 강화하고 以小事大를 확인하는 것이었다. 명과 고려의 천자와 제후라는 名分관계를 분명히 설정하는 가운데 고려 내부의 君臣秩序를 확고히 다지려는 것이다. 국왕의 입조는 국내의 정치문제의 수단으로 활용되기도 하였다.

22 《高麗史》 권25, 世家25 元宗1(원년 8월 임자)(상책, 510-511쪽) "永安公僖賚詔三道, 還自蒙古. 翌日, 王邀束里大·康和尙等, 迎詔, 一曰, 漢自武帝之後, 創業守成之君, 卽位伊始, 莫不

고려가 몽골(원)과 조공 책봉 관계를 맺은 것은 중국과의 전통적인 조공 책봉관계의 일환이다. 고려는 건국 초기부터 유교를 정치이념으로 표방하였고 명분론에 입각하여 천자·제후의 관계에 기초한 사대외교를 전개하였다. 고려는 다원적 세계관을 견지하며[24] 안으로는 천자, 황제의 위상을 가지면서도 대외적으로는 제후국으로 자처하였다. 중국을 포함한 북방 민족의 군사적 우위를 인정하면서 문화적, 경제적 실리를 고려하는 실용적인 외교 논리인 것이다. 이에 따라 고려는 의례적이고 형식적인 측면이 강한 책봉과 조공, 중국 연호 사용 등을 인정하였다.

그런데 중국에서 한족漢族이 아닌 이민족으로서 중원을 지배한 정복왕조는 한족 우위의 화이론을 변화시켰다.[25] 거란[遼]·여진[金]·몽골[元]의 정복왕조는 무력으로 중국을 통일하고 중국을 지배하였다. 이때 이들은 지배질서를 유지하기 위해 유교를 채용하고 중국 고유의 문물제도를 받아들였다. 정복왕조는 무력, 곧 형세로 중국을 지배하였지만, 문화(유교)

改元, 所以示天下萬世端本正始之傳也. 國家累聖相承, 廓開大業, 禮文之事, 有所未遑. 朕獲纘丕圖, 思復古治, 已於今年五月十九日, 立號爲中統元年. 使還, 宜播告之, 俾知朕意"

23《高麗史》권25, 世家25 元宗1(3년 12월 을묘)(상책, 514쪽))"郎中高汭, 還自蒙古, 帝頒曆"

24 具山祐,〈高麗 成宗代 對外關係의 展開와 그 政治的 性格〉,《韓國史研究》78, 1992; 김기덕,〈고려의 諸王制와 皇帝國體制〉,《國史館論叢》78, 1997; 노명호,〈고려시대 다원적 천하관과 해동천자〉,《韓國史研究》105, 1999.

25 전근대 동아시아에서 중국과 주변국을 설명하는 논리로 화이론이 있다. 화이론은 文化·種族·地理의 3측면으로 구성되었는데, 중국 중원의 지배자인 漢族이 주변 지역을 복속해 가는 과정에서 형성되었다. 漢族이 중국 문명이 발전하는 과정에서 자기 문화에 대한 우월의식을 근거로 주변 이민족에 대한 지배를 정당화시켰다. 漢族 중심의 文化·種族에 대한 우월감은 자신들이 거주하는 곳이 세계의 중심이라는 생각과 연결되었다. 한나라 때에 유교가 국교화되면서 유교는 화이론의 핵심 준거 틀이 되었다. 유교 문화의 수용 여부와 그 정도는 華와 夷를 판별하는 기준이 되었고, 문화를 기준으로 漢族이 자국을 中華·華夏으로, 주변국을 夷蠻戎狄으로 보았다. 천자국 漢族은'四海一家'와 '一視同仁'의 관념으로 이민족에게 인의도덕을 전파하게 되었고, 이민족은 중국문화의 선진 문화를 받아들이는데 자연히 유교의 예적 질서, 화이론에 충실하게 되었다. 주변 이민족은 천자의 봉을 받은 제후국으로 등장하고, 제후국이 지켜야 할 사항은 예로서 규정되게 되었다(李成珪,〈中華思想과 民族主義〉,《哲學》37, 1992).

를 통하여 중국화함으로써 명실상부한 천자국(中華)이 되려고 하였다.

정복왕조의 일원인 몽골족 원은 중원을 석권하고 지배자가 되자 중국 문화를 받아들이는 한화정책漢化政策을 추진하였다.[26] 몽골은 1264년 연 경으로 수도를 옮기고 1271년 국호를 원元으로 정하면서, 정복에서 지배 위주로 체제를 전환하였다. 초기 유목국가의 방식대로 약탈적 성격이 강 한 대외원정을 펼쳤으나, 정복지에 대한 직접적인 지배와 적극적인 관리 를 목적으로 한 지배정책으로 방향을 전환하였던 것이다. 그 때문에 중 국식 제도에 기반해 중국을 지배하는 한화정책을 시행하면서 한법漢法을 수용하여 관제를 중국식으로 개편하고 유교를 관학화하며 과거제를 실시 하였다.[27] 정복왕조 원나라의 화이관은 형세적 관점과 문화적 관점이 결 합되어 나타난다. 금과 요와의 항쟁과정에서 형성되었던 송나라 주자학 의 종족 중심 화이관은 형세적 화이관과 문화적 화이관을 대신하게 되 었다.[28]

---

26 당시 원 유학자들은 正統의 기준으로 형세와 문화를 내세웠다(《元史》 권161, 列傳48 劉 整"整又曰, 自古帝王, 非四海一家, 不爲正統, 聖祖有天下十七八, 何置一隅不問, 而自棄正統 邪? 世祖曰, 朕意決矣.";《王忠文公集》(王褘) 권4, 正統論《影印文淵閣四庫全書》集部 165, 1226권) "末旣南渡 不可謂天下, …… 自遼并于金, 而金并于元, 及元又并于南宋, 然後居天下 之正, 合天下于一, 而後正其統" 이 결과 원나라는 정복왕조로서 정통성을 합리화시켰고, 중국 역대 왕조의 일원으로 참여할 수 있었다. 이들은 이적=몽골이 유교문화를 도입하 는 漢化정책을 사용하여 중국 문화의 계승자가 되었다고 한다. 이시기 대표적인 유학자 허형은 時務五事에서 立國規模, 立法, 聖君之道, 人才養成, 學校設置, 人心安定으로 중국의 漢法을 사용하여 유교 문명 국가를 달성하라는 것이었다(《魯齋遺書》 권7, 時務五事(影印 淵閣四庫全書 集部 137 1198권) : 金洪徹, 〈元代 許衡의 朱子學受容과 官學主導에 관한 一 考察〉, 한양대석사논문, 1990, 47쪽). 이는 漢化를 모색한 당시 유학자들의 논리인 "중국 이 夷禮를 수용하면 夷가 되고, 夷가 중국에 들어오면 중국이 된다."(《元文類》 권32, 正統 八例總序(楊奧)(影印文淵閣四庫全書 集部 306, 1367권) "中國而用夷禮, 則夷之, 夷而進於中 國, 則中國之也.")와 같은 맥락이다(도현철, 《고려말 사대부의 정치사상연구》, 일조각, 1999).

27 周采赫, 〈元 萬卷堂의 設置와 高麗儒者〉, 《孫寶基博士停年紀念韓國史學論叢》, 1988, 225〜239쪽.

28 도현철, 《목은 이색의 정치사상 연구》, 혜안, 2011.

이곡은 원을 천자국으로 인정하는 가운데 제후국 고려가 중국 천자국과 사대관계를 맺은 것을 당연시하였다. 무신집권기 대몽 항쟁 과정에서 가장 흉악한 오랑캐로 본 몽골족[29]이 원나라가 되고 천자국이 되면서 문명국으로 파악한 것이다. 그는 주나라가 상商나라 태사를 조선에 봉한 뒤에 조선과 중국이 교통하기 시작하고, 수나라와 당나라가 삼한을 공격하였으나 승리하지 못하였으며, 고려시대에 들어 송·요·금을 거치는 동안 통교도 하고 절교도 하였으나, 중국이 고려를 독립국으로 인정해 주었다고 하였다. 그리고 원나라가 일어나 천명을 받자 고려가 맨 먼저 귀부하고 왕실 간의 혼인이 성립되었으며, 국왕이나 배신이 조근하여 직공의 예를 닦았다[30]고 하였다.

몽골과 고려의 관계에서 특이한 점은 원과 고려의 왕실 혼인이다.[31] 고려 왕자와 원 공주가 처음 결혼한 것은 원종 15년(1274)이다. 원나라의 도움으로 복위된 원종은 원 세조의 명으로 임연의 원종 폐위 사건을 설명하기 위하여 원나라에 갔고,[32] 환국한 다음 해인 1271년 2월 몽골에 사신을 보내 정식으로 청혼을 했으며, 11월에 사신이 돌아와 쿠빌라

---

29 《東國李相國集》권23, 大藏經板君臣祈告文 "…… 甚矣, 達旦之爲患也. 其殘忍凶暴之性, 已不可勝言矣. 至於瘈狗昏昧也, 又甚於禽獸 ……";《高麗史節要》권15, 高宗2(5년 12월)(396쪽) "…… 時蒙古東眞, 雖以破賊救我爲名, 然蒙古於夷狄, 最凶悍, 且未嘗與我有舊好, 以故, 中外震駭, 疑其非實, 朝議亦依違, 未報, 遂稽往牒, 沖獨以爲勿疑, 馳聞不已, 蒙古怒其緩, 呵責甚急, 沖隨勢從宜, 輒和解之."

30 《稼亭集》권9, 送鞠判令人朝序 "自周封商太師之後, 稍通中國, 其在隋唐征之不克, 及我王氏立國 歷末·遼·金, 或通或絶, 彼亦無如之何. 盖將有待焉者. 聖元有作, 受天明命, 首承晉接之榮, 繼荷虞嬪之寵, 三葉之王, 出帝外甥, 際會之機, 良有以夫. 王或未躬朝覲, 敬遣陪臣, 時修職貢."

31 왕실혼인의 성격에 대하여 많은 연구가 있다(김혜원, 〈麗元王室婚姻의 成立과 特徵〉, 《이대사원》23·24, 1989; 森平雅彦, 《モンゴル覇權下の高麗》, 名古屋大學出版會, 2013; 이명미, 〈고려에 하가(下嫁)해 온 몽골공주들의 정치적 위치와 고려-몽골 관계: 제국대장공주(齊國大長公主)의 사례를 중심으로〉, 《이화사학연구》54, 2017).

32 《高麗史》권26, 世家26, 元宗2(10년 11월 임자)(상책, 532쪽).

이의 허혼을 알렸다.[33] 고려가 원과 왕실 혼인을 한 이유는 고려 왕실의 안정, 고려 국가의 위상 강화를 추구한 결과라 할 수 있다. 고려는 임연의 원종 폐위사건에서 보듯, 무신권력자가 오랫동안 권력을 잡고 정치를 좌우하며 국왕을 폐위하고 옹립하였다. 무신권력자 최충헌은 국왕 4명을 폐위하고(명종·신종·희종·강종) 4명의 국왕을 옹립(신종·희종·강종·고종)하였는데, 이는 고려 국왕의 위상 추락, 권위의 손상을 의미하는 것이었다. 고려로서는 왕권의 회복과 강화가 절실하였고 원나라에 의지하여 이를 타개하고자 하였던 것이다.

한편 원나라에서는 남송 초유와 일본 정벌이라는 동아시아 전략 속에서 고려와의 밀접한 관계가 절실하였다. 주저하던 원 세조 쿠빌라이의 마음을 바꾸어 놓은 것은 삼별초의 난이었다. 삼별초의 난은 세조에게 고려의 전략적 중요성을 다시 한 번 심각하게 일깨워 주었다. 한반도 서남해안에 반몽세력이 반거할 경우 남송 초유는 물론 일본 정벌에도 심각한 차질을 가져다 줄 위험을 감지했기 때문이다. 뿐만 아니라 원 세조는 고려 조정의 태도에도 의구심을 가지고 있었다. 물론 고려 조정은 남송·일본과의 은밀한 통교 의혹을 적극적으로 부정했을 뿐만 아니라, 출륙 환도의 약속을 지켰고 나아가 삼별초를 진압할 때 적극성을 보여 일단 진도 탈환에는 성공했다. 그러나 그 잔여 세력은 탐라를 근거로 강력하게 저항하고 있었다. 따라서 쿠빌라이는 원종의 혼인 제의를 수락함으로써 고려 왕실과 돈독한 관계를 기초로 삼별초를 소탕하고 한반도 서남해안을 장악한 뒤, 남송과 일본 정벌을 포함한 동아시아 경략의 초석으로 삼으려 했던 것이다.[34] 그것은 고려와 몽골 두 나라의 이해관계가

---

33 《高麗史》 권26, 世家26, 元宗2(10년 11월 계해)(상책, 532쪽) "王宴黑的等使坐上座, 黑的等護曰, 今王太子已上許尙帝女 ……";《高麗史》 권26, 世家26, 元宗2(11년 2월 갑술)(상책, 533쪽) "王上書都堂請婚曰 ……"

34 김호동, 〈고려의 위상〉, 《몽골제국과 고려》, 서울대학교출판부, 2012, 102~107쪽.

맞아 이루어진 것이라 할 수 있다. 그리하여 고려는 원 황실의 부마국으로, 공주 소생의 아들을 세자로 세워 고려 국왕으로 즉위하게 하였다. 원종 15년(1274)에 태자 심諶(충렬왕)과 원 세조의 딸 제국공주가 혼인을 맺은 것을 시작으로 공민왕까지 7대 80여 년 동안 8명의 원 공주 그리고 그 소생으로 4명의 국왕이 탄생하게 되었다. 고려는 원의 세계질서 속에서 부마국으로서 국가 위상과 왕권의 존재 의의를 높일 수 있었다.[35]

또한 이 시기에는 몽골이 정복한 내속국들이 지킬 의무로 6사가 제시되었는데, 고려는 세조구제, 곧 불개토풍不改土風의 원칙에 따라 제외되었다. 몽골이 복속지 국가에 요구한 6사는 정복지역 지배층 자제의 인질〔納質〕, 호구조사의 실시〔籍民〕, 타지역 정복시의 조군 파견〔出師〕, 조세, 식량의 수송, 다루가치의 주재, 역참의 설치였다. 하지만 고려의 경우 6사는 세조가 제시한 '불개토풍'이라는 원칙에 따라 적용되지 않았고, 이 시기를 설명하는 핵심어로 이해된다. 쿠빌라이의 황제 즉위를 축하하는 사절로 몽골에 갔다 온 영안공은 쿠빌라이의 조서를 가져왔다. 여기에서 "중통이라는 연호를 제정하여 내려주고 의관은 고려의 풍속을 유지하며 백성을 풍족하게 하고 나라를 이롭게 다스리라."고 하였고,[36] 특히 "의관은 본국의 풍속을 따르고 모두 바꾸지 않는다."는 조항이 쿠빌라이가 약속한 6가지 가운데 첫머리를 자리하고 있는 것에서 알 수 있듯, 고려는

---

35 김성준, 〈고려후기 원 공주 출신 왕비의 정치적 지위 —특히 충선왕비를 중심으로〉, 《한국중세정치제도사연구》, 일조각, 1985; 金惠苑, 〈麗元王室通婚의 成立과 特徵-元 公主 出身王妃의 家系를 중심으로〉, 《이대사원》 24·25, 1989; 정용숙, 〈고려 국왕과 원 공주의 혼인〉, 《고려시대의 后妃》, 민음사, 1992; 최윤정, 〈鮒馬國王과 國王丞相 —13-4세기 麗元 관계와 고려왕조 國體 보존 문제 이해를 위한 새로운 모색—〉, 《대구사학》 111, 2013.

36 《高麗史》 권25, 世家25 元宗(원년 8월 임자)(상책, 510~511쪽) "永安公僖齋詔三道還自蒙古. 翌日王邀束里大康和尙等迎詔. …… 一日 衣冠從本國之俗, 皆不改易. 行人惟朝廷所遣, 予悉禁絕. 古京之遷 遲速量力. 屯戍之撤, 秋以爲期, 元設達魯花赤, 宇魯合反兒拔覩魯一行人 等, 俱勑西還. 其自願乇迹於此者, 十餘輩來使, 亦不知定在何所, 事須根究. 今後復有似此告留 者, 斷不准從. 朕以天下爲度, 事在推誠其體, 朕懷毋自疑懼. ……"

협상의 여러 의제 가운데 이 조항을 가장 중시하여 우선적으로 제기했다.[37] 그리하여 세조구제는 고려 국가의 독립성과 고려의 풍속 유지, 곧 고려 문화를 존중한다는 의미로 사용하게 되었다. 뒤에 이제현이 입성론을 반대하는 근거[38]나, 이곡이 공녀 파견에 반대한 근거[39]로 사용된 것에서 이를 알 수 있다.

말하자면, 고려는 원과의 사대가 나라를 보전하는 도〔保國之道〕[40]이고 선왕의 도[41]라는 전통적인 대중국 사대외교 노선을 계승하였다. 중조重祚와 왕실 혼인을 통한 원의 고려에 대한 직접적인 정치적 영향력 행사가 있었지만 세조의 '불개토풍' 원칙에 따라 고려의 독자적인 문화와 왕조 체제를 보장받았기 때문이다. 그리하여 고려는 천자와 제후라는 의례적인 관계, 구체적으로는 정삭과 연호의 사용, 정기적인 조빙이라는 외교 관계를 수립하면서 원과의 사대외교를 전개하였다고 하겠다.

---

37 고려와 원 관계에서 '불개토풍'은 포괄적인 의미로 해석되어 정치, 경제, 사회, 문화 각 분야에서 몽고풍의 變改를 강요받지 못하고, 고려의 종묘사직, 곧 왕조체제의 존속을 보장받는 근거가 되었다. 뒤에 정도전이 '국속을 고치지 않고 종묘와 사직을 보전하였다'고 하거나, 세조가 '성훈을 내려 국속을 고치지 말고 전과 같이 다스리게 하였다' 등의 표현이 나오게 된다(이익주, 〈고려·원 관계의 구조에 대한 연구〉, 《한국사론》 36, 1996, 9-10쪽).

38 《高麗史》 권110, 列傳23 李齊賢(하책, 410쪽) "柳清臣吳潛上書都省, 請立省本國比內地. 齊賢嘗書上都堂曰, …… 故得釐降公主, 世篤甥舅之好, 而不更舊俗, 以保其宗祧社稷. 緊世皇詔旨是賴 ……"

39 《稼亭集》 권8, 代言官請罷取童女書;《高麗史》 권109, 列傳22 李穀(하책, 388-389쪽) "元屢求童女于本國, 穀言於御史臺請罷之, 代作疏曰, ……. 世祖皇帝釐降公主, 仍賜詔書獎諭曰, 衣冠典禮, 無墜祖風. 故其俗至于今不變.";《高麗史節要》 권24, 忠肅王(후4년 윤12월)(637쪽) "典儀副令李穀在元, 言於御史臺, 請罷求童女, 爲代作疏曰, ……"

40 고려말 최영의 요동정벌에 반대하여 회군을 단행할 때 작은 나라가 큰 나라를 섬기는 것은 나라를 보전하는 도라고 하였다(以小事大, 保國之道, 我國家統三以來, 事大, ……"《高麗史》 권137, 列傳50 辛禑5(우왕 14년 5월 병술)(하책, 953쪽)).

41 《高麗史》 권15, 世家15 仁宗1(4년 3월 辛卯)(상책, 304쪽) "召百官議事金可否, 皆言不可. 獨李資謙拓俊京曰, 金昔爲小國事遼, 及我今旣暴興滅遼 與宋政修兵强, 日以强大, 又與我境裏相接, 勢不得不事, 且以小事大, 先王之道, 宜先遣使聘問. 從之.";《高麗史》 권25, 世家25 元宗(원년 8월 임자)(상책, 510쪽).

2) 원 고려 관료의 국가의식과 군신관계 강화

이곡은 원 관료생활을 하면서 유교적 문명론을 지향하며 뚜렷한 국가관을 견지했다. 이곡은 고려를 동국[42], 동한東韓[43], 삼한[44], 향국鄕國[45]으로 표현하였다. 그런데, 향의 의미를 자신의 고향[46]과 자신의 나라 고려라는 두 가지 의미로 썼다. 이곡은 원 동료 관리들에게 "고향에서 가지 못한 수십 년"[47]이라고 하였고, 홍의손이 고려로 귀국하자 "고향 생각이 어찌 끝이 있으리오."[48] 하였다. 원 관료생활로 고향에 대한 그리움을 타향살이로 설명하였는데,[49] 여기에서 타향은 고려에 대비되는 원나라였다. 충혜왕 복위 4년(1343) 원 대도에서 이곡은 서산 영암사의 스님들을 고려인으로 향인鄕人, 향승鄕僧이라고 말하고 있다.[50] 이곡은 고용봉이 중국 북경과 5000리나 떨어진 삼한 땅에서 태어났지만, 때를 잘 만나 천자의 은혜를 받아 그 영향력이 향국鄕國에까지 미치는 것이 많다[51]고 하였다.

이곡이 말하는 향은 중국과 구별되는 국가의 독자성을 의미하는 것으

---

[42] 《稼亭集》 권11, 高麗國承奉郞, 揔部散郞, 賜緋魚袋, 贈三重大匡, 僉議政丞, 判典理司事, 上護軍奇公行狀 "…… 自是任·奇兩姓, 盆大以貴, 甲於東國 ……"

[43] 《稼亭集》 권7, 演福寺新鑄鍾銘 "國王公主謂臣僚曰, 金剛山在吾邦域之中, 今聖天子遣近臣, 所以張皇佛事, 垂之無窮者如此, 而吾廉有絲毫補, 盍圖所以報上者."

[44] 《稼亭集》 권4, 大都天台法王寺記.

[45] 《稼亭集》 권3, 重興大華嚴普光寺記.

[46] 송 사신 서긍은 고려에 와서 자신의 나라(宋)를 鄕國으로 표현하였는데(《高麗圖經》 권18, 釋氏), 이는 자신의 고향을 의미한다고 할 수 있다.

[47] 《稼亭集》 권18, 寄詔使金省舍 "西游十載不還鄕 ……"

[48] 《稼亭集》 권16, 送洪義軒歸國 "鄕國情可極."

[49] 《稼亭集》 권18, 送菊庭奇參政還鄕.

[50] 《稼亭集》 권16, 題西山靈巖寺 寺僧皆鄕人.

[51] 《稼亭集》 권3, 重興大華嚴普光寺記 "公生三韓之地, 去京師五千里, 貪緣會遇, 廼能依日月之光, 蒙雨露之恩, 波及鄕國者多."

로,[52] 고려 초의 향 인식을 잇는 것으로 파악된다. 고려 초에는 경직京職과 함께 향직鄉職을 쓰면서 왕실과 국가에 대한 공로자, 고령자, 군인, 서리, 장리의 상층, 양반, 여진의 추장 등에게 향직을 수여하는 질서체계로 흡수하여 고려 독자의 세계를 형성하였다.[53] 즉 향직의 향이 중국에 대한 향鄉으로서 국풍, 고려풍을 의미하고, 신라와 고려 초의 향가가 고유의 세계를 나타내는 표현인 것과 같은 것이었다.[54]

다른 한편, 이곡은 향(시골)을 경京(서울)과 대비하면서, 유교의 문명론적인 관점에서 파악하였다. 이곡은 원나라의 유교가 발달한 문화에 대비해서 고려의 그것을 시골의 풍속과 학문이라고 표현하였다. 당시 세태가 공리功利를 우선하고 교화를 뒷전으로 돌리고 있는데, 이천년李天年이 영해에서 구두만 익히고 글과 글씨만을 가르치는 것을 시골의 풍속과 학문[鄉風村學]이라고 하면서, 《소학》의 물 뿌리고 윗사람에게 응대하며 나아가고 물러나는 절차와 예·음악·활쏘기·말타기·글쓰기·수 헤아리기·글을 배우는 것에 힘쓰라[55]고 하였다. 이곡은 유학의 본령인 경학 공부

---

52 고려 고종때 만들어진 鄉藥救急方의 鄉藥은 자국산 약재의 총칭으로 외래 약재의 토산화를 의미하는 국산 약재를 가리키고(이경록, 《〈향약구급방〉과 〈비예백요방〉에 나타난 고려시대 의학지식의 흐름 —치과와 안과를 중심으로—》, 《史林》 48, 2014; 이경록 옮김, 《국역 향약구급방》, 역사공간, 2018). 이색이 자주 언급하는 鄉風(牧隱集) 詩藁 권10, 卽事; 권19, 卽事; 권20, 豆粥; 권27, 天官粘飯; 권30, 數日身不寧, 不得吟哦, 冬至日, 南忩靜坐, 有作三首 "……嗟嘆嘆鄉風……"; 권32, 関中立納齎歸途 一首; 권33, 初八日冬至也 韓淸城送豆粥并蜜 副樞繼持至 府尹又送來 "…… 鄉風俗禮稍仁壽 ……") 역시 전통적인 고려의 풍습을 의미하는 것으로 이곡의 향의 의미와 같다.

53 武田幸男, 〈高麗時代の鄉職〉, 《朝鮮學報》 47, 1964.

54 李成市, 〈崔致遠과 渡唐留學生 —동아시아 文化史上의 意義를 둘러싼 재검토〉, 《韓國史學報》 63, 2016.

55 《稼亭集》 권5, 寧海府新作小學記(충목왕 3년 5월, 1347) "余惟本國文風不振也. 久矣. 蓋以功利爲急務, 敎化爲餘事. 自王宮國都, 以及州縣, 凡曰, 敎基, 鮮不廢墜. 李君乃能留意於斯, 可謂知所先務矣. 獨不知小學之規當讀何書, 當肄何事. 若曰習句讀斯可矣, 何必問洒埽應對進退之節, 工篇翰則足矣, 何必學禮樂射御書數之文, 此乃鄉風村學耳. 予爲諸生恥之. 諸生勉旃, 其屋宇之廢興, 當有任其責者, 玆不論. 至正七年五月旣望. 記."

와 대비되는 사장의 기예 공부를 제시하고, 문명화된 도시[京]와 비견되는 시골[鄉]의 뒤떨어진 모습을 상정하면서 학교 교육을 통한 유학 교육을 강조하고 있다. 이때 향은 중화의 밖이 아니라 중화 내부의 동일한 문화권, 곧 유교 문명의 중심지와 그 주변을 포괄하는 경향의 향을 의미하는 것이라고 할 수 있다.

말하자면 이곡은 향을 고려 국가의 독자성을 표현해 주는 의미와 함께 중국의 지배 민족과 주변 이민족을 포함하여 유교 문화, 문명의 중심지인 경(서울)과 대비되는 변경(시골)을 뜻하는 말로 사용하였다고 할 수 있다.

이곡은 고려의 영역에 대한 굳건한 자의식을 갖고 있었다. 충목왕 2년(1346)에 충목왕과 공주가 신료에게 "금강산은 우리나라의 영역 안에 있는데, 원 천자가 불사를 일으켜 은혜를 베풀었다."[56]고 한 사실을 언급하면서 '우리나라의 영역[吾邦域]'을 분명히 제시하였다. 이와 함께 고려 역사에서 영토를 지키고 국토를 개척한 인물을 평가했다. 태사문하시중 윤관은 오랑캐를 평정하고 국토를 개척하여 왕묘에 배향되었다[57]고 하였다. 나라의 영토 확장에 기여한 공로를 인정하면서, 고려 국가와 그에 기초한 영역 의식을 분명히 드러내었던 것이다.

이곡이 원 관료로서 원의 공녀 요청에 반대한 것은 고려의 역사와 전통을 중시한 것이다. 충숙왕 복위 4년(1335)에 원은 고려에 공녀 파견을 요청하였는데, 이곡은 성왕聖王의 어진 정치와 세조의 구제 그리고 전통적인 혼인제를 통한 국가의 독자성과 문화의 유구성을 바탕으로 반대하는 글을 원 어사대에 올렸다. 당시 공녀는 몽골족 원이 복속지에 강요한

---

56 《稼亭集》 권7, 演福寺新鑄鍾銘 "國王公主謂臣僚曰, 金剛山在吾邦域之中, 今聖天子遣近臣, 所以張皇佛事, 垂之無窮者如此, 而吾靡有絲毫補, 盍圖所以報上者."

57 《稼亭集》 권12, 高麗國匤靖大夫·僉議評理·藝文館大提學·監春秋館事·上護軍致仕 尹公墓誌銘 "太師門下侍中瓘, 平戎拓地, 配享王廟."

조공의 일환이었는데, 고려에도 충렬왕 1년(1275) 1월부터 공민왕 4년 (1355) 4월까지 44차례 170여 명 이상의 공녀를 요구하였다. 특히 충렬왕과 충숙왕대가 전체횟수의 70%, 공녀수의 96%를 점하고 있다.[58] 이곡은 여기에서 "세조 쿠빌라이가 조서를 보내 '의복이나 예법은 선대의 풍습대로 지키라' 하여 그 풍속이 지금까지 변하지 않았으며, 지금 천하에 임금과 신하가 있고 백성과 사직이 보존되어 있는 곳은 오직 우리나라 뿐이고, 고려의 혼인 풍속은 자기 딸은 내보내지 않는다."[59]고 하여 고려의 독자성과 풍속의 유구성, 그리고 백성의 고통을 지적하며 고려의 국가적 이익을 주장하였던 것이다. 게이층이 통제, 곧 원의 제도를 고려와 일치시키자는 주장에 대하여, 이곡이 고려는 "옛날 삼한 땅으로 풍기와 언어가 중국과 같지 아니하며 의관과 전례가 하나의 법이 되었다."[60]고 한 것도 같은 맥락이라고 할 수 있다.[61]

이곡은 이제현·안축과 함께 고려의 병장기와 마필을 보유하는 데 주력했다. 당시 원은 한반도 고려인을 대상으로 무기소지 금령, 충혜왕의 구금 등 고려의 정치적 독자성과 법제적 독립성을 부인하는 조치를 취하였는데, 이제현은 안축과 함께 원에서 고려인과 색목인을 동일하게 취

---

58 원의 관리 소천작이 지적하듯이(《滋溪文稿》 권26, 災異建白十事(《影印文淵閣四庫全書》 集部 4, 1214), 원 조정에서 합법적으로 공녀를 취하는 것 이외에 관인들이 불법으로 사신으로 파견되어 여성을 취하는 경우도 있었다(張東翼, 〈麗·元 文人의 交流〉, 《高麗後期 外交史研究》, 1994, 178-181쪽; 정구선, 《공녀》, 국학자료원, 2002).

59 《稼亭集》 권8, 代言官請罷取童女書;《高麗史》 권109, 列傳22 李穀(하책, 388-389쪽) "元 屢求童女于本國, 穀言於御史臺請罷之, 代作疏曰, …… 世祖皇帝釐降公主, 仍賜詔書獎論曰, 衣冠典禮, 無墜祖風. 故其俗至于今不變.";《高麗史節要》 권24, 忠肅王(후4년 윤12월(637쪽)) "典儀副令李穀在元, 言於御史臺, 請罷求童女, 爲代作疏曰, ……"

60 《稼亭集》 권9, 送揭理問書 "揭君謂余曰, 政出多門, 民不堪命, 方今四海一家, 何中朝之法不行于東國乎? 余應之曰, 高麗古三韓地, 風氣言語不同華夏, 而衣冠典禮自爲一法, 秦漢以降, 未能臣之也."

61 김형수, 〈원 간섭기의 國俗論과 通制論〉, 《韓國中世社會의 諸問題 —金潤坤敎授定年紀念論叢》 2001.

급해 달라는 상소를 올려[62] 고려인의 신분상승이나 처우개선의 문제를 넘어서서 고려인의 정체성을 천명하고 그 점을 원 조정으로부터 인정받고자 하였다.[63] 1337년에 원은 고려에 병장기와 마필 보유를 금지한 이전의 조치를 해제했다.[64] 충숙왕 후5년(1336) 9월에 원에서 유림랑·휘정원관구검·승발가각고에 임명되었다가 충숙왕 후6년(1337) 9월에 정동행중서성좌우사원외랑(종6품)이었던 이곡은 1340년 12월 병장기와 마필의 보유를 허락한 조치에 감사하는[65] 글을 썼다. 고려인 원 관료로서 원의 정책과 직무를 다하지만, 고려의 독자성 확보, 국가적 이익도 중요하게 여겼던 것이다.

〈표 31〉 이곡의 원과 고려의 관직

시기	고려 관직(품계)	원 관직
충숙왕 4년(1317) 2월	擧子科 합격	
충숙왕 7년(1320) 9월	예부시(秀才科) 합격 福州司錄參軍事	
충숙왕 13년(1326) 8월		정동행성 향시 합격
충숙왕 14년(1327) 2월		원 제과 회시 불합격
충혜왕 원년(1331) 2월	藝文檢閱(정9품)	
충숙왕 복위 원년(1332) 8월		정동행성 향시 합격
충숙왕 복위 2년(1333) 2월 충숙왕 복위 3년(1334) 4월		제과(2월 회시, 3월 전시 합격, 翰林國史院 檢閱官(정8품)(1333년 4월) 興學詔를 가지고 귀국(1334년 4월)
충숙왕 복위 4년(1335) 4월	試典儀副令 直寶文閣(종4품)	
충숙왕 복위 5년(1336)		徽政院管勾兼承發架閣庫(정8품)
충숙왕 복위 6년(1337) 9월 충숙왕 복위 8년(1339) 3월	成均祭酒 藝文館提學(종3품) 判典校寺事藝文館提學(정3품)	征東行省員外郎(종6품)(3년 5월)

---

62 《益齋亂藁》 권8, 乞比色目表 : 《謹齋集》 권2, 請同色目表.

63 김호동, 〈고려후기 '色目人論'의 特徵과 意義〉, 《역사학보》 200, 2008.

64 《高麗史》 권35, 世家35 忠肅王2(복위 6년 12월)(상책, 722쪽) "帝命勿收兵器 許騎馬."

65 《稼亭集》 권10, 謝復弓兵馬匹表.

충혜왕 복위 2년(1341) 2월		*1341년 2월 정동행성 하개원[66]표를 가지고 대도 도착[67]
충혜왕 복위 2년(1343) 3월 충목왕 3년 1347년 10월	知密直司事(종2품)	中瑞司典簿(종7품)[68]4년 10월 *1345년 4월 황제 따라 상도에 감 *1346년 정월 頒朔을 갖고 귀국 * 中瑞司典簿로 이색이 원 국자감 생원
충목왕 4년(1348) 5월	同知貢擧	中書差監倉(종5품). 1348년 5월 귀국
충정왕 원년(1349)	都僉議贊成事(정2품)	
충정왕 2(1350) 5월		征東行省 左右史 郎中(종5품)

이곡은 유학의 군신론을 견지하고 고려의 군신관계에 충실하고자 하였다. 충목왕이 즉위하자 왕을 보좌하는 이부령에게 《논어》[69]를 인용하여 신하의 역할을 강조하는 글을 주었다. 여기에서 신하를 여섯으로 나누어 중신·권신, 충신·간신, 직신·사신邪臣을 대비하고, 중신은 위태로운 시기에 절조를 견지하고 대의를 주장하며 사태를 안정시키는 이윤·주공·진평陳平·주발周勃과 같은 신하, 권신은 권세를 이용하여 사욕을 채우는 신하, 충신은 나라만을 생각하고 자기의 집은 잊어버리며 공적인 것만을 생각하고 사적인 것을 잊어버리는 한나라의 기신紀信과 진나라의 혜소嵇紹와 같은 신하, 간신은 꾸미는 말과 낯빛으로 몰래 흉계를 꾸미고 임금을 속이고 백성을 우롱하며 이익을 차지하는 신하로 표현하였다.[70]

이때 이곡은 오륜의 군신관계에 충실하여 임금에게 복종하고 임금을

---

66 《高麗史》권36, 世家36 忠惠王(후 2년 2월)(상책, 733쪽) "春二月庚寅, 元以改元至正, 遣使來頒詔."

67 《高麗史》권109, 列傳22 李穀(하책, 388쪽) "忠惠後二年 奉表如元. 因留居凡六年, 元授中瑞司典簿."

68 中瑞司는 원나라에서 장부를 관리하는 관원으로 典簿는 종7품이다(《元史》권88, 志38 百官4 "中瑞司, 秩正三品, 掌奉寶冊, 卿五員, 正三品, 丞二員, 正四品, 典簿二員, 從七品, 寫懿旨必闍赤四人, 譯史一人, 令史四人, 知印一人, 通事一人, 奏差二人, 典吏二人.").

69 《論語》권13, 子路 "人之言曰, 爲君難爲臣不易 如知爲君之難也, 不幾乎一言而興邦乎?"

70 《稼亭集》권7, 臣說送李府令歸國.

바른 곳으로 인도하는 것이 신하의 임무이지만, 임금이 어떠하고 무엇을
지향하는가에 따라 그 내용은 달라진다고 하였다.

> 아, 사람의 재질이란 일정하지 않고, 성쇠와 진퇴의 운세 또한 하나같지
> 않다. 이는 임금이 어떠한 것을 숭상하느냐에 달려 있다. 관중이 제나라를 패
> 자로 만들었고, 정공이 당나라를 일으켰으며, 발제는 공을 세워 속죄하였고,
> 배구는 아첨하다가 끝내는 충신이 될 수 있었다. 이는 임금이 숭상한 것에
> 따라 그렇게 된 것이다. 나는 글을 읽을 때마다 이 점에 대해서 개연한 심정
> 이 들지 않은 적이 없었다.[71]

신하는 임금이 숭상하는 바에 부응해야 하기 때문에 신하가 어떤 임
금을 만나고 그 임금이 어떤 것을 지향하느냐에 따라 성쇠가 갈릴 수
있다. 춘추시대 제나라 재상인 관중은 환공桓公을 도와 오패의 하나로
만들었고, 당나라 위징은 태종을 도와 정관의 정치를 이루었고, 춘추시
대 진 헌공 때 환관인 발제는 헌공의 아들 중이重耳를 몇 차례나 죽이려
다가 실패하였지만 나중에 중이가 19년의 망명 끝에 귀국하여 문공으로
즉위하자 여성呂省과 극예郤芮 등의 음모를 고발하여 그 죄를 용서받았
다. 배거裴矩는 수 양제가 서역을 차지할 뜻이 있음을 알고 서역의 풍속
과 산천 등을 정리한 《서역도기》를 찬술하고 서역을 경략하는 임무를
맡았다가 나중에는 당나라에 귀순하여 충성을 바치며 민부상서를 역임하
였다. 다시 정리하면 재상 관중은 환공을 패자가 되게 하고 위징은 당
태종을 도왔으며, 발제는 공을 세워 속죄하였고 배구는 두 왕조에서 충
신이 되었다. 이곡은 이들을 볼 때마다 한스러운 마음을 갖게 된다고 하

---

71 《稼亭集》 권7, 臣說送李府令歸國 "嗟呼. 人才如其其不齊也, 一否一泰, 一進一退, 如此其不
一也. 亦係其人君所尙爲何耳. 故管仲霸齊, 鄭公興唐, 勃鞮之功, 可贖其罪, 裴矩之佞, 卒化
爲忠, 玆非所尙之然歟. 予每讀書, 未甞不慨然於此也."

였다. 임금이 어떠하냐에 따라 신하가 역할이 나오고, 성쇠가 정해진다고 본 것이다. 오륜을 천리로 파악하는 유학자의 관점에서[72] 현실의 복잡한 정치 상황 속에서 신하의 도가 실현되는 과정이 쉽지 않음을 중국 역사 속에서 절감하였던 것이다. 이곡은 이군에게 중신重臣은 아니더라도 간신姦臣과 사신邪臣은 되지 말라고 권면하고 있다.

이곡은 원나라를 천자국 상국, 고려를 제후국으로 파악하였으므로, 원나라의 정책이 고려의 자주성이나 이익에 배치되는 경우가 있을 수 있었다. 원과의 관계가 긴밀해지고 고려인의 몽골 관직 수여와 승습이 확대되면서 원 황제와 고려인 몽골 관직 승습자 사이에 '직신直臣' 관계가 형성될 수 있었고, 고려인 원 관료는 고려 왕보다는 원 황제를 우선하는 것일 수 있었다.[73] 하지만 이곡은 그렇게 하지 않았다.[74] 배신은 신하의 신하라는 뜻으로서 제후국의 신하와 천자의 관계를 가리키는 의미로 쓰이는데, 이곡은 원의 배신이었지만 고려를 우선하였다.[75]

---

72 이곡은 성리학의 '天理人欲說'에 근거하여 공사를 구분하고 정치운영과 시비선악의 가치 기준을 정하였고(《稼亭集》 권1, 趙苞忠孝論), 성리학의 公私論에 입각해서 공의를 추구하는 신하를 지향하고 사리를 추구하는 신하를 비판하고 있다. 이곡은 성리학이 五倫을 기초로 한 名分을 인간관계에서는 반드시 지켜야 할 합당한 도리, 곧 '當然之則'으로 파악하여, 君에 대해서는 臣, 父에 대해서는 子, 天子에 대해서는 諸侯로서 주어진 직분과 분수에 충실히 하는 것이 자연의 이치로 파악한 것을 받아들인 것이다(金勳埴, 〈麗末鮮初 儒佛交替와 朱子學의 定着〉, 《韓國 古代·中世의 支配體制와 農民》(金容燮敎授停年紀念韓國史學論叢 2), 1997).

73 김난옥, 〈고려후기 몽골 관직 承襲과 군신관계〉, 《한국사연구》 179, 2017.

74 원 간섭기에 고려인이 원으로부터 무산계 특히 만호직을 받고 또 부자간에 이를 세습함으로써 관료의 위상을 제고하게 되고, 묘지명에 원 무산계가 관료의 별칭으로 쓰이게 되었다(이강한, 〈원 제국인들의 방문 양상과 고려인들의 인식 변화〉, 《한국중세사연구》 43, 2015)고 한다.

75 원에서 9년 동안 벼슬한 최안도(1294-1340)는 국왕에게 아첨하여 총애를 받는 신하의 열전인 《高麗史》 嬖幸전에 수록되었다. 최안도는 1331년에 원 황성의 숙위를 담당하다가, 1333년에 中尙監 丞, 1336에 太府監 少監, 1340년에 태부감 태감이 되었는데, 1321년에 충숙왕이 원에 의해 억류되었을 때 왕을 지켰으며, 1323년에 유청신과 오잠의 입성론을 반대하였다(《拙藁千百》 권2, 崔大監墓誌). 이곡과 교류한 최해가 "본국에 벼슬하면 본국의

이곡이 원 관료생활을 하면서 가졌던 주된 관심은 내정 개혁을 통한 고려 중흥과 정상적인 국가운영이었다. 행장이나 묘지명을 지으면서, 해당 인물을 평가할 때 평가 기준은 고려 국가의 보위와 군주에 대한 충성심 그리고 개혁에 관한 것이었다. 반대로 국왕을 해하는 행위는 용납하지 않았다. 심왕이 충숙왕을 모함한 것, 신예가 충혜왕 압송에 가담한 것, 기철이 부원 행위를 한 것을 비판한 것이 그 사례이다.

충렬왕 24년에 충선왕이 즉위하지만 8개월 만에 퇴위하고 다시 충렬왕이 즉위하였다. 1307년(충렬왕 33)에 충선왕이 인종(재위 1312-1320)을 도와 내란을 평정하고 무종(재위 1308-1311)을 옹립하는 데 기여하고, 심양왕으로 책봉된다.[76] 충렬왕 34년(1308) 7월에 충렬왕이 사망하자, 충선왕은 고려 왕위를 계승한다.[77]

심양왕은 요양과 심양 지방의 고려 유민들을 관할하였는데, 실제로는 고려군민총관인 홍종희를 견제하는 역할이었다. 당시 요·심 지방에는 몽골과의 전쟁 기간에 고려 유민들이 모여 살았다. 1254년(고종 41) 12월에 20만 6천 8명의 남녀 포로가 북으로 끌려갔다는 기록이 있을 정도이다. 《원사》 지리지 심양로 조에는 1330년대를 기준으로 심양의 호수를

신하가 되고 천자의 조정에 벼슬하면 천자의 신하가 되는데, 어느 것이 가볍고 무거운지는 헤아리기 어렵다"고 하면서 충숙왕이 연경에서 고초를 겪고 있을 때 최안도가 다른 마음을 품지 않았다《拙藁千百》 권2, 崔大監墓誌 "…… 銘曰, 仕王國, 爲王之臣, 仕天子之朝, 爲天子之臣, 彼輕此重, 曾何足計乎吾身? 古語云, 有一國之士, 有天下之士, 才非有兼人, 其孰能如此. 惜也.")고 하였다. 충목왕은 염제신(1304-1382)이 원 조정의 신하로 있으면서 충숙왕을 도와 함께 국정을 의논하였다(《牧隱集》 文藁 권15, 高麗國忠誠守義同德論道輔理功臣·壁上三韓三重大匡·曲城府院君·贈諡忠敬公廉公神道碑 "明陵曰, 廉某事皇帝爲朝臣, 佐我大父忠肅王爲幕官, 共圖國政, 在我今日, 雖於本國未嘗仕, 不可以常法論也. 於是, 拜匡靖大夫三司右使上護軍.")고 하였듯이 고려인 원 관료들은 고려를 우선시하였다.

76 《高麗史》 권33, 世家33 忠宣王(즉위년 8월)(상책, 678쪽) "(충렬왕)三十四年 五月 戊寅, 元以定策功, 封瀋陽王, 制曰, ……"

77 《高麗史》 권64, 志18 禮6 凶禮 國恤(즉위년 8월 갑인)(중책, 419-420쪽) "瀋陽王服紫袍, 詣景靈殿, 告嗣位, 遂至壽寧宮, 卽位. 是爲忠宣王."

5,180호, 요양의 호수는 3,708호, 인구 1만 3천 231명으로 기록하고 있다. 뒤에 홍중희는 충렬왕 28년(1302)에 정동행성과 요양행성을 합쳐 그 치소를 동경(요양)에 두자는 입성론을 제기하였지만, 충렬왕의 반대 상소로 받아들여지지 않았다. 홍중희는 원 중서성에 충선왕 복위 2년(1310)에 다시 고려에 단일 행성을 두자고 제안하였지만, 선대부터 몽골에 신복한 공로를 들면서 충선왕이 반대하여 무위에 그쳤다. 홍종희는 충선왕을 공격하였는데, 이는 심양왕으로서 충선왕이 행사하는 요양·심양 지방에 대한 간섭과 지배를 배제하려는 의도였다[78]고 한다.

고려왕과 심왕을 겸한 충선왕은 원에 장기 체류하는 것이 고려왕으로서 적절하지 않다고 생각했다. 충선왕은 심왕을 겸하다가 1313년(충선왕 복위 5) 3월에 고려 왕위를 둘째인 강릉대군 도(충숙왕)에게, 1316년(충숙왕 3)에는 심왕을 조카 왕고에 양위하였다. 그리고 충선왕은 충숙왕과 원 공주를 혼인시키고, 고려 왕세자로 연안군 왕고를 삼는다.[79] 충숙왕 3년(1316) 3월에 충선왕이 황제에게 주청하여 심왕 자리를 고려의 세자인 왕고에게 양위하고 자신은 태위왕太尉王이라고 일컬었다. 충숙왕 2년 1월에 충숙왕이 홍규의 딸 사이에 아들이 태어나자, 1년 뒤 충선왕이 심왕을 왕고에게 물려준 것이다. 이때 충선왕은 심왕과 원 공주와 혼인을 맺게 한다. 충숙왕과 심왕의 원 공주와의 혼인은 고려 왕위에 오를 수 있는 자격을 부여한 것이고, 두 사람이 동등한 위상을 갖고 있음을 보여

---

78 이승한, 〈제4장 무위의 국왕, 유주들〉,《몽골과 고려③ 고려왕조의 위기 혹은 세계화시대》, 푸른역사, 2015, 62쪽.

79 王暠는 충선왕의 이복형인 江陽公 王滋의 둘째 아들인데, 몽골 이름으로 完澤篤 혹은 完澤禿이라고 한다. 충선왕이 세자를 미리 정한 것은 충숙왕에 대한 견제 조치라고 할 수 있다. 또한 고려의 왕통을 확실하게 세워 두기 위한 목적이다. 입성책동은 고려 왕조의 존폐문제라 할 수 있기 때문에, 충선왕은 왕위계승 문제까지 확립해 두고자 한 것이다. 충선왕이 심왕이라는 왕위에 크게 관심을 두게 된 것은, 요심지방의 고려 유민 관할이라는 정치적 목적과 함께 홍중희와 같은 입성책동이 언제든지 제기될 수 있다는 우려 속에서 심왕의 위상이 크다고 판단한 것이다(이승한, 위의 책).

준다. 이때, 왕고가 심 왕위를 계승하면서 고려 세자의 자리를 그만두었
는지 아니면 고려 세자 자리를 그대로 유지한 채 심 왕위를 계승했는지
가 논란이 되었다.[80] 이후 수십 년에 걸쳐 충선왕의 장자인 충숙왕 왕도
王燾와 충선왕의 조카인 심양왕 왕고王暠 사이에는 고려 국왕 자리를 놓
고 치열한 쟁탈전이 벌어진다. 그 와중에 충숙왕이 참소를 받고 5년 동
안(1321.4-1325.5)이나 연경에 억류되는 수난을 겪었다.[81]

　심왕 옹립 운동은 충숙왕 9년(1322) 8월에 권한공·채홍철·이광봉 등
이 심왕을 옹립하고자 책동을 벌인 것이다.[82] 전찬성사 권한공과 채홍철,
전평리 이광봉 등이 심왕을 왕으로 세우기를 주청하고자 원 중서성에
바치는 글에 백관의 서명을 받으려 하였다. 이곡은 당시 상황을 "이해에
심왕이 영종에게 총애를 얻게 되자 충숙왕을 무고하여 왕위를 빼앗으려
하니, 이익을 얻지 못할까 근심하는 무리들이 모두 심왕에게 붙었다."[83]
고 하였다. 이는 최해[84]나 이인복,[85] 이제현[86]의 상황 인식과 같은 것이

80　이승한, 앞의 책, 80-82쪽.

81　이때 안축은 임금이 근심하면 신하는 그것을 치욕으로 여기고 임금이 치욕을 당하면
　　신하는 그것을 씻기 위해 목숨을 바쳐야 한다(《稼亭集》권11, 大元故將仕郎·遼陽路盖州判
　　官·高麗國三重大匡·興寧府院君·領藝文館事·諡文貞安公墓誌銘;《高麗史》권109, 列傳22, 安
　　軸(하책, 393쪽) "時忠肅被留于元. 軸謂同志曰, 主憂臣辱, 主辱臣死. 乃上書訟王無他. 王嘉
　　之.")고 말했다.

82　《高麗史節要》권24, 忠肅王(9년 8월)(618쪽) "前贊成事權漢功·蔡洪哲·前評理李光逢等,怨
　　王之杖流也, 乃邀驪興君閔漬·永陽君李瑚等, 欲請立瀋王, 會百官, 上書中書省曰 ……"

83　《稼亭集》권12, 高麗國匡靖大夫·僉議評理·藝文館大提學·監春秋館事·上護軍致仕尹公墓誌
　　銘;《高麗史節要》권24, 忠肅王 9년 8월(618쪽);《高麗史》권109, 列傳22, 尹宣佐(하책,
　　385쪽) "是年, 瀋王得幸于英宗, 誣王以罪, 欲襄其位, 患得之徒皆附焉. ……"

84　최해는 민종유(1245-1324)의 묘지명을 쓰면서 "지치 중에 임금이 원에 기서 오랫동안
　　머물러 있게 되자 일을 꾸미기를 좋아하는 자들이 무리를 짓고 백지문서에 서명하게 하
　　면서 나라를 위태롭게 할 모의(심왕 옹립)를 꾸몄다(至治中, 王朝元久留, 而喜事者聚黨,
　　逼人署名白狀, 謀在傾危國)(《졸고천백》권1; 김용선,《역주 고려묘지명집성(하)》(2012),
　　민종유묘지명(최해), 742쪽)고 하였고, 최운(1275-1325)의 묘지명에서 "지치 중에 화를
　　일삼는 무리들이 나라의 사직을 어지럽게 할 것을 꾀하였다(至治中, 樂禍之徒, 謀擾東社,
　　卿士畏勢, 從風而靡, 公又不與焉)(《졸고천백》권1;《동문선》(최해) 권123; 김용선,《역주

다. 더욱 윤선좌는 "나는 우리 임금님의 잘못을 모른다. 신하로서 자기
임금을 고발하는 것은 개나 돼지도 하지 않는 일이다." 하였다. 이에 "대
간과 문한의 신하들이 서명하지 않을 수 있었다."[87]고 한다. 당시 유학
자들은 이곡과 윤선좌와 같은 입장에서 심왕 옹립에 반대하였다. 찬성사
민종유는 "신하가 왕을 위하여 허물을 숨기는 것은 바른 도리이다. 내가

고려묘지명집성(하)》(2012), 최운묘지명(최해), 754쪽)"고 하였다. 원충(1290-1337) 역시
"나라를 위험에 빠트리려고 하는 무리들이 종묘와 사직을 뒤엎으려는 모의를 꾸미자, 함
께 간 대신들도 모두 마음을 바꾸어서 형세가 어찌될지 모를 지경에 이르렀다(《졸고천
백》 권2; 김용선, 《역주 고려묘지명집성(하)》(2012), 원충묘지명, 839쪽) 傾危之徒, 謀覆宗
社, 從行大臣, 亦皆革面, 勢至不測)"고 하였다.

85 이인복은 한종유 묘지명에서 지치 중에 불만을 품은 무리들이 충숙왕을 무고하자 그
일로 임금이 원에 머무르게 되었다. 심왕이 사람을 고려에 보내 "내가 뜻을 이미 얻었
소."라고 하여 나라 사람들이 현혹되었다. 공은 홀로 분연히 일어나 충숙왕을 위하여 송
사하여 일을 바로잡으려 하여 드디어 儒士 16명과 함께 하여 마침내 충숙왕이 돌아왔다
(《동문선》(이인복) 권125; 김용선, 《역주 고려묘지명집성(하)》(2012), 한종유묘지명(이인
복), 942쪽)고 하였고, 왕후(1296-1349) 묘지명에서 "태정제의 직위 초에 충숙왕이 원나
라에 오랫동안 머물러 있고 돌아오지 못하니, 심왕이 속으로 왕의 자리를 넘어다 보는
마음을 품고서 백단으로 꾀하므로 왕은 어찌할 방법이 없었고, 좌우에 있는 자들도 번복
하는 자가 많았다(泰定帝踐祚之初也, 時忠肅王久留未歸, 瀋王內懷覬覦, 詭計百端, 而王無所
可否, 左右多反覆)"(《동문선》(이인복) 권125; 김용선, 《역주 고려묘지명집성(하)》(2012),
왕후묘지명(이인복), 945쪽)고 하였고, 권준(1281-1352) 묘지명에서 "지치 연간에 충숙왕
이 또 원으로 가게 되니 심왕과 서로 다투게 되었다. 불만을 품은 나쁜 무리들이 본국에
있으면서 모의를 더욱 심하게 꾸몄다(至治中忠肅王與瀋王相持, 群不逞 在本國 爲謀益甚)"
(김용선, 《역주 고려묘지명집성(하)》(2012), 권준묘지명(이인복), 1129쪽)고 하였다.

86 이제현도 김륜의 묘지명에서 "충숙왕이 원에 머무른 지 5년이 되었는데, 심왕이 천자에
게 총애를 받자 여러 나쁜 짓을 하는 무리들이 나라 사람을 꾀어 위협하여 심왕을 임금
으로 삼기를 원한다."고 천자에게 말을 올리게 하였다(毅陵見留, 京師五年. 瀋王得幸天子,
群不逞之徒, 誘脅國人, 上言願得瀋王爲主")(《익재난고》 권7; 《동문선》(이제현) 권124; 《역
주고려묘지명집성(하)》(2012), 김륜묘지명(이제현), 919쪽)고 하였다.

87 《稼亭集》 권12, 高麗國匡靖大夫·僉議評理·藝文館大提學·監春秋館事·上護軍致仕尹公墓誌銘;
《高麗史節要》 권24, 忠肅王 9년 8월(618쪽) "是年, 瀋王得幸于英宗, 誣王以罪, 欲襄其位, 患
得之徒皆附焉. 其黨十餘人忽自都下來言 瀋王已得國, 國人盍狀王之非以達于朝? 乃連數十紙
書其狀云云, 鋪于旻天寺門, 招百官而署之, 人爭趨之, 公獨曰, 吾不知吾君之非, 臣而訴君, 狗
彘不爲, 唾之而去. 由是臺諫文翰得不署名, 事定, 中書以其狀歸之, 王數其不署者而嘆曰, 非尹
某在憲司, 則其它未可知也."

어찌 우리 주인을 짖을 수 있단 말인가."[88] 하였고,[89] 언양군 김륜이 아우 원윤 김우金禑와 함께 서명하지 않았는데, 어떤 이가 김륜에게 "여러 사람의 의견을 어기고 다른 행동을 하면 후회할 것이오." 하였는데, 이에 김륜은 "신하가 두 마음을 가지지 않는 것은 직분일 뿐이다. 무슨 후회가 있단 말인가." 하였다.[90]

충숙왕의 억류에 대하여 이조년(1269-1344)은 16명의 선비와 함께 4천리를 달려 원에 청하는 글을 올렸다.[91] 결국 충숙왕이 귀국하여 왕권을 회복하고, 심왕의 국왕 추대 운동은 실패로 돌아갔으며 충목왕 1년(1345) 7월에 심왕이 세상을 떠나면서 사태는 일단락된다.

이곡을 비롯하여 민종유·최운·원충·김륜·윤선좌·한종유·왕후·권준 등이 심왕 옹립에 반대한 것으로 확인되는데, 당시 고려와 원의 영향력이 강하게 미치는 시기에 고려 왕위를 수호하고 국가의 자율성을 확보하는 것은 유학을 배운 유학자의 일반적인 견해라고 할 수 있다.

충선왕의 정치와 충숙왕, 심왕의 고려 왕위 다툼의 과정에서 이곡은 고려 왕의 계승과 왕권의 안정을 위하여 충선왕의 양위를 비판하고, 심왕 옹립과 입성책동에 반대하였다. 이곡은 충선왕이 '중년의 나이에 왕

---

88 김용선, 《역주 고려묘지명집성(하)》(2012), 민종유묘지명(최해), 745-746쪽.

89 원충은 태위왕이 토번으로 가게 되자 원의 서울에 머무르고, 종묘사직을 뒤엎으려는 계책을, 공은 홀로 임금의 좌우에 있으면서 끝까지 다른 마음을 가지지 않으니 조정의 식견있는 이들이 칭찬하였다(김용선, 《역주고려묘지명집성(하)》(2012), 원충묘지명(최해), 838-839쪽). 충숙왕이 원에게 심왕과 다투게 되었는데, 권준은 끝까지 의리를 지켰다(김용선, 《역주고려묘지명집성(하)》(2012), 권준묘지명(이인복), 1129쪽)고 한다.

90 《高麗史節要》 권24, 忠肅王 9년 8월(618쪽); 《高麗史》 권110, 列傳23 金倫(하책, 403쪽) "贊成事閔宗儒, 嘆曰, 臣爲君隱, 直也, 吾可忍吠吾主耶, 彦陽君金倫, 與弟元禑, 亦不署名, 或謂倫曰, 違衆自異, 若後悔何, 倫罵曰, 臣無貳心職耳, 何後悔之有."

91 《益齋集》 권7, 有元高麗國 誠勤翊贊勁節功臣 重大匡 星山君 贈諡文烈公 李公墓誌銘(이조년) "群不逞訟忠肅王于朝, 見留五年, 公與十六士署一紙, 欲赴闕以請, 公竟獨走四千里獻其書."; 《동문선》 권126, 漢陽府院君韓公墓誌銘(한종유).

작을 헌신짝 버리듯이 내팽개쳤다'[92]고 하여 충선왕이 국왕으로서 왕위를 유지하여 고려의 안위와 유교의 수용을 통한 개혁에 나설 것을 기대하였다. 또한 심왕 옹립에 반대하는 윤선좌, 김륜 등의 주장을 여러 글에서 드러내면서 고려 국왕의 독자성과 자율성 확보 그리고 고려 신하의 도리를 강조하였다.

한편 1339년 3월에 원나라가, 충숙왕이 죽고 조적 등이 난을 일으키는 혼란한 와중에 충혜왕을 붙잡아 원 형부에 가두는 일이 발생하였다.[93] 이제현은 "나는 우리 왕의 아들을 알 뿐이다."라고 하며 충혜왕을 수행하여 일이 분별되고 밝혀질 수 있도록 하였다.[94] 뒤에 충혜왕 복위의 일등공신이 되었다.[95]

이때 충혜왕이 원 조정에 들어갈 때 김륜도 함께 갔는데, 조적의 무리를 도우려는 원나라 5부府의 관리 심문에 대하여, 김륜은 짧은 말로 핵심을 지적하였는데, 논리가 간명하고 사실에 부합하여, 5부의 관리들이 낯빛을 바꾸면서 흰 수염 재상이라고 일컬었다[96]고 한다. 원 관료였

92 《稼亭集》 권2, 京師報恩光教寺記(충숙왕 복위5, 8월, 1336) "余惟先王以世皇外孫, 逮事左右, 荷天之龍, 大德之末, 與於定難, 著勳帝室. 甫及中年, 脫屣王爵, 專心釋教, 其所營塔廟造梵像, 施內典供佛飯僧者, 不可殫紀."

93 《高麗史節要》 권25, 忠肅王(8년 12월 병인)(643쪽) "頭麟等執前王及洪彬綽韓帖木兒不花趙雲卿黃謙白文擧王伯朱柱趙炎輝李安韓昪張巨才裴成景等以歸. 蓋因頗黨之訴也. 前王在途, 召金倫偕行."

94 《稼亭集》 권11, 奉常大夫・典理摠郎・寶文閣直提學・知製教 李君墓表(충혜왕 복위 원년, 1340) "…… 己卯之冬, 尊公以國亂隨王北上, ……"; 《高麗史》 권110, 列傳23 李齊賢(하책, 413쪽) "忠肅薨. 曹頔構亂, 忠惠擊殺之. 然其黨在都者甚衆必欲抵王罪. 元遣使召王, 人心疑懼, 禍且不測. 齊賢奮不顧曰, 吾知吾君之子而已, 從之如京師, 事得辨析. 功在一等賜鐵券. 既還. 群小益煽 齊賢屏迹不出 著櫟翁稗說."

95 이승한, 〈제2장 국가존망의 위기, 입성책동〉, 《몽골과 고려③ 고려왕조의 위기 혹은 세계화시대》, 푸른역사, 2015.

96 《益齋亂藁》 권7, 有元高麗國・輸誠守義協贊輔理功臣・壁上三韓三重大匡・彦陽府院君・贈謐貞烈公 ・金公墓誌銘 幷序 "永陵被徵. 道召公與偕, 公年過六旬, 聞命馳赴, 數日及之鴨綠江. 至則丞相伯顏, 奏令五府官雜問, 而力右頗黨. 頗黨多利口, 公折以片言, 辭理簡直, 五府官改容,

던 이곡은 이 사건을 '국난國亂'으로 표현할 정도로 어려운 시기였는데, 고려의 군신 관계를 우선하였다.

1343년(충혜왕 복위 4) 원나라는 다시 백성을 수탈한다는 이유로 충혜왕을 압송하고 게양현(광동성)으로 유배조치를 하였는데, 충혜왕은 유배 도중 악양에서 사망하였다.[97] 충혜왕이 압송될 때 조정에서는 충혜왕을 구원하는 방안을 논의하였다.[98] 권한공과 이능간은 왕이 무도하여 황제에게 죄를 얻은 것인데 어찌 구원할 수 있는가[99] 하였는데, 김륜은 "신하는 임금에게, 아들은 아버지에게, 아내는 남편에게 마땅히 은혜와 의리를 다할 뿐입니다. 아버지가 죄를 입었는데 아들이 구하지 않을 수 있는가? 황제의 마음을 헤아릴 수 없다고 한 것은 무슨 말인가?" 하였다. 여러 재상들이 침묵하자, 김륜이 "지금 중서성에 글을 올려 허락받지 못한다고 하더라도, 우리 임금을 구하다가 죄를 받는 일은 반드시 없을 것"이라고 하니, 모든 사람들이 옳다고 여겨 글을 올리기로 하였다. 김영돈은 "왕이 욕을 당하였을 때 그 신하가 죽음으로 그를 구원하는 것이 마땅하다."[100]고 하였다. 김해군 이제현에게 초안을 쓰도록 하였으나 나라

目之爲白鬚宰相."

97 이제현은 이 일을 '岳陽之辱'로 표현하였고(《益齋集》 권7, 有元高麗國·誠勤翊贊勁節功臣·重大匡·星山君·贈謚文烈公·李公墓誌銘(이조년)), 이색은 '岳陽之禍'로 말하였다(《牧隱集》 권17, 松堂先生金公墓誌銘; 권19, 烏川君謚文貞鄭公墓誌銘).

98 《高麗史》 권36, 世家36 忠惠王(후4년 12월 癸丑)(상책, 739쪽) "帝以檻車流王于揭陽縣. 諭王若曰, 爾王禎爲人上, 而剝民已甚, 雖以爾血, 啖天下之狗, 猶爲不足. 然朕不嗜殺, 是用流爾揭陽, 爾無我怨往哉."

99 《高麗史》 권110, 列傳23 李凌幹(하책, 420쪽) "及王被執如元, 宰相·國老, 議欲上書, 請赦王罪, 凌幹曰, "天子聞王無道罪之, 若上書論奏, 是以天子之命爲非而可乎?"

100 《高麗史》 권104, 列傳17 金永旽(하책, 296쪽) "後忠惠被執于元, 宰相國老, 欲上書請赦王罪, 議不同. 永旽曰, 主辱臣死, 請之宜急. 語在金倫傳《高麗史》 권110, 列傳23 金倫(하책, 403쪽); 김용선, 《역주고려묘지명집성(하)》(2012), 김륜묘지명(이제현), 920쪽 "…… 倫屬聲曰, 臣之於君, 子之於父, 妻之於夫, 當盡其恩義耳. 其父被罪, 爲其子者, 忍不救乎? 其言帝意未測者, 何謂也? 諸相皆黙然, 倫又言, 今之卽省, 雖不蒙兪, 救其主而得罪, 吾知其必無

의 원로[國老]들이 서명하지 않은 이가 많아 결국 이루어지지 않았다.[101]

이곡은 김륜(1277-1348)이 죽었다[102]는 부음을 연경에서 듣고 애도하는 시를 남겼다.[103] 김륜은 심왕 옹립에 반대하고 원에서 충혜왕의 의혹을 푸는데 주력하였으며, 강윤충의 불충과 간사함, 저치도감의 방행 등의 죄상을 비판하는 글을 올렸다.[104] 이곡은 고려 국왕의 왕위를 수호하고 국가의 자율성을 확보하려는 데 김륜과 공감하는 바가 많았다.

이제현과 김륜은 고려의 군신관계를 중시함으로써 고려의 독자적인 왕조체제를 유지하려는 것이었다. 이는 권한공이 이제현과 같이 충선왕을 호종하였음에도 심왕 고를 옹립하며 원나라를 내세우는 것과 대비된다고 하겠다. 권한공·이능간 등이 원을 중심으로 하는 세계질서 속에서 원의 황제에 대한 배신의 자세를 강조하였다면,[105] 이제현 등은 고려 국왕인 충혜왕에 대한 신하로서 충성을 보여 주었다. 원과 고려의 천자-배신의 관계보다 고려의 군신관계를 우선하였다고 할 수 있다.[106]

也. 一坐皆然之, 遂決議上書. 令金海君李齊賢草之, 國老多不署名, 竟未就, 倫終身憤憤, 形於言色."

101 《益齋亂藁》 권7, 有元高麗國輸誠守義協贊輔理功臣·壁上三韓三重大匡·彦陽府院君·贈諡貞烈公·金公墓誌銘;《高麗史節要》 권25, 忠惠王(후4년 12월)(650-651쪽);《高麗史》 권110, 列傳23 李齊賢(하권, 413-414쪽) "忠惠被執于元, 宰相國老會旻天寺, 議上書請赦王罪, 齊賢草其書曰 …… 後欲署名呈省, 國老多不至, 事竟未就."

102 《高麗史》 권37, 世家37 忠穆王(4년 2월 기사)(상책, 747쪽) "四年 春二月 己巳, 彦陽府院君金倫卒."

103 《稼亭集》 권19, 哭竹軒; 권19 次韻哭竹軒.

104 《高麗史》 권124, 列傳37 嬖幸2 康允忠(하책, 694쪽);《高麗史》 권110, 列傳23 金倫(하책, 404쪽) "金倫·李齊賢·朴忠佐等上疏曰, 孟子曰, 不仁者, 可與言哉? 安其危而利其灾, 樂其所以亡者不仁, 而可與言則, 何亡國敗家之有? 其有欺君罔民, 不憚天下之公論, 不畏天下之大法, 則不仁之大者也. 與之言尙不可, 況信之任之乎? 竊見康允忠起自賤隷 ……"

105 고려 국왕을 우선하는 이제현의 역사인식에 깊은 영향을 받은 《고려사》 찬자는 권한공을 '二君을 섬기려 하여 臣節을 잃은' 전형으로 간주하여 간신전에 입전하였다(장동익, 〈권한공의 생애와 행적〉,《대구사학》 104, 2011, 92쪽, 주) 112)) 한다.

106 채웅석, 〈원 간섭기 성리학자들의 화이관과 국가관〉,《역사와 현실》 49, 2003.

충혜왕이 원나라에 압송될 때, 신예는 고용보와 함께 관여하였다. 충
혜왕 복위 4년(1343)에 원나라는 타적朶赤, 별실가別失哥 등을 보내 교사
郊祀 뒤에 대사면 조서를 반포하였는데, 충혜왕이 병을 핑계로 영접 나
가지 않으려 하자 고용보가 "황제가 항시 왕의 태도가 불경하다고 말하
고 있는데 만약 영접하지 않으면 황제의 의심이 더욱 심해질 것입니다."
하였다. 왕이 백관을 인솔하고 조서를 받으러 정동성征東省으로 갔는데,
타적 등이 왕을 발로 차고 결박하였다. 이때 왕이 황급하게 고원사를 불
렀으나 고용보는 왕을 꾸짖었다. 신예는 공모하여 병사를 숨겨두고 외부
를 막아 협력하였다.[107] 당시 사람들은 고용보야 소인이라 그렇지만, 신
예는 유자인데 어찌 이 지경에 이르렀는가[108]가 하였다.

이곡은 신예와 오래전부터 친분이 있었고 《가정집》에서 자주 신예를
언급한다.[109] 1340년 4월에 신예가 원 황제 생일인 천수절을 축하하는
사절로 가게 되자, 송별시의 서문을 쓰면서 나만큼 신예를 아는 사람은
없다[110]고 하였다. 후에 기씨가 기황후가 되고 고용보가 자정원사가 되
었는데,[111] 신예의 처남이 고용보였으므로 신예는 이들과 결합하게 된다.

---

107 《高麗史》권125, 列傳33 奸臣1 辛裔(하책, 724~725쪽);《高麗史》권36 世家36 忠惠王
(복위 4년 11월 甲申)(상책, 738쪽) "大卿朶赤, 郞中別失哥等六人, 來頒郊赦詔, 王欲托疾不
迎, 龍普曰, 帝嘗謂王不敬, 若不出迎, 帝疑滋甚, 王率百官, 朝服郊迎, 聽詔于征東省, 朶赤乃
住等, 蹴王縛之, 王急呼高院使, 龍普叱之, 使者, 皆拔劍執侍從, 群小百官, 皆走匿, 左右司郞
中金永煦, 萬戶姜好禮, 密直副使崔安祐, 鷹揚軍金善莊, 中禦, 持平盧俊卿, 及勇士二人, 被殺,
中刀禦者甚多, 辛裔, 伏兵禦外以助之."

108 《高麗史》권125, 列傳33 奸臣1 辛裔(하책, 724쪽) "元使朶赤乃住之執王也. 裔與其妹壻宦
者高龍普, 謀伏兵, 禦外以助之. 時人以爲, 龍普小人, 不足論, 裔儒者, 何至此耶";《高麗史節
要》권25, 忠惠王(4년 11월)(상책, 650쪽) "史臣元松壽曰, 王雖凶虐, 乃其主也, 龍普小人,
旣不足論, 辛裔儒者, 何至此耶."

109 《稼亭集》권9, 送辛寺丞入朝序; 권16, 律詩 送辛代言東歸 권17. 律詩 寄辛草亭; 권20, 律
詩 寄辛草亭.

110 《稼亭集》권9, 送辛寺丞入朝序(1340년 4월) "…… 知辛君者皆有詩, …… 知君莫若余, 故
爲之言."

이곡은 그의 반고려적인 행위에 반감을 갖고 거리를 둔다. 충목왕 초년에 신예에게 "벼슬길에선 백년의 좋은 관계가 일찍이 없었어도, 사람의 정리는 10년 우정을 잊으면 안 되겠지."[112] 하여 정치적으로 또는 벼슬살이를 할 때는 견해 차이가 있어도 개인적인 인간관계는 잊을 수 없다고 하였다. 이는 신예의 고려 국왕에 대한 불충한 행위에 비판적인 인식을 드러낸 것이라 할 수 있다. 즉 이곡은 신예가 기철 등과 결합하여 충혜왕 후4년(1343) 매부인 고용보와 함께 충혜왕의 원나라 압송에 관여한 것에 대해 반발하였던 것으로 보인다.

같은 맥락에서 이곡은 당시 현달한 기철을 비롯한 기씨 집안을 높이면서도 경계하였다. 기철은 일찍 고려와 원에서 벼슬하였는데, 본격적으로 권력을 장악하게 된 것은 충혜왕 복위 1년(1340) 4월에 기씨 궁녀가 제2 황후가 된 뒤였다.[113] 이후 기철은 정동행성의 참지정사, 기원은 한림학사가 되었고, 기철은 정승이 되고 덕성부원군으로 봉해졌다.[114] 충목왕이 죽자 기철에게 정동행성의 업무를 섭행하도록 하였다.[115] 충목왕 즉위년(1344)에 기황후는 황자皇子를 낳았고 공민왕 2년(1353)에 그 황자가 황태자로 책봉되었다.

이곡이 혈연적으로 또는 원에서 활동한 고려인으로서 기황후, 기철과 긴밀하다는 것은 기철을 설명하면서 이미 말한 바와 같다. 기황후를 배경으로 고려 재상이 된 기철은 이곡의 협조를 요청하였는데 이곡은 부

---

111 《高麗史》 권36, 世家 忠惠王(복위 1년, 4월)(상책, 732쪽).

112 《稼亭集》 권17, 律詩 寄辛草亭.

113 《高麗史》 권36, 世家36 忠惠王(복위 1년(1340), 4월)(상책, 732쪽).

114 《高麗史節要》 권25, 忠惠王(복위 4년(1343) 10월)(649쪽); 《高麗史》 권131, 列傳44 叛逆5 奇轍(하책, 833~844쪽).

115 《高麗史》 권89, 列傳2 后妃2 德寧公主(하책, 32쪽) "忠穆薨, 德寧公主命昫與府院君奇轍, 攝行征東省事."; 《高麗史》 권110 列傳23 王煦(하책, 407쪽) "王薨, 公主命德城府院君奇轍, 政丞王煦, 攝行征東省事."

모님에게 효성을 다해야 한다는 이유로 고향 한산에 머물렀다.[116] 이곡
은 기철이 송악산 기슭 초정 초정草亭에서 개최한 연회에 참석하여 시를
지었다.[117] 여기에서 예전부터 국화 뜰에 고상한 생각을 두었는데, 분분
한 세상 귀 닫고 술 깨지 말라[118]고 하였다. 이곡이 기철과 거리를 두려
는 것을 보여 준다고 하겠다.

이곡이 충목왕이 즉위하고 새로운 정치를 기대하며 재상에게 글을 올
릴 때, 어떤 사람이 "글을 보낼 필요가 없다. 그들의 노여움을 살 뿐이
고 도움 될 바가 없을 것이다." 하였으나, 이곡은 '만일 사직이 편안하게
되고 인민들이 이롭게 된다면 그 본말을 자세히 갖추어서 이를 조정에
말하고 천자에게 아뢸 것인데, 어찌 제공들의 노여움 때문에 입을 다물
수 있을 것인가' 하였습니다." 하였다.[119] 여기에서 구신舊臣은 권력자
기황후나 그 친족을 의미한다고 할 수 있다.[120] 이곡은 충목왕 원년
(1345) 기황후가 순제를 위하여 금강산 장안사의 중흥에 관련한 기문은
쓰지만,[121] 기황후 일족에 대한 경계 의식을 드러냈다고 할 수 있다.

이곡은 충혜왕의 압송과 기철, 신예 등 반고려적인 인물의 행적에 비
판의식을 가졌고 이제현·김륜·윤택·안축·안진·이인복 등 유학자들과 생

---

116 《稼亭集》 권18, 寄奇參政.
117 김창현, 앞의 논문, 138쪽.
118 《稼亭集》 권18, 次韻題奇參政草亭.
119 《高麗史節要》 권25, 忠穆王(즉위년 5월)(654~655쪽);《稼亭集》 권8 寓本國宰相書 "判典
　　校寺事李穀在元, 致書宰相曰 …… 或曰, 不必寓書諸公, 徒見其怒而無所益也, 穀應之曰, 社
　　稷苟安, 人民苟利, 將具本末, 言之朝廷, 達之天子, 豈以諸公之怒而便含黙耶, 是用敢貢狂瞽之
　　言, 惟諸公察焉."
120 이곡이 새로운 인물을 등용해야 한다는 것은 채하중 같은 충숙, 충혜왕대에 득세한 측
　　근이나 부원배를 대신하는 인물이라고 할 수 있는데, 이곡이 권력자의 노여움을 살 뿐이
　　라는 지적에서 권력자는 기황후나 그 친족을 의미하는 것이라고 한다(이승한, 〈제4장 무
　　위의 국왕, 유주들〉,《몽골과 고려③ 고려왕조의 위기 혹은 세계화시대》, 푸른역사, 2015,
　　344~346쪽).
121 《稼亭集》 권6, 金剛山長安寺重興碑.

각을 공유하였다.[122] 이들은 고려 국가의 정치적 자율성과 왕실의 권위를 회복하는 데 주력하였다. 이들은 과거 합격자로서 유학적 정치이념의 실현이라는 정치적 목표의식에 공감하고, 유교적 의리론을 공유하고 고려의 군신관계에 충실했다. 이제현은 원이 충선왕을 토번吐蕃(티베트)으로 귀양보내자 최성지와 함께 원 낭중과 배주에게 왕을 구원하는 글을 올려,[123] 충선왕을 타사마朵思麻로 옮기도록 하였고,[124] 또 충혜왕이 원으로 불려가게 되자 왕을 변호하여 충혜왕 복위의 일등공신이 되었다.[125] 얼마 뒤 충혜왕이 다시 원에 의하여 압송되자 그를 구하는 글을 올렸다.[126] 이들은 이제현과 같이 고려 국왕에 대한 충성과 의리를 지키려 하였다. 이곡 역시 이들의 생각에 동의하였고, 이들의 행동을 묘지명이나 상소문으로 드러내 주며 동의하는 의사 표시를 하였다. 말하자면, 이곡을 비롯한 이제현 같은 당대 유학자들은 충렬왕과 충선왕, 충숙왕, 충혜왕, 충정왕, 공민왕대에 이르는 원 간섭기에 정치적 행동을 같이하며 고려의 독립성 확보와 자율성을 확대하는 데 주력했다고 할 수 있다.

---

122 충혜왕의 행적과 평가에 대하여 그의 개혁정치를 높이 사는 연구(김창현, 〈원의 도읍 경영과 고려왕의 동선〉, 《고려 도읍과 동아시아 도읍의 비교연구》, 새문사, 2017)와 그의 황음무도를 강조한 연구로 나뉜다(이승한, 〈제4장 무뢰의 국왕, 유주들〉, 《몽골과 고려③ 고려왕조의 위기 혹은 세계화시대》 푸른역사, 2015).

123 《高麗史》 권110, 列傳23 李齊賢(하책, 411쪽) "忠宣被讒, 流吐蕃, 齊賢又與崔誠之, 獻書元郞中曰…… 又上書丞相拜住曰 ……"

124 《高麗史》 권110, 列傳23 李齊賢(하책, 413쪽) "…… 旣而帝命量移忠宣于朶思麻之地. 從拜住所奏也."

125 《高麗史》 권110, 列傳23 李齊賢(하책, 413쪽) "忠肅薨. 曹頔構亂, 忠惠擊殺之. 然其黨在都者甚衆必欲抵王罪. 元遣使召王, 人心疑懼, 禍且不測. 齊賢奮不顧曰, 吾知吾君之子而已, 從之如京師, 事得辨析. 功在一等賜鐵券. 旣還. 群小益煽 齊賢屏迹不出 著櫟翁稗說.

126 《益齋亂藁》 권7, 有元高麗國輸誠守義協贊輔理功臣 壁上三韓三重大匡 /彦陽府院君 贈諡貞烈金公金公墓誌銘 : 《高麗史節要》 권25, 忠惠王(후4년 12월)(650-651쪽) : 《高麗史》 권110, 列傳23 李齊賢(하책,, 413-414쪽) "忠惠被執于元, 宰相國老會旻天寺, 議上書請赦王罪, 齊賢草其書曰, …… 後欲署名呈省, 國老多不至, 事竟未就."

2. 고려의 원 문화 수용과 새로운 정치

1) 고려의 원 문화 긍정과 성리학 수용

이곡은 대몽항쟁과 개경 환도 그리고 원과의 사대관계 성립이라는 역사과정에서 원을 천자국, 문명 중심국으로 인정하고 원 문화 수용에 적극적이었다. 이곡은 원 제과에 합격한 뒤 1333년 4월부터 1348년 5월 귀국할 때까지 약 15년 동안 고려인 원 관료로서 원의 국가 운영과 문화의 성격을 주시하였다. 당시 몽골(원)은 중국을 정복하고 지배하기 위하여 한화漢化정책을 추진하여 유교를 국교로 삼았으며 중국 정통 왕조의 일원으로 자리매김하고자 하였다. 세계 제국 원은 종족 차별 없이 국자감이나 과거에 응시하시도록 하였고, 색목인色目人을 비롯한 주변 이민족들이 이에 참여하였다. 이때 몽골은 자신들의 고유 문명을 보존하고 발전시키는 정책 또한 병행 추진함으로써 정체성을 잃지 않으려 하였다. 유목 민족들이 중국을 지배하면서 중국화 정책을 펼치다 중국에 동화된 것과 대비되었다. 몽골 문자를 만들고 몽골 역사(《원조비사》)를 편찬하는 작업도 동시에 진행시켰다. 고려는 몽골이 정체성을 잃지 않으면서 중국 문화를 받아들이는 방식을 수용하여, 몽골(원) 제국이 주도하고 제시하는 문명 전환 정책에 참여하였다.[127]

이곡은 몽골(원)이 중국 정통 왕조의 일원으로 문명국가로서 성장하

---

127 김용섭, 〈고려국가의 몽골·원과의 관계 속 문명전환 정책〉, 《東아시아 역사 속의 한국 문명의 전환 —충격, 대응, 통합의 문명으로》(신정·증보판), 지식산업사, 2015.

는 사실을 인정하였다. 고려의 의욕 있고 진취적인 지식인, 정치가들은
자신의 뜻을 펴고자 원에 진출하고 싶어 했다. 동년인 김동양은 이곡에
게 다음과 같이 말했다.

> 김군은 시를 읊으며 술을 마실 때면 언제나 "지금 우리 성스러운 원나라
> 는 드높고 휘황하다. 처음에는 무력으로 천하를 통일하였으나, 지금은 문치로
> 세상을 교화시키고 있다. 그리하여 조축釣築에서 일어나서 국정을 담당하고,
> 초야를 떠나와서 도의를 이야기하고 있는 자들이 얼마나 되는지 알 수 없다.
> 남아가 시골 한 구석을 지키면서 일 하나에 얽매어 있을 수는 없으니, 나는
> 장차 북쪽 중국에 가서 배울 것이다."라고 하였다. 그리고 《시경》〈소아小雅〉
> 벌목편伐木篇의 "깊은 골짜기에서 꾀꼬리 훌쩍 날아올라, 높은 나뭇가지 위로
> 옮겨 가누나."라는 구절을 계속 반복해서 외우지 않은 적이 없었는데, 식자들
> 이 이를 듣고서는 김군의 쓸개가 몸보다 크다는 것을 알았다.[128]

김동양은 원나라가 처음에는 무력으로 천하를 평정하였지만, 지금은
문치로 중원을 교화시켜, 불우한 처지에서 몸을 일으켜 국정을 담당하고,
초야를 떠나 도의를 논의하는 자들이 많은데, 시골 한 구석에서 일 하나
에 얽매이기보다는 원나라로 가서 학문을 배우고자 한다고 하였다. 이곡
은 김동양이 말과 행동이 일치하는 것을 보고 격려하는 시를 지어 주었
다. 이곡이나 김동양 등 당대의 식자층은 원나라의 정치를 긍정하여 원
선진 문화, 문명을 체득하고 자신의 뜻을 펼칠 넓은 세계로 나아가고자
하였던 것이다.

당대의 지식인들은 이곡과 같이 고려와 원이 밀접한 관계를 유지하던

---

128 《稼亭集》권8, 送金同年東陽遊上國序 "君每於詩酒間, 慨然嘆曰, 今我皇元, 巍巍赫赫, 始
以武功定天下, 今以文理洽海內, 起釣築而當鈞衡, 弁草萊而談道義者, 不知其幾何, 男兒不可守
一鄕局一事也. 吾將北學于中國, 仍誦小雅伐木篇出于幽谷, 遷于喬木, 未嘗不三復也. 有識聞
之, 知君之膽當大於身也."

이 시기를 태평성대로 긍정하였다.[129] 최해는 "지금 황원皇元이 위에 있어 지극한 인과 풍성한 덕을 베풀어 천하를 기르고 있으며, 고려는 첫 번째로 귀부하였기 때문에 대대로 혼인하였고, 엄격한 법도를 잘 지켜 상하가 서로 즐거워하며 변경에 조그만 경계도 없고 풍년이 들고 있으니, 실로 천년에 오는 태평성대"[130]라고 하였고, 이제현은 "세조가 이미 사해를 통일하고 나서 단아한 선비를 등용하였으므로, 헌장憲章과 문물이 모두 중화의 옛 모습을 회복하였다."[131]고 하였다.[132] 이색 역시 "원 나라가 일어난 지 백 년이 지나면서 문치가 퍼져 사방의 학사들은 자신의 재능을 발휘하려고 한 시대의 성황을 이루고 있다."[133]고 하였다. 이들은 《중용》의 수레바퀴 폭이 같듯이 문물제도가 일정하고 문자가 같으며 윤리도덕의 기준이 통일되어 있다[134]는 동문同文의식, 곧 한자와 삼강오륜을 견지하였다.[135] 세계 제국 원의 성립을 통하여 천하가 통일되

---

129 林熒澤, 〈고려말 文人知識層의 東人意識과 文明意識〉, 《牧隱 李穡의 生涯와 思想》, 1997; 韓永愚, 〈稼亭 李穀의 生涯와 思想〉, 《韓國史論》 40, 1998; 채웅석, 〈원 간섭기 성리학자들의 화이관과 국가관〉, 《역사와 현실》 49, 2003.

130 《拙稿千百》 권1, 海東後耆老會序 "今則皇元宅上, 以至仁盛德, 涵養天下, 而王國由首出歸明, 世蒙釐降, 恪遵侯度, 上下胥悅, 而三邊無小警, 連歲有大穰, 實可謂休明治安, 千載一時矣."

131 《櫟翁稗說》 後集2 "世祖旣 一四海, 登用儒雅, 憲章文物, 皆復中華之舊."

132 이제현은 과거시험의 모의 책문으로 판단되는 글에서 "번성한 시기를 만나 천하가 같은 문자를 쓰게 되어 집마다 정주의 책을 갖추고 성리학을 익히며 교화의 도가 갖추었다"(《益齋亂藁》 권9下, 策問 "幸際休明, 天下同文, 家有程朱之書, 人知性理之學, 敎之之道, 亦庶幾矣.")고 하였고, "나라에서는 원나라를 섬기고 나서 걱정이 없고 마을에는 집들이 즐비하며 행인의 왕래가 끊이지 않았다. 인구는 날로 늘고 들은 날로 개간되어 소금이 많은 땅으로 논을 만들고 황무지는 밭으로 경작하니 그 어찌 번성해짐이 아니겠는가? …… 다행하게도 번성한 시기를 만나 천하가 같은 문자를 쓰게 되어 집마다 정주의 책을 갖추고 성리학을 익히며 교화의 도가 갖추었다. ……"(《益齋亂藁》 권9下, 策問)고도 하였다.

133 《牧隱集》 文藁 권13, 書上札補正雪菴大字卷後 "元興百餘年, 文理大洽, 四方學士, 咸精其能, 蔚乎 一代之盛矣."

134 《中庸》 28장, "今天下, 車同軌, 書同文, 行同倫."

135 《稼亭集》 권3, 趙貞肅公祠堂記 "其大槩曰, 天下之生久矣. 一理一亂. 近自唐家旣衰, 五季

고 일시동인, 천하동문이라는 유교 문화가 보편화되고 있는 한자문화권 또는 유교 문명 의식을 전제하고 있는 것이다.[136]

충목왕 4년 이곡이 판전교시사로 원 조관의 아들이라는 이유로 이색을 원 국자감에 오도록 주선할 무렵, 공자가 '천하가 작다고 태산에 올라 선 까닭을 상기시키며' 원 수도에 가서 공부하라고 권하였다.[137] 이곡은 당시 유학자처럼 원에 유학가서 세계 제국의 선진 문화를 학습하여 자신의 학문 세계, 의식 세계를 넓힐 수 있기를 희망했듯이, 아들 이색에게도 이를 권하였던 것이다. 긴밀한 대원관계 아래에서 고려의 신진 사류 가운데 기예일수록 원의 과거에 합격하였으며 이를 영광으로 여겼다.[138]

몽골족(원)은 원 중심의 세계질서를 확립하고자 하였고, 이를 위해서 초기 유목 국가의 약탈적 정복 정책에서 탈피하여 정복지에 대한 효율적인 지배와 관리를 목적으로 한 유화적 정책으로 방향을 전환하였다. 이에 따라 중국에 대한 지배정책도 '중국의 법으로 중국을 다스린다[以漢法治漢地]'는 한화정책을 시행하였다. 야율초재·허형 등 유학자를 등용하여 유교적 통치를 강화해 간 것도 이러한 정책의 일환이었다.

大亂, 遼金與宋, 南北分裂, 戰爭不息, 生民之塗炭極矣. 天開景運, 聖人繼作, 名臣輩出, 一六合定群志, 同文軌變風俗. 易曰, 大哉! 乾元. 萬物資始, 其惟皇元乎? …… 貞肅公生於太宗九年丁酉歲. 時甫收汴蔡, 天下幾定, 而南征西伐, 尙猶未已. 本國雖已歸附, 而制於權臣, 萬都江華, 逃職不時. 以致天兵壓境, 此亦國步安危之機, 人心向背之際, 俗習遷變之始, 而三韓之再初也. 當是之時, 夷夏始通, 宣上德達下情, 動資舌人, 而公以能華言善辭令, 拔擢飛騰, 始則束帶立朝, 與賓客言, 終則尊主庇民, 爲社稷臣, 觀公之生, 豈偶然哉?"

136 金泰永, 〈高麗後期 士類層의 現實認識〉, 《創作과 批評》 44, 1977; 〈朝鮮前期 封建的 社會思想 試論〉, 《經濟史學》 2, 1978.

137 《稼亭集》 권18, 用家兄詩韻, 寄示兒子訥懷.

138 김종진, 〈關東瓦注 소재 한시의 연구〉, 《동국대학교경주대논문집》 2, 1983; 〈이곡의 대원의식〉, 《태동고전연구》 창간호, 1984; 김윤정, 〈13~14세기 고려 지식인의 시대 인식과 정체성〉, 《역사와 현실》 115, 2020.

세조 쿠빌라이가 집권한 중통(1260-63)과 지원(1264-94) 연간에 이
러한 정책이 활성화되고 지극한 정치가 행해진 것으로 알려졌다. 요추
(1203-1280)는 남방학자인 조복을 북방으로 초빙하고, 양유중楊惟中
(1205-1256)의 제의로 태극서원을 창립하였으며, 금나라 때인 1217년에
설립된 집현원을 한림국사원, 집현원으로 만들고, 지원 24년(1287)에 국
자감을 세워 학칙을 정한 뒤 허형을 국자좨주겸집현전학사로 임명하여
이를 관장하게 하였다.[139] 아울러 1313년 과거시험을 실시하고 1329년
규장각을 세우는 등 교육 기관이 설립되고 국학 연구자들이 확산되면서
이 같은 지적 분위기는 확고하게 자리 잡아 가고 있었다.[140] 구양현
(1274-1358)은 "중통과 지원에는 특출한 임금이 옛 성인을 계술繼述하려
는 신하들의 뜻을 장려하고, 뛰어난 신하가 옛 성인을 본받아 실천하려
는 그 임금의 마음을 보필하여, 우리 원나라가 삼대 이하 다른 나라들이
미칠 수 없도록 하였다."[141]고 하여 세조의 집권 시기를 긍정하였고, 이
곡은 공녀를 반대하면서, "세조 황제는 천하를 다스리실 때는 인심을 얻
으려 힘썼고, 먼 나라의 색다른 풍속은 습속에 순응해서 다스렸기 때문
에 천하의 백성이 기뻐하여 북치고 춤추며, 여러 차례 통역을 거쳐 들어
와 조회하여 남보다 늦을까 걱정하였으니, 요·순의 다스림도 이보다 더
나을 수 없었다."[142]고 세조 쿠빌라이의 공적을 높이 평가하였다.

139 《元史》 권81, 志31 選擧1 學校; 정재철, 《이색 시의 사상적 조명》, 집문당, 2002, 11-12쪽.

140 安部健夫, 《元代史の硏究》, 創文社, 1972; 姜一涵, 《元代奎章閣及奎章人物》, 臺北, 聯經出
版事業公司, 1981; 周采赫, 〈元 萬卷堂의 設置와 高麗儒者〉, 《孫寶基博士停年紀念韓國史學
論叢》, 1988.

141 《圭齋文集》 권9, 文正許先生神道碑(影印 文淵閣 四庫全書 集部, 1210-37) "中統至元之
治, 上有不世出之君, 能表其章其臣繼述往聖之志, 下有不世出之臣, 能贊襄其君憲章往聖之心,
於是我元之宏規有非三代以下有家國者之所可及矣"

142 《稼亭集》 권8, 代言官請罷取童女(1337년) 《高麗史》 권109, 列傳22 李穀(하책, 388쪽)
"元屢求童女于本國, 穀言於御史臺請罷之, 代作疏曰, …… 昔我世祖皇帝, 臨御天下, 務得人
心. 尤於遠方殊俗, 隨其習而順治之故, 普天率土, 歡欣鼓舞, 重譯來王, 猶恐或後. 堯·舜之治,

고려는 성리학으로 집약된 원의 선진 문화, 유교 문명을 수용하였는데, 그 통로 가운데 하나가 중국이 지방을 지배하는 관청인 행성의 하나로 고려에 설치된 정동행성이었다. 원나라는 고려에 행성을 설치하고 충렬왕 6년(1280) 12월에 충렬왕을 중서좌승상 행중서성사[143]에 임명하였고,[144] 원나라와 고려 사람을 정동행성의 관원으로 임명하였다. 원래 원나라의 행성에는 승상·평장정사·우승·좌승·참지정사 등의 재상직, 낭중·원외랑·도사 등의 좌우사관, 그리고 연사掾史 이하의 실무직이 있었고, 속사로는 검교소檢校所·조마소照磨所·가각고架閣庫·이문소理問所·도진무사都鎭撫使·유학제거사儒學提擧司 등이 있었는데, 각성마다 차이가 있었고 규정대로 인원을 채우지는 않았다[145]고 한다.

이곡에 따르면, 고려에 정동행성이 설치되었지만, 국왕이 중국의 승상을 겸하여 독자적으로 관할하고, 성의 속관들도 모두 자체적으로 임명하였으며, 그 밖에 내외의 백사百司들도 고려의 구례에 따르고 있었다.[146] 기왕의 정동행성 관원 연구에 따르면, 충렬왕 초기에는 평장정사 이하 재상직은 임명하지 않고, 속사인 좌우사, 이문소 도진무사, 유학제거사 등에만 관원이 임명되었다. 그러나 충렬왕 24년에 정동행성의 재상직에

蔑以加也. ……";《高麗史節要》권24, 忠肅王 후4년 윤12월(637쪽))"典儀副令李穀在元, 言於御史臺, 請罷求童女, 爲代作疏曰, ……"

143 《稼亭集》권9, 送揭理問序"凡一國之命, 一省之權, 總而專之, 故稱國王丞相"). '一 國'의 정치를 책임지는 국왕과 '一省'을 담당하는 승상을 결합한 국왕 승상의 성격에 대하여 많은 연구가 행해졌다(최윤정,〈駙馬國王과 國王丞相 ─13·14세기 麗元관계와 고려왕조 國體 보존 문제 이해를 위한 새로운 모색─〉,《대구사학》111, 2013; 이명미,《13·14세기 고려·몽골 관계 연구》, 혜안, 2016).

144 《高麗史》권29, 世家29 忠烈王2(6년 12월 신묘)(602쪽).

145 張東翼,〈후기 정동행성의 존재 형태와 운영 실태〉,《高麗後期外交史 硏究》, 일조각, 1994, 56-63쪽.

146 《稼亭集》권9, 送白雲賓還都序"本京雖置省, 惟國王丞相獨領之. 又其寮宷之命于朝者, 皆所自畀, 其餘內外百司, 竝依本國之舊, 中原士大夫無自而來也."

원나라 사람이 임명되었다. 충렬왕 25년 10월부터 27년 5월까지 정동행
중서성 좌승으로 야율희일耶律希逸을 임명하였다.[147] 그는 박학다문하고
시문에 능했는데, 1303년 원에서 폐정개혁을 위한 전국적인 선무작업을
추진한 주역의 한 사람이었다. 그는 충렬왕에게 백성들을 다스리는 방책
에 대해 조언하였고 재상들에게는 국가사업을 추진하도록 독려하였다.
일찍이 국학의 건물이 좁고 누추하여 반궁泮宮의 제도에 맞지 않으므로
왕에게 건의하여 문묘를 새로 짓게 하고 유학의 기풍을 떨치도록 당부
하였다.[148] 그 밖에 왕사겸 등 정동행성 관원은 강남 출신의 유학자로,
학문 수준이 높아 고려에 유학을 전래하는 데 기여했다고 평가된다.[149]
이처럼 원나라 유학자들은 정동행성을 매개로 고려에 유학을 전수하고
국가정책에 유학적 이념을 구현하고자 노력하는 모습을 보여 주었다.

특히 정동행성 관원으로 주목되는 것은 유학제거사이다.[150] 행성의 유
학제거사는 송대의 감찰관인 제거학사사提擧學司事를 계승한 것으로, '문
학의 관'으로서는 유일하게 지방 상주 기관이었다고 한다. 강서유학제거
는 그 지방 출신을 임명하였는데, 이는 사인士人에 대한 우대 조치이고
혹은 유학자 집단을 총괄하는 조직의 창출이라는 의미가 있었다고 한다.
그들의 임무는 학교 서원, 제사, 학교의 출납 관리, 인재의 추천, 유학자
의 관리 등이었다. 이때 과거 응시의 준비를 비롯한 지방 교육 문화를

---

147 耶律希逸은 거란인으로 호는 柳溪, 淮東宣慰使를 역임하였다. 원나라 초기 유교적 지배
    체제 확립에 공이 큰 耶律楚材(1190-1244)의 손자이고, 우승상 耶律鑄(1221-1285)의 아
    들이다(《元史》 권146, 列傳33 耶律楚材 子鑄附; 王德毅 李榮村 潘柏澄 編, 《元人傳記資料
    索引》 2책, 中華書局, 1987, 776쪽, 782-783쪽).

148 《高麗史》 권74, 志28 選擧2 學校(중책, 628쪽) "(忠烈王)三十年五月, 安珦建議, 令各品出
    銀布有差, 以充國學贍學錢, 王亦出內庫, 錢穀以助之. 珦以餘貨送江南購六經諸子史以來, 於是
    願學之士七管十二徒諸生, 橫經受業者, 動以數百計."

149 張東翼, 〈후기 정동행성의 존재 형태와 운영 실태〉, 《高麗後期外交史 硏究》, 일조각,
    1994, 56-63쪽.

150 櫻井智美, 〈元代の儒學提擧司 ―江西儒學提擧を中心に〉, 《東洋史硏究》 61-3, 2002.

총괄하는 기능을 하였고 사인으로서는 정치 참여의 창구로 기능하였다고
한다.

원은 1289년에 정동행성에 유학제거사를 두고 안향을 유학제거로 임
명하여 학교 교육 출판의 행정을 담당토록 하였다. 이는 요양(1313)·사
천(1313)·운남(1314)·감숙(1314) 등 원나라의 다른 내지에 행성을 만든
것보다 20여 년이나 빠른 것이었다.[151] 정동행성 관원에는 원의 유학자
들이 포함되어 있다. 당초에는 고려인이 관원으로 임명되었지만, 14세기
에 이르러 한인漢人 인사가 취임하는 것이 관례로 굳어졌다.[152] 이는 고
려와 원의 인적 교류를 증가시켰을 뿐 아니라 고려인의 처지에서는 본
국에 있으면서도 한족지식인과 접촉할 수 있는 창구를 가지게 되었음을
의미한다. 노비개혁을 요구한 활리길사와 앞서 언급한 야률희일耶律希逸·
홀련忽憐·임원林元 등이 대표적인 한인漢人 인사였다.

충혜왕 복위 1년(1340) 정동행성의 유학교수로 근무하다가 연경으로
돌아가는 백운빈에 대해 이곡은 그가 참된 유학자라고 칭찬하였다. 당시
에는 유술儒術을 빌미로 지위를 구하고, 일단 지위를 얻고 나면 시詩와
서書를 사냥개로 여기거나, 유술을 버리고 다른 길을 택하며, 성취하는
바가 없게 되면 거꾸로 유술이 자기 신세를 망쳤다고 한탄하였다. 그러
나 백운빈은 관직으로 현달하지 못했어도 지조는 변한 것이 없어 부귀
는 하늘에 달려 있고 궁달은 명에 달려 있다며, 고려의 풍속이 중국과
같지 않고 봉록도 넉넉하지 않지만 사람들을 가르치는 데 힘들다고 내
색하지 않아 존경할 만하다고 하였다.[153] 이곡은 원나라 유학자 관료의

151 高柄翊, 〈麗代 征東行省의 硏究〉, 《東亞交涉史의 硏究》, 서울대학교출판부, 1970, 256쪽.

152 周采赫, 〈元 萬卷堂의 設置와 高麗儒者〉, 《孫寶基博士停年紀念韓國史學論叢》, 1988; 森
　　平雅彦, 〈朱子學受容의 國際的背景—モンゴル時代と高麗知識人〉, 《アジア遊學》 50, 2003.

153 《稼亭集》 권9, 送白雲賓還都序 "世之挾儒術釣爵位者, 旣得爵位, 則有芻狗詩書者矣. 或急
　　於進取, 變而之它, 或老而無成, 反謂誤身者亦有之矣. 雲賓不然, 官雖不達, 志則不渝, 衰衣博

마음 자세나 일에 임하는 태도를 본받아야 할 것으로 파악했던 것이다.

한편 고려의 원 문화 수용에 중요한 역할을 수행한 것은 독로화禿魯花이다. 독로화는 원나라가 정복지의 왕자, 귀족 등 고관의 자제를 인질로 삼은 것이다. 고려는 몽골과 강화한 뒤 원이 요구한 6사에 따라 왕족과 귀족의 자제를 원에 인질로 보냈다. 고종 28년(1241) 영녕공永寧公 왕순을 친자로 위장하여 의관 자제 10명을 몽골에 보낸 이래,[154] 충숙왕대까지 모두 13차례에 걸쳐 파견이 이루어졌다. 그들은 4반으로 나누어 3일 교대로 황제의 신변 경호를 맡았고 황제를 가까이 모시면서 그의 훈도를 받았으며 능력을 인정받으면 원 정부의 관료로 뽑히기도 하였다. 인질로 간 왕자들은 대부분 국왕이 되었고 의관의 자제들은 원 조정에 출사하거나 고려에 귀국하여 정치일선에서 활약하였다.[155] 독로화는 역설적이기는 하지만 의관의 자제들이 신문물을 접하는 계기가 되었다.[156] 충렬왕 5년 원 세조의 조서에 따라 의관의 자제들을 선발하여 입시케 하였는데,[157] 박전지朴全之(1250-1325)는 이때 참여하였다. 그는 원나라에 체류하는 동안 중국 명사들과 사귀면서 고금의 역사를 상론하였고 중국의 산천과 풍토를 손바닥을 들여다보듯이 환하게 알았으므로 왕이

帶, 無易其初. 朝齏暮塩, 無異於舊, 而日富貴在天, 窮達有命. 儒冠何與焉? 今之居是邦也, 風俗不同, 俸廩不給, 恬不爲意, 誾誾然誨人不倦, 是可尙已. 盍書以爲別."

154 《高麗史》 권23, 世家23 高宗(28년 4월 신축)(상책, 474쪽) "二十八年夏四月, 以族子永寧公綧稱爲子, 奉衣冠子弟十人, 入蒙古爲禿魯花, 遣樞密院使崔璘·將軍金寶鼎·左司諫金謙伴行. 禿魯花華言質子也."

155 양의숙, 〈고려후기의 禿魯化에 대하여〉, 《소한남도영박사고희기념논총》, 민족문화사, 1993; 邊東明, 〈제1장 고려후기 성리학의 수용과 그 주도계층〉, 《高麗後期性理學受容研究》, 일조각, 1995.

156 森平雅彦, 〈朱子學の高麗傳來と對元關係(その二) ―初期段階における禿魯花·ケシク制度との接點-〉, 《史淵》 148, 2011.

157 《高麗史》 권29, 世家29 忠烈王2(5년 3월 정사)(상책, 588-589쪽) "遣帶方公澂, 奉禿魯花如元, 金方慶子忻·元傅子貞·朴恒子元浤·許珙子評·洪子藩子順·韓康子射奇·薛公儉子之沖·李尊庇子瑀·金周鼎子深等 衣冠子弟凡二十五人, 皆超三等授職, 送之."

그를 중히 여겼다. 고려에 돌아와 사림원에 참여하여 충선왕과 정사를 논의하였고, 충숙왕대 역시 뛰어난 지혜로 조정의 일을 논의하였다.[158]

충선왕(1275-1351)은 원 문화 수용에 적극적이었다. 세조 쿠빌라이의 한화정책에 부응해서 원나라에 과거를 시행하도록 하였을 뿐 아니라,[159] 만권당을 설치하여 고려인들이 성리학을 익히고 원나라와 공동보조를 맞추고자 하였다. 충선왕은 만권당에서 요추·염복·원명선·조맹부 등 당대 최고의 유학자들과 고려 유학자의 교류를 주선하였는데, 특히 이제현을 불러 만권당에서 원 유학자들과 교류하게 하였다.[160] 이와 함께 원나라 과거 시험에 응시할 수 있도록 고려에 응거시應擧試를 만들어[161] 원 과거 시험 응시를 독려하였다. 그 결과 고려에서 보낸 유학생이 원의 국자 감에 입학하고, 주희의 주석에 입각한 사서오경을 시험하는 제과에 응시하기도 하였다.

충선왕 자신도 중국의 고전을 익히는 데 열심이었다. 그는 송의 역사를 읽으면서 송나라 구법당 계열 인사가 수록된 명신전名臣傳을 경모하였고 정위·채경·장돈 등 신법당 계열이 수록된 간신전에 이르러서는 주먹을 쥐고 이를 갈지 않은 때가 없었다고 한다.[162]

158 김용선, 《역주 고려묘지명집성(하)》(2012), 박전지묘지명, 755쪽 "…… 燮理嘉謨 ……";《高麗史》권109, 列傳22 朴全之(하책, 382쪽) "忠烈五年, 元世祖詔, 選衣冠子弟入侍, 全之與焉. 因留元, 與中原名士遊, 商搉古今山川風土, 如指諸掌, 王重之."

159 《益齋亂藁》권9上, 忠憲王世家;《高麗史》권34, 世家34 忠宣王2(5년 3월 甲寅)(상책, 693쪽) "科擧之設, 王嘗以姚燧之言, 白于帝, 許之. 及李孟爲平章事, 奏行焉, 其原蓋自王發也."

160 《高麗史》권110, 列傳23 李齊賢(하책, 409쪽) "諸傳國于忠肅以大尉留燕邸, 構萬卷堂, 書史自娛. 因曰, 京師文學之士, 皆天下之選, 吾府中未有其人是吾羞也. 召齊賢至都. 時姚燧·閻復·元明善·趙孟頫等咸游王門, 齊賢相從, 學益進, 燧等稱嘆不置."

161 《高麗史》권73, 志27 選擧1 科目1 東堂監試(忠肅王 2년 정월)(중책, 594쪽) "瀋王改東堂爲應擧試."

162 《櫟翁稗說》前集1;《高麗史》권34, 世家34 忠宣王2(상책, 693쪽) "(충숙왕)十二年 五月辛酉, 王薨于燕邸. 在位五年, 壽五十一. 性好賢嫉惡, 聰明强記, 凡事一經耳目, 終身不忘, 每引儒士, 商確前古興亡, 君臣得失, 亹亹不倦, 尤喜大宋故事. 嘗使僚佐, 讀東都事略, 聽至王旦李沆

충숙왕 원년(1314)에 권부·이진·조간·안우기 등과 함께 성균관에서 새로 구입한 서적을 고열하고 성균관 유생들의 시험을 경학으로 운영하여 학업을 권장하였고,[163] 충숙왕은 강남에서 1만 권의 서적을 구입하도록 하고[164] 송 비각 소장의 서적을 얻도록 함으로써[165] 성리학 수용의 토대를 조성해 갔다.

충선왕을 수종하였던 백이정과 최문도, 최성지 역시 권한공과 더불어 성리학을 포함한 원 문화 수용에 적극적이었다. 권한공은 중국 강남에서 구득한 서책을 살펴보고, 과거시험의 지공거를 역임하며, 충선왕 복위 시 유학에 기반한 제도 개혁을 추진하는 데 중요한 역할을 담당하였다.[166] 백이정(1247-1323)은 일찍이 권부·우탁과 함께 안향의 문하에서 성리학을 배웠다.[167] 충선왕을 수종하여 숙위로서 북경에서 10년 동안 머물렀고 많은 정주성리학 관련 서책을 구하여 돌아왔다.[168] 재원기간 배워 익힌 성리학을 이제현·박충좌에게 전했다.[169] 우탁(1262-1346)은 경전과

富韓范歐司陽馬諸名臣傳, 必擧手加額以致景慕, 至丁謂蔡京章惇等奸臣傳, 未嘗不切齒憤惋."

164 《高麗史》 권34, 世家34 忠肅王1(원년 6월 경인)(상책, 699쪽) "贊成事權溥·商議會議都監事李瑱· 三司使權漢功·評理趙簡·知密直安于器等, 會成均館考閱新購書籍, 且試經學."

165 《高麗史》 권34, 世家34 忠肅王1(원년 6월 경인)(상책, 699쪽) "初成均提擧司, 遺博士柳衍學論俞迪于江南, 購書籍, 未達而船敗, 衍等赤身登岸, 判典校寺事洪淪, 以太子府參軍在南京, 遺衍寶鈔一百五十錠, 使購得經籍一萬八百卷而還."

165 《高麗史》 권34, 世家34, 忠肅王1(원년 가을 7월 갑인)(상책, 699쪽) "元皇太后遺使賜公主酒果, 帝賜王書籍四千三百七十一册, 共計一萬七千卷, 皆宋秘閣所藏, 因洪淪之奏也."

166 김형수, 〈고려후기 개혁론의 방향〉, 《고려후기 정책과 정치》, 지성인, 2013, 41쪽.

167 《淡庵逸集》 권2, 文憲公 彝齋先生行狀(공민왕 20년, 1371) "(公:백이정) …… 早與權文正溥, 禹文僖倬, 遊晦軒安先生門, 講磨訓誨, 自任以性理之學.

168 《櫟翁稗說》 前集2 "其後白彝齋從德陵, 有道下十年, 多求程朱性理之書以歸, 我外舅政丞菊齋 權公得四書集註, 鏤板以廣其傳, 學者又知有道學矣."; 《淡庵逸集》 권2, 文憲公 彝齋先生行狀(공민왕 20년) "忠烈王甲申, 權旧掌試取士, 與權漢功·金元祥·崔誠之·蔡洪哲登第. 戊戌, 元遺使册世子爲王, 卽忠宣王也. 八月徵王入朝, 王如元, 公以宿衛從之, 留都下十年, 多取程朱全書而歸, 與同門四五人, 日相講授, 以經籍爲淵源, 箋疏爲梯航, 東方學者, 始知有性理之學."

169 《高麗史》 권106, 列傳19 白文節 白頤正(하책, 331쪽) "時程朱之學, 始行中國, 未及東方,

역사에 능통하였고 역학에 밝았으며, 특히 정이천의 《역전》을 연구하여 생도를 가르치니 의리의 학이 비로소 행해졌다.[170] 권부(1262-1346)는 《사서집주》를 가지고 와 판각 보급함으로써 학자들에게 도학이 있음을 알게 하였다.[171] 최성지(1265-1330)는 이제현과 함께 충선왕을 호종하였는데 성리학을 좋아하여 선배들이 모두 그와 교유하였다.[172] 최문도(1292-1345)는 왕고를 따라 숙위하였는데 집밖에서는 활과 검을 손에 잡고, 집에서는 주렴계·이정자二程子·주희의 성리학서를 읽었다.[173] 이처럼 초기 대원관계에서 원과 밀접한 관계에 있었던 의관의 자제들이 문화 교류, 특히 성리학 수용에 큰 역할을 수행하였다.[174]

이제현(1287-1367)은 충렬왕 27년(1301)에 과거에 합격하고, 충선왕을 따라 원나라의 만권당에 머물렀고 요추·염복·원명선·조맹부 등 당대 최고의 유학자들과 교류하였다.[175] 충숙왕 7년과 공민왕 2년 두 번에 걸

顧正在元, 得而學之, 東還, 李齊賢·朴忠佐, 首先師受."

170 《高麗史節要》 권23, 忠烈王(34년 10월)(595쪽) "倬通經史, 尤深於易學, 卜筮無不中, 程傳初來, 東方無能知者, 倬乃閉門, 月餘參究, 乃解, 教授生徒, 義理之學, 始行矣."

171 《櫟翁稗說》 前集2 "其後白彝齋頤正, 從德陵, 留都十年, 多求程朱性理之書以歸. 我外舅政丞菊齋權公, 得四書集註, 鏤板以廣, 其傳學者, 又知有道學矣."

172 《高麗墓誌銘集成》 崔誠之墓誌銘(이제현) "……, 隨德陵朝元, …… 讀書喜程朱學, 先進皆從之遊, ……"

173 《高麗墓誌銘集成》 崔文度墓誌銘(이제현) "春軒宿衛中朝, 習蒙古字語, 綺襦紈袴之與處, 韋韝氎帽之與遊, 是宜富驕, 而於而格物致知修己理人之道, 莫得其門而入焉. 顧能出則手弓劍, 入則目簡編, 濂溪二程晦菴之書, 皆彙而觀之. 夜分而寢, 雞鳴而起, 必將詳節目極蘊奧, 心得躬行, 然後乃己.": 《高麗史》 권108, 列傳21 崔誠之 文度(하책, 375쪽) "子文度, 字義民, 以世家子, 宿衛元朝. 樂觀濂洛性理之書, 事親孝性溫良."

174 《千秋金鏡錄》을 지은 정가신(-1298) 역시 숙위로서 원에 머물렀고 이때에 《孝經》·《論語》·《孟子》 등의 경전을 읽었다고 한다(《高麗史》 권105, 列傳18 鄭可臣(하책, 321쪽) "十六年, 世子如元, 可臣及閔漬等從行, 一日帝引世子于便殿, 隱几而臥問, 爾讀何書. 對曰, 有師儒鄭可臣·閔漬在此, 宿衛之暇, 時從質問孝經論孟").

175 《高麗史》 권110, 列傳23 李齊賢(하책, 409쪽) "請傳國于忠肅以大尉留燕邸 構萬卷堂, 書史自娛. 因曰, 京師文學之士, 皆天下之選, 吾府中未有其人是吾羞也. 召齊賢至都. 時姚燧閻復元明善趙孟頫等咸游王門, 齊賢相從, 學益進, 燧等稱嘆不置."

쳐 시관을 역임하여 이곡, 이색 부자를 비롯한 많은 성리학자를 길러냈
다. 충목왕 원년에는 성리학의 군주론에 입각해서 왕에게 《효경》·《논어》·
《맹자》·《대학》·《중용》 등의 유교 경전을 학습해 격물·치지·성의·정심의
도를 익히고 윤리도덕을 밝히라고 하였고,[176] 주자학의 역사관에 충실하
고 역사적 판단 기준을 《주자강목》에 근거하여 제시하기도 하였다.[177] 공
민왕 6년에는 소목昭穆 정비의 글을 올려 동당이실제同堂異室制를 전제로
형제 동반의 의리에 입각해서 고려의 소목제를 제시하였고,[178] 이를 통
하여 왕실의 예제 정비와 왕위계승의 원칙을 재확인하고자 했다. 이는
이제현이 원에 의한 고려 국왕의 폐위(충선왕·충숙왕·충혜왕)와 이를 통
한 고려 왕정의 불안정을 목도하고, 이를 극복하기 위해서 군주의 도덕
성과 자질 함양을 위한 군주 공부와 고려의 왕위계승 원칙을 명확히 하
는 가운데 왕조의 자율성을 확보하려는 것이라 하겠다.[179]

---

176 《高麗史節要》 권25, 忠惠王(後5년 5월)(652-654쪽);《高麗史》 권110, 列傳23 李齊賢(하
책, 415쪽) "上書都堂曰, 今我國王殿下, 以古者元子入學之年, 承天子明命, 紹祖宗重業, 而當
前王顚覆之後, 可不小心翼翼以敬以愼. 敬愼之實, 莫如修德. 修德之要, 莫如嚮學. 今祭酒田淑
蒙, 已名爲師, 更擇賢儒二人, 與淑蒙講孝經語孟大學中庸, 以智格物致知誠意正心之道, 而選衣
冠子弟, 正直謹厚好學愛禮者十輩爲侍學, 左右輔導, 四書旣熟, 六經以次講明."

177 《牧隱集》 文藁 권16, 鷄林府院君諡文忠李公墓誌銘(《高麗史》 권110, 列傳23 李齊賢(하책,
418쪽)) "初公讀史, 筆削大義, 必法春秋. 至則天初曰, 那將周餘分續我唐日月, 後得朱子綱目,
自驗其學之正."

178 《高麗史》 권61, 志15 禮3 吉禮大祀 諸陵(중책, 377-378쪽) "(공민왕)六年八月, 命李齊賢
定昭穆之次. 齊賢上議曰."

179 이 밖에 이제현은 풍속의 훼손, 곧 사회 기강의 문란을 문제로 삼고, 유교적 풍속 개
혁을 주장하며 복식 개혁을 주장하였다. 당시 '풍속이 지나치게 사치스러워진 것〔風俗窮
極奢侈〕'은 국왕의 入朝 비용과 함께 민생이 곤궁하고 국가 재정을 부족하게 만들었다.
이에 이제현은 이러한 국가 재정의 문제를 德寧倉과 寶興倉 등 왕실에서 별도로 운영하
는 재정에 대한 폐지와 함께 사치 풍조를 지양하며 '값비싼 器物'과 더불어 '화려한 복식'
을 시정할 것을 주장했다. 이제현이 지적하는 '화려한 복식'은 충혜왕이 금으로 수놓은
옷〔鑪金之衣〕과 깃털을 꽂은 笠〔揷羽之笠〕을 꼽는 것으로 이는 '우리 조상의 풍속〔舊法〕이
아닌 것'으로 충혜왕이 호례를 행하고 호복을 입어 충숙왕에게 꾸중을 들었던 것을 연상
시킨다. 당시 충혜왕을 비롯하여 지배층뿐만 아니라 피지배층도 원의 복식 문화를 착용

이제현의 문생인 이곡은 이제현의 사상을 계승하여 후술하는 바와 같이 심성 중시의 성리학 특히 경 수양법을 강조하였고, 그의 사상은 이색·권근으로 계승되어 조선시대 성리학의 기초를 마련하였다.

안향·백이정·이제현·이곡·이색 등으로 이어지는 고려 후기 성리학은 조선시대의 그것과는 사상적 차이가 있다. 이 시기에는 송대 성리학을 학습하고 이해하며, 유학 본래의 문제의식, 곧 인륜적 덕성에 기반하여 인정仁政의 구현이라는 유학을 바른 학문인 정학으로 파악하고, 이 이외의 사상은 이단·사설로 규정하였지만, 이론적으로 이단 비판에 철저한 것이 아니었고, 불교의 윤리 기능을 긍정하였다. 조선시대 성리학이 사서 중심으로 한 이기理氣 심성心性 개념을 통하여 세계와 인간에 대한 체계적인 논리와 연구가 제시된 것과 차이가 있다. 이 시기에 도학·성학·정주학程朱學을 말하고, '염계이정회암지서濂溪二程晦菴之書', '정주성리서程朱性理書', '정주전서程朱全書'의 도입을 통하여 유학의 효제와 인의도덕을 익히고, 오륜=인륜을 천리로 인식하고 실천하게 되었다. 기왕의 연구에서는 이 시기 성리학의 특징을 실천 윤리적 성격이라고 말하는 것[180]도 그 때문이라고 생각된다.

하고 있었다. 성리학이 수용되고 유학의 근면을 강조하는 경제윤리와 함께 검약을 강조하는 흐름을 반영한 것이다(김인호, 〈高麗後期 經濟倫理와 奢侈禁止〉《역사와 실학》 15·16합집, 2000; 朴晉勳, 〈고려사람들의 사치·허영과 검약 인식〉《한국사학보》 22, 2006; 김윤정, 《고려·원 관계 추이와 복식문화의 변천》, 연세대박사논문, 2017).

[180] 李佑成, 〈朝鮮時代 社會思想史〉, 《韓國文化史新論》, 中央學術研究院; 周采赫, 〈元 萬卷堂의 設置와 高麗儒者〉, 《孫寶基博士停年紀念韓國史學論叢》, 1988; 문철영, 《고려 유학 사상의 새로운 모색》, 경세원, 2005.

2) 새로운 정치와 현실 개혁론

이곡은 성리학을 수용하고 성리학에 입각한 새로운 정치(新政)를 통하여 태평한 나라를 이루기를 바랐다.[181] 이곡은 고려의 국가적 위기와 탐욕스럽고 악한 자들이 횡행하는 충숙왕과 충혜왕대를 목도하면서 이를 쇄신하는 개혁을 원했는데 1344년 2월에 충목왕이 즉위하자 그러한 기대감을 드러냈다.

이곡은 충목왕이 국왕이 되어 고려로 귀국하게 될 때, 이부령李府令에게 주는 글에서 다음과 같이 말했다.

지금 즉위한 임금께서 귀국하게 되었다. 임금께서 종신從臣 중에서 이(부령)군에게 먼저 고려에 가서 나라 사람들에게 장차 개혁하려는 뜻을 알리게 하여 소생시켜 주기를 바라는 백성들의 마음을 위로하도록 하였다. 이군의 동류들이 시를 짓고 나에게 서문을 쓰라고 청하기에, 나는 신설臣說을 지어서 그를 격려하였다. 또 그에게 "우리 백성들이 마치 굶주린 자가 밥을 찾고 목마른 자가 물을 찾듯이, 목을 빼고 새 임금님을 기다리고 눈을 씻고서 새 정치를 바라고 있다. 그대는 장차 작록을 풍성하게 소유하려 하고 공업을 많이 세우려고 힘쓸 것인가? 그대에게 기대하는 것은 여기에 있지 않고 저기에 있다. 그러니 어찌 삼가해서 행하지 않을 수 있겠는가." 라고 하였다.[182]

새로 즉위한 충목왕은 이부령에게 먼저 고려로 돌아가 나라 사람들에

---

181 《稼亭集》 권17, 病中述懷 "…… 更逢東國太平時 ……"
182 《稼亭集》 권7, 臣說送李府令歸國 "今新嗣王將之國, 旣戒其行矣. 上選於從臣, 命李君先驅, 論國人所以更張之意, 而慰來蘇之望. 凡與君游者皆賦詩, 請子題其端, 子作臣說以勖之. 且問之曰, 吾民引領新君, 拭目新政, 若飢渴之待食飮. 其吾子將務豊其爵祿歟. 務多其功業歟. 所望吾子者, 不在此而在彼, 可不愼之哉."

게 자신이 장차 경장하려는 뜻을 백성들에게 밝히라고 하자, 이곡은 신
설臣說을 지어 그를 격려하면서, 지금 고려는 굶주린 자가 밥을 찾고 목
마른 자가 물을 찾듯이, 백성들이 목을 빼고 새 임금님을 기다리고 눈을
씻으며 새 정치를 갈망하고 있다고 하였다. 그러면서 그대는 벼슬만을
구하지 말고 공업을 세우도록 힘쓰라고 당부하였다. 이곡은 안축의 묘지
명을 쓰면서도 충목왕이 즉위하여 새로운 정치를 지향하면서 맨 먼저
재상을 찾았다고[183]고 하였다. 이곡과 같은 생각인 김영돈도 충목왕이
삼한을 바로잡으려 하므로, 온 나라가 춤추며 축하하고 있다[184]고 하여
새로운 정치에 대한 갈망을 보여 주었다.[185] 당시 식자층은 충목왕의 즉
위에 기대가 컸음을 알 수 있다.

  이곡은 이해 5월에 당시를 개혁의 적기로 보고 고려의 재상들에게 상
소를 올렸다. 원에서 1343년 봄부터 중서사전부(종7품), 고려에서는 충
숙왕 복위 8년(1339)부터 판전교사사의 직함을 가지고 있었는데, 충목왕
이 즉위하자, 재상인 한종유·황석기·이원필,[186] 특히 좌정승이 된 한종
유[187]에게 우리나라의 폐단을 개혁하고 새로운 정치를 펼치기를 기대하

---

183 《稼亭集》권11, 大元故將仕郎·遼陽路盖州判官·高麗國三重大匡·興寧府院君·領藝文館事,
    諡文貞安公墓誌銘 "甲申(1344)春, 王新政, 首論相, 召副使密直, 尋陞政堂文學."

184 《高麗史》권125, 列傳38 姦臣1 辛裔(하책, 724쪽) "永旽呼使前日, 僕聞, 上襲位東還, 復
    正三韓, 蹈舞來賀. ……"

185 이곡의 아들 이색은 충목왕대를 태평의 시대로, 충혜왕과 충정왕은 그렇지 못한 시대
    로 보았다. 충목왕은 이인복과 같은 유신을 등용하고, 王煦에게 국정을 맡겼으며 구법에
    따라 정방을 혁파한 뒤 문무의 인사를 각각 전리·군부에게 일임하였다. 그 결과 충목왕
    재위 5년은 朝野가 맑고 조용하여 선비는 즐거워하고 백성은 국왕에 귀의했던 소강의 시
    대였다고 평가하였다. 반면에 충혜왕대는 군소배를 가까이하여 충정왕은 개가 주인을 배
    반하는 최원의 환란을 당한 시대로 보았다(《牧隱集》文藁 권19, 烏川君諡文貞鄭公墓誌銘
    幷序"近世言大平者, 必稱明陵朝. 蓋永陵比群小, 以致岳陽之禍, 聰陵享國日淺, 且有崔源反吠
    之難. 獨明陵五年, 朝野清謐, 士樂民附, 謂之小康, 亦不過矣.").

186 《稼亭集》권17, 送韓相國二首; 권17, 送黃檜; 이성규, 앞의 논문, 235쪽.

187 《高麗史節要》권25, 忠惠王(복위 5년 4월)(652쪽).

였다.[188]

이곡은 충목왕 즉위년 5월에 재상에게 올린 글에서 고려가 풍속은 무너지고 형정刑政은 문란해져서 백성들이 도탄에 빠졌다고 역설하고 이를 해결할 방책으로 인재 등용〔用人〕을 주장하였다.

생각건대 우리나라가 나라다운 나라가 되지 못한 지가 이미 오래되었습니다. 풍속은 무너지고 형정은 문란해져 백성들은 도탄에 빠져 안심하고 살 수가 없습니다. 다행히 지금은 국왕이 승상으로 명을 받아 백성들이 큰 가뭄에 단비를 바라는 것처럼 기대하고 있습니다. 국왕 승상이 나이는 어리고 겸손하고 침착하여 한 나라의 정사를 여러 공에게 들으려 하시니, 사직의 안위와 백성의 편안함, 사군자士君子의 나아가고 물러남은 모두 여러 공에 달려 있습니다.

무릇 군자가 나아가면 사직이 안정되고 군자가 물러나면 백성이 괴롭게 되는 것은 예전이나 지금의 변하지 않는 이치입니다. 그런즉 인재를 등용하는 것이 정치를 행하는 근본이라고 할 것입니다. 그러나 사람을 등용하기는 쉬워도 사람을 알기는 어렵습니다. 사악하고 바름을 묻지 않고 높고 낮음을 따지지 않고 오직 재물만을 보고 권세만을 의지하여, 나에게 붙은 자는 간사한 아첨꾼이라도 등용하고 나와 다른 사람은 청렴하고 근실해도 물리친다면, 사람을 등용하는 것이 너무 쉽다고 하겠습니다. 사람을 등용하기 때문에 정치가 날로 어지러워지고, 정치가 어지러워져 나라도 따라서 위태로움에 빠지게 되는데, 이는 멀리 고대에서 찾을 것도 없이 우리의 눈앞에서 명확하게 알 수 있습니다. ……

근래에 여러 공들이 정치를 도우며 개혁하는 일을 보면, 전일과 크게 다른

---

188 《稼亭集》권17, 送韓相國二首 "不是才難用是難, 喜聞新政屬儒冠, 朝鮮禮樂今時魯, 吏部文章舊姓韓, 此日托孤心更赤, 幾回臨變膽曾寒, 皆言鼎軸直蒼髮, 爲報時人洗眼看, 東方民瘼著醫難, 爲是當年倒褺冠, 直語莫嫌員外李, 重興正賴侍中韓, 只緣皮在毛猶附, 不待脣亡齒已寒, 發政之初尤未易, 耳爭傾聽眼爭看."

바가 없는 것 같습니다. 명목으로는 원로를 공경한다고 하면서 실제로는 연소자가 권력을 장악하고, 이름으로는 청렴을 숭상한다고 하면서 실제는 탐욕스러운 자가 권세를 잡고 있습니다. 그리고 악소를 척결하였다고 해도 대악大惡은 고치지 않고, 구신舊臣을 바꾼다고 해도 신진들이 구신에게 붙어 있으니 사람을 알아보는 일을 어렵게 여기지 않고 사람을 등용하는 일을 매우 쉽게 하고 있으니, 이는 국왕이 여러 공들에게 맡긴 뜻이 아닐 듯합니다. 원나라 조정에서 이를 알게 되면, 안 되겠다고 생각하지 않겠습니까. 189

이곡은 우리 고려가 나라답지 못하고, 풍속이 무너지고 형정은 문란해져서 백성들이 도탄에 빠져 살 수 없게 되었다고 보았다. 고려의 습속을 보면, 재물이 있으면 능력이 있고 권세가 있으면 지혜가 있고, 심지어는 관복을 입고 유관儒冠을 쓰는 것을 배우가 잡극에서 연기하는 것으로 여기며, 유학자 관료의 직언과 정론을 민간의 허튼 말로 보니, 나라가 나라답지 못하게 된 것도 당연하다는 것이다. 이곡 자신이 친척과 이별하고 고향을 떠나 오래도록 연경에서 객지 생활을 하게 된 것도 바로 이 때문이라고 하였다.190

---

189 《高麗史節要》권25, 忠惠王(복위 5년 5월)(654~655쪽); 《稼亭集》권8 寓本國宰相書 "判典校寺事李穀在元, 致書宰相曰 …… 維吾三韓, 國之不國, 亦已久矣. 風俗旣壞, 刑政紊亂, 民不聊生, 如在塗炭. 幸今國王丞相受命之國, 民之望之若大旱之望甘澍然. 國王丞相以春秋之富, 謙恭沖默, 一國之政, 聽於諸公, 則其社稷安危, 人民利病, 士君子之進退, 皆出於諸公. 夫進君子則社稷安, 退君子則人民病, 此古今之常理也. 然則用人又爲政之本也. 盖用人則易, 知人則難, 不問邪正, 不論高下, 惟勢是視, 惟勢是依, 附我者雖姦而進之, 異己者雖廉謹而退之, 則其用人不旣易乎? 用人易, 故政日亂, 政亂故國家隨以危亡, 此不待遠求諸古, 實目前之明鑑也. …… 比聞諸公, 所以輔政更化者, 與前日甚不相遠, 名雖尙老, 而少者實主其柄, 名雖尙廉, 而貪者實主其權, 旣斥惡小, 而大者不悛其惡, 旣改舊臣, 而新者反附其舊, 知人不難, 用人甚易, 似非國王委任之意, 朝廷聞之, 得無不可乎. ……"

190 《高麗史節要》권25, 忠惠王(복위 5년 5월)(654~655쪽); 《稼亭集》권8 寓本國宰相書 "判典校寺事李穀在元, 致書宰相曰 …… 古之人知其然, 於一進退人之際, 而必察其所行所從來, 惟恐瀆于貨而奪于勢也. 然猶朱紫相奪, 玉石相混, 其知人不旣難乎? 卽今本國之俗, 以有財爲有

여기에서 이곡은 '탐욕스러운 자'와 '악소' 그리고 '대악'을 제거해야
할 대상으로 보았다. 특이 악소는 재물과 세력을 가진 자로 나라가 나라
답지 못하게 만드는 원인을 제공하는 자로 판단된다. 이때 악소惡少는
원 간섭기 국왕(충렬왕, 충선왕, 충숙왕, 충혜왕)의 재원활동이나 응방, 내
승 등의 관직을 매개로 형성된 측근세력의 일원으로 국왕에 의지하여
재물을 약탈하고 부녀자를 겁탈하는 등 사회 질서를 위태롭게 하는 인
물들이었다.[191]

이곡은 충목왕대의 새로운 정치에 부응해서 인재 등용을 주장하고,
악소배를 대신하는 유학자 관료의 관직 참여를 주장하였다. 당시 여러
재상이 정치를 주도하므로, 사직의 안위와 백성의 이로움과 해로움, 사
군자의 진퇴 같은 문제는 재상들에게 달렸다고 보고, 군자를 진출시켜
사직을 안정시키라고 하였던 것이다. 정론을 세우고 직언을 하는 군자로
표현되는 유학자 관료가 정치의 주체가 되어야 한다고 보는 것이다. 이
곡은 충선왕이 신정을 행하고 현재賢才를 얻으려 하였는데,[192] 그 개혁
은 지속적으로 원활하게 진행되지 못하였다고 보았다. 그리하여 충숙왕
과 충혜왕대를 거치면서 유학자 관료의 등용 필요성을 절감하고, 재상이
적합한 인재 등용을 주된 직무로 하기 때문에 그 역할이 중요하다고 보
고, 당시 재상이 된 한종유 등에게 인재 등용을 역설하였다.

그리하여 충숙왕과 충혜왕을 이은 충목왕에 대한 기대는 컸다고 할
수 있다. 충목왕 즉위년 4월 김영돈은 대궐에 나아갔는데, "신예와 노영
서가 자색 가죽신을 신고 종모騣帽를 쓰고 호상胡床에 걸터앉아 내려보

能, 有勢爲有智, 至以朝衣儒冠, 爲倡優雜劇之戲,直言正論, 爲閭里狂妄之談, 宜乎國之不國也.
穀之所以離親戚去鄕國, 久客於輦穀之下者, 正爲此耳. ……"

191 김현라, 〈高麗後期 惡少의 存在形態와 그 성격〉, 《지역과 역사》 1, 1996.

192 《稼亭集》 권11, 有元奉議大夫·太常禮儀院判官·驍騎尉上大興縣子·高麗純誠輔翊贊化功臣·三
重大匡·右文館大提學·領藝文館事·順天君·蔡公墓誌銘(충혜왕 복위1, 1340).

며 예를 행하지 않자, 주상께서 즉위하여 삼한을 다시 바로잡으려 하시는데, 공들은 어찌하여 전대의 악소들이 입던 사치스러운 관복을 바꾸지 않는가"[193] 하였다. 신예는 고용보의 매부로 친원적인 인물이고, 노영서 역시 충혜왕을 따라 재원 생활을 한 인물로 모두 원의 복식문화에 익숙한 사람들이다. 충목왕의 즉위로 새로운 정치, 삼한을 바로 잡는 정치를 지향할 때 가장 먼저 청산해야 할 과제가 충혜왕대의 정치라고 할 때, 전대의 악소들이 즐기는 사치스러운 의관은 없애야 할 대상이었다. 다만, 원 지배 아래 고려의 개혁은 한계가 있을 수밖에 없었는데, 충목왕대에는 원의 대체를 존중하면서 고려의 풍속을 지키는 선에서 개혁을 추진하였고,[194] 정치도감에서 부원세력을 개혁대상으로 삼았으며, 공민왕의 반원개혁으로 이어졌다.[195]

원래 유학은 군주 1인에 따른 전제 정치에 반대하면서 군주가 신료들과 함께 나라를 다스리는 군신공치君臣共治, 입현공치立賢共治를 추구한다. 왕조 국가는 국왕을 정점으로 한 군신의 상하 질서를 전제로, 국왕이 신하의 도움을 받아 국정을 주도적으로 운영하는 것이 기본틀이다. 국왕은 왕정의 책임자이지만 유학적 정치이념에 충실한 관료와 더불어 국가를 이끌어 갔다. 이른바 군신공치이다. 여기에서 가장 중요한 것은 어질고 적합한 신하를 등용하여 국가의 일을 맡도록 하는 것이다. "정치를 행하는 요체는 적합한 사람을 얻는데 있다",[196] "하늘이 대인에게 벼슬을 준 것은 백성을 구제하고자 함이다. 곤궁하여 하소연할 곳 없는 사람을 보

---

193 《高麗史節要》권25, 忠惠王(복위 5년 4월)(652쪽); 《高麗史》권125, 列傳38 姦臣1 辛裔 (하책, 724쪽).

194 김윤정, 〈14세기 고려의 國俗 재인식과 胡服 착용의 再考〉, 《한국사상사학》59, 2018.

195 이익주, 〈고려 충목왕대의 整治都監 再論〉, 《진단학보》134, 2020.

196 《高麗史》권75, 志29 選擧3 選法(공민왕 원년 2월)(중책, 632쪽) "典理判書白文寶上書 曰, 爲政之要, 在於得人, 知人之難, 聖賢所重."

고 태연히 부끄러워하지 않는다면 어찌 하늘이 책임을 부여한 본 뜻이
겠는가."197라고 하였다. 즉 사직을 편안하게 하고 민을 안정시키는데 적
합한 인물이 등용되어야 하고 그 인물은 유교적 소양을 갖춘 군자·대인
이어야 한다는 것이다.

유학자 관리는 경학에 밝고 윤리를 실천하며[經明行修] 세상을 다스려
백성을 구제하는[經世濟民] 선비여야 한다. 당시의 자료에 따르면, 전자와
관련해서는 "훌륭한 재간과 큰 덕이 있고 효도하고 청렴하며 품행이 바
른 선비나 경서에 밝고 행실이 바르며 훌륭한 재능이 있고 절개를 지키
는 선비를 천거하도록 하고",198 "산림이나 향곡에 경명행수經明行修의
사士가 있으면 안렴사는 전리사와 군부사에게 보고하여 임용하도록 하
라."199 한 것이 그것이다. 후자와 관련해서 이색은 경[邦]제[世]를 위한
계책을 강구하였고,200 이인복이 경제지술을 공부한 사람으로 왕에게 진
언하지 않았다고 비판받거나,201 조준이 나라를 다스리고 백성을 구제하
는 것을 자신의 임무로 삼았고,202 사전의 폐해를 시정하는 것이 경국제
민經國濟民의 일이라고 말한 것이 그것이다.203

---

197 《高麗史》 권110, 列傳26 李齊賢(하책, 412-413쪽) "又上書丞相拜住曰, …… 天之降任于
    大人, 本欲使之濟斯人也. 苟視其困窮無告者, 恬不爲愧, 豈天之降任意耶?"
198 《高麗史》 권75, 志29 選擧3 凡薦擧之制(충선왕 즉위년)(중책, 635쪽) "用人不可專用世家
    子弟, 其有茂才碩德孝廉方正之士.";《高麗史》 권75, 志29 選擧3 凡薦擧之制(충숙왕 12년 10
    월)(중책, 635쪽) "敎茂才碩德孝廉方節正之士, 側微無聞者, 所在官司, 錄名升薦."
199 《高麗史》 권75, 志29 選擧3 凡薦擧之制(공민왕 원년 2월)(중책, 635~636쪽) "敎曰, 山
    林鄕曲, 如有經明行修茂才苦節之士, 按廉使以開典理軍簿, 隨才擢用."
200 《牧隱集》 詩藁 권26, 有何不可篇; 詩藁 권16, 自詠; 文藁 권5, 石犀亭記.
201 《高麗史》 권112, 列傳25 李仁復(하책, 450쪽) "平章事李承慶, 仁復諸父也. 言於王曰, 臣
    以李仁復爲姦, 王曰, 何謂也. 曰, 仁復平生所學, 經濟之術, 何不一陳於王乎."
202 《高麗史》 권118, 列傳31 趙浚(하책, 589쪽) "浚亦以經濟爲己任"
203 《高麗史》 권78, 志37 食貨 田制(중책, 723쪽) "大司憲趙浚等又上疏論田制曰……豈經國濟
    民之政乎."

이때 유학자와 같은 인물이 관리가 되는 것은 백성의 삶과 연결된다. 이곡은 "백성이 자기 목숨을 맡기는 자는 유사이다."[204] "민은 나라의 근본인데 민은 관리를 하늘로 삼는다",[205] "어려서부터 향리에서 성장하여 백성의 화복이 실로 수령에게 달려 있다는 것을 알았다."[206]고 하거나 이제현은 "적합한 인물이 관리가 되어야 백성이 복을 받는다."[207]고 하였다. 당시 민이 곤궁에 빠지고 유망·유이하는 원인의 하나는, 수령이 적합한 인물로 채워지지 못하고 또 그러한 수령들이 임무를 제대로 수행하지 못하거나 자의적인 수탈을 행하기 때문이라고 하였다. 유학자가 관리가 되어 민을 이끌 책임, 주체의식을 가지고 현실 정치를 이끌어 가야 한다는 현실 책임의식, 정치참여론을 견지하였다. 유학자로서 사士의 사명을 강조하고 정치사회를 경영하는 책임감·자신감을 드러내면서 강렬한 정치참여 의욕을 보여 준 것이다.

고려의 인재 등용, 관리 임용은 과거시험을 통하여 이루어진다. 그 때문에 과거시험 과목이 주목된다. 고려 후기에는 성리학을 수용하고 시·부보다는 경학과 책문을 중시하였다. 과거 시험의 초장·중장·종장 가운데 가장 중요한 3차 시험인 종장의 시험 과목을 무엇으로 할 것인가가 관건이다. 시·부가 되면 문장을 중시하는 사장학을 우선한다고 할 수 있고, 경학이나 책문이 되면 의리와 유학의 도를 중시한 것이라고 할 수 있다. 충숙왕 7년(1320)에 이제현이 지공거일 때는 종장에 시·부를 대신해서 책문策問으로 정했고,[208] 충목왕 즉위년(1344) 8월에는 초장에 육

204 《稼亭集》 권1, 雜著 原水旱 "夫民之寄命者, 有司. 凡有利害, 必赴而訴之, 若子於父母."
205 《稼亭集》 권9, 送安修撰序 "國以民爲本 民以吏爲天."
206 《稼亭集》 권6, 韓州重營客舍記(충정왕 2년 3월, 1350) "余少長鄕里, 知民之禍福, 實繫于守令."
207 《高麗史》 권110, 列傳23 李齊賢(하책, 416쪽) "忠穆襲位, 進判三司事封府院君. 上書都堂曰, …… 勤恤之意, 刺史守令, 得其人, 則民受其福, 不得其人, 則民遭其害."
208 《高麗史》 권73, 志27 選擧1 科目1 東堂試(충숙왕 7년 6월)(중책, 594) "李齊賢·朴孝修典

경의·사서의, 중장에 고부, 종장에 책문으로 정한 바 있다.[209] 이는 사장보다 사서四書와 같은 경학이 중시되었음을 보여 주는 것으로, 경학으로 사물의 이치와 변화하는 현실에 대응하는 올바른 방법을 강구할 수 있게 하는, 다시 말해 의리와 시무時務를 중시하는 학풍으로 바뀌는 계기를 마련해 갔던 것이다. 원에서 중서사전부(종7품)였던 이곡이 충목왕 즉위년 5월에 고려 재상에게 인재 등용을 강조한 개혁상소의 영향으로, 책문이 포함되고 사서가 채택된 충목왕 원년 8월의 과거제 개편으로 이어진 것으로 생각된다.

이곡의 인재 등용 주장은 좌주인 이제현과 비슷하며 성리학을 수용한 유학자의 공통된 생각이라고 할 수 있다. 법과 제도 등 외재적 강제에 따른 나라 운영보다 수기, 곧 인격적 완성에 기초한 예치와 덕치에 따라 국가 운영과 백성 교화를 강조하는 유학의 논리를 펼친 것이라 할 수 있다. 이제현은 충선왕과 대화에서, 학교를 증설하고 선왕의 도를 가르친다면 실학이 다시 일어날 것을 기약하고, 경학에 밝고 인륜 도덕을 추구하는 경명행수지사를 모범으로 제시하였다. 곧 경학에 밝고 윤리도덕을 현실에 실현할 수 있는 인물을 등용하여 당시 권귀의 발호, 정치기강의 이완 등 고려가 직면한 위기 상황을 극복하고자 하였다. 이는 고려의 실제 운영에 반영되어 고려의 관료 선발의 기준이 되었다.[210]

이곡은 이렇게 고려가 새로운 정치를 지향하는 가운데 원 문화를 수

舉, 革詩賦, 用策問."

209 《高麗史》 권73, 志27 選舉1 科目1 東堂試(충목왕 즉위년 8월)(중책, 594) "改定初場試六經義四書疑, 中場古賦, 終場策問."

210 《高麗史》 권75, 志29 選舉3 凡薦舉之制(충선왕 즉위년)(중책, 635쪽) "用人不可專用世家子弟, 其有茂才碩德孝廉方正之士"; 《.高麗史》 권75, 志29 選舉3, 凡薦舉之制(충숙왕 12년 10월)(중책, 635쪽) "敎茂才碩德孝廉方節正之士, 側微無聞者, 所在官司, 錄名升薦.": 《高麗史》 권75, 志29 選舉3 凡薦舉之制(공민왕 원년 2월)(중책, 635-636쪽) "敎曰, 山林鄕曲, 如有經明行修茂才苦節之士, 按廉使以聞典理· 軍簿, 隨才擢用."

용하고 고려사회를 개혁해야 할 것으로 보았다. 그것은 선진적인 원의 문화를 고려의 형편에 맞게 주체적으로 수용하는 것을 의미한다.

이곡은 원나라 법제의 수용을 불가피한 것으로 보았는데 이것을 어떻게 고려에서 받아들일 수 있는가의 문제를 고심하고, 이를 과거 시험의 책문으로 제시하였다.[211] 다음은 고려 예부시 모의시험으로 추정되는 문제이다.

역대 임금의 법제에서, 법령의 관대함이 한나라와 당나라 때에는 있지 않았다. 원나라에는 《대원통제大元通制》와 《지정조격至正條格》이 나왔는데, 흠휼하는 뜻이 요순시대와 비교해도 부끄럽지 않았다. 지금 법리法吏는 판례判例를 많이 적용하고 있는데, 법률이 판례보다 못한 것인가? 판례 가운데 해당하는 조문이 없으면 법률에서 찾는데, 법률에 그런 조문이 없으면 어떻게 처리할 것인가? 요순 삼대의 이상 정치를 실현하기위해서는 반드시 그 법을 써야 할 것이지만, 지금 보아도 괴이하지 않고과거에 얽매이지도 않게 하려면, 그 방법을 어떻게 해야 하는 것이 좋겠는가?

본국은 법을 시행하여 온 지 오래되어 변경하기가 쉽지 않다. 근래에는 정령이 여러 곳에서 나오기 때문에 사람들이 법을 제대로 시행하지 못하고 있다. 형률을 원나라 조정의 법으로 하면, 유사는 공손히 손을 잡고 감히아무 말도 하지 못한다. 혹자는 "원 세조도 말했듯이 본국의 습속을 변경해서는 안 된다."고 하고, 혹자는 "어느 하늘 아래든 왕의 땅 아닌 곳이 없으니, 원나라의 법령을 따라야 한다."고 한다. 지금 위로 원나라의 《조격條格》을 위반하지 않고 아래로 본국의 옛 헌장憲章을 잃지도 않으면서 형법을하나로 하여 사람들이 구차하게 피하는 일이 없게 하려면, 그 요체는 무엇인가?[212]

〈표 32〉《가정집》의 책문策問과 책문策文(問과 策)

이색이 편차한 《가정집》에 있는 이 글은 이색의 사상을 모았다고 판단하여 권13이 아닌 권1에 배치한 것으로 생각된다. 이곡은 고려의 법은 시행해 온 것이 오래되어 변경하기에 매우 어려운 점이 있다.[213] 근래에 정령이 여러 곳에서 나오기 때문에[214] 사람들이 법을 제대로 봉행하지 못하고 있다. 간혹 형률을 적용할 때에, 혹자는 "원 세조도 말했듯이 본국의 습속을 변경해서는 안 된다."고 하고, 혹자는 "어느 하늘 아래든 왕의 땅 아닌 곳이 없으니, 원나라의 법령을 따라야 한다."고 한다. 지금 위로 원나라의 《조격》을 위배하지도 않고, 아래로 본국의 옛 헌장憲章을 잃지도 않으면서 형법을 하나로 하여 사람들이 순응하게 하는 방법은

번호	권수	시기	내용
1	권1 策問	정동행성 향시 추정	원나라에서 화폐가 시행되지 않은 이유는
2	권1 策問	충목왕 3년(1347) 모의	형율의 효용과 고려에 적용 문제
3	권1. 石問		석에 담긴 격물치지의 이치
4	권13 應擧試策	충숙왕 7년(1320)	太公과 주공의 예에서 賢能한 자를 등용하고 功을 숭상하거나, 친친과 존존하였는데 폐단이 생기는 이유는?
5	권13, 鄕試策	충숙왕 복위 1년(1332)	수와 당나라의 財用과 戶口에 관련된 문제
6	권13 廷試策	충숙왕 복위 2년(1333)	중국의 황·제·왕·패의 군주상에 대한 질문

212 《稼亭集》 권1, 策問 "列聖之制, 法令之寬, 漢唐之所未有, 先有大元通制, 後有至正條格, 欽恤之意誠不愧於唐虞矣. 然今法吏多例, 律其不如例乎? 例或無其條則求之律, 律如無其文, 將於何求之歟. 欲紹秦唐虞三代之治, 必用其法, 使不駁于今, 不泥于古, 其道何繇? 本國立法已久, 重於變更, 比來政出多門, 人不奉法, 或於用刑之際, 繩之以元朝之法, 則有司拱手而不敢言, 或曰, 世皇有訓, 毋變國俗, 或曰, 普天之下, 莫非王土. 今欲上不違條格, 下不失舊章, 使刑法歸一而人不苟免, 其要安在."

213 고려의 원 법제 영향에 대하여 다음을 참고할 수 있다(金仁昊, 〈고려의 元律 수용과 高麗律의 변화〉, 《韓國史論》 33, 2002; 위은숙, 〈원 간섭기 元 律令의 受容問題와 榷貨令〉, 《민족문화논총》 27, 2007; 김형수, 〈고려후기 元律의 수용과 法典編纂試圖〉, 《전북사학》 35, 2009; 조원, 〈大元帝國 法制와 高麗의 수용 양상〉, 《이화사학연구》 54, 2017).

214 고려 후기 법제의 문란상을 '政出多門'으로 표현하는 것이 이제현이나 정도전에게 볼 수 있다. 이들은 이를 해결하기 위해서는 국가를 일원적이고 효율적으로 관리 운영할 수 있는 하는 종합 법전의 편찬이 선행되어야 한다(윤훈표·임용한·김인호, 《경제육전과 육전체제의 성립》, 혜안, 2007, 268-269쪽)고 보는 것이다.

무엇인가를 질문하였다. 원 관료로서 원의 선진적인 법과 제도를 고려가 수용해야 할 것으로 본 이곡은 고려의 전통적인 법과 제도와 무리 없이 결합하는 문제를 당면한 과제로 인식하고 있었던 것이다.

이는 충혜왕 후 원년(1340) 겨울에 이곡과 정동행성 이문 게이충의 대화에서도 드러난다.

법은 정치를 행하기 위한 수단으로, 사람과 법을 병행해서 행하면 잘한 정치라고 할 수 있다. 원나라가 흥기할 때에는 법을 만들 겨를이 없었다. 얼마 뒤《지원신격至元新格》과《지치통제至治通制》가 만들어진 뒤에야 관리들이 적용할 바를 알게 되고, 백성들이 지켜야 할 바를 알게 되었다. 우강盱江 게이충은 유명한 유학자로서 문장과 기예에 통달하였는데, 그 가운데 형명법刑名學에 능했다. 정동성征東省의 앞선 승상이 그의 재주를 알아보고 천거하였다. 지원 정축년(1337, 충숙왕 복위 6)에 본성本省(정동행성)의 리문理問에 제수되었는데, 그때 나도 막관幕官으로 부임하게 되었다. 게군揭君이 나에게, "정령이 나오는 문이 많으면, 백성이 감당하지 못하는 법이다. 현재 사해가 한집안이 되었는데, 어찌하여 중국 조정의 법을 동국東國에서는 행하지 않는가?" 하였다. 나는 "고려는 옛날 삼한의 땅으로, 풍기風氣와 언어가 중국과 같지 않았고, 의관과 전례가 하나의 법으로 독자적으로 행해 왔는데, 진·한 이래로 중국의 어느 나라도 신하로 삼지 못하였다. 지금 원나라와 친분으로 말하면 장인과 사위의 관계요 은혜로 말하면 부자 관계와 같아서, 민사民社와 형정을 모두 예전대로 행하게 하고, 중국 관리가 간섭하지 못하게 하였다. 고려는 하나의 국가의 명령과 정동행중서성征東行中書省이라는 하나의 성의 권한을 총괄하여 전결專決하고 있기 때문에 국왕승상國王丞相이라고 말하는 것이니, 사적으로 총애하는 은혜와 중하게 위임한 그 부탁이 어떠하다고 하겠는가. 근래에 나라 법이 느슨해지고 백성의 풍속이 갈수록 경박해진 탓으로, 자기들끼리 변란을 일으키고는 다투어 위에 고발

하는 일이 벌어지고 있다. 이에 《지치통제至治通制》의 법을 집행하려는
정동성 관리는 "하늘 아래 모든 곳이 왕의 땅 아님이 없다."고 하고, 옛
법을 그대로 유지하려는 고려국 신하는 "원 세조가 사풍土風을 바꾸지
말라고 하였다." 하고 있다. 그리하여 고려의 옛 법을 쓰지 말고 중국의
새 법을 적용해야 한다고 하거나, 가벼운 고려의 옛 법을 적용해야지
무거운 중국의 새 법을 쓰면 안 된다고 하기도 하는데, 모두 그 주장에
근거가 있어서 어느 한쪽을 따를 수가 없는 형편이다. 중국 조정의 법
이 행해지지 않고 있는 것은 바로 이 때문이 아니겠는가." 하니, 계군은
"그렇기도 하다. 하지만 나도 이미 위임받은 직분이 있으니, 오직 법을
받들어 행할 따름이다." 하였다. 그런데 얼마 뒤에 조리條理가 제대로
밝혀지고 청알請謁이 행해지지 않고 관리는 사정私情을 끊고 백성은 공
정함에 복종하였다. 조정의 대체를 잃지 않으면서 본국의 구속舊俗도 동
요시키지 않았으니, 인人과 법法을 병행하여 쓰는 것을 나는 계군에게서
볼 수 있었다.[215]

정동행성의 관원인 게이충揭以忠은 원을 중심으로 세계가 하나로 통일
된 사해일가의 시대에 고려는 중국의 법을 따르지 않는가를 질문하였고,
이에 대하여, 이곡은 고려는 옛날 삼한의 땅으로 풍기와 언어가 중국과

---

[215] 《稼亭集》권9, 送揭理問書 "法者所以行其政, 人法並用, 又政之善者也. 聖朝之興, 未遑定
法, 自至元新格出, 至治通制作, 然後吏有所守而民知所避矣. 盱江揭以忠名世儒家, 文章技藝,
靡不通曉, 尤長於刑名, 征東先丞相夙知其才, 舉以聞于朝, 至元丁丑, 除本省理問, 余時亦調幕
官同日之任. 揭君謂余曰, 政出多門, 民不堪命, 方今四海一家, 何中朝之法不行于東國乎? 余應
之曰, 高麗古三韓地, 風氣言語不同華夏, 而衣冠典禮自爲一法, 秦漢以降, 未能臣之也. 今在聖
朝, 親爲舅甥, 恩若父子, 民社刑政, 俾皆仍舊, 而吏治不及焉. 凡一國之命, 一省之權, 緫而專
之, 故稱國王丞相, 其寵綏之私, 委寄之重, 爲如何也. 比來國法漸弛, 民風益薄, 自相變亂而爭
告訐, 省吏之執通制者則曰, 普天之下, 莫非王土, 國臣之持舊法者則曰, 世皇有訓, 不改土風,
於是出彼入此, 趍輕舍重, 皆有所說, 莫可適從, 法之不行, 非由此歟. 君曰, 然. 吾旣有所受, 惟
知奉法而已. 已而條理克明, 請謁不行, 吏絕其私, 民服其公, 要不失朝廷之大体, 而不撓本國之
舊俗耳. 人法並用, 余於君見之."

같지 아니하며 의관과 전례가 하나의 법이 되었는데 진한 이래로 중국의 어느 나라도 신하로 삼지 않았다고 하였다. 행성의 관리 가운데 하늘 아래 왕토 아닌 것이 없다고 하면서, 통제通制, 곧 원나라 제도를 따라야 한다는 게이충의 견해에 대하여, 인人과 법法의 병용 곧 고려 조정의 대체를 잃지 않고 본국의 구속을 보존하는 방법을 제시하였다.[216] 여기에서 인은 고려 사람을 말하고 법은 원나라의 법제를 말하는데, 고려의 처지에서 원나라의 법제를 도입하자는 견해라고 할 수 있다.

이곡이 받아들이고자 하는 원의 법제의 성격이나, 당시 고려가 수용한 원나라 법제의 내용은 현재로서는 파악하기 어렵지만, 최신의 연구나 자료를 보면 원나라의 법과 제도를 연구하여 상당 부분이 고려에 수용되고 있음을 볼 수 있다. 즉 고려는 원 간섭기 초기부터 원의 법제 내용을 검토하고 고려의 전통적인 법과 제도와 관련성과 수용 여부를 따졌다. 이제현은 원나라의 《경세대전》을 검토하면서 오류를 지적하였다.[217] 충렬왕 26년(1300)에 정동행성 평장정사로 고려에 온 활리길사闊里吉思는 고려의 일천즉천―賤則賤을 개정하여 중국의 신분법인 일량즉량―良則良, 곧 노비 부모 가운데 한쪽이 양인良人이면 양인으로 하는 개혁을 요구하여,[218] 원법을 고려에 적용하여 고려의 풍습을 고치려 하였는데, 이는 노비를 중요한 생산도구 또는 부의 원천으로 인식하던 지배계층의 지배 질서를 약화시킬 소지가 있었다. 이에 김지숙이 본국의 구속을 지키는 입장을 견지하며 활리길사의 노비제 개혁에 반대하였고,[219] 충렬왕

---

216 김형수, 〈원 간섭기의 國俗論과 通制論〉, 《韓國中世社會의 諸問題 ―金潤坤敎授定年紀念論叢》 2001.

217 《櫟翁稗說》 前集1.

218 《高麗史》 권31, 世家31 忠烈王4(26년 10월 정유)(상책, 648쪽) "是月闊里吉思欲革本國奴婢之法王上表曰 ……"

219 《高麗史》 권108, 列傳21 金之淑(하책, 372쪽) "時闊里吉思爲行省平章, 凡奴婢其父母一良者, 欲聽爲良, 宰相莫有止之者. 之淑謂曰, 世祖皇帝嘗遣帖帖兀來監國, 有趙石奇者訴良, 帖帖

과 최유엄을 비롯한 고려 관리들은 태조의 유훈에 따라 노비제를 유지해야 한다고 하였다. 고려의 전통적인 '국속체례國俗體例'를 유지해야 한다는 것과 세조구조, 곧 본국의 관례를 따르도록 허용한 성지가 있었다는 것을 명분으로 활리길사의 노비제 개혁을 반대하였다.[220] 원의 선진적인 제도의 수용을 고려의 전통적인 제도 속에서 파악한 것이라고 할 수 있다. 인간의 진전된 역사의 흐름에서 선진적인 법제의 수용은 불가피하고, 대세로서 언젠가는 수용되어 간다고 할 수 있다. 노비법의 개정은 당장에 이루어지지 않았지만, 고려 후기의 어느 시점부터는 양인과 노비의 양촌교혼임에도 양인이 되기도 하는 현상이 나타났다.[221] 원의 앞서가는 법과 제도를 고려에 수용하여 고려 국가를 더욱 진전시키려 했다고 할 수 있다.

또한 고려의 율에 원의 율을 활용하였다.[222] 원율에서는 7이라는 숫자가 적용되었는데, 우왕대에 이 숫자가 활용되었다[223]고 한다. 우왕 3

兀欲用上國法, 事聞. 世祖詔從本國舊俗, 此例具在不可變更.闊里吉思不敢復言."

220 《高麗史》 권31, 世家31 忠烈王4(26년 10월)(상책, 648쪽) "是月, 闊里吉思欲革本國奴婢之法, 王上表曰, 覃聰兼聽, 言降如綸. 大號旣宣, 勢無反汗, 猶有期于申命, 不能已於再鳴. 伏念, 凡屬我疆, 實非他俗, 若良若賤, 有何憎愛之所係? 其愼其難, 爲此安危之攸係. 昔我始祖, 垂誡于後嗣子孫云, 凡此賤類, 其種有別, 愼勿使斯類從良. 若許從良, 後必通仕, 漸求要職, 謀亂國家. 若違此誡, 社稷危矣 ……"

221 이강한, 〈정동행성관 활리길사의 고려 제도 개변 시도〉, 《한국사연구》 139, 2007; 김형수, 〈고려후기 元律의 수용과 法典編纂試圖〉, 《전북사학》 35, 2009; 이종서, 〈고려후기 얼자의 지위 향상과 그 역사적 배경〉, 《역사와 현실》 97, 2015; 〈고려후기 상반된 질서의 공존과 그 역사적 의미〉, 《한국문화》 72, 2015; 박진훈, 〈고려후기 전민변정과 조선초기 노비 정책의 의의와 한계〉, 《역사비평》 122, 2018.

222 최근 연구에서 원 간섭기에 공신 포상을 내릴 때에 칭기스 칸이 자신을 호종하면서 목숨을 살렸던 공신들에게 '九宥', 곧 죄를 9번 범할 때까지 용서하고, 10번 죄를 범할 때 처벌한다는 다르칸 제도를 활용하였다고 한다. 즉 충렬왕은 이 제도를 수용하여 자신을 수행한 공적이 있는 김변·김부윤·김여맹에게 이러한 면죄의 특권을 부여하였고, 우왕은 3년에 이인임·경복흥에게, 6년에 최영에게 면죄의 특권을 부여하였다(권용철, 〈원 제국의 다르칸 제도가 고려에 유입된 양상 —고려후기 金汝孟 功臣敎書의 분석을 중심으로〉, 《학림》 47, 2021)고 한다.

년(1377)에 《통제조격》에 따라 옥사를 처결하도록 하였고,[224] 우왕 5년 신정군新定君 마경수馬坰秀가 양민 은닉죄로 걸려들자, 최영은 법 규정대로 처벌할 것을 고집하여 마경수는 장 107대를 맞은 뒤 유배형에 처해졌다. 107대는 규정된 최고의 장형이며 원 형벌의 단위라고 한다. 같은 해 7월에 발생한 양백연 사건에 연루된 성석린도 장 107대를 맞고 함안으로 유배되었고, 요동정벌에 반대한 이자송도 장 107대를 맞고 전라도에 유배되었다.[225]

윤해는 《통제조격》과 고려의 판지를 함께 유의하여 법을 집행하였고[226] 정몽주는 공양왕 4년에 《대명률》과 《지정조격》 그리고 본조의 법령을 참작해서 신율新律을 제정하였다.[227] 《지정조격》은 원나라가 그때그때 시대의 변화에 따른 사회상을 반영한 사례집 성격을 갖는데, "고금이 다른 것은 마땅하므로 반드시 서로 따를 필요가 없고, 단지 지금에 타당한 것을 취한다."[228]고 하였다. 실용성은 있었으나 일관성이 없었고 서리들이 농간을 부리는 등 폐단이 많았다. 이에 통일된 법 적용을 모색하는 과정에서 《대명률》을 주목하였다.[229] 다만 혼란을 피하기 위해 이전까지 써

---

223 충숙왕 6년(1319) 王璹의 여동생 伯顔忽篤이 원 인종의 총애를 받아 해주의 토지 5천 결을 탈점하는 등 불법을 저지르자 원에서 단사관을 보내어 국문하여 장 57대를 치고, 충렬왕대 崔濡가 조분의 부인 마씨를 간음하자 국문하고 장 57대를 쳤다고 한다. 원에 의한 국문이므로, 원율에 따라 죄인을 다스린 결과라고 한다. 또한 충숙왕 복위 8년 (1339) 감찰사가 금주령을 내리면서 백신이 이를 어길 경우 장 77대를 때리라고 한 것도 이에 해당한다고 한다(위은숙, 앞의 논문, 189쪽).

224 《高麗史》 권133, 列傳46 辛禑(3년 2월)(하책, 875쪽); 《高麗史》 권84, 志38 刑法1 職制 1(중책, 847쪽)(우왕 3년 2월) "今中外決獄, 遵至正條格."

225 김인호, 〈고려의 元律 수용과 高麗律의 변화〉, 《韓國史論》 33, 2002, 국사편찬위원회, 74-75쪽.

226 《牧隱集》 권18, 坡平君尹公墓誌銘并序 "…… 通制條格, 本國判旨, 留意尤深. ……"

227 《高麗史》 권117, 列傳30 鄭夢周(하책, 571쪽) "(공양왕)四年 夢周取大明律·至正條格·本朝法令, 叅酌刪定, 撰新律以進."

228 《元史》 권20, 本紀 成宗3(4년 2월 정미) "帝曰, 古今異宜, 不必相沿, 但取宜於今者."

오던 원의 율과 《대명률》을 잡용 또는 겸채兼採, 곧 그 장단점을 참작하여 쓰자고 하였다.[230] 고려는 원의 제도를 적극 도입하여 사회를 개혁하려 하였다.

창왕 즉위년 9월 전법사에서 원의 《지정조격》과 《대원통제》를 편찬한 뒤 중국의 속어로 다시 《의형역람》을 만들었는데, 말이 통하지 않아 알기 어렵다고 하여 《대명률》과 《의형역람》 그리고 고려의 실정을 참작하여 시행하고, 아울러 고려와 중국의 문자, 속어를 잘 아는 자에게 지방의 관리들을 훈도하도록 건의하였다.[231] 원 법제를 수용하기 위하여 중국의 문자를 익히도록 했다.

원 간섭기에 고려가 원의 법제를 포함한 전반적인 원의 문화를 수용한 것은 충선왕에서 비롯되었다고 할 수 있다. 이곡은 충선왕이 복위하면서 신정을 행하고 어진 인재를 급하게 구하려 한 것을 높이 평가했다.[232] 충선왕(1275-1351)이 신법을 수립하여 고려를 개혁하려 하였고,[233] 원나라 인종을 받들어 내부의 어려움을 평정하고 고려의 오래된 폐단을 제거하려 하였다[234]고 했다.

충선왕은 세조 쿠빌라이의 한화정책에 부응하여 원나라 과거제 시행에 기여하였고,[235] 노재 허형의 학문을 활용하여 체제 교학화 사업을 추

---

229 김구진, 〈대명률의 편찬과 전래 ―경국대전 편찬 배경〉, 《백산학보》 29, 1984; 趙志晩, 〈朝鮮初期 《大明律》의 受容過程〉, 《법사학연구》 20, 1999, 9-12쪽.

230 《高麗史》 권84, 志38 刑法1(중책, 833쪽) "於是, 有建議雜用, 元朝議刑易覽·大明律, 以行者, 又有兼採至正條格言行事, 宜成書以進."

231 《高麗史》 권84, 志38 刑法1 職制1(창왕 즉위년 9월)(중책, 849쪽).

232 《稼亭集》 권11, 有元奉議大夫·太常禮儀院判官·驍騎尉大興縣子·高麗純誠輔誠輔翊贊化功臣·三重大匡·右文館大提學·領藝文館事·順天君蔡公墓誌銘(충혜왕 복위1, 1340) "德陵(충선왕)素知其名(채홍철), 至大戈申(1308, 충선왕 복위 원년), 新政急賢, 將大用公, ……"

233 《高麗史》 권104, 列傳17 羅益禧(하책, 301쪽) "忠宣好立新法, 益禧多所封駁. 或憾以危言不爲動. 遂落職."

234 《高麗史》 권109, 列傳22 李頑(하책, 383쪽) "忠宣奉仁宗, 靖內難, 革本國積弊."

진하였다.[236] 연경에 만권당을 설치하여 이제현과 같은 고려인들이 성리학을 익히고 요추·염복·원명선·조맹부 등 당대 최고의 유학자들과 교류하며 고려의 학문이 원나라와 공동보조를 맞추기를 희망하였다.[237]

충선왕은 원 세조가 1286년과 1291년에 내린 명령에 근거하여 왕실을 포함한 지배층의 동성혼을 금지하였다. 이후 고려의 지배층에서 동성불혼은 어길 수 없는 원칙으로 굳어져 조선으로 이어졌다.[238] 그는 복위교서에서 유교적인 예제와 윤리를 강조하고 동성불혼의 원칙을 천명하였다. 이때 세조 쿠빌라이가 "동성이 혼인할 수 없음은 천하의 통리通理인데 너희 나라는 문자를 알고 공자의 도를 행하니 응당 동성간에는 혼인하지 말아야 한다."[239]는 것을 염두에 두고, 동성불혼의 원칙을 제시하면서 왕실과 혼인할 수 있는 가문 15개를 정하였다. 실제 충선왕 복위교서 발표 뒤 공민왕대까지 왕실족내혼은 나타나지 않았다.[240]

이 밖에도 충선왕은 기존의 고려의 제도와 관행을 바꾸려고 하였다. 개혁의 성격에 대한 평가는 연구자마다 이견이 있지만, 충선왕은 과거의 낡은 법과 제도를 개편하고 새로운 것을 만들었다. 사림원의 설치와 관

---

235 《益齋亂薹》 忠憲王世家.

236 주채혁, 〈이지르부카 審王〉, 《황원구교수정년기념논총동아시아의 인간상》, 1995, 164쪽.

237 《高麗史》 권110, 列傳23 李齊賢(하책, 409쪽).

238 이종서, 〈고려후기 상반된 질서의 공존과 그 역사적 의미〉, 《한국문화》 72, 2015.

239 《高麗史》 권33, 世家33 忠宣王1(복위년 11월 신미)(상책, 680-681쪽) "王在金文衍家, 百官會梨峴新宮, 王下敎曰 ……先於至元十二年, 欽蒙世祖皇帝, 遣阿禿因, 來傳聖旨, 又於至元二十八年, 予與鄭可臣·柳淸臣等, 詣紫檀殿裏, 親奉世祖皇帝聖旨云, 同姓不得通婚, 天下之通理. 況爾國識會文字, 行夫子之道, 不應要同姓. 時有李守丘, 傳說柳淸臣, 又傳譯鄭可臣, 本國因循, 未還遽革耳. 自今, 若宗親娶同姓者, 以違背聖旨論, 宜娶累世宰相之女爲室, 宰相之男, 可聽娶宗世之女. 若家世卑微, 不在此限. 新羅王孫金琿一家, 亦爲順敬太后叔伯之宗, 彦陽金氏一宗, 定安任太后一宗, 慶源李太后·安山金太后·鐵原崔氏·海州崔氏·孔岩許氏·平康蔡氏·淸州李氏·唐城洪氏·黃驪閔氏·橫川趙氏·坡平尹氏·平壤趙氏 並累代功臣宰相之宗, 可世爲婚姻, 男尙宗女, 女爲宗妃. 文武兩班之家, 不得娶同姓, 外家四寸, 亦聽求婚."

240 김형수, 위의 논문, 162쪽; 정용숙, 앞의 책, 158-160쪽.

제 개편,[241] 양전과 호구사업 그리고 각염제를 통한 국가재정 확충,[242] 지방제도 개편,[243] 직물 생산 추동[244] 등이 그것이다.

특히 충선왕은 국가재정을 확보하고자 양전과 호구 사업[245]을 벌였다. 그리하여 지밀직사 채홍철을 오도순방계정사, 내부령 한중희韓仲熙를 부사, 민부의랑 최득평崔得枰을 판관으로 삼아 양전 사업을 하고 부세賦稅를 제정케 하였다.[246] 국가에서 누락된 토지와 호구를 파악함으로써 국가 재정을 넉넉하게 하고자 했던 것이다.[247] 이곡은 이러한 충선왕의 개혁 노선에 전적으로 동의하였고, 충선왕의 재정 확보 노력에 부응해서 순방계정사로 실제 일을 담당한 채홍철의 행적을 높이 평가하였다.[248]

충선왕이 원의 선진적인 제도를 수용한 것은 고려의 정치 위상이나 정치 운영의 자율성 차원에서 신료 내부의 의견 조정에 따라 달라졌다. 충렬왕 30년(1304)에 유청신과 박경량은 충선왕이 복위하기 전에 고려 도첨의사사의 관원을 원 황제의 명령으로 임명하자고 주장하였다. 고려와 원이 하나가 되면 조정의 대신들도 감히 능멸하지 못할 것이니, 이는

---

241 이기남, 〈충선왕의 개혁과 사림원의 설치〉, 《역사학보》 52, 1971; 이익주, 〈충선왕 즉위년(1298) 개혁정치의 성격 ―관제개편을 중심으로〉, 《역사와 현실》 7, 1992.

242 權寧國, 〈14세기 榷鹽制의 成立과 運用〉, 《韓國史論》 13, 1985.

243 이강한, 〈1308-1310년 고려내 '牧'·'府' 신설'의 내용과 의미〉, 《한국사연구》 158, 2012; 최동녕, 〈고려 충선왕대 지방제도의 개편〉, 《역사와 담론》 95, 2020.

244 이강한, 〈고려 충선왕의 직물 생산 전략 연구〉, 《한국사연구》 180, 2018.

245 이 사업에 대한 이해 방식에서 상이한 자료가 존재한다. 본문 2장의 주) 40 참조.

246 《高麗史》 권108, 列傳21 金怡(하책, 377쪽) "三十年, 柳淸臣·朴景亮等, 欲專國柄, 託忠宣言, 本國都僉議使司, 世祖皇帝已陞爲二品, 且賜印以寵之, 今其官亦受帝命除拜之. 與朝廷爲一, 朝廷大臣不敢凌蔑, 是國家萬全之策. 忠宣深然之, 將表聞. 大寧君崔有渰, 密語怡曰, 若從二人言, 東國之業已矣. 政令自中國出, 幾何不爲其所幷也? 怡乘間具陳, 忠宣乃止."

247 朴鍾進, 〈忠宣王代의 財政改革策과 그 性格〉, 《韓國史論》 9, 1983.

248 《稼亭集》 권11, 有元奉議大夫·太常禮儀院判官·驍騎尉大興縣子·高麗純誠輔翊贊化功臣·三重大匡·右文館大提學·領藝文館事·順天君, 蔡公墓誌銘(충혜왕 복위1, 1340) "延祐甲寅, 使正經界, 公專其任, 酒相四方三壤之宜, 酌其古制, 徵其定塋, 務適於時, 公私以便, 德陵益器之."

나라를 보전하는 계책이라는 이유에서였다. 충선왕은 이에 동의했으나 최유엄과 김이는 두 사람의 말을 따르면 우리나라의 왕업은 끝이라고 반대하였다. 정령政令이 중국으로부터 나온다면 병합된 것과 똑같아진다는 이유에서였다. 김이가 충선왕에게 이러한 의견을 전하며 중지시켰다.[249] 충선왕이 모색한 신정新政은 고려 국가의 독립성을 전제하면서 고려의 현실적인 모순을 해결하고자 원제를 도입하여 동아시아의 보편질서 속에서 고려의 위상을 정립하려는 것이었다.

또한 충선왕은 복위 직전인 1307년에 원나라의 제도에 따라 고려의 군민軍民을 정하고자 하였다.[250] 처음 1298년 즉위 시에 고려 전기의 군인전 분급제를 회복하기 위해 전정제田丁制와 역제의 운영 방식을 정상화하며, 상장군이 반주班主로 병부상서를 겸하게 하여 군령의 발명發命·발병發兵권을 행사하도록 조치함으로써 국왕을 정점으로 하는 군 통수체계를 확립하려 하였으나, 정치세력의 반발과 충선왕이 8개월만에 퇴위하면서 군제개혁 작업은 중지되고 말았다. 충렬왕 33년(1307)에 충선왕이 원 무종 옹립에 기여하여 복위하면서 다시 군제개혁을 시도하였다. 이때는 앞선 개혁과 달리 국가 재정 확충을 통한 녹봉 지급의 원활화를 꾀하고 군인전 분급 대신 경작하는 토지에 대한 면세조치만을 취하도록 하였다. 하지만 활리길사의 노비법 개혁 주장을 무산시킨 바 있는 최유엄(1239-1331)[251]의 반대로 없던 일이 되었다.[252] 원나라의 군사제도와

---

249 《高麗史》 권34, 世家34 忠肅王1(원년 2월)(상책, 698쪽); 《高麗史》 권78, 志32 食貨1 貢賦(충숙왕 원년 윤3월)(중책, 730쪽).

250 이에 대한 최근의 해석으로는 다음의 글이 참고 된다(이강한, 〈1307년 "依上國之制, 定軍民" 조치의 내용과 의미〉, 《한국사학보》 45, 2011).

251 《高麗史》 권120, 列傳23 崔有渰(하책, 399쪽) "時元欲立省, 我國革世祿奴婢法, 崔有渰詣中書省, 力請止之."

252 《高麗史》 권120, 列傳23 崔有渰(하책, 399쪽) "時忠宣欲遵元法, 別軍民法, 有渰諫止之."; 《高麗史》 권32, 世家32 忠烈王5(33년 12월)(상책, 668쪽) "前王欲依上國之制, 定軍民, 崔有

군역제도를 활용하려던 충선왕의 노력은 관료의 반대로 실패했다고 할 수 있다.[253] 즉 충선왕의 지향은 사안에 따라 채택되고 거부되는 등 조정되는 양상은 보이지만, 원의 법과 제도를 고려에 적용하려 하였다고 할 수 있다.

이곡은 앞서 언급하였듯이 충선왕이 신정을 행하고 현재賢才를 얻으려는 사실을 평가하였는데, 충선왕의 개혁 추진에 대한 고려의 찬반 양상을 확인하는 가운데 고려 실정에 맞는 원나라 법제의 주체적 수용을 강조하였다.

아울러 이곡은 고려인 원 관료로서 상위에 있는 원의 요구를 고려 입장에서 조절하는 역할을 수행하였다. 이곡은 원의 대고려 정책을 수행해야 하고, 고려인으로서 자칫 고려의 자율성을 해치는 일을 수행하거나 가까이서 볼 수 있는 처지에 있었다. 이에 대하여 이곡은 원의 정책을 사전에 탐지하고 원의 정책의 잘못을 지적하여 제어하는 역할을 수행하였다. 원의 공녀 요구에 대하여 원의 어사대를 통하여 그 부당성을 전하였고, 게이충이 원 법제를 고려에 전면적으로 수용시키려는 것에 대하여 고려의 역사적 유구성과 의관과 전례의 독자성을 제시하며, 인人과 법法의 병용, 곧 고려 조정의 대체를 잃지 않고 본국의 제도를 보존할 것을 주장하였다. 고려인 원 관료 이곡은 원과 고려 사이의 외교적 마찰을 최소화하려 했다고 할 수 있다.[254]

이곡의 성리학 이념에 따른 고려 개혁은 공민왕에 대한 기대로 이어진

滄駁之, 乃止."

253 尹薰杓, 《麗末鮮初軍制改革硏究》, 혜안, 2000.

254 원과 고려의 마찰과 갈등을 원만하게 조정하는 역할을 한 사람으로 조인규와 유청신이 있다. 조인규는 원과 고려 사이를 분주히 주선하며 專對하여 양국의 문제를 원만하게 해결하게 하였다(《稼亭集》 권3, 趙貞肅公祠堂記). 유청신은 고려와 원나라를 부지런히 오가며 두 나라의 현안을 잘 처리했다(《牧隱集》 권16, 因詠兩侍中)(박종기, 《고려열전 ―영웅부터 경계인까지 인물로 읽는 고려사》, Humanist, 2019, 108~110쪽)고 한다.

다. 그는 재원 시절 연경에 있던 공민왕을 섬겼고,[255] 고려의 중흥과 개혁정치의 희망을 그에게서 보았다. 공민왕(1330-1374)은 충숙왕의 차남으로 태어나 충혜왕 복위 2년(1341)에 입조숙위하여 질자 생활을 하였다. 그가 입원할 때는 30여 명의 수종자들이 따라왔지만, 박인간과 류숙만이 끝까지 남아 시종하였다. 특히 유숙은 공민왕을 시학侍學하였다.[256]

당시 이곡은 충목왕 4년(1348) 원에서 중서성 예하의 창고를 감독하는 일을 맡은 중서차감창(종5품)이었고, 고려에서 도첨의 찬성사로 임명되었다.[257] 중서차감창은 세금을 거두고 창고를 꼼꼼하게 관리해서 이익을 극대화시켜야 하는데, 유학의 인의도덕을 중시하고 물질적 가치를 낮게 보는 이곡 자신에게 맞을 수가 없었다. 한나라 때 전매제를 실시하여 국가 재정을 넉넉히 한 상홍양과 같은 명신이 필요하다고 하였다.[258] 이곡의 귀국 동기는 여러 이유가 있을 수 있다. 15년 동안의 원 관료생활로 말미암은 피로감과 원의 쇠망 조짐,[259] 고향 한산에 살아 계시는 연로한 모친 봉양 그리고 당시 고려인으로 오를 수 있는 종5품의 관직에 올랐다는 것 등이다. 1348년 4월에 원 연경 대명전大明殿에서 천수절 축하 의식에 국자감에 있던 아들 이색과 함께 참여한 것으로 보아 이해 4월말에서 6월 전후가 원으로부터 완전 귀국 시기로 추정된다.[260]

이곡은 개혁정치에 기대를 걸고 공민왕 즉위에 노력한다. 1348년 12

255 《陶隱集》 권5, 驪州神勒寺大藏閣記碑(우왕 9년 7월, 1383) "…… 竊伏念, 先君爲玄陵僭邸舊臣, 積有年紀. ……"

256 閔賢九, 〈恭愍王의 卽位 背景〉, 《韓㳓劤博士停年紀念史學論叢》, 1981; 〈政治家로서의 恭愍王〉, 《高麗政治史論》, 고려대학교출판부, 2004.

257 《高麗史》 권109, 列傳22 李穀(하책, 391쪽) "依牒, 復還于元. 中書差監倉, 本國拜都僉議贊成事. 尋還國."

258 《稼亭集》 권19, 監倉有感 "…… 言利非吾事 ……"

259 이곡이 귀국하기 3년 전인 1345년 5월에 기근, 가뭄 등에 따른 원 백성의 어려움을 말하였다(《稼亭集》 권4, 小圃記)(조동일, 《우리 옛글의 놀라움》, 지식산업사, 2021, 308-310쪽).

260 이성규, 앞의 논문, 250-251쪽.

월 충목왕이 죽자 원에서 기철과 기왕후가 정동행성의 업무를 섭행하도
록 하였다.[261] 고려에서는 왕후王煦와 이제현 등이 충혜왕의 아우인 공민
왕이 왕위를 계승해야 한다고 보고, 원나라 중서성에 글을 보내 이를 요
청하였다.[262] 기로와 여러 관원[263]들 또한 글을 중서성에 전달하였는데,[264]
이때 원에 있던 이곡이 글을 작성하였다.[265] 당시 왕위계승 후보로는 충
혜왕의 친동생인 19살 왕기(공민왕), 충혜왕과 희비 윤씨 소생인 11살 아
들 왕저가 있다. 1349년 2월 원은 왕저를 불러들였고 이때 노책·손수경·
이군해·민사평·윤시우·최유 등이 같이 갔다. 5월에 원은 왕저를 국왕으로
임명해 발표한다. 이가 충정왕(1337-1352)이다(재위 1349.5-1351.10).
그런데 윤택·김경직金敬直(김륜金倫의 아들)·이승로는 왕저의 왕위계승에
반대하여 고려에서 형제와 숙질叔姪 사이에 왕위계승의 내력을 소개하는
글을 원 중서성에 올렸다.[266] 마침내 1351년 10월 원에서 완자불화完者不
花(기황후 오빠 기원의 아들)를 보내 새 국왕(공민왕)을 세운다는 조치를
내렸다.[267]

---

261 《高麗史》권89, 列傳2 后妃2 德寧公主(하책, 32쪽) "忠穆薨, 德寧公主命忠煦與府院君奇轍,
　　攝行征東省事";《高麗史》권110 列傳23 王煦(하책, 407쪽) "王薨, 公主命德城府院君奇轍,
　　政丞王煦, 攝行征東省事."

262 《高麗史》권37, 世家37 忠定王(원년 기묘)(상책, 748쪽) "王煦等遺李齊賢如元上表曰, ……";
　　《高麗史》권110 列傳23 王煦(하책, 407쪽) "煦等遺李齊賢如元, 上表請立嗣王."

263 권준 역시 원로대신들과 함께 참여하였다(김용선, 《역주 고려묘지명집성(하)》(2012),
　　권준 묘지명, 1129쪽).

264 《高麗史》권112, 列傳25 柳淑(하책, 447쪽) "忠穆薨, 耆老百官上書中書省, 請立恭愍."

265 《牧隱集》文藁 권18, 有元高麗國忠勤節義贊化功臣·重大匡·瑞寧君·諡文僖柳公墓誌銘 "先
　　君稼亭公須歷東方, 文僖公實從之來, …… 明陵薨, 王政丞倡議上表, 請玄陵嗣位, 又以耆老衆
　　官書達中書省, 稼亭公實執其筆.";《高麗史》권109, 列傳22 李穀(하책, 391쪽) "忠定卽位, 穀
　　以嘗請立恭愍, 不自安, 遊關東."

266 《高麗史節要》권26, 忠定王(즉위년 추7월)(664쪽) "流前密直金敬直于島, 貶前密直李承老,
　　爲宣州勾當, 前代言尹澤, 爲光陽監務. 敬直嘗要王, 澤·承老, 以民望歸于江陵大君祺, 乃獻書
　　中書省, 言本國兄弟叔姪相繼之故, 幼君不堪保釐之狀. 王恨之故, 有是命. 初忠肅在燕邸, 尹澤
　　上謁, 一見器重, 因有托孤之語, 意在祺. 後忠肅寢疾, 復以燕邸所語語澤. 故澤於祺, 素歸心焉."

  공민왕 옹립에 참여한 이곡은 충정왕이 즉위하자 스스로 마음이 불안
하여 유숙과 함께 관동을 유람했다.[268] 이곡은 공민왕이 즉위하기 10개
월 전인 1351년 1월에 죽었다. 공민왕을 통해 고려를 중흥하려던 이곡
의 바람은 살아서는 이루어지지 않았다.

---

267 이승한, 〈제4장 무위의 국왕, 유주들〉,《몽골과 고려③ 고려왕조의 위기 혹은 세계화
　　시대》푸른역사, 2015, 440쪽.

268 《牧隱集》文藁 권18, 有元高麗國忠勤節義贊化功臣·重大匡·瑞寧君·謚文僖柳公墓誌銘 "又
　　從先稼亭, 公游金剛山, 縱觀東海, 公曰, 今燕邸又如前日, 吾不可以久留, 遂如京師, 實聰陵元
　　年己丑也."

제4장

유교 윤리의 강화와

문명사회론

1. 효치와 유교 윤리의 강화

1) 효치와 불교식 윤리 기능 긍정

이곡은 새로운 정치를 행하여 유교적 이상사회를 구현하고자 하였다.[1] 그가 충목왕이 즉위할 무렵 상소를 올려 갱장更張과 신정新政을 주장하거나,[2] 고려로 돌아가는 영주의 이군에게 신설臣說을 지어 우리 백성들이 목마른 자가 물을 찾듯이, 새 국왕의 새로운 정치를 고대하고 있다[3]고 한 것에서 이를 확인할 수 있다.

이곡은 유교의 인의仁義와 효제孝悌[4]로 고려가 인수仁壽의 나라가 되기를 염원하였다. 이곡은 인수의 땅에 살기를 바라고,[5] 불교가 허무와 자비를 중시하면서 악을 짓지 말고, 선을 행하라 하면서 세상이 인수의 땅이 되도록 돕는다[6]고 하였다. 여기에서 인수는 《논어》의 "인을 좋아하

---

1 《稼亭集》 권1, 吊薏錮文 "致君澤民兮 君子所期."

2 《高麗史節要》 권25, 忠穆王(즉위년 5월)(654~655쪽);《稼亭集》 권8 寓本國宰相書 "判典校寺事李穀在元, 致書宰相曰 …… 比聞諸公, 所以輔政更化者 ……"

3 《稼亭集》 권7, 臣說送李府令歸國 "今新嗣王將之國, 旣戒其行矣. 上選於從臣, 命李君先驅, 諭國人所以更張之意, 而慰來蘇之望. 凡與君游者皆賦詩, 請予題其端, 子作臣說以勖之. 且問之曰, 吾民引領新君, 拭目新政, 若飢渴之待食飮."

4 《稼亭集》 권4, 高麗國贈匡靖大夫密直使上護軍朴公祠堂記(충목왕 2년) 정월 "子子孫孫孝悌之心, 可以油然而生矣."

5 《稼亭集》 권19, 次和州僻上韻 "…… 須信民躋仁壽域 ……"

6 《稼亭集》 권6, 大都大興縣重興龍泉寺記 "子聞佛者以虛無爲宗, 慈悲不殺爲敎. 其言曰, 諸惡莫作, 衆善奉行. 盖其爲敎雖不切於世治, 苟能推廣是心, 使一世之人, 皆知好善惡惡. 躋于仁壽之域, 則豈曰小補之哉? 此佛道之所以久行於天下歟?"

는 사람은 장수를 한다."[7]는 말이나, 《한서》의 "한 세상의 백성들을 몰아
서 인수의 영역으로 인도한다면, 풍속이 어찌 성왕과 강왕 때처럼 되지
않을 것이며, 수명이 어찌 고종 때처럼 되지 않겠는가."[8]라는 말에서 유
래하는데, 사람들이 장수하며 편안하게 살 수 있는 태평성대를 의미한다.[9]
이곡은 인으로 풍속 교화가 이루어진 유교 사회를 제시하였던 것이다.

이곡은 유학의 기본 윤리인 오륜, 곧 군신, 부자, 부부, 형제, 붕우의
윤리를 《맹자》의 말[10]을 인용하여 금수와 구별되는 인간의 도리로 설명
하고[11] 삼강오륜을 천리로 권면하였다.[12] 사람은 누구나 추우면 옷을 입
고 배고프면 밥을 먹을 줄 알며, 이로움을 취하고 해로운 곳을 피하지
만, 강상의 아름다움과 예의의 바름을 알아서 금수의 지경으로 떨어지지
않도록 해야 한다[13]고 하였다.

이곡은 오륜 가운데 가정 윤리인 효를 우선하고 이를 가정과 사회에
서 국가로 확대하여 '효치', '효치천하'로 나아갈 것을 기약하였다.[14] 이
곡은 박쇄노올대가 《논어》를 인용하여[15] 부모가 살아계실 때 예로써 섬

---

7 《論語》 권6, 雍也 "子曰, 知者樂水, 仁者樂山. 知者動, 仁者靜. 知者樂, 仁者壽."
8 《漢書》 권22, 禮樂志:2 "至宣帝時, 琅邪王吉爲諫大夫, 又上疏言 …… 願與大臣延及儒生,
   述舊禮, 明王制, 驅一世之民 濟之仁壽之域 則俗何以不若成康 壽何以不若高宗?"
9 이상현 옮김, 《국역가정집 2》, 민족문화추진회, 2006, 31~32쪽, 주) 122).
10 《孟子》 滕文公章句上 "人之有道也, 飽食煖衣 逸居而無敎, 則近於禽獸 聖人有憂之, 使契
   爲司徒, 敎以人倫, 父子有親, 君臣有義, 夫婦有別, 長幼有序, 朋友有信."
11 《稼亭集》 권2, 義財記 "人之倫有五, 而聖人序之, 其目曰君臣, 曰父子, 曰夫婦兄弟, 而朋友居
   其終."
12 《稼亭集》 권15, 賀安謙齋二絶 "持家只要正三綱."
13 《稼亭集》 권2, 興王寺重修興敎院落成會記 "姑以儒言之, 凡人之寒衣而飢食, 就利而避害, 又
   知綱常之懿禮義之正, 而不爲禽獸之歸者, 孰敎之而執傳之然耶. 盍思其本而報之乎? 儒學孔氏
   者也. 視其廟學之廢, 而慨然有動于心目者蓋寡."
14 《稼亭集》 권4, 韓國公鄭公祠堂記(충목왕 1년 3월) "欽惟聖朝仁覆四海, 孝治天下, 以養人
   心, 以作士氣 ……"
15 《論語》 爲政 "子曰, 生事之以禮, 死葬之以禮, 祭之以禮";《孟子》 滕文公章句上 "孟子曰,

기고 돌아가셨을 때에는 예로써 장례를 치르고 제사 지낼 때에는 예로 하면 효라고 할 수 있다는 말에 동의하였다.[16] 부모에 대한 은혜와 보답을 기초로 윤리도덕을 확립하고자 하였다.

효의 실현은 예제의 하나인 사당祠堂과 밀접하게 관련된다. 사당은 자기의 근본을 잊지 않고 조상의 은혜에 보답하기 위해 제사 지내는 공간으로,[17] 이를 통해 부모나 조상에 대한 은혜를 기리도록 하였다. 충목왕 원년(1345) 3월에 전휘정사 정독만달鄭禿滿達이 이곡에게 부친인 정인을 위해 지은 사당의 기문을 요청하며 "사당을 세워 영정을 모시고 부모의 명복을 비는 제사를 올림으로써 오래도록 제향을 받으실 수 있게끔 해 드리고, 역대 황제들의 명령을 새긴 비석도 묘우 아래에 세우고 싶다. 그렇게 하면 임금의 선물을 현양하면서 부모에게 효도하지 못한 심정을 위로받을 수 있을 듯하니, 그대는 나를 위해 글을 지어 주기 바란다."[18] 라고 하였다. 이에 이곡은 다음과 같이 말했다.

> 《예기》에 "아버지가 사이고 아들이 대부일 때에 사의 예법으로 장례를 행하고 대부의 예법으로 제사를 거행한다."고 하였다. 생각건대, 원나라는 사해를 인으로 어루만지고 천하를 효로 다스리면서 인심을 교양하고 사기를 진작시키고 있다. 그리하여 내외의 신하를 막론하고 붉은색 관복을 입

不亦善乎! 親喪, 固所自盡也. 曾子曰, 生事之以禮, 死葬之以禮, 祭之以禮, 可謂孝矣. 諸侯之禮, 吾未之學也, 雖然, 吾嘗聞之矣.”

16 《稼亭集》 권4, 高麗國贈匡靖大夫密直使上護軍朴公祠堂記(충목왕 2년) 정월 "君謂余曰, 嘗聞儒者言, 生事之以禮, 死葬之以禮, 祭之以禮, 可謂孝矣.”

17 《稼亭集》 권4, 韓國公鄭公祠堂記(충목왕 1년 3월) "廟祀之制古矣, 事其親者廟於家, 事其聖且賢有功德者, 廟於國若州閭, 其制可考也. 自漢而下, 禮與時變, 有以廟貌而易其神主者, 有以薦福而廢其常祀者, 於是乎家廟之外又有祠堂矣. 然其報本追遠之心則一也.”

18 《稼亭集》 권4, 韓國公鄭公祠堂記(충목왕 1년 3월) "語其鄕人李穀曰, …… 玆欲構堂梵宮之側, 像而祠之, 以追其福而壽其祀. 且列聖天子恩命, 刻之貞珉, 置之宇下, 庶幾侈上之賜, 而慰其孝思, 子其爲我文之.”

은 자 이상에게는 모두 그 부모를 봉작과 증직을 할 수 있게 하고, 한 등
급씩 올라가서 윗대의 조상들에게 추증하게 하는 등 그 법도를 빠짐없이
갖추었다. 하지만 뇌물을 받는 죄를 범하거나 관원이 음란한 행위의 죄를
범하면 여기에 해당되지 못하게 하였는데, 부모나 처가에서 그러한 일이
있을 때에도 그와 같이 하였다. 아, 관원들에게 은혜를 미루고 행실을 따지
게 하였으니, 이는 이른바 "덕으로 인도하고 예로 가지런하게 한다."고 하
는 것으로서, 권선징악의 뜻이 행해지며 어긋나지 않게 하는 것이 아니겠
는가.[19]

유학에서 효는 천하를 다스리고 사람의 마음을 교양하고 사기를 진작
시키는 바탕이 된다. 내외의 신하를 막론하고 붉은색 관복을 입은 자 이
상에게는 모두 그 부모를 봉작과 증직을 할 수 있게 하는데, 죄를 지으
면 그렇게 하지 못하게 하였다. 이처럼 은혜를 미루고 행실을 따지게 하
였는데, 이는 유학의 예치와 덕치, 곧 백성들을 법령으로 이끌고 형벌로
단속하면 백성들이 처벌을 면하려고만 하고 부끄러움을 모르지만, 덕으
로 인도하고 예로 단속하면 백성은 부끄러움을 알고 바르게 된다[20]는
정신에 따른 것이다. 그러면서, 정인은 자기 몸을 단속하고 공무를 공정
하게 처리하여 궁궐에서 황제를 가까이 모시고 진신들을 아래로 내려다
보게 되었으니 입신양명해서 부모님을 드러나게 하는 것이라 하였다.[21]
《효경》에서 "자신의 몸은 부모에게서 받은 것이니 다치지 않게 하고, 자

---

19 《稼亭集》 권4, 韓國公鄭公祠堂記(충목왕 1년 3월) "按禮曰, 父爲士, 子爲大夫, 葬以士, 祭
   以大夫. 欽惟聖朝仁覆四海, 孝治天下, 以養人心, 以作士氣. 凡內外之臣自緋以上, 皆得封贈父
   母, 等而上之, 其數極備. 其有簠簋不飭, 帷薄不脩者不與焉. 雖父母妻室皆如之. 於戲, 旣推其
   恩, 又責其行, 所謂道德齊禮, 其懲勸之意並行而不悖者歟?"

20 《論語》 권2, 爲政 "子曰, 道之以政, 齊之以刑, 民免而無恥. 道之以德, 齊之以禮, 有恥且格."

21 《稼亭集》 권4, 韓國公鄭公祠堂記(충목왕 1년 3월) "況徵政讀古人書, 行丈夫志, 律己以廉,
   處事以公, 昵趨禁闥, 高視搢紳, 立身揚名, 以顯父母, 不其韙歟."

신을 바르게 세우고 바른 도를 행하여 이름을 후세에 드날려 부모를 드러나게 한다."[22]는 말을 활용하여, 이곡은 정인의 효심을 찬미하고 있다. 이는 이곡이 선친의 묘영을 조상하려고 기문을 요청한 조공탁에게 자식으로서 부모를 도리에 맞게 섬기고 마음을 극진히 하면 이를 효라고 하는데, 부모를 생전에 봉양하고 사후에 장사지내는[養生送死][23] 것과 부모상을 당했을 때에는 신중하게 행하고 조상에게 정성껏 제사 지내[愼終追遠][24] 몸을 바르게 세워 이름을 후세에 드날리는[立身揚名] 것을 효의 마무리라고 한 것[25]과 같은 맥락으로서, 부모에 대한 자식의 도리를 강조하고 있다.

이곡은 효를 인간이 인간일 수 있는 기본 덕목임을 강조하고 자식이 당연히 지켜야 할 도리인 천리天理로 규정하였다. 그는 《효경》에서 부모를 효성스럽게 섬기기 때문에 그 효성을 임금에게 옮겨 충성을 바칠 수 있다고 한 것[26]과 《맹자》에서 어진 사람으로 자기 부모를 버리는 경우가 있지 않고 의로운 사람으로 자기 임금을 뒤로 밀어 놓는 자는 있지 않다[27]는 말을 인용하여, 효와 충은 각각 인과 의에 해당하고 모두 리理라고 하였다.[28] 그리고 부모 자식 관계에 기초한 국가 사회의 통치, 곧

---

22 《孝經》제1, 開宗明義章 "身體髮膚, 受之父母, 不敢毀傷, 孝之始也. 立身行道, 揚名於後世, 以顯父母, 孝之終也. 夫孝始於事親, 中於事君, 終於立身."

23 《孟子》離婁下章句上.

24 《論語》권1, 學而 "愼終追遠, 民德歸厚矣."

25 《稼亭集》권4, 大元贈奉訓大夫 遼陽等處行中書省左右司郎中 飛騎尉遼陽縣君 趙公墓誌記 "且謂之曰, 人子之事親, 合於理而盡於心, 斯謂之孝. 盖養生送死, 事之常也, 愼終追遠, 德之厚也, 立身揚名, 以顯父母, 孝之終也."

26 《孝經》제14, 廣揚名章 "子曰, 君子之事親孝, 故忠可移於君."

27 《孟子》梁惠王章句上 "未有仁而遺其親者也. 未有義而後其君者也."

28 《稼亭集》권1, 趙苞忠孝論 "君親果有先後乎? 聖人已言之, 忠孝果無本末乎? 余不得不辨焉. 孔子序易曰, 有天地然後有萬物, 有萬物然後有男女, 有男女然後有父子, 有父子然後有君臣, 有君臣然後有上下, 有上下然後禮義有所錯. 此君親之分不得無先後者也. 出以事君, 入以事親, 本

효치 나아가 효치천하를 모델로 삼았다.[29] 자식은 부모에 의해 출생한 존재라는 발생론적 관점에서 출발하여 동일한 조상에서 파생된 혈연적 집단 내부를 규율하는 가족 윤리를 형성하고, 나아가 효의 연장선상에서 충을 설명함으로써 효가 국가질서를 유지하는 기본 덕목임을 분명히 하였다.

이곡은 효로 표현된 가족 윤리를 국가 윤리보다 중시하였다.

> (조)포는 조그마한 절의를 가지고, 다만 나라의 녹을 먹으니 어려움을 피하지 않는 것이 옳다는 것만 알고, 걸을 도우며 걸을 부유하게 만드는 것이 잘못인 줄을 몰랐으며, 어머니를 죽이면서도 공적을 세우는 것이 충인 줄만 알았지 자신을 보전하며 부모를 섬기는 것이 효라는 것을 몰랐다. …… 그러므로 조포가 충과 효에 미진한 데가 있다고 한 것은 이 때문이다. 그렇다면 조포는 어떠한 태도를 취해야 하나. 맹자가 몰래 업고 달아나서 즐겁게 지내며 천하를 잊어버리듯이 했다면 천리와 인욕에 대한 공정함과 사사로움이 뚜렷이 구별되었을 것이다. 또 공자가 천하에 도가 있을 때에는 나타나고 도가 없을 때에는 숨어 있는 방법으로 처신했다면 곧 하루아침에 닥치는 근심이 없을 것이다.[30]

후한의 요서 지방을 지키는 관리인 조포는 선비족에게 모친과 처자가

之性行之身, 以立於天地之間者, 忠與孝也, 昧乎此則禽獸矣. 孔子又曰, 事親孝, 故忠可以移於君, 孟子曰, 未有仁而遺其親者也. 未有義而後其君者也. 夫忠孝者, 仁義之事, 事二而理一. 雖以所處之勢不一, 而有緩急之不同. 其本末蓋有秩然而不可紊者. 略擧古人已行之事明之."

29 《稼亭集》권4, 韓國公鄭公祠堂記(충목왕 1년 3월) "欽惟聖朝仁覆四海, 孝治天下, 以養人心, 以作士氣 ……"

30 《稼亭集》권1, 趙苞忠孝論 "苞以區區節義, 惟知食祿不避難之爲是, 而不知助桀富桀之爲非, 知殺母市功之爲忠, 而不知保身事親之爲孝. …… 故曰, 苞於忠孝有未盡焉者此也. 然則爲苞之計奈何, 曰以孟子竊負而逃, 樂而忘天下之義處事, 則天理人欲之公私判然矣. 以孔子有道則見, 無道則隱之道處身, 則無倉卒一朝之患矣."

인질로 잡힌 상황에서 적을 공격해 승리는 하였지만 모친과 처자가 살해되자 자살하였다. 이곡은 충과 효에 대한 조포의 고민을 이해하면서도 선후 본말에 미진한 점이 있다고 하였다. 그는 공자가 천하에 도가 있으면 나아가고 도가 없으면 숨는다[31]고 한 것을 인용하여 도가 있을 때는 군주를 위하여 충성을 다해야 하지만 무도한 상태라면 가족 간의 혈연적 유대감에 충실해야 한다고 보았다. 그에게서 도가 있는 상태는 효로 표현되는 혈연적 유대감과 충으로 표현되는 공적 관계가 충돌됨 없이 결합되어 있는 것을 의미한다. 왜냐하면 도가 있는 이상적인 사회는 가족을 중심으로 혈연적 유대감이 사회 국가로 확대되어 가천하적 질서가 확립되어 있는 상태를 의미하기 때문이다. 당시 한나라의 무도한 상황을 놓고 볼 때, 일개 군의 책임자인 조포가 한나라를 구한다는 것을 불가능하다고 이곡은 보았다. 그리하여 《맹자》에서 순이 사람을 죽인 아버지를 업고 달아나서 천하를 헌신짝 버리듯 하였듯이,[32] 조포가 관직을 버리고 인질로 잡힌 모친을 구해 은둔하며 어머니를 섬기는 것이 합당하다고 보았다. 본디 도가 있는 이상적인 상태는 현실적으로 불가능하다. 그러므로 이러한 관점에서는 국가에 대한 도리를 다하는 것보다는 가족간의 혈연적 유대감에 충실하는 것이 최상의 선택이 될 수밖에 없게 된다. 곧 이곡은 조포의 행위를 비판하면서 혈연적 유대감에 기초한 가족관계를 더 강조하였던 것이다.

또 다른 글에서 이곡은 중국의 유방과 항우가 쟁탈을 벌일 때 항우가 유방의 아버지 태공을 삶아 죽일듯이 다그치면서 항복하라고 하자, 유방

---

31 《論語》권8, 泰伯 "子曰, 篤信好學, 守死善道. 危邦不入, 亂邦不居. 天下有道則見, 無道則隱. 邦有道, 貧且賤焉, 恥也, 邦無道, 富且貴焉, 恥也."

32 《孟子》盡心章句上 "桃應問曰, 舜爲天子, 臯陶爲士, 瞽瞍殺人, 則如之何? 孟子曰, 執之而已矣. 然則舜不禁與? 夫舜惡得而禁之? 夫有所受之也. 然則舜如之何? 舜視棄天下猶棄敝蹝也. 竊負而逃, 遵海濱而處, 終身訢然, 樂而忘天下."

은 "나의 부친은 너의 부친이니, 기필코 너의 부친을 삶으려고 한다면, 나에게도 고깃국 한 그릇을 나눠 주면 좋겠다." 하였다. 이에 대해 혹자는 부모를 위하여 자기 뜻을 굽혔다가 좋은 기회를 잃었다면 집을 교화시키고 나라를 다스리는 일을 어떻게 할 수 있겠는가 하였지만,[33] 이곡은 이에 반대하였다. 앞의 《맹자》에 나오는 순처럼 아버지를 남몰래 업고 도망을 치지 못할망정 아버지를 삶아 죽인다는 말을 듣고 '한 그릇 고기국'을 나누어 먹자고 할 것은 사람의 자식이라면 입에서 나와서는 안 된다고 하였다.[34] 응당 정교政敎를 닦고 사졸을 기르면서 인의로써 굳게 결속하여 그 근본을 배양했어야 한다는 이유에서였다.[35] 곧 자식으로서 부모에 대한 도리를 강조하고 이를 국가에 대한 의리보다 우선하는 태도를 보여 준다고 하겠다.

이곡은 곡曲과 직直을 설명하면서, 사물의 이치는 한 번 곧게 펴면 한 번 굽혀야 하는 법으로서, 순임금과 같은 대성인은 마음을 보존하고 몸을 세웠지만 곧게 펼 때와 굽힐 때를 구분하였다. 순임금이 부모에게 알리지 않고 장가를 든 것도 곧음이라는 한쪽에만 얽매이지 않은 결과라고 하였다. 순의 아버지 고수가 배다른 동생 상象을 편애해서 악한 마음으로 자신의 혼사를 훼방해서 죄를 짓지 않게 하기 위함이었다.[36] 만약 한쪽에만 얽매인다면, 그 곧음이라는 것이 '자기 부친이 양을 훔쳤다고

---

33 《稼亭集》권7, 杯羹說 "…… 或曰, 漢高奮一布提尺劍, 五載而得天下, 賢孰過焉. 若爲親屈己, 一失機會, 其能化家爲國乎. 抑以高祖之大度, 必料其不能害父也. ……"

34 《稼亭集》권7, 杯羹說 "此大不然…… 所以爲人者親也, 今乃置之虎口, 略無顧慮, 惟以勝負爲計. 設若項伯膠口, 而羽憤不勝, 則安知俎上之肉, 不爲杯中之羹乎? 縱不能竊負而逃, 杯羹之言, 不可出諸人子之口 ……"

35 《稼亭集》권7, 杯羹說 "劉氏 …… 宜修政敎養士卒, 結仁固義, 以培其根本, 聽其天命民心之歸."

36 《孟子》萬章句上 "孟子曰, "告則不得娶. 男女居室, 人之大倫也. 如告, 則廢人之大倫, 以懟父母, 是以不告也. 萬章曰, "舜之不告而娶, 則吾旣得聞命矣, 帝之妻舜而不告, 何也?" 曰, "帝亦知告焉則不得妻也.""

아들이 고발하며 증거하는 것'과 같은 추한 결과로 돌아간다³⁷고 하였다. 《논어》에서 양을 훔친 아버지를 고발한 자식을 비판하며 아버지는 자식을 위해 숨겨 주고 자식은 아버지를 위해 숨겨 주는 것이 정직함이라고 한 것³⁸을 활용하여 자식이 부모에 대한 친애함을 진실되게 드러내고, 부모 자식 관계의 의미를 부각시키고 있다. 즉 이곡은 한나라 때 조포나 유방의 행적과 언급을 소재로, 《맹자》와 《논어》의 예를 들어 인간이 인간일 수 있는 도리로서 효를 제시하고 이러한 인간의 도리인 인륜 도덕을 천리로 규정하는 성리학적 효 인식을 보여 주었다.

고려시대에 효를 기초로 윤리 규범을 확대하여 나라를 다스리는 효치론이 존재하였다. 효는 만사의 근본이므로 효를 통해 윤리 규범의 확립을 도모한 것이다. 성종대에는 유교적 정치이념을 추진하고 효치에 따른 정치이념을 정립했다. 성종 9년 교서에서 "나라를 다스릴 때는 먼저 근본에 힘써야 하고 근본에 힘쓰는 것으로는 효보다 더한 것이 없다. 효는 삼황오제가 본무로 삼았던 것이고 만사의 기강이며 모든 선의 중심"³⁹이라고 하였다. 가에서 효가 모든 선의 근본이고 국가에 대한 충으로까지 연결된다는 효치론적 사유를 분명히 보여 주고 있다. 명종은 위소의 효심을 설명하면서 《후한서》⁴⁰에서 효는 모든 행실의 근원이고 충신은 효

---

37 《稼亭集》 권7, 敬父說 "夫事物之理, 一直一曲, 不可以執一論也. 天地之大也, 或動或靜. 故孔子曰, 尺蠖之屈, 以求伸也. 盖屈而不伸, 則無以持其靜, 伸而不屈, 則無以存其動. 是以, 直而不曲, 則不能養其直, 此一直一曲之謂也. 如舜大聖人也. 其存心立身之要, 豈非直而不曲乎? 然不告而取者, 其理必有時, 而曲然後能保其直也. 曲直之理, 可以類知, 苟滯於一端, 其爲直也, 不流於父攘子證之陋乎?"

38 《論語》 권13, 子路 "葉公語孔子曰, 吾黨有直躬者, 其父攘羊, 而子證之. 孔子曰, 吾黨之直者異於是, 父爲子隱, 子爲父隱. 直在其中矣."

39 《高麗史》 권3, 世家3 成宗(9년 9월)(상책, 74쪽) "秋九月丙子敎曰, 凡理國家必先務本. 務本莫過於孝, 三皇五帝之本務, 而萬事之紀百善之主也. ……"

40 《後漢書》 권76, 列傳69, 江革 "元和中, 天子思革至行, 制詔齊相曰, 諫議大夫江革, 前以病歸, 今起居何如? 夫孝, 百行之冠, 衆善之始也. 國家每惟志士, 未嘗不及革. 縣以見穀千斛賜巨孝,

자의 가문에서 구하라고 한 말[41]을 인용하여 그를 포상하도록 하였다.[42] 효는 가족윤리의 핵심으로서 인간이 인간일 수 있는 기본 덕목일 뿐 아니라, 국가 질서에 순응하는 공순한 인간을 창출하는, 이른바 충의 전제가 되는 덕목이라고 본 것이다. 개별 가家에 대한 의무를 충실히 이행토록 권면하는 것은, 개별 가의 상위 존재인 국가에 대한 충을 유도하는 효과적인 방법이 된다는 인식에서이다. 이는 효를 공적 국가질서를 지탱하는 충으로 확대 해석하여 사회 운영에 필요한 윤리 규범의 확립과 정치 사회적 관계를 조율하는 근본으로 자리매김하였음을 의미한다.

고려는 효를 기반으로 삼고 군주를 정점으로 하는 국가의 공적 질서를 확립하고자 했다. 이에 따라 가족 차원에서 효의 실행과 관련된 규정들이 예제나 법률로 성문화되었다. 관리 휴가와 기일 휴가, 그리고 부조父祖 생존시 정성定省, 간병 등을 위한 휴가제가 정비되었고, 사후에 필요한 조상遭喪·기제·소분掃墳·개장改葬 등을 위한 휴가제도가 마련되었다. 또한 관리가 부모의 상사를 당하면 국가의 일을 중단하고 상사에 슬퍼할 수 있도록 오복제도가 정비되었고, 부모를 위하여 살인하거나〔爲父殺人〕, 아버지를 구하기 위하여 살인하는 경우〔救父殺人〕는 가벼운 판결을 내리도록 예외 조항을 마련하였다. 이처럼 국왕을 정점으로 하는 공적 지배질서의 토대에는 혈연적 유대감이라는 예제 구성의 원리가 자리하고 있었다.[43]

그런데 가족 질서와 국가 질서가 조화를 이룰 때는 문제가 없지만 이

常以八月長吏存問致羊酒, 以終厥身. 如有不幸, 祠以中牢. 由是巨孝之稱, 行於天下, 及卒, 詔復賜穀千斛."

[41] 《後漢書》 권26, 列傳16 韋彪 "孔子曰, 事親孝, 故忠可移於君. 是以 求忠臣必於孝子之門."

[42] 《高麗史》 권121, 列傳34 孝友 尉紹(하책, 648-649쪽) "王聞之詔曰, 貂之孝, 冠絕古今. 傳云, 孝者百行之源. 又曰, 求忠臣於孝子之門. 則貂之孝, 在所必賞. ……"

[43] 이희덕, 〈유교정치이념의 성립과 효 사상의 전개〉, 《고려유교정치사상의 연구》, 일조각, 1984.

둘이 갈등을 일으키면 국가로서는 개별 가를 초월하는 상위의 존재인 국가를 우선하기를 원하고, 군주나 국가에 대한 공적인 의무를 강조하는 충 개념을 활용하여 이를 관철시키고자 하였다. '아버지의 효자는 임금의 배반한 신하이다'라는 가장 극단적인 표현에서 보이듯이, 군주가 법을 가 내부로 침투시켜 충을 우선하도록 요구하는 것과 혈연적 유대감에 기반하여 가의 자율성을 최대한 살리려는 모습은 대립하는 것이다.[44] 국가는 외적의 침입이나 대규모 토목 공사와 같은 공공의 목적을 위하여, 또는 군주를 정점으로 하는 국가 질서를 확립하기 위하여, 개별 가의 층위에 매몰되는 혈연적 유대감이라는 사적인 정감을 약화시킬 필요가 있다. 이것이 군주를 정점으로 하는 상하 존비의 질서를 확립하려는 것, 곧 혈연에 기초한 가족 질서보다 그 상위 존재인 국가라는 공적 질서를 공고히 하려는 것임은 두말할 필요가 없다. 이로부터 혈연적 유대감에서 파생되는 인정이나 사정보다는 공의를 우선시하고, 개인보다는 국가나 집단 전체를 강조하는 '멸사봉공', '대의멸친'의 논리가 대두되었다. 이자겸이 반역을 꾀하자 인종이 몰래 편지를 써 척준경에게 주었고, 척준경이 김향(이자겸의 사돈)에게 인종의 편지를 보여 주자 김향이 자리에서 내려가 울며 "임금의 명령이 이와 같으니 비록 내가 죽고 멸족이 된다 하더라도 어찌 나아가지 않을 수 있겠는가?"[45]라고 말한 것이 바로 그러한 논리를 잘 보여 준다.[46]

하지만 유교의 예론으로 국가의 지배 질서를 확립하고자 하는 시도는

[44] 李成珪, 〈漢代 《孝經》이 普及과 그 理念〉, 《韓國思想史學》 10, 1998, 205쪽.

[45] 《高麗史》 권98, 列傳11 金珦(하책, 186쪽) "及資謙謀逆事迫, 王密遣宦者, 以手書急召拓俊京, 俊京以示珦, 珦下席泣曰, 君命如此, 雖亡身滅族, 豈可不赴之?"

[46] 도현철, 《고려말 사대부의 정치사상연구》, 일조각, 1999; 〈12세기 公·私禮와 김부식〉, 《한국사의 구조와 전개》(하현강교수정년기념논총), 혜안, 2000; 〈유학과 유교의례〉, 《21세기에 다시 보는 고려시대의 역사》, 혜안, 2018.

혈연적 유대감에 따라 조절, 완화되기도 하였다. 인종이 외조부인 이자겸을 어떻게 예우할 것인가를 신하들에게 질문하자, 정극영과 최유는 '천자가 신하로 하지 않는 사람이 셋이 있는데 그 가운데 황후의 부모가 그 하나'라면서 이자겸을 그에 준해서 예우해야 한다고 대답하였다.[47] 즉 이자겸이 글을 올릴 때 신하라고 일컫지 않도록 하고, 군신 간의 큰 잔치에서 일반 관료들과 더불어 하례하지 않고 바로 막차幕次에 올라가서 배례하도록 하며, 임금이 답례하고 전각 위에 앉게 해야 한다는 것이었다. 김부식은 이자겸에 대한 예우에 반대하였다. 후한과 동진의 예법에 따라 공적인 영역인 정전에서는 군신간의 예를 행하되 사적인 영역인 내전에서는 집안의 예로 접견할 것을 대안으로 제시하였다.[48] 이는 표면적으로는 왕정[公禮]과 가정[私禮]의 영역을 구분하고 두 영역을 조율하는 원칙인 공의公義와 사은私恩을 모두 보존하자는 것이지만, 실제로는 국왕을 정점으로 하는 공적 질서를 우위에 두는 원칙에서 혈연적 유대감에 기초한 사은을 펼치도록 허용한 것이라 할 수 있다.

　인종은 교서에서 이자겸의 난에 연루된 자의 가족을 연좌하여 처벌하지 말도록 하였다. 대의멸친은 옛날부터 있었지만 친친親親의 은혜는 천성天性이라는 이유 때문이었다.[49] 한 걸음 더 나아가 인종은 조칙을 내려 "이자겸이 죽었지만 친친의 뜻을 잊을 수 없다"고 하면서 이자겸과 그의 처에게 관작을 추증하고[50] 그의 아들들에게 곡식 600석을 하사하

---

47 《高麗史》 권98, 列傳11 金富軾(하책, 171쪽) "寶文閣學士鄭克永御史雜端崔濡議曰, 傳云天子有不臣者三, 后之父母, 居其一, 今資謙宜上表不稱臣, 君臣宴會不與百官庭賀, 徑詣幕次拜, 上答禮而後坐殿,衆議861同."

48 《高麗史》 권98, 列傳11 金富軾(하책, 171쪽) "時爲寶文閣待制獨曰, ⋯⋯ 在王庭, 則行君臣之禮, 宮闈之內, 則以家人禮, 相見如此, 則公義私恩兩相順矣. ⋯⋯ 詔可."

49 《高麗史》 권16, 世家16 仁宗2(10년 11월 庚辰)(상책, 331쪽) "御明仁殿下敎曰, ⋯⋯ 大義滅親, 古亦有之, 然親親之恩, 天性自然, ⋯⋯"

50 《高麗史節要》 권10, 仁宗(14년 5월)(267-268쪽) "又詔曰, 今外舅李氏雖歿, 而親親之意, 終

였다.[51] 당시 왕실과 귀족들의 혼인 관계에서 보면, 이자겸의 양측적 친속들은 대부분 누대에 걸쳐 고관을 지낸 대귀족 출신들이었으며 그들은 당대의 고관들과 본족·외족·인족 등 다양한 관계로 연결되어 있었다. 이자겸의 난과 연결된 "그 지당들이 연줄로써 겨우 처벌을 모면한 뒤에도 재상에 이른 자가 많았다"[52]고 한 것은 당시의 상황을 잘 보여 주는 언급으로서, 대귀족층이 주도하던 정치체제거나 사회구조와 관련된 현상들이라 하겠다. 고려의 국가체제가 국왕을 중심으로 하는 공적 관계로 운영되었지만, 다른 한편에서는 유교 이념이 반영된 혈연적 유대감에 기초한 친속 관계 또한 그 운영의 한 중심을 차지하였다.[53]

한편 고려는 유학을 정치이념으로 삼고 유학적 상제喪制를 시행하여 왔다. 유학에서는 효자가 부모를 섬기는 세 가지 길이 있는데, 살아 있을 때에는 봉양하고 돌아가시면 상을 치르며 상이 끝나면 제사를 지내는 것이다.[54] 성종 4년에 오복제도가 완성되었고 위소尉紹는 여묘를 짓고 삼년상을 행하였다.[55] 유학에서 상례로 3년상을 제시한 이래 자식된 도리로서 여겨 왔다.[56] 삼년상제는 이미 고려 초기부터 있어 왔던 것이다. 그런데 고려의 삼년상은 삼년약상제였다. 오복제도에서 3년상을 규

不可忘, 可贈檢校太師漢陽公, 妃崔氏封卞韓國大夫人."

51 《高麗史節要》권10, 仁宗(23년 4월)(274쪽) "賜李資謙兒息, 穀六百碩."

52 《高麗史》권98, 列傳11 高兆基(하책, 118쪽) "資謙之亂, 朝臣皆脅從失節, 其支黨夤緣苟免, 至宰輔者多."

53 도현철, 〈12세기 公·私禮와 김부식〉, 《한국사의 구조와 전개》(하현강교수정년기념논총), 2000.

54 《論語》爲政 "子曰, 生事之以禮, 死葬之以禮, 祭之以禮";《孟子》滕文公章句上 "孟子曰, 不亦善乎! 親喪, 固所自盡也. 曾子曰, 生事之以禮, 死葬之以禮, 祭之以禮, 可謂孝矣. 諸侯之禮, 吾未之學也, 雖然, 吾嘗聞之矣."

55 《高麗史》권121, 列傳34 孝友 尉紹(하책, 649쪽) "又廬墓三年不懈, 可謂能盡其孝."

56 《論語》권17, 陽貨 "子曰, 子之不仁也. 子生三年, 然後免於父母之懷. 夫三年之喪, 天下之通喪也, 子也有三年之愛於其父母乎."

정하고 있기는 하지만 백일 동안의 여가를 주도록 하고 있다. 이는 3년
상을 지내되 백일휴가로 백일 동안 집에서 상복을 입고 나머지는 공무
를 보고 귀가하여 복을 입도록 한 것이다. 삼년약상제가 허용된 오복제
도의 취지는 사환을 통해서 생활의 보장을 받을 수밖에 없는 양반의 여
망에 부응하려는 것이었다.[57]

고려 후기 성리학이 수용되고 유학 본래의 문제의식, 곧 인의도덕과
효제충신을 이해하면서 삼년상제와 가묘제가 효심의 진정한 발현으로 간
주하고 있었다. 이곡은 효 윤리의 실천을 위하여 유학의 상장례가 본래
의 의미대로 실천되기를 원하며, 사례四禮 가운데 죽은 사람을 장사지낼
때 행하는 상례에서 효심이 드러나도록 하였다.

이곡은 고려의 전통적인 묘소 중심의 제사가 효를 진작시키는 데 기
여한다고 보았다. 이곡은 박윤문이 예법대로 장례를 치루고 예제를 지키
면서 상기를 마쳤으며 여묘를 하면서 애통한 마음을 다했으니 그가 야
박한 풍속을 돈후하게 하고 퇴폐한 풍속을 격동시켰다[58]고 하였고, 이색
은 "정신은 자유롭게 돌아다닌다(精神周流)"고 하면서 집에서 하지 않고
산과 들에서 제사를 행해도 그 대의는 통한다[59]고 하였다. 고려 후기에
성리학적 상장례를 바로 현실에 작용하기는 쉽지 않았다. 상장례 자체가
기왕의 습속을 중시하므로 변하기 쉽지 않은 데다가, 전통적인 여묘廬墓
는 고례는 아니지만 유학의 효 윤리를 실행하는 데 기여하는 바가 컸기
때문이다. 이곡이나 이색은 묘소 중심의 제사도 효의 실천이라는 큰 의

---

57 李弼相, 〈高麗時代 服制의 研究〉, 《韓國史論》 2, 1975, 174-179쪽.

58 《稼停集》 권9, 寄朴持平詩序 "持平平居, 奉其親無所不至, 及其歿而能以禮葬, 葬而能以制終,
   又能廬墓以盡哀, 其敦薄俗而激頹風者多矣."

59 《牧隱集》 文藁 권7, 贈金判事時後序 "家廟旣廢, 精神周流, 無所往而不依附於子孫, 子孫之
   所在, 神之所依也, 然則朝夕哭且祭, 不于家而于野, 亦何傷哉, 雖於聖人之制有慊焉者, 以今禮
   制蕩然軼墜之時, 而能盡夫人子之至情, 以爲三年免懷之報, 其道莫尙乎此, 故國家表其宅里, 而
   人稱之爲孝子, 雖聖人復起, 亦所不易也."

리에 위배되지 않는다[60]고 보았다.

상례 가운데 여묘는 부모님이 돌아가시면 묘에 안장하고 상주가 묘 근처 여막에서 3년 동안 묘를 지키는 것이다. 여묘와 관련하여 효 본래 의 의미에 대한 이해와 그 실천을 둘러싸고 논란이 있다. 우선 여묘가 효에 맞는 의례인가 하는 점이다. 여묘는 고례가 아닐 뿐 아니라 성리학 의 귀신론과 안 맞는 면이 있다. 사람이 죽으면 혼백의 결합이 해체되어 "혼기魂氣는 하늘로 돌아가고 형기形魄은 땅으로 돌아가며""하늘로 올라 간 혼은 조령祖靈이 되고 땅으로 내려간 백은 귀가 된다."고 한다. 묘廟 는 강림하는 조상의 영혼을 맞이하는 장소이고 묘墓는 대지로 돌아가는 죽은 사람을 보내는 장소이다. 제사의식을 분묘에서 행하지 않고 묘당廟 堂(묘우, 사당, 가묘)에서 행하는 것은 백魄은 분묘에 묻혀 있는 육체와 함께 저세상으로 돌아가므로 여기에서는 죽은 자와 산 자의 만남이 일 어날 수 없다고 생각하였기 때문이다. 묘당은 생의 공간이지만, 분묘는 죽음의 공간이고, 묘당의 제사는 길례지만 장송의 의례는 흉례로 분류된 다. 왕실에서는 종묘와 능묘, 일반 사대부에서는 가묘와 묘소로 대응한 다. 묘에 체백體魄을 모시고 떠돌아다니는 정신(혼)을 집의 가묘에서 제 사하도록 하였는데, 여묘는 이러한 이해에서 벗어나는 것으로 보았다.[61]

사람이 죽으면 기가 흩어지지만 완전히 흩어져 버리는 것은 아니다. 그러므로 제사에 감응의 도리가 있는 것이다.[62] 천지음양의 기는 만물이

60 이상민, 〈고려시대 여묘의 수용과 효 윤리의 변천과정〉, 《역사와 실학》 48, 2018.

61 三浦國雄, 《朱子と氣と身體》, 平凡社, 1997/미우라 구니오 지음, 이승연 옮김, 《주자와 기, 그리고 몸》 예문서원, 2003; 이용주, 《주희의 문화이데올로기》, 이학사, 2003; 이종서, 〈高麗後期 이후 '同氣' 理論의 전개와 血緣意識의 變動〉, 《東方學志》 120, 2003; 박상규, 〈주자의 귀신론〉, 《東方學志》 121, 2003.

62 《朱子語類》 권3, "夫聚散者, 氣也. 若理, 則只泊在氣上, 初不是凝結自爲一物. 但人分上所合 當然者便是理, 不可以聚散言也. 然人死雖終歸於散, 然亦未便散盡, 故祭祀有感格之理. 先祖世 次遠者, 氣之有無不可知. 然奉祭祀者旣是他子孫, 必竟只是一氣, 所以有感通之理."

똑같이 부여받은 것이다. 기가 모이면 사람이 되고 흩어지면 귀鬼가 된다. 그러나 그 귀가 흩어져 버려도 이 천지음양의 리理는 생생하여 사라지는 법이 없으니, 조상의 정신 혼백이 흩어져도 자손의 정신 혼백에는 자연히 연속하는 것이 있다. 그러므로 제사라는 의례에서 그 성경을 다하면 조상의 혼백을 부를 수 있는 것이다. 이것은 원래부터 설명하기 어려운 것인데, 흩어져 버리고 나면 마치 완전히 사라진 듯하다가 그 성격을 다하면 감응이 일어나게 된다는 것도 리가 언제나 존재하고 있기 때문이다.[63]

송대 성리학에서는 가묘家廟 중심의 제사론을 주장한다. 정이천은 분묘를 혼백이 떠나간 체혼體魄을 매장하는 곳이라고 이해하여 가묘의 설립을 주장하였다.[64] 즉 정이는 "장사란 육신과 혼백과 혼백 가운데서도 백을 땅에 묻은 것일 뿐이고, 신神은 반드시 사당(廟)으로 돌아간다. 장례를 치렀으면 목주木主를 만들고, 장지의 영좌를 철거한 뒤에는 목주를 사당(廟)에 봉안한다. 그러므로 옛사람들은 사당(廟)에만 오로지 정성을 기울였던 것이다.[65]" 하여 묘소 중심의 장례에 부정적인 견해를 피력했다. 주희는 조상과 후손의 관계를 기의 연속으로 보고, 죽으면 혼백이 흩어지지만 기가 자손과 통하므로 자손이 제사를 지내면 죽은 자의 기가 모여 감응한다[66]고 하여 조상과 후손의 기氣가 부계로 연결되는 관계

---

63 《朱子語類》 권3, 52 問 "曰, 只是這箇天地陰陽之氣, 人與萬物皆得之. 氣聚則爲人, 散則爲鬼. 然其氣雖已散, 這箇天地陰陽之理生生而不窮. 祖考之精神魂魄雖已散, 而子孫之精神魂魄自有些小相屬. 故祭祀之禮盡其誠敬, 便可以致得祖考之魂魄. 這箇自是難說. 看卽散後, 一似都無了. 能盡其誠敬, 便有感格, 亦緣是理常只在這裏也."; 三浦國雄, 《朱子と氣と身體》, 平凡社, 1997/ 미우라 구니오 지음, 이승연 옮김, 《주자와 기, 그리고 몸》 예문서원, 2003, 127-128쪽.

64 朱雄英, 〈家廟의 成立背景과 그 機能 —여말선초의 사회변화를 중심으로—〉, 《歷史敎育論集》 7, 1986, 50쪽.

65 《하남정씨유서》 권18, 劉元承手編 "葬只是藏體魄, 而神則必歸於廟, 旣葬則設木主, 旣除凡筵則木主安於廟, 故古人惟專精祀於廟."

66 《주자어류》 권3, 鬼神 "問人之死也, 不知魂魄便散否, 曰固是散, 又問, 子孫祭祀, 卻有感格

가 있다고 판단하였다.[67] 송대 성리학자들의 혼백론은 묘소보다는 가묘
중심의 제사를 주장하는 근거로 활용되었다.

이곡은 송대의 가묘 중심의 제사를 유의하면서 묘소 중심의 제사를
존중하였다. 이곡은 성리학적 의미의 효의 실천을 위한 구체적인 방법으
로 사당, 묘우의 설치를 지향하였다. 이곡은 앞서 정인이 묘우廟宇(사당,
가묘)를 세우고 부모에 대한 제사를 받드는 일을 찬양하였다. 중국에서
는 자기의 근본을 잊지 않고 조상의 은혜에 보답하는 것이 제사라는 사
실을 전제한 뒤에, 선을 쌓고 악을 쌓는 데 따라 경사와 재앙이 이르곤
하는데, 만약 그 사람 자신에게 이르지 않으면 반드시 그 자손에게 이르
기 마련이라고 하였다.[68] 이곡은 여묘보다는 고례의 정신에 맞는 가묘가
설치되어 효가 확산되기를 바랐던 것이다.[69]

또한 이곡은 유교의 예법에 따른 예제의 실현을 주장하고 본인이 직
접 상을 치루는 친상親喪을 주장하며, 이를 실천한 이들을 찬양하였다.[70]

者, 如何, 曰畢竟子孫是祖先之氣. 他氣雖散, 他根却在這裏, 盡其誠敬, 則亦能呼召得他氣聚在
此. 如水波樣, 後水非前水, 後波非前波, 然却通只是一水波. 子孫之氣與祖考之氣, 亦是如此.
他那簡當下自散了, 然他根却在這裏. 根既在此, 又却能引聚得他那氣在此. 此事難說, 只要人自
看得."

67 이종서, 〈고려후기 이후 '동기' 이론의 전개와 혈연의식의 변동〉, 《동방학지》 120, 2003.

68 《稼亭集》 권4, 韓國公鄭公祠堂記(충목왕 1년 3월).

69 이는 불교식 제사의 비판과도 연관된다. 송대 사마광의 예제에서 보여 주듯이 가묘에는
影幀·塑像·畫像보다는 神主를 모시는 것이 강조된다(上田春平, 〈朱子の家禮と《儀禮經典通
解》〉, 《東方學報》 54, 1983, 225~233쪽). 이는 당시 불교적 색채를 느끼게 하는 影幀·塑像
보다는 位牌나 神主를 사당에 모시고 제사 지내는 것이 유교의 본래적인 의식를 부각시
키는 것과도 연관된다(《高麗史》 권105, 列傳18 安珦(하책, 324쪽). "晚年常掛晦庵(朱熹)先
生眞, 以致景慕, 逐號晦軒."; 梶村秀樹, 〈家族主義の形成に關する一試論〉, 《朝鮮社會の構造
と思想》, 研文出版, 1982. 42쪽). 따라서 《주자가례》의 수용과 아울러 影幀을 모시는 사당
인 影堂보다는 신주를 모시는 家廟가 적극 보급되어 갔다(朱雄英, 〈家廟의 成立背景과 그
機能〉, 《歷史敎育論集》 7, 1986).

70 《稼亭集》 권9, 寄朴持平詩序 "本國之制, 守親墓三年, 詐旌其門, 不問平日所爲爲何如也.
…… 持平居奉其親, 無所不至. 及其歿, 而能以禮葬, 葬而能以制終, 又能廬墓以盡哀, 其敦
薄俗, 而激頹風者多矣. …… 親喪當自致 ……"

이곡의 뜻을 계승한 아들 이색 역시 유학의 상례 취지에 맞도록 삼년상 제를 시행하도록 건의하였고[71] 김광재가 친히 수묘를 행한 것은 재상으로서 드문 일이라고 칭송하였다.[72]

고려시대에는 묘소에서 행하는 여묘살이를 노비가 대신하는 일이 많았다. 성종대에는 노비가 여묘를 대신하고 그 대가로 면천免賤의 기회가 제공되었다.[73] 고려 후기에도 대수代守라 하여 부모상을 당하여 장례를 치른 뒤 분묘 옆에 여막을 짓고 돌보는 일을 상주가 하지 않고 노비가 대신하였다.[74] 국가에서 효의 기풍을 확산시키기 위해 여묘를 장려했지만 관료들은 그 필요성을 느끼지 못하여 노비가 대신하도록 했고, 노비는 이를 천한 신분에서 벗어나는 기회로 활용하였던 것이다. 이는 유학에서 말하는 효의 본래 취지에 맞지 않는 것일 뿐 아니라 효 실천의 의미를 제대로 파악하지 못한 것으로서, 국가의 유교 진흥책에 부응해서 형식적인 여묘가 행해지고 있었음을 보여 주는 것이다.

고려 후기에 이르면, 노비 대리 여묘살이에 대한 비판이 제기되고, 유학의 예제를 강조한 원 간섭기에는 이를 금지하는 법령을 제정하였다. 충숙왕 복위 8년(1339) 5월 감찰사에서는 "부모의 분묘를 자신이 지키지 않고 가노家奴로서 대신하니 어찌 효라고 할 수 있는가."하여 대리 수묘守墓를 엄금하였다.[75] 유교적 예의 정신에 맞는 효의 실천을 강조한

---

71 《高麗史》 권39, 世家39 恭愍王2(상책, 778쪽) "(6년)冬十月辛巳, 諫官李穡等, 請行三年喪. 從之."

72 《牧隱集》 文藁 권17, 松堂先生金公墓地銘并書 "俗守父母墳, 多以奴代之, 私爲復其身, 先生 不忍褻其親, 躬行之, 蓋近世宰相所未有也."

73 《高麗史》 권85, 志39 刑法2 奴婢(성종 6년 7월)(중책, 877쪽) "敎, 放良奴婢, 年代漸遠, 則 必輕侮本主, 今或代本主, 水路赴戰, 或廬墓三年者, 其主告于攸司, 考閱其功, 年過四十者, 方 許免賤."

74 《稼亭集》 권9, 寄朴持平詩序 "近世士大夫, 多令家奴代之, 終且私爲復其身, 任其所之. 故爲 奴隸者爭欲爲之."

75 《高麗史》 권85, 志39 刑法2 禁令(충숙왕 후8년 5월)(중책, 865쪽) "後八年五月, 監察司牓

것이라 할 수 있다. 이곡은 인간 본연의 효의 실천을 위하여 가묘나 묘소나 장소 중심의 제사 여부보다 마음에서 우러나오는 효, 곧 친묘親廟를 주장하였던 것이다.

요컨대, 이곡은 효의 실천을 유교 본래의 정신에 맞게 본인이 직접 행하고 가묘를 세워 집안에서 제사를 지내도록 하였고, 노비가 대신 여묘를 행하는 것에 대해서는 비판적 의견을 제시하였다. 그리고 이곡은 효의 발현을 통한 부모와 그 자손에 이르는 가족, 종족의 결합을 도모하고 윤리 의식을 고양하며 인간의 가치 실현, 도덕 사회의 실현 가능성을 제시하고 있다.[76]

이곡은 유교 윤리 가운데 효를 중시하면서 불교의 효 기능을 존중하였다. 이곡은 부모님에 대한 도리를 다하고자 대장경을 간행하려고 했다. 충선왕 복위 2년(1310) 7월에 아버지가 돌아가시고, 충정왕 2년(1350) 10월에 어머니가 돌아가셨는데, 절의 6직위 가운데 최고 수좌인 남산南山 총공聰公이 부친의 명복을 빌고자 하면 대장경을 조성하는 것이 좋겠다는 말을 듣고 이를 실행하려다가, 공민왕 원년(1351) 정월에 이곡 본인이 죽어 뜻을 이루지 못하였다. 이색은 아버지의 뜻을 잇고자 하다가 관직 생활로 미루었는데, 공민왕 20년에 어머니가 돌아가시고, 병이나 겨를이 없다가, 우왕 5년(1379)에 총공이 이곡의 뜻을 이으라고 하자, 나옹 문도의 도움을 받아 우왕 6년 2월부터 기금을 모으기 시작하여 우

示禁令, …… 一古者, 葬先遠日, 所以禮葬, 今士大夫例用三日葬, 殊非禮典與. 又有不躬廬墓, 以奴代之, 焉得爲孝? 並宜禁之, 犯者科罪."

76 물론 고려 후기에는 삼년상제가 전면적으로 행해지 않았다. 공민왕 원년에 김용이 권세와 총애를 다툰 김보가 모친상을 당하자 김보를 조정에서 물러나게 하기 위하여, 조정 백관이 3년상을 청원하도록 하였는데, 공민왕이 그 실상을 알고 삼년상 제도를 폐지했다(《高麗史》 권131, 列傳44 叛逆5 金鏞(하책, 543쪽). 또한 공양왕 3년에 이숭인을 변호한 권근이 관료 가운데 3년상을 행한 자가 만에 하나가 있을 정도라고 하였다(《高麗史》 권115, 列傳28 李崇仁(하책, 543쪽)). 그만큼 3년상의 실행은 쉽지 않았다.

왕 7년(1381) 11월에 대장경을 완성하였다.[77] 이곡이 대장경을 간행하여 부모의 명복을 비는 효 윤리를 실천하려고 한 것에서 불교의 효 기능을 긍정하고 있음을 알 수 있다. 이곡과 이색 부자의 대장경 간행을 통하여 이단인 불교 경전에서 효 윤리를 실천하고자 하는 바를 이해할 수 있고, 불교의 윤리 기능을 긍정하고 있음을 보여 준다.

또 전 성균사예인 박징이 돌아가신 모친의 명복을 빌고자 폐사된 강릉의 염양선사를 중건하려고 하였는데, 이곡은 이를 두고 불교의 자비로운 마음으로 세상을 구제하고 독실하게 인효仁孝를 행하려는 뜻이라 하였다. 임금의 무병장수와 국가의 영원한 복덕을 기원하고 부모에게 효성을 바치며 중생의 이익을 추구하며, 재물을 얻기 위한 싸움을 막고 있음을 알도록 하려는 것이라 하였다.[78] 또한 이곡은 "신하는 자기 몸을 바쳐 정성을 다해 임금을 축수하려는 마음이 생겨 부처에게 귀의하고 절이 생겼다. 불씨의 법은 동한東漢 때 생긴 이래 우리나라에 전해져, 산과 강 사이에 불교 유적이 중국보다도 앞서서 만들어진 것이 많다. 우리나라 습속은 임금과 부모를 섬기며 생전에 봉양하고 사후에 장례지내는 일은 불교의 방식을 따르고 있는데 이를 하지 않으면 충효에 미진하기 때문"[79]이라고 하였다. 신하가 부처에 귀의하여 임금의 수명 연장을 빌

77 《陶隱集》 권5, 驪州神勒寺大藏閣記碑.

78 《稼亭集》 권2, 高麗國江陵府艶陽禪寺重興記(충혜왕 원년 1340, 9월) "至元庚辰秋, 前成均司藝朴君, 出守寧海, 過余辭. 且曰, 昔吾泰定甲子, 葬先母江陵城北, 旣葬, 欲營佛寺, 以追冥福, 近墓得古廢寺, 曰艶陽, 經營迄今, 迺克有成. …… 余惟佛氏以慈悲爲心, 拯濟爲事, 人能篤於仁孝, 其感應之妙, 不啻影響矣. 朴君之於父母, 凡可以養生送死者, 旣竭其力而盡其誠, 猶以爲不足, 則歸于佛, 薦福於冥冥而無所不爲, 其致異應宜也. 盍爲君記之乎? 後之居是寺者, 當知朴君之志專專於壽君福國, 汲汲於孝親利物, 杜其爭奪, 時其修葺, 觀余之記可也."

79 《稼亭集》 권4, 大都天台法王寺記 "予惟爲臣之道, 致身戮力, 盡所當爲, 若夫拳拳祝君之心, 有出于不能自已, 而亦有所不能爲之者. 則歸之佛天, 如斯而已. 玆寺之所由作也. 按佛氏之法, 起自東漢, 而其三韓地濱出日, 西域之敎宜若後至. 以今觀之, 山川之間, 竺梵遺迹, 往往有先中國而爲之者. 又其爲俗, 凡事君事親養生送死, 一以佛敎, 人或不然, 群恠而衆訾之, 謂於忠孝有未盡也."

고 불교의 방식으로 임금과 부모를 생전에 봉양하며 사후에 장례지내는 것이 효 충을 다하는 것이라고 봄으로써 불교식 효 충의 기능을 인정하고 있음을 보여 준다.

이러한 생각은 불교 측에서도 동의한다. 현인玄印은 스승인 유가종의 원공이 죽자 이곡에게 비문을 청하면서 "삶이 있으면 반드시 죽음이 있게 마련이니, 이는 인간의 당연한 이치입니다. 살아 계실 때에 봉양하고 돌아가셨을 적에 극진히 장례를 모시는 것은 자식된 지극한 정리情理에서 우러나온 것입니다. 자식과 부모의 관계나 제자와 스승의 관계는 그 도리가 같은 것입니다. 공자가 죽었을 때에 제자들이 마음으로 삼년상을 치렀는데, 그 가운데는 여전히 묘소 옆에 초막을 짓고서 떠나가지 못한 자도 있었습니다. 대저 공자는 후사를 두었는데도 그 문인들이 이와 같이 하였습니다. 불교는 인륜을 끊고 법을 전한 제자를 후사로 삼으니 돌아가신 부모를 신중히 모셔야 하는 의리가 없다고 할 수 있으나, 불교가 사생을 도외시한다고 하더라도 자애와 효경에 대한 가르침이 있습니다."[80] 고 하였다. 불교가 인륜을 끊지만 자애와 효경을 북돋는 바가 있다고 보았다.

이곡은, 불교가 중국에 들어와 사람을 교화한 지가 오래되고, 인과因果와 죄복罪福의 설이 사람 마음을 움직여 왕공王公으로부터 사서士庶에 이르기까지 받들고 섬기지 않는 이가 없었다고 하였다. 그리고 자신은 유학자로서 불씨의 책을 보지 않아 인과와 죄복의 설이 무엇인지는 모르지만, 내외와 피차의 구별이 없는 것은 우리들의 마음이라고 하였다. 백

---

80 《稼亭集》권6, 大崇恩福元寺高麗第一代師圓公碑 "謁文於子曰, 有生必有死, 人之常理也. 養其生送其死, 人子之至情也. 子之於父母, 弟子之於師, 其道一也. 孔子歿, 弟子喪三年, 猶有廬于墓而不能去者, 夫以孔子之有後, 而其門人若是. 況吾佛者絶人倫, 以傳法爲嗣, 其於愼終之義, 爲如何也? 昔釋氏之示化, 着地右脇, 示有終也, 斂之金棺, 示不薄也, 則雖外死生, 而其慈孝之敎未甞不寓於其間."

안찰伯顏察 김공은 어려서는 부모에게 효성을 바쳤고 성장해서는 임금에게 충성을 바쳤으며, 늙어서는 불씨를 신봉하면서 임금과 부모의 은혜를 갚으려 하였으니 그 마음을 존경할 만하다[81]고 하였다. 불교가 마음을 움직이고 사람의 기본 윤리에 충실한 것을 인정하였던 것이다.

이곡은 또 다른 글에서 "불교는 그 말이 광대하고 거창하며, 죄와 복을 받는다는 설이 사람의 마음을 움직이기 때문에 세상에 성행하였다. 우리나라는 불씨를 더욱 독실하게 신봉하여 지혜롭거나 어리석은 자, 노인과 어린이를 막론하고 모두가 불씨를 알아, 사람이 죽거나 환난을 당할 때면 부처에게 호소하면서 부처가 아니면 하루도 이 세상에 살 수 없는 것처럼 여기기 때문에 사찰이 서로 바라볼 수 있을 만큼 이어져서 인가의 거의 절반을 차지한다."[82] "불교는 사람들에게 감동을 주는 점이 깊고 넓다."[83]고 하였다. 즉 불교의 교리 가운데 인과 죄복설이 사람의 마음을 움직이게 하고, 죽음과 환난과 같은 어려움을 당할 때에 불교의 초월적인 힘에 의지한다고 하여 불교의 현실 긍정적 기능을 인정하였던 것이다.

불교에 대한 긍정은 유교와 불교가 추구하는 목표가 근본적으로 동일하다는 유불동도론으로 이어진다. 이곡은 성인이 생을 좋아하는 덕과 불교의 살생하지 말라는 계율은 똑같은 하나의 인애요 똑같은 자비라고 하였다.[84] 당시 유교와 불교, 도교에 대한 삼교동귀,[85] 유불동원,[86] 유불

---

81 《稼亭集》 권2, 京師金孫彌陁寺記 "佛氏之敎, 布於中國, 化誘於人者久矣. 而其因果罪福之說, 能有以動人之心, 故自王公, 至於士庶, 莫不奔走奉事焉. …… 余不讀佛氏之書, 不知所謂因果罪福之說, 然其內外彼此之別者心也. 公之幼能孝親, 壯能忠君, 老乃事佛, 圖報君親於無窮, 其心可尙也已. 是爲記."

82 《稼亭集》 권4, 大都天台法王寺記 "余惟佛氏之道至矣, 其言宏閣勝大, 而罪福之說, 能有以動人之心, 故其敎盛行於天下. 而東方事之彌篤, 人無智愚老幼, 皆知有佛. 凡死喪患難, 動輒號之, 謂非佛, 若不能一日於世者. 故佛刹相望, 幾半於人家."

83 《稼亭集》 권6, 金剛山長安寺重興碑 "惟浮圖氏, 其宮在夷夏者碁布星列, 殿墀之嚴, 金碧之飾, 視王者之居, 香火服食之奉, 視封邑之人, 是其感動于人者實深以廣."

동도[87]의 인식을 그대로 반영하고 있다.

물론 이곡은 유학의 관점에서 유교와 불교의 차이를 분명히 드러냈다. 이곡에 따르면, 마음은 본래 원근과 피차의 구별이 없다. 유자는 마음을 바르게 하여 몸을 닦고 제가·치국·평천하를 하며, 불자는 관심觀心을 통해 수행을 하고 견성見性·성불成佛·자이이타自利利他를 하는 것인데, 결국 마음을 가지고 마음을 보거나 마음을 가지고 마음을 바르게 하는 것이 아니라, 단지 존심存心과 양성養性을 어떻게 하느냐에 달려 있을 뿐이다. 그래서 선유先儒가 '관심설觀心論'을 비판하면서 "마음은 하나일 뿐인데, 무슨 마음을 가지고 이 마음을 본다는 말인가."[88] 했던 것이다. 여기에서 선유는 주희로 보인다. 주희는 불교에서 말하는 마음으로 마음을 본다는 말을 비판하였고,[89] 정도전은 《불씨잡변》에서 주희의 불교 비판[90]

---

84 《稼亭集》 권6, 金剛山長安寺重興碑 "盖聖人好生之德, 佛者不殺之戒, 同一仁愛, 同一慈悲也."

85 《稼亭集》 권15, 次韻題李僧統詩卷 "三教同歸豈異門."

86 《動安居士集》 雜著 上蒙山和尚誧捣法語 "也知三教一根源."

87 《益齋亂藁》 권5, 金書密教大藏序 "佛氏之道, 以慈悲喜捨爲本, 慈悲仁之事, 喜捨義之事也.";《牧隱集》 文藁 권3, 澄泉軒記 "子曰, …… 吾儒以格致誠正而致齊平, 則釋氏之澄念止觀, 以見本源, 自性天眞佛, 度人於生死波浪, 而歸之寂滅, 豈有異哉?";《牧隱集文藁》 권6, 雪山記 "語曰, 繪事後素, 素質之無文者也. 能受五采, 故譬之性, 湛然不動, 純一無雜, 而爲五常之全體者也. 性吾所當養, 儒與釋共無少異焉.";《儒釋質疑論》 "通天下一道也, 工變化一氣也, 均萬物一理也. …… 三教雖殊, 道則一也."

88 《稼亭集》 권3, 新作心遠樓記 "子甞聞學佛之徒, 槁木其形, 寒灰其心, 惟慮山之不深, 居之不僻, 而爲外物所燦, 故有面壁不顧者矣. 有鳥窠其樓, 岩竇其室者矣, 若夫厭居之僻, 敞大屋以侈之, 嫌山之深, 出高鬗以壓之, 時節卻降, 自適自便, 雖吾儒儉者且不爲, 而佛者爲之乎? 然樓旣成矣, 而其請又屢, 姑取以僻心遠之意以揭之. 雖然, 心之爲物, 本無遠近彼此之殊, 儒者以正, 以之脩身, 以至于齊家理國而平天下, 佛者以觀, 以之脩行, 以至于見性成佛而利自它, 要之誠不以以心觀心, 以心正心, 顧其存養如何耳. 故先儒有非觀心論曰, 心一而已, 以何心而觀此心?"

89 《朱子大全》 권67, 雜著 觀心說 "或問佛者有觀心說然乎. 曰, 夫心者, 人之所以主乎身者也. 一而不二者也. 爲主而不爲客者也. 命物而不命於物者也. 故以心觀物, 則物之理得. 今復有物以反觀乎心, 則是此心之外復有一心, 而能管乎此心也. 然則所謂心者爲一耶, 爲二耶, 爲主耶, 爲客耶, 爲命物者耶, 爲命於物者耶, 此 亦不待較而審其言之謬矣."

90 주자학은 인간론에서 心과 性을 구별하여 心에 있는 理가 性이라고 한다. 그러므로 주

을 끌어 써서 불교의 심론에 담긴 인식론을 철학적 이론적으로 비판하였다.[91]

이곡은 불교의 교설이 공허하고 높고 멀어 인간 세상의 이치에 어둡기 때문에 유학에서 비판하였는데, 공자가 죽고 불교를 신봉하는 무리가 출현하여 유교와 대립하였으며, 그 가운데 당나라의 한유는 특히 불교를 배척하였다고 했다. 하지만 승려들은 뜻이 맑고 행동이 정결하며 영욕을 도외시하고 사생을 하나로 여기므로 이욕에 집착하는 사람들과는 다르다고 하였다. 지금 수공修公은 출가한 뒤로부터 명예와 이욕의 길에 한 번도 발을 들여놓지 않고서 산수를 오가며 몸가짐이 깨끗하고 장구章句 역시 빼어나니, 한유가 다시 세상에 나온다고 하더라도 수공과의 교유는 끊지 않을 것이라 하고, 수공의 높은 풍도에 경의를 표하면서 일찍 알지 못한 것을 오히려 한스럽게 여기니, 유불의 사이를 따질 겨를이 어디에 있겠는가[92] 하였다. 유교와 불교의 차이를 분명히 하면서도 현실을 초월한 불교 승려의 삶을 높이 평가하고 있었다.

자학은 마음 속에 갖추어져 있는 이치를 외계 사물을 통하여 밝히고 이를 기초로 사물의 완성을 이루도록 한다(修己治人, 成己成物). 반면에 불교는 心이 곧 이치고 본체이며 心의 작용인 性은 空으로 일체의 작용이 허망하다고 파악하므로 存心과 盡心의 수양 공부가 없고 이치를 궁구하지 않는다. 오직 마음을 갈고 닦아 본체만을 터득하면 된다. 즉 마음 작용에만 기초한 일체 행위는 그 객관적 정당성(理)을 확보하기 어렵다는 것이다. 따라서 불교는 도덕적 원리로서의 天理를 心속에서 밝혀내지 못하게 되어 도덕적 원리(天理)를 어기는 일도 정당화된다. 유교와 불교는 유사한 점이 많지만 본질적으로 다른 것이다(秦家懿, 〈朱子と佛教〉,《朱子學入門》, 1974 ; 韓正吉, 〈朱子의 佛教批判 —'作用是性'과 '識心'說에 대한 비판을 중심으로—〉,《東方學志》116, 2002.)

91 韓永愚, 〈人性論 實踐論〉,《鄭道傳 思想의 研究》, 서울대출판부, 1983, 79~82쪽 ; 柳仁熙, 〈退·栗 이전 朝鮮性理學의 問題發展〉,《東方學志》42, 1984, 187~192쪽.

92 《稼亭集》권8, 送水精長老序"仲尼沒而浮圖氏出, 與儒角立, 其爲教也空寂高遠, 而闊於世理, 故爲孔氏者訛訾之, 如唐之韓吏部, 尤力焉. 然觀其文, 或與浮圖游術好, 屢見於言語間, 豈以其人, 皆能清志潔行, 外榮辱一死生, 高出於患失汨沒利欲者萬萬乎? 余誦其詩, 讀其書, 想見其爲人. 今修公自童其髮, 足不一涉名利之途, 往還山水之中, 蕭洒乎容儀, 清絶乎章句, 雖使文公復生, 必不與之絶矣. 況余不肖㘘揖高風, 猶恨識之不早, 何暇議於其間哉."

말하자면, 이곡은 유교 윤리가 확립된 사회를 지향하는데, 윤리를 실천하고 선을 행하며 욕심을 버리는 불교가 이러한 사회 실현에 기여한다고 보았던 것이다.

이러한 불교 긍정은 불교의 문치적 성격을 드러낸 것으로, 불교가 유교의 문치사회를 이루는 데 기여한다고 할 수 있다. 하지만, 불교의 효는 출가를 허용한다는 점에서 그 한계가 있었고, 불교 사상 자체에 성리학에서 제시하는 성즉리의 도리 개념이 없으므로 성리학은 이를 용납할 수 없게 된다. 다만 유교적 문치만이 실현되는 사회의 전단계로서 불교식 문치와 유교식 문치가 병존하는 모습을 보여 준다고 하겠다.

유교와 불교의 존중과 공존은 체제 안정에 기여한다. 유교와 불교는 평화롭고 행복한 인간의 삶을 지향하는데, 모두 마음의 닦음과 안정 그리고 이를 통한 가족, 사회, 국가의 평화를 도모한다. 불교의 긍정에는 깨달음이라는 지향점으로 마음을 안정시키고 이를 통해 효와 충으로 상징되는 가족과 사회 질서에 순응하는 불교의 교화 기능이 전제되어 있고, 이를 활용해 주어진 정치적 상황을 유지 강화하려는 의도가 담겨 있다. 교화를 중심으로 한 불교의 가르침이 유학 중심의 현실 정치를 보완하는 기능이 있다는 것이다. 하늘에서 사계절이 순환하면서 만물을 생성하는 것처럼 성인의 가르침을 세워 세상을 교화하는 것도 서로 간에 잇고 보완해야 최대의 효과를 가져오므로, 유교와 불교의 가르침이 조화를 이루어야 한다고 주장한다. 또한 유학은 상벌에 따른 형정을 위주로 한 현실정치에 장점이 있고, 불교는 내세의 업보의 결과로 현세의 차별의 모습이 있다는 업보설이 장점인데 그것이 현실의 질서를 인정하는 근거가 될 수 있었다. 유교적 형정刑政의 정치를 백성들로 하여금 심복시키기 위해서는 불교가 교화하는 심복이 필요하였고 실제 그 역할을 수행했다고 할 수 있다.[93]

유불 조화의 입장은 불교의 윤리와 교화의 기능을 인정하고 이를 통해 유교 정치를 보완하여 주어진 국가체제를 정당화하는 이데올로기적 기능을 강화하려는 것이라고 할 수 있다. 더 나아가 불교가 지배적인 영향력을 행사하고 있던 당시 상황에서 불교의 윤리적 순기능을 인정함으로써 문치라는 궁극적 지향점에 더 효과적으로 도달할 수 있는 제3의 길을 모색하고자 한 것으로 평가할 수 있다. 불교의 강력한 영향력 속에서 유교가 공존을 모색하던 때 불교의 윤리적 기능을 인정하는 방식으로 유교의 문치를 관철함으로써 결과적으로 유학적 윤리 도덕 사회를 구현하는 길을 효과적으로 열어 간 것이라고 해석할 수 있다.

2) 절부의 존중과 유교 윤리 강화

이곡은 유교 윤리를 강조하여 삼강오륜을 천리로 이해하고 삼강오륜을 권면하는 글을 썼다.[94] 삼별초 난 때 삼종지의三從之義를 지킨 절부節婦 조씨의 행실을 칭송하고,[95] 형제 20여 명이 의재義財라는 기금을 마련하여 서로 도운 것을 칭찬하면서, 형제와 붕우는 본말 관계임에도 세상 사람들이 형제보다 붕우를 좋아하는 것은 권세와 이익 때문이라고 비판하기도 하였다.[96] 삼강오륜에서 부자, 부부, 형제 등 가정윤리를 중요시하였음을 보여 준다.[97] 원래 성리학은 오륜을 천리天理로 규정함으로써 윤리의식에도 변화를 촉발하였다. 인간이 당연히 지켜야 할 도리로서 천리를 내세워, 군에 대해서는 신, 부에 대해서는 자, 천자에 대해서는 제후로서 주어진 직분과 분수에 충실한 것이 자연의 이치라고 규정

---

93 박경환, 〈유불논쟁〉, 《논쟁으로 보는 한국철학》, 예문서원, 1995, 104쪽.

94 《稼亭集》 권15, 賀安謙齋二絶 "持家只要正三綱."

95 《稼亭集》 권1, 節婦曹氏傳.

96 《稼亭集》 권2, 義財記.

97 韓永愚, 〈稼亭 李穀의 生涯와 思想〉, 《韓國史論》 40, 1998, 28-30쪽.

하였던 것이다.[98]

이곡은 가정에서 효를 실천하는 것이 사회 국가의 윤리 강화로 이어지기를 바랐다. 이곡은 기본 윤리인 오륜을 마음에서 확충해서 안에서부터 시작해서 밖으로 적용해 나가야 한다고 하였다.[99] 가정의 층위에서 윤리를 확립하는 것이 사회와 국가로 확장되는 바탕이 된다는 것이다. 유학에서는 어려서 배워 장성해서 그것을 실천하는 것이 기본이기 때문이다.[100] 그는 《맹자》[101]를 원용하여 사람이 편안한 것만 알고 도리를 모르면 짐승에 가까우므로 강상의 아름다움과 예의의 정대함을 알아야 한다고 권하였다.[102]

이곡은 가정 윤리 가운데 여성 윤리로서 열녀烈女와 구분하여 절부節婦를 중시하며 신념이나 신의를 지킨 강직한 부인을 높이 평가했다. 그는 몽골과 전쟁에서 도리를 다한 조씨 부인을 소개하였다.

조씨는 서른이 되기도 전에 남편과 아버지, 시아버지가 모두 전쟁터에서 죽고, 과부가 되어 50년 동안 길쌈과 바느질을 밤낮으로 열심히 하여 딸과 손자를 먹이고 입히며 살아갈 터전을 잃지 않게 하였고, 손님을 접대하고 혼례를 거행하는 일, 상례와 제례에 소요되는 비용을 마련하였다. 지금 나이가 77세인데도 건강을 유지하고 있다. 총명하고 지혜로워서 적

98 金勳埴, 〈麗末鮮初 儒佛交替와 性理學의 定着〉, 《韓國 古代·中世의 支配體制와 農民》(金容燮敎授停年紀念韓國史學論叢 2), 1997.

99 《稼亭集》권2, 義財記 "盖孩提愛親, 及長敬兄, 擴而充之, 由內及外者, 天性之眞而人道之常也. …… 人之倫有五, 而聖人序之, 其目曰君臣, 曰父子, 曰夫婦兄弟, 而朋友居其終."

100 《稼亭集》권8, 上政堂啓 "切以人之出處, 世所否臧, 幼而學, 壯而行, 斯乃業儒之義. ……"

101 《孟子》滕文公章句上 "人之有道也, 飽食煖衣, 逸居而無敎, 則近於禽獸 聖人有憂之, 使契爲司徒, 敎以人倫, 父子有親, 君臣有義, 夫婦有別, 長幼有序, 朋友有信."

102 《稼亭集》권2, 興王寺重修興敎院落成會記 "姑以儒言之, 凡人之寒衣而飢食, 就利而避害, 又知綱常之懿禮義之正, 而不爲禽獸之歸者, 孰敎之而孰傳之然耶. 盍思其本而報之乎? 儒學孔氏者也. 視其廟學之廢, 而慨然有動于心目者蓋寡."

에게 사로잡혀 있을 당시의 상황이나 근래 정치의 잘잘못과 사대부 집안의 내력 등을 이야기할 때면 하나도 빠뜨리는 일이 없이 기억하고 있다. …… 조씨의 일이 중국 조정에 알려지게 된다면, 장차 큰 글씨로 특별히 써서 간책에 전해짐은 물론이요 마을에 정표하여 광채를 발하게 할 것이니, 어찌 이름이 파묻혀 없어지게 하겠는가. 史氏는 말한다. 부인은 삼종三從의 의義를 지켜야 부인의 도를 다하는 것이다. 조씨는 부친과 남편이 사직을 위하여 전쟁터에서 전사하였고, 젊은 나이에 과부가 되어 절개를 지켰는데, 관에서 보살펴 주지 않고 남들이 알아주지도 않으니, 아, 슬픈 일이다. 오직 천도는 어긋나지 않으니, 조씨가 건강하고 장수하는 것은 당연한 일이다.[103]

이곡에 따르면, 절부 조씨는 삼별초의 난에서 시아버지와 남편을 잃고 27세에 홀몸이 되어 77세까지 50여 년 동안을 길쌈과 바느질을 하여 딸과 손자를 길러내고, 손님 접대와 혼례, 장례, 제사 등의 경비를 마련하며 살았다고 한다. 중국에서는 정표 정책을 통하여 정절을 드러냄으로써 인륜을 후하게 하고 풍속을 돈독히 하였는데, 역사가의 말을 빌려 조씨처럼 삼종의 의리와 절의를 지킨다면 부인의 도리를 다한 것이라고 하였다. 삼종의 의는 아버지, 남편과 자식에게 의지할 것을 요구하며 여성의 자립적이고 독자적인 사유와 행동을 제약하는 유가의 여성관으로,[104] 삼국시대 이래[105] 고려시대에 널리 확산되었으며, 이곡은 절부

---

103 《稼亭集》권1, 節婦曹氏傳 "曹未三十, 夫父舅連歿戰陣間, 寡居五十年, 日夜勤女工, 衣食女若孫, 使不失所, 而賓婚喪祭之用是給, 年已七十七, 猶康强無恙, 性又聰慧, 說在賊中時及近世治亂衣冠族姓事, 歷歷無遺失. …… 余嘗游中國, 見以貞節旌表門閭相望, 初惟其多也. 伏惟朝廷以無其節有其財, 或冒名規避征役, 每令察官憲司責問有司, 乃知厚人倫敦風俗之美意也. 使如曹氏得聞于朝, 將大書特書溢於簡冊, 光於州閭, 豈終湮沒者哉? 史氏曰, 婦人守三從之義, 斯盡其道矣. 曹父與夫皆死社稷之役而無其子, 妙年而寡, 抱節至老, 官不爲恤, 人不見知, 悲夫. 惟天道不借, 宜其康强壽考也."

104 《禮記》〈郊特牲〉; 《儀禮》〈喪服傳〉.

조씨전을 통하여 삼종의 의와 같은 유가의 여성관을 제시하면서 유교적 가족관, 여성관을 권면하고 있다.

그는 죽부인전에서 "부인이 혼자 살면서 왕왕 위풍衛風의 시를 노래 부르곤 하였는데, 그럴 때면 마음이 흔들려서 보전할 수 없었다. …… 병에 걸린 뒤로는 사람을 의지해서 살았는데, 만년에 들어 절조가 더욱 굳었으므로 향리의 추앙을 받았다. 그래서 삼방절도사 유균惟鈞이 부인의 행실을 올려 알리니, 조정에서 절부의 호를 내렸다."106고 하였다. 남편 없이 혼자 살면서 절조를 지킨 여성을 높이 평가하고 있는 것이다.

또한 이곡은 고향 한산과 인접한 부여에 들러 백제 멸망을 회고하면서, 옛날 당나라 소정방이 백제 부여를 공격하였을 때, "…… 그때에 포위를 당하여 너무 급하게 되자 임금과 신하가 궁녀들을 버리고 달아났다. 궁녀들은 의리로 군사에게 몸을 더럽힐 수 없다 하여 무리를 지어 바위에 올라 물에 떨어져 죽었다. 그래서 낙화암이라 이름한 것이다."107면서 낙화암의 유래를 설명하였다. 유학의 본래 이념에 충실한 백제 궁녀들이 강물에 몸을 던진 절의를 높이 평가하고 있다.108

---

105 《三國史記》 권43, 列傳3 元述 "至父薨, 後求見母氏. 母氏曰, 婦人有三從之義, 今旣寡矣, 宜從於子, 若元述者, 旣不得爲子於先君, 吾焉得爲其母乎. 遂不見之. 元述慟哭擗踊而不能去, 夫人終不見焉."

106 《稼亭集》 권1, 竹夫人傳 "…… 夫人獨居, 往往歌衛風, 其心搖搖, 不能自持. 然性好飮, 史失其年, 五月十三日, 移家靑盆山, 因醉得枯渴之疾, 遂不理. 自得疾依人而居, 晩節益堅, 爲鄕里所推, 三邦節度使惟鈞與夫人同姓, 以行狀聞, 贈節婦."

107 《稼亭集》 권5, 舟行記(충정왕 원년, 5월) "昔唐遣蘇將軍伐前百濟, 扶餘實其故都也, 時被圍甚急, 君臣棄宮娥而走, 義不汙于兵, 群至此岩, 墮水而死, 故以名之."

108 백제 의자왕은 초기 정치를 잘했으나 말기에 실정을 거듭하고 누정을 많이 짓고 왕비와 후궁 세력에 의해 폐단을 낳고 이들을 '궁녀'로 집약하여 백제 멸망을 설명하게 되고, 이것이 《삼국사기》와 《삼국유사》에서 나타나 고려시대에 알려지게 되었다. 그러나 사실과 후대의 전승은 구별되어야 하며 여말선초 유학의 논리가 강화되면서 백제의 멸망 원인을 의자왕의 실정과 함께 궁녀의 의리를 표현하고, 이것이 조선시대 김흔(1448-?)과 조위(1454-1503), 민제인(1493-1549)의 시에 삼천 궁녀가 등장하면서 의자왕에 대한 비판의식이 더욱 커지게 되었다(황인덕, 〈부여 낙화암 전설의 형성과 전개〉, 《한국문학논

고려시대에 절부節婦라는 용어는 훌륭한 남편을 뜻하는 의부義夫와 함께 널리 쓰였다.[109] 유교 정치 이념을 지향한 성종은 유교 윤리를 장려하는 차원에서 "효자·순손·의부·절부"를 표창하였다. 성종 8년에 혜성이 나타나자 국왕이 스스로를 반성하고 몸가짐을 삼가며, 늙고 약한 자들을 부양하고 외롭고 가난한 자들을 진휼하며, 공이 있는 옛 신하들을 등용하고 효자와 절부를 포상하였다.[110] 성종 9년에 효자·순손·의부·절부를 찾아 보고하라 명했고[111] 성종 16년에는 효자·순손·의부·절부를 정려하고 물품을 내렸다.[112] 여기에서 절부는 다시 아내를 얻지 않는 의부와 짝해서 다시 시집가지 않는 부인을 의미한다. 이후에도 고려시대에는 의부와 절부가 병렬로 제시되며 정표의 대상으로 언급되고 있다. 현종 5년 12월에 사면을 베풀고 백성을 위로하고자 의부와 절부를 포상하고,[113] 이어 현종 22년 1월[114]과 문종 즉위년 9월[115] 의종 23년, 고종 11년[116] 원종 원년 등에도 상을 주었고 공민왕 원년 2월 교서에 효자·순손·의부·절부는 전례에 따라 정표하여 미풍양속을 선양하라고 하였다.[117] 공

총》 29, 2001)고 한다.

109 이 시기 열녀가 갖는 의미에 대하여 다음의 연구에 힘입은 바가 크다(강명관, 《열녀의 탄생》, 소명출판, 2009).

110 《高麗史節要》 권2, 成宗(8년 9월)(54쪽).

111 《高麗史》 권3, 世家3 成宗(9년 9월)(상책, 74쪽) "秋九月丙子教曰, 凡理國家必先務本. 務本莫過於孝, 三皇五帝之本務, 而萬事之紀百善之主也. …… 頃者, 遣使六道, 頒示教條, 恤老弱之饑離, 脤鰥孤於窮乏, 求訪孝子·順孫·義夫·節婦. ……"

112 《高麗史》 권3, 世家3 成宗(16년 8월 을미)(상책, 80쪽) "幸東京, 宴群臣, 扈從臣僚軍士, 賜物有差. 中外官各加勳階, 義夫·節婦·孝子·順孫, 旌門賜物. 遂頒赦."

113 《高麗史》 권4, 世家4 顯宗1(5년 12월 정사)(상책, 94쪽).

114 《高麗史》 권5, 世家5 顯宗2(22년 1월 을해)(상책, 114쪽).

115 《高麗史》 권7, 世家7 文宗1(즉위년 9월 기해)(상책, 141쪽).

116 《高麗史》 권22, 世家22 高宗1(11년 10월 경자)(상책, 450쪽).

117 《高麗史》 권38 世家38 恭愍王1(원년 2월 병자)(상책, 756쪽).

민왕 20년 12월 교서[118]나 우왕 11년 9월 역시 의부와 절부가 나란히 나오고[119] 열녀는 나오지 않는다. 《고려사》에는 열녀는 보이지 않는다. 의부와 절부가 병렬로 제시되는 경향은 태조의 즉위교서뿐만 아니라[120] 단종 2년(1454)의 "효자·순손·의부·절부"를 표창하라는 명령이 내려질 때까지 이어진다.[121] 그리고 의부는 사라지고 열부가 본격적으로 등장하기 시작한다.

물론 고려 후기 성리학 수용에 앞장선 몇몇 선진 지식인들은 열녀에 관심을 보였다. 원나라의 문화 특히 성리학 수용에 앞장선 충선왕대에 동성불혼 등 원의 유교 문화를 수용하는 과정에서 열부가 등장한다. 충선왕은 복위교서에서 "효자孝子와 순손順孫, 절부節婦, 열녀烈女는 정문旌門을 세워 표창하고 관직을 더하여 주는 것을 허락한다."[122]고 천명하였다. 의부가 빠지고 절부와 함께 유교적 여성관인 열녀가 등장하는 것을 볼 수 있는데, 이는 원나라 문화를 수용하여 유교적 예치를 실현하려는 충선왕의 지향을 보여 준다.

이숭인(1347-1392)과 정이오(1347-1434)는 각각 배열부전裵烈婦傳과 열부최씨전烈婦崔氏傳을 지어 열부를 표장表章하였다. 두 열부 이야기는 1379년과 1380년 왜구의 침입을 배경으로 한다. 최열부는 왜적이 마을에 침입해 잡아가려 하자, "죽기는 마찬가지다. 너희 왜놈들에게 더럽혀지기보다는 차라리 의를 지키며 죽겠다."[123]면서 목숨을 끊었다. 정이오는

118 《高麗史》권43 世家43 恭愍王6(20년 12월 기해)(상책, 843쪽).

119 《高麗史》권135 列傳48 禑王(11년 9월)(하책, 927쪽).

120 《太祖實錄》권1, 원년 7월 정미(1책, 22쪽) "王若曰, …… 一, 忠臣·孝子·義夫·節婦, 關係風俗, 在所獎勸, 令所在官司, 詢訪申聞, 優加擢用, 旌表門閭."

121 《端宗實錄》권12, 2년 7월 갑신(6책, 702쪽).

122 《高麗史》권33, 世家33 忠宣王1(복위년 11월 신미)(상책, 681쪽) "王在金文衍家, 百官會梨峴新宮, 王下敎曰 …… 一, 孝子·順孫·節婦·烈女, 旌表門閭, 許加分職."

123 《東文選》권101, 烈婦崔氏傳(鄭以吾) "烈婦抱木而拒之, 罵賊曰, 等死爾. 汚賊以生, 無寧

사신史臣의 말을 빌려, "대개 사람의 마음이 극도에 이르면 세상의 변고
가 그 마음을 빼앗지 못하는 것이다. 이러한 세상을 만나면 비록 열장부
일지라도 죽고 사는 것을 결단하기가 어려운데, 더구나 일개의 부인이겠
는가. 적의 잔인함을 모르는 것은 아니었으나 적에게 더럽혀지지 않겠다
는 의로움이 마음속에 복받쳐서 생명보다 중히 여겼기 때문이었다."[124]하
였다.

배열부도 왜적이 침입해 오자 "내가 어찌 도둑놈들에게 더럽혀지랴"[125]
면서 죽었다. 이숭인은 신하가 되어서는 신하의 도리를 다하고, 자식이
되어서는 자식의 도리를 다하며, 부인이 되어서는 부인의 도리를 다해야
한다고 하지만, 막상 큰 환란을 당해서는 제대로 실천하는 사람이 드문
데, 배씨는 일개 부인의 신분으로 죽음 보기를 집에 돌아가듯 하였으며,
적을 꾸짖은 말을 보면 비록 옛날의 충렬지사라 할지라도 그보다 더할
수 없을 것이라고 하였다.[126]

이때, 최열부와 배열부는 모두 '더럽혀지게 된다'고 생각하고 더럽혀
지지 않기 위하여 죽음을 택한다. 강간은 폭력이며 폭력에 대한 저항은
자연스럽다. 하지만 저항이 반드시 오염과 결합될 필요는 없다. 오염이
라는 것은 공인된 성적 대상자, 곧 남편 이외의 남성과의 성관계를 부정
한 것이다. 절부가 남편의 사망 이후 개가하지 않은 여성, 곧 새로운 성
적 대상자를 찾지 않는 여성이라면, 열부는 여성의 생명을 위협하는 시
공간에서도 생명을 희생하면서까지 공인된 유일한 성적 대상자에게 성적

死義. 罵不絶口. 賊推刃洞貫, 遂斃於木下."

124 《東文選》 권101, 烈婦崔氏傳(鄭以吾) "史臣曰, 夫人心之極, 世變之不能奪, 遭世如此. 雖
烈丈夫, 決死生猶難, 況一婦人乎. 非不知賊之殘忍, 以不污賊之義, 激於衷而重於生也. ……"

125 《陶隱集》 권1, 裵烈婦傳 "烈婦顧見賊罵曰, 何不速殺我, 我豈污賊者邪."

126 《陶隱集》 권1, 裵烈婦傳 "陶隱子曰, 人有恒言曰, 爲臣盡臣道, 爲子盡子道, 爲婦盡婦道, 至
於臨大難, 鮮克踐之, 裵一婦人, 而其視死如歸, 罵賊之言, 雖古忠烈士, 蔑以加焉."

종속성을 실천하는 여성이다. 양자는 동일한 것이되, 열부는 여성의 자기희생 곧 신체를 훼손하거나 생명까지 희생하는 더 강렬한 행위로써 성적 종속성을 실천하는 여성이다. 배열부는 1382년, 최열부는 1392년에 정려되었다. 그리고 조선 건국 이후에 성리학이 확산되고 유학적 절의 관념과 유학적 여성관이 지식으로 학습되어 열녀의 이미지는 강조되어 간다.[127]

역사기록에서 열녀는 중국 전국시대 제나라 왕촉이 "열녀는 두 번 남편을 바꾸지 않는다"고 한 것에서 유래한다.[128] 즉 열녀는 개가改嫁할 수 있어도 개가하지 않는 여자를 뜻한다. 그리고 한나라 류흠劉歆의 《열녀전》에서는 절의를 신의를 지키는 개념으로 사용되었다가, 반초班昭의 《여계》에서는 남성에 대한 여성의 일방적인 정신적, 육체적 복종을 강조하여[129] 열녀의 의미가 유가적으로 명확해졌다고 한다. 그리고 송대 정이천(1033-1017)이 "굶어 죽는 일은 작은 일이고, 정조를 잃는 것은 큰 일"[130]이라는 말로 의미를 더욱 부여하였고 조선에까지 영향을 준다. 조

---

127 강명관, 앞의 책, 33-44쪽.
　　최근의 연구에서 조선 초기 열녀전의 열녀담론이 강요한 여성의 희생과 가부장제의 잔혹성을 지적하면서도, 烈行(행위 주체의 강고한 의지에 의해 일어난 모종의 행위)은 가정 내부에서 여성의 위상을 고양시켰다고 해석한다. 즉 열녀의 실천을 여성의 사회적 자아 성취로 보고, 여성이라는 독립적 주체로서 가정 내부에서 여성의 위상을 고양시키는 것이나, 가정을 부부 중심으로 부각시키는 효과를 가져왔다는 것이다(이혜순, 〈열녀전의 입전의식과 그 사상적 의의〉, 《조선시대의 열녀 담론》, 월인, 2002). 그러나 열녀전에 나타나는 여성의 언어와 행동에서 남성과 구별되는 여성만의 주체적 의식, 곧 궁극적으로 가부장제에 대한 비판 또는 가부장제에 대한 여성의 전략적 대응 방식을 찾으려는 의도는 한계가 있다. 즉 열행의 실천을 여성의 사회적 자아 성취로 보고, 여성 자아 성취는 여성이라는 독립된 주체를 의미하며 궁극적으로 가부장적 질서에 대한 비판을 함축한다고 하지만, 열행은 남성에 대한 여성의 성적 종속성을 천명하는 행위이므로, 여성의 자아 성취가 될 수 없다(강명관, 앞의 책, 13-14쪽)고 한다.
128 《史記》 권82, 列傳22 田單 "王蠋曰, 忠臣不事二君, 貞女不更二夫."
129 강명관, 앞의 책, 183-186쪽.
130 《近思錄》 권6, 齊家之道 "問 …… 曰 …… 餓死事極小 失節事極大."

선 이전까지는 《삼국사기》의 설씨녀나 도미 부인의 예에서 보듯이 남편 사후에 수절하는 여자를 의미하는 열녀보다는 신의 있는 여성의 의미가 강하다. 고려시대에는 재혼이 빈번하고 여성의 절의에 대한 관념이 크지 않았다. 묘지명에는 조선시대와 달리 여성 행적이 수절 자체보다는 집안을 잘 다스리고 자식을 잘 키우는 것에 의미를 두었다.[131]

조선시대에는 유교를 국교로 삼았으므로 절의 관념이 확산되고 일부일처세가 강화된다. 태종대 사헌부로부디 이내기 있는데 또 아내를 얻은 〔有妻娶妻〕 변계량이 탄핵되었는데, 태종은 사직하려는 변계량을 성인도 작은 잘못이 있다며 만류하였다.[132] 이는 고려 말 이래 권력층 안에 만연한 다처의 풍조를 일시에 금지하기 어려운 현실을 반영한다. 태종 13년 중혼자重婚者에 대한 규제를 본격화하고 처와 첩을 분간하며 처가 있는데도 첩으로서 처를 삼는 자는 《대명률》에 규정대로 장형을 부과하도록[133] 하였다.[134]

유학이 확산되고 사림파가 등장하는 성종대 이후 유교적 관념이 더욱 확산되면서 삼가녀三嫁女에 대한 규정 또한 강화된다. 성종대 삼가녀는 반드시 법으로 다스려야 하지만, 재가녀는 상황에 따라 선처할 수 있다는 논의가 있었는데, 재가는 반드시 금지할 필요가 없다는 의견이 많았다. 특히 일찍 과부가 되어 의탁할 곳이 없는 경우에는 더욱 재가를 금할 수 없다는 것이다. 이에 대하여, 어떤 경우든 부녀자의 재가는 실절失節이므로 금지해야 한다는 의견이 제기되었다.[135] 결국 유교의 확산에

---

131 이순구, 〈열녀: 죽음인가, 죽임인가?〉, 《한국여성사 깊이 읽기》, 푸른역사, 2013.
132 《太宗實錄》 권23, 12년 6월 기묘(1책, 641쪽).
133 《太宗實錄》 권25, 13년 3월 기축(1책, 665쪽).
134 장병인, 〈조선초기 一夫一妻制의 강화와 그 성격〉, 《조선초기 혼인제와 성차별》, 일지사, 1997.
135 《成宗實錄》 권82, 8년 7월 임오(9책, 473쪽).

따라 성종 16년(1485) 《경국대전》 예전에 "재가했거나 실행한 부녀자들의 아들과 손자는 과거를 볼 수 없다"[136]는 규정을 만들었다. 그 뒤 조선 왕조의 성리학적 이념의 확산과 유교 사회화는 유교의 열녀상을 요구하게 된다. "열녀는 두 번 남편을 바꾸지 않는다",[137] "굶어 죽는 일은 작은 일이고, 정조를 잃는 것은 큰일"[138]이라는 의식은 확산된다. 문종 원년에 완성된 조선시대 유학적 관점이 투영된 《고려사》 열녀전 서문의 "변고를 만나면 열부가 되었다."[139]는 표현은 여성의 생명을 위협하는 순간에도 남성에 대한 여성의 수절을 강요하고 있음을 보여 준다.

앞서 이곡은 두 번 결혼하지 않은 절부를 제시하고, 사씨史氏의 말을 빌려 삼종의 의를 지킨 여성상을 제시하였다. 이곡은 성리학을 수용하고 유교적 여성관을 견지하면서도 고려의 전통적인 절부 개념을 사용하면서 절개를 강조하고, 장차 유교적 여인상인 열녀를 이해하는 기틀을 마련했다. 말하자면, 이곡은 유교의 인의와 효제를 통하여 고려가 인수仁壽의 땅이 되기를 염원하면서, 오륜으로 교화가 실현되기를 원했고 그 가운데 효와 절부라는 개념을 통하여 유교 윤리의 확산을 도모하고 가정과 사회에서 다시 국가로 확대되기를 바랐던 것이다.

---

136 《經國大典》 권3, 禮典 諸科 "罪犯永不敍用者·贓吏之者·再嫁失行婦女之子及孫·庶孽子孫, 勿許赴文科生員進士試."

137 《定宗實錄》 권5, 2년 7월 을축(1책, 181쪽) "史臣洪汝剛曰, 或以爲辛氏旣非正統, 注書亦非達官, 再宜仕於盛朝, 不須拘於小節, 愚謂忠臣不事二君, 烈女不更二夫 ……"

138 《成宗實錄》 권82, 8년 7월 임오(9책, 473쪽) "昔程子曰, 再嫁只爲後世怕寒餓死. 然失節事極大, 餓死事極小. 張橫渠曰, 人取失節者以配己, 是亦失節也. 蓋一與之醮, 終身不改, 婦人之道也. 若更二夫, 則是與禽獸奚擇哉?"; 《成宗實錄》 권82, 8년 7월 을유(9책, 473쪽) "上曰, 餓死事小, 失節事大. 國家立法, 但當如是."; 《成宗實錄》 권117, 11년 5월 무술(10책, 127쪽) "同知事李克基對曰, 餓死事小, 失節事大. 貞女豈以衣食之故, 失其所守乎? 然國家重節義之道, 不可無守信田也."

139 《高麗史》 권121, 列傳34 烈女(하책, 652쪽) "古者, 女子生而有傅姆之敎, 長有形史之訓. 故在家爲賢女, 適人爲賢婦, 遭變故而爲烈婦. 後世婦訓, 不及於閨房. 其卓然自立, 至臨亂冒白刃, 不以死生易其操者, 嗚呼! 可謂難矣. 作烈女傳."

이러한 이곡의 유학적 여성관은 성리학적 개혁을 추진하고 유교 사회를 지향하는 유학자의 주장으로 이어진다. 위화도 회군 개혁정치가 추진되던 공양왕 원년 9월 도당에서 "산기散騎 이상의 관리의 처로서 명부命婦(왕이 내린 작위를 받은 부인)는 재가를 허락하지 말고, 판사 이하 6품관의 처로 3년까지는 재가를 허락하지 않되, 이것을 어기는 자를 실절失節로 논하라고 하였다."[140] 하였고, 이는 1485년에 반포된 《경국대전》에 여성의 재혼을 막는 법으로 이어진다.

고려 후기 이곡이 조절부를 삼종의 의를 실천한 것으로 높이 평가한 것은 유교에서 말하는 인륜을 후하게 하고 풍속을 돈독히 하는 것이다. 비록 조선시대 열녀의식이 분명히 드러나지는 않았지만 이곡의 여성관이 조선시대 유학적 여성관의 단초를 열었다고 하겠다. 결국 오륜과 효 윤리를 중시하고 절부를 매개로 유교적 윤리를 확산하려던 이곡의 노력은 유교 이상사회의 윤리 도덕을 확립하고 유교적 문치사회를 건설하려는 지향의 다른 표현이라고 할 수 있다.

---

140 《高麗史》 권84, 志38 刑法1 戶婚(중책, 853-854쪽) "恭讓王元年九月, 都堂啓, 散騎以上妻爲命婦者, 毋使再嫁, 判事以下至六品妻, 夫亡三年, 不許再嫁. 違者坐以失節, 散騎以上妾, 及六品以上妻妾, 自願守節者, 旌表門閭, 仍加賞賜."

2. 유학자 관료의 역할과 문명사회론

1) 유학자 관료의 등용과 교화의 실현

이곡은 책임의식, 경세의식을 견지하며 문치사회의 실현을 위해서는 유학자가 관료가 되어 나라를 다스려야 된다고 하였다. 군자가 관료가 되어 풍속을 교정하고 나라를 부강하게 하며 백성을 편안하게 하는 일, 곧 임금을 성군으로 만들어 백성이 혜택을 받게 해야 한다는 것이다.[141]

그는 충혜왕이 죽고 충목왕이 즉위하자 경장을 통한 신정新政을 추구하는 개혁상소를 올리고 무엇보다도 인재등용을 역설하였다. 그는 당시 권력자 기황후나 그 친족들 그리고 그에 기생하는 부원배를 대신하여 유학을 익히고 군자로서 인격적 완성을 이룬 유학자들이 관료가 되어야 한다고 하였다. "군자를 나아가게 해야 사직이 편안하고 인민이 병들지 않는다. 이것이 고금의 이치이다. 그런즉 사람을 등용하는 것이 정치를 행하는 근본이라"[142]고 보았기 때문이다. 말하자면, 사직을 편안하게 하고 민을 안정시키는 데 적합한 인물이 등용되어야 하고 그러한 인물은 유교적 기준에 바탕을 둔 군자·대인이어야 한다는 것이다.

그는 유학의 인간형을 설정하고 그에 맞게 살아가려고 하였다. 군자는 의를 중시하고 소인은 이익에 밝은 것을 염두에 두면서[143] 염치를

---

141 《稼亭集》 권1, 吊薊鋼文 "致君澤民兮, 君子所期 …… 苟讒說之殄行兮, 雖聖智而低眉."

142 《高麗史節要》 권25, 忠穆王(즉위년 5월)(654-655쪽); 《稼亭集》 권8, 寓本國宰相書 "判典校寺事李穀在元, 致書宰相曰, …… 夫進君子則社稷安, 退君子則人民病, 此古今之常理也. 然則用人, 又爲政之本也."

알고 덕행을 닦는 군자상을 지향하였던 것이다. 충숙왕 7년(1320) 한양
에 관리로 나아가는 정영세鄭永世에게 토지겸병과 백성의 어려운 사정을
말하면서, 성인이 경전을 만들고 공자가 이익을 드물게 말하며, 맹자가
이익 취함을 경계한 것[144]을 명심하도록 당부하고 있다.[145] 또한 쌍성등
처군민총관 조림趙琳에게 금강산 도산사都山寺의 기문을 써주면서 어떤
일을 행하든 간에 만물에 이롭고 사람에게 편리하도록 도모해야 마땅하
니, 자기만을 위해서 복을 구하는 것은 하찮은 일이라고 하였다.[146]

당시 "유학자들은 소박하고 꾸밈이 없고, 경서經書를 익히며 염치를
안다."[147]고 하고, 민지는 김순의 묘지명을 쓰면서 "옛말에 군자는 덕행
을 말하는 것이고, 공업은 말하는 것이 아니라"고 하였다. 덕행은 사람
이 마음을 닦을 수 있으나 공업은 하늘이 주는 때에 달려 있다는 이유
에서였다. 그리하여 사람이 닦을 수 있는 것을 닦으면 군자라고 하였
다.[148] 이때 군자는 시서詩書만 일삼는 것이 아니라 법률처럼 현실에 유
용한 학문을 가져야 한다고 했다.[149] 군자는 덕행을 닦아 나라를 편안하
게 하고 백성을 위하는 구체적인 일을 해야 한다고 보는 것이다. 이곡은

---

143 《稼亭集》 권9, 寄朴君平詩序 "…… 夫小人之急於利, 猶君子之重於義 ……"

144 《孟子》 梁惠王上"王曰, 何以利吾國? 大夫曰, 何以利吾家? 士庶人曰, 何以利吾身? 上下交
征利而國危矣."

145 《稼亭集》 권8, 送鄭參軍序(충숙왕 7년, 1320) "自國家多故, 事異古先, 廉恥道喪, 而上下
交征利, 豪家得以兼幷, 酷吏因而掊克, 地無立錐之閑, 室有懸磬之嘆, 爲守令者, 坐視莫敢言,
厲民自奉而已, 民之困且無聊, 未有甚於此時也.; 《稼亭集》 권14, 古詩 紀行一首 贈淸州參軍
"…… 孔氏罕言利 孟子惡交征 ……"

146 《稼亭集》 권3, 枇запис金剛都山寺記 "凡爲事, 當利於物而便於人, 爲己而求福者末也."

147 《益齋集》 권7, 有元高麗國 誠勤翊贊勤節功臣 重大匡 星山君 贈諡文烈公 李公墓誌銘(이
조년);《高麗史節要》 권25, 忠肅王 후8년 5월(641쪽) "夫儒者雖朴世 皆能習經書, 識廉恥."

148 김용선, 《역주 고려묘지명집성(하)》(2012) 김순묘지명(민지), 725쪽 "古所謂君子者, 德
行云乎哉, 功業云乎哉. 子曰, 惟德行耳, 非功業也. 何也? 德行在心, 功業在時, 在心者人所修
也, 在時者天所授也. 能修人之所可修者爲君子耳."

149 《稼亭集》 권1, 策問 "諸生將以試有用之學, 若曰, 吾儒事詩書, 安用法律, 則有司所不取."

경서를 읽고 인의를 닦고 염치를 알며 법률가 같은 실용적인 학문을 하는 유학자상을 견지하였고, 유학자가 관료가 되어 세상을 다스리는 경세의식, 책임의식을 강조하였다.

이곡은 중국 역사 속에서 이상적인 관료상을 제시했다. 한나라 시기 역사의 흥망성쇠에 대한 성찰을 통하여 자신의 사상을 다듬고 고려가 나아갈 방향을 모색하였다.[150] 그는 영사시 27수에서 중국 후한(25-220) 말에서 삼국시대(220-280)에 활약한 인물들을 평가하면서 어떤 인물이 바람직한 인물이며 어떻게 살아가야 하는가를 고민하였고,[151] 후한 말의 역사적 상황과 자신이 처한 고려 후기의 시대적 상황을 연관시키며 현실에 대처해야 할 자신의 삶의 방향을 모색하였다. 특히 '후한삼현찬병서[152]'와 '적당고문병서[153]'에서 환관이 유학자 관료를 탄압한 것을 애도하고, 유학자 관료에 따른 공론정치와 인의 정치를 지향하는 원칙 아래 한나라 말기의 외척과 환관 주도의 정치를 비판하였다.[154]

중국 한나라 말기는 황태후의 섭정과 외척의 전횡으로 정치 사회적 혼란기였다. 화제和帝 이래 8황제가 즉위했지만 일찍 죽어 황태후가 섭정을 하였고, 황태후의 친척, 곧 황제의 외척이 정치를 좌우하였다. 황제가 성장하면서 외척 세력을 견제하고자 측근인 환관을 이용하여 세력기반으로 삼게 되자 환관의 정치 참여가 심화된다. 이에 유학자들은 공론

---

150 김종진, 〈이곡의 영사시 연구〉, 《고려시대 역사시 연구》, 한국정신문화연구원, 1999; 朴性奎, 〈李穀의 〈詠史詩〉 硏究 ―新興士大夫意識의 몇 국면―〉, 《한국한문학연구》 26, 2000.

151 《稼亭集》 권15, 詠史.

152 《稼亭集》 권1, 後漢三賢贊幷序.

153 《稼亭集》 권1, 吊黨錮文幷序.

154 후한시기 유학과 왕권의 사권화에 대한 최근의 논의로 다음을 참고했다(홍승현, 《사대부와 중국 고대 사회 ―사대부의 등장과 정적 각성에 대한 연구》, 혜안, 2008; 권민균, 〈한초 유학의 배경과 상서 복원〉, 《태동고전연구》 36, 2016).

에 기반한 합리적인 정치운영을 주장하고 환관의 정치 전횡을 비판하였다. 널리 알려진 당고의 옥(166, 169)은 환관의 사주를 받은 환제가 유학자들을 처벌한 사건으로, 진시황의 분서갱유 이후 발생한 최대의 사상 탄압으로 손꼽는다.

이곡은 영사시의 오후五侯를 통하여 양기를 중심으로 20년 이상 자행된 외척들의 전횡을 비판하고, 또 환제가 측근인 환관과 모의해서 양기 일문을 처단한 뒤 정권이 환관에 손에 들어가게 된 사실을 드러내었다. 이곡은 환관의 정치 참여를 비판하며 유학자, 사대부 관료가 중심이 되는 정치운영을 기약하였다.

이곡은 예로부터 인품이 훌륭하다고 선비들에게 추앙받는 이고李固에 대하여 비판적인 의견을 제시했다. 이고는 처음 명망이 높아 조정의 부름의 받았으나 나가지 않다가, 순제 8년(133)에 잇달아 천재지변이 발생하자 대책을 건의하였다. 충제가 1년 만에 죽고 질제가 독살될 때 청하왕 유신을 옹립하고자 하였으나 양기는 청하왕을 회피하고 다른 임금을 세웠다. 1년 뒤 청하왕을 세우려는 모의가 발각되자 이고를 하옥하였는데 태후가 그의 충정을 알고 석방하자 백성들이 환호하였다. 양기는 이고의 명성과 덕망이 자신에게 해가 될 것을 두려워해서 이고를 죽였다. 이에 대하여 이곡은 이고가 벼슬길에 나가 처음부터 자신의 뜻이 받아들여져 높은 지위에 올랐지만, 나중에 양기가 질제를 독살했을 때 목숨을 걸고 양기를 토벌하지 못했고, 양기와 마찰이 있었을 때 속히 고향으로 돌아가지 않았던 일을 비판하였다.[155] 도가 있을 때 참여하고 그렇지 않을 때는 떠난다는 유학의 출처론에 따라 이고를 비평하였던 것이다.

유학의 관점에서 분별 있는 처신을 주장한 것은 한신에 대한 평가에서도 드러난다.[156] 한신은 청년의 바지가랑의 사이를 엉금엉금 기어 빠

---

155 《稼亭集》 권15, 律詩 詠史 李固.

져나가는 치욕을 견디면서 유방을 도와 한나라를 건국하는 데 기여하였다. 어느 날 괴통이 찾아와 유세하며 제왕에 오를 것을 역설하였으나 한신은 유방의 은혜를 떠올리며 의리를 저버릴 수 없다고 거절하였다. 결국 한신은 유방에게 끌려가게 되면서, 꾀 많은 토끼가 죽으면 날쌘 사냥개는 죽게 되고, 높이 나는 새가 모두 잡히면 좋은 활은 벽장 속에 감춰지는 것이니, 자신이 죽음도 당연하다고 하였다.[157] 이곡은 한신에게 유방을 돕지 말고 삼국정립을 유지하라고 하거나 반란을 종용한 괴통의 제의를 물리친 사실을 충의의 일로 높이 평가하였다.

더 나가 이곡은 후한기에 대비되는 두 인물을 제시했다. 권력에 아부하여 출세한 맹타猛打와 강직한 성격으로 권력과 맞서 비판하다 죽음을 당한 공융孔融이 그들이다. 맹타는 환관인 정양에게 많은 산물을 주어 친분을 맺고 염노監奴에게 절을 받아 더 많은 산물을 받고, 지방관이 되었는데, 이곡은 사대부로서 용납할 수 없는 처신으로 보고 그를 소인으로 지목하였다.[158] 공융은 조조가 천하를 빼앗으려는 것을 비판하였는데, 경솔하게 행동하여 화를 자초했다고 평하였다.[159] 이는 그가 다른 글에서 사물의 이치는 곧음과 굽힘이 있는 것으로, 반드시 때에 맞게 굽힌 연후에야 그 곧음을 지킬 수 있다[160]고 한 말과 동일한 맥락이다. 곧음만이 난세를 살아가는 최상의 미덕이 될 수는 없다고 본 것이다.[161]

이곡은 전술한 바와 같이 충목왕의 즉위로 새로운 정치가 모색되자,

---

156 《稼亭集》 권14, 哀王孫.

157 양중석, 〈〈韓信傳〉을 통해 본 《漢書》의 《史記》 변용 양상〉, 《中國散文硏究集刊》 2, 2012.

158 《稼亭集》 권15, 律詩 詠史 猛佗.

159 《稼亭集》 권15, 律詩 詠史 孔融.

160 《稼亭集》 권7, 敬父說 "其理必有時而曲, 然後能保其直也."

161 김종진, 〈이곡의 시 세계〉, 《한문학논집》 2, 1984.

이부령李府令에게 신하를 여섯으로 나누어 설명하였다. 여기에서 중신·충신·직신을 바람직한 신하로 권신權臣·간신姦臣·사신邪臣을 그렇지 못한 신하로 규정하였다. 중신은 위태로운 시기에 대의를 주장하고 자기 한 몸을 희생하며 사태를 수습하는 인물, 예컨대 이윤·주공·진평·주발과 같은 인물이라고 한다면, 권신은 권세를 이용하여 사적인 세력을 형성하고 군주를 끼고서 그 환심을 산 뒤 몰래 칼자루를 거꾸로 돌려 잡고 군주를 협박하여 압박하는 신하라고 한다. 충신은 나라만을 생각하고 자기의 집은 잊어 버리며 공적인 것만을 생각하고 사적인 것을 잊어 버리는 신하로, 한나라의 기신紀信과 진나라의 혜소稽紹와 같은 인물이라고 한다. 간신은 번지르르하고 알랑거리는 말로 흉계를 꾸며 임금을 속이고 이익은 차지하면서 원망은 뒤로 돌리며, 상대방을 위험에 빠트리는 신하라고 한다면, 직신은 임금에게 잘못이 있으면 간하고 일에 허물이 있으면 직언을 하며 오직 임금을 불의에 빠트릴까 두려워하고 백성이 억울함을 당하지 않도록 걱정하는 신하로, 용봉龍逢과 비간比干과 같은 신하이다. 사신邪臣은 대도를 따르지 않고 온갖 수단과 방법을 동원하여 교묘하게 영합하고 불법으로 결탁하면서 못하는 짓이 없는 신하로, 결국 화란을 일으켜 패망하게 만드는 간사한 무리라고 한다.[162]

이곡은 '신설臣說'에서 특히 충신을 강조하면서 "충신은 나라만 알 뿐 자기 집을 잊고, 공적인 일만 알고 사적일은 잊어 버리며 임금에게 우환이 있으면 굴욕당하는 것을 무릅쓰고, 임금이 굴욕을 당하면 임금을 위해 목숨을 바쳐, 분발하면 자신을 돌아보지 않고, 오직 의로움만 따른다."고 하였다.[163] 그리고 최소한 현실 정치의 복잡한 상황과 군주의 지향점

---

162 《稼亭集》 권7, 臣說送李府令歸國 "若權臣則倚勢以成其私, 挾主以市其恩, 陰倒其柄而制脅之, 人雖怨憤而不敢言. …… 且其爲忠臣, 國耳忘家, 公耳妄私, 主憂身辱, 主辱身死, 奮不自顧, 惟義之從."

163 《稼亭集》 권7, 臣說送李府令歸國 "…… 且其爲忠臣, 國耳忘家, 公耳妄私, 主憂身辱, 主辱

에 따라서 신하의 도가 다양하다면서, 충신은 아니더라도 간신과 사신은 되지 말라고 하였다.[164]

이는 유학의 오륜에 입각한 충의와 의를 중시하고 이익을 멀리하는 가치관을 반영해서 공의를 추구하는 신하를 지향하고 사리를 추구하는 신하를 비판한 것이다. 현실정치에서 특권귀족층의 사적 권력 행사나 사적인 정치 운영을 배제하고, 공적이고 합리적인 정치운영을 모색한 것이다. 당시 수용된 성리학은 사적인 영역을 축소하고 공공성을 강조하는 정치문화를 낳고 더 나아가 정치운영에서 도덕규범으로서뿐만 아니라 공적 관계, 공적인 지배질서를 확립하는 이념적 기반으로 자리 잡아 가고 있었음을 보여 준다.[165] 말하자면, 이곡은 한나라의 역사와 생생한 인물평가를 통하여 어떠한 관료가 되어야 하며 어떠한 삶이 바람직한 가를 고민하면서, 군자라는 유교적 인간형을 모델로 도덕규범에 충실하고 충과 의리에 투철한 인물이 국가를 공적으로 운영하기를 기약하고 있었다.

이곡은 유학자가 관료가 되기 위해서는 임명권자인 국왕이나 재상들의 역할이 중요하다고 보았다. 이곡은 충목왕 원년에 새로운 정치를 지향하며 당시를 풍속은 무너지고 형정은 문란해져서 백성들이 도탄에 빠져 나라가 나라답지 못한 상황이라고 진단하였다. 즉 재물이 있으면 능력이 있고 권세가 있으면 지혜가 있고, 심지어 조복朝服을 입고 유관儒冠을 쓰는 것을 배우가 잡극에서 연기하는 것으로 간주하며, 직언과 정론을 민간의 허튼 이야기로 여겼다. 따라서 군자를 등용하여 사직을 안정시키고 백성을 편안하게 하라고 하였다.[166] 충목왕이 즉위하고 한종유가

身死, 奮不自顧, 惟義之從."

164 《稼亭集》 권7, 臣說送李府令歸國.

165 김훈식, 〈여말선초의 민본사상과 명분론〉, 《애산학보》 4, 1986; 金貞信, 〈朝鮮前期 '公' 認識과 君臣共治論〉, 《學林》 21, 2000.

166 《高麗史節要》 권25, 忠穆王(즉위년 5월)(654~655쪽); 《稼亭集》 권8, 寓本國宰相書 "判典

좌승상이 되자 이곡은 그에게 기대를 걸면서[167] 군자를 관료로 등용해서 직언과 정론으로 바른 정치를 행하라고 권면하였던 것이다.[168]

여기에는 이곡의 유학적 출처관이 반영되어 있다. 사람의 출처는 세상의 치란治亂과 연관이 있다. 사람이 어려서부터 배우는 까닭은 장성해서 그것을 행하기 위해서라는 것이 유학의 지향이다. 그런데 "물이 깊으면 옷 입은 채로 건너가고 물이 얕으면 바지를 걷고 건너가는 것이고",[169] "등용하면 나의 도를 행하고, 등용되지 않으면 숨는"[170] 시대 상황을 고려하는 유학의 출처관에 따라 행동 방향을 정하였다. 충숙왕 16년 예성강에서 한산으로 갈 때 풍랑을 만나 가야할지 말아야 할지 방황하던 상황을, 당시의 험난한 시대와 빗대어 성현의 말에 따라 밝은 지혜로 몸을 보존할 것을 기약하였던 것이다.[171]

당시 충혜왕과 권력자들은 유학자를 싫어하였고 자신의 마음에 드는 사람만을 등용하였다.[172] 충혜왕이 중요 업무를 총애하는 신하인 배전裴佺과 주주朱柱 등에게 맡기고, 날마다 내시와 함께 씨름을 하며 놀기만 하자 상하의 예가 없어졌고, 군자가 배척당하고 직언이 사라졌다. 기거주 이담李湛은 임금의 동정을 기록하였는데, 충혜왕은 자신의 잘못을 기

校寺事李穀在元, 致書宰相曰, …… 幸今國王丞相受命之國, 民之望之若大旱之望甘澍然. 國王丞相以春秋之富, 謙恭沖默, 一國之政, 聽於諸公, 則其社稷安危, 人民利病, 士君子之進退, 皆出於諸公. 夫進君子則社稷安, 退君子則人民病, 此古今之常理也. 然則用人又爲政之本也."

167 《稼亭集》권17, 送韓相國 二首.

168 김형수, 〈충혜왕의 폐위와 고려 유자儒者들의 공민왕 지원 배경〉, 《국학연구》 19, 2001.

169 《稼亭集》권8, 上政堂啓 "切以人之出處, 世所否臧, 幼而學壯而行, 斯乃業儒之義, 深則厲淺則揭, 亦爲持己之方."

170 《論語》권7, 述而"用之則行, 舍之則藏."

171 《稼亭集》권14, 天曆己巳六月, 舟發禮成江南往韓山, 江口阻風(충숙왕 16, 1329).

172 김용선, 《고려묘지명집성(하)》(2012), 민사평묘지명(이달충), 976쪽. "庚午永陵(충혜왕)卽位. 頗不喜儒, 苟非有得於中者, 惟虎是効, 爲之媚悅."

록하는 사람을 서생書生이라 하여 하찮게 여겼다. 충혜왕은 이 때문에
유학자들을 더욱 싫어하게 되었다.[173] 또한 안축이 흥녕군에 제수되었는
데, 이는 권세를 잡은 자들이 유학자를 좋아하지 않았기 때문이라고 했
다.[174] 이곡은 유학자로서 현실 정치의 유효성을 파악하고 유학의 출처
관으로 적극적으로 대처하고자 했던 것이다.

한편 이곡은 유학자는 관료가 되어 무엇보다도 백성을 편안하게 하는
책임의식과 경세의식을 가져야 한다고 보았다. 그는 백성의 안정과 관련
하여 지방관의 역할을 강조하였다. 이곡은 천인상관적 역사인식으로 홍
수와 가뭄의 대책으로 백성을 옮기고 곡식을 먹이는 등 눈앞의 위급한
상황(目前之急)만을 모면할 것만 생각할 것이 아니라 일이 그렇게 된 자
취에 따라(已然之迹) 환난을 미연(未然之患)에 방지하는 근본적인 대책을
세워야 하고, 그 근본적인 대책은 백성의 목숨을 관장하는 관리, 곧 송
사訟事로 억울함을 당해 백성이 원한을 품고 화기和氣를 상하게 해 홍수
와 가뭄을 부르지 않도록 하는 관리를 선발해야 한다[175]고 하였다.

이곡은 어려서부터 향리에서 성장하여 백성의 화복이 수령에게 달려
있다는 것을 알았고,[176] 민은 나라의 근본인데 민은 관리를 하늘로 삼는

---

173 《高麗史》권36, 世家36 忠惠王(즉위년 3월, 1330)(상책, 724쪽) "王委機務於嬖臣裵佺·朱
柱等, 日與內竪, 爲角力戱, 無上下禮. 由是, 君子見斥, 直言不得進, 起居注李湛白王曰, 君擧
不可不愼, 一動一靜, 左右書之. 王曰, 書者誰歟? 湛曰, 史臣之職也. 王曰, 書我過失者, 皆書
生也. 王本不好儒, 由是, 益惡之."

174 《稼亭集》권11, 大元故將仕郎·遼陽路盖州判官·高麗國三重大匡·興寧府院君·領藝文館事, 諡
文貞安公墓誌銘;《高麗史》권109, 列傳22 安軸(하책, 392쪽) "除興寧君, 盖執事者 不喜吾儒."

175 《稼亭集》권1, 原水旱 "自去年之水旱而民甚病, 多方救療之不得其要, 何哉? 嘗聞之父老,
曰移民移粟, 食飢飮渴, 僅足以紓目前之急, 若欲因其已然之迹, 而防其未然之患, 盍亦究其原.
夫民之寄命者有司. 凡有利害, 必赴而訴之 …… 其民安得不死冤, 其氣安得不傷和乎. 此所由
召水旱也. ……"

176 《稼亭集》권6, 韓州重營客舍記(충정왕 2년 3월, 1350) "余少長鄉里, 知民之禍福, 實繫于
守令."

다[177]고 하여, 백성의 휴척과 관련하여 수령의 역할이 중요함을 역설하였다. 그는 충숙왕 7년(1320)에 한양 참군으로 나가는 정영세에게, 오늘날 염치가 없어지고 상하가 서로 이익만 다투며, 혹리는 수탈하여 송곳 하나 꽂을 땅이 없고 집에는 곡식 한 톨도 없이 텅비게 되었다면서, 한 가족이 어질면 한나라의 인을 일으킬 것이니 관료로서 군자의 본분을 다하여 백성의 마음을 자기의 마음으로 삼는다면 풍속을 교정하고 나라를 부강하게 하며 백성을 편안하게 다스릴 수 있을 것이라 하였다.[178]

이때 백성을 안정시키는 데는 인간 본연의 선한 마음을 간직하는 것이 중요하다고 보았다. 이러한 태도는 그의 현실 문제 인식과 대응, 대민 대책과 연관된다. 이곡은 당시 큰 사회 문제였던 농민들의 유망流亡·유이流移 현상의 원인으로 항심恒心 부재, 곧 항상 가져야 할 마음이 없기 때문이라고 보았다. 쌍성총관인 조림趙琳은 백성들이 유랑하다가 경내에 들어오자 거절하면서 말하기를 "너희가 항산이 없는 것은 항심이 없기 때문이니 그 때문에 무리로 떠돌아다닌다. 사람이 항심이 없으면 어딜 간들 능히 용납되겠는가." 하였는데 이곡은 조림과 뜻이 같았다.[179] 같은 시기의 홍자번[180]이나 충선왕의 대민 인식과 대책[181]에도 이러한

---

177 《稼亭集》 권9, 送安修撰序 "國以民爲本 民以吏爲天."

178 《稼亭集》 권8, 送鄭參軍序 "自國家多故, 事異古先, 廉恥道喪, 而上下交征利, 豪家得以兼并, 酷吏因而掊克, 地無立錐之閑, 室有懸磬之嘆, 爲守令者, 坐視莫敢言, 厲民自奉而已, 民之困且無聊, 未有甚於此時也. …… 一家仁, 一國興仁, 君子盡己而已. 苟能盡己, 而以百姓之心爲心, 則雖不中, 亦不遠矣. 豈必計班資之崇庳, 風俗之澆朴哉?"

179 《稼亭集》 권3, 刱置金剛都山寺記 "凡爲事, 當利於物而便於人, 爲己而求福者末也. …… 近有東南邊民流入彼境, (趙)侯則詰責所由, 拒而不納曰, …… 爾無恒産, 因無恒心, 故流徒耳. 人無恒心, 焉往而能容哉."

180 《高麗史》 권78, 志32 食貨1 貢賦(중책, 729쪽) "(충렬왕)二十二年六月, 中贊洪子藩上書, …… 田無役主, 亡丁多矣. 民無恒心, 逃戸衆矣.

181 《高麗史》 권84, 志38 刑法1 公式 職制(중책, 844쪽) "(충선왕 24년)是年正月, 忠宣王卽位下敎曰, 民無恒心, 因無恒産, 憚於賦役, 彼此流移. 凡有勢力, 招集以爲農場,按擦使與所在官, 推刷還本, 具錄以聞."

항심 중시의 관점은 이어진다.

고려 후기에는 농민의 유망이 국가 기반을 위태롭게 하였다. 자연 재해[182]와 지배층의 수탈은 민의 생산 기반을 파괴하고 있었다. 전국 각지에서 기근이 들어 굶어 죽거나 도적으로 봉기하기도 하였다.[183] 그리하여 민은 생존을 위하여 유망·유이하였다. 지방 군현과 향·부곡이 텅 비게 되었고 역을 담당할 자원이 없게 되었다.[184] 유망·유이로 표현되는 민의 동요·사회불안은 상하 신분질서를 무너뜨리고 있었다. 정부에서는 이에 대한 심각성을 느끼고 대응방안을 마련하였다. 우선 소수의 지배층이 토지를 겸병하는 것을 해소하고자 과도한 사패전賜牌田 지급, 특히 사패를 빙자한 탈점 방지, 전주田主의 침탈을 방지하는 방안을 마련하였고, 부세수탈을 방지하기 위한 조치와 유민추쇄책으로 백성을 추쇄하되, 떠돈 지 오래되었다가 안착한 민은 현거주지에 적籍을 부쳐서 공민公民으

---

182 동아시아의 역사적인 기상 추이에서 보면, 고려는 12세기 이후 냉랭한 불안정한 기후와 이것에 수반한 종종의 氣象異變이 나타났던 것은 淺間山과 白頭山의 대규모 화산 분출에 연유한 것으로 추측된다. 이에 따라 고려사회는 농업생산력 저하, 기근 등의 현상이 나타난다(須長泰一,〈高麗後期の異常氣象に關する 一考察〉,《朝鮮學報》119·120, 1985).

183 이곡은 원 관료생활을 통하여 농민의 굶주림과 유망을 목도하였다. "가을에 곡식을 거두지 못해 겨울에 먹을 것이 없게 되니, 하북과 하남의 백성들이 유망하고, 도적들이 일어나서 군사를 내어 붙잡아 죽여도 줄지 않았다. 봄이 되어 굶주린 백성들이 서울에 구름처럼 모여 도성 안팎에서 울부짖으며 구걸하고 엎어지고 넘어져 서로를 베개 삼아 누워 있었다. …… 유사들은 분주하게 모든 것을 베풀어 구제하려 하여 창고를 열어 진휼하고 죽을 쑤어 먹이기까지 하였으나 죽는 자가 반이 넘었다."(《稼亭集》권4, 小圃記(충목왕 1년 5월) "秋果不熟, 冬闕食, 河南北民, 多流徙, 盜賊竊發, 出兵捕誅, 不能止. 及春飢民雲集京師, 都城內外, 呼號丐乞, 僵仆不起者, 相枕藉, 廟堂憂勞. 有司奔走, 其所以設施救活, 無所不至, 至發廩以賑之, 作粥以食之, 然死者已過半矣.")고 하였다. 이곡은 현실 사회에서 무엇보다도 굶주리는 백성들을 없애야 할 일로 보았다.

184 《高麗史》권84, 志38 刑法1 公式 職制(중책, 844쪽) "(충선왕 24년)是年正月, 忠宣王卽位下敎曰, 民無恒心, 因無恒産, 憚於賦役, 彼此流移. 凡有勢力, 招集以爲農場,按察使與所在官, 推刷還本, 具錄以聞.";《高麗史節要》권24, 忠肅王(3년 하4월)(609쪽) "西海道民, 多流移, 州郡空虛者五六, 海州納其印于都堂, 以順正君璹, 奪州田五千餘結故也, 璹以其妹伯顔忽篤得幸於帝, 憑藉宮掖, 多行不法, 見王, 亦倨傲無禮."

로 파악하려 하였다.[185]

이곡은 《맹자》를 활용하여 항심을 중시하면서 항심이 없어서 농민의
유망이 발생한다고 보았다. 《맹자》는 항심·항산론 가운데 항상적인 생산
[恒産]이 있어야 항상적인 마음(윤리도덕), 곧 항심이 발현될 수 있다고
보았는데,[186] 이곡은 《맹자》와 정반대로 유망·유이의 원인을 항심이라는
인간의 도덕적 본성의 상실에 있다고 보았다. 항산이라는 물질적·사회적
인 측면보다는 항심이라는 정신적·개인적 측면을 중시한 것, 곧 유망·유
이로 표현되는 민의 동요·사회불안을 인간 개개인의 인성人性문제·윤리
문제로 환원시킨 것이다. 물론 보민, 애민의식을 견지하고 권세가의 수
탈이나 국가의 불합리한 경제제도를 지적하기도 하였지만, 이러한 것들
은 인간 개개인의 도덕적 본성과 그러한 본성을 자각하는 인성문제에
견주어 부차적인 것으로 보았다. 이러한 항심 중심의 사고는 항심을 위
한 조치로 앞서 언급한 교육과 교화를 중시하는 논의로 발전하였다.[187]

항심 위주의 사고는 고려 후기 항산을 중시하여 사전私田제도의 개혁
이 대두된 것과 대비된다. 조준 등은 농업 생산에 필수적인 토지가 농민
의 삶을 힘들게 한다고 보고, 이것이 윤리 도덕의 타락을 가져온다고 보
았다.[188] 곧 사전이 부자 사이의 소송을 일으켜 윤리도덕의 패퇴를 가져

---

185 김순자, 〈원 간섭기 민의 동향〉, 《14세기 고려의 정치와 사회》, 민음사, 1993.

186 《孟子》梁惠王章句上 "曰, 無恒産而有恒心者, 惟士爲能. 若民, 則無恒産, 因無恒心. 苟無
恒心, 放辟邪侈, 無不爲已. 及陷於罪, 然後從而刑之, 是罔民也. 焉有仁人在位罔民而可爲也?"

187 세종대 박안신은 맹자에서 백성이 恒産과 恒心을 갖게 하는 데, 백성이 죽어 장사지내
거나 옮겨 그 고장을 나가는 법이 없다 하였으니, 백성의 流亡을 금지하여, 일정한 거처
가 있게 하는 것이 백성을 다스리는 큰 방비책이라고 하였다(《세종실록》권33, 8년 8월
무자(3책, 41쪽)). 곧 이주를 금지시켜 한 곳에 정착시키는 것이 항심을 갖게 하는 방법
이라고 하였다.

188 《高麗史》권118, 列傳31 趙浚(하책, 594쪽) "浚又率同列條陳時務曰 …… 禾尺才人, 不事
耕種, 坐食民租, 無恒産而無恒心, 相聚山谷, 詐稱倭賊, 其勢可畏, 不可不早圖之……"; 《三峯
集》권8, 朝鮮經國典 下 憲典 盜賊 "人性皆善, 羞惡之心, 人皆有之, 盜賊豈人之情哉? 無恒

오고 인간을 금수로 전락시킨다고 보았다.[189] 조준은 《맹자》의 항심과 항산론을 그대로 활용하여, 항산이 있어야 항심이 있다고 보고 백성의 항산을 마련하는 토지제도의 개혁, 곧 사전 혁파를 주장하였던 것이다.

이곡이 주장하는 항심 중시는 학교 교육 강화로 이어진다. 이곡은 유학의 교화론에 입각해 고려의 유교 교화를 강조하였다. 그는 "공자가 제나라가 한 번 변하면 노나라가 되고 노나라가 한 번 변하면 선왕의 도에 이른다 하였는데, 이는 두 나라의 정치와 풍속이 혹 아름답고 사악함이 있으므로, 변하여 도에 나가는 데 어렵고 쉬운 차이가 있다고 말한 것"이다.[190] 이것은 풍속을 변화시키고 폐단을 구제하는 방법은 나라마다 차이가 있음을 지적한 것이다. 제나라는 공리功利를 중시하고 패도정치가 횡행한 반면, 노나라는 예교를 중시하고 신의를 숭상하여 선왕의 유풍이 남아 있었다. 이에 공자는 변화의 완급을 조절하여 선왕의 도를 실현할 수 있다고 보았다.[191] 이러한 입장은 원 관료로서 고려의 교화에 관여하면서 나타난다.

그는 충숙왕 복위 3년(원통 2년, 1334) 4월에 한림국사원검열관으로 재직할 때, 원 순제의 흥학에 관한 조칙[192]을 가지고 귀국하였다.[193] 순

産者因無恒心, 飢寒切身, 不暇顧禮義, 多迫於不得已而爲之耳. 故長民者, 能施仁政, 民安其業, 使之不奪其時, 取之不傷其力, 男有餘粟, 女有餘布, 上足以事父母, 下足以育妻子, 則民知禮義, 俗尙廉恥, 盜不待弭而自息矣."

189 《高麗史》 권78, 志32 食貨1 田制(중책, 716쪽) "大司憲趙浚等上書曰, …… 子之於父母, 一畝之求, 或不如意, 則反生怨恨如視路人, 甚者縱釋哀絰, 鞭其侍兩之奴婢, 求其某田之公文, 至親尙爾, 而況於兄弟乎.是以私田, 而陷人倫於禽獸也."

190 《稼亭集》 권13, 應擧試策"盖因其二國之俗而爲理, 故不可變也. 然夫子曰, 齊一變至於魯, 魯一變至於道, 則變其俗而救其弊, 豈無其術焉? 夫孔子之此言, 雖爲二國之俗有美惡, 而變之之道, 有難易, 故言之."

191 《論語》 권6, 雍也(子曰 齊一變至於魯 魯一變 至於道) "(注)孔子之時 齊俗急功利 喜夸詐 乃霸政之餘習 魯則重禮敎崇信義 猶有先王之遺風焉 但人亡政息. 不能無廢墜耳 道則先王之道 也 言二國之政俗有美惡 故其變而之道有難易."

192 《元史》 권38, 本紀 順帝1 元統(2년 2월) "己未朔, 詔內外興擧學校."

제가 조칙을 통하여 학교 교육의 강화를 통하여 유교 교화를 확산하려고 하였는데, 이곡은 이 조칙을 가지고 고려의 여러 군郡을 순시하면서, 학교 교육을 확산하고자 하였다. 김해의 수령인 이국향李國香이 향교를 지은 뒤 요청한 기문을 지으면서, 이곡은

> 내가 생각건대, 원나라가 문치를 크게 펼쳐 천하에 조칙을 내려 학교를 새롭게 일으키도록 하였다. 내가 외람되게 천자의 조정에서 진신搢紳의 반열에 끼어 이번에 이 조칙을 받들어 우리나라에 왔다. 그리하여 여러 군현을 두루 돌아보았는데 묘학廟學은 퇴락하여 무너지고 생도는 학업에 태만한 것이 있으니, 원나라가 유학을 숭상하는 아름다운 뜻을 그 누가 알 수 있겠는가.194

라고 하여, 원나라가 문치를 크게 펼치고자 천하에 조칙을 내려 학교를 새롭게 일으키도록 하였는데, 고려의 여러 군현을 돌아보니 묘학廟學이 퇴락하고 생도는 학업에 태만하다고 하였다. 이때 김해 수령으로 부임한 이국향은 임금과 부모를 섬기는 일과 자기를 닦고 남을 다스리는 일은 학문을 통해서 행할 수 있다며 비좁고 누추한 학사를 넓히고, 생도들이 시험볼 수 있는 정자를 지었다. 이곡은 이러한 이국향의 학교 진흥과 문풍 진작의 뜻을 기문에 담아 앞으로 배우려는 자들이 이국향의 뜻을 알도록 하였다.195 이곡이 고려에 학교를 진흥한 뜻은 1347년 과거

---

193 《高麗史》권109, 列傳22 李穀(하책, 391쪽) "奉興學詔, 還國";《稼亭集》권2, 金海府鄕校水軒記 "今詔天下作新學校, 余猥厠天朝搢紳之列, 得奉是詔, 來布東方, …… 熟知聖元崇儒美意";《稼亭集》권20, 稼亭雜錄 送李中父使征東行省序(陳旅) "明年上大興學校, 中父得捧制書東還. 且將以其得於朝廷者悅乎親, 以及其鄕黨也. 余壯其行告之日, 子歸見邦人諸友, 宜言上文明, 立賢鄙夷, 未嘗鄙夷遠人. …… 元統二年四月十八日, 國子助教甫田陳旅 序; 稼亭雜錄 (謝揣) "…… 皇明右文揚詔書, 明年鹿鳴早充賦."

194 《稼亭集》권2, 金海府鄕校水軒記 "余惟聖元文治大洽, 今詔天下, 作新學校. 余猥厠天朝搢紳之列, 得奉是詔, 來布東方. 歷觀諸郡, 廟學頹壞, 生徒惰業, 往往皆是, 孰知聖元崇儒美意乎?"

시험의 시관이 될 무렵에 지은 글에서 알 수 있다. 그는 당시 세태가 공리를 우선하고 교화를 뒷전을 돌려 문풍이 부진하였는데, 이천년李天年이 영해의 장서기가 되어 학교를 짓고, 생도 가운데 나이가 든 자를 뽑아 동자들을 가르치게 하며, 고을의 아이들이 입에서 젖을 떼기만 하면 소학에 나와서 배우지 않는 자가 없게 되었다고 하였다. 그러면서 이곡은 생도들이 배워야 하는 것은 단순히 구두나 시문을 익히는 것보다는 물을 뿌리고 청소하며 응대하고 나아가고 물러나는 절차와 유학의 6예(예와 음악, 활쏘기, 말타기, 글쓰기, 셈하기)를 가르쳐야 한다고 하였다.[196] 교육 내용이 유학의 본령을 제시하여 유학의 기본 교육에 충실하도록 했던 것이다.

학교는 풍화의 근원이 되고 국가의 치란이 연유되는 곳이다. 따라서 교육을 통해서만이 윤리도덕을 구현하고 교화를 실현할 수 있는 것이다. 물론 고려시기에도 학교가 있었고 '화민성속民成俗'의 기반으로서 기능했다. 교육은 인재 양성과 교화를 명분으로 인륜을 확립하려는 것이었다. 이러한 학교의 기능은 고려 초기 이래 이어져 왔고 후기에 더욱 확대되었다. 향교를 통하여 인간이면 누구나 지켜야 할 도리, 윤리도덕을 교육시킴으로써 사회를 교화시키고자 하였다. 당시 향교에는 일반 민의 자제 가운데 이제 막 젖을 띤 아이에서부터 성인에 이르기까지 연령 제한이 없었다.[197] 고려 후기 인륜의식이 강화되고 교화와 문풍이 진작되어 갔

---

195 《稼亭集》권2, 金海府鄕校水軒記.

196 《稼亭集》권5, 寧海府新作小學記(충목왕 3년 5월, 1347) "…… 由是凡民有子, 口可離乳者 莫不就學焉. …… 余惟本國文風不振也. 久矣. 蓋以功利爲急務, 敎化爲餘事. 自王宮國都, 以及州縣, 凡曰, 敎基, 鮮不廢墜. 李君乃能留意於斯, 可謂知所先務矣. 獨不知小學之規當讀何書, 當隷何事. 若曰習句讀斯可矣, 何必問洒埽應對進退之節, 工篇翰則足矣, 何必學禮樂射御書數之文, 此乃鄕風村學耳. 予爲諸生恥之. 諸生勉旃, 其屋宇之廢興, 當有任其責者, 玆不論. 至正七年五月旣望. 記."

197 《稼亭集》권5, 寧海府新作小學記(충목왕 3년) "由是凡民有子 口可離乳者 莫不就學焉."

다. 이를 통해 덕성을 함양하는 것이 개인에 머무르지 않고 사회적인 방향으로 이어지고 그런 삶을 살도록 공동체 구성원에게 지향점을 제시하고 있었다고 하겠다.

학교 교육의 강화는 문자로 하는 교화와 연관된다. 충목왕 2년(1346)에 간행된 《효행록》은 《사서집주》를 간행한 권부의 아들 권준과 사위 이제현이 출판한 것으로 효행의 사례를 제시함으로써 효를 권장하려던 것이었다. 《효행록》은 고려 초기 이래 《효경》과 같이 유교 윤리 교화서라는 점에서 동일하다. 그런데 《효경》의 교화 대상은 관료가 될 유생을 중심으로 한 지배층에 한정되고 일반 민은 정표와 형률의 대상에 지나지 않았다. 이에 견주어 《효행록》의 교화대상은 들이나 밭에서 일하는 농민이었다.[198] 물론 고려 후기에도 정표정책이나 형률이 통치의 주요한 수단이었던 것만은 사실이지만 《효행록》에서는 일반민을 그 대상으로 유교 윤리를 보급하려고 했다.[199]

이곡 역시 농민의 마음을 존중하고 농민을 교화의 대상으로 파악하였다. 이곡은 천명은 슬기로운 꾀로 구할 수 있는 것이 아니고 민심은 무력으로 얻을 수 있는 것이 아니라[200]고 하였다. "비록 임금에게 인정받았다고 할지라도 백성들이 좋아하지 않는다면 높은 벼슬로 부귀를 누릴지라도 백성에게서 원망을 받지 않을 수 없다. …… 옛날 신하 노릇하는 사람은 차라리 임금에게 잘 보이지 못할지라도 감히 백성의 원망을 사는 일은 없었으므로 벼슬자리에 급급하지 않았다."[201] 하였다. 한양 참군

---

198 《孝行錄》(연세대 고서실) 序(이제현), "其辭語未免於冗且稗, 皆欲田野之民, 皆得易讀而悉知也."

199 金勳埴, 〈高麗後期의 《孝行錄》 普及〉, 《韓國史研究》 73, 1991, 33-46쪽.

200 《稼亭集》 권7, 杯羹說 "天命不可以智求, 民心不可以力得. 三代之革命也, 皆積功累德, 天命之, 民心之."

201 《稼亭集》 권7, 臣說送李府令歸國 "雖得之君, 不得之民, 爵祿之豐則有之, 不能不取怨於民矣. 雖譽於今, 不譽於後, 功業之多則有之, 不能不取譏於後矣. 古之爲臣者, 寧不得於君, 不敢

으로 가는 정영세에게 백성의 마음을 자기의 마음으로 삼으라고 하였
다.[202] 곧 백성의 마음을 얻는 가운데 일을 도모해야 한다는 것이다.
《맹자》의 "편하게 해 주는 도리에 입각해서 백성을 부리면 아무리 수고
롭더라도 백성이 원망하지 않는다."[203]는 말과 다름이 없다. 이는 고려
후기 유학자의 대민의식으로 이어진다. 농민을 교화 대상으로 파악하는
것은 인간관의 변화와 맞물려 있다. 무신집권기와 원 간섭기를 거치면서
하층민의 정치 사회적 진출이 활발해져 아무리 미천한 하층민이라도 천
민天民이라는 의식[204]이 등장했고 인간에 대한 가치의 재발견과 함께 농
민의 도덕적 자각 능력을 인정하는 분위기가 조성되고 있었던 것이다.

이곡이 학교 교육을 강화하고 백성의 자각 능력을 높이려 했다는 것
은 백성의 안위와 직결되는 지방관의 행적 평가에서 나타난다. 그는 고
려와 원 관료생활로 알게 된 유학자 지방관의 모범적인 활동을 소개하
였다. 이곡은 1339년에 정동행성의 유학교수로 개경에 왔다가, 충혜왕
복위 1년(1340)에 연경으로 되돌아간 한족漢族 백운빈白雲賓을 시서와 예
악을 가르치는 데 매진한 참된 유학자라고 칭찬하였다. 백운빈은 관직으
로는 현달하지 못했어도 지조는 변한 것이 없어, 부귀는 하늘에 달려 있
고 궁달은 명에 달려 있다고 보고, 풍속이 다르고 녹봉이 넉넉하지 않지
만 사람들을 가르치는 데 애쓴 참된 유학적인 삶을 살았다고 하였다.[205]

取怨於民, 爵祿非所急也."

202 《稼亭集》 권8, 送鄭參軍序 "自國家多故, 事異古先, 廉恥道喪, 而上下交征利, 豪家得以兼
    幷, 酷吏因而掊克, 地無立錐之閑, 室有懸罄之嘆, 爲守令者, 坐視莫敢言, 匄民自奉而已, 民之
    困且無聊, 未有甚於此時也. …… 一家仁, 一國興仁, 君子盡己而已. 苟能盡己, 而以百姓之心
    爲心, 則雖不中, 亦不遠矣. 豈必計班資之崇庳, 風俗之澆朴哉?"

203 《孟子》 盡心章句上 "以佚民使民, 雖勞不怨, 以生道殺民, 雖死不怨殺者."

204 《高麗史》 권85, 志43 刑法 2, 奴婢(공양왕 3년)(중책, 879쪽) "郎舍上疏曰, …… 奴婢雖
    賤, 亦天民也."

205 《稼亭集》 권9, 送白雲賓還都序(충혜왕 복위 1, 1340) "世之挾儒術釣爵位者, 旣得爵位, 則
    有狗狗恃書者矣. 或急於進取, 變而之它, 或老而無成, 反謂誤身者亦有之矣. 雲賓不然, 官雖不

　　이곡은 고려인 한영韓永이 원 지방관으로서 예치를 시행하고 백성을 위한 정치를 했다고 보았다. 한영은, 부친인 한사기韓謝奇가 당시 세가의 자제를 원나라에 인질로 보낼 때, 가족들과 함께 중국에 갔다. 한영은 1320년 금주의 지방관이 되고 1322년에 고주자사高州刺史가 되었다. 고주는 해거란奚契丹에 속한 지역으로 잦은 전쟁으로 인민과 물자가 부족하였고 변방의 이민족들이 도둑질을 일삼았는데, 그는 덕화에 힘써 그들을 감화시켰고 불법을 자행하며 잘못된 자를 법대로 처리하였다. 1328년에 하서롱북도첨렴방사사河西隴北道僉廉訪司事가 되었는데, 이때 영하寧夏의 토호들이 전쟁의 혼란을 틈타 헌사憲司를 교란하며 무력화시켰다. 한영은 사안에 따라 단안을 내려 1년 만에 풍기를 다시 진작시켰다. 또 둔전과 수리를 맡은 자들이 불법 행위를 자행하자 80여 인을 쫓아내고, 청렴하고 유능한 자들을 선발하여 하도河道를 수리하고 개통하게 하여 백성들이 편하게 되었다. 영하는 변방의 먼 지역으로 나그네가 여행하다 죽으면 빈장殯葬할 수가 없어서 해골이 그대로 들판에 방치되어 있었다. 한영이 경력 장규張珪로 하여금 담을 쌓고 집을 지어 그 가운데 570여 시체를 거두어 안치하게 하고, 천자문의 순서대로 기록하여 그들의 성명과 관향을 표시해 둠으로써 그들의 친척이 쉽게 알아볼 수 있도록 하였다. 또한 섬서 지방에 한재가 발생하여 기근이 들자 유랑하는 백성들이 먹을 것을 찾아 노숙하다가 병들곤 하였는데, 한영이 자신의 봉록을 희사하고, 부호들이 돈을 내어 유민을 수용할 가옥 20여 칸을 지었다. 이밖에 전당 잡혀 팔려 가는 남녀에게 관청에서 옷과 밥을 지급하고 그들의 부모에게 돌아가게 해 주었다. 이렇게 해서 이미 죽은 자는 쉴 곳을 얻게 되고 살아 있는 자는 병들지 않을 수 있게 되었다.

達, 志則不渝, 哀衣博帶, 無易其初. 朝韲暮塩, 無異於舊, 而曰, 富貴在天, 窮達有命, 儒冠何與焉. 今之居是邦也, 風俗不同, 俸廩不給, 恬不爲意, 諄諄然誨人不倦, 是可尙已. 盍書以爲別."

더욱 한영은 옥사를 평결할 때에는 한결같이 흠휼欽恤을 위주로 하였다. 영하의 죄수 가운데 당씨黨氏의 며느리가 간부姦夫 때문에 남편을 독살했다는 죄목으로 옥사가 일어났다. 그 안건을 심리한 지 2년이 되도록 다른 말들이 없다가, 그가 재차 심문하여 그 남편이 실제로는 병들어 죽은 사실을 확인하고, 그 간부와 함께 며느리를 즉시 석방하니, 사람들이 신명神明과 같다고 감탄하였다. 1333년에 하남부로총관이 되어 부임하자마자 백성들의 병폐를 알아보고서 이익이 되는 일은 일으키고 해가 되는 일은 제거하였다. 당시 이곳은 열 집에 아홉은 텅 비어 있는 상태였는데, 한영은 실정을 정확히 파악하여 빈약한 자를 면제해 주고 풍후한 자에게서 보충하도록 했다. 또 관사를 신축하고 도로를 닦으며 농상을 권장하였고 혜민약국을 개설하여 궁민을 구제하였다. 이렇게 해서 백성들이 일단 마음으로 복종하게 되자 다시 명령을 내려 "치도를 강구하려면 학교보다 우선하는 것이 없다. 그런데 사당이 허물어지고 기숙사가 퇴락하였으니, 이것이 어찌 스승을 높이고 사도를 존중하는 조정의 뜻이겠는가." 하고는 봉록을 덜어내며 대성문을 비롯한 곁채 등 9칸을 건립하게 하였다.[206] 이곡은 한영이 지방관으로서 백성을 위한 시책을 펼치고 유학의 도를 높였다고 칭찬하였다.

이곡은 고려 지방관의 활동에서 백성의 마음을 얻어 나라와 지방의 공적인 일을 순리대로 처리한 사례를 제시하였다. 한산의 객사를 중건하는 기문에서, 백성의 화복은 수령에 달려 있는데 수령은 백성을 잘살게 하기 위하여 은혜로운 보살핌으로 백성의 마음을 얻고 그 다음에는 객사를 지어 천자의 덕음을 들으며 국가의 명령을 받든다고 하였다. 군수 박시용朴時庸은 백성들에게 이로운 일을 행하고 해로운 일은 제거하며

---

206 《稼亭集》권12, 有元故亞中大夫·河南府路摠管兼本路諸軍與魯摠管·管內勸農事·知河防事· 贈集賢直學士·輕車都尉·高陽矦謚正惠韓公行狀.

백성을 화합하게 하였으며, 사람을 성의로 대하였고 빈객을 접대함에 게으르지 않았다. 공급해야 하는 물품은 비축한 것에서 공급하고 백성에게 거둔 것이 없었다.[207]

이곡은 천안의 수령 성원규成元揆 역시 같은 방식으로 정사에 임했다고 보았다. 그는 부임한 지 몇 달 만에 백성의 사정을 모두 파악하여 백성에게 이익이 되는 일은 행하고 해가 되는 일은 반드시 제거하려고 노력하였으며, 농사를 권면하고 학문을 장려하고 부세를 균등히 하고 흉년에 구휼하였다. 백성들이 일단 마음속으로 복종할 수 있는 단계에 이르자, "지금 그대들이 살고 있는 이 땅의 유래를 아는가? 이곳은 왕업을 일으킨 태조의 신궁神宮이 있는 곳이다. 그런데 지금 그 전우殿宇가 퇴락하여 지붕이 새고 벽이 뚫려 혼령을 편히 모실 수가 없으니, 제사를 흠향하기 어렵게 되었다. 사람이 근본에 보답할 줄을 알지 못한다면, 이는 공경하지 못하는 것이다. 그리고 관사와 관공서는 빈객을 접대하고 관부를 존엄하게 하는 곳이다. 그런데 모두 황폐한데도 수리하지 않는다면, 이는 태만함을 보여 주는 것이다. 책임은 나에게도 있지만 그대들에게도 있다." 하니, 모두 명령대로 하겠다고 대답하였다. 이에 고을 사람들을 동원하되 곤궁한 자나 호강한 자들을 불문하고 집집마다 일을 시키며 균등하게 배정하였다. 그러고는 재목을 마련하고 기와를 구워서 우선 신궁과 예전禮殿, 제방齋房을 신축하였다.[208]

이곡에 따르면, 수령의 가장 중요한 일은 백성의 마음을 편안하게 하는 것이다. 백성의 마음을 얻은 연후에 의미 있는 건축물과 시설을 건설

---

207 《稼亭集》 권6, 韓州重營客舍記(충정왕 2년 3월, 1350) "朴君之至, 能兼二李之才, 數年之間, 利興害除, 事集民和, 實非前日之韓山也. 又能待人以誠意, 接賓無惰容, 至於供需之物, 牀褥什器之微, 皆致完潔, 然其取足於公帑贓物, 而無一毫歛及於民, 故其聲譽蔚然冠於一方."

208 《稼亭集》 권6, 寧州懷古亭記(충정왕 1년 윤달, 1349) "下車數月, 盡得民情, 利則興之, 害必務去, 勸農勉學, 均科救荒, 以次而舉, 民旣脫服則出令曰, 而知而生之所自乎? 此乃興王之地, 故太祖之神宮在焉, 今其殿宇圮陊 ……"

하는 일, 곧 고을 통치에 필요한 토목 공사를 시행할 수 있다는 것이다. 본성을 함양하고 마음으로 감복하게 하는 일은 상대방을 인정하고 존중하며 소통의 가능성을 제시하는 것으로서 국가 정치, 작게는 지방 정치의 방책으로 활용될 수 있다고 보았다.

2) 예·법 병행과 문명사회론

이곡은 유교의 이상사회, 유교적 문명사회를 지향하였고, 그것은 문치사회라고 할 수 있다. 그는 유학자가 수기·수양으로 인격적 완성을 이룬 뒤 관리가 되어 예치와 덕치를 시행하여 인륜 도덕이 확립된 사회를 실현하고자 하였다. 그러한 사회에서 사람들은 덕성을 함양하여 인격을 완성하고 상호 소통하며 심복과 감복을 통해 평화로운 사회를 이루는 이른바 인문 의식이 고양된 문치사회가 될 것으로 본 것이다.

이곡이 지향하는 사회는 홍언박이 근거 없는 비방을 들을 때 이를 해소하는 방법을 알려 주는 글에서 볼 수 있다. 홍언박(1309~1363)은 순화원비 홍씨(충선왕의 4비)와 명덕왕후 홍씨(충숙왕비)의 조카(남양부원군 홍규의 두 딸이 왕비로 홍언박은 홍규의 손자)로, 젊은 시절 원 생활을 하였다.

홍언박의 여종이 부인을 대신해서 아이에게 젖을 먹이다가 임신을 하자 부인이 여종을 심문하였는데, 여종은 애매하게 주인 남자(홍언박)를 지목하였다. 주인 남자는 부인하면서 태연자약하였지만 부인은 의심을 풀지 못했다. 어떤 사람이 근거 없이 자신을 의심한다면 반드시 진실을 밝혀야 할 것이다. 하지만 어떤 경우에는 굳이 그렇게 할 필요가 없는 때가 있다. 변명에 급급하다 보면 그 의심이 더욱 심해질 수 있는 반면에 가만히 두면 저절로 의심이 해소될 수도 있기 때문이다.

이곡은 이에 대하여 다른 예를 들어 부연 설명을 하였다. 한나라 문제文帝 때 직불의直不疑는 같은 방에 기숙하던 동료 낭관이 다른 사람의 금을 자기 것으로 착각하고 가지고 고향으로 돌아갔다. 이에 금을 잃어 버린 낭관이 직불의를 의심하자 직불의는 아무 변명도 하지 않고 금을 사서 보상해 주었는데, 나중에 고향에서 돌아온 낭관이 금을 돌려주니 의심하였던 낭관이 크게 부끄러워했다고 한다. 이곡은 이에 대하여, 직불의가 같은 방을 쓰던 사람이 금을 잃어버리자 보상해 주었는데, 이것은 잘못 알고 가지고 간 자가 나중에 돌아와 자기에 대한 의심이 풀리게 될 것을 미리 알고 한 일은 아니라고 봤다. 직불의는 "남이 나를 의심하는 것은 평소 나의 행동이 남에게 신임을 받지 못했기 때문이다. 속으로 분개하고 다투면서 관부에 소송하고 천지신명에게 물어서 반드시 밝혀내야 한다는 것을 모르지는 않지만, 차라리 근거 없는 누명을 쓰더라도 참다운 덕을 닦으면, 그 덕이 쌓여 밖으로 드러나 남들이 심복하게 될 것이니, 진짜 도둑질을 했더라도 지금의 좋은 행실이 이전의 잘못을 덮어 줄 것이며, 하물며 하지 않은 일에 대서는 말할 것도 없다."고 하여 스스로 덕성을 쌓도록 하였다. 이는 옛사람이 스스로 돌아보는 것을 귀하게 여겼음을 보여 주는 것으로, 스스로 돌아보아 신실信實하다면 천지와 귀신도 나를 믿어 줄 것이고 사람들도 그렇게 될 것이라고 하였다. 덕성을 닦아 그것이 쌓여 밖으로 발현되어 남들이 심복하게 됨을 말해 준다고 하겠다.[209]

또한 그는 근거 없는 의심을 받는 것에는 굳이 해명할 필요가 없는 것도 있지만, 해명하려고 해도 쉽게 되지 않는 것이 있다고 하였다. 예컨대 장인을 때렸다는 의심은 처에게 친정아버지가 없었다는 사실을 확인하면 바로 알 수 있고, 이름이 같은 두 사람의 증삼이 살인했다는 의심은 사람을 죽인 자가 진짜 증삼이 아니라는 사실을 확인해 보면 바로

---

209 채웅석, 〈고려시대 사송(詞訟) 인식과 운영〉, 《한국중세사연구》 63, 2020.

해명할 수가 있다. 그러나 한 번 들으면 의심하기 쉽고 일단 의심하면 변명하기 어렵고 변명하면 할수록 법문에 걸리기 쉽다. 그래서 법률을 엄격히 만들어 귀로 듣고 마음속으로 의심이 가는 사건에 대해서는 심문하지 못하도록 하였다. 하지만 사람이 마음속으로 의심하는 것까지 법령으로 금할 수는 없는 것이므로, 의심을 받는 처지에서는 차라리 변명하지 않는 것이 훨씬 나을 수 있다. 그래서 직불의가 과감하게 진짜로 자기가 도둑질을 한 것처럼 행세를 했던 것이다. 그런데 다행히 금을 잘못 알고 가지고 간 자가 자백하며 금을 돌려주자, 금을 잃어버린 사람이 의심한 잘못을 스스로 뉘우치며 몸 둘 곳을 모른 채 다른 사람의 얼굴을 쳐다볼 면목도 없게 되었다. 그리하여 이곡은 직불의에 대한 칭송이 한 시대를 풍미했고, 역사책에까지 기록되었는데, 주인 남자(홍언박)의 태도도 이와 비슷하다고 하였다.[210]

이곡은 인간, 사회에서 발생하는 오해와 의심을 해소하는 방법에 대하여 직접적으로 응대해서 푸는 방법과 함께 자신의 덕성으로 의심을 푸는 것 그리고 직불의처럼 간접적으로 일단 혐의를 받더라도 뒤에 풀어지도록 기약하는 방법을 제시했다. 이는 스스로를 반성하여 되돌아보고 상대방의 의심을 내면의 덕성으로 풀어 상대방의 마음을 감복시킬 때까지 기다린다는 것을 말해 준다.[211] 이곡의 예시는 성선설에 기초한 인간의 도덕적 신뢰를 바탕에 두고, 자각과 덕성을 길러, 의심을 풀고

---

210 《稼亭集》 권1, 釋疑; 이상현 옮김, 《국역가정집 1》, 민족문화추진회, 2006, 22~25쪽.

211 유매가 좌주인 이무방에게 죄를 얻어 이색에게 중간에서 풀어 달라는 요청을 하자, 이색은 좌주와 문생을 부모와 자식의 관계와 동일시하고 그들 사이의 사적 은혜와 의리가 국가의 원기를 배양하는 것이라고 하면서 상호 간에 해결하라고 조언하였다(《牧隱集》 詩藁 권24, 兪邁得罪於其座主光陽君, 無所告處, 來言於僕. 觀其意, 欲僕求解於其座主也. 然門生之於座主, 猶子之於父也. 子得罪於父, 豈有托旁人以求解者乎? 但朝夕求哀, 以俟其一旦慈愛之心之發耳. 子頷成均時, 邁爲諸生, 故不忍自外, 忠告如此. "門生與座主視猶骨肉親 斯文大血脈 坐令邦命新 ……").

심복[212]하는 유학적 도덕적 감화 나아가 유교식 인문 문치의 한 사례를 보여 준다.

이곡은 예와 덕의 정치로 인문 문치적 사회를 지향하면서 법의 유효성도 알고 있었고, 예와 법의 관계를 설정하여 어떻게 하면 인정, 흠휼에 기반한 법 운영을 할 것인지 고심하였다. 앞서 한영이 옥사를 한결같이 흠휼에 기반하여 처리한 것을 칭찬하고, 《대원통제》와 《지정조격》이 흠휼에 기반하여 쓰여진 점을 강조하였다.[213]

충혜왕 후원년(1340) 겨울에 이곡은 정동행성 이문 게이충과의 대화에서 "법은 정치를 행하기 위한 수단으로, 사람과 법을 병행해서 행하면 잘한 정치라고 할 수 있는데, 원나라가 흥기할 때에는 법을 제정할 겨를이 없었지만, 《지원신격》이 나오고 《지치통제》가 만들어진 뒤에야 관리들이 적용할 바와 백성들이 지켜야 할 바를 알게 되었다."[214]고 하여 정치의 보조 수단으로 법을 이해하고 원의 법전을 활용하고 있음을 보여 준다.

그리고 이는 이곡이 자신의 문제의식이 담긴 과거 시험 문제로 이어진다. 이색이 《가정집》을 편차하면서 이곡의 생각이 잘 드러났다고 판단한 글을 제일 먼저 내세운 잡저의 권1에 배치한 책문策問에서, 법령의 관대함이 한나라와 당나라에는 없지만, 원나라의 《대원통제》와 《지정조격》의 흠휼하는 뜻이 요·순에 비교해도 손색이 없다. 그런데 지금 법리

---

212 《孟子》 公孫丑章句上 "孟子曰, 以力假仁者霸, 霸必有大國, 以德行仁者王, 王不待大, 湯以七十里, 文王以百里. 以力服人者, 非心服也, 力不贍也, 以德服人者, 中心悅而誠服也, 如七十子之服孔子也."

213 이곡은 "기자오의 아버지인 奇璋(璋)은 사적으로 은혜와 위엄을 행사하지 않고 예법에 입각해서 하였다"(三司不私其恩威, 動以禮法)《稼亭集》 권14. 高麗國承奉郎·摠部散郎·賜緋魚袋·贈三重大匡·僉議政丞·判典理司事·上護軍奇公行狀)고 하여 예법의 엄정한 행사를 드러냈다.

214 《稼亭集》 권9, 送揭理問書 "法者所以行其政, 人法並用, 又政之善者也. 聖朝之興, 未遑定法, 自至元新格出, 至治通制作, 然後吏有所守而民知所避矣."

法吏는 법률보다 판례를 많이 적용하는데, 만약 판례에 해당 조문이 없고, 법률에도 없으면 어떻게 할 것인지, 요·순 삼대의 이상 정치를 실현하기 위해서는 《대원통제》와 《지정조격》을 써야 하는데, 현재의 상황에서 과거에 얽매이지 않으려면 어떤 방법을 써야 하는가를 질문하였다.[215] 곧 원나라의 두 법전을 불가피하게 써야 할 것으로 인정하면서 법리, 곧 법을 다루는 관리들이 두 법전을 잘 이해하고 고려 현실에 맞게 운용하도록 당부하고 있다.

유학의 정치 형태는 덕치이다. 형률을 이용해 타율적으로 인민에게 국역을 담당하게 하는 패도정치에서 더 나아가 예악으로 인민을 교화시켜 자발적으로 복무하도록 유도해 내는, 이른바 왕도의 수준을 실현하려는 정치 형태이다. 덕치의 근저에는 인륜의 수행을 통해 인간이 공동체적 삶을 이루어 낼 때 인간의 존재성이 비로소 실현된다는 유교적 인간관과 그러한 인륜성을 온전히 실현하는 체제일 때 비로소 참다운 정치가 된다는 유교의 고유한 정치론이 담겨 있다. 동아시아 정치사에서 덕치를 둘러싼 정치론은 자연히 인륜의 표현양식으로서 자발성을 이끌어 내는 예악과 징벌적 수단인 형률을 현실정치에서 어떻게 활용할 것인가를 두고 전개되는데, 예악을 통치수단으로 삼으면서도 형률로 예악을 보완하는 방식으로 이루어진다. 이곡은 유학의 덕치를 주장하면서, 형률이 국가 운영에 필요하다고 보고, 현실적으로 원나라의 법전을 고려 현실에 맞게 활용하도록 권하고 있다.

이곡은 원과 고려에서 생활을 하면서 교화의 부진뿐만 아니라 윤리

---

215 《稼亭集》 권1, 策問 "列聖之制, 法令之寬, 漢唐之所未有, 先有大元通制, 後有至正條格, 欽恤之意誠不愧於唐虞矣. 然今法吏多用例, 律其不如例乎? 例或無其條則求之律, 律如無其文, 將於何求之歟. 欲臻唐虞三代之治, 必用其法, 使不駭于今, 不泥于古, 其道何繇? 本國立法已久, 重於變更, 比來政出多門, 人不奉法, 或於用刑之際, 繩之以元朝之法, 則有司拱手而不敢言, 或曰, 世皇有訓, 毋變國俗, 或曰, 普天之下, 莫非王土. 今欲上不違條格, 下不失舊章, 使刑法歸一而人不苟免, 其要安在.."

도덕의 타락과 비인간화된 모습을 보고 비판의식을 갖게 되었다. 그는
원나라 연경에 갔을 때 시사, 곧 시장에서 물건을 사고파는 행위 이외에
욕망과 죄 심지어 사람을 사고파는 행위를 보고 개탄한다.

상인이 모여서 있고 없는 것을 사고파는 곳을 시내의 상점[市肆]이라고
한다. 처음 연경에 와서 골목길에 들어가 보니, 예쁘게 치장하고 매음을
가르치는 자가 그 얼굴의 고운 정도에 따라서 값을 올리고 내리는데 조금
도 부끄러워하지 않는다. 이를 여인시장[女肆]이라고 하는데, 풍속이 아름
답지 않다는 것을 알 수 있었다. 또 관청에 들어가니, 붓을 함부로 놀려
법규를 농락하는 자가 죄의 가볍고 무거움에 따라서 값을 올리고 내리면
서 조금도 의심하고 두려워하지 않는다. 이를 아전시장[吏肆]이라고 하는
데, 형정이 문란하다는 것을 알 수 있었다. 지금에는 사람 시장[人肆]을 보
게 되었다. 작년부터 홍수와 가뭄으로 백성들이 먹을 것이 없어서 강한
자는 도적이 되고 약한 자는 유리걸식하여, 입에 풀칠할 길이 없게 되자,
부모는 자식을 팔고 남편은 아내를 팔고 주인은 하인을 팔기 위하여, 시
장에 늘어놓고 싼값으로 흥정을 하니, 이는 개나 돼지만도 못한 일인데,
유사有司는 이런 일을 거들떠보지도 않는다. 아, 앞의 두 시장(女肆, 吏肆)
은 그 정상이 가증스러우니 엄하게 징계해야 할 것이요, 뒤의 시장(人肆)
은 그 정상이 불쌍하니 빨리 없애 버려야 할 것이다. 이 세 시장을 없애
버리지 않으면, 풍속이 아름답지 못하고 이치에 어긋나, 형정이 문란해지
는 것에 그치지 않을 것이다.[216]

---

216 《稼亭集》권7, 市肆說 "商賈所聚, 貿易有無, 謂之市肆. 始子來都, 入委巷, 見冶容誨淫者隨
其妍媸, 高下其直, 公然爲之, 不小羞恥, 是曰女肆, 知風俗之不美也. 又入官府, 見舞文弄法者
隨其重輕, 高下其直, 公然受之, 不小疑懼. 是曰吏肆, 知刑政之不理也. 于今又見人肆焉, 自去
年水旱民無食, 强者爲盜賊, 弱者皆流離, 無所於餬口, 父母鬻兒, 夫鬻其婦, 主鬻其奴, 列於市
賤其估. 曾犬豕之不如, 然而有司不之問. 嗚呼! 前二肆其情可憎, 不可不痛懲之也. 後一肆其情
可矜, 亦不可不早去之也. 苟三肆之不罷, 子知其不美不理者將不止於此也."

이곡은 제과 시험에 응시하기 위하여 중국 연경에 갔을 때 시장 거리와 지방 관부에서 일 처리하는 과정을 보게 된다. 여기에서 물건을 사고파는 시장[市肆] 이외에 여성의 아름다움을 사고파는 여인 시장[女肆], 죄를 사고파는 아전 시장[吏肆], 사람을 사고파는 사람 시장[人肆]을 목도한다. 앞의 두 시장(女肆, 吏肆)은 풍속이 아름답지 못하고 형정이 문란함을 보여 주는 것인데, 뒤의 사람 시장[人肆]은 재해로 굶주리는 백성들이 도적이 되거나 유리걸식하고, 심지어 자식과 아내 그리고 하인을 팔려고 저자 거리에 늘어놓는 개나 돼지만도 못한 짓을 보여 준다. 이곡은 이 가운데 특히 사람을 사고파는 사람 시장[人肆]이 이치에 어긋나 빨리 없어져야 할 것으로 보았다. 이곡은 성리학을 익혀 유학 본래의 문제의식에 충실해서 동물과 구별되는 인간의 가치를 발견하고 인간에 대한 존중과 윤리도덕이 확립된 교화된 사회를 인지하고 있었는데, 원의 수도 연경에서 드러난 인간 사회의 잘못된 여러 시장[肆]의 모습을 보고, 더욱더 그 유학의 이념에 따른 사회의 실현을 목표로 유학자로서 해야 할 일을 다지게 되었다.

이곡은 충목왕 당시 고려가 나라답지 못한 상태라고 하였다. 그 이유는 풍속이 무너지고 형정이 문란해져 백성이 도탄이 빠졌기 때문이다. 재물이 있으면 능력이 있다고 하고, 권세가 있으면 지혜가 있다고 한다. 조복과 유관을 배우가 잡극의 놀이에 쓰는 도구 정도로 간주하는가 하면 직언과 정론을 허튼소리로 여긴다[217]고 하였다. 당시 세태는 공리功利를 급선무로 하고 교화를 뒷전으로 여기고 있으며 교육 사업은 폐기된 지 오래되고,[218] 묘학이 퇴락하여 무너지고 생도들은 학업에 태만하였

---

217 《稼亭集》 권8, 寓本國宰相書 "維吾三韓, 國之不國, 亦已久矣. 風俗敗壞, 刑政紊亂, 民不聊生, 如在塗炭. …… 今本國之俗, 以有財爲有能, 有勢爲有智, 至以朝衣儒冠, 爲倡優雜劇之戲, 直言正論, 爲閭里狂妄之談, 宜乎國之不國也."

218 《稼亭集》 권5, 寧海府新作小學記(충목왕 3년 5월, 1347) "余惟本國文風不振也. 久矣. 蓋

다.[219] 구체적으로 유술儒術을 미끼로 해서 벼슬을 구하고, 일단 벼슬을 얻고 나면 시詩와 서書를 가볍게 여긴다. 또 출세에 급한 나머지 유술을 버리고 태도를 바꿔 다른 길을 택하기도 하고, 늙도록 이루는 바가 없게 되면 거꾸로 유술이 자기 신세를 망쳤다고 한탄한다.[220] 그런가 하면 당시 노비는 사대부를 대신해서 3년상을 치르고 신분 상승을 꾀하는데, 이는 소인이 이익에 급급해 하는 것과 군자가 의리를 중시하는 것과 동일시한 것으로 보고, 이러한 야박한 풍속을 돈후하게 하고 퇴폐한 풍조를 격동시키기를 희망하고 있다.[221]

고려 후기 염치가 없어지고 풍속이 쇠락한 모습은 당시 유학자가 공통적으로 지적하던 것이다.[222] 이곡과 같은 시기를 살던 최해는 1339년 무렵에 "지원 대덕 연간에는 위로는 천자의 밝음이 있어 사해가 또 평안하여 태사 충렬왕은 세훈 외척의 받듦에 힘입어 동방을 다스린 지 35년이 되었다. 이때는 선비의 풍습이 충후하고 권하지 않아도 스스로 닦아, 천조에 등과하여 벼슬하는 자는 말할 것도 없지만 고려에 벼슬하는 사람 모두가 조심하고 삼가 경박한 것을 부끄럽게 여기는 아름다운 행동이 있었다. 2, 30년 이래로 세속의 풍습이 날로 무너져서 막을 길이 없으며 간혹 당시의 사정을 들어 거론하는 자가 있으면 비웃고 손가락질하면서 고루한 것으로 여기지 않는 이가 없다. 그러나 생존한 늙은 분

以功利爲急務, 敎化爲餘事. 自王宮國都 以及州縣, 凡曰 敎基 鮮不廢墜."

219 《稼亭集》권2, 金海府鄕校水軒記(충숙왕 복위5, 1336, 8월).

220 《稼亭集》권9, 送白雲賓還都序(충혜왕 복위 1, 1340) "世之挾儒術釣爵位者, 旣得爵位, 則有芻狗詩書者矣. 或急於進取, 變而之它, 或老而無成, 反謂誤身者亦有之矣."

221 《稼停集》권9, 寄朴持平詩序 "近世士大夫, 多令家奴代之, 終且私爲復其身, 任其所之, 故爲奴隷者爭欲爲之, 夫小人之急於利, 猶君子之重於義, 人子之念親, 豈不如奴隷之愛主乎? 顧牽於習俗不爲之耳.持平平居, 奉其親無所不至, 及其歿而能以禮葬, 葬而能以制終. 又能廬墓以盡哀, 其敦薄俗而激頹風者多矣."

222 《高麗史節要》권22, 忠烈王4(29년 6월 계축)(580쪽) "…… 此所以廉恥日喪, 世道日降也."

들이 법을 바로 잡는 바가 여전히 있었지만 근래에 모두 세상을 떠나니 풍류가 아주 없어졌다."[223]고 하였고, 선비들은 염치를 닦는 이가 적고 집집마다 겸병을 다툰다[224]고 하였으며, "임금님께 총애를 받던 한 내시에게 가보니, 어린 사대부들이 모두 그의 손님으로 있고 그 집 대문은 시장바닥 같았는데, 조금 있다 내시가 나오자 손님으로 온 사대부들은 절하고 무릎을 굽히는데 혹시라도 남보다 뒤질까 두려워하였다. 나는 선비가 이래서는 안 된다고 생각하여 예법에 맞게 그와 상대하려고 하였으나. 내시는 거만하게 나를 바라보고는 곧 말에 올라 돌아보지도 않고 가버렸다. 나는 부끄럽기도 하고 억울하기도 하여 물러났다."[225]고 하였다.[226] 유학자들이 본성을 함양하고 염치를 닦으며 도의를 실천하는 것과는 거리가 있음을 보여 주는 것이다. 이처럼 이곡이나 최해 등 유학의 본령에 충실한 사람들은 유학자들의 태도와 처세를 비판하고 있었다.

이곡은 자신이 지향하는 유교적 이상 사회의 모델을 하·은·주 삼대, 가깝게는 원나라에서 구했다. 이는 그가 원의 성립을 새로운 문명국가를 여는 시기로 파악한 결과였다. 이곡은 원의 건국이 중국의 오랜 혼란을 수습하고 성군과 명신이 출현하며 같은 문자와 수레를 쓰게 함으로써 풍속을 변화시켰다고 보면서 원의 성립을 찬양하였다.[227]

---

223 《拙稿千百》 권1, 全柏軒墓誌 "至元大德間, 上有天子之明, 四海乂安, 而太師忠烈王, 以世勳懿戚之重, 坐鎮東方三十有五年. 是時士習忠厚, 不勸自修, 其登天朝者, 已不在論, 降而仕於王國, 人皆謹防, 恥爲浮薄邪僻之行, 自三二十年來. 俗風日潰, 無隄可遏, 間有擧其當時事者, 莫不嗤點以爲固然, 見遺老典刑猶在, 近又相繼隕謝, 風流頓盡. 嗚乎. 可勝嘆也哉."

224 《拙稿千百》 권1, 問擧業諸生策二道 "士罕修於廉恥 家爭效於兼并."

225 《拙稿千百》 권1, 崔大監墓誌.

226 이제현은 당시의 세태를 꼬집어 말하였다. 근래에 어떤 고관이, 鳳池蓮이란 늙은 기생을 희롱하면서 "너희들이 돈 많은 중(僧)은 따르면서 사대부가 부르면 왜 그렇게 늦게 오느냐?" 하니 그 기생은 "요즈음 사대부들은, 돈 많은 장사치의 딸을 데려다가 두 살림을 꾸리거나 아니면 그 비로 妾을 삼는데, 우리가 진실로 승려와 속인을 가린다면 어떻게 아침저녁을 지내란 말이오?" 하므로 사람들이 부끄러워했다(《櫟翁稗說》 前集1).

충숙왕 복위 3년(1334, 원통 2년) 4월 원의 교육 조칙을 가지고 고려
로 귀국할 때 송별시의 서를 쓴 진려陳旅는 이곡에게 "그대가 돌아가서
나라 사람들과 여러 벗들에게 황상은 문명文明한 덕을 지니신 분으로,
유능한 인재는 출신 성분을 따지지 않고 등용하시기 때문에 먼 곳의 사
람들도 비루하게 여기지 않는다는 말을 전하라."228고 하였고, 함께 송별
시를 쓴 반적潘迪도 "문명이 지금보다 성한 때는 과거에 없었다"229고 하
였다. 같은 시대 최해는 "지금 원나라가 위에 있어 지극한 인과 풍성한
덕을 베풀어 천하를 기르고 있으며, 고려는 첫 번째로 귀부하였기 때문
에 대대로 혼인하였고, 엄격한 법도를 잘 지켜 상하가 서로 즐거워하며
변경에 조그만 경계도 없고 풍년이 들고 있으니, 실로 천년에 오는 태평
성대"230라고 하였다. 이곡과 교류한 원 관리 왕기王沂는 고려는 중국과
멀리 떨어져 있지만 전쟁이 사라져 기름진 들판에 밭을 갈고 김을 매면
서, 때에 알맞게 바람이 불고 비가 내리며 논밭에서는 갑절이나 더 곡식
이 생산되는 태평성대가 되고 있는데 이는 원나라의 공이라고 하였다.231

이곡이 문치를 지향하면서 원을 모델로 삼은 것은, 당시 유학자들이
원 관광觀光을 통하여 원 문화 수용에 적극적이었던 사실에서 알 수 있

---

227 《稼亭集》 권3, 趙貞肅公祠堂記 "其大槩曰, 天下之生久矣. 一理一亂. 近自唐家旣衰, 五季
大亂, 遼金與宋, 南北分裂, 戰爭不息, 生民之塗炭極矣. 天開景運, 聖人繼作, 名臣輩出, 一六
合定群志, 同文軌變風俗. 易曰, 大哉! 乾元. 萬物資始, 其惟皇元乎?"

228 《稼亭集》 권20, 稼亭雜錄 送李中父使征東行省序(진려) "余壯其行告之日, 子歸見邦人諸友,
宜言上文明, 立賢鄙方, 未嘗鄙夷遠人. …… 元統二年四月十八日, 國子助教莆田陳旅 序."

229 《稼亭集》 권20, 稼亭雜錄(潘迪) "…… 亘古文明莫盛今 ……"

230 《拙稿千百》 권1, 海東後耆老會序.

231 《稼亭雜錄》 稼亭記(王沂) "三韓去京師數千里. 重江複關之阻, 海隅障徼之聚. 襏襫鉏耒於
衍沃之野, 視晨昕以作止, 候寒暑以發斂者, 風雨時若, 田出以倍. 抱鼓之警不聞, 室家之樂怡如
也, 可不知其所自耶. 而況釋耒耜而軒冕者, 又可不知其所自耶. 聖朝薄海內外, 罔不臣妾. 德之
所并容徧覆, 恩之所涵煦生養, 聲敎之所漸被. 田畍井飲者, 固與草木昆蟲游泳太和, 莫知其然,
士而軒冕者, 可不知所以報耶."

다. 이곡은 고려에서 관광하러 온 생도와 함께 여경의 서산을 노닐었다.[232] 그리고 1335년 3월 정동행성의 일을 보고 원으로 돌아가는 이곡에게 보낸 안보의 송시에는 《주역》의 관광 구절을 인용하여[233] 원의 관원이 되어 원의 문명을 살펴보라는 덕담이 담겨 있었다.[234] 이곡의 아들인 이색은 원 문화의 수용을 의미하는 원 관광을 자주 언급했다. 이색은 자신이 옛날 원나라 수도에서 학교에 다닐 때 원 유학자들 집집마다 문집을 쌓여 두고 연구하고 시를 짓는 모습을 연상하며 김지에게 책 편집을 격려하고,[235] 숙손통이 노나라 유생을 초빙하여 한나라 예를 제정하여 질서를 바로잡은 것이나 한 문제 때 장군 주아부周亞夫가 군령을 엄격한 것을 두루 관광하라고 하였다.[236] 이숭인[237]이나 정도전[238] 역시 원나라의 유교 문화를 고려사회에 실현해야 할 문명으로 이해하였다.

이곡은 성리학자로서 유교의 문치를 실현하며 유교 문명사회를 건설하려 하였다.[239] 곧 문리,[240] 문치, 우문,[241] 인문 이념을 확산하여[242]

---

232 《稼亭集》 권16, 與東國觀光諸生遊西山.

233 《周易》 風地觀卦 六四 "觀國之光 利用賓于王"

234 《稼亭集》 雜錄 送奉使李中父還朝序(竹溪安輔) 送詩 "答策當年利用賓 來時衣錦俸絲綸 東關竊識棄緇士 南郡歸榮斷織親 去國行遲因愛日 朝天期迫欲隨春 見君騰躍靑雲興 始信詩書不負人."

235 《牧隱集》 권10, 又賦八句, 贈秘書 "我昔觀光在帝都, 每從縫掖謁鴻儒, 家家文集堆如岳, 處處詩聯走似珠, 旰矣莫窺愁滿眼, 掬之不得汗流膚, 秘書異日如相示, 天幸方知在老夫."

236 《牧隱集》 권14, 夜吟.

237 《陶隱集》 권2, 우왕 12년 丙寅十二月十六日赴京師 此下八首出奉使錄.

238 《三峯集》권3, 陶隱文集序.

239 문치는 유학의 문명, 인문 개념과 연관되어 인문이란 인간의 문명을 지칭하고 문명과 같은 개념이 된다. 《주역》에서 인간 만사의 변화를 해명하는데(《주역》乾卦 "見龍在田 天下文明"), 인간이 공력을 가해 빛나게 하는 상태를 문명으로 형상화한다(《주역》賁卦"觀乎天文 以察時變 觀乎人文 化成天下"). 천지간에서 인간 사회의 제도를 마련하고 그 삶을 위해 문물을 개발한다. 문명은 마치 해가 떠서 어둠이 걷히고 세상이 밝아오는 인류적 이상의 구현태라고 할 수 있다(林熒澤, 〈고려말 文人知識層의 東人意識과 文明意識〉, 《牧隱 李穡의 生涯와 思想》, 1997).

인간의 도덕적 본성을 전제로 인간 상호 간의 신뢰와 존중으로 인륜 도덕 사회를 실현하고자 한 것이다. 문치는 주 문왕의 통치를 표현한 것으로, 부국강병을 지향하는 공리적 국가나 형정 위주의 국가 운영에 대비해서 학술 진흥과 문물 정비를 통해 국가를 운영하는 것을 가리킨다. 문교를 숭상하여 교화를 넓혀 성인의 도를 실현한다는 것이다. 이는 이곡이 고려가 다시 일어날 중흥의 시대, 또는 삼한이 다시 세워지는 시기[243]로 파악하면서 고려가 태평성대[244]가 되는 실제의 이상사회상을 제시하는 것이라 하겠다.

이곡의 유교 문명사회, 문치의 지향은 이색과 정도전에게 이어진다. 이색은 문치 사회, 문명사회를 지향하면서 공민왕과 우왕대의 문치적 요소를 드러내고자 하였다. 이색은 고려 왕실의 권위를 회복하고 유학과 문물제도의 정비로 인문을 넓힌 공민왕과 우왕의 공적을 높이 평가하였다. 이색은 자신이 공민왕을 도와 예를 잘 닦고 인문을 넓혔다[245]고 하였고, 우왕의 시대를 유학을 숭상하고 문치를 지향한 태평성대로 평가하였다.[246] 문치, 문교가 이루어져 글을 숭상하고[247] 문교를 숭상하여 교

---

240 《牧隱集》文藁 권13, 書上札補正雪菴大字卷後 "元興百餘年, 文理大洽, 四方學士, 咸精其能, 蔚乎 一代之盛矣."

241 《益齋亂藁》권8, 乞免書筵講說 擧贊成事安軸, 密直副使李穀自代牋 "…… 右文之化 ……"

242 《稼亭集》권9, 賀崔寺丞登第詩序 "本國法唐休宋, 世尙文士, …… 矧聖元右文, 再下科詔, ……"

243 《稼亭集》권3, 趙貞肅公祠堂記 "貞肅公生於太宗九年丁酉歲. 時甫收汴蔡, 天下幾定, 而南征西伐, 尙猶未已. 本國雖已歸附, 而制於權臣, 萬都江華, 述職不時. 以致天兵壓境, 此亦國步安危之機, 人心向背之際, 俗習遷變之始, 而三韓之再初也. 當是之時, 夷夏始通, 宣上德達下情, 動資舌人, 而公以能華言善辭令, 拔擢飛騰, 始則束帶立朝, 與賓客言, 終則尊主庇民, 爲社稷臣, 觀公之生, 豈偶然哉?"

244 《稼亭集》권17, 病中述懷 "更逢東國太平時."

245 《牧隱集》詩藁 권22, 一上人爲僕淨書, 亂道間被選書大藏, 追福玄陵也. …… 以副國家追福玄陵之意. 吟成一首以誌 "…… 論道講藝宣人文 ……"

246 《牧隱集》文藁 권8, 贈宋子郊序 "中原多故以來, 我東方崇儒右文, 無異太平之世."

화를 드높였다는 것이다.[248] 이색의 제자 이숭인은 강회백이 대언이 된
것을 축하하는 글에서, 우왕이 총명하고 옛 것을 상고하여 인재를 등용
하면서 빠진 자가 있을까만을 염려하므로 문교의 다스림이 크게 일어났
다고 하였다.[249] 이는 이색이 공민왕과 우왕을 평가하면서 도가 잘 닦여
져 예악과 문물이 넓어진 시대, 곧 경학을 숭상하고 인재를 양성하는 시
대를 이상으로 본 것과 연관된다.[250]

　이러한 문치론은 정도전에게 계승된다. 정도전은 우왕 14년에 명나라
가 중국을 통일하고 문치를 행하여 예악을 제정하고 인문을 닦아 천지
의 질서를 바로잡을 이때가 문치사회를 실현할 적기라고 보았다.

　해 달 별은 하늘의 문이고 산천초목은 땅의 문이며, 시서예악은 사람의
문이다. 그러나 하늘의 문은 기로써 되고 땅의 문은 형으로써 되지마는
사람의 문은 도로써 이룩되는 까닭에, 문을 '도를 싣는 그릇이다'라고 하
니, 그 도만 얻게 되면 시서예악의 가르침이 천하에 밝아지고 해· 달·별
이 순조롭게 행하고 만물이 골고루 다스려져, 문의 성대함이 여기에 이르
러 다하게 됨을 말한다. 선비가 천지의 사이에 나서 빼어난 기운을 받아
문장으로 그를 나타내는데, 또는 천자의 뜰에서 드날리고 또는 제후의 나
라에서 벼슬을 한다. …… 명나라가 천명을 받아 그 황제가 천하를 차지
하게 되자, 덕을 닦고 무를 지양하면서 문자와 제도를 통일하였고, 예악을
제정하고 인문을 육성하여 천지의 질서를 바로잡고 있다. 지금이 바로 그
때이니 ……[251]

<hr />

247 《牧隱集》詩藁 권25, 閔子復來言,'已得廟學碑石, 將置館中'. 子曰, 朝廷右文之美如此, 斯文
　其興乎. 吟爲一首. 八月十九日也.「馬巖東畔水如城, 一朶峯前地勢平, 吾道興衰關國體, 王風升
　降本民情, 詩書禮樂乾坤大, 日月星辰政敎明, 幸値右文身已老, 更慚病眼敎諸生.」

248 《牧隱集》詩藁 권33, 頌綠右文此日方崇化.

249 《陶隱集》 권4, 賀姜代言詩序 "今殿下聰明稽古, 登用人材, 惟恐有遺, 文理大興."

250 박종기, 〈이색의 당대사(當代史) 인식과 인간관〉, 《역사와 현실》 66, 2007, 352-358쪽.

인간의 문명 상태인 인문人文은 천문天文과 지문地文과 다르다. 해 달별의 천문과 산천초목의 지문과 달리 인간의 도인 시서예악이 드러난 것이 인문이다. 천문, 지문은 자연 그대로이지만 인문은 인간의 작위, 곧 인공이 가해진 문이다. 문은 도를 싣는 그릇이 되는 것이다. 도만 얻게 되면 시서·예악의 가르침이 천하에 밝아서 해·달·별이 순조롭게 행하고 만물이 골고루 다스려지므로, 문의 극치는 여기에 이르러야 이룩된다. 이때 선비가 천지 사이에 나서 빼어난 기운을 받아 문장으로 그를 표현한다. 즉 사는 천지 사이에 생을 영위하고 그 빼어난 기를 모아 문장으로 발휘하거나 천자의 조정에서 드날리고 자기 나라에서 국가 운영을 맡기도 한다. 문장에 대한 정도전의 생각은 주돈이의 '문소이재도야文所以載道也'와 비슷하게 '문자재도지기文者載道之器'라고 하여, 사장을 배격하고 도덕을 중시하는 성리학의 문이재도적 문학관을 견지하였다. 정도전은 천자국이면서 문명국인 명이 중국을 통일한 이때가 유교 문명으로 천하를 일신하여 인문으로 천지의 질서를 세울 때라고 판단하였다. 성리학의 수용으로 유학만을 바른 학문(正學)으로 파악하고, 유학에서 제시하는 문리·문치·우문·인문 이념을 현실에 실현하려고 하였다. 위화도 회군을 통하여 새로운 변화를 모색하는 시점에 유교 문명이 실현되는 이상 사회를 지향하는 주장을 밝혔던 것이다.[252]

원 간섭기 성리학 수용 초기는 불교와 구분되는 유학을 정통, 정학으로 하는 의식을 강화하고 유교 사회화의 기초를 수립한 시기라 할 수

---

251 《三峰集》권3, 陶隱文集序(무진 10월) "日月星辰, 天之文也. 山川草木, 地之文也. 詩書禮樂, 人之文也. 然天以氣, 地以形, 而人則以道. 故曰文者, 載道之器, 言人文也得其道, 詩書禮樂之敎, 明於天下, 順三光之行, 理萬物之宜, 文之盛至此極矣. 士生天地間, 鍾其秀氣, 發爲文章, 或揚于天子之庭. …… 皇明受命, 帝有天下, 修德偃武, 文軌畢同, 其制禮作樂, 化成人文, 以經緯天地, 此其時也. ……"

252 도현철, 〈정도전의 문치사회론의 성격〉, 《다산과 현대》 7, 2014; 〈성리학의 수용과 문치 확대〉, 《역사비평》 125, 2018.

있다. 당시는 염치의 도가 없어지고 서로의 이익만 다투며, 유학을 공부하는 사대부도 물질적 부를 좇아가는 등 유교에서 말하는 교화의 부진, 염치의 훼손, 윤리도덕의 타락 현상에 대한 비판이 제기되었다. 이에 이를 극복하는 방법으로 유학의 의미를 조망하고, 유학의 본래 문제의식을 견지하는 성리학을 통하여 인륜적 가치를 발견하고 인문 의식을 고양하는 여건을 마련하고자 했다. 그리하여 천성天性에서 유래하는 반드시 지켜야 할 당연한 도리로 인륜을 파악하고 인륜 도덕을 확립하는 문풍 교화에 대한 개선 방향을 제기하게 되었던 것이다.

원 관료로서 고려의 유교 사회를 지향하는 이곡은 성리학의 선진성을 인지하면서 불교 국가 고려의 현실적 여건을 반영하여 불교의 교리를 긍정하고 불교의 교화, 윤리 기능을 인정함으로써 불교와 성리학의 공존을 도모하게 된다. 이러한 의미에서 이 시기를 불교적 문치와 유교적 문치의 병존시기라고 할 수 있다. 하지만, 모순되는 이념인 불교와 성리학의 공존은 사회 모순이 심화되고 성리학과 불교가 상극이라는 인식, 곧 불교는 출가를 허용하여 임금도 모르고 아비도 모르는 금수의 종교라는 인식을 확산시킨다. 결국 고려 말 사회개혁이 전개되고 배불론이 제기되면서 유교 단독의 교화 사회가 더 구체화하게 된다.

제5장

역사관과

경 중시의 성리학

1. 역사관과 한국사 체계

1) 순환론적 역사관과 중국사의 유학적 이해

이곡은 역사가로서 성리학적 역사관을 견지했다. 그는 《춘추》가 포함
된 원 제과시험 합격자로서, 이제현·안축·이인복·안진 등과 함께 민지의
《본조편년강목》을 증수하여 《증수편년강목》[1]을 완성하였고, 《충렬왕실
록》·《충선왕실록》·《충숙왕실록》의 3조 실록을 찬술했다.[2] 이 실록은 공
민왕이 유숙에게 명하여 해인사에 보관하게 했다.[3] 이곡은 사씨史氏의
말을 빌려 '삼종지의三從之義'[4], '군자'[5]에 사론史論을 쓰면서 유학적 역사

---

1 《高麗史》 권37, 世家37 忠穆王1(상책, 745쪽); 《高麗史》 권110, 列傳23 李齊賢(하책, 417
쪽) "(충목왕 2년) 冬十月庚申, 教曰, 太祖開國四百二十有九年于玆, 其間典章文物, 嘉言善
行, 秘而不傳, 何以示後? 故我忠宣王, 命臣閔漬修編年綱目, 尙多闕漏, 宜加纂述頒布中外. 乃
命府院君李齊賢· 贊成事安軸·韓山君李穀·安山君安震·提學李仁復撰進."

2 《牧隱集》 文藁 권15, 有元奉議大夫征東行中書省左右司郎中·高麗國端誠佐理功臣·三重大匡興
安府院君·藝文館大提學·知春秋館事·諡文忠公稼隱先生李公墓誌銘(并序)(우왕 6년) "…… 是
歲先君稼亭公建言修忠烈·忠宣·忠肅三王實錄, 益齋李侍中·謹齋安贊成, 分年秉筆, 公亦與焉.
……"; 《高麗史節要》 권25, 忠穆王(2년 10월)(657쪽) "教曰, 太祖開國四百二十有九年于玆,
其間典章文物, 嘉言善行, 秘而不傳, 何以示後, 故我忠宣王, 命閔漬, 修編年綱目, 尙多闕漏,
宜加纂述, 頒布中外, 乃命府院君李齊賢, 贊成事安軸, 韓山君李穀, 安山君安震, 提學李仁復,
撰進"; 《高麗史》 권37, 世家37 忠穆王1(상책, 745쪽) "(충목왕 2년) 冬十月庚申, 教曰, 太祖
開國四百二十有九年于玆, 其間典章文物, 嘉言善行, 秘而不傳, 何以示後? 故我忠宣王, 命臣閔
漬修編年綱目, 尙多闕漏, 宜加纂述頒布中外. 乃命府院君李齊賢· 贊成事安軸·韓山君李穀·安
山君安震·提學李仁復撰進."; 《高麗史》 권109, 列傳22 李穀(하책, 391쪽) "與李齊賢等, 增修
閔漬所撰編年綱目, 又修忠烈忠宣忠肅三朝實錄."

3 《牧隱集》 권18, 有元高麗國·忠勤節義贊化功臣·重大匡·瑞寧君·諡文僖·柳公墓誌銘并書 "明年
丁亥, 忠烈·忠宣·忠肅實錄旣成, 命公馳駬, 藏之海印史庫."

4 《稼亭集》 권1, 曹氏節婦傳 "…… 史氏曰 ……"

관을 보여 주었고, 이색이 아버지 이곡과 함께 "태사로 가업으로 전하는
건 우리 부자뿐이라."[6]고도 하였다.

이곡은 유학의 역사관에 입각하여 원을 중국의 정통 왕조의 하나로
설명하였다. 한번 다스려지고 한번 혼란해진다는 유교의 역사관에 근거
해서 당나라가 쇠하자 오대가 번갈아 일어나 혼란스러웠고, 요와 금이
송과 남북으로 분열되어 전쟁이 지속되고 생민이 도탄에 빠졌는데, 원나
라가 일어나 천하를 통일하였다[7]고 하였다. 《맹자》의 일치일난[8]의 순환
적 역사관을 전제하면서 중국의 왕조 교체를 설명하고 원나라의 건국을
정당화하였다.

이러한 태도는 정동행성 향시 문제의 대답에서도 드러난다. 향시의 문
제는 국가의 재용이 차고 비는 것과 호구의 증감은 왕정의 근본이 되고
국체의 안위가 되는데 수나라와 당나라를 참고하여 볼 때 나라의 기틀
을 지키면서 무궁한 기업을 향유하려면 무엇에 힘써야 할지를 물었다.[9]

이곡은 유학의 역사관에 기초하여 왕정 득실의 단초와 국체 안위의
근본에 대하여 정리했다. 그에 따르면, 천하가 생긴 이래로 한 번 다스
려지면 한 번 어지러워지고, 한 번 성해지면 한 번 쇠해지곤 하였는데,
이는 시대의 운세에 따른 기운의 변화(關於時運氣化而已)와 관련되는 것이
라고 하였다. 즉 여름에는 더위가 겨울에는 추위가 극에 달하는데, 봄이
따뜻한 것은 더위가 닥칠 조짐이고, 가을이 서늘한 것은 추위가 닥칠 조

---

5 《稼亭集》 권1, 竹夫人傳 "…… 史氏曰 ……"

6 《牧隱集》 詩藁 권16, 自詠 "太史傳家唯父子."

7 《稼亭集》 권3, 趙貞肅公祠堂記 "其大槩曰, 天下之生久矣. 一理一亂. 近自唐家旣衰, 五季大
亂, 遼金與宋, 南北分裂, 戰爭不息, 生民之塗炭極矣. 天開景運, 聖人繼作, 名臣輩出, 一六合
定群志, 同文軌變風俗. 易曰, 大哉！ 乾元. 萬物資始, 其惟皇元乎?"

8 《孟子》 滕文公章句下 "孟子曰, 子豈好辯哉？ 予不得已也. 天下之生久矣, 一治一亂."

9 《稼亭集》 권13, 鄉試策 "問. 財用之盈虛, 戶口之增減, 乃王政得失之端, 國體安危之本. 有國
者所當深計也. …… 然則守全盛之基, 享無疆之業者, 果何事歟?"

짐이며, 이 조짐이 점점 확대되고 쌓여 더위와 추위가 극에 이른다는 것이다. 이렇게 해서 한 번 추워지고 한 번 더워지는 현상이 끝없이 순환하는 것인데, 수와 당의 재용이 차고 비는 것이나 호구가 늘고 주는 것도 이와 같은 현상이라고 하였다.[10] 즉 수가 진나라를 평정한 초기에 호구가 겨우 400여 만에 불과하였지만 천하를 통일한 뒤 그 수가 배가 된 것은 당시의 형세에 따른 것이고, 수 양제가 아무리 사치했어도 갑자기 쇠미해지지 않고 당 태종이 근검절약했어도 쇠락해진 것은 조금씩 추워지고 점차로 더워지는 것과 같은 형세 때문이라고 하였다. 그러므로 성쇠가 순환하는 것은 비록 백세가 지난 뒤에라도 알 수가 있는 것으로, 천하를 잘 다스리려면 성쇠의 단서가 되는 현상을 잘 관찰해서 이에 대한 대책〔觀其盛衰之端而爲之慮〕을 미리 강구해야 한다고 대답하였다.[11] 여기에서 이곡이 형세를 중시하는 역사 인식, 곧 형세에 따라서 수와 당의 흥망성쇠, 재용의 넉넉함과 부족함, 인구의 증가와 감소 현상이 나타난다고 본 것을 알 수 있다.

유학자로서 형세를 중시하는 사고는 이곡이 관직을 구하는 글에서도 볼 수 있다. 그는 정당에 올리는 글에서 《맹자》에서 지혜가 있어도 형세를 타는 것보다 못하다[12]고 하였는데, 지금 밝은 군주의 시대에 무엇이

---

10 《稼亭集》 권13, 鄕試策 "善言天者必有徵於人, 善言古者必有驗於今. 愚請以天人古今之理明之. 夫天下之生, 一理一亂, 一盛一衰者, 關於時運氣化而已. 夏之暑冬之寒極矣, 而春秋居其間. 春之溫者, 暑之漸秋之凉者, 寒之漸, 漸之積之, 而至於極矣. 而其所以一寒一暑者, 循環無窮焉, 彼隋唐之財用盈虛, 戶口增減亦猶是也."

11 《稼亭集》 권13, 鄕試策 "故隋高祖平陳之始, 戶口纔四百餘萬, 及乎天下爲一, 稍加休養, 至于三十年, 則數之增倍焉. 此非乘其極衰之勢而致之然歟. 雖以煬帝之窮奢極侈, 未能遽變盛而爲衰, 太宗之勤儉致理, 亦未能遽變衰而爲盛, 此漸寒漸暑之勢也. 故漸至於開元, 而後致其富庶, 而開元之後, 亦復衰焉. 善爲天下者, 觀其盛衰之端而爲之慮, 苟至於極, 雖聖人亦未能有所爲者, 理勢之然也. 愚故以天人古今之說復之."

12 《孟子》公孫丑章句上 " …… 齊人有言曰, 雖有智慧, 不如乘勢, 雖有鎡基, 不如待時. 今時則易然也. ……"

하늘이고 무엇이 명인 줄을 알고 있는 자신에게 일할 수 있는 기회를 달라고 요청하였다.[13] 이때 형세 곧 돌아가는 사정과 시기를 파악하고 이에 따르는 것이 중요하다고 하였는데, 유학자로서 인의 도덕을 기본으로 하면서도 형세도 중시하는 역사관을 보여 준다고 할 수 있다.

한편, 이곡은 자연 현상에 대한 유학의 관점 곧 인간 중심적 사고를 제시하였다.

홍수와 가뭄은 과연 하늘이 정한 운수인가, 아니면 사람의 일인가. 요임금과 탕임금 때에도 면하지 못하였으니 하늘의 운수라고 할 수도 있고, 길흉의 효험이 있으니 사람의 일이라고 할 것이다. 옛사람들은 인사人事를 닦아서 천수天數에 대응했기 때문에 9년과 7년의 재앙을 당해도 백성이 힘들지 않았다. 그런데 후세 사람들은 하늘의 운수에만 맡기고 사람의 할 일을 하지 않아서, 1, 2년 동안의 재난만 당해도 백성의 시체가 도랑과 골짜기에 있게 된다. 나라는 달마다, 해마다 살펴보고 물자를 저장하여 대비한다면 사람의 일을 다했다고 할 것이다. 작년에 홍수와 가뭄으로 백성이 매우 괴로워하여 여러 면에서 구하고 치료해도 그 요령을 얻지 못하고 있으니 그 이유는 무엇인가. …… 백성이 자기 목숨을 맡기는 자는 관리이다. …… 지금 관리는 그렇지 않다. 가령 두 사람이 다투어 소송하는데 갑이 관리에 뇌물을 주면, 을은 소송할 이유가 없게 된다. 백성이 어찌 원한을 품고 죽지 않으며, 그 원한의 기운이 화기를 해치지 않겠는가. 이것이 홍수와 가뭄을 부르게 된 이유이다. …… 만약 지금 백성이 옛날의 관리를 만나게 하고, 지금 관리는 옛날의 감사를 한번 보게 하며, 지금 옛날 감찰을 한번 보게 한다면, 우리 백성은 재앙의 구렁에 빠지는 것을 면할 것이다. 그렇다면 하늘이 정한 운수든 사람의 일이든 그 요점은 탐관오리를 제거하는 것일 따름이다. 탐관오리를 제거하려고만 한다면

---

13 《稼亭集》 권8, 上政堂啓(33세, 충혜왕 즉위) " …… 所可喜者時遇明君, 所可悲者家存老母. 然知其天也命也, 故異乎人之求之, 豈無膏沐, 誰適爲容, 雖有智慧, 不如乘勢, ……"

그 방법은 국가 법에 모두 명시되어 있으므로, 이 법을 행하는 자에게 달려 있을 뿐이다.[14]

이곡은, 홍수와 가뭄과 같은 자연 현상은 천수인가 인사인가, 곧 하늘의 운수인가 사람의 일인가를 질문하면서, 백성이 자기 목숨을 맡기는 자는 관리인데, 뇌물의 부정으로 백성이 원한을 품고 죽으면 그 원한의 기운이 화기를 해친다고 보고, 이것이 홍수와 가뭄을 부르게 된다고 하였다. 홍수와 가뭄은 인사, 곧 사람의 일과 연관된 것이므로 백성의 원통함을 없애고 탐관오리를 뿌리 뽑는 것이 필요하다고 본 것이다. 이때 탐관오리를 없애는 것은 나라의 법과 그 법을 운영하는 관리의 손에 달려 있다고 하여 고려의 법제를 존중하는 가운데 이를 운영하는 관리의 역할을 중시하고 있음을 알 수 있다.

이곡이 자연재해를 현실 정치의 잘못과 연결시킨 것은 충숙왕 복위 4년(1335)에 동녀 요구를 그만둘 것을 청하는 글에서도 알 수 있다. 옛날 동해에 억울한 여인[冤婦]이 있자 3년 동안 큰 가뭄이 들었는데, 근년에 홍수와 가뭄이 갈마들며 굶어 죽는 백성들이 많아, 그들의 원망과 탄식이 화기和氣를 상하게 해서 홍수와 가뭄을 오게 한다. 원나라에서 동녀를 고려에서 구하여 가는 일은 억울한 기운이 화기를 손상시키는 것이니 이를 중지하여 원망을 없애고 화기를 불러들여 만물이 제대로 자라나게 해 달라[15]고 하였다.

---

14 《稼亭集》권1, 原水旱 "水旱果天數乎? 果人事乎? 堯湯未免, 天數也, 休咎有徵, 人事也. 古之人修人事以應天數, 故有九七年之厄而民不病. 後之人委天數而廢人事, 故一二年之災, 而民已轉于溝壑矣. 國家非惟省歲月日, 且有儲備, 人事可謂修矣. 自去年之水旱而民甚病, 多方救療之不得其要, 何哉? …… 夫民之寄命者有司. ……今之有司則不然. 設二人爭訟, 甲若有錢, 乙便無理, 其民安得不死冤, 其氣安得不傷和乎? 此所由召水旱也. …… 苟使今之民, 一見古之有司, 今之有司, 一見古之監司, 今之監司, 一見古之監察, 則吾赤子庶免溝壑矣. 然則天數也人事也, 其要去貪而已. 如欲去貪則有成憲具在, 擧而行之, 在乎宰天下者耳. 作原水旱."

유학에서 자연 현상에 대한 도덕적 해석은 한나라 동중서(B.C.179-104)
의 천견설天譴說에서 유래한다. 천견설은 천인감응에 입각한 천인상관의
논리가 전제된다. 천인합일사상은 하늘과 인간이 상호 영향을 준다는 것
이다.[16] 사람의 행위가 천의에 부합하면 하늘은 기뻐하고 그것을 위반하
면 진노한다. "국가가 도를 잃게 될 때 하늘이 먼저 재해를 내어 꾸짖음
으로 경고한다. 자성할 줄 모르면 다시 이변을 내어 경고한다. 그래도
변하지 않으면 마침내 패망하게 한다. 이는 하늘이 군주를 사랑하고 혼
란을 그치게 하려는 마음에서이다."[17] 이는 군주가 도를 잃지 않도록 하
늘이 제재한다는 것이다. 그러나 이를 통해 역으로 하늘은 군주를 애호
한다는 것, 군주의 권위는 신에게서 부여받는다는 것이 증명된다고 한다.

자연의 변화를 군주의 정치와 연결시키는 주장은 고려왕조 내내 나타
난다. 군주가 잘못하여 백성의 원성이 쌓이면 사기邪氣가 생기고 이것이
자연 음양계의 난조를 가져오게 하여 결국 자연재해와 같은 이상 기후
를 불러오며, 반대로 군주가 정치를 잘하면 화기和氣가 돌아 결국 상서
로운 징조로 나타난다는 것이다. 천재지변과 같은 자연재해를 군주를 포
함한 지배층의 잘못으로 이해하였다. 자연재해를 자연 현상 그 자체로
파악하는 것이 아니라 군주와 그의 행적 속에서 판단하게 함으로써 군
주의 반성과 성찰을 유도하였다.[18] 말하자면, 이곡은 유학의 순환론적

---

15 《高麗史》권109, 列傳22 李穀(하책, 388쪽) "元屢求童女于本國, 穀言於御史臺請罷之, 代作
　　疏曰, ……";《高麗史節要》권24, 忠肅王(후4년 윤12월(637쪽)) "典儀副令李穀在元, 言於御
　　史臺, 請罷求童女, 爲代作疏曰, ……";《稼亭集》권8, 代言官請罷取童女(1335년) "…… 昔
　　東海有冤婦, 三年大旱, 今高麗有幾寃婦乎? 比年其國水旱相仍, 民之飢殍者甚衆, 豈其怨嘆能
　　傷和氣乎? …… 其冤氣傷和又何如也. …… 消怨致和, 萬物育焉 不勝幸甚."

16 日原利國, 《春秋公羊學の研究》, 創文社, 1975;《漢代思想の研究》, 研文出版, 1986; 田中紗
　　已 著, 《兩漢思想の研究》, 研文出版, 1986; 堀池信夫, 《漢魏思想史研究》, 明治書院, 1988.

17 《漢書》권56, 列傳26 董仲舒 "武帝卽位, 擧賢文學之士前後百數, 而仲舒以賢良對策焉.
　　…… 仲舒對曰 ……"

18 李熙德, 〈董仲舒의 災異說과 高麗時代의 政治〉, 《黃元九敎授定年紀念論叢 東아시아의 人

역사관을 견지하고 동중서의 천견설을 바탕으로 하늘과 인간을 연관시키
는 천인상관의 논리로 인간의 잘잘못을 지적하고 자연 현상에 대한 도
덕적 해석을 가하였다.[19]

이곡은 원 관학 성리학을 수용하였고 성리학적 세계관과 인간론 그리
고 역사관을 견지하였다. 그는 성리학의 역사관에 충실했고 유학의 역사
관을 바탕으로 중국사를 이해하였다. 그는 구법당 계열의 사마광을 긍정
하고 신법당 계열의 왕안석을 비판하였다.[20] 고려는 원과의 긴밀한 관계
속에서 만권당이나 정동행성을 통해 원 관학 성리학을 수용하였으므로,
당대 지식인에게 성리학적 역사관은 주요한 학문적 기반으로 자리 잡고
있었다.[21]

원래 유교의 역사관은 감계[教訓]주의, 상고주의, 순환주의, 선례의 중
시라는 특징을 가지고 있다.[22] 송대 성리학이 성립되면서 명분과 의리가
중시되고 윤리적 성격이 더욱 강조되었다. 성리학을 집대성한 주희가 명
분과 의리를 무엇보다도 중요시하였기 때문이다. 주희는 역사의 내면에
흐르는 어떤 정의로운 힘에 대한 신뢰를 포기하지 않았다.[23] 주희는 《자
치통감》을 계승하여 《춘추》의 대의와 명분을 기준으로 강과 목으로 나누

間像》, 1995.

19 유교적 재이설의 한 유형인 동중서의 천견설은 널리 이해되었는데, 세종대 천문연구를
   통하여 미신적인 인식에서 벗어나 합리적인 인식으로 점차 바뀌어 갔다(李泰鎭, 〈고려·
   조선 중기 天災地變과 天觀의 변천〉, 《韓國思想史方法論》 소화, 1997).

20 《稼亭集》 권13, 鄕試策 "故司馬溫公, 以此論其新法之弊, 以折荊公之姦, 是知天下之財信有
   是數, 四海之民信有是數."

21 尹瑢均, 《尹文學士遺稿》, 1933; 鄭玉子, 〈麗末 朱子性理學 導入에 관한 試考〉, 《震檀學報》
   51, 1981; 文喆永, 〈麗末 新興士大夫의 新儒學 수용과 그 특징〉, 《韓國文化》 3, 1982; 周采
   林, 〈元 萬卷堂의 設置와 高麗儒者〉, 《孫寶基博士停年紀念韓國史學論叢》, 1988; 張東翼,
   《高麗後期外交史 硏究》, 일조각, 1994.

22 赤塚忠·金谷治/조성을 역, 《중국사상개론》, 이론과 실천, 1987; 고병익, 〈중국인의 역사
   관〉, 〈儒敎思想에서의 進步觀〉, 《中國의 歷史認識》上, 創作과 批評社, 1985.

23 文錫允, 〈朱熹에서의 理性과 歷史〉, 〈泰東古典硏究〉 16, 1999, 387쪽.

어 포폄을 행한 《자치통감강목》을 기술하였다.[24]

원은 유교가 국교화되고 과거제가 실시된 이래 정이천, 주희로 이어지는 성리학, 곧 도학을 바른 학문으로 삼았다. 이곡은 원 관학의 성리학적 역사관을 기초로 중국사의 흥망성쇠를 살피는 가운데 고려 국가가 나아갈 방향을 모색했다.[25] 그는 중국 고대 하·은·주 삼대를 이상시대로 보고 그것을 모범으로 현실의 제도를 모색하였으며,[26] 오제(황제·전욱·제곡·요·순)와 삼왕(우·탕·무왕)을 이상군주로 상정하고[27] 특히 요임금과 순임금을 대성인으로 추앙받아야 할 인물로 평가하였다.[28] 그는 중국 고대 역사에서 주나라가 쇠미해지면서 춘추시대가 되고 다시 전국시대로 바뀌어 성城을 빼앗고 땅을 침범하는 전쟁의 시기가 되었다고 보았다. 진나라가 상앙의 주장을 받아들여 정전법을 폐지하고 천맥법阡陌法을 실행하여, 선왕의 제도를 남아 있지 않게 하였고 그 결과 일시적인 부국강병의 효과를 발생시켰지만 실제로는 만세토록 백성을 해치고 나라를 좀먹는 근원을 연 것이라고 하였다.[29]

---

24 麓保孝, 〈朱子の歷史論〉; 鎌田正, 〈朱子と春秋〉《朱子學入門》, 明德出版社, 1974; 張立文, 〈心術, 王覇, 道統的 唯心史觀〉, 《朱熹思想硏究》, 中國社會科學出版社, 1981; 三浦國雄, 〈氣數と事勢-朱熹の歷史意識-〉, 《東洋史硏究》 42-4, 1984; 柳仁熙, 〈朱熹의 歷史哲學〉, 《哲學》 23, 1985; 陳芳明, 〈宋代 正統論의 形成과 그 內容〉; 呂謙擧, 〈宋代史學의 義理論〉, 《中國의 歷史認識》 下, 창작과 비평사, 1985; 文錫允, 〈朱熹에서의 理性과 歷史〉, 《泰東古典硏究》 16, 1999; 趙誠乙, 〈朱熹와 李瀷의 歷史理論 比較〉, 《韓國史硏究》 122, 2003; 余英時, 《朱熹的歷史世界》, 新華書店, 2004.

25 최봉준, 〈李穀의 箕子 중심의 국사관과 고려 원의 전장조화론〉, 《한국중세사연구》 36, 2013, 315-318쪽.

26 《稼亭集》 권13, 鄕試策 "三代聖王之爲理也, 取民不過什一之法. …… 先王之爲國也, 取民有制, 使民有度. …… 三代聖王, 其取民也立其中制. …… 愚聞, 聖王之制."

27 《稼亭集》 권6, 金剛山長安寺重興碑 "且古之施德於天下者, 莫如五帝三王, 垂敎於後世者, 莫如孔子."

28 《稼亭集》 권7, 敬父說 "…… 如舜大聖人也. 其存心立身之要, 豈非直而不曲乎? ……"

29 《稼亭集》 권13, 鄕試策 "…… 自周衰而春秋, 春秋而戰國, 爭城爭地, 日相攻戰, 財用不足, 而民之生始匱矣. 此魯之哀公有二猶不足之言者也. 及商鞅之用秦, 廢井田開阡陌, 而先王之制

이어 한나라의 역사를 영사시를 통하여 개관하며 시시비비를 가렸다.[30] 중국 후한(25-220) 말에서 삼국시대(220-280)에 나타난 인물에 대한 포폄을 가한 영사시 27수에서[31] 유학자 관료의 공론 정치, 인의 정치를 견지하여 외척과 환관이 주도한 한나라 정치를 비판하였다. 후한시대는 황제의 조기 사망과 황태후의 섭정 그리고 외척의 전횡으로 요약된다. 화제和帝 이래 8황제가 즉위했지만 수명이 30세에 이른 사람은 겨우 2명이고 재위 20년을 넘는 자는 없었다. 10세 미만으로 죽은 자가 3명이고 재위 기간은 모두 1년 미만이었다. 황제는 성장하면서 외척 세력을 견제하고 측근인 환관을 이용하여 세력기반으로 삼는다. 환관은 이 과정에서 정치에 참여하게 된다. 이에 합리적인 정치운영을 주장하는 유학자들은 환관에 따른 정치 전횡을 비판하고 반환관, 반정부 운동을 전개하였고, 이에 반발한 환제는 환관과 함께 당고의 옥(166, 169)을 일으켜 유학자를 처벌하였다.

이곡은 영사시 27수에서 우선 오후五侯 곧 단초單超·서황徐璜·구원具瑗·좌관左悺·당형唐衡 등 환관이 외척으로부터 정권을 장악한 사실을 언급한다.[32] 당시 양기梁冀를 중심으로 한 외척들이 20년 이상 권력을 전횡하자, 환제桓帝가 측근인 환관과 모의해서 양기 등을 처단하여 정권을 되돌렸지만 실질적으로는 환관이 장악하였다고 보았다. 이곡은 여기에서 '환제가 공경들과 정사를 의논하지 않고'라고 하면서, '도리어 정권을 다섯 환관에게 맡겼다.'고 하여 환제가 유학자 관료와 협의하지 않고 환관에게 권력을 맡긴 사실을 우회적으로 비판하였다.[33]

掃地無遺, 雖致一時富國强兵之利, 實開萬世殃民蠹國之源."
30 《稼亭集》에는 권14의 哀王孫, 唐太宗六駿圖, 권15의 詠史 27수, 권18의 濠京(上都, 원의 여름 수도)紀行(李陵臺)에 중국 역사 인식을 보여 준다.
31 《稼亭集》 권15, 詠史.
32 김종진, 〈이곡의 시 세계〉, 《한문학논집》 2, 1984.

또한 홍도문학鴻都門學에서는 문풍의 진작과 인재 양성에 주목하였다. 홍도는 문의 이름으로 그 안에 학교를 설치하였다. 당시 천자는 주군과 삼공에서 학생들을 추천하여 선발하게 하였는데 그 수가 천 명에 이르렀다고 한다. 그런데, 영제靈帝는 편지글과 사부 등을 짓고, 전서 등을 잘 쓰는 것을 중시하였으며, 선제宣帝는 도서관격인 석거각石渠閣이나 백호관白虎觀을 만들어 선비들에게 오경을 읽고 토론하게 하도록 하였다.[34] 이곡은 영제가 문장 짓기, 글씨 쓰기와 같은 말단의 기예를 중시한 것을 비판하고 선제가 왕도정치를 회복하고자 경학에 관심을 기울인 것을 높이 평가하였다.[35]

한편 이곡은 후한이 정치를 잘못한 근원적인 이유를 관직 임용의 문란에서 찾았다. 27수 영사시 가운데 '맹타', '선릉효자', '서저'는 후한시기 관직 임용의 문란과 매관매직을 읊고 있다. 이곡은 선릉, 곧 환제가 죽자 황제의 릉에 상을 치르러 온 선릉효자 수십 명에게 태자사인이라는 벼슬을 준 것을 언급했다.[36] 서교는 영제가 궁중에서 사용하는 경비를 충당하기 위하여 돈을 거둬들이는 방법을 생각한 끝에 매관매직을 했던 서쪽 뜰의 저택을 의미하는데, 후한의 황실에서 공개적으로 관직을 내걸고 파는 형태를 읊으며 비판하고 있다.[37]

후한의 문란함은 결국 농민 봉기로 나타난다. 당시 농민들은 태평도와 오두미도를 믿으며 황로黃老신앙을 바탕으로 불로·불사·장생과 부귀를 염원하였다. 장각은 현실적 어려움과 육체적 질병, 고통을 해결하고 부패하고 부조리한 정치 경제의 현실을 극복하기 위한 운동을 전개하였

---

33 《稼亭集》 권15, 詠史 五侯 單超 徐璜 具瑗 左悺 唐衡.

34 《稼亭集》 권15, 詠史 鴻都門學.

35 김종진, 〈이곡의 영사시 연구〉, 《고려시대 역사시 연구》, 한국정신문화연구원, 1999.

36 《稼亭集》 권15, 詠史 宣陵孝子.

37 《稼亭集》 권15, 詠史 西邸.

다(영제 17년, 184). 이른바 장각[黃巾]의 난이다.

이곡은 후한의 정치적 혼란과 백성의 어려움이 장각의 난으로 표출된 것으로 보았다. 그는 '황건의 난을 생기게 한 하늘의 뜻은 당고의 화를 풀기 위함일세.'[38]라고 하여 후한 시대 정치의 잘못이 황건의 난을 일어나게 하였고, 하늘이 당고의 옥이라는 억울한 환난을 당한 유학자를 드러내고자 한 것으로 보았다. 이곡은 특히 《후한서》 환제시기의 임종林宗(곽태郭泰)·유자서孺子徐(서치徐穉)·구향仇香[39]을 당고의 질곡에서도 몸을 깨끗이 하고 말을 겸손하게 한 사람으로, 의기를 잃지 않고 지조를 지킨 인물로 평가하였다. 유학자로서 후한 시대의 외척과 환관의 정치를 비판하고 유학적 정치를 빛낸 인물을 밝히고자 한 것이다.

이어 이곡은 당나라와 수나라 역사를 국가 재정의 측면에서 살폈다. 그는, 정동행성 향시문제에서 국가의 재용이 차고 비는 것과 호구의 증감은 왕정의 근본이 되고 국체의 안위가 되느냐는 질문에 답하여 수나라와 당나라의 역사를 개괄하였다.[40] 이곡은 당나라가 오래 유지되고 수나라가 얼마 되지 않아 망한 것은 무엇 때문인가 하는 질문에 대하여 재용과 호구의 문제로 설명하였다. 수나라가 일찍 망한 이유는 "내 재용이 풍족하고 내 백성이 번성하다. 재용이 풍족하고 백성이 번성한데, 천하에 무엇을 생각하고 무엇을 걱정하랴. 나는 나의 귀와 눈 그리고 마음의 욕망을 쫓아 생을 마치겠다."라고 생각할 뿐, 자기가 재물을 모아 놓은 것이 남에게 건네주기에 좋고, 자기가 백성을 모아 놓은 것이 남에게

---

38 《稼亭集》 권15, 詠史 黃巾.

39 《稼亭集》 권1, 後漢三賢贊并序 "余讀史, 至後漢靈帝紀, 天下之所謂名賢, 皆指爲鉤黨而殄滅之無餘. 嗚呼. 禍亂至此極耶. 其間潔身遜言, 不染其禍者, 盖無幾人耳, 掇其尤章章者, 爲文以贊之."

40 《稼亭集》 권13, 鄕試策 "問. 財用之盈虛, 戶口之增減, 乃王政得失之端, 國體安危之本. 有國者所當深計也. ……"

몰아주기에 적당하며, 자기가 하는 일이 남을 위하여 적합하다는 사실[41]
을 깨닫지 못할 것이라 하였다.[42] 결국 수나라는 재용과 호구를 전적으
로 믿고 다른 조치를 취하지 않아 일찍 망했다고 보았다.

반면에 당나라가 오래도록 유지된 것은 "내 재용이 풍족하고 내 백성
이 번성하다. 풍족한 데에서 예의가 생기지만, 교만함 역시 풍족한 곳에
서 생긴다. 재물은 모든 사람들의 것이니 내가 마음대로 해서는 안 되
고, 백성은 하늘이 내려 준 백성이니 함부로 대해서는 안 된다."라고 생
각하고, 사소한 물건 하나를 주고받을 때도 반드시 자세히 살피고, 어떤
일 하나를 실행에 옮길 때에 신중하게 하면서, 두려워하고 위태롭게 여
겨 항상 예의를 힘쓰고 편안함을 경계하였다. 당나라가 오래 유지된 것
은 재용과 호구를 전적으로 믿지 않고 삼가는 정치를 행하였기 때문이
라고 보았다. 여기에 당나라의 조용조의 법제는 정전법이 남긴 뜻에 가
깝고, 부위병府衛兵 제도는 농민에게 군병의 임무를 부과한 뜻과 비슷하
였으며, 인의로 교화해야 한다는 위징의 설을 당시에 펼쳤는데, 이러한
것들이 당나라가 오래도록 유지될 수 있었던 요인이라고 하였다.[43] 유학
의 관점에서 선왕의 제도에 근거해서 인의 도덕 정치를 지향한 결과로

---

[41] 《稼亭集》 권13, 鄕試策; 이곡의 이 표현은 《맹자》 이루상에서 나오는 "못을 위해서 고기
를 몰아 주는 것은 수달이요, 숲을 위해 참새를 몰아 주는 것은 새매이고, 탕과 무왕을
위하여 백성을 몰아 주는 것은 桀과 紂이다"를 활용한 것이라고 한다(이상현 옮김, 《국역
가정집 1》, 민족문화추진회, 2006, 296쪽, 주) 30).

[42] 《稼亭集》 권13, 鄕試策 "…… 以爲足恃者則曰, 吾財已豐矣, 吾民已庶矣, 財豐民足, 天下何
思何慮, 吾當極其耳目心志之欲, 以終吾年耳. 殊不知吾方聚財, 而適輸之人, 吾方聚民, 而適驅
之人, 凡吾所爲, 適足爲人之資而已. 此以財用戶口爲足恃者也, 隋之旋踵而亡, 非由是歟.
……"

[43] 《稼亭集》 권13, 鄕試策 "…… 以爲不足恃者則曰, 吾財苟豐矣, 吾民苟庶矣, 禮義生於富足,
驕逸亦生於富足, 財者人財也, 吾不可專也, 民者天民也, 吾不可慢也. 一介之取與, 而必審焉.
一事之動作, 而必愼焉. 兢兢業業, 常以禮義爲務, 驕逸爲戒, 此以財用戶口爲不足恃者也. 唐之
歷年縣遠, 亦非由此歟. …… 惟唐之租庸調之法, 庶幾井田之遺意, 府衛兵之設, 庶幾寓兵於農
之, 而魏徵仁義敎化之說, 亦得以小試於當時, 此歷年縣遠之道也. ……"

보는 것이다.

이어 이곡은 원나라의 성립을 천명에 근거해서 설명하고[44] 중국 정통 왕조의 일원으로 파악했다. 중국의 당나라가 쇠하자 오대五代가 번갈아 일어나 혼란스러웠고, 요와 금이 송과 남북으로 분열되어 전쟁이 지속되고 생민이 도탄에 빠졌는데, 원나라가 일어나 하늘이 좋은 시운을 열어주고 성군聖君과 명신名臣을 계속 내어 천하를 통일하여 한자라는 문자와 수레바퀴의 크기를 같게 하여 풍속을 안정시켰다고 하였다. 그는《주역》의 "위대하도다 건원이여, 만물이 여기에서 비로소 나온다."[45]를 활용하여 원나라의 성립을 유교 경전으로 그 의미를 높여 설명하였다.[46]

이곡은 원나라 황제 특히 세조(1215-1294) 쿠빌라이를 높이 평가하여[47] 세조의 정치는 천하를 하나로 묶고 교화하여 인심을 얻었으므로 요·순의 치세보다 낫다고 하였다.[48] 그는 원나라의 태조 황제가 나라를 창업하고 세조 황제가 천하를 통일하신 이래로, 여러 황제가 그 뒤를 이어 무위武威를 떨쳐 화란을 진정시키고 문교를 펼쳐 태평시대를 이루었다는데, 천지가 개벽된 이래로 이처럼 융성했던 시대는 없어, 정貞에서 원元으로 가는 시운을 맞았다고 하였다.[49] 그리고 옛날 세조가 중국을

44《稼亭集》권9, 送劑閤令入朝序(충숙왕 복위 8, 1338) "聖元有作, 受天明命, ……"

45《周易》乾卦 "彖曰, 大哉！乾元. 萬物資始, 乃而統行天也."

46《稼亭集》권3, 趙貞肅公祠堂記 "其大槩曰, 天下之生久矣. 一理一亂. 近自唐家旣衰, 五季大亂, 遼金與宋, 南北分裂, 戰爭不息, 生民之塗炭極矣. 天開景運, 聖人繼作, 名臣輩出, 一六合定群志, 同文軌變風俗. 易曰, 大哉！乾元. 萬物資始, 其惟皇元乎?"

47 조분이 이곡에게 세조 쿠빌라이를 설명한 말은 당시의 분위기를 전하는 것이다. "삼가 살펴보건대, 세조황제가 神武하여 살생하지 않은 덕을 펼치면서 천하를 제대로 통일하였고, 그 뒤로 또 열성이 제위를 계승하여 백성들의 생활을 안정시켰는데, 이는 모두가 인애에 뿌리를 둔 것이었다"(《稼亭集》권4, 大都天台法王寺記 "伏見世祖皇帝神武不殺, 能一天下, 聖聖相承, 休養元元, 皆本於仁愛.").

48《稼亭集》권8, 代言官請罷童女書 "昔我世祖皇帝臨御天下, 務得人心, 尤於遠方殊俗, 隨其習而順治之. 故普天率土, 歡欣鼓舞, 重譯來王, 惟恐來後, 堯舜之治, 蔑以加也."

49《稼亭集》권13, 策(皇帝王覇之道) "臣伏讀聖策曰, …… 我國家太祖皇帝肇造洪基, 世祖皇帝

통일하고 사방을 회유할 때, 우리 고종이 귀부하고 원종이 근로한 것을
가상하게 여기고, 황제의 딸을 충렬왕에게 혼인시켜 총애를 받았고 현능
한 자들이 한꺼번에 나와 우리나라(삼한)가 크게 빛났다[50]고 하였다. 이
는 동시대에 이제현(1287-1367)이 "세조가 이미 사해를 통일하고 나서
단아한 선비를 등용하였으므로, 법도와 문물이 모두 중화의 옛 모습을
회복하였다."[51]고 한 것, 이색이 "중통中統과 지원至元의 성스러운 천자께
서는, 천하에 곡식을 물과 불처럼 흔하게 하시니, 춥다는 하소연을 듣지
못하였고, 모두가 배불러 죽겠다고 하네."[52]라고 하여 이 시기를 긍정적
으로 묘사한 것과 같은 맥락이라고 하겠다.[53]

이러한 태도는 원과 고려의 긴밀한 관계에서 원나라 유학자들이 중통
(1260-63)과 지원(1294-94)[54]으로 구분되는 세조의 치세기간을 태평성
대로 파악한 것과 관련이 깊다고 할 수 있다. 원나라의 실록과 《경세대
전》 및 《요사》·《금사》·《송사》를 찬수의 실질적인 책임자로, 원 과거 시
험을 주관하여 고려 유학자들에게 영향을 많이 주고,[55] 이색을 2갑 2명
으로 합격시키며[56] 이색을 자신의 학통을 전해 줄 인물로 평가한[57] 구

混一區宇, 而列聖相承, 武定禍亂, 文致太平, 開闢以來未有如此之盛者, 繇貞而元, 此其時矣."
50 《稼亭集》 권12 高麗國重大匡·僉議贊成事·上護軍·平壤君趙公墓誌.
51 《櫟翁稗說》 後集2 "世祖旣 一四海, 登用儒雅, 憲章文物, 皆復中華之舊."
52 《牧隱集》 詩藁 권5, 賀雨行 淸風同作 "中統至元聖天子, 四海菽粟如火水, 有耳不聞寒且呼,
有腹皆愁飽欲死, ……"
53 이색의 다른 글에서도 세조 쿠빌라이가 다스린 中統(1260-63)과 至元(1294-94) 연간을
찬양하였다(《牧隱集》 文藁 권9, 選粹集序 "孔氏祖述堯舜, 憲章文武, 刪詩書, 定禮樂, 出政
治, 正性情 以一風俗, 以立萬世大平之本. 所謂生民以來, 未有盛於夫子者, 詎不信然, 中庆於
秦, 僅出孔壁 詩書道缺, 泯泯棼棼, 至于唐韓愈氏, 獨知尊孔氏, 文章遂變, 然於原道一篇, 足
以見其得失矣. 宋之世, 宗韓氏學古文者, 歐公數人而已. 至於講明鄒魯之學, 黜二氏詔萬世, 周
程之功也. 宋社旣屋, 其說北流, 魯齋許先生用其學, 相世祖, 中統至元之治, 胥此焉出.").
54 원은 중통 5년 9월 사신을 보내 중통 5년을 지원 원년으로 바꾼다는 조서를 고려에 보
냈다(《元史》 권208, 列傳95 外夷1 高麗(중통 5년)).
55 《牧隱集》 文藁 권4, 朴子虛貞齋記; 詩藁 권23, 書登科錄後.

양현(1274-1358)[58]은 "중통, 지원 연간에는 뛰어난 임금이 있어 그 신하들이 옛 성인을 계술繼述하려는 뜻을 장려하고, 뛰어난 신하가 그 임금이 옛 성인을 본받아 실천하려는 마음을 보필하여 우리 원나라가 삼대 이하 다른 나라들이 미칠 수 없도록 하였다"[59]고 평가하였다. 같은 원 관학 성리학을 수용한 이곡과 이제현, 이색과 같은 유학자들은 이러한 생각을 공유하였던 것이다.

말하자면 이곡은 원나라의 성립을 천명으로 설명하고, 이러한 천명이 원의 주변, 사방 천하를 태평성대로 만들었으며, 특히 세조 쿠빌라이는 요·순 임금에 버금가는 성군으로 파악하였던 것이다.

2) 한국사 체계와 당대사 인식

이곡은 사대 관계와 왕실 혼인을 통한 원과의 긴밀한 관계를 바탕으로 선진 유교 문명을 수용하려는 방향에서 고려 후기의 당대사當代史를 중시하였다. 원 간섭기 유학자들이 그렇듯이[60] 한국사에 대한 통사적 이해보다는 현재 살고 있는 시대에 관심을 기울였던 것이다.

---

56 《高麗史》 권115, 列傳28 李穡(하책, 526쪽) "讀卷官弥知政事杜秉彝翰林承旨歐陽玄, 見穡對策, 大加稱賞, 遂擢第二甲第二名."

57 《牧隱集》 詩藁 권13, 紀事 "衣鉢誰知海外傳, 圭齊一語尙琅然. 邇來物價皆翔貴, 獨我文章不直錢, 中原豪傑古來多, 命也時哉不奈何. 獨有冥鴻飛自遠, 肯從一面入湯羅, 半山節義與文章, 高視乾坤獨擅場. 只是水淸泥在底, 偶因一擾濁無光."

58 《元史》 권182, 列傳69 歐陽玄.

59 《圭齋文集》 권9, 文正許先生神道碑(影印 文淵閣 四庫全書 集部, 1210-37) "中統至元之治, 上有不世出之君, 能表其章其臣繼述往聖之志, 下有不世出之臣, 能贊襄其君恵章往聖之心, 於是我元之宏規有非三代以下有家國者之所可及矣."

60 金相鉉, 〈高麗後期의 歷史認識〉, 《韓國史學史研究》, 을유문화사, 1985; 박종기, 〈이색의 당대사(當代史) 인식과 인간관〉, 《역사와 현실》 66, 2007; 〈원 간섭기 역사학의 새로운 경향 ―當代史 연구〉, 《한국중세사연구》 31, 2011; 〈원 간섭기 김취려상의 형성과 當代史 연구〉, 《한국사상사학》 41, 2012.

그는 한국 역사의 시초부터 유학적 역사 인식을 보여 주었는데 그 시
작을 기자로부터 언급했다.

《상서》의 우공禹貢을 보면, 구주 밖에 성인의 가르침이 미쳐, 동쪽 바
다에까지 번져 갔다고 하였는데, 삼한의 이름은 아직 드러나지 않았다.
주나라가 상의 태사太師를 조선에 봉한 뒤로부터 중국과 조금 교통하기
시작하였다. 수나라와 당나라 때에는 삼한을 공격하였으나 이기지 못하
였다. 그리고 우리 왕씨王氏가 나라를 세우고, 송·요·금의 시대를 거쳐
통교하기도 하고 절교하기도 하였는데 그들은 고려를 어떻게 해하지 못
하였다.[61]

중국 고전인《상서》에 따르면, 우공의 교화가 널리 퍼져 동쪽 바다에
까지 미쳤지만,[62] 삼한의 이름[63]은 보이지 않았다. 주나라가 상商 태사太
師인 기자를 조선에 봉한 뒤로부터 중국과 조금씩 통하기 시작하였고 수
나라와 당나라는 삼한을 공격하였으나 승리하지 못하였다. 고려 건국 이
후에는 송·요·금과 통교하였다고 하였다. 한편 원나라에 활과 무기, 마
필 원상 회복을 사은하는 글에서, 기자가 봉해진 나라인 먼 고려에서 항
상 만년토록 장수하기를 축원하였다고 하였다.[64] 이곡은 이미 다른 글에

---

61 《稼亭集》권9, 送鄭副令入朝序(충숙왕 복위 8, 1338) "禹貢九州之外, 聲教所暨, 東漸于海,
而三韓之名未著也. 自周封商太師之後, 稍通中國, 其在隋唐, 征之不克. 及我王氏立國, 歷宋·
遼·金, 或通或絶, 彼亦無如之何."

62 《尙書》夏書 禹公 九州.

63 三韓에 대한 연구가 최근 활발하다. 한 연구에 따르면, 三韓은《魏書》陽固傳에 처음 보
이는데, 수당에 이르기까지 東夷에 대한 범칭으로 쓰여졌다고 한다. 조선은 기자가 분봉
된 곳이고, 한에 의해 공멸된 나라로 중국의 역사에 포섭된다고 한다. 삼한은 중국 역사
에 수용되지 않는 동국의 역사적 실체였고, 당이 외교적 이들의 외교적 동질성을 부각시
키며 활용하였으며, 후대에 신라가 이를 수용하면서 '一統'의 당위를 보증하는 역사적 준
거로 삼게 되었다(윤경진, 〈중국·일본의 '三韓' 인식에 대한 재검토〉,《목간과 문자》17,
2016)고 한다.

서 고려는 "옛날 삼한의 땅으로, 풍기와 언어가 중국과 같지 아니하며 의관과 전례가 스스로 하나의 법이 되어 진한 이래로 능히 신하로 삼지 못하였다."[65]고 하였다. 기자로부터 시작된 유교 문화를 긍정하면서도 독립국으로서 자존 의식도 견지했다고 할 수 있다. 기자 중심의 국사 체계를 보여 준다고 할 수 있다.[66]

이곡에게서 단군에 대한 인식은 보이지 않는다.[67] 13세기 후반에 《삼국유사》와 《제왕운기》가 편찬되었고, 당시 고려의 지식 사회에는 단군에 대한 이해가 있었다.[68] 이곡과 고려 과거시험의 동년이면서 시문을 주고받는 등 생각을 공유한 벗 백문보(1303-1374)는 "단군으로부터 지금까지 3,600년이 되었다."고 하여 단군기원설을 제시한 바 있고,[69] 아들 이색은 단군에 대한 여러 기록을 남겼다.[70] 그러면서 이색은 기자 이전의 역사에 대해서는 상고하기 어렵다[71]고 하여, 신화적이고 설화적인 성격

---

64 《稼亭集》 권9, 謝復弓兵馬匹表 "邀處箕封, 常祝萬年之壽云云."

65 《稼亭集》 권9, 謝復弓兵馬匹表 "揭君謂余曰, 政出多門, 民不堪命, 方今四海一家, 何中朝之法不行于東國乎? 余應之曰, 高麗古三韓也, 風氣言語不同華夷, 而衣冠典禮, 自爲一法, 秦漢以降, 未能臣之也."

66 최봉준, 〈李穀의 箕子 중심의 국사관과 고려 원의 전장조화론〉, 《한국중세사연구》 36, 2013, 315-318쪽.

67 일연(1206-1289)이 《삼국유사》를 편찬한 시기는 충렬왕 11년(1285)이고, 이승휴(1224-1301)는 충렬왕 13년(1287)에 《제왕운기》를 충렬왕에게 바치고 간행은 공민왕 9년(1360) 경주에서 이루어졌다.

68 이 시기 단군 인식과 삼국유민 의식적 요소의 약화는 삼한 일통의식의 진전을 가져왔고, 이는 원의 압제 하에서 입성책동을 극복하는 힘이 되었다(노명호 《고려국가와 집단의식 ─자위공동체·삼국유민·삼한일통·해동천자의 천하》, 서울대학교출판문화원, 2009, 125-131쪽)고 한다.

69 《高麗史》 권112, 列傳25 白文寶(하책, 451-452쪽) "後上疏言事曰, …… 國家世守東社, 文物禮樂有古遺風 …… 吾東方, 自檀君, 至今已三千六百年, 乃爲周元之會. 宜遵堯舜六經之道, 不行功利禍福之說. 如是, 則上天純祐, 陰陽順時, 國祚延長."

70 《牧隱集》 詩藁 권3, 西京 "方舟容與水如空 驛騎飛塵一瞬中 辦得兩湯雖甚易 峨成七字却難工 城頭老樹猶遮日 山頂高樓遠引風 聞說朝天會有石 檀君英偑冠群雄.";《牧隱集》 文藁 권9, 送偑符寶使還詩序(공민왕 18년 5월).

으로 사실로 받아들이기 어려운 부분에 대하여 주저하였다. 이곡은 부여의 낙화암, 조룡대, 호암, 천정대 등의 전설에 대하여 "역사책에도 이 일들이 사서史書에 기록되어 있지 않고 상고할 만한 비문도 남아 있지 않으며 내용 또한 괴이한데 지방 사람들의 말을 믿어야 할지 어쩔지 모르겠다."[72] 하였다.[73] 이곡은 유교의 합리사관에 충실하고 역사 서술의 객관성을 중시하는 태도로 신화적이고 설화적인 내용을 사실로 인정하지 않았던 것으로 보인다.

이곡이 단군을 인지하면서도 기자를 내세운 것은 고려에 유교 문명사회를 실현하려는 의지의 표현으로 보인다. 기자는 중국 은나라의 현인으로, 은말 주초에 한반도에 홍범을 실시한 예의와 교화의 전수자로 알려져 있다. 나말여초 송 귀화인 채인범의 묘지명에서 백이의 옛 땅이고 기자의 옛터에서 바람이 현인을 실어 보내니, 이 땅에 봉래산 백이의 기운이 있으며 공자가 살고자 한 땅이라 하였다.[74] 숙종 7년(1102) 예부에서 고려의 교화와 예의는 기자에서 시작되었는데 사전에는 실려 있지 않으니 그 분영을 찾아 사당을 세우고 제사를 지낼 것을 건의하였고 숙종은 이를 따랐다.[75] 예종 7년(1117)에는 과거시험 문제에 정치를 하는 도와 마땅히 힘쓸 정책 그리고 기자가 지은 홍범의 도에 대해 질문했고,[76] 김

---

71 《牧隱集》文藁 권8, 賀竹溪安氏三子登科詩序(우왕 4년 4월) "吾東方在虞夏時, 史不傳, 不可考, 周封殷太師箕子, 則其通中國也, 盖可知已. 雖其封之, 又不臣之, 重其受禹範, 爲道之所在也."

72 《稼亭集》 권5, 舟行記 "…… 史失其事, 又無碑紀可考, 而事亦近怪, 土人之言, 不知信否. ……"

73 김성환, 《고려시대의 단군 전승과 계승》, 경인문화사, 2002.

74 김용선, 《역주고려묘지명집성(상)》(2012), 채인범묘지명, 4쪽 "銘曰, 伯夷遺址, 箕子故閈, 風傳木鐸, 境壓蓬山 , 仲尼何陋, 徐福不還, 哲人君子, 實所躋攀."

75 《高麗史》 권63, 禮5 吉禮小祀 雜祀 肅宗(7년 10월)(중책, 413-414쪽) "壬子朔禮部奏, 我國教化禮義, 自箕子始而不載祀典. 乞求其墳塋, 立祠以祭, 從之."

76 김용선, 《역주고려묘지명집성(상)》(2012) 권적묘지명, 138쪽 "(예종)七年二月己卯, 親策

부식은 기자가 현토와 낙랑 땅에 봉해진 뒤 인현仁賢의 교화를 실현한 인물로 보았다.[77] 고려중기 다원적 시대 흐름에서 유교 정치사상을 지향하는 지적 흐름이 존재하였는데, 중국 유교 문화의 수용에 적극적인 국왕은 한반도의 예의와 교화를 시작한 기자에 주목하고 그를 현창하는 작업을 하였다.

이승휴(1224-1300)는《제왕운기》에서 단군과 기자를 동시에 언급하면서, 천하에 대한 재인식을 통해 새롭게 달라진 대원관계를 정립하고자 하였다. 그는 요하의 동쪽 지역을 중원 국가들의 역사공간과는 구별되는 독자적인 천하로 파악하고, 그 나라는 천손이 건국하고 발전시켰다고 하여 단군 신화를 역사적 사실로 인정하고 상제 환인과 연결되는 신성성을 강조하였다. 그리고 기자가 세운 후조선부터 중국과 동질적인 문명을 견지한 것으로 보았다. 그는 기자가 주나라 무왕으로부터 제후로 봉작받았지만 역으로 홍범구주와 인륜을 무왕에게 가르쳤다[78]고 하였다. 기자는 먼저 건국한 다음 나중에 수봉한 것이며, 그것도 무왕이 멀리서 왕으로 봉작하는 조서를 보내왔기 때문에 예의상 사례하지 않을 수 없어서 입근入覲하였다고 서술하였다. 이는 기자 조선의 자주성을 강조한 것이고 기자 조선을 한국사로 편입시키고 있음을 의미하는 것이었다.[79]

기자의 한국사 편입은 고려가 1325년에 기자사箕子祠를 재개하는 것으로 이어진다. 충숙왕은 5년 동안 원에서 억류되어 있다가 고려로 돌아온 뒤 기자묘 제사를 재개하고 고려의 풍속을 유교의 제도를 근간으로

于庭, 諏以立政致理, 當世之務, 與箕子所陳洪範道之大原."

77 《三國史記》권11, 高句麗本紀 寶藏王下 "論曰, 玄菟樂浪, 本朝鮮之地, 箕子所封. 箕子教其民以禮義田蠶織作, 設禁八條. 是以其民不相盜, 無門戶之閉, 婦人貞信不淫, 飲食以籩豆, 此仁賢之化也."

78 《帝王韻紀》卷下, 東國君王開國年代 後朝鮮紀 "尙書疏云 虎王箕子之囚 箕子走之朝鮮 立國虎王聞之 因封焉. 箕子受封 不得無臣禮 因謝入覲 虎王問洪範九疇 在周之十三年也."

79 채웅석, 〈《제왕운기》로 본 이승휴의 국가의식과 유교 관료정치론〉,《국학연구》21, 2012.

혁신하고자 했다.[80] 아버지 충선왕이 전위하여 왕위에 올랐으나, 국왕으로서 역할을 제대로 수행하지 못하다가 충선왕이 토번에 유배되면서 비로소 왕권을 행사할 수 있었던 시대적 배경에서,[81] 충숙왕은 국정 쇄신의 일환으로 교서를 반포하고 풍속을 개혁하여 유신의 덕화를 이루기 위하여 예제, 유교 제사와 관련한 조치를 취하였다. 우선 명산대천에 덕호를 가하고 원구와 적전 등을 수리하여 제사 지내고 선대의 능에서는 초목을 금하고 역대 국왕에게 존호를 더하였다. 더욱, 효자와 정부는 종묘하여 풍속을 장려하도록 하였고,[82] 여기에 기자 사우를 수리하여 제사 지내며 공자 10철 72제자와 최치원을 제사 지내도록 하였다.[83] 유교 문명의 상징인 기자를 높이고 기자가 갖는 의미를 부각시킴으로써, 기자를 임금에게 간언한 현인에서, 조선에 홍범을 전수한 교화자(전달자), 조선 삼한의 문물의 창시자, 왕도와 명분 의리를 체득한 인격자, 조선에 삼대 정치를 구현한 존재로 그 의미를 확대 발전시키려는 것이었다.[84] 이곡은 원 관료로서 긴밀해진 대원 관계를 바탕으로 고려에 유교 문명을 실현해 가는 것을 목표로 하였으므로, 중국 유교 문화, 문명을 최우선 가치로 두어 기자를 내세웠던 것이다.

　이곡은 한국 고대사에 대한 기록을 많이 남겨 놓지 않았다. 단지 한국 고대 왕조 기억의 편린만을 남겼을 뿐이다. 그는 원 관리로서 중국을 왕래하거나 지방을 여행할 때 또는 유적에 기문을 써 주면서 과거 역사

---

80 《高麗史》 권35, 世家35 忠肅王(12년 10월 乙未)(상책, 713~714쪽) "箕子始封本國, 禮樂敎化自此, 而行宜令平壤府, 立祠以祭其祭. 文宣王十哲七十子, 本國文昌侯弘儒侯, 務致蠲潔."; 《高麗史》 권63, 志17 禮5 吉禮小祀 雜祀(충숙왕 12년 10월 중책, 414쪽). "令平壤府, 立箕子祠以祭."

81 金光哲, 〈高麗 忠肅王 12年의 改革案과 그 性格〉, 《考古歷史學志》 5·6, 1990.

82 《高麗史》 권35, 世家35 忠肅王(12년 10월 乙未)(상책, 713~714쪽).

83 金鎔坤, 〈高麗 忠肅王 6年 安珦의 文廟從祀〉, 《李元淳敎授華甲紀念歷史學論叢》, 1986.

84 이강한, 〈1325년 기자사 재개의 배경 및 의미〉, 《한국문화》 50, 2010.

에 대한 단상을 술회하였다. 강릉부 염양선사艷陽禪寺의 중흥기를 쓰면서, 강릉이 신라시대에는 예국 또는 철국, 조원경, 북빈경이라 불렀다[85]고 하였다. 또한 한산과 가까운 부여를 지나면서 온조왕은 동명성왕의 아들로 백제를 건국했고 그 뒤로 인재들이 즐비하고 문물이 성대하여 신라까지 합치려 하였다고 했다.[86] 말엽에 당나라 소정방이 백제 부여를 공격하였을 때 임금과 신하들이 달아나자, 궁녀들은 의리로 바위에 올라 물에 뛰어 내렸다[87]고 하였다. 낙화암과 조룡대의 전설을 기술하면서 당나라가 백제를 멸망시킨 역사를 소개하였다.[88] 또한 전주에 관한 기문을 쓰면서 전주는 후백제의 견훤이 도읍한 곳이라 하였고,[89] 천안은 태조 왕건이 후백제를 정벌할 때 10만 군을 이곳에 주둔시켜 마침내 백제를 멸망시켰다[90]고 하였다.[91]

이곡의 삼국 역사 서술에서 특이한 점은, 고구려가 수·당의 침공을

---

85 《稼亭集》 권2, 高麗國江陵府艷陽禪寺重興記(충혜왕 원년 1340, 9월) "江陵在新羅, 或稱藥國, 鐵國, 或稱桃源京, 北濱京, 入本國爲溟州. 今陞府, 冠東界云."

86 《稼亭集》 권14, 扶餘懷古(충정왕 원년, 5월) "靑丘孕秀應黃河, 溫王生自東明家, 扶蘇山下徙立國, 奇祥異蹟何其多, 衣冠濟濟文物盛, 潛圖伺隙并新羅, 在後屧孫不嗣德, 雕墻峻宇紛奢華 ……"

87 《稼亭集》 권5, 舟行記(충정왕 원년, 5월) "至扶餘城落花岩下, 昔唐遣蘇將軍伐前百濟, 扶餘實其故都也, 時被圍甚急, 君臣棄宮娥而走, 義不汗于兵, 群至此岩, 墮水而死, 故以名之."

88 이곡의 부여 회고는 조선 초기 유학자들의 차운시 예컨대 李石亨의 次扶餘東軒稼亭韻, 李承召의 扶餘懷古次稼亭詩, 曹偉의 扶餘懷古次稼亭韻로 이어진다(이동재, 〈朝鮮初期 百濟 懷古詩 硏究〉, 《동방한문학》 52, 2012).

89 전주 남쪽 만덕산에 화엄 계통의 普光寺을 설명하면서 후백제의 견훤이 도읍한 곳이 전주인데, 견씨가 본국에 편입된 지 400년이 되었다고 하였다(《稼亭集》 권3, 重興大華嚴普光寺記 "後百濟甄萱所都, 今爲全州. 州之南萬德山有寺, 曰普光, 寔自百濟爲大伽藍, 演華嚴法. …… 謹按甄氏入本國餘四百年, 寺雖刱於百濟, 屢火于兵, 碑記不存, 不可考其歲月.").

90 《稼亭集》 권6, 寧州懷古亭記 "昔我太祖將征百濟, 有術者言, 若於王字之城三龍爭珠之地, 築壘觀兵, 則統三爲王, 可立待也. 廼相風水, 廼營此城, 駐軍十萬, 卒能取甄氏焉. 其屯營之所曰鼓庭, 郡乘所載者如此."

91 이곡은 광왕이 천태종 계열의 佛恩寺가 약사여래의 도량을 만들고 재를 지냈다고 하였다(《稼亭集》 권3, 高麗國天台佛恩寺重興記).

막아낸 사실을 강조한 것이다. 그는 원 관료, 곧 휘정원관구겸승발 가각고를 맡았을 때인 충숙왕 복위 4년(1336)에 원의 동녀 요구에 반대하면서 "고려는 본래 바다 밖에서 별도로 한 나라였다. …… 당 태종과 같은 위엄과 덕망으로 갖춘 제왕도 재차 군사를 일으켜 공격하였지만 공적 없이 돌아갔습니다."[92]라고 하였고, 이어서 1338년에 정동행성원외랑으로서 쓴 글에서 "수나라와 당나라 때에는 삼한을 공격하였으나 승리하지 못하였다."고 하였다. 신라와 자신의 역사 연고지인 백제 그리고 수·당을 막아낸 고구려를 잇는 고려의 역사 계승의식을 갖는 한편으로 고려의 독립국과 문화의 독자성을 염두에 둔 고대사 인식을 보여 준다고 하겠다.

이곡은 자신이 속한 왕조이며 중국 문명을 적극적으로 수용한 고려 왕조를 긍정적으로 서술하였다. 그에 따르면, 고려왕조는 천명을 받고 개국하여[93] 문치를 숭상하였다. 당나라와 송나라의 제도를 본받아 대대로 문사를 존중해 왔고, 시종侍從과 헌체獻替의 관직이나 관리 선발 등은 실제로 문사들이 모두 독점하였으며, 무반이나 이속 등은 감히 이 자리를 쳐다보지도 못하였다. 지금 원나라가 문치를 숭상하여 과거에 대한 조칙을 거듭 내려 문치가 흥성하고 있다고 하였다.[94]

한편 그는 중국과의 문명 교류를 중시하면서도 고려가 국가의 독립과 자율성을 확보한 사실을 크게 강조하였다. 그는 고려 역사에서 영토를

---

92 《稼亭集》권8, 代言官請罷取童女書;《高麗史》권109, 列傳22 李穀(하책, 388-389쪽);《高麗史節要》권24, 忠肅王(후4년 윤12월(637쪽)) "元屢求童女于本國, 穀言於御史臺請罷之, 代作疏曰, ……. 高麗本在海外, 別作一國, 苟非中國有聖人, 邈然不與相通, 以唐太宗之威德, 再擧伐之, 無功而還."

93 《稼亭集》권11, 高麗國正順大夫·密直司右副代言·崇簿令兼監察執義·知版圖司事·柳君墓誌銘 "儒州柳氏有佐命開國者."

94 《稼亭集》권13, 賀崔寺丞登第詩序 "本國法唐休宋, 世尙文士. 凡侍從獻替之官, 選擧銓仕之職, 實皆專之, 而虎與吏莫敢望之也. 矧今聖元右文, 再下科詔, 業文之士, 皆持滿賈勇, 爭欲角技於戰藝之場."

지키고 개척하여 위기에 처한 나라를 구한 인물을 국가의 사직을 지킨 것으로 높이 평가했다. 태사문하시중 윤관은 오랑캐를 평정하고 국토를 개척하여 왕묘에 배향되었고, 윤관의 손자인 태사문하시중 윤인첨은 난리를 평정하고 나라를 바로잡아 사직에 공을 세웠다[95]고 하였다. 고종대 (1258년)에 류경은 별장 김인준과 함께 최충헌의 증손 최의를 죽이고 임금에게 권력을 돌려주어 백성들에게 은혜를 베풀고 사직에 공을 세웠다[96]고 하였다.

이곡은 고려왕조의 입장에서 무신정권에 비판적이었다. 그에 따르면, 의왕 말년에 무인 정중부가 난을 일으켜 조정의 신하들을 죽이고 왕의 폐립을 마음대로 하였다. 이로부터 권신이 계속해서 나와 진신搢紳들이 겁에 질려 꼼짝하지 못하였다. 최충헌이 적을 토벌한 공으로 마음대로 임금을 폐하고 세우는가 하면 그 자손들이 잇따라 정사를 전횡하였다[97]고 하였다. 또한 국가의 운세가 힘들고 어려운 때를 당하여 진양공 최이가 나랏일을 제멋대로 처리하였고,[98] 최이가 병들어 눕게 되고 아들 최항이 그 자리를 잇자 못나고 어리석은데도 사람들이 최항에게 붙었다고 하였다.[99] 고려 국가의 독자성과 왕실의 권위를 강화시키려는 이곡이 권

---

95 《稼亭集》 권12, 高麗國匡靖大夫·僉議評理·藝文館大提學·監春秋館事·上護軍致仕·尹公墓誌銘 "太師門下侍中瓘, 平戎拓地, 配享王廟. 瓘之孫太師門下侍中麟膽, 靖難匡國, 功在社稷."

96 《稼亭集》 권11, 高麗國正順大夫·密直司右副代言·崇簿令兼監察執義·知版圖司事·柳君墓誌銘 "明王宰相諱公權, 好學工草隷, 卒官參知政事, 諡文簡. 是時, 崔忠獻挾討賊功擅廢立, 子孫相繼專政. 至忠惠王戊午, 文簡之孫諱敬, 才華德望冠一時, 與別將金仁俊, 謀誅忠獻之曾孫誼, 用能歸政于王, 施惠于民, 而功在社稷, 到于今稱之."

97 《稼亭集》 권11, 高麗國正順大夫·密直司右副代言·崇簿令兼監察執義·知版圖司事·柳君墓誌銘(유보발) "是時 崔忠獻挾討賊功擅廢立 子孫相繼專政.

98 《稼亭集》 권12, 高麗國承奉郎·揔部散郎·賜緋魚袋·贈三重大匡·僉議政丞·判典理司事·上護軍奇公行狀 "當毅王末年, 武人鄭仲夫作亂, 殲朝臣擅廢立. 自是權臣繼踵, 搢紳重足. …… 當國步艱難, 晉陽公崔怡顓擅,"

99 《稼亭集》 권12, 高麗國承奉郎·揔部散郎·賜緋魚袋·贈三重大匡·僉議政丞·判典理司事·上護軍奇公行狀(1341) "…… 當國步艱難, 晉陽公崔怡顓擅, 雖連姻權臣, 不肯阿諛, 每曉以逆順禍

력을 좌지우지하는 무신정권에 긍정적일 수 없었다.

같은 맥락에서 무신정권의 강화도 천도를 부정적으로 보았다. 강화군과 화산을 들러보면서 무신 권력자의 강화도 천도를 회상하며[100] 견고한 요새처럼 산천이 험고한 것만 믿고 몽골족을 막아 싸운 것은 오히려 덕을 해치는 것이 되었고 곧 패망에 이르게 되었다[101]고 보았다.

이곡은 원과의 관계 정립과 그 역사를 존중하였다. 무신정권이 끝나고 몽골과의 전쟁이 종식되어 원과의 새로운 관계가 성립되던 때를 국가 재조再造의 시기로 파악하였다. 이곡은 "금나라를 멸망시켰지만, 아직 남쪽과 서쪽으로 정벌하는 일이 끝나지 않았는데, 고려는 이미 원나라에 귀부하였으나, 권신의 제지를 당하여 강화에 임시로 머물러 제때에 입조入朝하지 못하는 등 제후의 직분을 충실하게 이행하지 못하였고, 천병天兵이 국경을 압박하기까지 하여 국가의 안위가 걸리고 인심의 향배가 결판나는 삼한이 다시 세워지는 시기였다."[102]고 하여, 원나라의 힘을 빌려 무신정권을 무너뜨리고 왕권을 회복하여 고려가 다시 중흥하는 계기가 되었다고 하였다.

원종 10년(1269)에 임연은 개경 환도에 의견 차이가 있는 원종을 폐위시키고 안경공 창을 세운 뒤 교정별감이 되어 무신정권을 재건하려 하였다. 이때 몽골에 가 있던 태자(후에 충렬왕)가 귀국 도중에 그 소식을 듣고 되돌아가서 원나라에 군사 개입을 요청하였고, 이에 원나라가

福, 姦不得發, 怡旣病, 其子沆不肯, 人多附沆而僕射獨疾之 ……"

100 《稼亭集》권15, 次江華郡.

101 이상현 옮김, 《국역가정집 2》, 민족문화추진회, 2006, 42쪽, 주) 13.

102 《稼亭集》권3, 趙貞肅公祠堂記 "貞肅公生於太宗九年丁酉歲. 時甫收汴蔡, 天下幾定, 而南征西伐, 尙猶未已. 本國雖已歸附, 而制於權臣, 萬都江華, 述職不時. 以致天兵壓境, 此亦國步安危之機, 人心向背之際, 俗習遷變之始, 而三韓之再初也. 當是之時, 夷夏始通, 宣上德達下情, 動資舌人, 而公以能華言善辭令, 拔擢飛騰, 始則束帶立朝, 與賓客言, 終則尊主庇民, 爲社稷臣, 觀公之生, 豈偶然哉?"

군대를 파견하여 원종을 복위시켰다. 복위한 원종은 원에 친조하였다가 임연 숙청과 출륙환도를 위한 병력 지원을 요청하고 그 군대를 지원받아 귀국하자 이에 호응한 홍문계·송송례 등이 정변을 일으켜 마침내 무신정권을 종식시켰다.[103] 이곡은 원나라와 강화 교섭을 하고 원과 사대관계를 맺은 이 시기를 사직을 지키고 고려를 중흥시킬 기회로 보았다. 원 관료로서 원에 의지하여 고려 국가를 보위한 것을 긍정하였다고 할 수 있다.[104]

이곡은 고려와 원의 강화 협정과 개경 환도에 반대하는 삼별초의 난에도 부정적이었다. 원종 11년(1270) 5월에 원종이 강화에서 개경으로 환도할 때 홍문계 등이 나라를 잘못되게 한 권신을 죽이고 왕에게 정권을 반환하였다. 이때 권신의 가병인 신위神衛 등이 승화후承化侯를 옹립하고 반역을 도모하여 남아 있던 신료와 군사들을 데리고 남쪽으로 떠났다[105]고 하였다. 이곡은 원나라가 금나라를 정벌하였을 때 고려는 원

---

103 이제현의 아버지 이진은 홍문계(홍규)에 대하여, 임연의 사위가 되었으나 임연과 그 아들인 임유무가 권세를 잡고 변란을 도모하니 삼한이 모두 '나라가 나라가 아니다' 하였는데, 그가 송송례와 함께 무신권력자 임유무를 제거하고 왕정을 복고하는 데 기여하였다고 하였다. 그리하여 그의 뛰어난 공훈은 黃河가 띠 같이 좁아지고 泰山이 숫돌처럼 작아져도(帶礪) 잊지 못한다고 하였다(김용선, 《역주고려묘지명집성(하)》(2012), 홍규묘지명, 713쪽).

104 한편 이곡은 충렬왕대 외적의 침입으로 강화 천도는 불가피한 것으로 보았다. 충렬왕 16년(1290)에 반란을 일으킨 원나라 大王 乃顔의 일당인 합단哈丹이 그 무리와 함께 동쪽을 향해 眞番 쪽으로 도주하여 우리나라 강역으로 난입하였는데, 그 반역의 기세가 매우 성한 가운데 가는 곳마다 살육과 약탈을 자행하였다. 이에 충렬왕이 황제의 딸인 安平公主와 함께 백관을 거느리고 강화도로 들어가 그 예봉을 피하였고, 주군도 모두 험한 요새지에 의거하여 한편으로는 싸우고 한편으로는 지키느라 중외가 흉흉하였다고 하였다(《稼亭集》 권11, 高麗國承奉郎·惣部散郎·賜緋魚袋·贈三重大匡·僉議政丞·判典理司事·上護軍奇公行狀). 그리고 원나라 大王 乃顔의 침입을 대적하기 위하여 만호 羅裕를 파견하였는데 적이 가까이오자, 나유는 도망하였다. 이에 백성이 원한을 갖게 되었다(《稼亭集》 권19, 登鐵嶺)고 하였다.

105 《稼亭集》 권1, 節婦曹氏傳 "至元庚午五月卄六日, 忠敬王自江華復都松京, 時將軍洪文系等, 誅權臣誤國者, 用復政于王, 六月初一日, 權臣家兵神衛等軍, 擁承化侯將圖不軌, 乃驅臣僚軍士

나라에 귀부하려 하였으나 권신이 제지하여 강화에 임시로 도읍하여 입
조하지 않았고 삼별초를 불궤不軌를 도모한 반역자로 파악하였다.

　이곡은 몽골(원)과 강화 협정에 공이 있는 이장용(1201-1272)을 긍정
하였다. 원종 5년(1264)에 원나라에서 조근朝覲(조회받는 것)은 제후의
책무라면서 고려 국왕에게 원 황제를 알현하러 오도록 하였다. 이에 고
려 재상들이 모여 친조를 의논하면서 모두 반대하였는데, 이장용이 홀로
왕이 조회하면 화친이 될 것이고 그렇지 않으면 틈이 생길 것이라 하여
왕(원종)의 입조를 주장하였고 원종도 이에 따랐다.[106] 이곡은 이장용이
친조를 주장한 것을 고려를 보위하는 계책으로 높이 평가하였다. 이장용
의 덕업과 문장이 중국에 알려지게 되었고 우승상이었던 동평 충헌왕(안
동安童, 1248~1293)이 그를 특별히 예우하고, 한림 왕학사 등이 그의 풍
도를 흠모하여 교제하기를 원하였다. 그들은 이장용이 원종을 설득해서
입조케 함으로써 고려의 이익을 도모하고 해를 제거하여 백성들이 지금
까지도 그 덕을 입게 되었다[107]고 하였다.

　이곡은 고려와 원과의 교류에 조인규가 공이 많다고 보았다. 조인규
(1237-1308)는 고려와 원의 사이에 통역을 맡아 일을 잘 처리하여 나라
를 중흥시키는 데 기여하였다고 하였다. 그에 따르면, 원나라가 남송을
정벌하지 않은 상태에서 원과의 강화 협상에서 고려 국왕의 입조 문제
가 큰 현안이었고, 원 군대가 국경을 압박하여 국가의 안위가 위태롭고

　　未及渡江者, 航海而南, 軸轤相接."
106 《高麗史節要》 권19, 元宗(5년)(469쪽) "五月 蒙古遣使來詔曰, 朝覲諸侯之大典也, 朕纘承
　　丕緒, 于今五年, 第以兵興, 有所不暇, 近西北諸王, 率衆款附, 擬今歲, 朝王公群牧於上朝, 卿
　　宜乘馹而來, 庸修世見之禮, 會宰相, 議親朝, 皆持延日不可, 平章事李藏用, 獨奏曰, 王覲則和
　　親, 否則生釁, 王從其言, 定入朝之議."
107 《稼亭集》 권12, 高麗國承奉郎·摠部散郎·賜緋魚袋 贈三重大匡·僉議政丞·判典理司事·上護
　　軍奇公行狀 "至元元年, 有詔令歲王公群牧咸會上都, 王其乘驛而朝. 文眞以平章, 從忠烈王入
　　覲, 寵遇異常, 文眞德業文章, 聞于中國. 時右丞相東平忠憲王甚器重之, 待以殊禮, 坐必虛其右,
　　翰林王學士諸公歆其風哉, 皆願內交. 凡所對揚休命與本國興利除害者, 民到于今賴之."

백성의 마음이 불안정한 시기였는데, 중국어에 능통한 조인규는 역관으로서 응대하는 말을 잘하여 임금을 높이고 백성을 보호하는 사직의 신하가 되었다[108]고 하였다. 또한 조인규는, 원종 15년(1274)에 태자(충렬왕)가 원 황제의 딸과 혼인할 때, 원에 고려의 이해를 두루 전달하였고 밖에서는 왕을 수행하며 온갖 고초를 겪으면서, 권간權奸을 죽여 명분을 바로잡고 나라를 안정시켜 백성들을 편안하게 하였다고도 하였다. 또한 원나라 사신 흑적黑的이 유감을 품고 말을 꾸며 분란을 일으키고자 천자께 잘못 아뢰고, 탐라와 평양 사람들이 내군에 직속되어 고려를 배반하거나 주둔한 장수들 가운데 해를 끼치자, 이들의 잘못을 꾸짖고 못하게 막았으며, 그 뒤 유민으로 끌려가서 요동과 심양에 억류 백성들을 귀국시켰고 일본을 다시 정벌하자는 의논을 중지시켰다. 세조가 일찍이 조인규에게 "그대는 고려국의 사람이 아니더냐. 그런데도 어쩌면 그토록 대답하는 것이 자상하고 분명하단 말이냐. 사색辭色과 거지擧止를 보더라도 전혀 고려 사람 같지가 않다."[109]고 하였다. 이곡은 조인규가 원과의 원만한 외교 교섭, 중재 역할로 고려 사직을 보호한 공로자로 파악하였다.

이곡은 고려와 원의 왕실혼인으로 고려가 크게 일어날 것으로 기대하였다. 원 세조가 중국을 통일하고 고종(충헌왕)이 귀부하고 원종(충경왕)

---

108 《稼亭集》 권3, 趙貞肅公祠堂記 "貞肅公生於太宗九年丁酉歲. 時甫收汴蔡, 天下幾定, 而南征西伐, 尙猶未已. 本國雖已歸附, 而制於權臣, 萬都江華, 迷職不時. 以致天兵壓境, 此亦國步安危之機, 人心向背之際, 俗習遷變之始, 而三韓之再初也. 當是之時, 夷夏始通, 宣上德達下情, 動資舌人, 而公以能華言善辭令, 拔擢飛騰, 始則束帶立朝, 與賓客言, 終則尊主庇民, 爲社稷臣, 觀公之生, 豈偶然哉?"

109 《稼亭集》 권3, 趙貞肅公祠堂記 "忠烈王以世子入覲, 公實從之. 甲戌, 釐降帝女, 令襲王位, 其入對冕旒, 歷陳利害, 出負覊紲, 備嘗艱險. 誅權奸以正名, 復都邑以定國, 使海隅蒼生, 熙熙奠枕, 迄至于今, 繫公之功居多焉. 初朝廷所遺黑的, 畜憾飾詞, 欲事紛更, 已誤天聽. 耽羅·平壤之人, 直隸內郡, 反吠其主, 與夫留屯將率之耗害者, 尋皆罷去. 其後流民及被掠爲遼瀋所敗者, 悉使歸國, 嬖佞臣倡議再征日本, 欲因軍興, 蟊賊我邦, 事得中止, 皆由公汗馬專對之力也. 凡王之遣公奏請也, 趣召入見, 慰撫良渥, 所言未嘗不允. 世祖嘗謂曰, 汝非國人耶? 何其敷對詳明. 辭色擧止絶不類東人也. 於戲. 第其中興之功, 無出公之右者矣."

이 제후로서 직무를 수행하여 황제의 딸을 충렬왕에게 시집보내어 현능한 인재들이 등용되어 고려가 크게 빛나게 되었다고[110] 하였다. 이 혼인으로 원과 고려는 "장인과 사위가 되고 부자 관계"처럼 되었으며,[111] 3세에 걸쳐서 고려의 국왕이 천자의 외손에서 나왔으니 원 황제와 고려의 국왕이 구름은 용을 따르고 바람은 범을 좇는 기회를 얻게 되었다[112]고 하였다. 왕실 혼인으로 원의 선진 문화를 수용하여 고려가 다시 일어날 것으로 기대하고 있는 것이다.

이곡이 왕실 혼인을 긍정한 모습은 고려말 사대부들에게도 그대로 이어진다. 이곡의 아들 이색은 고려와 원의 왕실 혼인[舅甥之好], 장인과 사위의 관계로 긍정하였다. 이색은 "우리나라와 원나라는 처음에 번방藩邦의 신하로서 형제와 같은 나라였다가 부마의 나라가 되었다. 그리하여 100여 년에 걸쳐 마치 물고기와 물이 만난 것처럼 서로 뗄 수 없는 관계를 돈독하게 유지해 왔다."[113]고 하였다. 원과의 왕실 혼인을 통하여 고려의 국가 유지와 번영을 기약했던 것이다. 정도전도 이에 동의하였다. 정도전은 원종에 관한 왕찬에서, 원종이 원나라 세조 황제를 뵈니 세조 황제가 가상히 여겨 공주를 세자에게 시집보내기까지 하였는데, 이로부

---

110 《稼亭集》 권12, 高麗國重大匡·僉議贊成事·上護軍·平壤君·趙公墓誌(1345) "惟昔世皇, 既一海內, 而懷柔要荒, 嘉我忠憲之歸款, 忠敬之勤勞, 而行崇德報功之典, 酒釐降帝女于忠烈王, 其貳室之恩, 三接之寵, 天下無對焉. 當是時, 賢能並出, 奔走輔翼, 光大三韓之業, 貞肅趙公尤爲傑然者也."

111 《稼亭集》 권9, 送揭理問序 "余應之曰, …… 今在聖朝, 親爲舅甥 恩若父子. ……"

113 《稼亭集》 권9, 送鄭副令入朝序 "禹貢九州之外, 聲教所曁, 東漸于海, 而三韓之名未著也. 自周封商太師之後, 稍通中國, 其在隋唐, 征之不克. 及我王氏立國, 歷宋·遼·金, 或通或絕, 彼亦無如之何.盖將有待焉者, 聖元有作, 受天明命, 首承晉接之榮, 繼荷虞嬪之寵, 三葉之王, 出帝外甥, 際會之機, 良有以夫. 王或未躬朝覲, 敬遣陪臣, 時修職貢."

113 《牧隱集》 文藁 권18, 有元資善大夫大常禮儀院使·高麗國推忠守義同德贊化功臣·壁上三韓三重大匡·益山府院君. 謚文忠李公墓誌銘 "…… 我高麗之於大朝也, 戎臣結爲兄弟於初, 天子定爲甥舅於後, 百有餘年, 魚水相得, 矧今殿下, 即周之妊姒也, 三韓之幸, 於斯爲大. ……"

터 대대로 장인과 사위의 좋은 인연을 맺어 동방의 백성들도 백년 태평의 낙을 누리게 하였으니, 역시 칭찬할 일이라고 하였다.[114] 정도전의 원종에 대한 평가는 《고려사》[115]와 《고려사절요》,[116] 17세기 《휘찬여사》[117]와 《동사강목》[118]의 왕찬 사론으로 이어진다. 조선시대에도 고려와 원왕실 혼인이 태평성대를 기약하는 계기로 평가하고 있었다.

이곡이 원과의 사대관계와 왕실혼인을 통한 원과의 긴밀한 관계를 바탕으로 당대사 인식에 주안점을 둔 것은, 당시 고려가 처한 현실 인식, 시대적 과제를 반영한 것이었다.[119] 무신정권의 종식과 개경환도라는 재편된 국내 상황, 그리고 원과 다져진 국제질서에서 고려의 지배질서를 유지하고 왕조의 정체성을 확립하기 위해서는 새롭게 정립된 역사 인식이 필요했던 것이다. 특히 원의 영향력이 확대되던 정치 외교 상황을 반영하여 고려와 원 관계의 역사인식을 정립하는 것이 무엇보다도 절실하였다. 그에 따라 형제맹약 이후 당시까지 양국 관계를 중심으로 한 약 1백여 년의 역사를 인식하고 서술하게 되었다. 이것이 당대사에 대한 역사 서술이 고려에서 활발하게 일어나는 이유가 되었다. 정가신이 지은 《천추금경록》[120]을 민지(1248-1326)가 충렬왕의 명으로 증수하여 "태조의 조상인 호경대왕에서 원종까지의 역사"를 서술한 《세대편년절요》(권7)와 "국조 문덕대왕에서 고종까지의 역사"를 서술한 《편년강목》을 완성

---

114 《三峯集》 권12, 經濟文鑑別集 下.

115 《高麗史》 권27, 世家27 元宗3(15년 6월)(상책, 563쪽) "史臣贊曰 ……"

116 《高麗史節要》 권19, 元宗(15년 6월 갑자)(502쪽) "史臣曰 ……"

117 《휘찬여사》 권4, 世家4 元宗"史臣曰 ……"

118 《東史綱目》 권11, 원종.

119 이하 고려와 원의 역사서술에 관한 내용은 다음의 글을 정리한 것이다(도현철, 〈조선 초기 단군 인식과 《삼국유사》 간행〉, 《동방학지》 162, 2013, 35-38쪽).

120 《高麗史》 권29 世家29 忠烈王2(10년 6월 丙子)(상책, 611쪽) "監修國史元傅·修國史許珙·韓康等, 撰古今錄, 至十月而成."

하였고,[121] 원부·허공 등은 《고금록》 등으로 고려와 원 관계의 역사를 서술하였다. 특히 이제현은 고종 3년(1216)에서 고종 7년(1220)까지 거란군과의 전투·몽골군과의 형제맹약, 그리고 의주 반란민과 거란 잔당 진압 과정에서 활약한 김취려의 활동이 담긴 〈김공행군기〉와 고려 태조에서 충선왕까지의 역사를 다룬 〈충헌왕세가〉 등을 통하여 고려·원 관계사를 정리하였다.

　이러한 역사 인식에는 원나라가 고려에게 역사서와 역사기록물을 요구한 것이 한몫했다. 충렬왕 4년(1278) 원 중서성에서는 고려의 역대 사적 및 원나라에 귀부한 날짜, 사신의 명단, 국왕의 친조 연월 등을 기록하여 바치도록 요구하였다.[122] 고려에서는 충렬왕 12년에 원에 바치기 위해 직사관 오양우吳良遇에게 국사 편찬을 명하였고,[123] 충렬왕 33년(1307)에는 충선왕의 요청에 따라 신하들의 반대에도, 고려의 선대실록 185책을 원나라에 보냈다.[124] 충렬왕 21년에는 임익과 김병 등이 왕명으로 편찬한 원의 《세조사적》[125]을, 충선왕 즉위년(1308)년에는 조련이 《세대편년절요》와 《금경록》을 원나라[126]에 보냈다.[127] 원나라는 한화정

---

121 《高麗史》 권107, 列傳20 閔漬(하책, 368쪽) "…… 名日世代編年節要. 上自虎景大王, 迄于元王, 分爲七卷, 并世係圖以進. 又撰本國編年綱目, 上起國祖文德大王, 下訖高宗, 書凡四十二卷. 其昭穆之論, 與編年節要不同."

122 《高麗史》 권28, 世家28 忠烈王1(4년 7월 丁亥)(상책, 581쪽) "中書省令具錄本國累朝事跡及臣服日月, 與帝登極已來使介名目, 國王親朝年月以呈, 因國史院報也."

123 《高麗史》 권30, 世家30 忠烈王3(12년 11월 丁丑)(상책, 615쪽) "命直史館吳良遇等, 撰國史將以進于元也."

124 《高麗史》 권32, 世家32 忠烈王5(33년 11월 丙戌)(상책, 667-668쪽) "以前王命, 遣直史館尹頎, 奉先代實錄一百八十五册, 如元. 時人皆不可曰, 祖宗實錄不宜出之他國."

125 《高麗史》 권31, 世家31 忠烈王4(21년 3월 정사)(상책, 636쪽) "命同修國史致仕任翊·史館脩撰官金昞 撰先帝事跡";《高麗史》 권95, 列傳8 任懿 任翊(하책, 134쪽) "嘗奉敎撰璿源錄, 又撰元世祖事跡";《高麗史》 권103, 列傳16 金就礪 金昞(하책, 270쪽) "與同修國史任翊撰元世祖事跡."

126 충혜왕 후4년(1343)에 원나라는 고려에 송·요·금나라의 事蹟을 구하였다(《高麗史》 권

책을 추진하면서 화이론에 기초한 조공 책봉관계를 지향하고 이에 걸맞은 주변국의 역사와 전통에 대한 새로운 인식을 필요로 하였다.[128] 원나라는 새로운 세계질서를 구축하려는 의도에서 고려에 대한 역사 문화적 관심을 가졌고 고려 또한 제후국으로서 위상과 그 정체성을 유지하고자 두 나라 사이의 역사에 관심을 가지게 되었다.

이곡은 원의 관료로서 고려가 당면한 시대적 과제에 순응해서, 원을 중국의 정통 왕조를 잇는 천자국이며 문명국으로 파악하면서, 중국과 교섭을 시작한 기자와 원과의 관계를 중시한 당대사 연구에 치중하였다.[129] 특히 현재의 원과의 관계가 시작되는 무신정권의 종식과 개경환도, 천자 제후 관계의 성립, 원과 고려의 왕실 혼인을 여러 차례 언급하면서 원의 천자국, 문명국으로서 권위와 위상을 드러내었다. 이때 이곡은 고려는 중국과 별개의 독립국으로 고구려의 수와 당 침공을 막아낸 사실을 특기하며 고려의 독자성을 강조하였다. 말하자면 이곡은 원 관료이지만 고려의 신민으로 고려의 보존과 함께 당대 최고의 유교 문명을 수용하는 가운데 고려 왕조의 중흥을 모색하였다고 하겠다.

36, 世家36 忠惠王(후4년 5월 壬午)(상책, 736쪽) "元遣直省舍人實德來, 索末遼金三國事蹟").

127 《高麗史》권33, 世家33 忠宣王1(즉위년 12월 무오)(하책, 682쪽) "遣理理趙璉, 如元賀正. 以王命 齎世代編年節要, 并金鏡錄, 以進."

128 원의 고려에 대한 역사서 요구는 양국 교섭을 위한 고려 역사 이해 증진을 위한 것이라고 하나 원의 고려 지배를 위한 방편으로 쓰이기도 하였다(金相鉉,〈高麗後期의 歷史認識〉,《韓國史學史研究》, 을유문화사, 1985. 79~80쪽).

129 박종기,〈원 간섭기 역사학의 새로운 경향-當代史 연구〉,《한국중세사연구》31, 2011.

2. 경학 이해와 경 중시의 성리학

1) 경학 이해와 성리학적 관점

이곡은 유학의 경전인 사서오경[130]을 수준 높게 이해하였다. 이는 그가 이를 시험과목으로 한 원 제과 전시에 1갑 3명에 이어 2갑 8명으로, 한인남인漢人南人 50명 가운데 11등이라는 우수한 성적으로 합격한 사실에서 알 수 있다. 당시 원 유학은 송대의 여타 학문 가운데 성리학, 도학을 관학화한 것이었고, 이때 따라 주자의 해석에 기초한 사서오경을 정통 이념으로 삼았다.

이곡이 충숙왕 복위 1년(1332)에 정동행성 향시에 합격하고 제과에 응시할 때, 경서의 선택 과목은 《주역》이었다.[131] 원 국자감에 수학 중이던 이색은 이곡의 동년인 우문공량宇文公諒에게 수업을 받았는데 그는 이곡이 《주역》에 밝았다고 하고 동년의 아들은 내 아들과 같으니 가르쳐 주지 않을 수 없다[132]고 하였다.

① 《주역》: 이곡은 성리학을 기초로 《주역》을 이해하였다.[133] 그는 《주

---

130 《元史》 권81, 志31 選擧1 科目 "考試程式, …… 漢人南人, 第一場明經經疑二問, 大學論語
　　孟子中庸內出題, 竝用朱氏章句集註, 復以己意結之, 限三百字以上, 經義一道, 各治一經, 詩以
　　朱氏爲主, 尙書以蔡氏爲主, 周易以程氏, 朱氏爲主, 以上三經, 兼用古註疏, 春秋許用三傳及胡
　　氏傳禮記用古註疏, 限五百字以上, 不拘格律."

131 錢大昕, 《元統元年(1333) 進士錄》, 浙江古籍出版社, 1992.

132 《牧隱集》 文藁 권4, 朴子虛貞齋記. "子旣冠之明年, 鼓篋璧雍. 易家學也. 未得師, 會先君同
　　年宇文子貞先生, 以學官召至. 子卽上謁, 進而自請曰, 穚高麗李稼亭牛馬走也. 願從先生受易.
　　先生曰, 中甫明易者也. 吾所畏也. 汝年少, 汝父未必授. 同年之子猶子焉. 無患吾不汝授也."

역》을 활용하여 시세의 변화에 대한 대응 방법을 성찰하고 때의 마땅함
과 출처를 정하고자 하였다. 충숙왕 7년(1320) 과거에 합격하고 복주福
州(안동) 사록참군사로 근무한 다음 관직을 받지 못하자, 정당에 글로
올렸다. 여기에서 이곡은 우리 임금께서 뜻을 같이하는 현인들을 천거하
면 군자가 잔디 뽑히듯 나오고,[134] 그 은혜를 확대해서 적용하면 노인이
풀을 묶어서 보답할 것이라고 하였다.[135] 또한 동년 백문보에게 자신과
같은 신진에 냉담한 현실을 한탄하였고,[136] 1329년 개성에서 고향 충청
도 한산으로 떠나기 위해 예성강을 건너다가 바람 때문에 건너지 못하
는 상황을 자신의 불우한 처지와 연결시키기도 하였다.[137]

　이곡은 《주역》을 바탕으로 역사 속에서 조정에 나아가야 할 때와 머
무를 때를 판단하고자 하였다. 한나라 때 당고의 옥이 발생한 시기에는
지식인들이 때를 기다려 움직여야 했었다[138]고 하였다. 참언이 성행하여
선인을 해칠 때는 성인이라도 잠시 머리를 숙여야 하는데, 당시 현인들
이 역량을 헤아리지 않고 입으로 시비를 다투었다는 것이다. 하늘과 땅
이 자리를 바꾸고 부否가 태泰를 밀어내는, 곧 어둠을 써서 밝게 하는
명이明夷[139]의 시대를 기약했던 것이다.[140]

　이곡은 원이 지배하던 시대를 밝은 시대로 파악하고 원과 고려의 관

133　이곡의 사서오경 이해에 대한 전거로 다음을 크게 참고하였다(이상현 옮김, 《국역가정
　　집 1, 2》, 민족문화추진회, 2006).

134　《周易》泰卦 "初九, 拔茅茹, 以其彙征吉."

135　《稼亭集》권8, 上政堂啓(33세, 충혜왕 즉위) "抑揚起伏之不同英材, 爲時大用, 謂致君於無
　　過, 當收士而不遺, 擧所知則君子拔茅, 推其恩則老人結草 ……"

136　《稼亭集》권14, 次韻白花父.

137　《稼亭集》권14, 天曆己巳六月, 舟發禮成江南往韓山, 江口阻風(충숙왕 16, 1329).

138　《周易》繫辭傳 下 "子藏器於身, 待時而動, 何不利之有."

139　《周易》明夷卦 "象曰, 明入地中, 明夷 君子以莅衆, 用晦而明."

140　《稼亭集》권1, 吊黨錮文 "動必以時 …… 否泰相推 用晦而明兮 保身之機"

계를 설명하였다. 고려가 건국되고 송·요·금과 통교하기도 하고 절교하기도 하였으며, 원나라와 교섭하여[141] 개명한 시대를 열었다[142]고 하였다. 이곡은 원나라의 성립을 《주역》의 건원[143]으로 칭송하여 천자국으로서 권위를 높였고,[144] 황제의 명령이 뇌우처럼 위엄과 은혜[145]를 드러냈다고 하였다.[146] 이곡은 세조가 즉위하여 원나라가 고려를 특별히 대우했고〔錫馬三接〕[147] 원나라가 고려를 사위의 나라로 총애〔館甥于貳〕[148]했다[149]고 하였으며, 다른 글에서 원 세조가 중국을 통일하자 우리 고종이 귀부한 것과 원종이 근로한 것을 가상하게 여기고, 황제의 딸을 충렬왕과 혼인시키니 그 이실貳室의 은혜와 삼접三接의 총애는 천하에 견줄 곳이 없었다[150]고 하였다. 여기에서 고려가 원나라 사위의 나라가 되었다

---

141 《周易》歸妹卦 九四 "象曰, 愆期之志, 有待而行也."

142 《稼亭集》권9, 送鄭副令入朝序(충숙왕 복위 8, 1338) "禹貢九州之外, 聲敎所曁, 東漸于海, 而三韓之名未著也. 自周封商太師之後, 稍通中國, 其在隋唐, 征之不克. 及我王氏立國, 歷宋·遼·金, 或通或絕, 彼亦無如之何.盖將有待焉者, 聖元有作, 受天明命, 首承晉接之榮, 繼荷虞嬪之寵, 三葉之王, 出addr外甥, 際會之機, 良有以夫. ……"

143 《周易》乾卦 "彖曰, 大哉！乾元. 萬物資始, 乃而統行天也."

144 《稼亭集》권3, 趙貞肅公祠堂記 "其大槩曰, 天下之生久矣. 一理一亂. 近自唐家旣衰, 五季大亂, 遼金與宋, 南北分裂, 戰爭不息, 生民之塗炭極矣. 天開景運, 聖人繼作, 名臣輩出, 一六合定群志, 同文軌變風俗. 易曰, 大哉！乾元. 萬物資始, 其惟皇元乎? ……";《稼亭集》권10, 表箋 上冊後賀表 "於赫皇圖, 蔚啓乾元之運, 聿新壹制, 茂昭天作之祥, 宗祉安榮, 臣民欣悅云云";《稼亭集》권10, 靑詞 近冬至甲子醮靑詞 "甲子紀辰, 已近陽生之候, 乾元資始, 益彰天覆之仁.."

145 《周易》解卦 "象曰, 雷雨作解, 君子以赦過宥罪."

146 《稼亭集》권3, 重興大華嚴普光寺記 "至正改元之前二月, 黜斥權姦, 更張政化. 風霆發號, 雷雨作解 ……"

147 《周易》晉卦 "晉 康侯用錫馬蕃庶, 晝日三接."

148 《孟子》萬章章句下 "舜尙見帝, 帝館甥于貳室, 亦饗舜, 迭爲賓主, 是天子而友匹夫也."

149 《稼亭集》권12, 高麗國重大匡, 僉議贊成事, 上護軍 平壤君趙公墓誌(1345) "惟昔世皇, 旣一海內, 而懷柔要荒, 嘉我忠憲之歸款, 忠敬之勤勞, 而行崇德報功之典, 迺釐降帝女于忠烈王, 其貳室之恩, 三接之寵, 天下無對焉. 當是時, 賢能並出, 奔走輔翼, 光大三韓之業, 貞肅趙公尤爲傑然者也."

150 《稼亭集》권12 高麗國重大匡, 僉議贊成事, 上護軍, 平壤君趙公墓誌..

는 것과 원 공주와 고려 왕자가 혼인한 것을 이강釐降, 우빈虞嬪으로 말
하기도 하였다.[151]

이곡은 충숙왕 복위 2년(1333)에 원 제과의 질문[策問]은 황·제·왕·패
와 춘·하·추·동에 배당하는 유자의 견해를 묻는 것이었다.[152] 이는 《황
극경세서》를 지은 소옹[153]의 견해인데, 그는 우주 자연의 생성 변화와
인간 사회의 역사를 상수학의 체계로 개괄하고 그러한 변화의 양상을
자연 질서의 기초로 파악하였다.[154] 그의 역사관과 정치사상은 원회운세
설元會運世說[155]과 황제왕패설皇帝王霸說로 집약되는데, 황·제·왕·패를 구
분하고 이를 절기와 맞추어 설명하였다.

---

151 《書經》 권1, 虞書 堯典 "帝曰, 我其試哉, 女于時, 觀厥刑于二女, 釐降二女于嬀汭, 嬪于虞.
帝曰, 欽哉."

152 《御試策》 十二問 皇帝王霸; 《稼亭集》 권13, 策(皇帝王霸之道) "制曰, 朕聞, 易曰, 君子多
識前言往行, 以畜其德. 盖事必師古, 帝王之所尚也. …… 近世儒者, 以皇·帝·王·霸, 分而配之
春夏秋冬, 然則其所以爲皇·帝·王·霸者, 亦猶氣之周流於一歲, 適然而然, 初無繫於向之云云也
乎? 夫天道循環, 繇貞而元, 理之必至. 苟以四時方之, 則秦漢而降, 固可以配皇·帝·王·霸而班
之否乎? 子大夫其爲朕索言之, 朕將有所鑒."

153 소옹(1011-77)은 자는 堯夫, 號는 康節, 하북 낙양사람이다. 소옹과 周濂溪(1017-73)와
張橫渠(1020-77), 程明道(1032-85), 程伊川(1033-1107)을 포함한 북송 성리학의 일원으로
나중에 朱子(1130-1200)가 성리학을 완성하는 데 기초를 만들었다. 거주하는 곳이 伊川
이기 때문에 자호는 伊川翁이라고 하였다. 王拱宸이 天津橋 근처 長生洞에 집을 지어 주
었는데, 이 집 이름을 安樂窩라고 하고 자신의 호를 안락선생이라 했다고 한다. 安樂窩는
편안하고 즐거운 곳을 의미하는데, 소옹이 낙양에 거처했던 거실로 몸소 농사지어 의식
을 해결하면서 살았던 집이다. 이 집을 중심으로 한 명칭들을 성리학자들이 즐겨 쓰게
되었는데, 伊川, 天津橋, 長生洞, 安樂窩 등이 그것이다(候外廬, 《宋明理學史》, 人民出版社,
1984/박완식 옮김, 서울 : 이론과 실천, 1995).

154 趙東元, 〈邵雍의 歷史觀〉, 《釜大史學》 6, 1982; 이봉규, 《소옹철학을 형성하는 도가적
사유와 유가적 사유》, 서울대석사논문, 1989; 李範鶴, 〈吳澄의 易學과 邵雍〉, 《韓國學論
集》 31, 2009; 廖名春·康學偉·梁韋弦, 심경호 역, 《주역철학사》, 예문서원, 1994; 山田慶兒,
김석근 역, 《주자의 자연관》 통나무, 1991; 候外廬, 《宋明理學史》, 人民出版社, 1984(박완
식 옮김, 이론과 실천, 1995); 高懷民 지음, 곽신환 옮김, 《소강절의 선천역학》, 예문서원,
2011.

155 元會運世라는 시간 단위로 우주의 시간 주기를 계산한 것(1世 30年, 運 12세 360년, 1
會 30運(10,800년). 1元은 12會(129,600년)).

그런데 이곡은 답안에서 소옹의 《황극경세서》를 바탕으로 우주 자연의 생성변화, 인간 사회의 역사의 전개를 설명하지 못하였다. 이곡은 황·제·왕·패의 순환을 춘·하·추·동의 변화와 연결시킬 수 없다고 하였다. 만약 황과 제와 왕과 패가 반드시 춘·하·추·동에 비겨서 배당해야 하는 것이라면, 공자와 맹자가 먼저 그런 사실을 말했을 것이기 때문이라는 이유에서였다.[156]

이곡은 원 제과 답안에서 대답하지 못한 소옹의 《황극경세서》를 뒷날 알게 되었고, 원 제과를 준비 중인 동료 후배 유학자에게 소옹의 글을 익히도록 했다.[157] 이곡과 1320년 고려 과거시험의 동년이고 원 제과에 응시하고자 하던 백문보(1303-1374)는 소옹의 원회운세설에 근거해서, "하늘의 운수는 순환하여 700년이 소원小元이 되고, 3600년이 대주원이 되니, 이것이 황·제·왕·패의 치란과 흥망의 주기로, 우리나라는 단군으

---

156 이곡의 답변에 소옹의 《皇極經世書》가 빠져 있다. 원 제과 책문의 네번째 문제에서 소옹의 《皇極經世書》를 활용하여 皇·帝·王·霸를 각각 春·夏·秋·동의 절기에 배당하는 것에 대한 것을 질문하였다. 소옹은 元會運世說과 皇帝王霸說로 우주 자연의 생성변화, 인간 사회의 역사의 전개를 상수학의 체계로 개괄하였다. 그는 元會運世에 기초한 우주관을 토대로 시간의 흐름에 따르는 우주의 변화(생성, 성장, 소멸)를 수치로 설명하려 하였다. 또한 역사를 황·제·왕·패로 구분하여, 皇이란 도로써 세상을 다스려 아무 일도 하지 않지만 백성들은 스스로 화합하고 잘살게 되는 이상적인 군주를 말하고, 帝란 진실된 덕으로 세상을 다스려 백성을 위하는 군주를 말한다. 王은 義를 숭상하고 백성을 이롭게 하는 군주를 말하며, 覇는 힘으로써 천하를 다스리는 군주를 말한다. 역사는 시간이 흘러감에 따라 황의 시대에서 제의 시대로, 제의 시대에서 왕의 시대, 왕의 시대에서 패의 시대로 전개된다고 하였다. 소옹은 요·순 시대와 夏 이하의 시대를 명확히 구분하고, 요·순을 만세의 제왕, 군주의 군주로서 군주의 절대적 상징으로 파악했다. 요 이후의 세계는 왕·패의 세계만 존재하는데 황제의 시기로 돌아가기는 어렵다고 보았다. 황·제·왕·패라는 순화의 원리는 춘추시대를 끝으로 무너진다고 하였다. 이곡은 이러한 소옹의 견해를 말하지 못했다(도현철, 〈원 제과(1333년)의 고려인·중국인 對策文 비교 연구〉, 《역사와 현실》 43, 2013).

157 김보경, 〈고려후기 《주역》 인식의 특성과 그 의미 ―백문보를 중심으로〉, 《한국한문학연구》 32, 2003; 엄연석, 〈여말선초 학자들의 《주역》 경전에 대한 상수역학 및 의리역학적 이해〉, 《泰東古典研究》 36, 2016.

로부터 지금까지 3,600년이 되었다."[158]고 하였다. 소옹의 우주 시간 계
산법을 활용하여 단군의 시기를 비정하였는데, 여기에서 이곡의 교시가
있었을 것으로 추측된다.

　한편 이곡은 원나라 북경 시장거리에서 굶주린 남편이 자신의 아내를
파는 인간 시장의 실태를 경고한다. 곧 예쁘게 치장하고서 간음하라고
가르치는 자[159]가 그 용모의 고운 정도에 따라서 값을 올리고 내리면서
조금도 부끄러워하는 기색이 없이 공공연히 거래되는 상황을 적시하였
다.[160] 《주역》에 선을 쌓고 악을 쌓는 데에 따라 경사와 재앙이 이르곤
하는데,[161] 그 자신에게 이르지 않으면 반드시 그 자손에게 미친다[162]고
하여, 선을 행하고 악을 제어하며 윤리 도덕을 확립하는 유교의 교화를
제시하고 있다.

　이곡은 유교 경전의 으뜸인 《주역》으로 원과 고려의 천자 제후 관계
를 설명하고 우주의 순환의 논리, 풍속 교화, 자신의 출처를 설명하였다.

　② 《상서》: 이곡은 《상서》를 통하여 현실 정치론을 제시하였다. 그는
유학의 천하관에 따라 소리로 전해지는 교화가 온 천하에 퍼지고 동쪽
으로는 바다에까지 미쳤다[163]고 하였다.[164] 교화는 바람이 불어 풀이 넘

---

158 《高麗史》 권112, 列傳25 白文寶(하책, 451-452쪽) "後上疏言事日, …… 國家世守東社,
　　文物禮樂有古遺風 …… 且天數循環, 周而復始. 七百年爲一小元, 積三千六百年爲一大周元.
　　此皇帝王霸理亂興衰之期. 吾東方, 自檀君, 至今已三千六百年, 乃爲周元之會. 宜遵堯舜六經之
　　道, 不行功利禍福之說. 如是, 則上天純祐, 陰陽順時, 國祚延長."

159 《周易》 繫辭傳 上 "子曰, 作易者其知盜乎. 易曰, 負且乘, 致寇至, 負也者, 小人之事也, 乘
　　也者, 君子之器也, 小人而乘君子之器. 盜思奪之矣, 上慢下暴, 盜思伐之矣. 慢藏誨盜, 冶容誨
　　淫, 易曰, 負且乘致寇至, 盜之招也."

160 《稼亭集》 권7, 市肆說 "商賈所聚, 貿易有無, 謂之市肆. 始子來都, 入委巷, 見冶容誨淫者,
　　隨其妍媸, 高下其直, 公然爲之, 不小羞恥. 是曰女肆, 知風俗之不美也."

161 《周易》 坤卦 "積善之家, 必有餘慶, 積不善之家, 必有餘殃."

162 《稼亭集》 권4, 韓國公鄭公祠堂記(충목왕 1년 3월) "抑嘗觀積善積惡, 殃慶類至, 若不在身,
　　必在其子孫. 或承家世祿, 席寵籍勢, 出擁千騎, 入食萬錢, 禍機一發, 爰及後昆, 或起迹白屋之
　　下, 致之靑雲之上, 垂名於竹帛, 致孝乎鬼神, 夷考其由, 非偶然也."

어지고 가까운 곳에서부터 시작해서 먼 곳[165]에까지 이르게 되는 것이다.[166] 천자의 나라와 제후의 나라가 함께 복을 나누기를 염원하였고 임금과 신하가 함께 정치에 임[167]하도록 하였다.[168] 또한 나라는 백성을 근본으로 삼고 백성은 관리를 하늘로 삼는데, 근래에 관리는 조정의 명령을 따르지 않고 자기만을 선전하고 선심을 쓰곤 한다[169]고 하였다.[170]

또한 이곡은 원나라의 《지정조격》은 흠휼欽恤[171]하는 뜻이 요·순과 비교해도 부끄럽지 않다[172]고 하였고, 한영韓永이 중국에서 지방관직을 수행한 공적을 기술하면서 옥사를 평결할 때에는 한결같이 흠휼을 위주로 하였다고 했다.[173] 이곡이 합격한 충숙왕 7년의 고려 과거 시험은 주공이나 태공의 정치가 말년에 폐단을 드러냈는데, 그 풍속을 바꾸는 과

---

163 《書經》 夏書 禹貢 "東漸于海, 西被于流沙, 朔南曁聲敎, 訖于四海. 禹錫玄圭, 告厥成功."

164 《稼亭集》 권9, 送鞫副令入朝序(충숙왕 복위 8, 1338) "禹貢九州之外, 聲敎所曁, 東漸于海, 而三韓之名未著也. 自周封商太師之後, 稍通中國, 其在隋唐, 征之不克. 及我王氏立國, 歷宋·遼·金, 或通或絕, 彼亦無如之何."

165 《書經》 商書 太甲下 "若升高, 必自下. 若陟遐, 必自邇."

166 《稼亭集》 권9, 送洪密直出鎮合浦序 "風行而草偃, 自邇而陟遐."

167 《書經》 周書 微子之命 "王若曰, 猷, 殷王元子. 惟稽古崇德象賢, 統承先王, 修其禮物. 作賓于王家, 與國咸休, 永世無窮"; 《書經》 商書 咸有一德 "后非民罔使, 民非后罔事, 無自廣以狹人. 匹夫匹婦, 不獲自盡, 民主罔與成厥功."

168 《稼亭集》 권8, 代言官請罷童女書(38세,1335) "書曰, 匹夫匹婦, 不獲自盡, 民主罔與成厥功. 恭惟國朝, 德化所及, 萬物咸遂, 高麗之人, 獨有何罪而受此苦乎?"

169 《書經》 夏書 五子之歌 "皇祖有訓, 民可近, 不可下. 民惟邦本, 本固邦寧"; 《書經》 周書 康誥 "不率大夏, 矧惟外庶子訓人, 惟厥正人越小臣諸節, 乃別播敷, 造民大譽, 弗念弗庸, 瘝厥君. 時乃引惡, 惟朕憝. 已汝乃其速由玆義, 率殺."

170 《稼亭集》 권9, 送安修撰序 "國以民爲本, 民以吏爲天, 比來承流宣化者, 未盡得其人, 小臣諸節, 乃別播敷, 故民皆逃賦, 而入於豪家.

171 《書經》 虞書 舜典 "欽哉欽哉, 惟刑之恤哉."

172 《稼亭集》 권1, 策問 "列聖之制, 法令之寬, 漢唐之所未有. 先有大元通制, 後有至正條格, 欽恤之意, 誠不愧於唐虞矣."

173 《稼亭集》 권12, 有元故亞中大夫·河南府路摠管兼本路諸軍與魯摠管·管內勸農事·知河防事·贈集賢直學士·輕車都尉·高陽侯謚正惠韓公行狀 "其於讞獄 一本於欽恤."

정에서 드러나는 폐단을 방지하는 방법을 질문한 것이다. 이에 대하여 이곡은 《상서》의 정치는 풍속을 참작해서 개혁해야 한다[174]는 말을 활용해서 성현은 나라를 다스리는 방법을 달리한다고 보고 풍속의 후박이나 교화의 난이에 따라 가르침을 베풀어 인도하고 정책을 세워 다스려야 한다고 했다. 그렇기 때문에 태공이 제나라를 다스릴 때는 현능한 자를 등용하고[175] 공功을 숭상하였으며,[176] 주공이 노나라를 다스릴 적에는 어른을 어른으로 여기고[177] 친한 이를 친하게 여기는 정책을 폈는데,[178] 이는 모두 시대에 맞게 변화할 줄을 알았던 선정이라고 하였다.

1333년 원 제과의 대책문에는 이곡의 《상서》 인식이 분명하게 드러난다. 제과 문제는 중국의 역대 군주인 황·제·왕·패의 군주상에 대한 것이었다. 황·제·왕·패의 이름이 어떻게 다르며, 그들의 일과 공을 말해보라는 것이었다.[179] 답안에서 이곡은 군자는 옛 성현들의 언행을 많이

---

174 《書經》 周書 畢命 "道有升降, 政由俗革, 不臧厥臧, 民罔攸勸."

175 《書經》 周書 旅獒 "不寶遠物, 則遠人格, 所寶惟賢, 則邇人安."

176 《書經》 商書 仲虺之誥 "德懋懋官, 功懋懋賞, 用人惟己, 改過不吝, 克寬克仁, 彰信兆民."

177 《書經》 商書 伊訓 "今王嗣厥德, 罔不在初, 立愛惟親, 立敬惟長, 始于家邦, 終于四海."

178 《稼亭集》 권13, 應擧試策.

179 《稼亭集》 권13, 策(皇帝王霸之道) "制曰, "朕聞, 易曰, 君子多識前言往行, 以畜其德. 蓋事必師古, 帝王之所尙也. 昔之有天下者曰, 皇·帝·王·霸. 夫其位同, 有廟社臣民同, 爵祿廢置生殺子奪之柄同, 獨其爲號不同. 然則曰皇, 曰帝, 曰王, 曰霸, 其名義可得而知乎? 治天下者, 爲其事必有其功, 載之簡冊, 垂之來世尙矣. 三墳之書, 少皞, 顓頊, 高辛氏之典, 湮滅無傳, 其事功亦可考而有徵于今乎? 唐虞以下, 載籍雖存, 亦可以盡信而無疑乎? 臨乎億兆之上, 必有爲理之道, 終始持循而成一代之理, 皇·帝·王·霸, 其爲道同乎? 不同乎? 傳曰, 爲政以德. 蓋必行道有得於心, 然後可措諸政. 皇·帝·王·霸之德, 其淺深純雜, 亦可得而言乎? 君心, 出治之原也, 皇·帝·王·霸, 其心之微, 亦可得而見乎? 是皆朕之所欲聞也. 子大夫脩業于家殆有年矣, 玆故詳延于廷, 以詢所蘊. 書曰, 今民將在祗遹乃文考, 又曰, 別求聞由古先哲王, 朕仰荷天明, 承累聖之丕業, 兢兢圖理, 其法祖宗者, 固不待謀之子大夫矣. 等而推之, 皇·帝·王之心之德之道, 何者可師, 何者可取, 其悉陳之, 以副朕之虛佇. 近世儒者, 以皇·帝·王·霸, 分而配之春夏秋冬, 然則其所以爲皇·帝·王·霸者, 亦猶氣之周流於一歲, 適然而然, 初無繫扵向之云云也乎? 夫天道循環, 繇貞而元, 理之必至. 苟以四時方之, 則秦漢而降, 固可以配皇·帝·王·霸而班之否乎? 子大夫其爲朕素言之, 朕將有所鑒.""

알아 자신의 덕을 키우고,[180] 삼황과 요 순 등 제왕이 천지자연의 법도를 취하여 남쪽을 향하여 앉아 있어도 천하가 잘 다스려졌다고 하였다.[181] 이는 《상서》에 성군이 옷을 늘어뜨리고 팔짱을 낀 채 아무 일도 하지 않으면서도 세상이 잘 다스려지는 것을 말한 수공垂拱[182]과 통한다. 또한 이곡은 황·제·왕·패가 행한 정치의 도가 무엇인가에 대한 질문에 답하면서, 요임금은 큰 덕을 발휘하여 구족을 친하게 하고 백성을 평등하게 대하고 만방을 화목하게 하였고,[183] 순임금은 무능한 관원을 물리치고 유능한 관리를 등용하였으며,[184] 우왕은 훌륭한 말을 들으면 절하고 받아들였고,[185] 탕왕은 허물을 고치는 일에 인색하지 않았으며,[186] 문왕은 해가 중천에 뜨고 다시 서쪽으로 기울 때까지 식사할 겨를이 없이 노력하여 만백성을 모두 화합하게 하였고,[187] 무왕은 믿음을 두텁게 하고 의리를 밝히면서 덕을 높이고 공에 보답하였다[188]고 했다.[189]

이곡은 《상서》로 주공과 태공의 정치를 설명하고 황·제·왕·패로 구분되는 군주의 도를 제시하면서 왕도를 논하며 유교 정치의 본령을 제시하였다.

---

180 《周易》 大畜卦 "象曰, 君子多識前言往行, 以畜其德."

181 《周易》 繫辭傳下 "黃帝堯舜 垂衣裳而天下治 蓋取諸乾坤."

182 《書經》 周書 武成, "列爵惟五, 分土惟三, 建官惟賢, 位事惟能. 重民五敎, 惟食喪祭, 惇信明義, 崇德報功, 垂拱而天下治."

183 《書經》 虞書 堯典 "克明俊德, 以親九族, 九族旣睦, 平章百姓, 百姓昭明, 協和萬邦."

184 《書經》 虞書 舜典 "帝曰, 咨汝二十有二人, 欽哉, 惟時亮天功. 三載考績, 三考, 黜陟幽明, 庶績咸熙, 分北三苗."

185 《書經》 虞書 大禹謨 "禹拜昌言"; 皐陶謨 "禹拜昌言."

186 《書經》 商書 仲虺之誥 "改過不吝, 克寬克仁."

187 《書經》 周書 無逸 "自朝至于日中昃, 不遑暇食, 用咸和萬民."

188 《書經》 周書 武成 "列爵惟五, 分土惟三, 建官惟賢, 位事惟能. 重民五敎, 惟食喪祭, 惇信明義, 崇德報功, 垂拱而天下治."

189 《稼亭集》 권13, 策(皇帝王覇之道).

③《시경》: 이곡은《시경》으로 유학적 이상사회와 개인 수양을 말하였다. 그는 유학적 세계관에 기초한 왕토사상을 견지했다.[190] 당시 원 중심의 세계질서를 설명하는 가운데 넓고 넓은 하루 아래 왕의 땅이 아님이 없고, 땅의 모든 물가에 이르기까지 왕의 신하가 아님이 없다고 하였다.[191] 그리고 원 천자국의 덕음은 세상에 사신들이 나가 황상의 은혜를 알리고 백성의 고통을 물어서 파악하고 그 대책을 강구하는 것이라 하여,《시경》의 "두루 묻고 강구한다."[192]와 "두루 묻고 의논한다."는 이 말을 인용하고 있다.[193] 지금의 황제가 유교의 이상 군주인 문왕의 성스러운 덕과 공경하는 덕을 날로 발전시킨다고 하면서, 녹명鹿鳴, 곧 임금이 신하를 위해 연회를 베푸는 노래[194]를 언급하기도 하였다.[195]

이곡은 유교 교화의 확산과 관련하여 죽부인전에서[196] 춘추시대 위衛나라 무공武公이 95세의 나이에도 나라 사람들에게 자신을 일깨울 만한 좋은 말을 해 달라고 당부할 정도로 훌륭한 덕을 지녔으므로 그를 칭송하였다[197]고 했다. 또한 조인규가 가족을 모아《시경》[198]을 인용하여 형과 아우들이 화목하게 지내고 서로 시기하지 말라[199]고 하며 집안을 엄

---

190 《詩經》 小雅·谷風之什·北山 "溥天之下, 莫非王土. 率土之濱, 莫非王臣."《孟子》 公孫丑章句下 "咸丘蒙曰, "舜之不臣堯, 則吾旣得聞命矣. 詩云, '普天之下, 莫非王土, 率土之濱, 莫非王臣.'"

191 《稼亭集》 권9, 送揭理問序 "…… 則曰, 普天之下, 莫非王土, 國臣之持舊法者. 則曰, 世皇有訓, 不改土風, 於是出彼入此, ……";《稼亭集》 권8, 代言官請罷童女書(38세, 1335) "…… 普天率土 ……"

192 《詩經》 권9, 小雅·鹿鳴之什·皇皇者華 "載馳載驅, 周爰咨諏."

193 《稼亭集》 권8, 代言官請罷童女書 "夫使于四方, 將以宣布上恩, 詢咨民隱, 詩不云乎? 周爰咨詢, 周爰咨諏. 今乃使于外國, 貨色是覿, 不可不禁也."

194 《詩經》 小雅 鹿鳴.

195 《稼亭集》 권9, 賀崔寺丞登第詩序 "將歌鹿鳴, 而與計偕射策於天子之廷乎? 將爲獻替, 以補吾君之過而順其美乎?"

196 《稼亭集》 권1, 竹夫人傳.

197 《詩經》 衛風 淇奧; 이상현 옮김, 《국역가정집1》 2006, 44쪽, 주) 136.

198 《詩經》 小雅 斯干 "兄及弟矣 式相好矣 無相猶矣."

격하게 단속하고 자제를 올바르게 가르쳤다고 하였다. 살아 있을 때는
많은 자손들이 달관達官과 명사名士가 되어 중외에 퍼졌고 죽은 뒤에는
모두 가훈을 준수하여 효도하고 우애하며 화목하게 지냈으므로, 공평하
고 균등하게 하라는 구절[200]과 환난에 급히 달려가야 한다는 척령鶺
鴒[201]의 시에 비추어 보더라도 부끄러울 것이 없다고 하였다.[202] 형제의
우애를 읊은 상체常棣[203]를 자세히 설명하여 유교의 인륜과 형제 간의
우애를 강조하였다.[204]

　　이곡은 현실 정치와 관련하여 임금이 어진 인물을 등용하면 백성이
복종하고 교화가 이루어질 것으로 보았다.[205] 과거에 급제하고도 관직을
얻지 못하여 정당에 올린 글에서 경전 속의 옛날 임금이 현사를 구하듯
이 자신을 등용해 달라고 요구했다.[206] 그것은 마치 부인이 남편을 위하
여 화장하는 것[207]과 같이 임금을 위하여 일하고 싶다는 심정을 드러낸
것이다.[208] 이밖에 《시경》을 인용하여[209] 담대한 사람을 말하였고,[210]

---

199 《稼亭集》권3, 趙貞肅公祠堂記 "…… 詩不云乎, 兄及弟矣, 式相好矣, 無相猶矣."

200 《詩經》曹風 鳲鳩 "鳲鳩在桑, 其子七兮. 淑人君子, 其儀一兮."

201 《詩經》小雅 鹿鳴之什 常棣 "脊令在原, 兄弟急難. 每有良朋, 況也永歎."

202 《稼亭集》권3, 趙貞肅公祠堂記 "至於持家嚴, 教子以義, 逮公未老, 子孫多爲達官名士, 布
列中外, 旣沒之後, 咸遵家訓, 孝友怡怡, 人不間言, 尸鳩平均, 脊令急難, 其不愧矣."

203 《詩經》권9, 小雅·鹿鳴之什·常棣.

204 《稼亭集》권2, 義財記 "人之倫有五而聖人序之　其目曰君臣　曰父子　曰夫婦兄弟　而朋友居
其終　朋友比四者　其勢若後　而其用實先　盖責善輔仁　而能致乎人倫之懿者　皆朋友之力也　然其
本末固有秩然而不可易者　此常棣之詩所由作也　其首章曰　常棣之華, 鄂不韡韡. 凡今之人, 莫
如兄弟."

205 《詩經》正風 緇衣; 《禮記》권33, 緇衣 子曰, "好賢如緇衣, 惡惡如巷伯, 則爵不瀆而民作愿,
刑不試而民咸服."

206 《稼亭集》권8, 上政堂啓 "旣無求備於一人之身, 亦何難致乎千里之足. 郎署絶白首之嘆, 國
風續緇衣之詩. 造化爐中, 廣狹方圓之雖其, 吹噓筆下, 抑揚起伏之不同. 伏念久厭泥蟠, 常希水
擊, 四海未逢知己, 十年長作秀才. 顧軒冕之儻來, 幸年歲之未暮, 宜لي來者居上."

207 《詩經》衛風 伯兮 "自伯之東, 首如飛蓬. 豈無膏沐, 誰適爲容."

208 《稼亭集》권8, 上政堂啓.

생추[211]라는 조촐한 예물로 현인을 사모하는 것을 표현하거나,[212] 물이 깊으면 옷 입은 채로 건너가고 물이 얕으면 바지를 걷고 건너가는 법인데[213] 이것이 자신의 몸을 간수하는 법이라 하기도 하였다.[214]

이곡은 《시경》을 통하여 왕토사상과 인격 수양과 가족 윤리 그리고 풍속 교화를 제시하였다고 할 수 있다.

④ 《춘추》: 이곡은 원 제과 합격자로서 시험과목인 사서오경 가운데 하나인 《춘추》에 대한 이해도 깊었다.[215] 그는 인재를 등용하여 적합한 사람이 관직에 임용되어야 나라가 나라다울 수 있다고 생각했다. 그는 군주가 아는 자를 천거하면 군자가 잔디 뽑히듯 뽑혀 나올 것이고 그 은혜를 확대하여 적용하면 노인이 풀을 묶어서 보답할 것이라 하였다.[216] 이는 청류를 끌어들여 선을 장려하고 탁류를 밀어내 악을 물리치는 것과 같은 것이라 하였다.[217] 또한 《춘추좌씨전》에 근거해서 하나라가 어지러워져 하나라에 우禹의 형법이 생기고,[218] 상나라가 혼란해져

209 《詩經》小雅·鹿鳴之什·伐木 "伐木丁丁, 鳥鳴嚶嚶. 出自幽谷, 遷于喬木. 嚶其鳴矣, 求其友聲."

210 《稼亭集》권8, 送金同年東陽遊上國序 "將北學于中國, 仍誦小雅伐木篇出于幽谷, 遷于喬木, 未嘗不三復也. 有識聞之, 知君之膽當大於身也."

211 《詩經》小雅 白駒 "生芻一束 其人如玉."

212 《稼亭集》권9, 寄朴持平詩序 "辛未, 入藝文館, 踵持平後, 於朴氏昆季甚熟, 思一負笈致葯, 邈不可得."

213 《詩經》邶風 匏有枯葉.

214 《稼亭集》권8, 上政堂啓 "……深則厲 淺則揭 亦爲持己之分."

215 《元史》권81, 志31 選擧1 科目 "考試程式, …… 漢人南人, 第一場明經經疑二問, 大學論語 孟子中庸內出題, 並用朱氏章句集註, 復以己意結之, 限三百字以上, 經義一道, 各治一經, 詩以 朱氏爲主, 尙書以蔡氏爲主, 周易以程氏, 朱氏爲主, 以上三經, 兼用占註疏, 春秋許用三傳及胡 氏傳禮記用占註疏, 限五百字以上, 不拘格律."

216 《春秋左氏傳》宣公 15년.

217 《稼亭集》권8, 上政堂啓.

218 《春秋左氏傳》昭公 6년 "夏有亂政而作禹刑, 商有亂政而作湯刑, 周有亂政而作九刑, 三辟 之興, 皆叔世也."

탕湯의 형법이 만들어졌다고 하였다.[219] 조인규가 죽자 충렬왕이 하늘이
나라를 위하여 원로를 이 세상에 두려고 하지 않는다[220]고 하였다.[221]

충정왕 2년에 광주목사였던 백문보와 약속에 따라 청풍정에 대한 기
문을 지으면서 《춘추좌씨전》에 옛 건물을 새로 짓는 것을 비판하였고,
《논어》 역시 노나라 사람들이 장부長府라는 창고를 만들자 공자가 "새로
지어야 하는가"라는 말 속에 성인의 가르침이 있지만, 광주의 형세를 보
건대 정자를 지을 만하다[222]고 하였다. 또한 "이름은 남이 부르기도 하
고 자신이 부르기도 하므로 남이 부를 때는 좋은 글자를 붙여 주게 마
련이지만, 자신이 정할 때는 겸손하게 짓게 마련이어서 겸양하는 뜻을
보이고자 어리석을 우愚가 아니면 노둔할 노魯를 붙이고, 졸렬할 졸拙이
아니면 오활할 우迂를 붙이는 것이라고 한다. 그런데 이름이란 실제 내
용을 바탕으로 나오는 것이니, 만약 그 이름이 사실에 기초한 것이라면,
비록 악명이 덧붙여졌다고 하더라도 피할 수가 없으니 이것이 《춘추좌씨
전》의 이른바 "나쁜 이름을 감추고 싶어 해도 더욱 드러나게 된다."[223]
는 것이라고 하였다.[224]

이곡은 《춘추》 삼전 가운데 《춘추좌씨전》에 치중해서 유교의 교화와
명분과 관련하여 유교 논리를 기반으로 설명하였다.

---

219 《稼亭集》 권1, 策問 "唐虞三代之法, 百王之所折衷, 而刑又法之大者也. …… 夏有禹刑, 殷
有湯刑, 於何考其制歟? 周官三典, 穆王呂刑, 亦合於唐虞乎? ……"

220 《春秋左氏傳》 哀公 16년 "旻天不弔, 不慭遺一老, 俾屏余一人以在位."

221 《稼亭集》 권3, 趙貞肅公祠堂記 "訃聞, 王發天不慭遺之嘆, 賻葬以禮, 諡曰貞肅."

222 《稼亭集》 권6, 淸風亭記 "則今之起廢實同於刱新, 春秋書作, 有謂不宜作者, 又謂魯長府何
必改作, 聖人垂敎之意微矣. 余觀廣之爲州, 三面皆高山, 北雖曠遠, 地勢夷下, 公廨民居, 如在
井底. 賓客之來, 寧病于卑陋, 而不知跬步之間有此爽塏, 則此亭之作, 當不在貶例."

223 《春秋左氏傳》 昭公 31 "或求名而不得 或欲蓋而名章 懲不義也."

224 《稼亭集》 권7, 乃翁說送裵君允堅東歸 "凡有號名, 或人稱或自稱, 人之稱固以美, 若自稱則
謙之, 謙之故不愚則魯, 不拙則迂. 然名由實生, 苟其實, 雖被之惡名, 烏可辭已. 此所謂欲蓋而
彰者也."

⑤《삼례》: 이곡은《삼례》, 곧《주례》와《의례》 그리고《예기》에 대한 이해가 있었다. 이곡은 원나라는《예기》[225]에 근거해서 공업을 성취하여 정치가 안정되자 예악을 제정하였다[226]고 했고,《예기》의 '무불경冊不敬'[227]은 공경하지 않음이 없어야 한다는 말인데 이는 마음을 바르게 해야 한다[228]는 것을 의미한다고 하였다. 정인의 사당기에서《예기》를 활용하여[229] "부친이 사이고 아들이 대부일 때에는 사의 예법으로 장례를 행하고 대부의 예법으로 제사를 행한다"고 하면서 신분에 맞는 예의 실천을 설명하고 이것이 효치로 나가는 것이라고 하였다.[230] 사람의 자식이 되어 도리에 맞게 부모를 섬기고 마음을 극진히 하면 효라고 할 수 있고, 살아계실 때 봉양하고 죽었을 때 장례를 지내는 것이 누구나 당연히 해야 할 일[231]이 된다.[232] 박윤문은 모친상을 당하자 묘소 옆에 여막을 짓고 땅을 돋우어 나무를 심는 한편 독례讀禮(상중)[233]하는 여가에 염불을 하고 사경을 하여 명복을 빌면서 예제를 마쳤다[234]고 하였다.

---

225 《禮記》樂記 "王者功成作樂, 治定制禮. 其功大者其樂備, 其治辭者其禮具."

226 《稼亭集》 권1, 策問 "恭惟皇元功成治定, 制禮作樂."

227 《禮記》曲禮上 "曲禮曰, 毋不敬, 儼若思, 安定辭. 安民哉!"

228 《稼亭集》 권13, 廷試策 "……禮則曰, 毋不敬, 言其正心也. ……"

229 《禮記》中庸 第三十一 "父爲大夫, 子爲士, 葬以大夫, 祭以士. 父爲士, 子爲大夫, 葬以士, 祭以大夫. 期之喪達乎大夫, 三年之喪達乎天子, 父母之喪無貴賤一也."

230 《稼亭集》 권4, 韓國公鄭公祠堂記(충목왕 1년 3월) "按禮曰, 父爲士, 子爲大夫, 葬以士, 祭以大夫. 欽惟聖朝仁覆四海, 孝治天下, 以養人心, 以作士氣. 凡內外之臣自緋以上, 皆得封贈父母, 等而上之, 其數極備. 其有薰蒿不飾, 帷薄不脩者不與焉. 雖父母妻室皆如之. 於戲, 旣推其恩, 又責其行, 所謂道德齊禮, 其懲勸之意並行而不悖者歟?"

231 《孟子》離婁章句下 "養生者不足以當大事, 惟送死可以當大事.";《禮記》禮運 제9 "所以養生送死, 事鬼神之大端也."

232 《稼亭集》 권4, 大元贈奉訓大夫·遼陽等處行中書省左右司郎中·飛騎尉遼陽縣君·趙公墓誌記 "且謂之曰, 人子之事親, 合於理而盡於心, 斯謂之孝, 蓋養生送死, 事之常也. 慎終追遠, 德之厚也. 立身揚名, 以顯父母, 孝之終也."

233 《禮記》曲禮下 제2 "居喪未葬, 讀喪禮, 旣葬, 讀祭禮, 喪復常, 讀樂章."

234 《稼亭集》 권9, 寄朴持平詩序 "大夫人卽世, 因葬之, 持平廬於墓, 捧土植木, 且以讀禮之餘,

이 밖에 이곡은 한나라 사람 구향仇香[仇覽]은 40살까지 향리에 있다가 40이 되어 신념이 확고해지자[235] 이때부터 벼슬에 나갔다고 했고,[236] 김해부 향교를 짓는 기문에서 《예기》[237]에 옹기 구멍의 들창과 규圭 모양의 길쭉한 쪽문이라는 지극히 빈한한 선비의 거처를 말하면서 이국향李國香이 공부할 곳이 비좁고 누추해 넓히려는 뜻을 높이 평가했다.[238]

이곡은 충숙왕 복위 1년(1332)에 정동행성 향시 문제에서, 《주례》[239]에 근거하여 《주관》 삼전三典과 목왕의 여형이 당우시대와 합치되는가를 질문하면서,[240] 원 법제의 도입 가능성을 타진하였다. 아울러 관리를 선발하는 제도는 오래되었고 과목의 수에 차이는 있지만, 인재를 빈객으로 예우하고[241] 작록을 수여하면서 문호文虎(문신과 무신)를 임용하였다[242]고 하여 고려 전장제도의 특징을 설명하였다.

이곡은 《삼례》를 통하여 가족 관계에서 지켜야 할 예법이나 국가 운영에 필요한 법제와 관리 운영 등 예적 질서의 확립에 필요한 제반 사항을 제시하였다.

⑥ 《사서》 이해와 인의론: 이곡은 주자가 주석한 《사서》를 통하여 유학의 이념을 제시하고 유학적 인간형을 지향하였다. 그는 유학의 수양론에 따라 어려서 《소학》을 익히고 나아가 다른 사람을 다스리는 이른바

<hr />

念佛寫經追冥福, 終其制."

235 《禮記》曲禮상 "四十 曰强而仕."

236 《稼亭集》 권1, 贊後漢三賢 "…… 陳留仇香, 四十無聞, 鄕黨以輕, 强而乃仕."

237 《禮記》儒行제41 "儒有一畝之宮, 環堵之室. 篳門圭窬, 蓬戶甕牖."

238 《稼亭集》 권2, 金海府鄕校水軒記 "古之人有甕牖圭竇者. 學之勤怠, 豈關居處哉."

239 《周禮》秋官 大司寇 "大司寇之職掌建邦之三典, 以佐王刑邦國詰四方. 一曰刑新國用輕典. 二曰刑平國用中典. 三曰刑亂國用重典. 以五刑糾萬民."

240 《稼亭集》 권1, 策問 "唐虞三代之法, 百王之所折衷, 而刑又法之大者也. …… 夏有禹刑, 殷有湯刑, 於何考其制歟? 周官三典, 穆王呂刑, 亦合於唐虞乎? ……"

241 《周禮》地官 大司徒.

242 《稼亭集》 권9, 賀崔寺丞登第詩序.

수기치인상을 제시하였다. 그는 성리학의 인간론에 따라 천리와 인욕을 설명하고 수양법으로 경을 제시하였다. 군자·대인을 지향한다면 경 공부를 행하고[243] 천리와 인욕을 구분하면서[244] 덕을 밝히고 민을 새롭게 하는 것이 천리를 보존하는 것이라 하였다.

이곡은 치인의 전제로서 수기 또는 수양을 해 나가는 군자를 지향하였다. 《대학》의 격물·치지에서 수신과 제가, 치국과 평천하에 이르는 방법론을 제시하면서, 사물의 이치를 탐구하여 그렇게 된 사물의 이치와 마땅히 해야 할 도리를 파악하고 이를 기초로 제가, 치국, 평천하로 진전시켜 나가야 한다고 하였다. 이는 인간의 성장과정을 단계적, 계기적, 통일적으로 파악·설명한 것이다.

그는 소학에서는 쇄소, 응대, 진퇴의 예절을 배우고, 예·악·사·어·서·수를 배워 익히라 했고,[245] 옛날 천자와 제후의 아들이라고 할지라도 반드시 학교에 들어가게 하여 날마다 단정한 인사들과 함께 하루 종일 생활하면서 덕성을 도야하게 했다고 지적하였다. 자기를 먼저 다스리고 나라를 다스리며 임금을 바르게 하는 것과 같은 맥락의 언급으로서[246] 본성을 함양하고 이치를 탐구할 수 있는 자질을 인정한 것이다. 유학을 공부하고 인의도덕이 확립된 사회를 지향하는 것은 인륜에 기초한 도덕사회를 목표로 하는 것이다.

---

243 《稼亭集》 권7, 敬父說 "易曰, 敬以直內, 盖直者理之當然, 而敬者養直之具也. 以此推之於明德新民之用, 則何適而非天理耶."

244 《稼亭集》 권1, 趙苞忠孝論 "…… 天理人欲之公私 判然矣 ……"

245 《稼亭集》 권5, 寧海府新作小學記 "…… 若曰習句讀斯可矣. 何必問灑埽應對進退之節, 工篇翰則足矣. 何必學禮樂射御書數之文, 此乃鄕風村學耳. ……"

246 《稼亭集》 권7, 師說贈田正夫別 "雖然, 凡爲人師, 必先正己, 未有己不正, 而能正人者也. …… 正夫其必先正其己, 而正王心. 毋爲聲色狗馬珍奇異味之所先, 毋爲佞倖便嬖之所奪. 斯可已 是其道大故任重, 德高貞深, 豈若庶人之師, 而威之朴之委而去之乎? 豈直卿士之師, 而害倍於庶人而已乎? 孟子曰, 惟大人爲能格君心之非, 一正君而國正也. 大人者, 盖師嚴道尊之謂也."

그는 이상적 인간상인 군자가 해야 할 일을 제시하였다. 먼저 군자는 나라 운영의 주체가 되어야 한다는 생각을 전제로, 군자가 등용되어야 사직이 편안하고 군자가 물러나면 인민이 이롭다고 하였다.[247] 한양 참군으로 떠나는 정영세에게 "변고가 많은 이래 예전과 달리 염치의 도가 없어지고 상하가 서로 이익을 다투니 호가豪家는 겸병하고 혹리酷吏는 지나치게 거두어 송곳을 세울 만한 땅이 없고 집에는 탄식만 있다. 수령은 좌시할 뿐 감히 말하지 못하고 민을 학대하여 곤고하고 의지할 데 없음이 지금보다 심한 적이 없다고 하면서, 일가一家가 인仁하면 일국一國이 인仁을 일으킬 것이니 군자는 자기의 본분을 다할 뿐이고 백성의 마음을 자기의 마음으로 삼아야 한다."[248]고 하였다. 군자를 지향하는 유학자가 관료가 되어 풍속을 교정하고 나라를 부강하게 하며 백성을 편안하게 해야 한다는 것이다. 여기에서 군자는 의를 중시하고 소인은 이익에 밝은 것을 염두에 두면서[249] 소인에 대한 경계를 그치지 않았고, 염치를 알고 덕행을 닦는 군자상을 제시하고 있다.

〈표 33〉《가정집》의 《사서》 인용

주제	번호	《가정집》	사서 출전
수신	1	권2, 金海府鄉校水軒記 "且進諸生曰 …… 仲尼曰, 水哉. 水哉. 將俾學者朝夕觀之, 取法乎源泉混混不舍晝夜之意云耳."	《孟子》 離婁章句下 "徐子曰, 仲尼亟稱於水, 曰水哉, 水哉! 何取於水也? 孟子曰, 原泉混混, 不舍晝夜, 盈科而後進, 放乎四海. 有本者如是, 是之取爾."
	2	권2, 義財記, "人之倫有五, 而聖人序之 其目, 曰君臣, 曰父子, 曰夫婦兄弟, 而朋友居"	《孟子》 藤文公章句上 "父子有親, 君臣有義, 夫婦有別, 長幼有序, 朋友有信."

---

247 《稼亭集》 권8, 寓本國宰相書 "夫進君子則社稷安, 退君子則人民病, 此古今之常理也. 然則用人, 又爲政之本也."

248 《稼亭集》 권8, 送鄭參軍序 "自國家多故, 事異古先, 廉恥道喪, 而上下交征利. 豪家得以兼并, 酷吏因而掊克, 地無立錐之閑, 室有懸磬之嘆. 爲守令者, 坐視莫敢言, 厲民自奉而已. 民之困且無聊, 未有甚於此時也. …… 一家仁, 一國興仁, 君子盡己而已, 苟能盡己, 而以百姓之心爲心, 則雖不中亦不遠矣. 豈必計班資之崇庳, 風俗之澆朴哉?"

249 《稼亭集》 권9, 寄朴持平詩序 "…… 夫小人之急於利, 猶君子之重於義 ……"

		其終. 朋友比四者, 其勢若後, 而其用實先. 蓋責善輔仁, 而能致乎人倫之懿者, 皆朋友之力也."	《孟子》離婁章句下 "夫章子, 子父責善而不相遇也." 《論語》권12, 顏淵 "曾子曰, 君子以文會友, 以友輔仁."
	3	권2, 春軒記, "蓋浴沂風詠之流乎. 其所取豈止於溫而已耶"	《論語》권11, 先進 "曰, 莫春者, 春服旣成, 冠者五六人, 童子六七人, 浴乎沂, 風乎舞雩, 詠而歸."
	4	권7, 敬父說, "如舜大聖人也, 其存心立身之要, 豈非直而不曲乎. 然不告而娶者. 其理必有時而曲, 然後能保其直也. 曲直之理 可以類知. …… 易曰, 敬以直內, 蓋直者理之當然, 而敬者養直之具也. 以此推之於明德新民之用, 則何適而非天理耶."	《孟子》離婁章句上 "孟子曰, 不孝有三, 無後爲大. 舜不告而娶, 爲無後也, 君子以爲猶告也." 《大學》"大學之道, 在明明德, 在新民, 在止於至善."
	5	권7, 題勤後說, "然勤有義利之分, 鷄鳴孜孜, 舜蹠具有焉.	《孟子》盡心章句上 "孟子曰, 雞鳴而起, 孳孳爲善者, 舜之徒也, 雞鳴而起, 孳孳爲利者, 蹠之徒也. 欲知舜與蹠之分, 無他, 利與善之間也."
	6	권8, 上政堂啓, "切以人之出處, 世所否藏. 幼而學, 壯而行, 斯乃業儒之義. 深則廣, 淺則揭, 亦爲持己之分, 然難會者機乎, 況欲行者道也. 乘桴浮海, 本非先聖之心. 載質出疆, 可見古人之意. 是故或鑽之以策七十, 或泰之以牘三千. 雖不肯求拜於監奴, 亦奚爲盜名之處士. 迹焉皇皇如不及, 心則綽綽然有餘. 泄柳恥臣於繆公, 孟子譏閉門不納, 冉求爲宰於季氏, 尼父稱鳴鼓而攻. 義利之分兮, 可不愼歟, 趣舍之宜分無日苟矣."	《論語》권5, 公冶長 "子曰, 道不行, 乘桴浮于海. 從我者其由與? 子路聞之喜. 子曰, 由也好勇過我, 無所取材." 《孟子》藤文公章句下 "周霄問曰, 古之君子仕乎? 孟子曰, 仕. 傳曰, 孔子三月無君, 則皇皇如也, 出疆必載質." 《孟子》藤文公章句下 "公孫丑問曰, 不見諸侯何義? 孟子曰, 古者不爲臣不見. 段干木踰垣而辟之, 泄柳閉門而不納, 是皆已甚, 迫, 斯可以見矣" 《論語》권11, 先進 "季氏富於周公, 而求也爲之聚斂而附益之. 子曰, 非吾徒也. 小子鳴鼓而攻之, 可也."
	7	권11, …… 順天公墓誌銘, "觀過知仁."	《論語》권4, 里仁 "子曰, 人之過也, 各於其黨. 觀過, 斯知仁矣."
	8	권13, 廷試策 "欲平天下, 先治其國, 欲治其國, 先齊其家, 欲齊其家, 先修其身, 欲修其身, 先正其心, 未嘗須臾, 不從事於心."	《大學》"先治其國, 欲治其國, 先齊其家, 欲齊其家, 先修其身, 欲修其身, 先正其心."
	9	권10, 小王本命醮靑詞, "父有子而主恩."	《孟子》公孫丑章句下 "景子曰, 內則父子, 外則君臣, 人之大倫也. 父子主恩, 君臣主敬. 丑見王之敬子也. 未見所以敬王也."
효	1	권1, 趙苞忠孝論, "孟子曰, 未有仁而遺其親者也, 未有義而後其君者也. 夫忠孝者仁義之事, 事二而理一. …… 或問孟子曰 舜爲天子, 皐陶爲士, 瞽瞍殺人, 則如之何. 孟子曰 執之而已矣. 然則舜不禁與. 曰夫舜 惡得而禁之, 夫有所受之也. 然則舜如之何. 曰 舜視棄天下, 猶棄敝蹝也, 竊負而逃, 遵海濱而	《孟子》梁惠王章句上 "未有仁而遺其親者也, 未有義而後其君者也" 《孟子》盡心章句上 "桃應問曰, 舜爲天子, 皐陶爲士, 瞽瞍殺人, 則如之何? 孟子曰執之而已矣. 然則舜不禁與, 曰, 夫舜惡得而禁之. 夫有所受之也. 然則如之何? 曰, 舜視棄天下, 猶棄敝蹝也. 竊負而逃, 遵海濱而處, 終身欣然樂而忘天下."

		處, 終身欣然樂而忘天下. …… 故曰, 苟於忠孝有未盡焉者此也. 然則爲苟之計奈何, 曰以孟子竊負而逃, 樂而忘天下之義處事, 則天理人欲之公私判然矣. 以孔子有道則見, 無道則隱之道處身, 則無倉卒一朝之患矣."	《論語》권8, 泰伯 "子曰 篤信好學 守死善道 危邦不入 亂邦不居 天下有道則見 無道則隱 邦有道 貧且淺 邦無道 富且貴焉 恥也."
	2	권8, 送鄭參軍序, "或曰, 參軍微官也, 深弊不可遽革也. 此大不然, 一家仁, 一國興仁."	《大學》"一家仁, 一國興仁, 一家讓, 一國興讓, 一人貪戾, 一國作亂, 其機如此. 此謂一言債事, 一人定國."
	3	권4, …… 趙公墓螢記 "且謂之曰, 人子之事親, 合於理而盡於心, 斯謂之孝. 盖養生送死, 事之常也, 愼終追遠, 德之厚也, 立身揚名, 以顯父母, 孝之終也."	《孟子》離婁章句下 "養生者不足以當大事, 惟送死可以當大事." 《論語》권1, 學而 "曾子曰, 愼終追遠, 民德歸厚矣."
	4	권4, …… 朴公祠堂記, "余曰, 嘗聞儒者言 生事之以禮, 死葬之以禮, 祭之以禮, 可謂孝矣"	《論語》권2, 爲政 "生事之以禮, 死葬之以禮, 祭之以禮" 《孟子》藤文公章句 上 "孟懿子問孝 …… 子曰, 生事之以禮, 死葬之以禮, 祭之以禮"
군주관 (신하의 역할)	1	권7, 師說贈田正夫別, "凡爲人師, 必先正己. 未有己不正而能正人者也. …… 正夫其必先正其己, 而正王心, 毋爲聲色狗馬珍奇異味之所先, 毋爲伥倖便嬖之所奪, 斯己. …… 孟子曰, 惟大人爲能格君心之非, 一正君而國正也, 大人者, 盖師嚴道尊之謂也."	《論語》권13, 子路 "子曰, 苟正其身矣, 於從政乎何有? 不能正其身, 如正人何?" 《孟子》離婁章句上 "孟子曰, 人不足與適也, 政不足間也. 唯大人爲能格君心之非. 君仁, 莫不仁, 君義, 莫不義, 君正, 莫不正. 一正君而國定矣."
	2	권7, 臣說 送李府令歸國, "傳曰, 爲臣不易, 可不愼之哉."	《論語》권13, 子路 "人之言曰, 爲君難, 爲臣不易. 如知爲君之難也,不幾乎一言而興邦乎?"
	3	권7, 借馬說, "孟子曰, 久假而不歸, 烏知其非有也. 余於此有感焉, 作借馬說, 以廣其意云."	《孟子》盡心章句上 "孟子曰, 堯舜, 性之也, 湯武, 身之也, 五覇, 假之也. 久假而不歸, 惡知其非有也."
민본	1	권3, 荊置金剛都山寺記 "爾無恒産, 因無恒心, 故流徒耳. 人無恒心, 焉往而能容哉."	《孟子》梁惠王章句上 "無恒産而有恒心者, 惟士爲能. 若民則無恒産, 因無恒心. 苟無恒心, 放辟邪侈, 無不爲已. 及陷於罪, 然後從而刑之, 是罔民也. 焉有仁人在位罔民而可爲也?"
	2	권6, 韓州重營客舍記, "古人云, 以佚道使民, 雖勞不怨, 今爾之所以衣食茲土, 而無無聊之歎者, 皆上之賜也."	《孟子》盡心章句上 "孟子曰, 以佚道使民, 雖勞 不怨. 以生道殺民, 雖死 不怨殺者."
	3	권6, 淸風亭記, "春秋書作, 有謂不宜作者. 又謂魯長府何必改作, 聖人垂教之意微矣."	《論語》권11, 先進 "魯人爲長府. 閔子騫曰, 仍舊貫如之何? 何必改作? 子曰, 夫人不言, 言必有中."
	4	권13, 鄕試策, "孔子曰, 道千乘之國, 敬事而信, 節用而愛人, 使民以時. …… 或者必以復什一之法, 隣保之制爲之說, 愚以爲非也. 彼什一之法, 隣保之制, 必復井田淩可爲之也. …… 傳曰, 有人此有民土, 有土此有物."	《論語》권1, 學而 "子曰, 道千乘之國, 敬事而信, 節用而愛人, 使民以時." 《孟子》藤文公章句上. 《中庸》10장 "是故君子先愼乎德. 有德此有人, 有人此有土, 有土此有財, 有財此有用."

유교 문화	1	권8, 代言官請罷童女書, "云云竊聞古之聖王, 其治天下也, 一視而同仁. 雖人力所至, 文軌必同, 而其風土所宜, 人情所尙, 則不必變之. 以爲四方荒微, 風俗各美, 苟使同之中國, 則情不順, 而勢不行也, 情不順勢不行, 而善治之, 雖堯舜不能矣. ……普天率土."	《中庸》28장 "今天下 車同軌 書同文 行同倫." 《孟子》公孫丑章句下 "咸丘蒙曰, 舜之不臣堯, 則吾旣得聞命矣. 詩云, 普天之下, 莫非王土, 率土之濱, 莫非王臣."
	2	권3, 趙貞肅公祠堂記 "一六合定羣志, 同文軌, 變風俗."	《中庸》28장 "今天下 車同軌 書同文 行同倫."
	3	권13, 應擧試策, "盖因其二國之俗, 而爲理, 故不可變也. 然夫子曰, 齊一變, 至於魯, 魯一變, 至於道, 則變其俗, 而救其弊 豈無其術焉. 夫孔子之此言, 雖爲二國之俗 有美惡, 而變之之道, 有難易, 故言之."	《論語》권6, 雍也, "子曰 齊一變 至於魯 魯一變 至於道."
기타	1	권9, 送白雲賓還都序, "誨人不倦."	《論語》권1, 述而 "子曰, 黙而識之, 學而不厭, 誨人不倦, 何有於我哉?"
	2	권5, 舟行記, "不遠千里."	《孟子》梁惠王章句上 "孟子見梁惠王. 王曰, 叟! 不遠千里而來, 亦將有以利吾國乎?"
	3	권14, 古詩 紀行一首 贈淸州參軍 "…… 孔氏罕言利, 孟子惡交征 ……"	《論語》권9, 子罕 "子曰, 子罕言利與命與仁?" 《孟子》梁惠王章句上, "上下交征利, 而國危矣."
	4	권13, 鄕試策 "夫天下之生, 一理一亂, 一盛一衰者, 關於時運氣化而已."	《孟子》滕文公章句下 "孟子曰, 予豈好辯哉? 予不得已也. 天下之生久矣, 一治一亂."

　　이곡은 유교 윤리인 오륜과 삼강[250]을 강조하고 이를 당연한 도리로 설명하였다. 이곡은 오륜을 《맹자》의 말로 적시하고, 이를 마음에서 확충해서 안에서부터 시작해서 밖으로 적용해나갈 것을 강조하였다.[251]

　　이곡은 전통 유학의 수기, 수양론에 근거해서 마음공부를 중시했다. 그는 마음은 한 몸의 주재이고 만화의 근본이므로, 군주의 마음은 정치를 하는 근원이고 천하를 다스리는 기틀이 된다고 하였다.[252] 군주는 성

---

250 《稼亭集》 권15, 賀安謙齋二絶 "持家只要正三綱."

251 《稼亭集》 권2, 義財記 "盖孩提愛親, 及長敬兄, 擴而充之, 由內及外者, 天性之眞而人道之常也. …… 人之倫有五, 而聖人序之, 其目曰君臣, 曰父子, 曰夫婦兄弟, 而朋友厥其終."

252 《稼亭集》 권13, 廷試策 "臣聞, 心者一身之主, 萬化之本, 而人君之心, 出治之原, 天下治亂之機也. 故人君正心以正朝廷, 正朝廷以正百官, 而遠近莫敢不一於正. 德於心得, 政以德行, 未有不得於心, 而能措諸政者也. 古之人主, 知其然, 欲平天下, 先治其國, 欲治其國, 先齊其家,

학을 익혀 마음을 갈고 닦으며 행동거지를 바르게 하여 성인군주가 되어야 한다고 보았다. 이때 군주를 이끌어 주는 신료의 임무를 강조하였다. 그는 《맹자》를 인용해서 오직 대인이라야 임금의 마음속 잘못을 바로잡을 수 있고, 한 번 임금을 바로잡으면 국가가 안정된다고 하였다.[253]

이곡은 차마설을 통하여 권력을 물건같이 소유하는 것이 아니라 돌려 주어야 하는 공적인 것이라는 의식을 견지하며 유학적 인의론仁義論, 권력관을 보여 주었다. 그는 사람이 가지고 있는 것 가운데 남에게 빌리지 않은 것이 없는데, 임금은 백성으로부터 힘을 빌려서 존귀하고 부유하게 되는 것이요, 신하는 임금으로부터 권세를 빌려서 총애를 받고 귀한 신분이 되는 것이라고 한다. 자식은 부모에게서, 부인은 남편에게서, 노복은 주인에게서 각각 빌리는 것이 심하고도 많은데, 대부분 자기가 본래 가지고 있는 것처럼 여기기만 할 뿐 끝내 돌이켜 보려 하지 않는다.[254] 그는 《맹자》의 "요·순은 본성대로 하신 것이요, 탕·무는 실천한 것이요, 오패는 빌린 것인데, 오래도록 차용하고서 반환하지 않았으니, 그들이 자기의 소유가 아니라는 것을 어떻게 알았겠는가."[255]를 활용하여, 요·순·탕과 달리 춘추시대의 오패왕은 인의라는 명분을 내세웠지만 천하를 석권하고 소유할 욕심을 가졌다고 하였다. 그리하여 은나라의 주왕紂王도 하루아침에 독부가 되고[256] 대부大夫도 임금의 신임을 받지는 못하는

欲齊其家, 先修其身, 欲修其身, 先正其心, 未嘗須臾, 不從事於心."

253 《稼亭集》 권7, 師說贈田正夫別 "雖然, 凡爲人師, 必先正己, 未有己不正, 而能正人者也. …… 正夫其必先正其己, 而正王心. …… 孟子曰, 惟大人爲能格君心之非, 一正君而國正也. 大人者, 蓋師嚴道尊之謂也."

254 《稼亭集》 권7, 借馬說 "然人之所有, 孰爲不借者? 君借力於民以尊富, 臣借勢於君以寵貴. 子之於父, 婦之於夫, 婢僕之於主, 其所借亦深且多, 率以爲己有, 而終莫之省, 豈非惑也. 苟或須臾之頃, 還其所借, 則萬邦之君爲獨夫, 百乘之家爲孤臣, 況微者邪? 孟子曰, 久假而不歸, 烏知其非有也. 余於此有感焉, 作借馬說以廣其意云."

255 《孟子》 盡心·章句上 "孟子曰, 堯舜性之也, 湯武身之也, 五霸假之也. 久假而不歸, 惡知其非有也."

고신孤臣이 되는 것이니, 자신이 갖고 있는 권력의 영원함을 믿지 말고 겸허해야 함을 말하고 있다.[257] 곧 요·순·탕과 같은 인의의 정치, 왕도 정치를 시행하도록 주장하고 있다.

이곡은 사서오경에 대한 이해를 통하여 정통 유학의 관점을 제시하였다. 원 관학 성리학을 수용하고 실천 윤리를 중시하는 태도로 이기 심성에 대한 철학적 논의보다는 유학 본연의 인의도덕을 이해하고 출처나 시비선악의 판단 기준으로서 유학의 가치관을 견지하였다.

2) 경 중시의 성리학과 그 사상의 계승

이곡은 원 관학 주자학을 받아들이고 인성·수양을 강조하는 논의를 전개하였다. 그는 천리와 인욕·리·경 등 성리학의 핵심 개념을 활용하여 우주·자연·인간을 이해하고 있었지만, 세계와 우주, 자연에 대한 자연과학적, 형이상학적 논의보다는 인간의 본성과 수양 등 마음에 관한 논의에 치중하였다. 성리학의 인간론에 따라 인성을 본연의 성과 기질의 성으로 나누고, 본연의 성은 원래 선한 것이었으나 기질과 물욕에 따라 이것이 가려진다고 보았다. 이민족과 대치하고 외적을 물리쳤지만 어머니를 죽게 한 조포의 행위를 《맹자》가 말한 대로 모친을 업고 도망친 다음에 흔연히 즐기며 천하를 잊는 도리에 입각해서 일을 처리했다면, 천리와 인욕에 따른 공과 사의 구별이 분명해졌을 것이라고 하였다.[258] 여

---

256 《書經》周書 泰誓下 "古人有言曰, 撫我則后, 虐我則讎. 獨夫受洪惟作威, 乃汝世讎. 樹德務滋, 除惡務本, 肆予小子, 誕以爾衆士殄殲乃讎, 爾衆士其尚迪果毅, 以登乃辟. 功多有厚賞, 不迪有顯戮. 嗚呼. 惟我文考, 若日月之照臨. 光于四方, 顯于西土, 惟我有周, 誕受多方. 予克受, 非予武, 惟朕文考無罪. 受克予, 非朕文考有罪, 惟予小子無良."

257 서신혜, 〈이곡의 산문에 나타난 나눔 문화의 양상과 의미 ―〈借馬說〉과 〈義財記〉를 중심으로―〉, 《退溪學과 儒敎文化》 55, 2014.

258 《稼亭集》 권1, 趙苞忠孝論 "苟以區區節義, 惟知食祿不避難之爲是, 而不知助桀富桀之爲非,

기에서 이곡은 시비선악 판단의 기준을 천리와 인욕의 구분에 두고 있음을 알 수 있다. 이곡의 영향을 받은 이색은 천리를 보존하고 기질과 물욕의 사사로움을 제거하는 것, 이른바 '존천리 알인욕'이 성학聖學에 이르는 통로라고 하였다.259

이곡은 사람 본래의 선한 본성을 되찾기 위한 수양 방법으로 경을 제시하였다. 《예기》에 '공경하지 않음이 없어야 한다'260 하였는데 이는 마음을 바르게 해야 함을 의미한다261고 하였다. 또 홍수겸에게 주는 글에서 《맹자》를 활용하여 새벽에 닭이 울자마자 일어나 부지런히 행하는 것은 순임금 같은 분이나 도척의 무리나 공통적이지만, 순임금은 선을 행하는 일에 힘쓰고 도척의 무리는 이익을 탐한다262고 하여 부지런함 속에 의義와 이利를 구분해야 한다고 보고 이를 위해서는 경敬 방법을 써야 한다고 하였다.263

수양 방법으로 경을 제시한 것은 이양직李養直의 자를 설명하는 글에서도 드러난다.

천지의 도가 혹 움직이기도 하고 고요하기도 하면서 조금도 차이가

知殺母市功之爲忠, 而不知保身事親之爲孝. …… 故曰, 苞於忠孝有未盡焉者此也. 然則爲苞之計奈何, 曰以孟子竊負而逃, 樂而忘天下之義處事, 則天理人欲之公私判然矣. 以孔子有道則見, 無道則隱之道處身, 則無倉卒一朝之患矣."

259 《牧隱集》 文藁 권10, 伯中說贈李狀元"願受一言以行, 孝於家忠於國, 將何以爲之本乎? 子曰, 大哉問乎? 中焉而已矣.……是則事君事親, 行己應物, 中和而已. 欲致中和, 自戒愼始, 戒愼之何? 存天理也. 愼獨焉何? 遏人欲也. 存天理遏人欲, 皆至其極, 聖學斯畢矣."

260 《禮記》 曲禮上"曲禮曰, 毋不敬, 儼若思, 安定辭. 安民哉!"

261 《稼亭集》 권13, 廷試策 "…… 禮則曰, 毋不敬, 言其正心也. ……"

262 《孟子》 盡心章句上"雞鳴而起, 孶孶爲善者, 舜之徒也, 雞鳴而起, 孶孶爲利者, 跖之徒也. 欲知舜與跖之分, 無他利與善之間也."

263 《稼亭集》 권7, 題勤後說"守謙幼而好學, 當務于勤而去其惰, 則余在三人可師之一. 然勤有義利之分, 雞鳴孜孜, 舜跖俱有焉. 故必以敬爲主, 守謙其思之."

없는 것은 오직 성誠 때문이고, 사물의 이치가 한 번 굽혀지고 한 번 펴지면서 조금도 잘못이 없게 되는 것은 경敬 때문이다. 성과 경이 이름은 비록 다르지만 그 이치는 같다. 《주역》에 '공경하는 마음을 가지고 내면을 곧게 한다.'는 것은 곧 곧게 하는 것은 당연의 이치요, 공경하는 것은 곧음을 기르는 방법을 말한다. 이를 미루어 자기의 밝은 덕을 밝히고 백성을 새롭게 하면, 어떤 경우에도 천리 아닌 것이 없을 것이다."[264]

《중용》[265]의 성과 경을 활용하여 천지의 도가 움직이기도 하고 고요하기도 하면서 조금도 차이가 없는 것은 성誠 때문이요, 사물의 이치가 한 번 굽혀지고 한 번 펴지면서 조금도 잘못이 없게 되는 것은 경敬 때문이라고 하였다. 그리하여 성과 경이 이름은 비록 다르지만 그 도리는 같다고 하였다. 또한 구체적인 실천 덕목으로 《주역》의 '공경하는 마음을 가지고 내면을 곧게 한다.'[266]를 인용하여 경을 제시하였다. 이는 곧게 하는 것은 소당연의 리理요, 공경하는 것은 곧음을 기르는 방법임을 밝힌 것이다. 성리학의 성과 경으로 수양론의 대강을 설명하였다고 하겠다.

이곡이 경을 중시한 것은 당대의 최고 유학자 아들 이색이 경을 중시하는 것으로 이어진다. 이색이 《예기》의 '무불경毋不敬'[267]과 《서경》의 '흠欽'[268]을 인용하여 예의 본질을 경으로 파악하거나, 학문하는 자는 물

---

264 《稼亭集》 권7, 敬父說 "天地之道或動或靜而不差者, 誠而已矣. 事物之理一曲一直而不過者, 敬而已矣. 誠敬之名雖殊, 而其理則一. 易曰, 敬以直內, 盖直者理之當然, 而敬者養直之其也. 以此推之於明德新民之用, 則何適而非天理耶."

265 《中庸》 "誠者, 天之道也. 誠之者, 人之道也. 誠者不勉而中, 不思而得, 從容中道, 聖人也. 誠之者, 擇善而固執之者也."

266 《周易》 坤卦 "六二, 君子敬以直內, 義以方外."

267 《禮記》 曲禮上 "曲禮曰, 毋不敬, 儼若思, 安定辭, 安民哉."

268 《書經》 商書 堯典.

론 정치하는 자, 부부간이나 전야·조정과 향당·옥루에서도 경이 가장 기초적인 덕목이라고 한 것[269]이 그것이다. 또한《사서집주》에서 경은 '주일무적主一無適(마음을 전일하게 하는 것을 위주로 하고 마음이 딴 데 가는 것이 없도록 하는 것)'으로 주석되었는데,[270] 이색은 '주일主一'은 지키는 바가 있는 것이고, '무적無適'은 옮겨 가는 것이 없는 것으로, 치국평천하의 밝은 효과와 천지가 자리 잡고 만물이 길러지는 큰 효험이 이를 통해 드러나게 될 것이라고[271] 하였다. 경이 수기의 기초요 치인의 전제가 된다고 본 것이다.

경 중시의 수양법은 이색의 제자인 권근에게 이어진다. 권근은 이색의 명으로《예기천견록》[272]을 지었고, 경을 "경건하지 않음이 없도록 하라는 것은 예의 전체에 대하여 통괄적으로 말하는 것이다. 몸가짐을 생각에 잠긴 듯이 근엄하게 하라는 것은 경건함이 밖으로 드러나는 것은 내면에 근본을 두고 있기 때문이다. 살펴서 차분히 말하라는 것은 내면에 간직한 경건함을 밖으로 드러내는 것이다. 경건함을 위주로 하는 군자의 공부가 말과 용모에 이와 같이 드러난다."[273]고 하였다.[274] 경敬함

---

269 《牧隱集》文藁 권10, 韓氏四子名字說 "禮曰, 毋不敬, 禮儀三百, 威儀三千, 冠之以敬, 卽堯典先書欽之義也. 學道者由敬以誠正, 出治者由敬以治平, 夫婦之相敬, 史又書之, 田野間亦不可無敬也. 況於朝廷乎況於鄕黨乎? 況於屋漏乎?"

270 《論語》권1, 學而, "敬事而信" (注) "敬者, 主一無適之謂."

271 《牧隱集》文藁 권6, 寂菴記 "敬者, 主一無適而已矣. 主一有所守也, 無適無所移也. 不曰寂不可也. 治平政事之明效, 位有道德之大驗."

272 《太宗實錄》권8, 4년 11월 병인(1책, 325쪽) "叅贊議政府事權近欲撰禮經淺見錄, 上箋乞免. 不允. 箋曰, 近言昔臣座主韓山李穡嘗謂臣言, 六經俱火于秦, 禮記尤甚散逸, 漢儒掇拾煨燼之餘, 隨其所得先後而錄之, 故其文錯亂無序, 先儒表出大學一書, 考定節, 次其餘則未之, 及予欲分門類聚別爲一書, 而未就, 汝其勉之. 臣承指授, 每欲編次, 從仕鞅掌, 亦莫克成."

273 《禮記淺見錄》曲禮 경1장 주석, "近按, 毋不敬者, 統言禮之全體也. 儼若思, 敬之見於外者, 本乎中也. 安定辭, 敬之存於中者, 發乎外也. 君子主敬之功, 見乎言貌如此, 內外交養, 而無有一毫之慢, 故其效至於安民. 此修己治人之道, 學之成始成終者也. 此章乃古禮經之言, 引之以冠篇首, 其下雜引諸書精要之語, 集以成篇, 以釋此章之義."

으로써 마음속의 근본됨을 항상 견지할 수 있다고 본 것이다. 성리학의 수양 방법의 주 내용인 경은 이곡이 제창하고 이색, 권근에게로 계승 발전되고 있음을 확인할 수 있다.

이곡이 수양방법인 경을 강조한 것은 인간의 도덕적 본성과 인간의 주체적 행위를 중시하고 있음을 보여 준다. 경은 도심道心 또는 천리天理를 체득하는 실천원리이고 도덕적 완성을 위한 방법론이다.[275] 그러므로 경을 중시했다는 것은 인간의 도덕적 본성을 자각하고 그 본성을 깨닫기 위하여 무엇보다도 수양·수신에 주력했음을 보여 준다. 이처럼 인성 함양과 수양 방법을 강조한 것은 윤리 도덕의 회복이 교화의 실현, 사회 질서의 안정과 직결된다고 본 때문이다.

성리학의 인간론과 그에 기초한 수양론을 중시한 것은 마음을 바르게 하는, 곧 정심正心을 중시한 것으로 이어진다. 이곡은 군주수신의 방법으로 정심론正心論을 제기하였다.

마음은 한 몸의 주재이고, 모든 것의 근본이므로 군주의 마음은 정치를 하는 근원이고 천하를 다스리는 기틀이 됩니다. 그러므로 군주가 마음을 바로 잡게 되면 조정을 바로 잡을 수 있고 조정이 바로 잡게 되면 백관을 바로 잡을 수 있으며 멀고 가까움이 한결같이 바른 데로 돌아가지 않을 수 없습니다. 덕은 마음에서 얻고 정치는 덕으로써 행해야 합니다. 마음에서 얻지 못하고 착한 정치를 베푼 자는 없습니다. 옛날의 군주는 그러한 사실을 알고 천하를 평정하고자 하면 먼저 나라를 다스리고 나라를 다스리고자 하면 먼저 집을 다스리고 집을 다스리고자 하면 먼저 몸을 닦았으며 몸을 닦고자 하면 먼저 그 마음을 바르게 했으니 일찍이 조금도 마음을 일삼지 않을 수 없던 것이었습니다.[276]

---

274 이봉규, 〈권근(權近)의 경전 이해와 후대의 방향〉,《韓國實學研究》 13, 2007.
275 이봉규, 〈인륜: 쟁탈성 해소를 위한 유교적 구성〉,《泰東古典硏究》 31, 2013.

마음은 한 몸의 주재이고 모든 것의 근본이므로 군주의 마음은 정치를 하는 근원이고 천하를 다스리는 기틀이 된다. 그러므로 군주가 마음을 바로 잡게 되면 조정을 바로 잡을 수 있고 조정이 바로 잡히면 백관을 바로 잡을 수 있다.[277] 유학에서는 마음을 바르게 하고 이를 기초로 다른 사람을 다스리는 수기치인을 제시한다. 동중서는 임금이 위에서 마음이 바르면 조정이 바르고 백관이 바르면 만민이 바르게 되니 조정이 바르게 된다[278]고 하였다.

군주 수신, 특히 군주의 마음을 바르게 해야 한다는 정심正心은 송대에 인성론과 결합하여 군주성학론으로 발전한다. 주희는 군주의 심술心術이 공명정대하여 편당을 두둔하거나 변덕을 부리는 사심이 없게 된 다음에야 기강이 설 수 있다[279]고 하였다. 군주가 성인이 되는 공부인 성학은 사사로움을 배제하고 공정한 마음을 갖는 것, 천리를 보존하고 인욕을 막는 것과 연결된다. 군주는 성학, 곧 격물치지의 공부를 통하여

---

276 《稼亭集》 권13, 廷試策 "臣聞, 心者一身之主, 萬化之本, 而人君之心, 出治之原, 天下治亂之機也. 故人君正心以正朝廷, 正朝廷以正百官, 而遠近莫敢不一於正. 德於心得, 政以德行, 未有不得於心, 而能措諸政者也. 古之人主, 知其然, 欲平天下, 先治其國, 欲治其國, 先齊其家, 欲齊其家, 先修其身, 欲修其身, 先正其心, 未嘗須臾, 不從事於心."

277 이러한 논의는 고려 최말에 보다 강화된다. 君心이 宗社의 安危, 生民의 休戚과 관련된다고 본다(《高麗史》 권134, 列傳47 辛禑 2(8년6월)(하책, 903쪽) "諫官鄭釐等上疏曰, 人主一身, 萬化之源, 宗社之安危, 生民之休戚係焉. 古之人君, 克愼威儀, 非禮勿動, 有所行幸, 必備儀衛, 動必以時, 出必端門, 行必黃道."; 《高麗史》 권115, 列傳28 李崇仁(與同僚上疏曰)(하책, 540쪽); 《高麗史》 권112, 列傳25 白文寶(上疏言事曰)(하책, 452쪽); 《高麗史》 권134, 列傳47 辛禑 2(6년 11월)(하책, 896쪽); 《高麗史》 권137, 列傳50 辛禑 5(창왕 즉위년 8월)(하책, 960쪽) "左司議大夫李行等上疏曰, …… 乞殿下淸淨爲心, 以公滅私當, 注擬遷擢之際, 恐或有惡德私昵之及與一二大臣考其功績, 察其德行, 然後授之, 則便伝阿諛之徒, 無所容其足矣.").

278 《漢書》 권56, 列傳26 董仲舒 "武帝卽位, 舉賢良文學之士前後百數, 而仲舒以賢良對策焉. …… 仲舒對曰 …… 故爲人君者, 正心以正朝廷, 正朝廷以正百官, 正百官以正萬民, 正萬民以正四方, 四方正, 遠近莫敢不壹於正."

279 《朱子大全》 권11, 庚子應詔封事 "然而綱紀不能以自立, 必人主之心術, 公平正大無偏黨反側之私, 然後綱紀有所繫而立."

사물의 도를 파악하고 이에 기초하여 명철함을 가지고 정치에 임하며, 어진 현자를 등용하고 경연을 제도화해서 군주 자신을 돕도록 해야 한다[280]고 하였다. 국가 정치의 시비와 사회의 강약과 성쇠 그리고 역사 발전의 변화 등 모든 것이 군주 한 사람에게 달려 있다고 보는, 곧 군주의 한 마음이 국가 운영의 성패를 좌우한다는 군주일심성패론君主一心成敗論을 제시한 것이라 할 수 있겠다.[281]

모든 것의 근본인 군주의 정심正心이 중요하므로, 예로부터 천자와 제후의 아들이라고 할지라도 반드시 학교에 들어가게 하여 날마다 단정한 선비와 함께 하루 종일 생활하면서 본성을 함양하게 하였다. 이에 따라 군주는 어려서부터 교육을 받아야 하고 군주를 이끌 스승의 역할이 필요했다. 구두를 가르쳐서 글을 익히게 하고 술예를 교습해서 현실에 활용하며 덕의를 전수해서 바른 마음을 갖게 하도록 한다[282]는 것이다. 그리하여 어른를 높이고 덕성을 귀하게 여기는 의리를 알게 함으로써 한나라 유방이 유학자를 업신여기며 유자의 관冠에 오줌을 누는 일이나,[283] 진나라의 민회태자가 바른 말이 듣기 싫어 스승의 방석에 침을 꽂는 일[284]따위를 없게 하여 사도를 행할 수 있었던 것이다.

이때 스승은 먼저 자기를 바르게 하는 것이 필수적이다. 왜냐하면 자

---

280 《朱子大全》 권12, 己酉擬上封事 "臣聞, 天下之事, 其本在於一人, 而一人之身, 其主在於一心, 故人主之心一正, 則天下之事, 無有不正, 人主之心一邪, 則天下之事, 無有不邪. 如表木而影直, 源濁而流汙, 其理有必然者";《朱子大全》 권11, 戊申封事 "故人主之心正, 則天下之事, 無一出於正, 人主之心不正, 則天下之事, 無一得由於正."

281 張立文,〈心術, 王覇, 道統的 唯心史觀〉,《朱熹思想研究》, 中國社會科學出版社, 1981; 金駿錫,〈17세기 正統朱子學派의 政治社會論〉,《東方學志》 67, 1990, 106~110쪽.

282 《稼亭集》 권7, 師說贈田正夫別 "天子·諸侯·卿士·庶人, 其位雖不同, 聖人·賢人·愚人, 其道雖不一, 而所以磨礱其事業, 變化其氣質者, 未嘗不係乎師. 而德義術藝句讀之敎, 則一也. 訓之句讀, 以習其文, 傳之術藝, 以適其用, 傳之德義, 以正其心, 師之爲師, 亦勤矣哉."

283 《史記》 권97, 列傳 酈生陸賈.

284 《晉書》 권53, 列傳 愍懷太子.

기가 바르지 못하고서 남을 바로잡을 수는 없기 때문이다.[285] 유학자로서 군자가 된 관료는 군주를 바로잡는 일에 나설 수 있다. 그는 《맹자》를 이용하여[286] 오직 대인만이 임금의 마음속 잘못을 바로잡을 수 있고, 한 번 임금을 바로잡으면 국가가 안정된다고 하였다.[287]

이곡의 이러한 논의는 이곡의 좌주인 이제현이 군주 수신〔君主聖學〕을 강조하여, 충목왕에게 어진 유자를 뽑아 《효경》·《논어》·《맹자》·《대학》·《중용》 등의 유교 경전을 학습해 격물·치지·성의·정심의 도를 익히고 윤리도덕을 밝히라고 한 것과도 같은 맥락이라고 할 수 있다.[288] 이곡과 이제현은 고려 국왕이 원나라에 폐위된 이유가 고려 왕의 권력 원천이 원에 있기 때문이기도 하지만, 다른 한편 고려 군주의 도덕성, 자질에도 문제가 있으므로, 군주의 자질 함양이 중요하다고 보았다. 국왕의 자질 부족은 고려 정치에 불안정을 불러오고 이는 몽골·원 제국이 정치적으로 더욱 강하게 간섭하는 계기가 된다고 본 것이다. 정치적 외압과 왕권의 불안정을 극복하기 위하여 군주의 수신이 필요하며, 왕위계승의 객관성, 합리성을 도모하고 왕권을 안정시킬 수 있는 최소한의 근거를 마련

---

285 《稼亭集》 권7, 師說贈田正夫別 "古之爲教者, 雖天子諸侯之子, 必使之入學, 日與端人正士游居息食, 薰陶德性, 知上齒貴德之義, 而無溺冠鐵鎧之事, 故師道可行也. 雖然, 凡爲人師, 必先正己, 未有己不正而能正人者也."

286 《孟子》 離婁章句上 "孟子曰, 人不足與適也, 政不足間也, 唯大人爲能格君心之非. 君仁, 莫不仁, 君義, 莫不義, 君正, 莫不正. 一正君而國正矣."

287 《稼亭集》 권7, 師說贈田正夫別 "雖然, 凡爲人師, 必先正己, 未有己不正, 而能正人者也. …… 正夫其必先正其己, 而正王心. 毋爲聲色狗馬珍奇異味之所先, 毋爲佞倖便嬖之所奪. 斯可已 是其道大故任重, 德高責深, 豈若庶人之師, 而威之朴之委而去之乎? 豈直卿士之師, 而害倍於庶人而已乎? 孟子曰, 惟大人爲能格君心之非, 一正君而國正也. 大人者, 蓋師嚴道尊之謂也."

288 《高麗史》 권110, 列傳23 李齊賢(하책, 415쪽) "上書都堂曰, 今我國王殿下, 以古者元子入學之年, 承天子明命, 紹祖宗重業, 而當前王顚覆之後, 可不小心翼翼以敬以愼. 敬愼之實, 莫如修德. 修德之要, 莫如嚮學. 今祭酒田淑蒙, 已名爲師, 更擇賢儒二人, 與淑蒙講孝經語孟大學中庸, 以習格物致知誠意正心之道, 而選衣冠子弟, 正直謹厚好學愛禮者十輩爲侍學, 左右輔導, 四書旣熟, 六經以次講明."

하려 하였던 것이다. 이곡은 이제현의 군주수신론에 동의하고 성리학의 인성론에 입각하여 성학론을 제시하고 군주의 수신 공부를 역설하였다.

한편 이곡은 원 관학에 충실해서 정이천의 의리역에 치중하였고 소옹의 상수역에는 주목하지 않았다. 아들 이색 역시 소옹의 안락와安樂窩를 통하여 마음의 안정을 얻고 정서를 함양하였지만,[289] 그의 상수역에 대한 해석에는 찬동하지 않았고[290] 정이천의 의리역을 받아들였던 것이 그 증거가 된다.[291]

이곡이 송학 가운데 사공학이나 류서학 등을 배제하고 도학, 곧 성리학만을 수용하고 그것도 인성·수양론을 중시한 것은 원 관학의 영향이라고 할 수 있다.[292] 널리 알려졌듯이 원나라는 한화정책을 추진하여 유교를 국교로 삼았고 유교, 특히 송대의 학문 가운데 성리학, 곧 도학을 정통으로 삼았다. 그에 따라 성리학을 관학으로 채택하고 학교의 교과목이나 과거의 시험과목으로는 주희의 사서오경의 주석을 정론으로 정하였으며 주변국에 확산시켰다. 원나라 때 완성된 《송사》에서는 구법당의 성리학의 관점에서 신법당의 사공학 계열을 비판하였다. 《송사》에 왕안석이 열전에 수록된 반면, 왕안석과 견해를 같이했던 신법계열인 채확·여혜경·장돈·채경·채변 등은 간신전姦臣傳에 포함되었다. 《송사》에 반영된 원의 유학이 정주학(도학)을 정학으로 보고 군자소인론에 따라 인물평가

---

289 도현철, 앞의 책(2011), 96-98쪽.

290 《牧隱集》文藁 권3, 六友堂記 "康節之學, 深於數者也. 令雖以江山冠之, 示不康節同. 然易之六龍六虛, 爲康節之學之所從出, 則是亦歸於康節而已. 雖然, 旣曰不願學, 則舍是豈無言乎?"; 詩藁 권21, 圓齋讚用前韻 "子曰, 夫子贊易, 多以先賢象其事, 故程子註易, 引古人實之者又多, 予沿程而求孔者也."

291 琴章泰,〈牧隱 李穡의 儒學思想〉,《朝鮮前期의 儒學思想》, 서울대학교 출판부, 1997; 權正顔,〈麗末鮮初 朱子學 導入期의 經典理解(1) ─牧隱 李穡의 경전이해를 중심으로─〉,《東洋哲學研究》22, 2000.

292 원나라 성리학의 특성에 대해서는 다음의 글을 참고하여 정리하였다(도현철, 앞의 책, 2011, 72-79쪽).

의 기준을 마련한 결과라고 할 수 있다.[293] 원의 대표적인 성리학자인 구양현(1274-1358)은 왕안석의 신학新學으로 말미암아 송나라가 어지럽게 되었고 결국 멸망하게 되었다고 하였다.[294]

몽골족 원나라는 화이 관념에 충실하여 이민족과 이민족의 사상에 적대적이던 성리학을 그대로 받아들이기 어려웠다. 성리학은 한족漢族 중심의 중국 지배이념이기 때문이다. 따라서 원은 한족 중심의 화이론을 변용하여 이민족인 몽골족을 인정하였고, 성리학이 갖는 본래적 문제의식보다는 중국 지배에 유리한 부분을 강조하였다. 그리하여 원은 사물에 대한 본원적 탐구와 도덕적 본질에 대한 철학적 논의보다는 주어진 직분에 충실하는 수분적守分的 성리학과 도덕 윤리 규범을 중시하였다.[295]

원 성리학은 북송 주렴계(1017-73)와 소강절(1011-77), 장횡거(1020-77), 정명도(1032-85), 정이천(1033-1107)을 거쳐 남송의 주희(1130-1200)에 이르는 현실 변화에 대응하는 사상 논쟁 과정을 생략한 채 하나의 정론으로 정립된 성리학을 관학으로 수립하였다. 송대처럼 치열한 현실인식과 정치이념의 풍부한 사상 전개가 약화된 채 이해된 교과서적 관학으로서, 교학적 관점에서 유학의 실천을 강조한다. 학교나 과거의 과목이 유교 경전의 세계관과 인간관, 수양론에 대한 학습과 연구에서, 원리나 의리 등 원초적이고 근본적인 문제를 궁구하는 것보다는, 실무에 필요한 지식의 주입과 제시된 성인의 가르침을 실천하는 것에 초점을 맞추었다.

---

293 金陽燮, 〈遼·金·宋 三史 編纂에 대하여〉, 《中央史論》 6, 1988, 257-261쪽; 權重達, 〈中國 近世의 國家權力과 儒學思想의 變遷〉, 앞의 책, 276쪽.

294 《圭齋文集》 권5, 趙忠簡公祠堂記(影印 文淵閣 四庫全書 集部, 1210-37) "臨川王安石, 以新學誤宋, 致天下騷然, 河南程氏兩夫子出而救之, 卒不勝其說, 旣蔡京爲相, 宗王氏說, 黜程氏學, 宋遂大壞. …… 及南宋中興解人, 趙忠簡公鼎爲相, 首罷王安石孔廟配享, 尊尙二程子書, 凡其文人之僅存者, 悉見召用, 江左乃復振."

295 文喆永, 〈麗末 新興士大夫의 新儒學 수용과 그 특징〉, 《韓國文化》 3, 1982, 118-123쪽; 周采赫, 〈元 萬卷堂의 設置와 高麗儒者〉, 《孫寶基博士停年紀念韓國史學論叢》, 1988, 239-243쪽.

성리학은 진리탐구의 교과서로서 학자들은 이를 이해하고 실천하는 일에 주안점을 두었다. 곧 이 시기에는 우주 자연과 인간사회를 설명하며 그 이치를 근본적으로 탐구하기보다는 주자의 말을 실천하고 학습하는 실용적인 측면이 강조되었다.[296] 이 시기 성리학은 사물에 대한 본원적 탐구와 그에 기초하여 현실에 맞는 경세 이념을 발굴하기보다는 주어진 직분에 충실하도록 요구하는 도덕적 윤리 규범을 중시하였다.

원 관학의 대표적인 성리학자인 허형은 유교의 국교화와 원의 한화漢化정책을 추진하면서,[297] 《소학》과 《사서》를 신명처럼 존중하고 신뢰하며[298] 실천궁행을 중시하였다. 이기와 태극을 기반으로 우주와 자연에 대한 근원적인 탐구나 인성과 심의 문제를 깊이 있게 천착하기보다는 경을 중심으로 한 수양론, 실천윤리를 내세웠다.

물론 원 성리학에는 원 관학의 문제점을 비판하는 오징·정옥·유인 등의 유학자도 존재하였다. 오징(1249-1333)의 학문적 성격에 대한 다양한 견해가 있지만, 그는 강서 지역의 주희-황간-요노-정약용으로 이어지는 성리학의 계통에 있었다. 그는 정소개程紹開를 만나면서 성리학의 문제점을 깨닫고 상산학象山學의 영향을 받았다.[299] 그는 도문학道問學과

---

296 權重達,〈元代의 儒學 思潮와 元 王朝의 知識人 對策〉,《中國近世思想史硏究》, 중앙대출판부, 1998, 372-377쪽.

297 《魯齋遺書》권7, 時務五事(影印淵閣四庫全書 集部 137, 1198권; 金洪徹, 앞의 논문, 47쪽.

298 《魯齋遺書》권9, 與子師可(影印文淵閣四庫全書 集部 137, 1198권).

299 오징은 주자를 비판하고 陸象山를 옹호하는 내용이 있다. 오징은 만년에 '尊德性道問學齋記'에서 朱門末學의 폐해를 비판하고, 陳淳(北溪), 饒魯(쌍봉)의 논의는 記誦詞章의 俗學과 실제로 다르지 않다고 하였고《吳文正集》권40, 尊德性道問學齋記(影印文淵閣四庫全書 集部 136, 1197권), "此科臼之中 垂四十年 而始覺其非"라고 하여 주자의 공부 방법을 비판하였다. 청나라대 이불은 送陳洪範序(권15), 象山先生語錄序(권17), 尊德性道問學齋記(권40), 仙城本心樓記(권48)《吳文正集》권22)을 들어 오징은 陸學이고 朱學이 아니라고 하였다. 그리하여 오징 학문의 성격을 陸學, 朱陸和會, 宗陸背朱 등의 여러 가지 견해 가운데, 오징의 고제인 虞集이 말한 朱陸和會라는 관점, 곧 성리학의 格物窮理論에 바탕을 두면서 陸學 心學의 覺悟의 체험을 도입한 朱陸 절충이라고 이해되었다(侯外廬,〈饒魯,

존덕성尊德性 양측면을 고려하되 후자에 치우쳤다. 묻고 배우는 것(問學)
은 덕성德性에 근본을 두지 않으면 반드시 문자의 훈고와 해석의 말단에
치우치는 폐단이 있다고 보고[300] 주자학의 경敬의 방법을 강조하였
다.[301] 오징은 기본적으로 성리학의 입장에서 실천 중시의 원 관학 주자
학을 비판하고자 육상산학을 활용하였다고 할 수 있다. 정옥(1298-1358)
은 성리학의 원칙에서 관학을 비판하였다. 그는 주륙화회朱陸和會를 추
구하며 태극도의 이해 차이에도 주렴계와 정이천은 일치한다고 하였다.
육상산과 주자의 학문은 삼강오상, 인의도덕이라는 공통의 기반 위에,
요·순·주공·공자 등의 성인을 논하고 불교와 같은 이단을 배척했다는
점에서 차이가 없다고 주장하였다.[302] 유인(1249-1293)은 성리학의 주장
을 견지하였다. 그는 현실의 불규칙한 변화의 밑바닥에는 보편적 원리,
법칙으로서 리가 있다고 하고, 주자와 육상산의 '무극태극논쟁'에서 륙자
陸子 형제의 설을 비판했다. 리에 입각한 세계와 현실에 대한 인식으로
이민족 왕조인 원을 인정하지 않고 출사를 거부하였다.[303]

吳澄의 理學과 歷史 地位〉,《宋明理學史》, 人民出版社, 1984/박완식 옮김, 이론과 실천,
1995; 福田殖, 〈吳澄小論〉,《文學論輯》 32, 九州大學教養部, 1986).

300 《宋元學案》 제6책, 권92, 草廬學案 "爲學者言 朱子于道問學之功居多 而陸子以尊德性爲主
問學不本于德性 則其蔽必偏于言語訓釋之末 故學必以德性爲本 庶幾得之."

301 홍원식, 〈주륙화회론과 퇴계학의 심학화〉,《오늘의 동양사상》 2003; 〈권근의 성리설과
그 철학사적 위치〉,《韓國思想史學》 28, 2007; 이봉규, 〈권근(權近)의 경전 이해와 후대의
방향〉,《韓國實學研究》 13, 2007.

302 《師山集》 권3, 送葛熙之武昌學錄序(影印文淵閣四庫全書 集部 156, 1217권) "以子觀之,
陸子之質高明, 故好簡易, 朱子之質篤實, 故好邃密. 蓋各因其質之所近而爲學, 故所入之塗有不
同, 爾及其至也. 三綱五常, 仁義道德, 豈有不同者哉. 況同是堯舜, 同非桀紂, 同尊周孔, 同排
釋老, 同以天理爲公, 同以人欲爲私, 大本達道, 道無有不同者乎."

303 《宋元學案》 제6책, 권91, 靜修學案; 黃公偉,《宋明清理學體系論史》, 幼獅文化事業公司,
1979; 候外廬, 〈劉因의 理學思想〉,《宋明理學史》, 人民出版社, 1984/박완식 옮김, 이론과
실천, 1995; 石田和夫, 〈劉因について〉,《福岡大學總合研究所報》 79, 1985; 杜維明, 〈劉因
의 儒家的 隱遁主義에 대한 이해〉,《元代 性理學》, 1993.

오징·정옥의 학문적 태도는 원 관학에 대한 비판에서 출발하였다. 당시 원 성리학의 고답적 이해와 그에 따른 실천의 강조에 대하여, 더 실제적인 학문·공부 방법을 요구하였던 것이다. 이에 따라 주자학 본래의 문제의식에 집중하고 새로운 공부 방법을 탐구하며 원 관학의 교조적 성격을 비판하였다. 오징이 원 조정에 오래 머물지 못하고 물러난 것과 유인이 출사를 거부한 것 또한 이런 맥락에서 이해할 수 있다. 오징·정옥·유인의 주자학자로서 학문적 성격은 서로 다르지만, 원 관학 성리학과 일정한 거리를 두면서 육학陸學과 같은 사상에 관심을 보인 것은 원 관학에 대한 학문적 비판이면서 동시에 원 체제에 대한 비판을 의미하는 것이라고 할 수 있다.[304]

원과 긴밀한 고려인은 원 관학 성리학의 특성과 이에 비판적인 태도를 지닌 학자들을 파악하고 있었지만, 원 관학에 충실하고 송학의 여러 분파 가운데 성리학을 적극 수용하였고 정치적으로는 성리학, 도학 계열인 구법당의 행적을 옹호하였다. 충선왕이 송의 역사를 읽으면서, 사마광 등 구법당 계열 인사가 수록된 명신전名臣傳에 대해서는 경모하였지

---

[304] 명초의 성리학은 국정 교학의 위치를 확고히 하면서 실천적 성격을 갖는다. 명초 학교의 교육 내용은 원리나 의리 등 원초적이고 근본적인 문제를 궁구하는 것보다는, 실무에 필요한 지식의 주입과 제시된 성인의 가르침을 실천하는 것을 목표로 하였다. 金履祥이 "주자의 이론이나 말은 절대적 진리로 누구도 바꿀 수 없다"(《大學疏義》(影印文淵閣四庫全書 經部 202) "自程夫子始明其義, 以開大學之原, 而朱子又修其辭以補傳議之缺. 然後, 聖賢所以爲學之方, 與其敎人之法, 燦然復明于天下, 其辭明而盡 其說精而密, …… 雖使聖人復生于世, 其爲說無以易此矣.")고 하듯이, 성리학은 진리탐구의 교과서가 되었고 그 결과 학자들에게는 이를 이해하고 실천하는 일만이 남겨지게 되었다. 학자들은 聖人이 무엇인가를 탐구하는 것이 아니라 어떻게 성인이 될 것인가 하는 實踐躬行에 관심을 기울였다. 이에 따라 원과 명초의 학문은 우주 자연과 인간사회를 설명하며 그 이치를 근본적으로 탐구하기보다는 주자의 말을 실천하고 학습하는 실용적인 측면이 강조되었다. 그리하여 원나라의 학술은 관학이 된 성리학을 전제하였으므로 새로운 학설을 창출하거나 異說을 제기하지 못하였고, 또 성리학 안에서 所以然과 所當然의 이치를 궁구하는 것이 아니라 주자가 밝혀 놓은 성리학을 학습하고 이를 실천하는 일에 매진하였다(도현철, 앞의 책, 2011, 81쪽).

만 채경 등 신법당 계열이 수록된 간신전에서는 이를 갈았다는 기록[305]은 성리학에 대한 고려의 정향을 잘 보여 준다. 이곡은 사마광이 신법의 폐단을 논해서 형공(왕안석)의 간사하고 음특함을 밝혔다[306]고 하였고, 만년에 경상도 홍해현을 유람하면서 '왕안석의 신법이 없고 유능한 관원을 파견하여 안찰하고 살펴보는데 백성들이 왜 괴로운가' 하면서[307] 왕안석의 신법이 백성의 폐해를 상징하는 것으로 인식하고 있었다. 왕안석이 제창한 신법이 시행되어 천하가 어지럽혀졌고 심지어 송이 망한 원인이 되었다고도 하였다. 구법당이 통상적으로 왕안석을 비판하는 견해를 그대로 수용하고 있었다고 볼 수 있다.

이곡이 송학 가운데 사공학, 류서학 등을 제외하고 성리학, 도학을 수용하고 성리학의 수양론과 실천 윤리를 중시한 것은 그 이후의 고려와 조선의 유학 사상 전개에 큰 영향을 준다. 이색은 이제현과 이곡 등의 영향과 함께 원 국자감에 유학하고 원 제과에 합격하며 원 성리학의 영향을 강하게 받았다. 그는 성리학(도학)을 기초로 세계와 인간, 사회를 이해하였고, 심성론과 수양론을 중시하며, 인성 중심의 교화론, 유불동도론 등을 통하여 고려 왕조의 체제를 전제하는 가운데 유학적 경세론을 전개하였다. 그는 유학을 도의 전수를 의미하는 도통,[308] 곧 성인의 도가 이어진 밀지인 16자 심법心法[309]을 전제하는 가운데,[310] 도학·도통의

---

305 《櫟翁稗說》 前集1; 《高麗史》 권34, 世家34 忠宣王2(상책, 693쪽) "(충숙왕)十二年 五月 辛酉, 王薨于燕邸. 在位五年, 壽五十一. 性好賢嫉惡, 聰明强記, 凡事一經耳目, 終身不忘, 每引 儒士, 商確前古興亡, 君臣得失, 亹亹不倦, 尤喜大宋故事. 嘗使僚佐, 讀東都事略, 聽至王旦李 沆富韓范歐陽司馬諸名臣傳, 必擧手加額以致景慕, 至丁謂蔡京章惇等奸臣傳, 未嘗不切齒憤惋."

306 《稼亭集》 권13, 鄕試策 "故司馬溫公, 以此論其新法之弊, 以折荊公之姦, 是知天下之財信有 是數, 四海之民信有是數."

307 《稼亭集》 권20, 題興海縣客舍.

308 《書經》 권2, 虞書 大禹謨, "…… 人心惟危, 道心惟微, 惟精惟一, 允執厥中 ……"

309 道統論은 儒家의 학문의 요지인 "人心惟危 道心惟微 惟精惟一 允執厥中"의 16자가 전수해 간 내력으로서, 요·순·우·탕·문·무의 帝王과 周公으로 이어진 후 공자가 이것을 계승

식을 견지하여[311] 유교의 도가 요·순을 지나고 주나라의 공자, 맹자, 송의 주렴계와 정이천을 거쳐 원의 허형에게 이어졌다고 하였다.[312] 원 관학을 받아들인 이색은 자신의 학문 영역을 성리학, 도학의 관점에서 도통으로 설명하고 있는 것이다.

한편 고려 말 사회모순이 심화되고 성리학(정주학, 도학)에 대한 이해가 깊어지면서 성리학 가운데 이단을 배척하는 논리가 제시되었다. 이곡과 이색 등이 불교 국가인 고려왕조의 체제를 전제하면서 성리학을 받아들이고 유불동도의 입장을 견지한 것과 달리, 정도전 등은 성리학을 정통으로 받아들이고 점차 성리학의 원론에 충실하면서 정통과 이단에 대한 구분을 강화하고 척불론을 제기한다. 위화도 회군 이후 개혁정치가 본격화될 때, 성리학, 도학적 개혁론도 유행하였다. 공양왕 3년 구언교에 대답하는 상소에서 김초·박초·정도전 등은 척불상소를 올리면서 특히 성균생원 박초는 맹자가 양주·묵적의 설을 배격하고 공자를 높인 이래 한의 동자, 당의 한자, 송의 정자와 주자는 모두 이 도를 옹호하고 이단을 배격하여 천하 만세의 군자가 되었고 왕안석과 장천각은 불교를 제창하고 풍속을 바꾸어 천하 만세의 소인이 되었다고 평가하였다.[313] 왕

하였고, 이것이 다시 顔子·曾子를 거쳐 子思·孟子에게 전해졌다는 것이다(金駿錫, 〈17세기 畿湖朱子學의 動向 —宋時烈의 道統繼承運動—〉, 《孫寶基博士停年紀念韓國史學論叢》, 지식산업사, 1988, 352~354쪽).

310 《牧隱集》文藁 권10, 仲至說 "虞夏書所載格言甚衆, 十六字傳心之語, 可見危微之辨, 精一之功, 所以至夫道之準的也. 孔氏弟子, 月至日至, 獨顔氏曾子得其宗."; 詩藁 권7, 讀書 "精微十六字"; 詩藁 권7, 讀虞書; 詩藁 권8, 有感; 詩藁 권8, 讀史; 詩藁 권11, 讀中庸有感二首; 詩藁 권16, 進講三年學 不志於穀 不易得也一章.

311 《牧隱集》文藁 권9, 贈金敬叔秘書詩序; 詩藁 권32, 遣興.

312 《牧隱集》文藁 권9, 選粹集序 "孔氏祖述堯舜, 憲章文武, 刪詩書, 定禮樂. 出政治, 正性情, 以一風俗, 以立萬世大平之本, 所謂生民以來, 未有盛於夫子者, 詎不信然. 中灰於秦, 僅出孔壁, 詩書道缺, 泯泯梦梦. 至于唐韓愈氏, 獨知尊孔氏, 文章遂變, 然於原道一篇, 足以見其得失矣. 宋之世, 宗韓氏學古文者, 歐公數人而已, 至於講明鄒魯之學, 黜二氏詔萬世, 周程之功也. 宋社旣屋, 其說北流, 魯齋許先生用其學, 相世祖, 中統至元之治, 胥此焉出, 嗚呼! 盛哉."

조 개창의 편에 서 있는 정도전 계열 유학자들은 척불론을 제시하고 불교를 공리功利의 학으로 파악하며, 유학의 이상사회를 실현하는 방해물로 인식하였다.

그런데 왕조교체에 반대하는 이색 계열 사대부든, 새로운 왕조를 전망하는 박초와 같은 사대부든, 성리학 도통의 관점에서 공맹의 도가 송을 거쳐 원으로 이어졌고, 명시적으로 언급하고 있지는 않지만 그러한 도통이 그것을 배운 학자들을 통해 고려로까지 전해졌다고 본다. 이때 사회 변동과 왕조교체의 기운이 있고 불교 국가인 고려를 부정하는 방식으로 척불론을 제기하는데, 이는 성리학, 곧 도학을 자신의 학문 사상으로 삼는 이상 성리학 자체의 논리상 불교의 폐단이 심화되고, 유교화가 진전되면서 예상되는 귀결이다.

한편 이곡이 성리학, 도학 계통의 사상을 익히고 그를 계승한 사실은 성리학적 정치이념의 확대, 특히 유학적 군주관의 강조로 나타난다. 이곡이 군주일심론을 주장한 것은, 아들 이색이 우왕에게 서연에서 《논어》를 강의하며 성학을 제시하며 한결같이 중中을 잡는 공부를 제시한 것으로 계승되어[314] 군주의 마음공부, 곧 군주수신을 주장하였다. 이는 고려 말 개혁파 사대부인 윤소종이 공양왕에게 당 태종이 아니라 《대학연의》에 서술되어 있는 이제삼왕二帝三王을 본받아야 한다고 건의하는 것으로 이어진다.[315] 진덕수(1178~1235)는 《대학연의》에서 《대학》의 8조목을 본말과 체용의 범주를 활용하여 구분한 뒤, 치국·평천하의 외향적인 실천보다는 성의·정심 등 개인의 도덕적 수양을 강조하였고, 이를 기반으로한 군자소인론에 입각하여 신하를 간신·참신讒臣·취렴지신聚斂之臣으로

---

313 《高麗史》 권120, 列傳33 金子粹(하책, 639쪽) "成均生員朴礎等亦上疏曰 ……"

314 《牧隱集》 詩藁 권16, 進講 '三年學, 不志於穀, 不易得也, 一章. "聖學由來一執中 潛龍忽躍 是飛龍 誰知從道先明道 穆穆他年德可宗 帝王學."

315 《高麗史》 권120, 列傳33 尹紹宗(공양왕 원년)(하책, 625쪽).

나누어 평가하면서 특히 왕안석을 세 가지 모두에 해당하는 송대의 소인으로 파악했다.[316] 개혁을 지향했던 사대부들은 성리학의 논리로 유학의 도통을 받아들이고 사공학과 불교 등 이단에 대한 비판에 철저하였을 뿐 아니라 패도가 아닌 왕도를 정치이념으로 제시하였다.

이색을 비롯한 고려 왕조를 유지하려는 유학자와 정도전, 박초 등 새로운 왕조를 개창하려는 유학자들 모두 성리학(도학)을 정학으로 파악하였다. 말하자면 고려말 왕조교체기에 왕조 개창의 찬반 여부를 떠나서 성리(도학)을 정통, 정학으로 보고 지향해야 할 정치 이념이라는 점에서 모두 동의하였다.

그리하여 이곡과 이색, 정도전, 박초의 성리학, 도학적 관점은 조선왕조가 건국된 뒤에도 이어진다. 조선은 유교를 국정 교학으로 삼고 유교적 정치이념을 내세웠다. 정도전은 《조선경국전》·《경제문감》 그리고 《불씨잡변》에서 유학적 정치이념을 통한 조선왕조의 지배체제 정비에 앞장섰다. 또한 권근은 《입학도설》·《오경천견록》·《동국사략》·《경서구결》 등을 저술하고 성리학을 관학으로 발전시킨다. 최근의 연구에 따르면, 그는 명에서 《사서오경대전》이 나오기 전에 주희의 성리학 체계에 입각한 경전 연구의 기풍을 조성하고 《입학도설》에서 성리설의 이론적 진전에 기여하였으며, 《예기천견록》은 성리학의 이론 구조를 반영시켜 경전의 내용을 재해석하게 하였고, 이는 이황 등에게 이어져 도설圖說에 대한 정합적 해석의 문제를 제기하였다[317]고 한다.

이곡·이색·권근으로 이어지는 성리학의 전승은 조선 초기 문묘 종사 논의로 이어진다. 세종 15년 성균사예 김반은 "익재 이제현이 도학을 창

316 池斗煥, 〈朝鮮前期 君子小人論議 —《大學衍義》 王安石論을 중심으로—〉, 《泰東古典研究》 9, 1993.

317 이봉규, 〈권근(權近)의 경전 이해와 후대의 방향〉, 《韓國實學研究》 13, 2007.

도하였고 목은 이색이 그 정통을 전하였는데, 양촌 권근이 종지를 얻었다."[318]고 평가하였고, 세종 18년에 김일자 역시 공자와 맹자의 도학이 우리나라에 행하게 된 것은 이제현·이색·권근이므로, 세 사람을 문묘에 종사할 것'을 주장하였다.[319] 문묘 종사의 기준을 성리학(도학)의 진흥과 정통 계승 여부에 두고 있을 뿐 아니라 이제현·이곡·이색으로 이어지는 고려의 성리학(도학)은 조선시대 권근으로 전승되었다고 본 것이다.

왕조교체로 확정된 도학, 성리학의 정론화는 조선시대가 유학 독존의 시대가 되는 일차적인 원인을 제공했다고 할 수 있다. 조선왕조의 학교와 과거시험의 기준이 성리학, 도학으로 정해지고 시시비비의 판단 기준이 이것에 입각하게 되었기 때문이다.

성리학, 도학 중심으로의 방향은 16세기 양명학의 수용을 억제하는 결과를 낳았다. 성리학은 조선의 국정교학이었으므로 정치사회의 운영원리인 동시에 현실 문제를 지도하는 논리이며 근거였다. 조선왕조가 주자학의 보급과 확대에 힘을 기울인 것도 바로 그 때문이었다. 《사서절요》[320]와 《대학연의》[321]가 조정에서 강론되고, 세종 원년(1419)에 명에서 들여온 《오경사서대전》과 《성리대전》을 간행·보급하였으며, 사서오경의 구결口訣 작업을 수행하는 등 주자학을 확산시키고자 노력을 기울였다.[322] 그 결과 이황(1501-1570)과 기대승의 사칠론변과 성혼(1535-1598)과 이이(1536-1584)의 인심도심 논쟁에서 볼 수 있듯 경전 해석이나 연구 방식을 둘러싸고 치열한 논쟁을 벌임으로써 성리학에 대한 이해가

318 《世宗實錄》 권59, 15년 2월 계사(3책, 442-443쪽) "成均司藝金泮上言曰 ……"
319 《世宗實錄》 권72, 18년 5월 정축(3책, 675-676쪽) "成均生員金日孜等上言 ……"
320 《太祖實錄》 권15, 7년 12월 기미(1책, 141쪽).
321 《太祖實錄》 권2, 1년 9월 기해(1책, 30쪽), 을사(1책, 32쪽).
322 金恒洙, 〈16세기 士林의 性理學 理解〉, 《韓國史論》 7, 1981; 〈16세기 經書諺解의 思想史 的 考察〉, 《奎章閣》 10, 1987; 鄭亨愚, 〈《五經·四書大全》의 輸入 및 그 刊板 廣布〉, 《東方學志》 63, 1989.

심화되어 갔다.

성리학에 대한 이해가 심화되면서 성리학의 심성心性에 대한 주장과 관련한 이견들이 드러났고 그 결과 다양한 학파가 형성, 분화되었다.[323] 이 과정에서 명나라에서 들어온 양명학에 주목하는 흐름도 나타났다. 양명학의 전래시기에 대한 의논은 다양하다. 중종 12년(1517) 한효원韓效元이 육상산을 인용한 사실, 중종 13년 김안국이 사은사로 명나라에 가서 《상산집》을 간행한 사실, 박상과 김세필이 《전습록》을 시로 화답한 사실 등을 고려하면, 늦어도 16세기 전반에는 양명학이 조선 지식인들에게 전래되었음을 확증할 수 있다.

이황은 명종 21년(1566)에 〈전습록논변〉에서 양명학을 선학禪學으로 규정하여 배척하였고 이에 학인들이 동의하였다.[324] 이황이 양명학을 배척한 것은, 기묘사화와 을사사화를 거치면서 서원과 향약을 통해 향촌사회에서 기반을 확대해 가던 사림이 정계와 학계로까지 그 영향력을 확대하는 과정에서, 주희가 비판했던 양명학이 주자학적 지배질서를 확립하려는 흐름에 부정적인 영향을 줄 수도 있다는 우려 때문이었다. 또한

---

323 금장태, 〈퇴계문하의 양명학에 비판〉, 《양명학》 2, 1998; 정덕희, 〈명의 양명학 비판 서적 評釋〉, 《양명학》 2, 1998; 김용재, 〈양명학의 형성과정에 관한 역사·철학적 고찰 ― 명과 조선의 사상사를 중심으로〉, 《한국철학논집》 12, 1999; 정두영, 《조선후기 양명학의 수용과 정치론》, 연세대박사논문, 2009.

324 이황은 《朱子書節要》와 《宋季元明理學通錄》을 저술하고, 기대승과 四七論辯을 벌여 조선 유학을 대표하는 인물로 부각되었다. 이황은 "진백사와 왕양명의 학설은 모두 육상산에서 나온 것으로 본심을 종지로 삼으니 이는 대개 선학이다."(《退溪先生文集》 권41, 雜著 "白沙詩教傳習錄抄傳 因書其後") 하였고, 양명은 마침내 방자히 선유의 정론을 배척하고 망령되이 여러 학설의 방불한 것들을 인용하여 견강부회하고 기탄없으니 학문의 오류와 마음의 병통을 볼 수 있다."(《退溪先生文集》 권41, 雜著 傳習錄論辯)고 비판하였다. 이황의 양명학 비판은 心卽理와 知行合一 그리고 尊德性 공부에 대한 경도가 先儒의 정론에서 벗어나 있다는 사실에 있었다. 이황의 비판은 심학이 지닌 위험 요인을 사전에 없애려는 것이었던 만큼, 조선학계에서 양명 심학의 成長·擴散을 그 초기에서부터 막는 역할을 하였다(정두영. 위의 논문, 33–37쪽)고 한다.

명종대에 문정왕후의 후원에 힘입어 불교의 중흥을 꾀하려는 움직임이 일어나고 있었는데, 이러한 상황에서 주자가 비판한 양명학을 용인하는 것은 주자학적 질서에 위험이 된다고 판단하였기 때문이었다.

원 간섭기 성리학, 도학을 받아들인 고려는 권력변동 과정에서 성리학을 정통·정학으로 삼고 유교 이외의 종교 사상을 이단·사설로 규정하며 개혁정치를 추구하여 갔다. 조선 왕조 개창 뒤에도 성리학의 사회화가 진전되면서, 성리학의 학문적 성취가 이루어졌다. 다만 16세기 성리학의 진전에 따라 문묘종사 논의가 전개되고, 성리학의 학문적 업적보다는 절의, 의리 등 유교적 이념의 실천이 강조되었다. 이 과정에서 도학을 중심으로 한 도통론은 더욱 강화되었다. 그리하여 이황과 기대승의 사칠론변과 성혼과 이이의 인심도심 논쟁, 그리고 이황의 양명학 배척과정을 거치면서 주자학만이 주류 학문으로 자리 잡게 되었다.

제 6장

결 론

 이 연구는 고려와 원의 관료였던 가정 이곡(1298-1351)이 고려 국가의 역사와 전통을 바탕으로 독자성과 자율성을 모색하면서 고려를 개혁하고 문명사회를 건설하려던 궤적을 살펴보고 이것이 갖는 역사적 의미를 살펴보려는 것이다.

 이상을 연구를 요약하고 결론을 정리하면 다음과 같다.

 《가정집》은 1364년(공민왕 13) 아들인 이색이 편차하고 윤택의 서문을 받아 금산에서 초간하였다. 가정잡록은 후대에 덧붙인 것이다. 윤택은 발문에서 이곡의 아들 이색이 홍건족의 침입으로 공민왕이 안동으로 파천하는 상황에서도 옛날 원고를 잃지 않고 20권으로 엮은 다음에 금산의 지방관으로 있는 매부(이곡의 사위) 박상충에게 이를 정서하여 판각하게 했다고 기록하고 있다. 목록 앞에 응거한림문자 승사랑지제고 겸국사원편수관 이색 편으로 표시된 것을 통해 이색이 《가정집》의 편찬과 구성에 직접 관여했음을 알 수 있다.

 《가정집》의 체제 구성과 편찬 원칙을 살펴보면, 권1은 잡저, 권2-5는 기, 권6은 기와 비, 권7은 설과 제발, 명찬, 권8은 서와 계, 서, 권9는 서, 권10은 서와 표전, 소어, 청사, 권11은 제문과 묘지명, 권12는 묘지명과 행장, 권13은 정문程文, 권14는 고시, 권15에서 권19는 율시, 권20은 율시와 사詞로 되어 있다. 연보와 잡록은 후대에 부가된 것으로 보인다.

《가정집》 권두의 목록은 편찬자인 이색이 정리한 것이다. 연보는 이색이 당대에 지은 것인지 현재로서는 판단하기 어렵지만, 정동행성을 본성本省으로 표현하고 공민왕대의 분위기를 반영한 것을 볼 때 이색이 정리한 것으로 보인다. 현재 유통되고 있는 사간본四刊本에 수록된 가정선생 연보는 3단으로 구성되어 있다. 상단에 연도를 표기하고 중단과 하단에 기사를 적었다. 중단과 하단의 기사는 일정한 구분 없이 수록되어 있다. 이는 4단으로 구성되고 기사의 내용에 따라 구분한 송대의 것과는 다르다. 게다가 관력만을 간략히 적고 기사의 내용은 소략한 편이다.

《가정집》의 구성은 전통적인 문집의 그것과 차이가 있다. 《가정집》은 권1-13은 잡저, 기, 비, 설, 제발순으로 되어 있고 권14-20에는 시가 배열되어 산문이 우선하고 시가 뒤로 배치된 형태이다. 한국과 중국의 전통적인 문집이 시나 사를 우선하고 주의, 잡저 등의 산문을 뒤에 배치하는 것과 다르다. 즉 일반적인 문집의 처음에 사, 부, 시가 나오고 이어서 각종 상소문(차자箚子, 봉사封事)이 실려 있으며 뒤에는 서간문과 비문, 묘지명이 배치된 것은, 체험적 진리가 농축적으로 담겨 있는 시문을 가장 중요하게 여기고 은유나 비유를 사용하는 데 익숙했음을 보여 준다. 고려시대와 조선시대의 문집은, 《동국이상국집》처럼 송대 《동파집》의 구성을 참고하여 시詩와 문文을 분리하되 시는 창작연대순으로, 문은 문체별로 편집하는 방식을 취한다.

《가정집》 전에 《익재집》과 《동안거사집》이 먼저 간행되었는데 모두 이색이 서문을 썼다. 《동안거사집》은 앞부분에 잡저가 있고 뒷부분에 행록과 시가 배치되어 있다는 점에서 《가정집》의 구성과 친연성을 가진다.

이러한 사실에 따르면 이색은 원나라에서 활동했던 경험을 통해 중국 문집의 체제와 구성에 대한 주견을 확립하고 《동안거사집》의 사례를 원용하여, 시문보다는 잡저라는 글쓰기를 중시하는 생각에서 《가정집》을 편찬하였던 것으로 해석할 수 있다. 그렇다면 근본적으로 《가정집》은 어떠한 편찬 원칙에 근거하여 체제를 구성하였는가 하는 문제는, 같은 유교문화권에 속하는 중국과 한국, 고려와 조선에서 간행된 문집의 체제에 나타나는 특성과 연관성을 가진다고 할 수 있다.

《가정집》이 일반적인 문집과 성격을 달리하는 배치상의 특징은 작자의 문학 활동 가운데 산문 창작, 특히 문예적인 성향이 짙은 작품을 중시한 것이고 이러한 성향이 잡저를 강조하는 것으로 표출된 것이다. 《가정집》의 편집과 간행은 이색이 주도하였으므로 이러한 특징은 이색의 생각을 반영한 것이다. 이색은 원나라 유학과 관직생활을 하여 중국 문집의 형태, 체제 구성에 대한 식견이 있었으므로 이를 참고하되, 50세 나이에 충목왕이 죽고 공민왕 옹립 운동을 벌이다 실패하고 지방을 유람하다가 일찍 세상을 떠나간 이곡을 아쉬워하며, 그의 사상, 곧 현실인식과 사상을 담을 수 있는 산문을 우선적으로 제시한 것으로 보인다.

이색은 아버지 이곡이 아껴 소중하게 여겼던 것과 이곡 사상의 정수를 뽑아 앞에 내세운 것이라 할 수도 있다. 또 잡저에 실린 내용을 보면 모두 정통 유가의 원리, 이념이 담긴 것이라 할 수 있다. 말하자면, 이색은 수용하는 유학자로서 이곡이 소중히 여기거나 이곡 사상의 핵심이 되는 부분을 집약한 잡저를 앞세운 것으로 판단된다.

이와 관련하여 《가정집》 권1 잡저에는 과거시험 문제인 석문石問과 책문策問이 수록되어 있고 권13에도 과거시험 문제인 정시책, 향시책, 응거시책 등이 실려 있는 것 역시 같은 맥락에서 이해될 수 있다. 시험문제는 이곡 본인의 생각을 반영하여 직접 출제한 것인 반면, 과거시험 답안지는 다른 사람이 출제한 문제에 대해 합격을 목표로 출제의도에 맞추어 쓴 것이므로 이곡 자신의 생각이 집약되기는 어려운 점이 있다고 할 것이다. 이 점을 고려하여 과거 시험 문제인 책문은 권1로, 문제와 답안은 권13에 나누어 배치한 것으로 생각된다.

이곡은 고려와 원에서 정치 사회활동을 하면서 많은 인적 네트워크를 형성하였다. 기왕의 연구를 바탕으로 최근의 연구 성과를 반영하여, 중국의 《사고전서》와 《속수사고전서》 및 기타 중국의 자료 그리고 최근 한국의 동양사학계의 원나라 연구와 일본의 원나라 연구를 활용하여 인적 네트워크의 구체적 내용을 제시하면 다음과 같다.

이곡의 인적 네트워크는 혼인관계와 고려와 원의 과거제로 맺어진 좌주 문생 관계 그리고 고려와 원의 관리생활을 통한 경우로 구분할 수 있다. 우선 이곡의 혼인관계를 보면, 이곡의 장인은 함창 김씨인 김택金澤으로, 김택은 1남 3녀를 두었는데, 1남은 김요金饒이고 딸은 각각 김호·김의명·이곡과 혼인하였다. 이곡의 1남 4녀 가운데 이색은 안동 권씨의 딸과 혼인하였고 사위는 박보생·박상충·나계종·정인량 등이다. 이들은 이곡, 이색과 인적 유대 관계를 유지하며 대소사를 같이 의논하였다.

다음은 과거제로 맺어진 인적 네트워크이다. 이곡의 좌주는 이제현이고 동년으로는 최용갑·백문보·윤택·안보·이양직·이암의 아들인 이강·백린·한수·이무방·김가구 등이다. 그리고 고려의 관료생활 과정에서 인적 관계를 형성하였는데, 밀양박씨의 박윤문과 박윤겸 형제, 장항·신예·홍언박·이인복 등이다. 이곡이 1335년(충숙왕 복위4) 3월 원나라에 가게 되자 동료들이 송별시를 써 주었는데, 서는 최해가, 나머지 송별시의 작자는 이제현·권한공·안진·안축·민자이·정천유·이달존·백문보·정포·안보이다. 이 밖에 이곡은 근재 안축에게 수업을 받아 그를 스승으로 모셨고, 안축의 막내아들 안종원은 이색과 동년이 되어, 안씨와 이씨는 대대로 교류하였다. 이곡은 1347년(충목왕 3) 10월에 동지공거 허백과 함께 장원 김인관 등 33인을 뽑았는데, 문생은 박형·한수·이강·이무방·김가구·백린 등이다. 이곡이 원 관료생활을 통해 얻게 된 고려인 네트워크는 의선·기철·홍빈·신당주·한영·백안찰김공·정독만달·조공(백안불화)·박쇄로올대 등이다.

한편 이곡은 원통 원년(1333) 원 제과에 합격하고 원 관료생활을 하였다. 그리하여 이곡은 원 제과로 맺어진 인적 네트워크가 있다. 원 제과 회시의 지공거는 예부상서 송본과 국사편수관 왕기이고, 정시의 독권관은 송본, 중서참의 장기암, 국자조교 계혜사, 집현전시강학사 장승이었는데, 이 가운데 국자조교 진려는 시험의 성적을 매개는 관원인 독권관이었다. 같이 합격한 동년은 50명으로, 자료로 확인되는 사람은 성준·정익·달겸선·우문공량 등이다.

이곡은 원 관료로서 많은 중국인과 인적 네트워크를 형성하였다. 이곡이 1334년(원통 2년) 원 순제의 흥학조를 갖고 고려로 귀국할 때 서를 쓴 진려를 비롯하여, 송본·구양현·사단·초정·악지·왕사점·왕기·반적·계혜사·송경·정익·정겸·곽가 등 14명이 있고, 1337년 정동행성 좌우사 원외랑에 임명되어 고려로 귀국할 때 서를 쓴 왕기를 비롯하여 사단·황진·왕사성·송경·소천작·류문·류열·정익·공사태·여궐·왕사점·성준 등 13인이 있으며, 1346년 원에서 중서사전부 재직 시 반삭의 명을 받아 고려로 귀국할 때 서를 쓴 주선을 비롯하여 장기암·임희광·엽항·남양·부형·방도예·주돈 등 8인이 송별시를 써 주었다. 이들 모두가 이곡이 원 관료로서 인적 네트워크를 형성한 인물로 볼 수 있다.

원나라 문인들과 맺은 교류는 단순히 사교의 의미를 넘어서 성리학이라는 새로운 지식을 습득하고 어떠한 유학자가 참된 유학자이고 참된 관료인지, 궁극적으로는 고려사회는 어떠한 사회가 되어야 하는가를 성찰하게 한 만남이었다. 그런 의미에서 이곡과 원 문인의 만남은 지식 교류의 장이었으며, 지식 네트워크를 형성하여 고려사회가 지식사회가 될 수 있는 기반이 되고 장차 유교 문치가 실현되는 지적 토대를 마련해

준 것이라고 평가할 수 있다.

이곡은 고려와 원의 사대관계를 긍정하고 원과 긴밀한 관계를 맺는 계기가 된 강화도 정부의 강화협정과 개경 환도, 왕실 혼인을 긍정하였다. 그는 천명을 받은 원나라가 일어나 고려가 맨 먼저 귀부하고 원 공주와 고려의 왕자가 혼인하며 3대에 걸쳐서 고려의 국왕이 천자의 손자에서 나왔으니, 구름은 용을 따르고 바람은 범을 좇는 기회를 맞게 되었다. 국왕이 혹시라도 직접 조근하지 못할 때면, 배신을 대신 파견하여 제때에 직공의 예를 닦았다고 하여 몽골(원)의 성립과 사대관계 그리고 왕실 혼인을 존중하였다. 또 다른 글에서 이곡은 세조 황제가 공주를 결혼시켰으며, 의관과 예법은 선대의 풍습을 지켜라' 하여 그 풍속이 지금까지 변하지 않았고, 오늘날 천하에 임금과 신하가 있고, 백성과 사직이 있는 곳은 우리 삼한 뿐이라고 자부하였다. 즉 고려와 원이 돈독한 사대관계를 유지하였기에 고려는 독자적인 군신관계를 이어가며 백성과 사직을 보존할 수 있었다고 하였다. 전통적인 사대관계의 논리에 따라 제후국의 국가적 독립성과 정치의 자율성이 보장될 수 있었다고 한 것이다.

이곡은 원과의 새로운 국제관계를 존중하고 원 제과에 응시하여 원 관료생활을 하였는데, 그의 주된 관심은 고려 국가의 안위와 정상적인 국가운영이었다. 행장이나 묘지명을 지으면서 해당 인물을 평가할 때 최우선의 평가 기준은 고려 국가의 보위와 군주에 대한 충성심이었다. 반대로 국왕을 해하는 행위는 용납하지 않았다. 심왕이 충숙왕을 모함한 것, 신예가 충혜왕 압송에 가담한 것, 기철이 부원 행위한 것을 비판하였다.

이곡은 원 관료이지만, 고려인으로서 태도를 분명히 하였다. 원나라는 천자국, 상국이고 고려는 제후국이어서 원나라의 정책이 고려의 자주성이나 이익에 배치되는 경우가 있을 수 있었다. 배신이라는 용어는 신하의 신하, 곧 제후국의 신하가 천자에게 신하가 된다는 의미로 쓰이는데,

이곡은 배신이지만 고려를 우선하는 행동을 취하였다. 원이 고려에 공녀 파견을 요청하자 원 관료였던 이곡은 성왕聖王의 어진 정치와 세조의 구제 그리고 고려 국가의 독자성과 문화의 유구성을 바탕으로 이에 반대하는 글을 원 어사대에 올렸다. 공녀의 약탈적 성격, 고려민의 고통을 지적하며 고려의 국가 이익을 주장하였던 것이다.

이곡은 세계 국가이며 문명의 선진국인 원의 실체를 인정하고 원 문화 수용에 적극적이었다. 이곡은 약 15년 동안의 원 관료생활을 통하여 원의 문화를 목도하고 특히 성리학을 수용하여 고려의 현실 개혁을 뒷받침하고자 하였다. 몽골(원)은 한화정책을 추진하고 유교를 국교화하면서 중국 정통 왕조의 일원으로 자리매김하고 있음을 보았던 것이다. 그는 당시를 "황원皇元이 육합六合을 통일하고 문궤文軌를 함께하는 시대 …… 이夷와 하夏가 처음으로 하나로 통합된 시대"라고 하였고, 최해는 "지금 황원이 위에 있어 지극한 인과 풍성한 덕을 베풀어 천하를 기르고 있으며, 고려는 첫 번째로 귀부하였기 때문에 대대로 혼인하였고, 엄격한 법도를 잘 지켜 상하가 서로 즐거워하며 변경에 조그만 경계도 없고 풍년이 들고 있으니, 실로 천년에 오는 태평성대"라고 한 것과 통한다. 당시 유학자들은 유학의 경전인 《중용》에서 말하는 동문의식, 곧 한자와 삼강오륜이라는 윤리관을 지향하였고 리理에 따른 성리학적 세계관을 견지하였다. 세계 제국 원의 성립을 통해 천하가 통일되고 일시동인, 천하동문이라는 유교 문화가 보편화되고 있다는 점을 유의하고 있었다.

이곡은 고려와 원에서 관료생활을 하면서, 새로운 정치[新政]를 통하여 나라다운 나라를 건설하고자 하였다. 이곡은 당시 사회를 불안정하고 국가 운영이 제대로 되지 않는다고 보았다. 그는 "충목왕이 즉위한 뒤 경장의 뜻을 백성들에게 밝히려고 하자 백성들이 굶주린 자가 밥을 찾고 목마른 자가 물을 찾듯이, 새 임금님을 목을 빼고 기다리고 새 정치를 눈을 씻고 고대하고 있다"고 하였다. 이곡은 이미 충선왕이 복위하고 신정을 행할 때 어진 인재를 급하게 구하려 한 것을 높이 평가한 바 있었다. 이곡은 여러 묘지명에서 충선왕이 신법을 세워 내부의 어려움을 평정하고 고려의 오래된 폐단을 개혁하려 하였다고 평가하였다. 즉 충선왕은 중앙관직과 지방제도를 개혁하고 전민계점사를 파견해서 은닉된 토지와 호구를 파악해서 국가 재정을 넉넉하게 하고자 하였는데, 이곡은 이러한 충선왕의 개혁 노선에 전적으로 동의하였다. 이는 충선왕의 재정 확보책에서 전민변정사로 일한 채홍철의 행적을 높이 평가한 것에서도 확인할 수 있다.

이곡은 1344년에 충목왕이 즉위하면서 새로운 정치를 지향하자, 당시를 개혁의 적기로 보고 개혁상소를 올렸다. 이곡은 여기에서 고려는 나라가 나라답지 못하고 풍속이 무너지고 형정은 문란해져서 백성들이 도탄에 빠져 살 수 없게 되었다고 보았다. 그리하여 이를 타개하기 위하여 군자로 대표되는 인재를 등용해야 한다고 역설하였다. 사직의 안위와 인민의 이로움과 해, 사군자의 진퇴 등은 모두 제공의 손에 달려 있다. 이때 군자를 진출시키면 사직이 안정되고 군자를 퇴거시키면 인민이 괴롭게 되는 것이 고금의 변하지 않는 이치이니, 인재를 등용하는 것이야말로 정치를 행하는 근본이 된다고 하였다. 이곡은 유학자로서 군자를 관료로 등용해서 직언과 정론으로 바른 정치를 행하라고 간언하였다.

이곡은 고려의 현실 개혁을 주장하면서 원의 법제와 고려의 법제를 절충적으로 수용할 것을 주장하였다. 1340년 12월 정동행성 이문인 게이충이 임기를 마치고 돌아갈 때 주고받은 대화에서, 고려는 옛날 삼한의 땅으로 풍기와 언어가 중국과 같지 않으며 의관과 전례가 하나의 법이 되었다는 전제 아래 국속과 원제元制를 병용할 것을 주장하였다. 원 문화를 전면적으로 수용하자는 의견에는 반대하여 고려의 오랜 전통을 바탕으로 원의 법제를 수용하자는 견해를 피력하였다.

이곡은 충목왕이 죽자 공민왕 옹립에 노력했다. 당시 왕위계승 후보로는 충혜왕의 친동생인 19살의 왕기(공민왕), 충혜왕과 희비 윤씨 사이에 태어난 11살 아들 왕저가 있었다. 고려에서는 왕후, 이제현 등이 충혜왕의 아우 공민왕이 왕위를 계승해야 한다고 보고, 원나라 중서성에 글을 올려 요청하였다. 또 기로와 여러 관원들도 중서성에 의견을 전달하였는데, 이때 원에 있던 이곡이 글을 작성하였다. 그러나 원나라에서는 왕저를 국왕(충정왕)으로 임명 발표함으로써 이곡의 노력은 실패하였다.

이곡은 인륜도덕이 확립된 유교적 이상사회를 구현하고자 하였다. 그는 충목왕이 즉위할 무렵 상소를 올려 경장과 신정을 통하여 새로운 정치를 주장하였다. 그가 지향한 이상사회는 유교의 인의와 효제에 기반한 사회, 곧 고려가 인수의 땅이 되는 것이었다. 그는 유학의 기본 윤리인 오륜을, 곧 군신 부자 부부 형제 붕우의 윤리를 성인(맹자)의 말을 통하여 금수와 구별되는 인간의 도리로 설명하였고, 천리로써 삼강오륜을 이해하고 이를 권면하였다. 곧 유자의 처지에서, 사람은 누구나 추우면 옷을 입고 배고프면 밥을 먹을 줄 알며, 이로움을 찾고 해로움을 피하지만, 강상의 아름다움과 예의의 바름을 알아서 금수의 지경으로 떨어지지 않기를 바랐다. 이곡은 오륜을 중시하면서, 가정 윤리인 효를 우선시하고 이를 가정과 사회에서 국가로 확대되어 효치, 효치천하로 나아갈 것을 기약하였다.

이곡은 효를 인간이 인간일 수 있는 기본 덕목으로 강조하고 자식의 부모에 대한 도리인 효를 천리로 규정하였다. 그리고 부모 자식 관계에 기초한 국가 사회의 통치 곧, 효치 나아가 효치천하를 모델로 삼았다. 곧 자식은 부모에 의해 출생한 존재라는 발생론적 원리에서 출발하여 동일한 조상에서 파생된 혈연적 집단 내부를 규율하는 가족 윤리를 형성하고 나아가 효의 연장선상에서 충을 설명하여 국가질서를 유지하는 기본 덕목은 효임을 천명하였다.

이곡은 유교와 불교가 추구하는 목표는 근본적으로 동일하다는 유불동도론을 견지하였고, 유교와 마찬가지로 불교의 윤리적 기능, 효와 충의 기능을 긍정하였다. 물론 이곡은 유학의 관점에서 유교와 불교의 차이를 분명히 드러냈다. 불교는 출가를 주장하지만, 영욕을 도외시하고 사생을 하나로 여겨서 욕망에 몰두하지 않으며 맑은 마음을 견지하도록 하는 윤리적 역할을 수행한다는 것이다.

이러한 불교의 윤리적 기능은 불교의 문치적 성격을 드러내며 유교의 인문 문치 사회 실현에 기여하는 것이다. 불교가 이단이고 출가를 허용하여 유교적 인륜에 위배되기는 하지만, 인간의 마음 수양, 윤리 수행을 통하여 도덕사회 실현에 기여한다고 본 것이다. 다만 이 시기에는 불교식 문치와 유교식 문치가 병존하던 시기로 장차 유교만의 문치를 주장하는 시기의 과도기적 형태를 띤다고 하겠다. 유교와 불교의 윤리 기능은 체제의 안정에 기여한다. 평화롭고 행복한 인간의 삶을 지향하는 유교와 불교는 마음의 안정과 이를 통한 가족, 사회, 국가의 안정을 도모할 수 있다는 것이다.

이곡은 삼강오륜을 천리로 이해하고 삼강오륜을 권면하는 글을 썼으며 가정 윤리를 중시하였다. 삼별초 난 때 삼종의 의를 지킨 절부 조씨의 행실을 칭송하고 형제 20여 명이 의재義財라는 기금을 마련하여 서로 돕는 것을 칭찬하면서 형제와 붕우는 본말 관계임에도 세상 사람들이 형제보다 붕우를 좋아하는 것은 권세와 이익 때문이라고 비판하기도 하였다.

이곡은 가정 윤리 가운데 여성 윤리로서 열녀烈女와 구분하여 절부節婦를 중시하며 신념이나 신의를 변치 않는 강직한 부인을 높이 평가했다. 이곡은 절부 조씨는 삼별초의 난에서 시아버지와 남편을 잃고 27세에 홀몸이 되어 77세까지 50여 년 동안 길쌈과 바느질을 밤낮으로 열심히 하여 딸과 손자를 길러내고 손님 접대와 혼례, 장례, 제사 등의 경비를 마련하며 절의의 삶을 살았다고 평가하였다. 중국에서는 정표 정책을 통하여 정절을 드러내어 인륜을 후하게 하고 풍속을 돈독히 하였는데, 역사가의 말을 빌려 조씨가 삼종의 의리와 같은 절의를 지켰다면 부인으로서 도를 다한 것이라고 하였다. 삼종의 의는 아버지, 남편과, 자식에 의지할 것을 요구하여 여성의 자립적이고 독자적인 사유와 행동을 제약하는 유가의 여성관인데 이곡은 이를 중시하였다. 그는 죽부인전에서 남편 없이 혼자 살면서 절조를 지킨 여성을 높이 평가하고 부여 낙화암에 몸을 던진 궁녀들은 백제에 대한 의리를 지킨 것으로 역시 그 절의의 행위로 높이 평가하였다.

고려시대에 절부는 남편이 없는 의부義夫와 함께 쓰였는데, 고려 후기 성리학이 수용되면서 열부가 등장하기 시작한다. 즉 고려 후기에 등장하는 최열부와 배열부는 모두 '더럽혀지게 된다'고 생각하고 더럽혀지지 않기 위하여 죽음을 택한다. 절부가 남편의 사망 이후 개가하지 않은 여성, 곧 새로운 성적 대상자를 찾지 않는 여성이라면, 열부는 여성의 생명을 위협하는 시공간에서도 생명을 희생하면서까지 공인된 유일한 성적 대상자에게 성적 종속성을 실천하는 여성이다. 양자는 동일한 것이되, 열부는 여성의 자기희생, 곧 신체를 훼손하거나 생명까지 희생하는 더 강렬한 행위로써 성적 종속성을 실천하는 여성이다. 조선 건국 이후에 성리학이 확산되면서 유학적 절의 관념과 유학적 여성관은 자리 잡아 간다.

이곡은 책임의식, 경세의식을 견지하며 유교 문치 사회의 실현을 위하여 유학자가 관료가 되어 나라를 다스려야 한다고 하였다. 이들이 풍속을 교정하고 나라를 부강하게 하며 백성을 편안하게 하는 일, 곧 임금을 성군으로 만들어 백성이 혜택을 받게 해야 한다고 보았다. 그는 충목왕이 즉위하자 경장을 통한 새로운 정치[新政]를 추구하며 개혁상소를 올려 무엇보다도 인재등용을 역설하였다.

유학자 군자가 관료가 되어 정치의 주체가 되어야 한다는 이곡의 인식은 원으로부터 수용된 유교 문화와 성리학에서 계발된 바가 많았다.

그는 15년 동안의 원나라 생활에서 국가 경영, 관료제 운영에 활용된 유교 문화를 익히고 유교 본래의 문제의식에 충실하며 유교적인 국가 운영의 모델을 파악하였다. 이곡은 원나라에서 유학자 관리의 모범적인 직무 수행을 목도하였고 이를 본받고자 하였다.

정동행성의 관원으로 1339년 유학교수로 온 원나라 한족漢族인 백운빈은 시서와 예악을 가르치는 데 매진하였다. 그는 충혜왕 복위 1년(1340) 정동행성의 유학교수로 근무하다가 연경으로 돌아갔는데, 이곡은 그가 참된 유학자라고 칭찬하였다. 당시에는 유술儒術을 미끼로 작위를 낚고, 일단 작위를 얻고 나면 시詩와 서書를 주구로 여기거나 유술을 버리고 다른 길을 택하기도 하고, 이루는 바가 없게 되면 거꾸로 유술이 자기 신세를 망쳤다고 한탄하였다. 그러나 백운빈은 관직으로는 현달하지 못했어도 지조는 변한 것이 없었으니, 부귀는 하늘에 달려 있고 궁달은 명에 달려 있다고 보았다. 고려는 풍속이 중국과 같지 않고 봉록도 넉넉하지 않지만 전혀 개의하지 않고 사람들을 가르치며 피곤한 줄을 알지 못하였으니, 참으로 존경할 만하다고 하였다. 백운빈이라는 원나라 관리 유학자가 지방관으로서 도덕적 가치를 실현하는 유학자로서 삶을 견지하였음을 높이 평가하였다.

이곡은 중국 역사 속에서 이상적인 관료상을 제시했다. 이곡은 중국 특히 한나라 시기의 인간 역사의 흥망성쇠를 통하여 자신의 사상을 다듬고 고려 국가가 나아갈 방향을 모색했다고 할 수 있다. 그는 영사시 중국 후한(25-220) 말에서 삼국시대(220-280)에 나타난 인물에서 외척과 환관의 정치 참여를 비판하고 환관이 유학자 관료를 탄압하는 것을 애도하면서 유학자 관료에 따른 공론정치, 인의 정치를 주장하였다.

이곡은 유학자 군자가 관료가 되어 나라를 안정시키고 무엇보다도 백성을 편안하게 해야 한다고 보고, 이를 위해서 지방관의 역할을 강조하였다. "백성이 자기 목숨을 맡기는 자는 유사이다.""민은 나라의 근본인데 민은 관리로서 하늘을 삼는다.”“어려서부터 향리에서 성장하여 백성의 화복이 실로 수령에게 달려 있다는 것을 알았다.”고 하며 백성의 휴척과 관련하여 수령의 역할이 중요함을 역설하였다.

이곡은 당시 사회문제였던 농민들의 유망·유이 현상의 원인으로 항심부재를 제시하였다. 이곡은 《맹자》의 항심·항산론 가운데 항심을 중시하고, 항심이 없어서 농민 유망이 발생한다고 보았다. 《맹자》는 항상적인 생산(恒産)이 있어야 항상적인 마음(윤리도덕), 곧 항심이 발현될 수 있다고 보았지만, 이곡은 맹자와 정반대로 이해하여 유망·유이의 원인을 항심이라는 인간의 도덕적 본성의 상실에 있다고 본 것이다. 이는 항산이라는 물질적·사회적인 측면보다는 항심이라는 정신적·개인적 측면을 중시한 것이다. 곧 유망·유이로 표현되는 민의 동요·사회불안을 인간 개개인의 인성문제·윤리문제로 파악하였다. 이러한 항심 중시의 사고는 고려 후기에 항산을 중시하여 사전제도의 개혁이 대두된 것과 대비된다. 조준 등은 농업 생산에서 필수적인 토지가 농민의 삶을 힘들게 한다고 보고, 결과적으로 토지에 대한 과잉욕망은 윤리도덕의 타락을 가져온다고 보았다. 곧 사전私田이 부자 사이에 소송을 일으켜 윤리도덕의 패퇴를 가져오고 인간을 금수로 전락시키는 것이라고 보았다.

이곡은 백성이 항심을 갖기 위하여 학교 교육을 강화하고 풍속을 두텁게 하며 도덕 교육을 고양시키려 하였다. 그는 공리功利보다는 교화敎化를, 제도의 개혁보다는 인성의 자각을 우선시하였다. 향교를 통하여 인간이면 누구나 지켜야 할 도리, 윤리도덕을 교육시킴으로써 사회를 교화시켜야 했던 것이다. 당시 향교에는 일반 민의 자제 가운데 갓 젖 떨어진 아이에서 성인에 이르기까지 연령의 제한이 없었다. 이를 통해 덕성을 함양하는 것이 개인적인 것에 머무르지 않고 사회적인 방향으로 이어지고 그런 삶을 살도록 공동체 구성원에게 지향점을 제시하고 있었다고 하겠다.

한편 이곡은 백성의 안위와 연결된 지방관은 백성의 마음을 편안하게 해야 한다고도 하였다. 천명은 지모로 구할 수 있는 것이 아니고 민심은 무력으로 얻을 수 있는 것이 아니라고 하였다. 백성이 마음으로 복종하도록 하고 이를 통하여 일을 도모해야 한다고 보았다. 백성을 위한 정치의 핵심은 수령이라고 할 때 가장 중요한 일은 백성의 마음을 편안하게 하는 것이다. 백성의 마음을 얻은 연후에 의미 있는 건축물과 시설을 건설하는 일, 곧 고을 통치에 필요한 토목공사를 시행하도록 하였다. 본성 함양과 마음 감복은 상대방을 인정하고 존중하며 소통의 가능성을 제시하며 국가 정치, 작게는 지방 정치의 원리로 활용될 수 있다고 하였다.

이곡은 유교의 이상사회, 문명사회를 지향하였고, 문치사회라고 하는 이른바 덕성 함양과 이를 통하여 인문 의식을 고양하고자 하였다. 이를 달성하는 방법은 유학의 덕치이다. 형률을 이용해 타율적으로 인민에게 국역을 담당하게 하는 패도정치에서 예악으로 인민을 교화시켜 자발적으로 복무하도록 유도해 내는 이른바 왕도 정치를 추구한 것이다. 덕치의 근저에는 인륜의 수행을 통해 인간이 공동체적 삶을 이루어 낼 때 인간의 존재성이 비로소 실현된다는, 유교적 인간과 정치는 그러한 인륜성을 온전히 실현하는 체제일 때 비로소 참다운 정치가 된다는 유교의 고유한 정치론이 담겨 있다.

또한 그는 사람을 사고팔거나 오륜의 도덕이 행해지지 않는 당시 사회의 쇠퇴한 풍속과 공리功利를 우선하고 교화를 뒷전을 돌림으로써 문풍이 부진했던 기풍을 개혁하고자 하였다. 이곡이 모델로 삼는 이상사회는 하은주 삼대, 가깝게는 원나라이다. 이는 이곡이 원의 성립이 중국의 오랜 혼란을 수습하고 성군과 명신이 출현하며 같은 문자와 수레를 쓰게 해서 풍속을 변화시켰다고 보고, 원나라가 중국을 통일하고 한자를 함께하는 새로운 문명국가를 여는 것으로 파악했음을 의미한다. 이곡의 유교문화 지향은 당시 유학자들이 원 관광觀光을 통하여 원 문화 수용에 적극적이었던 사실에서 알 수 있다.

이곡은 이를 바탕으로 고려가 다시 일어날 중흥의 시대로 또는 삼한이 다시 세워지는 시기로 파악했다. 이곡의 유교적 문명사회, 문치 지향은 아들 이색과 정도전에게 이어진다. 이색은 문치 사회, 문명사회를 지향하면서 공민왕과 우왕대의 문치적 요소를 드러내고자 하였다. 이색은 고려 왕실의 권위를 회복하고 유학과 문물제도의 정비를 통해 인문人文을 넓힌 공민왕과 우왕의 공적을 높이 평가하였다. 정도전은 인간의 문명 상태인 인문은 인간의 도인 시서예악이 드러난 것으로 보고, 당시 천자국 문명국인 명이 중국을 통일한 이때가 유교 문명으로 천하를 일신하여 인문으로 천지의 질서를 세울 때라고 판단하였다. 성리학의 수용으로 유학만을 바른 학문[正學]으로 파악하고 유학에서 제시하는 문리·문치·우문·인문 이념을 현실에 실현하려고 하였던 것이다.

이곡은 역사가로서 성리학적 역사관을 견지했다. 그는 이제현·안축·이인복·안진 등과 함께 민지의 《본조편년강목》을 증수하여 《증수편년강목》을 완성하였고, 《충렬왕실록》·《충선왕실록》·《충숙왕실록》의 3조 실록을 찬술했다. 유학적 역사관인 일치일난의 순환사관, 곧 한번 다스려지고 한번 혼란해진다는 유교의 흥망성쇠론에 근거해서 근대 중국의 당나라와 오대, 요와 금 송 그리고 원나라의 성립을 설명하였다. 그는 중국 고대 하은주 삼대의 시대를 이상시대로 보고 그것을 모범으로 현실의 제도를 평가하였다. 그는 당에서 송대를 거쳐 요와 금의 시대까지 분열과 전쟁의 시기였는데, 원나라가 일어나 천하를 평정하고 새로운 문명국가를 열었다고 하였다. 이는 원이 중국화 정책을 추진하면서 유교를 국교화하고 유교 문화와 문명을 계승하였는데, 고려가 제일 먼저 귀부하여 왕실 혼인관계를 맺으면서 현능한 자들이 한꺼번에 나와 삼한의 기업을 크게 빛냈다고 하였다.

이곡은 고려왕조는 천명을 받고 개국하여 문치를 숭상하고 당과 송나라의 제도를 본받아 대대로 문사文士를 존중해 왔다고 자부하였다. 그는 역사에서 영토를 지키고 국토를 개척한 인물을 높이 평가하면서도, 무신 정권에 비판적이었다. 무인 정중부가 난을 일으켜 조정의 신하들을 죽이고 왕의 폐립을 마음대로 하였고, 최충헌이 토적한 공을 끼고서 임금을 제멋대로 폐하고 세우는가 하면 그 자손들이 잇따라 정사를 전횡하였다고 하였다. 한편 이곡은 무신정권이 끝나고 몽골과의 전쟁이 종식되어 원나라와 강화 교섭을 하며 원과 사대관계를 맺은 당시를 사직을 지키고 고려를 중흥하는 기회로 보았다. 그러면서 고려의 역사와 문화에 대한 독자성을 강조하며, 고려가 태평성대가 되기를 염원하였다.

이곡은 사서오경의 성리학을 익혔고 원 제과 합격자로서 원 관학 주자학에 충실했다. 그는 원 관학 성리학의 윤리 실천을 중시하였고 경을 우선시하였다. 경은 도심 또는 천리를 체득하는 실천원리이고, 도덕적 완성을 위한 방법론이다. 그러므로 경을 중시했다는 것은 인간의 도덕적 본성을 자각하고 그 본성을 깨닫기 위하여 무엇보다도 수양·수신에 주력했음을 보여 준다. 인성의 함양, 인간의 윤리도덕 회복에 기초하여 교화의 실현, 사회질서의 핵심은 인간 본성의 수양 여하에 좌우된다고 보는 것이다.

이곡이 성리학과 도학을 중점적으로 받아들이고 인성론과 경 중시의 수양론을 견지한 것은 이색과 권근, 정도전의 개혁론과 척불론에서 선택적으로 활용된다. 이색과 권근은 인성과 수양론을 중시하며 유교 사회를 지향하여 갔고, 정도전과 같은 유학자들은 맹자로부터 정이천과 주희로 이어지는 도학의 흐름을 정통으로 파악하고 《대학연의》를 군주 공부서로 제시하였다.

이러한 성리학, 도학을 강조하는 태도는 조선 건국 초에 새로운 왕조의 군신윤리를 정립하는 과정에서 오륜과 절의를 숭상하면서 강조되고, 성리학, 도학을 강조하는 주장은 조선 건국 초에 새로운 왕조의 군신윤리를 정립하는 과정에서 오륜을 강조하고 절의를 숭상하면서 지배질서의 안정을 모색하면서 다시 강조된다. 태종 원년(1401) 고려왕조에 절의를 지킨 정몽주·김약항·길재 등을 포상하고 《삼강행실도》를 만들어 주자학의 윤리규범에 충실했던 인물들을 높였다. 주자학에 대한 학문적 업적보다는 절의, 의리 등 유교적 이념의 실천을 강조하였음을 잘 보여 준다. 16세기 사림파들이 집권하면서 주자학의 의리를 실천하는 절의론은 더욱 강화되었다.

이곡 사상은 고려 최말기, 왕조교체기에 주자학을 통한 개혁정치를 예고하였으며 조선 건국과 16세기 사단칠정논변의 시기를 거쳐 주자학에 집중함으로써 심성론이 강화되고 양명학의 수용을 억제하는 결과를 낳았다. 말하자면, 이곡의 실천 윤리, 수양론 중시의 성리학은 조선사회가 성리학(도학)이 심화되는 길로 나아가는 단초를 제공하고 있었다고 하겠다.

〔부 록〕

1333년 원 제과 전시의 이곡과 중국인 이제李齊의 대책문 역주

〈해제〉

　다음의 대책문은 1333년(원통 원년, 충숙왕 복위 2년)에 실시된 원 제과에서 한인 남인漢人南人의 장원(1갑 1명)인 이제와 2갑 8명(11등)인 이곡(1299-1351)의 시험문제와 답안이다. 원 제과의 1등 답안지와 11등 답안지를 제시하는 셈이다. 이제의 답안지는 《어시책御試策》을 참고하였고, 이곡의 답안지는 《가정집》을 이용하였다.[2]

　원 제과의 과거 시험 답안지는 《어시책》[3]에 모아 놓았다. 《어시책》은

---

1 《稼亭集》 권13, 策(皇帝王覇之道).
2 도현철, 〈원 제과(1333년)의 고려인·중국인 對策文 비교 연구〉, 《역사와 현실》 43, 2013.
3 〈표 34〉 《어시책》의 문제와 응시자

연도	종족	수록 인명	고려인 응시	고려인 합격
延祐2(1315)	蒙古色目人	哈八石		
	漢人南人	歐陽玄(1갑1명)	朴仁幹 安牧 趙廉	
泰定1(1324)	漢人南人	張益(1갑1명) 彭士奇	安軸 趙廉 崔龍甲	安軸(3갑7명)
泰定4(1327)	蒙古色目人	何察赤(1갑1명)		
	漢人南人	劉思誠(1갑1명)	趙廉, 李穀	趙廉
至順1년(1330)	蒙古色目人	篤列圖(1갑1명)		
	漢人南人	王文燁(1갑1명) 劉性(2갑1명)	賓于光	賓于光
元統1(1333)	蒙古色目人	同同(1갑1명) 余闕(1갑2명)		
	漢人南人	李齊(1갑1명) 羅謙(1갑3명) 王充耘(2갑5명)	李穀	李穀(2갑8명)

1315부터 1366년까지 16차례 실시된 원 제과 전시의 문제와 답안을 몽골색목인, 한인남인으로 구분하여 원에서 간행하였는데, 조선에서 이를 다시 펴냈다.[4]

원나라의 과거제는 3년에 한 번씩 실시되고, 향시·회시·전시의 3단계로 시행되었다. 원의 향시는 11개 행성行省을 비롯한 모두 17지역에서 종족별·지역별로 구분하여 300명을 뽑고, 정동행성 향시에 몽골·색목·한인 1명씩 배정되었으며, 고려인은 한인漢人의 범주로 취급되었다. 향시에 합격하면 수도인 연경(북경)에서 회시와 전시를 보았다. 대체로 향시는 매년 8월에 보고 회시는 이듬해 2월에 보며 진사 100명을 선발하되 몽골인·색목인·한인·남인 각각 25명씩 선발하도록 하였다. 전시는 같은 해 3월에 실시하되, 책문 1편만 시험하였는데, 탈락자 없이 순위만 결정하였다. 몽고색목인의 책문策問(문제)은 한인남인과 달랐다. 현재 남아 있는 1333년의 원대 제과 합격자 명부에 따르면 시험성적·출신지·회시 시험 과목·나이·증조·조·부·모·부인·향시와 회시 성적·합격 뒤 관직이 제시되어 있다.[5] 여기에서 몽골색목인과 한인남인(고려인 포함)은 제1갑 3명, 제2갑 15명, 제3갑 32명으로 각각 50명씩 100명을 뽑았다. 이때 한인남인의 제1갑 1명은 이제이고, 제2갑 8명은 이곡이었다. 한인남인에 장원인 이제李齊는 본관이 보정로保定路이고, 포음현蒲陰縣 출신이다. 합격 당시 나이는 33세로, 향시에는 6등, 회시에는 11등이었으며, 회시의 선택 시험과목은 《서경》이었다. 지방관으로 활약하며 배운 바를 저버리지 않았다는 평을 받았다.[6]

이곡은 정동행성에 1등, 회시(1333)에 50등을 하였다. 회시의 선택 시

4 千惠鳳, 〈朝鮮朝의 乙亥小字體 活字本 《御試策》〉《書誌學研究》 15, 1998.

5 錢大昕, 《元統元年(1333) 進士錄》, 浙江古籍出版社, 1992.

6 《元史》 권194, 列傳81 忠義2 李齊.

험과목은 《주역》이었다.

시험 문제는 중국의 역대 군주인 황·제·왕·패의 군주상에 내용에 대하여 질문하고, 어떤 덕과 어떤 도를 스승으로 삼을 만한가, 또 황·제·왕·패를 춘·하·추·동의 사계절과 연관시킨 유자의 견해에 대하여 질의하였다. 이에 대하여, 이곡은 황·제·왕·패를 엄밀히 구분하지 않고 제와 왕을 이상군주로 제시하고, 왕도와 패도만을 구분하며, 정심正心의 군수수신을 주장하였다. 이는 고려 말 개혁정치 시기의 이제삼왕二帝三王의 이상군주상의 제시로 이어진다고 보인다.

반면에 중국인 이제는 황·제·왕·패를 엄밀히 구분하고, 16자 심법의 도를 제시하여 임금의 마음이 이에 근원해야 한다고 하였다. 소옹의 《황극경세서》를 바탕으로 오경을 연결시켰다. 덧붙여 경敬은 한 마음의 주제이고 만사의 근본이며 제왕이 처음과 끝을 이루게 되는 것이라고 하여, 군주수신을 강조하였다.

문제 가운데 "근세의 어느 유학자 황과 제와 왕과 패를 각각 춘과 하와 추와 동에 배당하고 있다"는 것에 대하여 이곡은 누구인지 밝히지 않은 반면 이제는 소옹의 《황극경세서》를 들어 설명하였다. 이 점은 16자 심법心法을 언급했느냐 안했느냐와 함께 1등과 11등 답안지의 차이를 드러내는 것으로 추정된다.

곧 1333년에 잦은 황제 교체와 그를 통한 황실의 권위 추락이라는 원의 위기 상황을 극복하려는 노력의 일환으로 제시된 원나라 제과 전시의 책문을 통해서, 두 사람은 유교의 경전에 근거하여 이상정치의 상을 제시하면서 당대의 황제에게 정심과 경과 같은 군주수신을 제시하고 있다.[7]

7 이곡의 대책문을 번역하는 데 다음의 글을 참고하였다(이상현 옮김, 《국역가정집 2》, 민족문화추진회, 2006, 209–309쪽).

1. 1333년(원통 원년, 충숙왕 복위 2년)의 원 제과 책문

制曰 朕聞, 易曰, 君子多識前言往行, 以畜其德. 盖事必師古, 帝王之所尙也. 昔之有天下者曰, 皇·帝·王·霸. 夫其位同, 有廟社臣民同, 爵祿廢置生殺予奪之柄同, 獨其爲號不同. 然則曰皇, 曰帝, 曰王, 曰霸, 其名義可得而知乎? 治天下者, 爲其事必有其功, 載之簡册, 垂之來世尙矣. 三墳之書, 少皞·顓頊·高辛氏之典, 湮滅無傳, 其事功亦可考而有徵于今乎? 唐虞以下, 載籍雖存, 亦可以盡信而無疑乎? 臨乎億兆之上, 必有爲理之道, 終始持循而成一代之理, 皇·帝·王·霸, 其爲道同乎? 不同乎? 傳曰, 爲政以德. 盖必行道有得於心, 然後可措諸政. 皇·帝·王·霸之德, 其淺深純雜, 亦可得而言乎? 君心, 出治之原也, 皇·帝·王·霸, 其心之微, 亦可得而見乎? 是皆朕之所欲聞也.

子大夫脩業于家殆有年矣, 玆故詳延于廷, 以詢所蘊. 書曰, 今民將在祇遹乃文考, 又曰, 別求聞由古先哲王, 朕仰荷天明, 承累聖之丕業, 兢兢圖理, 其法祖宗者, 固不待謀之子大夫矣. 等而推之, 皇·帝·王之心之德之道, 何者可師, 何者可取, 其悉陳之, 以副朕之虛佇. 近世儒者, 以皇·帝·王·霸, 分而配之春夏秋冬, 然則其所以爲皇·帝·王·霸者, 亦猶氣之周流於一歲, 適然而然, 初無繫於向之云云也乎? 夫天道循環, 繇貞而元, 理之必至. 苟以四時方之, 則秦漢而降, 固可以配皇·帝·王·霸而班之否乎? 子大夫其爲朕索言之, 朕將有所鑒.[8]

짐朕은 이르노라.

짐이 들건대, 《주역》에 "군자는 옛 성현들의 언행을 많이 알아 자신의 덕을 키운다."[9]고 하였다. 대개 일을 할 때에는 반드시 지난 일을 거울로 삼는 것은 제왕이 숭상하는 덕목이다. 옛날에 천하를 다스렸던 자들

---

8 〈御試策〉十二問 皇帝王覇.

9 《周易》大畜 象 "象曰, 天在山中大畜, 君子以多識前言往行, 以畜其德."

을 일컬어 황皇이라고 하고 제帝라고 하며 왕王이라고 하고 패霸라고 하였다. 그들은 지위는 같았고, 종묘 사직과 신민을 소유한 것이 같았으며, 작록爵祿과 폐치廢置와 생살과 여탈의 권한을 행사한 것이 같았는데, 유독 그들의 이름만은 같지 않다. 그러면 황이라고 하고 제라고 하고 왕이라고 하고 패라고 하는 그 이름의 뜻에 대해서 알려 줄 수 있겠는가? 천하를 다스린 자마다 어떤 일을 행하여 반드시 공을 세웠는데, 그것이 간책에 실려서 오랜 옛날부터 후세에 전해 왔다. 그런데 삼분三墳의 글이나 소호少皥·전욱顓頊·고신씨高辛氏 등에 관한 전적은 인멸되어 전해지지 않고 있다. 그들의 일과 공에 대해서 오늘날 고찰을 해서 징험해 볼 수가 있겠는가? 요 순 이하는 그 기록이 남아 있기는 하지만, 그 내용들이 모두 의심할 것 없이 믿을 만한 것들이라고 하겠는가?

억조신민의 위에 군림하는 데에는 반드시 다스리는 도가 있으니, 시종 견지하고 준행해서 한 시대의 도리가 되는데, 황과 제와 왕과 패가 행한 그 정치의 도는 같은 것인가, 같지 않은 것인가? 전傳에 "정치를 행하기를 덕으로써 한다."[10]고 하였다. 대개 반드시 도를 행하여 마음으로 터득한 것이 있은 뒤에야 그것을 정치에 적용할 수가 있는 것이다. 황과 제와 왕과 패의 덕과 관련하여 그 심천深淺과 순잡純雜의 차이를 말해 줄 수 있겠는가? 임금의 마음은 정치가 나오는 근원이다. 황과 제와 왕과 패의 그 마음의 미묘한 차이에 대해서도 드러내 보여 줄 수 있겠는가? 이상은 모두 짐이 들어 보고 싶은 것들이다.

여러분들은 거의 매년 집에서 수업한 사람들이다. 그래서 조정으로 모두 이끌어 들여 그동안 온축했던 공부를 물어보려고 한다. 《서경》에 "지금 백성들을 다스리려면 선친인 문왕의 언행을 공경히 따라야 한다."[11]

---

10 《論語》권2, 爲政 "子曰, 爲政以德, 譬如北辰, 居其所而, 衆星共之."

11 《書經》권7, 周書 康誥 "王曰, 嗚呼, 封. 汝念哉. 今民將在祗遹乃文考, 紹聞衣德言. 往敷求

고 하였고, 또 "옛날 밝은 선왕들의 사적을 별도로 구해서 듣고 따라야
한다.[12]"고 하였다. 짐이 우러러 하늘의 밝은 명을 받아 여러 성인의 큰
업적을 이어받았으니 두려운 마음으로 좋은 정치를 해 보려고 꾀하고
있다. 선대 왕들을 본받음은 굳이 여러분들의 의견을 구하지 않아도 되
겠지만, 등급을 나누어 미루어 볼 때 황과 제와 왕의 마음 가운데에서
어떤 덕과 어떤 도를 스승으로 삼을 만하고 본받을 만한지 모두 진달하
여, 마음을 비우고 기다리는 짐의 뜻에 부응하도록 하라.

근세에 유자가 황과 제와 왕과 패를 나누어 각각 춘과 하와 추와 동
에 배당하고 있다. 그러면 황과 제와 왕과 패가 되는 것은 절기가 한 해
를 도는 것과 같아서, 마침 그런 때가 되었기 때문에 그런 것이 되어,
당초 앞에서 말한 것과 관계가 없는 것인가? 대저 천도는 순환하는 것
이니, 정貞에서 원元으로 가는 것은 이치상으로 볼 때 필연적인 사실이
다. 만약 사시四時를 가지고 보면, 진, 한 이후의 황과 제와 왕과 패에
배당하여 등급을 매길 수 있지 않겠는가? 여러분들은 생각해서 말해 보
라. 짐이 앞으로 거울로 삼으려 한다.

2. 이곡의 대책문

對.

　臣聞, 治天下者必法皇·帝·王而已. 覇者之事, 斯爲下矣. 恭惟皇帝陛下初登大寶,
發德音下明詔, 進臣等于赤墀之下, 策之以皇帝王覇之道, 乃曰, 朕聞易曰, 君子多識
前言往行以畜其德, 盖事必師古, 帝王之所尙也, 斯則陛下之心同符古聖, 而以皇帝王
之治自期, 此秦漢以降絶無之事, 於戲盛哉! 微臣何足以對揚休命之萬一?

于殷先哲王, 用保乂民."
12 《書經》 권7, 周書 康誥 "汝丕遠惟商考成人, 宅心知訓. 別求聞由古先哲王, 用康保民."

답변드립니다.

신이 듣건대, 천하를 다스리는 자는 반드시 황과 제와 왕을 본받을 뿐이니, 패자의 일은 하등에 속하는 것입니다. 삼가 생각건대, 황제 폐하께서 대보大寶에 오르시자마자 덕음德音을 발하고 밝은 조서를 내려 신 등을 황궁으로 나아오게 한 뒤에 황과 제와 왕과 패의 도에 대해 물으시면서, "짐이 듣건대, 《주역》에 "군자는 옛 성현들의 언행을 많이 알아 자신의 덕을 키운다."[13]고 하였다. 대개 일을 할 때에는 반드시 옛 시대를 모범으로 삼는 것은 제왕이 중시하는 바이다."라고 하셨습니다. 이는 폐하의 마음이 옛날의 성인과 부합하는 것입니다. 황과 제와 왕의 정치를 이룰 것을 스스로 기약하시니 이러한 일은 진, 한 이래로 결코 볼 수 없었던 바입니다. 아, 이 얼마나 성대한 일입니까! 미천한 신이 이 아름다운 명령에 어떻게 만분의 일이라도 선양할 수가 있겠습니까.

臣伏讀聖策曰, 昔之有天下者, 皇·帝·王·霸, 夫其位同, 有廟社臣民同, 爵祿廢置, 生殺子奪之柄同, 獨其爲號不同. 然則曰皇, 曰帝, 曰王, 曰霸, 其名義可得而知乎?"

臣聞, 太極判而爲兩儀, 於是乎有天地之名, 人生於兩間而爲三才, 於是乎有天地人皇之號, 厥初鴻厖, 未有政敎, 及乎伏羲氏作而爲書契, 以代結繩之政, 神農氏作而爲耒耜, 以敎民稼穡, 黃帝堯舜繼而君之, 然後垂衣裳而天下治. 迹其行事, 堯舜以上, 自然而然, 由仁義行, 此則性之者也. 曰皇, 曰帝, 云者, 其天之謂乎. 故曰, 其仁如天. 自夏之衰, 道失于上, 民散于下, 而商周之興, 頗有慚德, 與天同功之妙, 視帝則遠矣. 觀其爲德, 雖非自然而然, 及其成功, 一也, 此則反之者也. 至于霸者之事, 皆借仁義之名, 以成一己之私, 此則假之者也, 故曰, 以德行仁者王, 以力假仁者霸. 由是言之, 曰皇, 曰帝, 曰王, 曰霸, 未必字字而訓之, 而其名義存乎其中焉.

---

13 《周易》 大畜 象 "象曰 天在山中大畜, 君子以多識前言往行, 以畜其德."

　　신이 삼가 성책聖策을 받들어 읽어 보건대, "옛날에 천하를 다스렸던 자들을 일컬어 황皇이라고도 하고 제帝라고도 하고 왕王이라고도 하고 패覇라고도 하였다. 그들은 지위도 같았고, 종묘 사직과 신민을 소유한 것도 같았고, 작록·폐치·생살·여탈의 권한을 행사한 것마저 같았는데, 유독 그들의 이름만은 같지 않다. 그러면 황이라고 하고 제라고 하고 왕이라고 하고 패라고 하는 그 이름의 뜻에 대해서 알려 줄 수 있겠는가?"라고 하셨습니다.

　　신이 듣건대, 태극이 나뉘어 양의兩儀가 되면서 천지의 이름이 있게 되었고, 사람이 그 사이에서 나와 삼재三才를 이루면서 천황·지황·인황의 칭호가 있게 되었다고 하였습니다. 처음 혼돈 상태였을 때는 정교가 행해지지 않다가, 복희씨가 나와 서계書契를 만들어 결승結繩의 정사를 대체하였고, 신농씨가 나와 농기구를 만들어 백성들에게 농사를 가르쳤다고 합니다. 그리고 황제와 요·순이 그 뒤를 이어서 임금이 되고 나서야 의상衣裳을 늘어뜨린 가운데에도 천하가 다스려졌다고 합니다.[14] 일을 행한 그 자취를 살펴보건대, 요·순 이상은 자연스럽게 그렇게 하면서[15] 인의의 길을 따라 행하였으니, 이는 '본래의 성품 그대로 행한 경우'입니다. 황이라 하고 제라고 말한 것은 하늘과 같다고 하는 뜻을 드러낸 것입니다. 그래서 어질기가 하늘과 같다[16]라고 말한 것입니다.

　　그 뒤 하나라가 쇠하면서부터 위에서 도를 잃음으로 말미암아 백성들이 아래에서 흩어지기 시작하였습니다. 그리하여 상나라와 주나라가 일어나면서 마음속에 부끄럽게 생각하는 덕이 있어, 하늘과 공을 함께하는

---

14 《周易》〈繫辭傳〉下 "黃帝堯舜, 垂衣裳而天下治, 蓋取諸乾坤."

15 《孟子》盡心章句上"孟子曰, 堯舜, 性之也, 湯武, 身之也, 五霸, 假之也. 久假而不歸, 惡知其非有也."

16 《史記》권1, 五帝本紀 "帝堯者, 放勳. 其仁如天, 其知如神, 就之如日, 望之如雲. 富而不驕, 貴而不舒."

오묘함이 있었지만 제帝와 비교해 본다면 차이가 큽니다. 그 덕을 살펴보면 비록 자연스럽게 그렇게 된 것은 아니지만, 공을 이루는 점에서는 같습니다. 이는 본래의 성품을 회복하여 행한 경우입니다.

그런데 패자覇者의 일로 말하면, 모두 인의의 이름만 빌려서 자기 한 몸의 사욕을 채운 것이니, 이는 빌려온 경우입니다. 그러므로 덕을 위주로 해서 인을 행하는 이는 왕이고, 무력으로 인을 가탁하는 자는 패[17]라고 한 것입니다. 이런 관점에서 말해 본다면, 황이라고 하고 제라고 하고 왕이라고 하고 패라고 한 것에 대해서, 굳이 그 글자마다 새겨서 풀이하지 않아도 그 칭호의 의미가 그 속에 있습니다.

臣伏讀聖策曰, "治天下者, 爲其事必有其功, 載之簡册, 垂之來世尚矣. 三墳之書, 少皞, 顓頊, 高辛氏之典, 湮滅無傳, 其事功亦可考而有徵于今乎? 唐虞以下, 載籍雖存, 亦可以盡信而無疑乎?"

臣聞, 前聖作乎前, 必有後聖述乎後, 然後其道可傳, 而其言可信也. 當孔子之時, 天下之生久矣, 天下之治亂非一矣, 則其典籍可謂煩且亂矣. 孔子懼夫愈久而愈失其正也, 悉取前聖之作而祖述焉, 如贊易道以黜八索, 述職方以除九丘, 討論墳典, 斷自唐虞以下者是已. 由是觀之, 聖人述作之意深矣, 去取之旨微矣, 而非後人所敢擬議也. 然則三墳之書, 少皞·顓頊·高辛氏之典湮滅無傳, 而其事功不可考而徵之者尚矣, 況秦火之餘, 如司馬遷者世業于史而紬繹之, 而未免出入緯書, 則其書豈可盡信耶? 非惟子史爲然, 雖聖經賢傳, 容有可疑者, 非其書之可疑也, 謂其文史而過宗也. 故孔子曰, 吾猶及史之闕文, 孟子曰, 盡信書則不如無書, 此之謂也.

신이 삼가 성책聖策을 받들어 읽어 보건대, "천하를 다스린 자마다 어

---

17 《孟子》公孫丑章句上 "以力假仁者覇, 覇必有大國, 以德行仁者王, 王不待大, 湯以七十里, 文王以百里."

떤 일을 행하여 반드시 공을 세우곤 하였는데, 그것이 간책에 실려서 오랜 옛날부터 후세에 전해져 왔다. 그런데 삼분三墳의 글이나 소호少皞·전욱顓頊·고신씨高辛氏 등에 관한 전적은 인멸되어 전해지지 않고 있다. 그들의 일과 공에 대해서 오늘날 고찰을 해서 징험해 볼 수가 있겠는가? 그리고 요·순 이하는 그 기록이 남아 있기는 하지만, 그 내용들이 또 모두 의심할 것 없이 믿을 만한 것들이라고 하겠는가?"라고 하셨습니다.

신이 듣건대, 앞서 성인이 지은 것이라고 하더라도 반드시 뒤에 나오는 성인이 조술한 뒤에야 그 도를 전할 수 있고 그 말을 믿을 수 있다고 하였습니다. 공자의 시대에는 천하가 생긴지 오래되었고 천하의 치란이 한 번만이 아니었으니, 그 전적이 번다하고 난잡했다고 말할 수 있을 것입니다. 그래서 공자가 세월이 흘러 바르지 않게 될 것을 걱정하여 앞선 성인이 지은 것들을 가져다가 조술하였으니, 예컨대 《주역》의 도를 찬술하여 팔괘八卦에 관한 글을 물리치거나, 직방職方을 서술하여 구구九丘를 없앴으며, 분전墳典을 정리하여 편찬하면서 요·순 이하의 시대부터 끊어 서술한 것 등이 바로 그것입니다. 이를 통해서 보면 성인이 기술한 뜻이 깊고 버리고 취하는 뜻이 은미하니, 후세 사람들이 감히 따지고 의논할 것이 못 된다고 할 것입니다.

그리고 보면 삼분의 글이나 소호·전욱·고신씨의 전적 등이 인멸되고 전해지지 않아서 그 일과 공을 오늘날 고찰하여 징험해 볼 수 없게 된 것이 오래되었다고 할 것입니다. 그런데 하물며 진나라의 분서 사건 이후에, 가령 사마천과 같은 사람이 사관史官의 가업을 이어받아서 주역紬繹했는데도 위서緯書를 출입하는 잘못을 범한 것을 보면, 그러한 책들을 어떻게 모두 믿을 수가 있겠습니까. 이러한 현상은 자부子部와 사부史部에만 국한된 것이 아닙니다. 성현의 경전이라도 그 안에 의심할 만한 부분이 간혹 보이기도 하는데, 이는 그 글의 내용 자체가 의심스럽다는 말이 아니라, 그 표현이 사실을 지나쳐서 과장되게 꾸민 부분이 있다는 뜻입니다. 따라서 공자가 "나는 예전엔 그래도 사관史官이 의심나는 곳은 빼놓고 기록하는 것을 보았다."[18]고 하고, 맹자가 《서경》의 내용을 모두 믿는다면 차라리 《서경》이 없는 것이 나을 것이다."[19]라고 한 것은 바로 이러한 점을 지적한 말이라고 하겠습니다.

臣伏讀聖策曰, "臨乎億兆之上, 必有爲理之道, 終始持循而成一代之理, 皇·帝· 王·霸, 其爲道同乎？ 不同乎？ 傳曰, 爲政以德. 蓋必行道有得於心, 然後可措諸政. 皇·帝·王·霸之德, 其淺深純雜, 亦可得而言乎？ 君心, 出治之原也, 皇·帝·王·霸, 其心之微, 亦可得而見乎？ 是皆朕之所欲聞也."

臣聞, 心者一身之主, 萬化之本, 而人君之心, 出治之原, 天下治亂之機也. 故人君 正心以正朝廷, 正朝廷以正百官, 而遠近莫敢不一於正. 德於心得, 政以德行, 未有不 得於心而能措諸政者也. 古之人主知其然, 欲平天下, 先治其國, 欲治其國, 先齊其家, 欲齊其家, 先脩其身, 欲脩其身, 先正其心, 未嘗須臾不從事於心. 皇·帝·王·霸之德, 雖有淺深純雜之異, 其終始持循, 而成一代之理者, 皆於心得之, 臨乎億兆之上, 必有 爲理之道則無不同也. 惟其有皇帝王霸之心之微, 是以其爲德有淺深純雜之不同也. 臣 於名義之間, 以性之·反之·假之復之, 此皇帝王霸之心所以別也. 然古今同一心, 王霸 獨不同乎？ 臣按, 書曰, 人心惟危, 道心惟微, 蓋充其道心者爲皇·帝·王也, 循其人心 者爲霸也. 皇帝王霸之心之微, 於此可見, 舍此而他求, 臣恐或流於支離誕幻之域也.

신이 삼가 성책聖策을 받들어 읽어 보건대, "억조 신민의 위에 군림하는 데에는 반드시 다스리는 도가 있으니, 시종 견지하고 준행해서 한 시대의 도리가 된다. 그렇다면 황과 제와 왕과 패가 행한 그 정치의 도는

18 《論語》 권15, 衛靈公 "子曰, 吾猶及史之闕文也. 有馬者借人乘之, 今亡矣夫!"
19 《孟子》 盡心章句下 "孟子曰, 盡信書, 則不如無書. 吾於武成, 取二三策而已矣. 仁人無敵於天 下, 以至仁伐至不仁, 而何其血之流杵也？"

같은 것인가, 같지 않은 것인가? 전傳에 이르기를 '정치를 행하기를 덕으로써 한다'[20]고 하였다. 대개 반드시 도를 행하여 마음으로 터득한 것이 있은 뒤에야 그것을 정치에 적용할 수가 있다. 황과 제와 왕과 패의 덕과 관련하여 그 얕고 깊음, 순수하고 잡스러움의 차이를 말해 줄 수 있겠는가? 임금의 마음은 정치가 나오는 근원이다. 황과 제와 왕과 패의 그 마음의 미묘한 차이에 대해서도 드러내 보여 줄 수 있겠는가? 이상은 모두 짐이 들어보고 싶은 것들이다."라고 하셨습니다.

신이 듣건대, 마음은 한 몸의 주재이고, 모든 것의 근본이므로 군주의 마음은 정치를 하는 근원이고 천하를 다스리는 기틀이 됩니다. 그러므로 군주가 마음을 바로잡게 되면 조정을 바로잡을 수 있고 조정이 바로잡히게 되면 백관을 바로잡을 수 있으며 멀고 가까움이 한결같이 바른 데로 돌아가지 않을 수 없습니다.[21] 덕은 마음에서 얻고 정치는 덕으로써 행해야 합니다. 마음에서 얻지 못하고 착한 정치를 베푼 자는 없습니다. 옛날의 군주는 그러한 사실을 알고 천하를 평정하고자 하면 먼저 나라를 다스리고 나라를 다스리고자 하면 먼저 집을 다스리고 집을 다스리고자 하면 먼저 몸을 닦았으며 몸을 닦고자 하면 먼저 그 마음을 바르게 했으니[22] 일찍이 조금도 마음을 일삼지 않을 수 없던 것이었습니다.

따라서 황과 제와 왕과 패의 덕에 비록 얕고 깊음, 순수하고 잡스러움의 차이는 있을지라도, 처음부터 끝까지 견지하고 준행해서 한 시대의 정치를 이룬 면에서 본다면, 모두 마음에서 얻은 것을 가지고 억조 신민

---

20 《論語》권2, 爲政 "子曰, 爲政以德, 譬如北辰, 居其所而, 衆星共之."

21 《漢書》권56, 列傳26 董仲舒 "武帝卽位, 擧賢良文學之士前後百數, 而仲舒以賢良對策焉. …… 仲舒對曰 …… 故爲人君者, 正心以正朝廷, 正朝廷以正百官, 正百官以正萬民, 正萬民以正四方. 四方正, 遠近莫敢不壹於正, 而亡有邪氣奸其間者."

22 《大學》"古之欲明明德於天下者, 先治其國, 欲治其國者, 先齊其家, 欲齊其家者, 先修其身, 欲修其身者, 先正其心, 欲正其心者, 先誠其意, 欲誠其意者, 先致其知, 致知在格物."

의 위에 군림했던 것이니, 그들 모두가 정치를 행하는 도를 반드시 지니고 있었다는 점에서는 차이가 없다고 할 것입니다. 그러나 그들에게는 황과 제와 왕과 패의 마음에 은미한 차이가 있었으니, 바로 이러한 까닭에 그들의 덕에도 얕고 깊음, 순수하고 잡스러움의 차이가 있게 되었던 것입니다. 신이 그 명칭의 의미를 묻는 항목에 대해서, 본래의 성품 그대로 행하고, 본래의 성품을 회복하여 행하고, 빌려서 쓴 것 등으로 분류해서 답변드렸는데, 이것이 바로 황과 제와 왕과 패의 마음이 나뉘는 이유라고 하겠습니다.

그렇긴 하지만 옛날이나 지금이나 마음이라는 것은 누구나 동일한 것이니, 왕과 패라고 해서 어찌 유독 다르겠습니까? 신이 살펴보건대,《서경》에 '인심人心은 위태하고 도심道心은 은미하다.'[23]고 하였는데, 대개 이 도심을 확충한 분들이 황과 제와 왕이 되었고, 이 인심을 따른 자가 패가 되었다고 할 것입니다. 황과 제와 왕과 패의 마음의 미묘한 차이를 여기에서 볼 수 있으니, 만약 이것을 버리고서 다른 곳에서 그 연유를 찾는다면, 신은 자칫 지리하고 허탄한 지경으로 빠져들 것이라고 염려합니다.

臣伏讀聖策曰, "子大夫脩業于家殆有年矣, 茲故詳延于廷, 以詢所蘊. 書曰, 今民將在祇遹乃文考, 又曰, 別求聞由古先哲王, 朕仰荷天明, 承累聖之丕業, 兢兢圖理, 其法祖宗者, 固不待謀之子大夫矣. 等而推之, 皇·帝·王之心之德之道, 何者可師, 何者可取, 其悉陳之, 以副朕之虛佇."

恭惟陛下聖敬日躋, 動法祖宗, 而臣草茅微賤, 嘗未有知, 其於聖道可師可取者, 安敢妄議? 然臣嘗粗讀經書, 竊見帝王之道矣. 臣謹按, 易首乾卦曰, 元亨利貞, 盖此四者, 天之道也. 王者法之, 故曰, 天行健, 君子以自強不息. 詩之首關雎者, 所以示風

23《書經》권2, 虞書 大禹謨 "人心惟危, 道心惟微, 惟精惟一, 允執厥中."

化之本自家而國, 故曰, 人而不爲周南·召南, 其猶正墻面而立也歟. 禮則曰, 毋不敬, 言其正心也. 春秋大一統, 言其平天下也. 至于書之所載堯之 克明俊德 以親九族 平章百姓, 協和萬邦, 舜之黜陟幽明, 禹之拜昌言, 湯之改過不吝, 文王之日中昃昇, 不遑暇食, 用咸和萬民, 武王之敦信明義, 崇德報功, 如此之類, 坦然明白, 可擧而行. 陛下於此熟聞之矣, 而聖問及之者, 以爲陳言常論耶? 臣愚以爲可師可取者無過於此, 苟聖心留焉, 則等而推之, 至於皇帝王之心之德之道, 何難之有哉?

　　신이 삼가 성책聖策을 받들어 읽어 보건대, "여러분들은 거의 몇 년 동안 집에서 수업한 사람들이다. 그래서 조정으로 모두 이끌어 들여 그동안 온축蘊蓄했던 공부를 물어보려고 한다.《서경》에 "지금 백성들을 다스리려면 선친인 문왕文王의 언행을 공경히 따라야 한다."고 하였고, 또 "옛날 밝은 선왕들의 사적을 별도로 구해서 듣고 따라야 한다."[24]고 했다. 짐이 우러러 하늘의 밝은 명을 받아 여러 성왕의 큰 업적들을 이어받았으니 두려운 마음으로 좋은 정치를 해 보려고 꾀하고 있다. 선대 왕들을 본받음에는 굳이 여러분들의 의견을 구하지 않아도 되겠지만, 등급을 나누어 미루어 볼 때 황과 제와 왕의 마음 가운데에서 어떤 덕과 어떤 도를 스승으로 삼을 만하고 본받을 만한지 모두 진달하여, 마음을 비우고 기다리는 짐의 뜻에 부응하도록 하라."고 하셨습니다.

　　삼가 생각건대, 폐하께서는 성스러운 덕과 공경하는 덕이 날로 발전하는 가운데, 일을 행할 때마다 으레 조종을 본받고 계십니다. 그런데 신은 초야에 있는 미천한 몸으로 아무 것도 아는 바가 없으니, 성인의 도 가운데에서 무엇을 스승으로 삼고 취해야 하는지 어떻게 감히 함부로 의논드릴 수 있겠습니까. 그렇긴 하지만 신이 일찍이 경서를 약간이

24《書經》권7, 周書 康誥 "王曰, 嗚呼. 封. 汝念哉. 今民將在祇遹乃文考, 紹聞衣德言. 往敷求于殷先哲王, 用保乂民. 汝丕遠惟商耈成人, 宅心知訓. 別求聞由古先哲王, 用康保民, 弘于天若. 德裕乃身, 不廢在王命."

나마 읽어서 제왕의 도에 대해서 나름대로 짐작하고는 있습니다.

신이 삼가 상고해 보건대, 《주역》의 맨 처음 건괘乾卦에 '원元하고 형亨하고 리利하고 정貞하다'라고 하였는데, 대개 이 네 가지는 하늘의 도로서 왕자王者가 본받아야 할 덕목입니다. 그래서 "하늘의 건실한 운행을 본받아서 군자는 스스로 힘쓰면서 쉬지 않는다."[25]고 한 것입니다. 《시경》에 관저關雎를 맨 처음에 소개한 것은 풍화의 근본이 집에서 시작하여 나라로 옮겨지는 것을 보여 주기 위한 것입니다. 그래서 "사람이 되어서 〈주남〉과 〈소남〉을 배우지 않으면, 마치 담벼락을 마주하고 서 있는 것처럼 답답한 인간이 되고 말 것이다."[26]라고 말한 것입니다. 《예기》에서는 "공경하지 않음이 없어야 한다."[27]라고 하였는데, 이는 마음을 바르게 해야 함을 말한 것이요, 《춘추》에서는 '대일통'을 제시하였는데, 이는 평천하平天下의 뜻을 말한 것입니다.

그리고 《서경》으로 말하면, 요 임금은 "위대한 덕을 잘 발휘하여 구족을 친하게 하고 백성을 평등하게 대하고 만방을 화목하게 하였으며"[28] 순 임금은 "무능한 관원을 퇴출시키고 유능한 관원을 승진시켰고"[29], 우왕은 '훌륭한 말을 들으면 절하고 받아들였고,'[30] 탕왕은 '허물을 고치는 일에 인색하지 않았으며'[31], 문왕은 '해가 중천에 뜨고 다시 서쪽으로 기

---

[25] 《周易》乾卦 象 "天行健, 君子以自强不息."
[26] 《論語》권17, 陽貨, "子謂伯魚曰, 女爲周南 召南矣乎? 人而不爲周南 召南, 其猶正牆面而立也與?";《시경》周南 關雎"孔子謂伯魚曰 女爲周南召南矣乎 人而不爲周南召南 其猶正牆面而立也與."
[27] 《禮記》曲禮 上"曲禮曰, 毋不敬, 儼若思, 安定辭. 安民哉!"
[28] 《書經》권1, 虞書 堯典, "克明俊德 以親九族 平章百姓 協和萬邦."
[29] 《書經》권1, 虞書 舜典, "三載考績, 三考, 黜陟幽明, 庶績咸熙. 分北三苗."
[30] 《書經》권2, 虞書 大禹謨 皐陶謨 "禹拜昌言曰, 兪, 班師振旅. 帝乃誕敷文德, 舞干羽于兩階, 七旬有苗格."
[31] 《書經》권4, 商書 仲虺之誥 "德懋懋官, 功懋懋賞, 用人惟己, 改過不吝, 克寬克仁, 彰信兆民."

울 때까지 한가하게 식사할 겨를이 없이 노력하여 만백성을 모두 화합하게 하였으며,'32 무왕은 '믿음을 두텁게 하고 의리를 밝히면서 덕을 높이고 공에 보답하였다'33고 하였습니다.

　이와 같은 것은 평이하면서도 명백한 것들이어서 모두 본받아 행할 수 있습니다. 폐하께서도 이에 대해서 익히 들어서 알고 계실 텐데, 폐하의 책문에 제가 언급한 것은 진부하고 상식적인 주장을 하는 것이겠습니까? 신의 어리석은 생각으로는 스승으로 삼고 본받을 만한 것들로 이것들보다 더한 것은 없다고 여겨집니다. 참으로 폐하께서 여기에 유의하시어 단계들을 본받아 미루어 나아가신다면, 황과 제와 왕의 마음의 그 덕과 도에 이르는 데에 무슨 어려움이 있겠습니까?

　臣伏讀聖策曰, "近世儒者, 以皇·帝·王·霸, 分而配之春夏秋冬, 然則其所以爲皇·帝·王·霸者, 亦猶氣之周流於一歲, 適然而然, 初無繫於向之云云也乎? 夫天道循環, 緣貞而元, 理之必至. 苟以四時方之, 則秦漢而降, 固可以配皇·帝·王·霸而班之否乎? 子大夫其爲朕索言之, 朕將有所鑒."

　臣聞, 皇降爲帝, 帝降爲王, 王道之微而霸者出焉, 猶春徂而夏, 夏徂而秋, 而冬居其終耳, 豈可以四時方而配之乎? 以其數則可當緣貞而元之時, 而其事功殊不相侔也. 雖以漢唐之盛, 而於王道不敢進焉, 則曰德, 曰道, 曰功, 視爲何物哉? 非獨此也, 忠·質·文之尙, 水·火·木·金·土之運, 皆不能循環, 而有閏位之說焉. 大抵如此之說, 幾於術數, 故當時已有不願學者矣. 苟必以皇·帝·王·霸, 分而配之春·夏·秋·冬, 則孔·孟當先言之矣, 我國家太祖皇帝肇造洪基, 世祖皇帝混一區宇, 而列聖相承, 武定禍亂, 文致太平, 開闢以來未有如此之盛者, 緣貞而元, 此其時矣. 陛下春秋鼎盛, 以

---

32 《書經》 권8, 周書 無逸 "徽柔懿恭, 懷保小民, 惠鮮鰥寡, 自朝至于日中昃, 不遑暇食, 用咸和萬民."

33 《書經》 권6, 周書 武成 "惇信明義, 崇德報功."

大有爲之運, 而又欲師皇·帝·王之道, 此千載一機會也, 伏望陛下執此之道, 堅如金石,
以淸出治之原, 以廣祖宗之業, 天下幸甚. 臣幸蒙聖問之及, 而以此爲終篇献, 惟陛下
裁擇. 臣謹對.

　신이 삼가 성책聖策을 받들어 읽어 보건대, "근세의 유자儒者가 황과
제와 왕과 패를 나누어 각각 춘과 하와 추와 동에 배당하고 있다. 그렇
다면 황과 제와 왕과 패가 되는 것은 기氣가 한 해를 도는 것과도 같아
서, 마침 그런 때가 되었기 때문에 그런 것이지, 전에 운운했던 것과는
애당초 관계가 없는 것인가? 대저 천도는 순환하는 것이니, 정貞에서 원
元으로 가는 것은 이치로 볼 때 필연적인 사실이다. 만약 사시四時를 가
지고 황과 제와 왕과 패에 배당한다면, 진, 한 이후의 시대에 대해서도
당연히 황과 제와 왕과 패에 배당하여 등급을 매길 수 있지 않겠는가?
여러분들은 짐을 위해 변석하여 말해 보라. 짐이 앞으로 거울로 삼으려
한다."고 하셨습니다.

　신이 듣건대 황이 내려와서 제가 되고 제가 내려와서 왕이 되고 왕의
도가 쇠미해지면서 패자가 출현하였습니다. 그런데 이것이 마치 봄이 가
면 여름이 오고 여름이 가면 가을이 오고 겨울이 마지막에 위치하는 것
과 흡사할 뿐입니다. 어떻게 이것을 꼭 사시에 비겨서 배당할 수가 있겠
습니까? 그 기수로 보면 정貞에서 원元으로 가는 시기에 해당할 수 있
습니다만, 그 성취한 공으로 보면 결코 같다고 할 수가 없습니다. 한나
라와 당나라가 비록 융성했다고 하더라도 왕의 도에는 감히 진입할 수
가 없으니, 그렇다면 그 덕과 도와 공을 어느 물건에 비길 수가 있겠습
니까. 황과 제와 왕과 패만 그런 것이 아닙니다. 충忠과 질質과 문文을
숭상한 것이나, 수·화·목·금·토의 운행도 모두 순환할 수가 없는 것이
어서 윤위閏位의 설이 있는 것입니다. 대저 이와 같은 설은 술수에 가깝
기 때문에 당시에도 이미 배우기 원하지 않는 자들이 있었습니다. 만약

황과 제와 왕과 패가 반드시 춘과 하와 추와 동에 비겨서 배당해야 하는 것이라면, 공자와 맹자가 응당 먼저 그런 사실을 말했을 것입니다.

우리나라는 태조황제가 큰 기업을 창건하시고, 세조황제가 천하를 통일하신 이래로, 여러 임금이 그 뒤를 이어서 무위를 떨쳐 화란을 진정시키고 문교를 펼쳐 태평 시대를 이루었습니다. 천지가 개벽된 이래로 이처럼 융성했던 시대는 일찍이 있지 않았으니, 정에서 원으로 가는 시운을 바로 지금 맞았다고 할 수 있습니다. 폐하께서는 춘추가 한창이신 데다 바야흐로 큰일을 성취할 수 있는 시운을 맞으셨는데, 여기에 또 황과 제와 왕의 도를 본받으려 하고 계시니, 이는 천재일우의 기회입니다. 삼가 바라옵건대, 폐하께서는 이 도를 금과 돌처럼 굳게 잡으시어 정치가 나오는 근원인 마음을 맑게 하시고, 조종의 기업을 넓히도록 하십시오. 그렇게 하신다면 천하를 위해 더 이상의 다행이 없을 것입니다. 신이 요행히 폐하의 책문策問을 받드는 은혜를 입고서 이상과 같이 글을 마무리하여 올리게 되었습니다. 오직 폐하께서 취하여 선택하십시오. 신은 삼가 답변드립니다.

3. 이제李齊의 대책문

臣對

臣聞, 元亨利貞, 天之道也. 皇·帝·王·霸, 世之運也. 夫世運雖有皇·帝·王·霸之不同, 然而一元之氣流行於天地之間者, 則無時而已也. 欽惟皇帝陛下, 龍飛之初, 兢兢圖治, 又進臣等于廷, 詢以帝王之所尙與夫皇·帝·王·霸事功之著、心術之微. 且諄諄於皇·帝·王之心之德之道, 俾臣等悉陳之. 臣草茅微賤, 凡聖問所及者, 皆非愚臣之所能知也. 臣甞讀世祖皇帝中統建元之詔, 有曰, 法春秋之正始, 體大易之乾元. 夫元者, 天地生物之心也. 天運循環, 世復爲元, 洪惟聖朝, 以元紀號, 黙契大易先天之旨, 施之經世, 又合邵子皇極之言. 一元而推之, 至於十二萬九千六百之數, 億萬年無疆之休.

臣敢不精白一心以對揚天子之休命？臣謹俯伏以對.

　신은 답변 드립니다.

　신이 듣건대, 원형이정元亨利貞은 하늘의 도이고, 황·제·왕·패는 세상의 운수입니다. 세상의 운수는 비록 황·제·왕·패의 다름이 있으나, 일원一元의 기는 천지 사이에 유행하는 것으로 그치는 때가 없습니다. 삼가 생각건대, 황제 폐하께서는 즉위 초에 조심스럽고 두려워하는 마음으로 다스리기를 도모하였고, 신 등을 조정에 나아오게 하여 제왕이 숭상할 바와 황·제·왕·패의 밖으로 드러난 사공과 은미한 마음가짐에 대해 물으셨습니다. 또한 정성스러운 마음으로 황·제·왕이 마음에 지녔던 덕의 도리에 대하여 신들에게 모두 진술하게 하셨습니다. 신은 초야의 미천한 사람이어서 폐하께서 질문에 언급한 것들은 모두 어리석은 신이 알 수 있는 것이 아닙니다. 신은 일찍이 세조 황제께서 연호를 중통中統으로 바꾸고 내리신 조칙을 읽은 적이 있는데, 거기에는 "춘추春秋의 시작을 바르게 함을 본받고, 대역大易의 건원乾元을 체득한다."[34]고 하였습니다. 원元은 천지가 만물을 낳는 마음입니다. 하늘의 운수는 순환하여 세世는 다시 원元이 되었습니다. 성조聖朝께서 원으로 국호를 삼으신 것은 위대한 《역》의 선천先天의 취지[35]와 암묵적으로 계합하고, 그것을 경세에 시행한 것은 또한 소옹邵雍 《황극경세서皇極經世書》의 말에 합치됩니다. 일원一元으로부터 미루어 나가면 129,600수數와 억만년의 한없는 아름다움에 이르게 됩니다. 신이 어찌 감히 순결하고 한결같은 마음으로 천자의 아름다운 명령에 대답하지 않을 수 있겠습니까? 신은 삼가 엎드려 대답

---

34 《元史》 권4, 本紀世祖(중통 원년) "建元中統. 詔曰, ……"

35 先天의 취지: 《周易》〈乾〉〈文言〉에 "하늘보다 먼저 행하여도 하늘이 그 행한 바에 어긋나지 않는다(先天而天不違)"고 하였다. 원나라를 건설하는 것이 바로 하늘의 운수를 미리 알아서 행한 것이라는 취지의 발언이다.

합니다.

臣伏讀制策曰, "朕聞, 易曰, 君子多職前言往行 止 盡信而無疑乎? 臣有以見陛下 深知皇·帝·王之名號不同, 然必求諸事功, 考諸載籍而後, 有以明之也."

臣聞, 傅說之告高宗曰, 王人求多聞, 時惟建事, 學于古訓, 乃有獲, 爭不師古, 以 克永世, 匪說攸聞. 故君子所以多識前言往行者, 將以畜其德, 而帝王之所尙者, 亦心 以師古爲先也. 昔之有天下者曰皇·帝·王·霸. 夫皇之所以爲皇者, 猶天道之春生也. 帝之所以爲帝者, 天道之夏長也. 王之所以爲王者, 天道之秋成也. 至於霸, 則以力假 仁而已矣. 雖其廟社臣民, 爵祿廢置, 生殺予奪之柄同, 而霸者之心, 則與皇·帝·王不可 一例而論也. 其名義之所以同者, 蓋以道化民者謂之皇, 以德敎民者謂之帝, 以功臨民 者謂之王, 以力假人³⁶者謂之霸. 其事功之著, 則三墳不可得而詳矣. 然而伏羲氏始畫 八卦, 造書契, 以通神明之德, 以類萬物之情, 以代結繩之政, 而民始知所從. 神農氏 作爲耒耜, 以敎民稼穡, 而民始知所本. 皇帝氏定上衣下裳之制, 興官室舟車之利, 而 民始有帝³⁷度. 此皇之所以爲皇, 蓋以道化民者也.

皇降而帝, 於是少皥·顓頊·高辛氏興焉. 其官名之善, 曆數之精, 後世稱述焉. 至 若堯之曆象日月星辰, 而致庶績咸熙之效, 舜之命官咨牧, 而成恭己無爲之治, 此帝之 所以爲帝, 蓋以德敎民者也. 至若禹之不矜不伐, 湯之克寬克仁, 文王之徽柔懿恭, 武王 之垂拱而天下治, 蓋以功臨民, 此王之所以爲王也. 他如秦穆脩聖, 晉文修賢, 楚莊修 術, 齊桓修才, 邵子嘗有是言矣. 其實則以力而不以德, 知功利而不知道義, 此霸之所 以爲霸也. 皇·帝·王之迹, 雖若不同, 其心則一而已. 由是而論, 則唐虞以下, 典籍所 載, 亦可信而無疑矣. 此卽陛下所謂'爲其事, 必有其功, 載之簡冊, 垂之永世'之意也.

신이 엎드려 제책制策을 읽으니 "짐이 듣건대, 《주역》에 '군자는 옛

---

36 《어제책》에는 人으로 되어 있으나 《맹자》에는 仁으로 되어 있다. 오자로 생각된다.
37 《어제책》에는 帝로 되어 있으나 制의 오자로 생각된다.

성현들의 언행을 많이 알아 자신의 덕을 키운다.[38] …… 모두 의심할 것 없이 믿을 만한 것들이라고 하겠는가?"라고 하셨습니다. 폐하께서는 황·제·왕의 명호가 다른 것에 대해서는 깊이 알고 계시며, 반드시 사공 事功에서 그 연유를 찾고 간책에서 상고한 뒤에야 분명히 할 수 있다고 생각하심을 알 수 있었습니다.

신이 들건대, 부열이 고종에게 고하여 말하기를 "왕이여 사람을 식견이 많은 자를 구함은 이 일을 세우기 위해서입니다. 옛 가르침을 배워야 배움에 얻음이 있을 것이니, 옛것을 본받지 않고서도 장구하게 할 수 있었다는 것은 제가 듣지 못하였습니다."[39]라고 하였습니다. 그러므로 군자가 옛 성현들의 언행을 많이 알려고 하는 이유는 자신의 덕을 쌓으려는 것이고, 그 때문에 제왕이 숭상하는 바 또한 반드시 옛것을 본받는 것입니다. 옛날에 천하를 다스렸던 자들을 일컬어 황·제·왕·패라고 합니다. 황을 황이라고 하는 이유는 천도가 봄에 만물을 낳는 것과 같고, 제를 제라고 하는 이유는 천도가 여름에 만물을 길러 주는 것과 같으며, 왕을 왕이라고 하는 이유는 천도가 가을에 만물을 이루어 주는 것과 같습니다. 패에 이르러서는 힘으로 인을 빌렸을 따름입니다. 비록 종묘사직과 신민을 소유한 것이 같고, 작록爵祿의 폐치廢置와 생살生殺·여탈與奪의 권한을 행사한 것도 같지만, 패자의 마음은 황·제·왕과 동일한 수준에서 논할 수 없습니다. 이름이 같은 것은, 도로써 백성을 교화하는 것 그것을 가리켜 황이라 하고, 덕으로 백성을 가르치는 것은 제라고 하며, 공으로 백성들에게 임하는 것을 왕이라 하며, 힘으로 인을 빌리는 것을 패라고 일컫는 점에서 입니다. 그 업적이 드러난 것에 관해서는 전해지는

---

38 《周易》大畜 象 "象曰, 天在山中大畜, 君子以多識前言往行, 以畜其德."
39 《書經》권5, 商書 說命下 "說曰, 王人求多聞, 時惟建事, 學于古訓, 乃有獲, 事不師古, 以克永世, 匪說攸聞."

전적에서 상세하게 살펴볼 수 없습니다. 그러나 복희씨伏羲氏는 처음으로
八卦를 그리고 서계書契 문자를 만들어 그로써 신명의 덕과 통하게 하고,
그로써 만물의 실정을 분류하며, 그로써 결승結繩문자로 하던 정치를 대
신하였으니 백성들이 비로소 따를 바를 알게 되었습니다. 신농씨는 쟁기
와 보습을 만들어 백성에게 농사일을 가르치니, 백성들이 비로소 근본할
바를 알게 되었습니다. 황제씨는 상하의복의 제도를 제정하고 궁실과 선
거〔舟車〕의 이로움을 일으켜 백성들이 비로소 제帝의 제도가 있음을 알게
하였습니다. 이것이 황이 황이 된 이유이니 대개 도로써 백성을 교화하
였기 때문입니다.

　황이 낮아지면 제가 됩니다. 이에 소호·전욱·고신씨가 일어났습니다.
그 관명의 선함과 역수의 정밀함은 후세에 칭해지고 이어졌습니다. 요는
해와 달과 별들의 운행을 관찰하여 모든 공적이 넓혀지는 효과를 거두
었고,[40] 순은 관리를 임명하고 목牧에게 자문을 받아 자신은 공경한 자
세만 지키는 무위無爲의 정치를 완성했습니다. 이것이 제帝가 제라고 할
수 있는 이유이니 대개 덕으로 백성을 가르쳤기 때문입니다. 우왕은 거
만하지 않고 자랑하지 않았으며, 탕은 너그럽고 어질며, 문왕은 부드럽
고 공손하였으며, 무왕은 손을 모은 채 천하를 다스렸고, 공을 이루는
것으로 백성들에게 임한 것이니 이것이 왕이 된 이유입니다.

　다른 사람들, 예컨대 진나라의 목공穆公이 성聖을 닦고, 진문공晉文公
이 현賢을 닦으며, 초나라 장공莊公이 술術을 닦으며 제나라 환공桓公이
재才를 닦은 것에 대해서는 소자邵子가 일찍이 그러한 말을 했습니다. 그

---

40 《書經》 권1, 虞書 堯典 "乃命羲和, 欽若昊天, 曆象日月星辰, 敬授人時. 分命羲仲, 宅嵎夷,
曰暘谷, 寅賓出日, 平秩東作, 日中星鳥, 以殷仲春, 厥民析, 鳥獸孳尾. 申命羲叔, 宅南交, 平秩
南訛, 敬致, 日永星火, 以正仲夏, 厥民因, 鳥獸希革. 分命和仲, 宅西, 曰昧谷, 寅餞納日, 平秩
西成, 宵中星虛, 以殷仲秋, 厥民夷, 鳥獸毛毨. 申命和叔, 宅朔方, 曰幽都, 平在朔易, 日短星
昴, 以正仲冬, 厥民隩, 鳥獸氄毛. 帝曰咨汝羲暨和, 朞, 三百有六旬有六日, 以閏月定四時成歲,
允釐百工, 庶績咸熙."

러나 실제로는 힘으로 했을 뿐 덕으로 하지 않았고, 공리만 알았을 뿐 도의를 알지 못하였으니, 이것이 패가 패가 된 이유인 것입니다. 황·제· 왕의 자취는 비록 같지 않은 듯하지만 그 마음은 동일합니다. 이로써 논 하건대, 요 순 이하의 왕들은 전적에 실려 있는 사적들이 믿을 만하여 의심할 수 없습니다. 이것이 폐하께서 이른바 "어떤 일을 행하여 반드시 공을 세우곤 하였는데, 그것이 간책에 실려서 오랜 옛날부터 후세에 전해져 왔다."는 것의 의미입니다.

臣伏讀制策曰, 臨乎億兆之上, 止朕之所欲聞也. 臣有以見陛下深知皇·帝·王·伯之心不同, 符合皇·帝·王之治, 而成一代之盛治也.

臣聞, 有是心, 必有是道, 有是道, 必有是治. 治本於道, 道本於心者也. 盖皇·帝·王所傳之道, 雖一, 皇·帝·王爲治之迹, 則殊. 迹之殊者, 時之異也. 道之同者, 心之一也. 其始終持循, 以成一代之理者, 初豈外於此心也哉! 較之伯者, 其淺深純雜, 不待言而明矣. 若夫心術之微, 則臣請得而言之. 堯之克明俊德, 舜之兢兢業業, 禹之不矜不伐, 湯之克寬克仁, 文王之純亦不已, 莫非以是心而行是政也. 彼五伯之尤盛者, 莫桓文若也. 然而邵陵之師, 城濮之戰, 不過急功利而已耳. 此所以卒不能如湯武之仁義也歟! 孟子曰, 堯舜性之也. 湯武身之也. 五伯假之也. 此卽陛下所謂'政以德, 盖必行道有得於心, 然後可以措諸政'之意也.

신이 엎드려 제책을 읽어 보건대, "억조 신민의 위에 군림하여 ～ 짐 이 들어보고 싶은 것들이다."라고 하였습니다. 신은 폐하께서 황·제·왕· 패의 마음이 같지 않음을 깊이 알고 계시며 황·제·왕의 정치에 부합하 여 일대의 성한 정치를 이루려고 하심을 알 수 있었습니다.

신이 듣건대, 이러한 마음이 있으면 반드시 이러한 도가 있고, 이러한 도가 있으면 반드시 이러한 다스림이 있는 것입니다. 다스림은 도에 근 본을 두고, 도는 마음에 근본을 두는 것입니다. 황·제·왕이 전한 도는

비록 동일하지만, 황·제·왕의 다스림의 자취는 다릅니다. 자취가 다른
것은 그들이 처한 상황[時]이 달랐기 때문입니다. 도가 같았던 것은 그들
의 마음[心]이 같았기 때문입니다. 그들이 시종일관 간직하고 따르면서
한 시대의 다스림을 완성할 수 있었던 것이 애초에 어찌 이 마음을 벗
어나는 것이겠습니까? 패와 비교해 보면 그 마음 씀씀이 얕고 깊음, 순
수하고 잡스러움은 말하지 않아도 명백합니다.

　마음 씀씀이의 은미함에 대해서 신이 말씀을 드리겠습니다. 요가 큰
덕을 밝힐 수 있었던 것과 순이 삼가고 두려워한 것, 우가 거만하지 않
고 자랑하지 않은 것, 탕이 관대하고 어질 수 있었던 것, 문왕이 순수하
여 그치지 않은 것, 모두가 이 마음으로 이런 정치를 하지 않은 사람이
없습니다.

　저 오패五霸 가운데 가장 성대한 사람으로는 환문제桓文帝와 같은 사
람이 없습니다. 그러나 소릉召陵으로 출정과 성복城濮에서 전투는 공리에
급급한 것일 뿐이었습니다. 이것이 환제와 문제가 끝내 탕임금과 무왕의
인의와 결코 같을 수 없는 이유인 것입니다. 맹자가 말하기를 "요와 순
은 성을 그대로 따랐고, 탕과 무는 몸으로 실천하였으며, 오패는 이를
빌렸다."[41]고 하였습니다. 이것이 바로 폐하께서 이른바 '정사를 덕으로
써 하고 도를 실천하여 마음에 얻은 것이 있은[42] 뒤에야 이를 정치에
펼 수 있다'고 하신 것의 의미입니다.

　　臣伏讀制策曰, "子大夫修業于家, 止其悉陳之, 以副朕之虛佇." 顧臣愚賤, 何足以

---

41 《孟子》盡心章句上 "孟子曰, 堯舜, 性之也, 湯武, 身之也, 五霸, 假之也. 久假而不歸, 惡知
　其非有也."
42 《論語》권2, 爲政 "子曰, 道之以政, 齊之以刑, 民免而無恥. 道之以德, 齊之以禮, 有恥且
　格."
　　注 : 德之爲言得也. 行道而有得於心也."

知此哉?

臣聞, 君天下之道在法古以通今而已. 欲法乎古, 帝王之心法所當法也. 夫法祖宗者, 固不待謀之愚, 臣亦不敢不爲陛下言也. 書曰, '今民將在祇遹乃文考.' 此卽法祖宗之意也. 又曰, '別求聞由古先哲王.' 此卽取法於皇·帝·王之意也. 況我世祖皇帝建國紀元之意, 卽天道一元生物之心乎! 陛下仰荷天明, 承累聖之丕業, 兢兢圖治, 是亦帝王之用心也. 臣愚以爲法帝·皇·王之爲治, 亦惟法祖宗而已. 何者? 祖宗之治, 卽皇·帝·王之治也. 等而推之, 皇·帝·王之心之德之道, 臣又請得而僭言之. 精一執中, 建中建極, 帝王之心也. 欽明文思, 恭敬寬仁, 帝王之德也. 身修家齊國治而天下平, 帝王之道也. 有是心, 則有是德, 有是德, 則有是道, 其取而法之, 在陛下力行何如耳. 其曰 '君心出治之原'者, 蓋陛下深燭此理, 而後有此言也. 心法之傳, 在陛下矣. 彼伯者之事, 何足以瀆聖聽哉? 陛下之問及此, 故臣敢膚引, 以明世運之不齊. 然而皇·帝·王之道, 則恒古今而不易也. 臣前所謂 '迹雖異, 而心則一'者此也.

　신이 엎드려 제책을 읽으니 "여러분들은 거의 몇 년 동안 집에서 수업한 사람들이다. …… 모두 진달하여, 짐의 빈 마음에 부응하도록 하라."고 하였습니다. 신은 어리석고 미천하니 어찌 이것을 알겠습니까? 신이 듣건대, 천하의 왕 노릇하는 도는 옛것을 본받아 현재와 소통시키는 것에 달려 있습니다. 옛것을 본받고자 하면 제왕의 심법을 본받아야만 할 것입니다. 선대왕을 본받는 것에 대해서는 진실로 어리석은 신에게 자문할 필요가 없겠지만, 그러나 또한 신이 감히 폐하를 위해 말씀드리지 않을 수 없습니다.

　《서경》에 이르기를 "지금 백성들을 다스리려면 선친인 문왕文王의 언행을 공경히 따라야 한다"고 하였는데, 이것은 선대왕을 본받는다는 뜻입니다. 또 말하기를 "옛날 밝은 선왕들의 사적을 별도로 구해서 듣고 따라야 한다."43고 하였는데, 이것은 황·제·왕의 뜻을 본받는다는 의미입니다. 하물며 우리 세조 황제께서 나라를 세우시고 원元으로 국호를 세운 의도가 바로 천도의 일원이 만물을 낳는 마음에 기인한 것인데야 어떠하겠습니까? 폐하께서 '여러 훌륭한 임금의 왕업을 이어받아, 조심스럽고 두려운 마음으로 다스리기를 도모한 것'은 역시 제왕의 마음 씀씀이입니다. 신의 어리석은 생각으로는 황·제·왕의 정치를 본받는 것 역시 조종을 본받는 것이라고 생각합니다. 왜인가? 선대왕의 정치가 바로 황·제·왕의 정치이기 때문입니다. 이것을 미루어 황·제·왕의 마음에 지닌 덕의 도에 관하여 신은 다시 참람되이 말씀드리고자 합니다.

마음을 한 가지로 집중하는 것[44]과 중도와 표준을 세우는 것은 제왕의 마음입니다. 공경스럽고 밝으며 문채롭고 사려가 깊음[45]과 공경하며 너그럽고 어짐은 제왕의 덕입니다. 몸이 닦이고 집안이 가지런해지며 나라가 다스려지며 천하가 화평해지는 것은 제왕의 도입니다. 이러한 마음이 있으면 이러한 덕이 있고, 이러한 덕이 있으면 이러한 도가 있으니, 취하여 본받는 것은 오직 폐하께서 힘써 행하시는 정도가 어떠한지에 달려있습니다. "임금의 마음은 다스림의 근원이다."라고 한 것은 폐하께서는 이러한 이치를 깊이 밝히신 뒤에 이러한 말씀을 하신 것입니다. 심법의 전수는 오직 폐하에 달려 있습니다. 저 패자들의 일이 어찌 폐하의 총명함을 어지럽히기에 충분하겠습니까? 폐하의 질문이 여기까지 미치셨으므로, 신은 감히 세상의 운수가 가지런하지 않음을 비근한 것을 들어 말씀드렸습니다. 그러나 황·제·왕의 도는 고금에 항상되어 바뀌지 않습니다. 신이 앞에서 '자취는 달라도 마음은 동일하다'고 한 것이 그것입니다.

43 《書經》권7, 周書 康誥 "王曰, 嗚呼. 封. 汝念哉. 今民將在祇遹乃文考, 紹聞衣德言. 往敷求于殷先哲王, 用保乂民. 汝丕遠惟商耉成人, 宅心知訓. 別求聞由古先哲王, 用康保民, 弘于天若. 德裕乃身, 不廢在王命"

44 《書經》권2, 虞書 大禹謨 "人心惟危, 道心惟微, 惟精惟一, 允執厥中."

45 《書經》권1, 虞書 堯典 "曰若稽古帝堯, 曰放勳. 欽明文思安安, 允恭克讓, 光被四表, 格于上下."

臣伏讀制策曰, "近世儒者, 止 朕將有所鑑."

臣聞, 先儒邵子於陰陽消長之理, 固已默會於心矣. 故其爲皇極經世書也. 以日月星辰, 爲元會運世之本, 以皇·帝·王·伯, 爲易書詩春秋之體. 且易該皇·帝·王, 書該帝·王·伯, 詩該王·伯, 春秋純乎伯. 譬如寒暑晝夜之不齊, 乃所以爲齊也. 初豈適然而然, 無係於向之云云也乎? 天道循環, 由貞而元, 理必至. 唐虞以下若秦者, 固不足言矣. 漢唐之治, 粗有可觀, 然而伯·王之雜, 心術之偏, 君子無取焉. 臣是以不敢爲陛下言也. 臣之惓惓者, 惟曰 '法皇·帝·王之爲治, 亦惟體世祖皇帝春秋正始之言, 大易乾元之旨而已矣.' 況天運爲元, 聖德日新, 其所以基萬世無疆之休者, 又自陛下始也. 臣愚眛不足以奉明詔於陛下.

　신이 엎드려 제책을 읽으니, "근세에 유자가 …… 짐이 앞으로 거울로 삼으려 한다."고 하셨습니다. 신이 듣건대, 선유先儒인 소자邵子는 음양소장陰陽消長의 이치에 대하여 진실로 마음으로 깊이 이해하고 있었습니다. 그러므로 《황극경세서》를 지었던 것입니다. 일월성신日月星辰을 원회운세元會運世의 본본으로 삼고 황·제·왕·백伯을 《역》·《서》·《시》·《춘추》의 체體로 삼았습니다. 또한 《역》을 황·제·왕에 해당시키고, 《서》를 제·왕·백에 해당시키며, 《시》를 왕·백에 해당시키고 《춘추》는 온전히 백에 해당시켰습니다. 비유하자면 한서주야寒暑晝夜의 가지런하지 않음이 바로 가지런하게 되는 이유인 것이니, 애초에 어찌 항상 당연히 그런 것이어서 위에서 말한 것과 전혀 상관이 없는 것이겠습니까? 천도는 순환하여 정貞에서 원元에 이르는 것이 이치가 반드시 그런 것입니다. 요·순 이하로 진나라와 같은 경우는 정말로 말할 것도 못됩니다. 한당의 정치는 조악하게나마 볼만하지만, 백伯과 왕王이 뒤섞여 있고 심술이 치우쳐 군자는 취하지 않습니다. 그 때문에 신이 감히 폐하를 위하여 감히 말씀드리지 않는 것입니다. 신이 마음속에 품고 소견은 오직 황·제·왕의 정치를 본받는 것이 또한 세조 황제께서 행하신 《춘추》에서 시작을 바로

잡은 말과 위대한 《역》에서 건乾이 원元이 되는 취지를 체득하는 것이 된다는 점입니다. 하물며 천운이 원이 되고 성덕은 날로 새로워져 만세의 한없는 아름다움의 기초[46]가 되는 것은 또한 폐하로부터 시작될 것입니다. 신은 우매하여 폐하의 밝은 조칙을 받들기 부족합니다.

策臣之終, 竊有獻焉. 夫敬者, 一心之主宰, 萬事之根抵, 帝王之所以成始而終者也. 書曰, 欽明文思. 此敬也. 又曰, 惟天無親, 克敬惟親. 亦此敬也. 陛下以一心而制萬化, 惟天惟祖宗之寄擧不出乎一敬而已. 如是而加乾健不息之功, 緝熙聖學之力, 則可以四三王, 可以六五帝, 比屋可封之俗, 黎民於變之風, 將復見於今日矣. 猗歟盛哉! 臣草茅賤微, 干冒天威, 惟陛下寬其斧鉞之誅, 幸甚. 臣謹對.

신에게 책문하는 끝부분에 외람되지만 올릴 말씀이 있습니다. 무릇 경敬은 일심의 주제이고 만사의 근본이며 제왕이 처음과 끝을 이루게 되는 이유입니다. 《서경》에서 말하기를 '공경스럽고 밝으며 문채롭고 사려가 깊다'[47]고 한 이것이 경입니다. 또 말하기를 "하늘은 사사로이 친애하는 사람이 없고, 오직 공경할 수 있는 자를 친애하신다."[48]고 하였는데, 이것이 또한 경입니다. 폐하께서 한결같은 마음으로 만 가지 조화를 제어하실 때 오직 하늘에 따르시고, 오직 조종께서 의탁하신 일을 처리하실 때에 하나의 경에서 벗어나지 않도록 하십시오. 이와 같이 하고 강건하고 그침이 없는 공부와 환하게 밝은 성학聖學의 힘을 더하신다면,

---

[46] 《書經》 권4, 商書 太甲中 "惟三祀, 十有二月朔, 伊尹以冕服, 奉嗣王歸于亳. 作書曰, 民非后, 罔克胥匡以生. 后非民, 罔以辟四方, 皇天眷佑有商, 俾嗣王克終厥德, 實萬世無疆之休."

[47] 《書經》 권1, 虞書 堯典 "曰若稽古帝堯 曰放勳. 欽明文思安安, 允恭克讓, 光被四表, 格于上下."

[48] 《書經》 권4, 商書 太甲下 "伊尹申誥于王曰, 嗚呼. 惟天無親, 克敬惟親. 民罔常懷, 懷于有仁, 鬼神無常享, 享于克誠, 天位艱哉. 德惟治, 否德亂. 與治同道, 罔不興. 與亂同事, 罔不亡. 終始愼厥與, 惟明明后. 先王惟時懋敬厥德, 克配上帝. 今王嗣有令緒, 尙監玆哉.

삼왕三王을 네 배로 하고, 오제五帝를 여섯 배로 할 수 있으며, 집집마다 봉작을 줄 만한 풍속과 백성들이 이에 변하는 기품을 오늘날 다시 볼 수 있을 것입니다. 환하고 성대하도다!

신은 초야의 미천한 자로 하늘같은 위엄을 범하였습니다. 오직 폐하께서 부월의 죄를 너그럽게 용서해주시면 다행이겠습니다. 신은 삼가 책문에 대답합니다.

【영문초록Abstract】

Yi Gok's Theory of Social Reform and Confucian Civilization

Do, Hyeon-chul

Yi Gok attempted to reform the society through accepting the Yuan's culture while leading his bureaucratic life in the Koryo and Yuan dynasty. He respected the new relationship between the Koryo and Yuan dynasty and acknowledged the returning of the royal capital to Gaegyong as well as the imperial marriage between them.

Yi Gok emphasized the necessity of the reform in order to secure the identity and autonomy of Koryo country, in which royal politics was preferred to power politics. It is his contention that Koryo's traditional custom should be reconciled with Yuan's legislative system.

According to Yi Gok, people should practice the Three Bonds

and Five Relationships in Confucianism. He especially maintained the ruling with filial piety. That is because he believed that the filial piety in family would contribute to establishing the moral society in Koryo country. This led him to proceed with the project of realizing the Confucian civilization through developing the social diffusion of confucianism on the basis of the theory of human nature and the theory of self-cultivation focusing on mindfulness among Neo-Confucianism.

Yi Gok's thought was used as a reformism in the late Koryo, and provided the theoretical foundation of moral thought in Choson Dynasty.

참고문헌

1. 자료

《稼亭集》《牧隱集》《及菴詩集》《益齋集》《陶隱集》《拙藁千百》《圃隱集》《柳巷詩集》《竹軒遺集》《三峯集》《陽村集》《東文選》,《新增東國輿地勝覽》《慵齋叢話》《高麗史》《高麗史節要》《朝鮮王朝實錄》《增補文獻備考》《漢書》《後漢書》《文獻通考》《資治通鑑》《資治通鑑綱目》《魯齋遺書》《元史》《新元史》《朱子大全》《圭齋集》《元文類》《氏族原流》

2. 저서

강명관, 《열녀의 탄생》, 소명출판, 2009.

강문식, 《권근의 경학사상 연구》, 일지사, 2008.

權容徹, 《元代 중·후기 權臣 정치 연구》, 고려대박사논문, 2017.

고병익, 《東亞交涉史의 연구》, 서울대출판부, 1994.

高惠玲, 《高麗後期 士大夫와 性理學 受容》, 일조각, 2003.

김건곤, 《《해동문헌총록》과 고려시대의 책》, 한국학중앙연구원 출판부, 2013.

金光哲, 《高麗後期世族層研究》, 동아대출판부, 1991.

_____, 《원 간섭기 고려의 측근정치와 개혁정치》, 경인문화사, 2018.

金塘澤, 《元 干涉下의 高麗政治史》, 일조각, 1998.

김성환, 《고려시대의 단군 전승과 계승》, 경인문화사, 2002.

金順子, 《韓國 中世 韓中關係史》, 혜안, 2007.

김용선, 《역주 고려묘지명집성(상)(하)》, 한림대 출판부, 2012.

_____, 편저, 《(속)고려묘지명집성》, 한림대출판부, 2016.

김용섭, 《東아시아 역사 속의 한국문명의 전환 —충격, 대응, 통합의 문명으로》(신정·증보판), 지식산업사, 2015.

김윤정, 《고려·원 관계 추이와 복식문화의 변천》, 연세대박사논문, 2017.

金仁昊, 《高麗後期 士大夫의 經世論 研究》, 혜안 1999.

金駿錫, 《韓國中世儒敎政治思想史論》 I, 지식산업사, 2005.

김창현, 《고려 도읍과 동아시아 도읍의 비교연구》, 새문사, 2017.

김형수, 《고려후기 정책과 정치》, 지성인, 2013.

金惠苑, 《高麗後期 瀋王 研究》, 이화여대박사논문, 1998.

김호동, 《몽골제국과 세계사의 탄생》, 돌베개, 2011.

_____, 《몽골제국과 고려》, 서울대학교출판부, 2012.

노명호, 《고려국가와 집단의식 —자위공동체·삼국유민·삼한일통·해동천자의 천하》, 서울대학교출판문화원, 2009.

도현철, 《고려말 사대부의 정치사상연구》, 일조각, 1999.

_____, 《목은 이색의 정치사상 연구》, 혜안, 2011.

_____, 《조선전기정치사상사》, 태학사, 2013.

문철영, 《고려 유학 사상의 새로운 모색》, 경세원, 2005.

閔賢九, 《고려정치사론》, 고려대출판부, 2004

박종기, 《지배와 자율의 공간, 고려의 지방사회》, 푸른역사, 2002.

_____, 《고려열전 —영웅부터 경계인까지 인물로 읽는 고려사》, Humanist, 2019.

朴贊洙, 《高麗時代 敎育制度史研究》, 경인문화사, 2001.

邊東明, 《高麗後期性理學受容研究》, 일조각, 1995.

申千湜, 《牧隱 李穡의 學問과 學脈》, 일조각, 1998.

윤용혁, 《고려 삼별초의 대몽항쟁》, 일지사, 2000.

_____, 《삼별초》, 혜안, 2014.

尹薰杓, 《麗末鮮初軍制改革研究》, 혜안, 2000.

윤훈표·임용한·김인호, 《경제육전과 육전체제의 성립》, 혜안, 2007.

이강한, 《고려와 원제국의 역사》, 창비, 2013.

_____, 《고려의 자기, 원제국과 만나다》, 한국학중앙연구원출판부, 2016.

이개석, 《고려-대원 관계 연구》, 지식산업사, 2013.

이근명 외 엮음, 《송원시대의 고려사자료 1,2》, 신서원, 2010.

이명미, 《13-14세기 고려·몽골 관계 연구》, 혜안, 2016.

이승한, 《몽골과 고려③ 고려왕조의 위기 혹은 세계화시대》 푸른역사, 2015.

李益柱, 《高麗·元 關係와 高麗後期 政治體制》, 서울대박사논문, 1996.

이진한 편, 《졸고천백 역주》, 경인문화사, 2015.

張東翼, 《高麗後期外交史 研究》, 일조각, 1994.

_____, 《元代麗史資料集成》, 서울대출판부, 1997.

정재철, 《이색시의 사상적 조명》, 집문당, 2002.

최석기 외, 《宋元시대 학맥과 학자들》, 보고사, 2007.

채상식 편, 《高麗後期佛敎史研究》, 일조각, 1991.

_____, 《최해와 역주 《졸고천백》》, 혜안, 2013.

포사연, 《元代性理學》(포은연총서), 1993.

한국역사연구회, 《14세기 고려의 정치와 사회》, 민음사, 1994.

한국학중앙연구원, 《至正條格 一校註本·影印本》, 휴머니스트, 2007.

한영우·이익주·윤경진·염정섭, 《행촌 이암의 생애와 사상》, 일지사, 2002.

황인규, 《고려후기·조선초 불교사연구》, 혜안, 2003.

3. 논문

강문식, 〈여말선초 성리학의 수용과 그 성격〉, 《역사비평》 122, 2018.

강호선, 〈고려말 禪僧의 入元 遊歷과 元 淸規 수용〉, 《한국사상사학》 40, 2012.

_____, 〈14세기 전반기 麗 元 佛敎交流와 臨濟宗〉, 서울대석사논문 2000.

_____, 〈원 간섭기 천태종단의 변화 ―충렬 충선왕대 묘련사계를 중심으로〉, 《보조사상》 16, 2001.

고명수, 〈충렬왕대 怯憐口(怯怜口) 출신 관원 ―몽골-고려 통혼관계의 한 단면〉, 《사학연구》 118, 2015.

_____, 〈征東行省 기능의 변천 ―시기구분을 겸하여〉, 《한국사학보》 66, 2017.

_____, 〈즉위초 쿠빌라이의 고려정책 ―그의 漢法 수용 문제와 관련하여―〉, 《동양사학연구》 141, 2017.

_____, 〈1279년 쿠빌라이 ―충렬왕 만남의 의미〉, 《역사학보》 237, 2018.

_____, 〈쿠빌라이 즉위초 王文統의 개혁정치〉, 《역사학보》 240, 2018.

高惠玲, 〈方臣祐(1267-1343) 小論〉, 《역사와 인간의 대응》 한울, 1985.

구산우, 〈14세기 전반 崔瀣의 저술활동과 사상적 단면〉, 《지역과 역사》 5, 1999.

권덕영, 〈9世紀 日本을 往來한 二重國籍 新羅人〉, 《한국사연구》 120, 2003.

권용철, 〈대원제국 말기 정국과 고려 충혜왕의 즉위, 폐위 복위〉, 《한국사학보》 56, 2014.

_____, 〈高麗人 宦官 高龍普와 徽政院使 투멘데르(禿滿迭兒)의 관계에 대한 小考〉, 《사학연구》 117, 2015.

_____, 〈대원제국 中期 영종의 위상 강화를 위한 노력〉, 《동방학지》 175, 2016.

_____, 〈李穀의 《稼亭集》에 수록된 대원제국 역사 관련 자료 분석〉, 《역사학보》 237, 2018.

_____, 〈원 제국의 다르칸 제도가 고려에 유입된 양상 ―고려후기 金汝孟 功臣敎書의 분석을 중심으로〉, 《학림》 47, 2021.

權重達, 〈中國 近世의 國家權力과 儒學思想의 變遷〉, 《中國近世思想史硏究》, 중앙대학교출판부, 1998.

_____, 〈元代의 儒學 思潮와 元 王朝의 知識人 對策〉, 《中國近世思想史硏究》

중앙대학교출판부, 1998.

권희경, 〈親元係 高麗寫經의 發願者·施財者에 관한 연구〉, 《書誌學硏究》 26, 2003.

김갑동, 〈윤택의 생애와 금산〉, 《역사와 담론》 90, 2019.

金乾坤, 〈高麗時代의 詩文選集〉, 《精神文化硏究》 68, 1997.

김구진, 〈대명률의 편찬과 전래 —경국대전 편찬 배경〉, 《백산학보》 29, 1984.

김난옥, 〈고려말 詩文교류와 인적 관계 —辛裔를 중심으로〉, 《한국사학보》 61, 2015.

_____, 〈고려말 남경과 친원세력의 동향 —금석문을 중심으로〉, 《향토서울》 90, 2015.

_____, 〈여원 관계의 전개와 정동행성 이문소의 위상〉, 《한국사연구》 174, 2016.

_____, 〈고려후기 몽골 관직 承襲과 군신관계〉, 《한국사연구》 179, 2017.

_____, 〈충숙왕대의 征東省官〉, 《역사교육》 141, 2017.

김보경, 〈고려후기 《周易》 인식의 특징과 그 의미 —백문보를 중심으로〉, 《한국한문학연구》 32, 2003.

김상현, 〈고려후기의 역사인식〉, 《한국사학사연구》, 을유문화사, 1985.

김수연, 〈원 간섭기 고려 왕실의 티베트 불교 수용과 밀교 의례의 확산〉, 《이화사학연구》 54, 2017.

김순자, 〈원 간섭기 민의 동향〉, 《14세기 고려의 정치와 사회》, 민음사, 1993.

金時鄴, 〈麗元間 文學交流에 對하여 —고려후기 사대부문학의 형성과 대원관계〉, 《한국한문학연구》 5, 1981.

김양진·장향실, 〈원나라 거주 고려인을 위한 漢語 교육 —《朴通事》의 편찬목적과 교육 대상을 중심으로—〉, 《진단학보》 114, 2012.

金陽燮, 〈遼·金·宋 三史編纂에 대하여〉, 《中央史論》 6, 1988.

金鎔坤, 〈高麗 忠肅王 6年 安珦의 文廟從祀〉, 《李元淳敎授華甲紀念歷史學論叢》, 교학사, 1986.

金容燮, 〈高麗刻本 《元朝正本農桑輯要》를 통해본 《農桑輯要》의 撰者와 資料〉, 《東方學志》 65, 1990.

김윤정, 〈14세기 고려의 國俗 재인식과 胡服 착용의 再考〉, 《한국사상사학》 59, 2018.

_____, 〈李穀의 사회관계망과 在元 고려인 사회 ―《稼亭集》에 대한 분석을 중심으로〉, 《학림》 44, 2019.

_____, 〈13~14세기 고려 지식인의 시대 인식과 정체성〉, 《역사와 현실》 115, 2020.

김인호, 〈高麗後期 經濟倫理와 奢侈禁止〉 《역사와 실학》 15·16합집, 2000.

_____, 〈고려의 元律 수용과 高麗律의 변화〉, 《韓國史論》 33, 2002, 국사편찬위원회.

_____, 〈元의 高麗 認識과 高麗人의 대응 ―法典과 文集내용을 중심으로〉, 《韓國思想史學》 21, 2003.

_____, 〈고려후기 가문 보존 의식과 방식 ―'안동권씨가'를 중심으로―〉, 《한국중세사연구》 25, 2008.

김장구, 〈중국사 연구자들의 元代史 연구와 '蒙古'認識〉, 《중국 역사가들의 몽골사 인식》, 고구려연구재단, 2006.

김종진, 〈崔瀣의 士大夫意識과 詩世界〉, 《民族文化研究》 16, 1982.

_____, 〈이곡의 시 세계〉, 《한문학논집》 2, 1984.

_____, 〈이곡의 영사시 연구〉, 《고려시대 역사시 연구》, 한국정신문화연구원, 1999.

_____, 〈이곡의 산문에 나타난 성리학과의 교섭 양상〉, 《한문학보》 13, 2005.

金駿錫, 〈17세기 畿湖朱子學의 動向 ―宋時烈의 道統繼承運動―〉, 《孫寶基博士停年紀念韓國史學論叢》, 지식산업사, 1988.

김창현, 〈가정시 분석을 통한 이곡의 인생여정 탐색〉, 《한국인물사연구》 22, 2014.

_____, 〈고려말 금강산 신앙〉, 《고려후기 정치사》, 경인문화사, 2017.

김철웅, 〈고려후기 色目人의 移住와 삶〉《東洋學》 68, 2017.

_____, 〈雪谷 鄭誧의 생애와 道敎觀〉, 《韓國史學報》 창간호, 1996.

金賢羅, 〈高麗後期 惡少의 存在形態와 그 성격〉, 《지역과 역사》 1, 1996.

김형수, 〈원 간섭기의 國俗論과 通制論〉, 《한국중세사회의 제문제》, 2001.

_____, 〈고려후기 元律의 수용과 法典編纂試圖〉, 《전북사학》 35, 2009.

_____, 〈충혜왕의 폐위와 고려 儒者들의 공민왕 지원 배경〉, 《국학연구》 19, 2011.

김혜원, 〈麗元王室婚姻의 成立과 特徵〉, 《이대사원》 23·24, 1989.

김호동, 〈몽골제국과 '大元'〉, 《역사학보》 192, 2006.

_____, 〈고려후기 '色目人論'의 特徵과 意義〉, 《역사학보》 200, 2008.

_____, 〈몽골제국의 세계정복과 지배: 거시적 시론〉, 《역사학보》 217, 2015.

金洪徹, 〈元代 許衡의 朱子學受容과 官學主導에 관한 一考察〉, 한양대석사논문, 1990.

金勳埴, 〈高麗後期 《孝行錄》 普及〉, 《韓國史研究》 73, 1991.

_____, 〈麗末鮮初 儒佛交替와 朱子學의 定着〉, 《韓國 古代·中世의 支配體制와 農民》(金容燮敎授停年紀念韓國史學論叢 2), 1997.

남기학, 〈서평, 《モンゴル帝國期の北東アジア》〉, 《일본역사연구》 43, 2017.

남인국, 〈원 간섭기 지배세력의 존재양태 —안동김씨 김방경계를 중심으로—〉, 《歷史敎育論集》 38, 2007.

도현철, 〈원 명 교체기 고려 사대부의 소중화 의식〉, 《역사와 현실》 37, 2000.

_____, 〈12세기 公·私禮와 김부식〉, 《한국사의 구조와 전개》(하현강교수정년 기념논총), 혜안, 2000.

_____, 〈원 간섭기 《사서집주》 이해와 성리학 수용〉, 《역사와 현실》 49, 2003.

_____, 〈안축의 대책문과 이민족 대책〉, 《한국사상사학》 38, 2011.8.

_____, 〈원 제과(1333년)의 고려인·중국인 對策文 비교 연구〉, 《역사와 현실》 43, 2013.

_____, 〈조선초기 단군 인식과 《삼국유사》 간행〉, 《동방학지》 162, 2013.

_____, 〈원 간섭기를 어떻게 볼 것인가〉《쟁점한국사》, 창비, 2017.

_____, 〈안향: 유교의 확산과 문치사회론〉, 《한국학연구》 48, 2018.2.

_____, 〈유학과 유교의례〉, 《21세기에 다시 보는 고려시대의 역사》, 혜안, 2018.

_____, 〈여말선초 성리학의 수용과 문치 확대〉, 《역사비평》 124, 2018.

_____, 〈조선건국기 성리학 지식인의 네트워크와 개혁사상〉, 《역사학보》 240, 2018.

_____, 〈高麗末における明・日本との詩文交流の意義〉, 《東方學報》 93, 2018.

_____, 〈고려후기 대책문의 종류와 성격〉, 《포은학연구》 23, 2019.

_____, 〈조선 건국 과정에서 역사 기록의 상이한 평가와 해석〉, 《역사학보》 248, 2020.

馬宗樂, 〈稼亭 李穀의 生涯와 思想〉, 《한국사상사학》 31, 2008.

文喆永, 〈麗末 新興士大夫의 新儒學 수용과 그 특징〉, 《韓國文化》 3, 1982.

閔賢九, 〈趙仁規와 그의 가문(상), (중)〉, 《震檀學報》 42,43, 1976.

_____, 〈白文寶 研究 ―政治家로서의 活躍을 中心으로―〉, 《동양학》 17, 1987.

_____, 〈高麗 恭愍王代의 〈誅奇轍功臣〉에 대한 檢討〉, 《李基白韓先生古稀紀念韓國史學論叢(上)》, 일조각, 1994

박경안, 〈安牧(1290–1360의 坡州 農莊에 대한 小考〉, 《實學思想研究》 15·16, 2001.

박경환, 〈유불논쟁〉, 《논쟁으로 보는 한국철학》, 예문서원, 1995.

朴性奎, 〈李穀의 〈詠史詩〉 研究 ―新興士大夫意識의 몇 국면―〉, 《한국한문학연구》 26, 2000.

朴宗基, 〈이색의 당대사(當代史) 인식과 인간관〉, 《역사와 현실》 66, 2007

_____, 〈원 간섭기 역사학의 새로운 경향 ―當代史 연구〉, 《한국중세사연구》 31, 2011.

_____, 〈원 간섭기 김취려상의 형성과 當代史 연구〉, 《한국사상사학》 41,

2012.

朴晉勳, 〈고려사람들의 사치 · 허영과 검약 인식〉, 《한국사학보》 22, 2006.

_____, 〈고려후기 전민변정과 조선초기 노비 정책의 의의와 한계〉, 《역사비평》 122, 2018.

박현규, 〈이제현과 원 문인 교류고〉, 《교남한문학》 3, 1990.

_____, 〈高麗僧 式無外의 文學 歷程 ―麗·元 文士의 詩文을 중심으로〉, 《한국학보》 72, 1993.

_____, 〈高麗 慧月이 보수한 房山 石經山 石經 답사기〉, 《동북아문화연구》 6, 2004.

_____, 〈조선승 適休의 越境과 北京 穀積山 般若禪寺의 창건〉, 《중국연구》 92, 2014.

박혜숙, 〈고려후기'傳'의 展開와 士大夫意識〉, 《冠嶽語文研究》 11, 1986.

邊東明, 〈鄭可臣과 閔漬의 史書編纂活動과 그 傾向〉, 《歷史學報》 130, 1991.

_____, 〈金台鉉의 《東國文鑑》 편찬〉, 《震檀學報》 103, 2007.

裵淑姫, 〈元代 科擧制와 高麗進士의 應擧 및 授官格〉, 《東洋史學研究》 104, 2008.

_____, 〈元나라의 耽羅 통치와 移住, 그리고 자취〉, 《중국사연구》 76, 2012.

_____, 〈宋元代 科擧를 매개로 한 同年關係와 同年간의 交流〉, 《東洋史學研究》 132, 2015.

宋在雄, 〈《제왕운기》와 《動安居士集》의 板本〉, 《李承休研究論叢》, 삼척군, 1994.

_____, 〈元 大都 高麗 寺院〉, 《중앙사론》 23, 2006.

안병우, 〈원 단사관과 고려의 사법권〉, 《세계 속의 한국사》, 태학사, 2009.

양의숙, 〈고려후기의 禿魯化에 대하여〉, 《소한남도영박사고희기념역사학논총》, 민족문화사, 1993.

_____, 〈여·원 宿衛考〉, 《동국사학》 27, 1993.

_____, 〈원 간섭기 遼瀋 지역 고려인의 동향〉, 《동국역사사학》 4, 1996.

여운필, 〈백원항의 생애와 시세계〉, 《석당논총》 44, 2009.

위은숙, 〈《元朝正本農桑輯要》의 농업관과 간행 주체의 성격〉, 《한국중세사연구》 8, 2000.

_____, 〈원 간섭기 元 律令의 受容問題와 榷貨令〉, 《민족문화논총》 27, 2007.

윤기엽, 〈원 간섭기 원 황실의 원당이 된 高麗 寺院〉, 《대동문화연구》 44, 2004.

_____, 〈在元 高麗人 관련의 대도사원〉, 《불교학연구》 11, 2005.

윤은숙, 〈여·몽 관계의 성격과 동아시아의 국제관계: 중국학계의 '책봉과 조공' 관계 연구의 한계와 문제점을 중심으로〉, 《동북아역사논총》 35, 2012.

윤훈표, 〈법과 규범, 관행에 대한 의식〉, 《동방학지》 124, 2004.

이강한, 〈고려 충선왕의 정치개혁과 원의 영향〉, 《한국문화》 43, 2008

_____, 〈고려 충숙왕대 科擧制 정비의 내용과 의미〉, 《大東文化硏究》 71, 2010.

_____, 〈1325년 기자사 재개의 배경 및 의미〉, 《한국문화》 50, 2010.

_____, 〈1307년 "依上國之制, 定軍民" 조치의 내용과 의미〉, 《한국사학보》 45, 2011.

_____, 〈13−14세기 고려 관료의 원제국 문산계 수령 ―충렬공 金方慶을 포함한 여러 사례들에 대한 검토〉, 《한국중세사연구》 37, 2013.

_____, 〈원 제국인들의 방문 양상과 고려인들의 인식 변화〉, 《한국중세사연구》 43, 2015.

이경록, 〈《향약구급방》과 《비예백요방》에 나타난 고려시대 의학지식의 흐름 ―치과와 안과를 중심으로―〉, 《史林》 48, 2014.

이개석, 〈정통론과 13−14세기 동아시아 역사서술〉, 《大丘史學》 88, 2007.

이동재, 〈朝鮮初期 百濟 懷古詩 硏究〉, 《동방한문학》 52, 2012.

이명미, 〈고려 국왕의 몽골 入朝양상과 국왕권의 존재형태〉, 《한국중세사연구》 46, 2016.

_____, 〈고려에 하가(下嫁)해 온 몽골공주들의 정치적 위치와 고려−몽골 관계: 제국대장공주(齊國大長公主)의 사례를 중심으로〉, 《이화사학연구》 54, 2017.

_____, 〈고려-몽골 관계 깊이 보기 ―乞比色目表와 請同色目表―〉, 《역사교육연구》 37, 2020.

이봉규, 〈권근(權近)의 경전 이해와 후대의 방향〉, 《韓國實學研究》 13, 2007.

_____, 〈인륜: 쟁탈성 해소를 위한 유교적 구성〉, 《泰東古典研究》 31, 2013.

이상민, 〈고려시대 여묘의 수용과 효 윤리의 변천과정〉, 《역사와 실학》 48, 2018.

李相玉, 〈高麗史에 나타난 蒙古(元)인〉, 《史叢》 17·18, 1973.

이성규, 〈中華思想과 民族主義〉, 《哲學》 37, 1992.

_____, 〈漢代 《孝經》이 普及과 그 理念〉, 《韓國思想史學》 10, 1998.

_____, 〈고려와 원의 관료 이곡(1298-1351) 年報橋〉, 《동아시아 역사의 환류》, 지식산업사, 2000.

李成市, 〈崔致遠과 渡唐留學生 ―동아시아 文化史上의 意義를 둘러싼 재검토〉, 《韓國史學報》 63, 2016.

이순구, 〈열녀: 죽음인가, 죽임인가?〉, 《한국여성사 깊이 읽기》, 소명출판, 2013.

이승환, 〈동양철학 글쓰기 그리고 맥락〉, 《상상》 1998 여름.

이용범, 〈奇皇后의 冊立과 元代의 資政院〉, 《歷史學報》 17·18, 1962.

이익주, 〈高麗 對蒙抗爭期 講和論의 研究〉, 《歷史學報》 151, 1996.

_____, 〈고려·원 관계의 구조에 대한 연구〉, 《한국사론》 36, 1996,

_____, 〈14세기 유학자의 현실인식과 성리학 수용과정의 연구 ―민지의 사례를 중심으로―〉, 《역사와 현실》 49, 2003.

_____, 〈墓誌銘 자료를 통해본 고려 官人의 생애 ―金㫆(1248-1301)의 사례〉, 《한국사학보》 102, 2006.

_____, 〈고려-몽골 관계사 연구 시각의 검토 ―고려 몽골 관계사에 대한 공시적, 통시적 접근―〉, 《한국중세사연구》 29, 2009.

_____, 〈1356년 공민왕 反元政治 再論〉, 《역사학보》 225, 2015.

_____, 〈14세기 후반 고려-원 관계의 연구〉, 《동북아역사논총》 53, 2016.

_____, 〈1219년(高宗 6) 고려-몽골 '兄弟盟約' 再論〉, 《동방학지》 175, 2016.

_____, 〈고려 충목왕대의 整治都監 再論〉,《진단학보》134, 2020.

이인재, 〈高麗後期 鷹坊의 設置와 運營〉,《한국사의 구조와 전개》, 혜안, 2000.

이정란, 〈13세기 몽골제국의 고려관〉,《한국중세사연구》27, 2009.

_____, 〈정치도감 활동에서 드러난 家 속의 개인과 그의 행동양식〉,《한국사학보》21, 2005.

이정신, 〈원 간섭기 환관의 행적〉,《한국사학보》57, 2014.

_____, 〈永寧公 王綧을 통해본 고려와 몽고 관계〉,《고려시대의 정치변동과 대외정책》, 경인문화사, 2003.

이정훈, 〈고려시대 支配體制의 변화와 中國律의 수용〉,《韓國史論》33, 2002.

이종봉, 〈高麗刻本《元朝正本農桑輯要》이 韓國農學史上에서의 位置〉,《부산사학》21, 1991.

이종서, 〈高麗後期 이후 ‘同氣’ 理論의 전개와 血緣意識의 變動〉,《東方學志》120, 2003.

_____, 〈고려후기 상반된 질서의 공존과 그 역사적 의미〉,《한국문화》72, 2015.

_____, 〈고려후기 얼자의 지위 향상과 그 역사적 배경〉,《역사와 현실》97, 2015.

이종은, 〈국문학과 도교사상〉,《한국의 도교문학》, 태학사, 1999.

이진한, 〈高麗末·朝鮮初 權漢功에 대한 世評의 變化〉,《민족문화연구》85, 2019.

李泰鎭, 〈고려·조선 중기 天災地變과 天觀의 변천〉,《韓國思想史方法論》소화, 1997.

이혜순, 〈열녀전의 입전의식과 그 사상적 의의〉,《조선시대의 열녀 담론》, 월인, 2002.

이희덕, 〈유교정치이념의 성립과 효 사상의 전개〉,《고려유교정치사상의 연구》, 일조각, 1984.

_____, 〈董仲舒의 災異說과 高麗時代의 政治〉,《黃元九敎授定年紀念論叢 東

아시아의 人間像》, 1995.

임형수, 〈13~14세기 高麗 官人層의 元都宿衛와 그 전개 양상〉《역사와 담론》 86, 2018.

林熒澤, 〈고려말 文人知識層의 東人意識과 文明意識〉, 《牧隱 李穡의 生涯와 思想》, 1997.

장동익, 〈권한공의 생애와 행적〉, 《대구사학》 104, 2011

_____, 〈이제현, 권한공, 주덕윤 3인의 교류〉, 《퇴계학과 한국문화》 49, 2011.

장병인, 〈조선초기 一夫一妻制의 강화와 그 성격〉, 《조선초기 혼인제와 성차별》, 일지사, 1997.

장일규, 〈《계원필경집》의 편찬과 사료적 가치〉, 《진단학보》 112, 2011.

鄭求先, 〈高麗末 奇皇后一族의 得勢와 沒落〉, 《東國史學》 40, 2004.

정동훈, 〈몽골제국의 붕괴와 고려-명의 유산 상속분쟁〉, 《역사비평》 121, 2017.

_____, 〈고려 원종·충렬왕대의 親朝 외교〉, 《韓國史硏究》 177, 2017.

정요근, 〈고려 역로망 운영에 대한 원(元)의 개입과 그 의미〉, 《역사와 현실》 64, 2007.

鄭玉子, 〈麗末 朱子性理學의 導入에 관한 試考〉, 《震檀學報》 51, 1981.

정은정, 〈元 수도권 정비의 영향과 고려 궁궐의 변화〉, 《역사와 경계》 76, 2010.

鄭仁在, 〈元代의 性理學〉, 《東洋文化》 19, 1979.

정원균, 〈이곡 시 연구〉, 《한국한시작가연구》(1), 태학사, 1995.

趙明濟, 〈14세기 고려 지식인의 入元과 순례〉, 《역사와 경계》 69, 2008.

조 원, 〈원 후기 《경세대전》 편찬과 육전체제〉, 《동양사학연구》 141, 2017.

_____, 〈大元帝國 法制와 高麗의 수용 양상〉, 《이화사학연구》 54, 2017.

趙志晩, 〈朝鮮初期 《大明律》의 受容過程〉, 《법사학연구》 20, 1999.

朱雄英, 〈家廟의 成立背景과 그 機能 ―여말선초의 사회변화를 중심으로―〉, 《歷史敎育論集》 7, 1986.

周采赫, 〈元 萬卷堂의 設置와 高麗儒者〉, 《孫寶基博士停年紀念韓國史學論叢》, 1988.

_____, 〈이지르부카 審王〉, 《황원구교수정년기념논총 ──동아시아의 인간상》, 1995.

천혜봉, 〈朝鮮朝의 乙亥小字體 活字本 《御試策》〉, 《書誌學硏究》 15, 1998.

蔡尚植, 〈妙蓮寺의 창건과 그 성격〉, 《高麗後期佛敎史硏究》, 일조각, 1991.

채웅석, 〈원 간섭기 성리학자들의 화이관과 국가관〉, 《역사와 현실》 49, 2003.

_____, 〈고려시대 과거를 통한 인간관계망의 형성과 확장〉, 《사회적 네트워크와 공간》(문화로 보는 한국사 1, 이태진 교수 정년기념논총간행위원회), 태학사, 2009.

_____, 〈《제왕운기》로 본 이승휴의 국가의식과 유교 관료정치론〉, 《국학연구》 21, 2012.

_____, 〈고려후기 사송(詞訟)의 범람과 국가의 대책〉, 《한국사연구》 187, 2019.

_____, 〈고려시대 사송(詞訟) 인식과 운영〉, 《한국중세사연구》 63, 2020.

최봉준, 〈이제현의 성리학적 역사관과 전통문화 인식〉, 《韓國思想史學》 31, 2008.

_____, 〈이곡의 기자 중심의 국사관과 고려·원 典章調和論〉, 《한국중세사연구》 36, 2013.

_____, 〈원 간섭기 근친금혼 관념의 강하와 수계혼(收繼婚) 도입 시도〉, 《역사와 현실》 99, 2016.

최윤정, 〈서평: 《元代高麗貢女制度硏究》(喜蕾 著, 民族出版社, 2003)〉, 《대구사학》 91, 2008.

_____, 〈駙馬國王과 國王丞相 ──13−14세기 麗元관계와 고려왕조 國體 보존문제 이해를 위한 새로운 모색──〉, 《대구사학》 111, 2013.

토니노 푸지오니, 〈충선왕대의 여·원 불교 관계의 추이와 고려 항주사〉, 《한국사상사학》 18, 2002.

韓永愚, 〈稼亭 李穀의 生涯와 思想〉, 《韓國史論》 40, 1998.

함영대, 〈여말선초 《맹자》 이해의 주제와 관심사〉, 《대동한문학》 48, 2016.

현수진, 〈고려시기 伊尹故事와 그에 나타난 군신관계〉, 《역사학보》 244, 2019.

_____, 〈고려후기 《상서》의 정치적 활용과 그 성격〉, 《사림》 71, 2019.

황의열, 〈韓國 文集의 文體分類 硏究 I ―《동문선》과 그 이전의 문집을 중심으로―〉, 《한문학보》 5, 2001.

황인덕, 〈부여 낙화암 전설의 형성과 전개〉, 《한국문학논총》 29, 2001.

4. 외국 글

宮崎市定, 《科擧》, 秋田屋, 1946/중국사연구회 옮김, 《중국의 시험지옥 ―과거(科擧)》 청년사, 1993.

宮紀子, 《モンゴル時代の出版文化》, 名古屋大學出版會, 2006.

_____, 《モンゴル時代の知の東西》(上・下), 名古屋大學出版會, 2018.

藤本幸夫, 《日本現存朝鮮本硏究 集部》, 京都大學學術出版, 2006.

朴美子, 《韓國高麗時代における〈陶淵明〉觀》, 白帝社, 2000.

夫馬進, 《中國東アジア外交交流史の硏究》, 京都大學出版會, 2007.

杉山正明, 《モンゴル帝國の興亡》, 講談社 現代新書, 1996/임대희・김장구・양영우 옮김, 《몽골 세계제국》 신서원, 2004.

森平雅彦, 《モンゴル覇權下の高麗》, 名古屋大學出版會, 2013.

安部健夫, 《元代史の硏究》, 創文社, 1972.

石山裕規・櫻井智美・田畑成基・森本 創, 〈《皇元大科三場文選》〈策〉校注〉, 《明大アジア史論集》 21, 2017

愛宕松南, 《元朝史》, 三一書房, 1988/윤은숙・임대희 옮김, 《대원제국》 혜안, 2013.

張東翼, 《モンゴル帝國期の北東アジア》, 汲古書院, 2016.

福田殖, 〈許衡について〉, 《文學論輯》 31, 九州大學, 1985.

杉山正明, 〈日本におけるモンゴル時代史の研究〉, 《中國史學》 2, 1992.(임대희·양녕우 옮김, 〈일본의 몽골시대사연구〉, 《대구사학》 55, 1998).

_____, 〈モンゴル時代史の研究の現狀と課題〉, 《宋元時代史の基本問題》, 汲古書院, 1996.7(양녕우 역, 〈몽골 時代史研究의 現狀과 課題〉, 《중국사학》 4, 1998).

_____, 〈日本における遼金元時代史 研究〉, 《中國 一社會と文化》 12, 1997(양녕우, 임대희 옮김, 〈日本에서의 遼金元時代史 研究〉, 《中國史學》 3, 1998).

山根幸夫, 〈元末の反亂と明朝支配の確立〉, 《世界歷史》 12, 1971.

森田憲司, 〈元朝の科擧資料について 一錢大昕の編著を中心に〉, 《東方學報》 73, 2001.

_____, 〈제7장 金·元〉, 《中國歷史研究入門》, 名古屋大學出版會, 2006.

森平雅彦, 〈朱子學の高麗傳來と對元關係(その一) 一安珦朱子學書將來說の再檢討一〉, 《史淵》 143, 2006.

_____, 〈朱子學の高麗傳來と對元關係(その二) 一初期段階における禿魯花·ケシク制度との接點-〉, 《史淵》 148, 2011.

_____, 〈朱子學受容の國際的背景〉, 《アジア遊學》 50, 2003.

須長泰一, 〈高麗後期の異常氣象に關する一考察〉, 《朝鮮學報》 119·120, 1985.

奧村周司, 〈高麗の圓丘祀天禮と世界觀〉, 《朝鮮社會の史的展開と東アジア》, 山川出版社, 1997.

李成市, 〈朝鮮における外來思想とその受容者層〉, 《朝鮮史研究會論文集》 19, 1982.

櫻井智美, 〈日本における最近の元代史研究 一文化政策をめぐる研究を中心として〉, 《中国史学》 12, 2002.

_____, 〈元代の儒學提擧司 一江西儒學提擧を中心に〉, 《東洋史研究》 61-3, 2002.

姜一函, 《元代奎章閣及奎章人物》, 臺北: 聯經出版事業公司, 1981.

邱江寧, 《元代奎章閣學士院元代文壇》, 北京: 中國社會科學出版社, 2013.

_____, 《奎章閣文人群體與元代中期文學研究》, 北京: 人民出版社, 2013.

金 錚, 《科擧制度與中國文化》, 上海人民出版社, 1990/ 김효민 옮김, 《중국과 거문화사》, 동아시아, 2003.

鄧洪波·龔抗云,《中國壯元殿試卷大全》(상, 하), 上海敎育出版社, 2005.

毛佩琦,《中國壯元大典》, 云南人民出版社, 1999.

葉德輝,《書林淸話》, 觀古堂, 1920/ 박철상,《서림청화, 중국을 이끈 책의 문화사》,
　　푸른역사, 2011.

蘇 力, 〈《稼亭集》所見元至正五年大都災荒事〉,《東北師範大學報(哲學社會科學版)》,
　　2010년 6호(248호).

王德毅 李榮村 潘柏澄 編,《元人傳記資料索引》, 中華書局, 1987.

王定保 지음, 金長煥 옮김,《唐摭言》上·下, 學古房, 2013.

余大鈞 編著,《元代人名大辭典》, 內蒙古出版集團 內蒙古人民出版社, 2016.

_____,《中國歷代大辭典 － 遼夏金元史》, 上海辭書出版社, 1986.

袁國藩,《元許魯齋評述》, 臺灣商務印書館, 1978.

劉海峰·李兵,《中國科擧史》, 東方出版中心, 2004.

劉海峰, 〈科擧文獻與科擧學〉,《臺大歷史學報》第32期, 2003년 12월.

張立文,《朱熹思想硏究》, 중국사회과학출판사, 1981.

錢大昕,《元統元年(1333) 進士錄》, 浙江古籍出版社, 1992.

韓儒林(主編),《元朝史》, 人民出版社, 1986.

苗冬, 〈元代使臣硏究〉, 南開大學 博士學位論文, 2010.

조영록 옮김,《중국 과거제도의 사회사적 연구》, 동국대출판부, 1997.

蕭啓慶, 〈元代科擧中的多族師生與同年〉,《中華文史論叢》2010.1

_____,《元代史新探》1983, 新文風出版公司.

_____, 〈元代科擧與菁英流動 ―元統元年進士爲中心〉 漢學硏究 5-1, 1997:
　　《元朝史新論》수록, 允晨文化 1999.

_____,《九州四海風雅同元 ―元代多族士人圈的師形性與發展》, 中央연구원, 聯
　　經出版公司, 2011.

_____,《元代進士輯考》, 臺灣中央硏究院歷史語言硏究所, 2012.

陳高華, 〈元代詩人迺賢生平事績考〉,《文史》32, 1991.

_____, 〈關於元代詩人觀音奴生平的幾個問題〉,《文史》79, 2007.

許正弘, 〈元白·高麗 僧 義旋 生平 事跡考〉, 《中華佛學硏究》 11, 2010.

舒 健, 〈入居的元大都高麗人〉, 《元史論叢》 13, 中國元史硏究會.

피터 K. 볼 지음, 심의용 옮김, 《중국지식인들과 정체성》, 북스토리, 2008.

_____, 김영민 옮김, 《역사 속의 성리학》, 예문서원, 2011.

John W. Chaffee 지음, 양종국 옮김, 《송대 중국인의 과거생활》, 신서원, 2001.

티모시 브룩 지음, 조영헌 옮김, 《하버드 중국사 원·명 곤경에 빠진 제국》, 너머북스, 2016.

余英時, 《朱熹的歷史世界》, 2003/ 위잉스 지음, 이원석 옮김, 《주희의 역사세계(상)》, 글항아리, 2015.

찾아보기

ㄱ

450

454

460